MEGA LIVRE

POCKET PC

2e EDITION

SYBEX

ESKA
Inter@ctive

MEGA LIVRE

Guy de Lussigny

PO

2

SYBEX
ESKA Inter@ctive

Éditions ESKA

12, rue du Quatre-Septembre, 75002 Paris

Tél. : 01 42 86 55 73 - Fax : 01 42 60 45 35

www.eska.fr

MEGA LIVRE

SOMMAIRE

Ce livre est dédié à mon fils Cédric, un adorable petit garçon de 9 ans, qui fait le bonheur de son père.

" Marie Housseau, des éditions SYBEX ESKA, qui a découvert l'auteur de ce livre, et a TOUT fait pour la première et la deuxième édition de ce livre ! Merci à toi, Marie pour ta patience, tes encouragements, tes conseils et ton dévouement. "

Remerciements

Je remercie toutes les personnes et entreprises qui m'ont aidé, conseillé, prêté du matériel et des logiciels afin de faire de ce livre un ouvrage encore plus complet sur L'univers du Pocket PC :

Laurent Dugimont et Serge Kouakou de la société Microsoft – www.microsoft.fr,

Isabelle Perié et Fabien Prehel de la société HP – www.hp.com,

Didier Halbique de la société Toshiba – www.toshiba.fr,

Clémence Favereau de la société de communication Oxygen - www.oxygen-rp.com,

Alexandre André de la société Packard Bell – www.packardbell.fr,

Catherine Bellet et Véronique Guasco de la société Partelec – www.partelec.fr,

Jet Broekman et Corinne de la société Tomtom – www.tomtom.com

Laurent Marcerou de la société Avesta – www.avesta.fr

Monsieur Pheriez de la société swi – www.swi-info.com

Frank Van Caenegem le créateur du logiciel Metro

Carl Rodrigues de la société SOTI – www.soti.net

Helen Cooke et Alexis BLETSAS de la société BVRP – www.bvrp.com

MEGA LIVRE

Introduction

Pourquoi ce livre ?

L'expérience de ces dernières années, que ce soit avec un PC ou un Pocket PC, montre qu'avec toute la meilleure volonté du monde les fabricants de machines et de logiciels n'expliquent pas comment utiliser et tirer parti de leurs matériels ou de leurs logiciels. L'interaction entre les deux n'est jamais ou rarement décrite.

La cause est généralement simple, le fabriquant fabrique une machine répondant à un besoin donné pour être utilisée avec un système d'exploitation donné. Les éditeurs de logiciels, eux réalisent des logiciels pour répondre à des besoins précis. Le marketing vous présente toutes les possibilités potentielles que cet ensemble peut réaliser.

Ce livre va changer cela, il vous est dédié, à vous qui découvrez le Pocket PC, qui désirez en acquérir un, comprendre comment il s'intègre dans les télécommunications actuelles, tels Internet, le GSM, le GPRS, le réseau de votre entreprise, et surtout apprendre à l'utiliser, le faire évoluer pour l'adapter à vos besoins quotidiens pour votre plus grande satisfaction.

Nous allons le sortir de son emballage ensemble, apprendre à l'installer, le prendre en main et vous apprendre à l'utiliser avec les logiciels qui sont livrés avec (Pocket Outlook, Pocket Word, Pocket Excel, ...). Nous vous expliquerons comment mettre en oeuvre toutes ses possibilités de bureautique, de communication, d'évolution,...

Ces quelques lignes vous donneront un bref aperçu de cette machine surdouée.

Votre Pocket PC fonctionne en symbiose avec votre PC de bureau avec lequel il synchronisera ses données automatiquement.

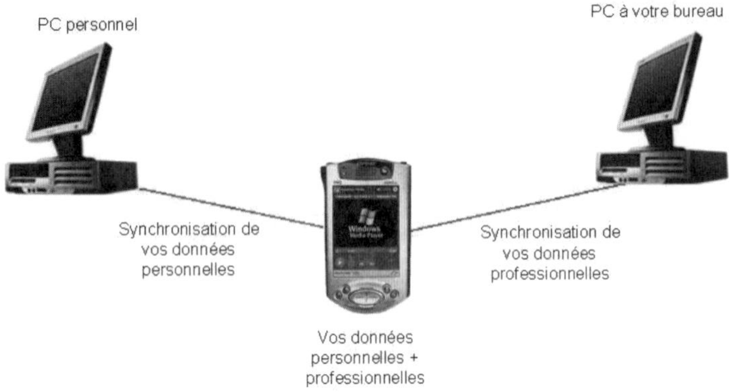

Ce comportement symbiotique s'étendra aux logiciels que vous utilisez sur votre PC de bureau et votre Pocket PC.

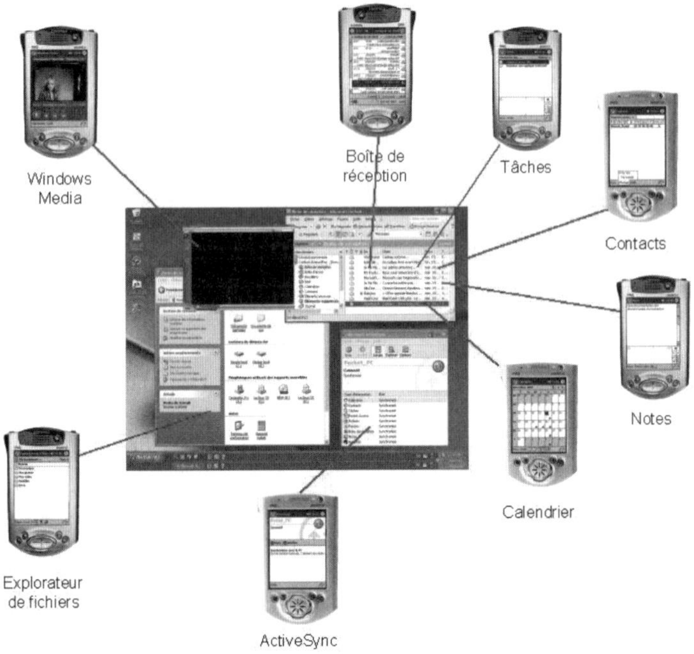

Il communiquera avec le réseau de votre entreprise, Internet, etc. Il vous permettra de mettre en œuvre toutes les fonctions de communication que vous souhaitez et vous assistera en permanence dans votre quotidien où que vous vous trouviez.

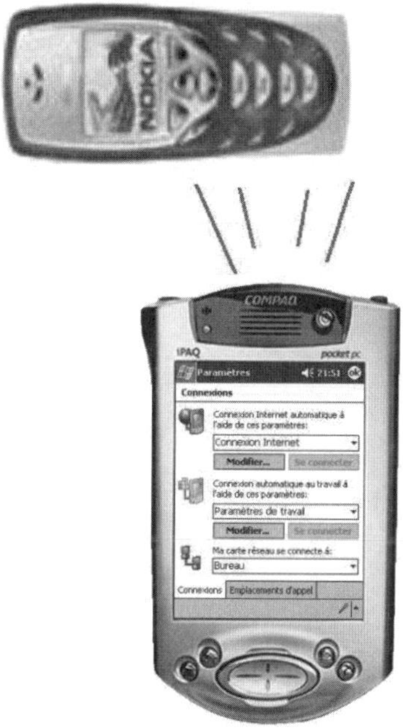

Il est doté dès la livraison d'un ensemble logiciel riche et complet, mais vous pourrez aussi le faire évoluer en recherchant sur Internet de nouveaux programmes et en les installant sur votre Pocket PC.

Le site web du Pocket PC

L'auteur de ce livre a réalisé et met à jour quotidiennement le site des utilisateurs de Pocket PC `www.universpocketpc.com`. Ce site, mis en oeuvre à l'occasion de la première version de ce livre, est aujourd'hui un des premiers sites sur le Pocket PC en France et à l'étranger (site en langue française et langue anglaise). Sur ce site web, vous trouverez, entre autres, des logiciels pour étendre la capacité de votre Pocket PC, jouer, vous assister dans vos déplacements, etc. ainsi que des conseils, des liens utiles. Ce site a été créé pour vous dans le but de vous aider à découvrir le monde passionnant des Pocket PC et de vous apporter une aide actualisée.

Vous pourrez faire part de vos remarques et questions à l'auteur de ce livre en lui faisant parvenir un e-mail à l'adresse qu'il a créée pour vous : `postmaster@universpocketpc.com`.

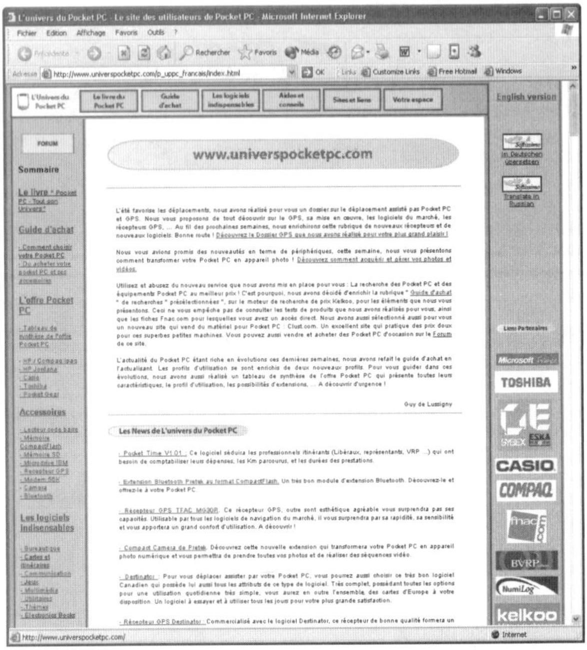

Ce qu'il va vous apporter et vous apprendre

L'approche de ce livre est différente de ce que l'on trouve souvent dans ce type de littérature. Il est écrit pour vous et va vous permettre d'utiliser avec aisance votre Pocket PC.

Afin de mieux comprendre comment votre Pocket PC s'intègre dans le monde communicant actuel, nous vous expliquerons comment nous sommes parvenus au Pocket PC qui est l'aboutissement de 25 ans d'évolutions. Nous vous dresserons un panorama de tous les moyens de communication actuels et de ceux que vous pourrez mettre en œuvre avec votre machine, ainsi que la prospective d'utilisation que nous ouvrent les nouveaux réseaux GPRS et UMTS.

Forts de ces nouvelles connaissances, nous étudierons ensemble l'utilisation que vous voulez faire de votre Pocket PC et comment le choisir.

Puis, nous vous apprendrons le fonctionnement complet de votre machine et de tous les programmes livrés avec, comme Pocket Outlook,

Pocket Word, Pocket Excel… et ce, de façon très didactique, simple, basée sur des exemples.

Vous n'êtes pas spécialiste du domaine, mais utilisateur de ce petit joyau de technologie qui deviendra votre compagnon de tous les jours. Ce livre vous apportera les réponses aux questions que vous vous posez et vous apprendra comment tirer le meilleur parti de votre acquisition ou de votre future acquisition.

Vous apprendrez, entre autres, comment faire évoluer votre Pocket PC avec de nouveaux logiciels, prendre un abonnement Internet, aller chercher vos mails en utilisant votre téléphone mobile, le transformer en walkman MP3… Pour la partie ludique, vous saurez aussi comment transformer votre petite machine en une console de jeu qui rendra jaloux vos enfants, mais aussi la mise en oeuvre et l'utilisation d'un module GPS, augmenter la mémoire de votre Pocket PC, rajouter un disque dur, etc.

Si vous n'utilisez votre Pocket PC que dans un cadre professionnel, ce livre vous expliquera aussi comment vous intégrer dans votre messagerie d'entreprise Exchange, partager votre agenda et surtout vous expliquera comment il peut être utilisé dans le cadre des grandes applications qui sont mises en oeuvre dans votre entreprise, mais aussi la mise en oeuvre des Pocket PC dans le cadre d'un CRM.

Cette deuxième version de ce livre vous dira tout sur les extensions de votre petite machine qui deviendra très rapidement votre compagnon fidèle.

Comment le lire et ce que vous allez y trouver

Vous pouvez utiliser ce livre de façon différente en fonction de vos besoins du moment.

Si vous êtes très pressé de découvrir votre petite machine et de l'installer, allez directement au chapitre 4, vous reviendrez sur les précédents ensuite.

Mais nous vous recommandons de lire ce livre chapitre par chapitre, car la progression vous accompagnera jusqu'à ce que votre Pocket PC n'ait plus de secret pour vous et qu'il soit parfaitement adapté à votre besoin.

Vous allez trouver dans ce livre les chapitres suivants :

Chapitre 1 – Découvrez comment est né le Pocket PC et comment il se positionne dans les systèmes d'information et les télécommunications actuels. Ce chapitre vous explique les évolutions de l'informatique au cours de ces 20 dernières années, comment les micro-ordinateurs sont devenus des Pocket PC et comment ils s'intègrent dans le paysage informatique et de télécommunication contemporain, fait de réseaux et de grands systèmes d'information d'entreprise. Pour compléter cette partie, nous vous décrirons tous les moyens de communication vous permettant de vous connecter à Internet ou au réseau de votre entreprise avec votre Pocket PC.

Chapitre 2 – Que faire avec cet ordinateur surdoué et comment il s'intègre dans notre environnement de communication ? Il vous sera présenté dans ce chapitre toutes les grandes possibilités d'utilisation de votre Pocket PC et comment il s'intègre dans les différents environnements de communication décrits précédemment.

Chapitre 3 – Choisissez un Pocket PC en fonction de vos besoins. Pour parfaire cette description, nous ferons le point sur les PDA disponibles sur le marché, et vous expliquerons de quoi est constitué votre Pocket PC, comment il se positionne ainsi que les critères déterminants qui vous permettront de le choisir en fonction de vos besoins.

Chapitre 4 – Installez votre Pocket PC. Ce chapitre vous guidera pas à pas dans l'installation de votre Pocket PC avec votre PC de bureau, de son déballage à sa mise en service.

Chapitre 5 – Prise en main, utilisation et principes de base de votre Pocket PC. Ce chapitre vous détaillera comment prendre en main votre Pocket PC, vous guidera dans les débuts de son utilisation et vous expliquera comment saisir vos données avec cet ordinateur qui reconnaît votre écriture.

Chapitre 6 – Utilisez votre PC de bureau avec votre Pocket PC. Nous vous présentons ici le fonctionnement complet de votre Pocket PC avec votre PC de bureau, ce qui a changé, comment synchroniser vos données, comment créer des fichiers audio MP3 ou vidéo et les transférer sur votre Pocket PC qui se transforme pour l'occasion en baladeur MP3. Vous saurez aussi comment mettre en œuvre le paramétrage de vos boîtes aux lettres Internet avec Outlook 2002 sur votre PC de bureau, à l'identique de votre Pocket PC.

Chapitre 7 – Je gère mon Pocket PC. Ce chapitre vous expliquera comment est structuré Windows sur votre Pocket PC, les différentes arborescences de fichiers, comment organiser vos répertoires, transférer des fichiers de votre Pocket PC vers votre PC de bureau et inversement ; mais aussi, les règles de gestion de votre Pocket PC, la gestion de la mémoire, la sauvegarde de votre Pocket PC, la gestion de la batterie…

Chapitre 8 – Mise en œuvre de la communication globale de votre Pocket PC et de votre ordinateur de bureau. Rien de plus frustrant que de s'entendre dire, "tu n'as qu'à te connecter à Internet" et de ne pas savoir comment s'y prendre dans une des jungles les plus changeantes de ce début de millénaire. Nous nous sommes abonnés à Internet pour vous et nous vous expliquons en détail où et comment faire pour vous abonner, paramétrer Internet sur votre PC avec votre modem ainsi que votre Pocket PC avec votre téléphone mobile.

Chapitre 9 – Les programmes "standard" de "Microsoft Pocket PC 2002". Ce chapitre vous expliquera comment utiliser tous les grands logiciels qui sont livrés avec votre Pocket PC, et en particulier, Pocket Outlook, Pocket Word, Pocket Excel, comment vous connecter à Internet, envoyer et recevoir vos e-mails, surfer sur Internet avec Internet Explorer en utilisant votre téléphone mobile, et comment échanger vos données avec un autre ordinateur au moyen du port infrarouge. Vous pourrez aussi utiliser la dernière génération de Pocket PC dotée des fonctions GSM/GPRS avec la dernière extension de Pocket PC 2002 : Phone Edition.

Chapitre 10 – Utilisation des fonctions multimédia. Nous vous présenterons comment utiliser votre Pocket PC comme un baladeur MP3 ou visionner vos vidéos, visualiser votre album de photos et utiliser votre Pocket PC comme un dictaphone très évolué.

Chapitre 11 – Ajouter de nouvelles fonctionnalités sur mon Pocket PC ? Votre Pocket PC est une machine très évolutive, à condition de savoir comment faire. Des centaines de logiciels sont disponibles sur Internet, et plusieurs répondront à vos besoins quotidiens et amélioreront votre vie. Nous allons vous expliquer comment le faire, sur quels sites et vous proposer une sélection de logiciels qui permettront de "booster" votre Pocket PC, en faire le gestionnaire de votre téléphone mobile, vous permettre d'envoyer vos SMS, de vous déplacer sans jamais vous perdre, à pied, en voiture et dans le métro grâce au GPS. Mais aussi, vous pourrez vous tenir informé en permanence, transformer votre Pocket PC en une console de jeu, prendre des photos, rajouter les fonctions bluetooth, wirelessLan, etc.

Chapitre 12 – L'intégration de votre Pocket PC dans le cadre de la synergie de votre entreprise avec le CRM.

Chapitre 13 – Paramétrage de votre Pocket PC. Ici, il vous sera décrit l'intégralité des possibilités de paramétrage de votre Pocket PC pour en faire un outil personnel adapté à vos besoins.

Chapitre 14 – Résolutions de certains problèmes. Malgré la qualité du système d'exploitation de votre machine, il se peut que dans de rares occasions vous rencontriez des problèmes. Ce chapitre vous décrit les principaux problèmes auxquels vous pouvez être confronté et comment les résoudre.

MEGA LIVRE

Chapitre 1	Découvrez comment est né le Pocket PC et quel est son positionnement dans les systèmes d'information et les télécommunications actuels

D'hier à aujourd'hui, ou comment en 25 ans nous sommes passés du gros ordinateur central au Pocket PC

Un peu d'histoire

En des temps lointains, voire immémoriaux, concernant le domaine informatique, c'est-à-dire vers la fin des années 70 (au siècle dernier donc…) est né le micro-ordinateur. Il avait pour ambition de révolutionner la planète et c'est ce qu'il fit en apportant partout et en permanence une facilité d'accès à l'information et à des puissances de traitements de plus en plus grandes pour réaliser de plus en plus de choses.

Au début, l'utilisation de ces machines était surtout de l'émulation de terminal pour les mainframes (gros ordinateurs centraux des entreprises) et apportait des fonctions de bureautique dont les entreprises avaient de plus en plus besoin. Pour commencer, les traitements de texte comme "Wordstar" puis "Microsoft Word" se sont imposés, ensuite sont venus les tableurs. Excel fut le premier à remporter une adhésion globale de la part des utilisateurs. Elles sont devenues progressivement des éléments à part entière du système d'information des entreprises.

Prenant une importance croissante au sein des entreprises, l'accès à l'utilisation de ces machines a fini par ne plus être réservé à un petit nombre d'utilisateurs. Elles sont devenues un équipement à part entière pour tous les salariés. La plupart des entreprises donnent systématiquement un ordinateur à une personne qui intègre l'entreprise.

Cela est dû à l'apparition d'un standard de fait, "l'IBM PC XT" et de ses successeurs. Il s'est développé notamment à cause des points suivants :

- son architecture interne était décrite et publiée ;
- l'utilisation de composants que toute entreprise pouvait acquérir (processeur Intel...) ;
- son bios (programme de base qui fait fonctionner votre ordinateur) était décrit dans le détail et ouvert à tous ;
- le système d'exploitation de la machine pouvait être acquis, non pas auprès du constructeur, mais chez n'importe quel distributeur. Le système d'exploitation n'était plus lié à un constructeur informatique en particulier.

Ce qui a permis la création de "compatibles PC" qui n'ont été ni plus ni moins que des "clones" concurrents.

A cela s'est ajouté un autre facteur, les créateurs de cette machine ont rencontré un jeune génie de l'informatique, un certain Bill Gates, qui leur a proposé un compilateur de langage Basic et un système d'exploitation rudimentaire appelé MS-DOS (Microsoft Disk Operating System). Par la suite, dans les années qui ont suivi, est apparu un surensemble de ce système d'exploitation, Windows 2, qui n'exploitait que des fenêtres juxtaposables (Microsoft était contractuellement lié par un accord de partenariat Recherche et développements avec Apple concernant les systèmes d'exploitation graphiques multi-fenêtres). Windows faisait ses débuts, une version avec fenêtres superposables a été réalisée et a connu le succès que l'on sait : Windows 3.0 et Windows NT 3.11.

Mais à cette époque-là, même si les machines étaient vendues par les distributeurs de micro-ordinateurs avec les produits de Microsoft, d'autres systèmes d'exploitation ont vu le jour et ont fait concurrence à MS-DOS (par exemple le système d'exploitation de Bull : Prolog, le système Pick...) et des produits directement concurrents à Windows tels que OS2 de la société IBM.

Les machines étaient donc là, le standard aussi, une industrie était née et appelée à un développement fulgurant. Le monde de l'informatique était parvenu aux premiers consensus technologiques d'un monde très concurrentiel.

Les connexions originelles

Au début des années 1980 la typologie de machines et de réseau était la suivante :

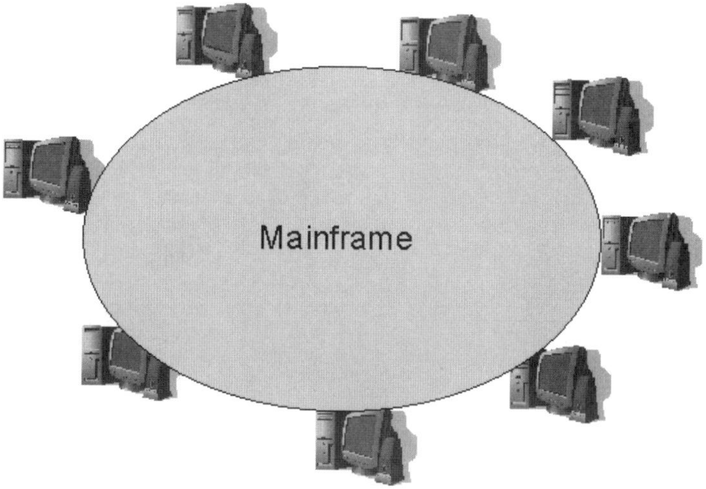

Des PC reliés à un ou plusieurs mainframes via un réseau propriétaire de type SNA ou Decnet.

Des applications, qui ne pouvaient être réalisées sur les gros mainframes, ont commencé à être écrites sur les micro-ordinateurs par les informaticiens avec des produits du type Dbase III, qui permettaient de réaliser des logiciels utilisant des bases de données purement locales (ne fonctionnant que sur un PC) ou des produits de type infocentre comme PC Focus et Focus site central qui reliaient des applications sur micro-ordinateurs avec des bases de données sur mainframe, apportant la puissance des gros serveurs avec la souplesse et la convivialité du micro.

De nouveaux besoins ont commencé à se faire sentir, poussés par la nécessité de mobilité et de communication rapide des entreprises.

Pour y répondre, les constructeurs ont produit les premiers PC transportables, produits valant le prix d'une voiture et réservés aux cadres "très musclés", tant le poids de ces machines était grand, le tout allié à une autonomie très nettement insuffisante.

Sont apparues les premières connexions entre les entreprises et les portables, à travers des "modems" très lents, mais les informations commençaient à s'échanger entre les nomades et l'entreprise. Cela a commencé à apporter productivité et simplicité dans la vie quotidienne à nombre de collaborateurs des entreprises, et surtout à fluidifier certains processus de l'entreprise. L'aboutissement actuel étant le "flux tendu". Nous avions globalement une architecture de ce type :

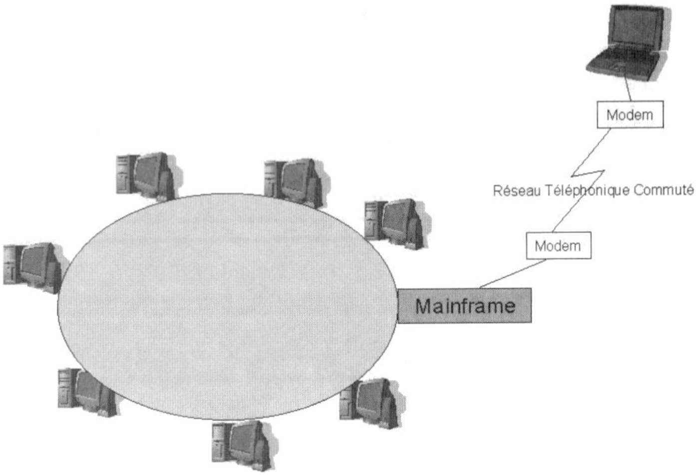

Du début des années 80 jusqu'au milieu des années 90, l'informatique a continué à évoluer, donnant naissance à des micro-ordinateurs de plus en plus puissants et dont la taille se réduisait à chaque génération. Nous avancions à grands pas vers les Pocket PC.

L'évolution des systèmes d'exploitation et des protocoles réseau

La guerre des systèmes d'exploitation a continué à faire rage, et en définitive, Microsoft a su répondre aux attentes des utilisateurs et Windows est devenu **le** système d'exploitation par excellence sur ce type de machines. Ce combat a définitivement été gagné avec l'arrivée de Windows 95, puis de Windows 98 pour les particuliers, NT4 pour les entreprises.

La consécration arrive aujourd'hui avec Windows XP qui est un modèle de robustesse et de convivialité. La seule alternative crédible reste aujourd'hui Linux, mais cela est une autre histoire.

En parallèle, depuis 15 ans, une autre bataille avait lieu, celle de la libération des entreprises utilisatrices des griffes des systèmes d'exploitation propriétaires qui coûtaient très cher aux entreprises et surtout les liaient définitivement avec un constructeur.

L'alternative a été Unix, un système d'exploitation puissant, très souple, modulaire et surtout indépendant (environ 95 % du code source en langage C) des machines.

Vers la fin des années 60, ce système d'exploitation fit son apparition dans les laboratoires Bell qui se lancèrent dans le développement de ce nouveau système d'exploitation sur des machines de marque Digital (entreprise rachetée depuis par Compaq en 2000, qui elle-même fut rachetée par HP en 2002). En 1973 est né le premier système Unix écrit en langage C, portable d'une machine à l'autre, apportant une grande puissance, l'accès à toutes les fonctions de base de la machine et souplesse de programmation à l'image des langages de troisième génération.

Durant 10 années, Ce système d'exploitation fut boudé par les grands industriels qui ont pourtant "porté", c'est-à-dire adapté, une version de ce système d'exploitation sur leurs gammes d'ordinateurs, mais sans y croire, ou vouloir y croire, car cela sonnait le glas des monopoles.

Les universitaires, par contre, ont rapidement adopté ce système d'exploitation dont les sources (programmes) furent diffusées dans le domaine public et donc libres de droits. Intégré à ce système d'exploitation, il existait un protocole réseau dont le nom est TCP/IP.

Ce protocole fut développé par le U.S. Défense Advanced Research Projects Agency (DARPA) pour permettre à des machines de communiquer avec d'autres machines par tous types de liaison, localement ou à très grande distance.

TCP (Transmission Control Protocol) traite les détails de la transmission de l'information. IP (Internet Protocole) spécifie comment les messages doivent être transmis entre les systèmes.

Ethernet est une interface de communication standard qui fut développée conjointement par Digital Equipment Corporation, Xerox et Intel vers 1980. Au contraire des réseaux commutés téléphoniques et autres matériels destinés à des liaisons à grande distance, Ethernet est un système de communication local. TCP/IP est seulement un des protocoles qui peuvent cohabiter sur Ethernet.

L'université Berkeley a réalisé une version d'Unix incluant Ethernet / TCI/IP avec des programmes de communication tels que "mail".

Quelques années plus tard, le premier système de fichiers fut conçu pour répondre aux besoins d'un environnement réseau, ce fut le Network File System de Sun Microsystem. Sa transparence au niveau fichier permet aux utilisateurs d'un système de "monter" des fichiers sur un système distant. Une fois que le système de fichiers est "monté", on peut accéder à tous ses fichiers sur une machine distante aussi facilement qu'à ceux d'une machine locale. Pour l'utilisateur cela représente un disque dur de plus.

Au commencement, les applications étaient exploitées sur des serveurs Unix, et les PC connectés à ces serveurs fonctionnaient à l'identique des mainframes en "émulation de terminal" (souvenez-vous de l'émulation VT100...). Ensuite sont apparues les stations de travail sur lesquelles s'est imposée une interface graphique en "open source", à l'image d'Unix, X11, plus communément appelée X Windows.

Il n'y avait pas d'unification de l'utilisation des micro-ordinateurs avec le système d'information de l'entreprise, juste deux mondes qui cohabitaient.

La première réelle intégration du micro dans l'entreprise : le client / serveur

Un bouleversement allait commencer à changer cela, l'avènement du "client/serveur". Les bases de données (type Oracle) étaient abritées par les serveurs et les applications fonctionnaient sur les PC en mode graphique avec le système d'exploitation Microsoft Windows. Cela apporta une grande souplesse d'utilisation et permit de concevoir toutes les applications et les systèmes d'information des années 90. Le lien entre les deux univers était réalisé et nous commencions à voir des applications qui fonctionnaient en parfaite harmonie avec l'environnement bureautique sur un réseau d'entreprise, en local ou à distance.

Ces nouvelles architectures furent les suivantes :

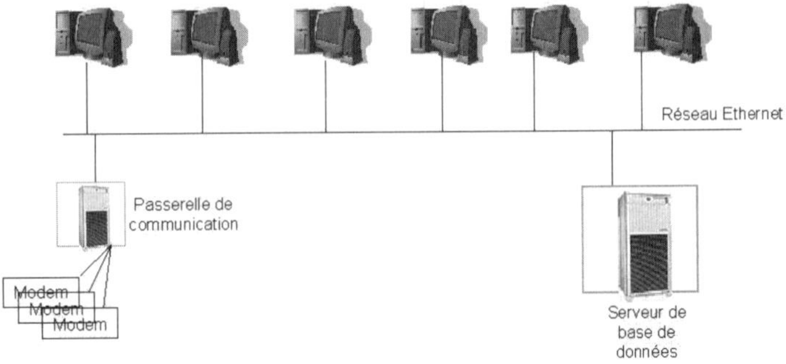

Cette architecture représente aujourd'hui la quasi-totalité des architectures informatiques des entreprises dans le monde !

Cette typologie de réseau a permis de faire passer la messagerie d'entreprise dans les mœurs, la mondialisation des entreprises en a fait une nécessité. L'e-mail a progressivement investi les postes de travail des différents utilisateurs qui ont très rapidement commencé à envoyer des e-mails et à programmer des réunions directement à travers les serveurs de messagerie d'entreprise.

Les bases de notre paysage informatique actuel

En synthèse :

- Nous avions des plates-formes PC universelles qui intégraient les protocoles de communication Ethernet / TCP/IP.
- Nous avions des serveurs Unix normalisés utilisant les mêmes protocoles de communication.
- Des applications fonctionnant sous un mode à deux niveaux (le client/serveur) en mode graphique.
- Des passerelles de communication entre les entreprises et l'extérieur.

Les bases de notre paysage informatique actuel étaient jetées, il ne restait plus qu'un ciment global pour faire de notre planète un immense réseau de communication et porter au creux de votre main l'information planétaire sous toutes ses formes.

Le chaînon manquant : Internet

Le ciment global qui permet l'interconnexion de l'ensemble des systèmes informatiques individuels ou d'entreprise s'appelle "Internet", le réseau des réseaux.

Internet est né en 1969 sous l'impulsion du département américain de la défense (DOD). Le réseau, qui s'appelait alors ARPANET, devait assurer les échanges d'informations électroniques entre les centres névralgiques américains dans le contexte de la guerre froide. Le cahier des charges établi par le DOD imposait que le réseau puisse poursuivre ses activités en cas d'attaque nucléaire soviétique. Si l'un ou plusieurs des sites et lignes de connexion venaient à être détruits, les messages parviendraient à leur destinataire par des itinéraires alternatifs. Un grand nombre de centres de recherche, militaires, publics et privés prirent part à ce projet. C'est pourquoi les réseaux internes de ces entreprises furent les premiers à être reliés entre eux avec ce réseau, reposant sur Ethernet/ TCP/ IP, devenu un standard et qui fut conçu dès l'origine comme le réseau des réseaux, un réseau permettant d'interconnecter les autres réseaux. Il fut rapidement utilisé pour relier la communauté scientifique et universitaire mondiale.

Internet arrive en Europe en 1982. Ce fut l'année 1984 qui permit le démarrage de ce qui va devenir une déferlante mondiale. En effet, cette année-là, Internet perd son caractère militaire.

Son financement n'est plus assuré par le DARPA mais par un organisme scientifique civil créé deux ans plus tard :

- la National Science Foundation (NSF) ;
- le réseau est scindé en deux parties : MILnet, réseau strictement militaire et NSFnet, le backbone ou épine dorsale d'Internet.

Le World Wide Web apparaît l'année suivante.

L'informatique d'aujourd'hui était née.

Cette somme historique de facteurs a accouché d'une nouvelle forme d'organisation qui s'est généralisée à travers le monde pour parvenir à l'organisation actuelle :

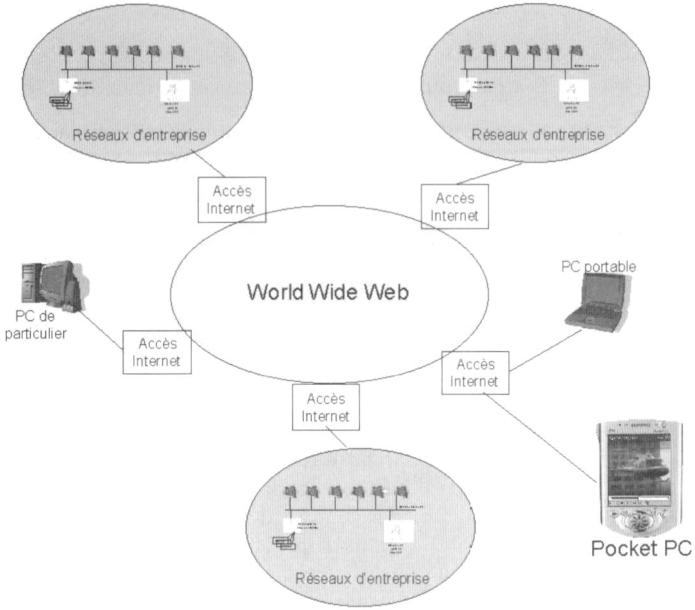

Les réseaux des entreprises sont reliés par un accès permanent (liaisons louées) et les serveurs de messagerie communiquent entre eux en un réseau global connecté en permanence.

Aujourd'hui toutes les entreprises sont reliées entre elles, et notamment, toutes les messageries d'entreprise (le mail). Et le particulier, me direz-vous !

Elles peuvent maintenant souscrire très simplement un abonnement Internet qui leur permet de se raccorder au Web et de bénéficier de l'apport de tout ce qui peut se faire dans le monde en termes d'informations, vidéo, musique… Le phénomène s'est d'abord propagé au sein des grandes entreprises, et est adopté par toutes les PME, notamment grâce à l'ADSL qui permet une connexion permanente, rapide et peu coûteuse.

Le fonctionnement global est assez simple. Que ce soit les entreprises ou les particuliers, il faut passer par un ASP (Access Internet Provider)

/ ISP (Internet Services Provider) pour raccorder son PC ou son réseau de PC d'entreprise à Internet (par exemple free, Wanadoo...). Les ASP/ ISP proposent en général les services suivants :

Pour les entreprises :

- raccordement du réseau d'entreprise permanent au Web et/ou hébergement du serveur Web. (Le serveur Web est un ordinateur qui va vous proposer sur votre browser Internet les informations ou les services que vous recherchez – exemple : `www.universpocketpc.com`.) ;
- Un nom de domaine (nom de votre site) qui permet aux internautes d'accéder aux sites Web ;
- Des fonctions de VPN (Virtual Private Network) qui permettent de réaliser un réseau privé à travers des sites distants, globalement de réaliser un Intranet pour les entreprises. Nous aborderons ce point un petit peu plus loin.

Pour les particuliers :

- le raccordement ponctuel de l'ordinateur sur Internet à des débits de 56 kb/s ;
- le raccordement haut débit et permanent via l'ADSL ;
- une ou plusieurs boîtes aux lettres ;
- une capacité de stockage permettant de publier des sites Internet en HTML, PHP,...

Vers les systèmes d'information de nouvelle génération

Comme nous l'avons vu, les systèmes d'information sont maintenant très communicants et orientés vers l'Internet et l'Intranet (L'intranet est un Internet interne aux entreprises).

Il n'en fallait pas plus pour qu'un nouveau mode de conception des applications (logiciels) naisse et remplace ou vienne en complément du client / serveur actuel. C'est la notion de "clients légers" et d'architecture distribuée.

Plusieurs constatations ont été faites ces dernières années avec la généralisation des micro-ordinateurs :

- Ceux-ci deviennent difficiles et coûteux à gérer du fait de leur grand nombre et surtout de la maintenance des logiciels installés.
- A chaque changement de version du logiciel de l'entreprise (par exemple pour un opérateur télécom la gestion du support et des dossiers clients), il faut modifier l'installation de plusieurs milliers de machines en même temps que les gros serveurs sont mis à jour. Du fait de cette envergure, ces actions sont très coûteuses et complexes. Chaque évolution est une aventure à elle seule.

- Uniformiser le transport ainsi que l'acquisition de la connaissance et de l'information devint une nécessité. Et surtout, manipuler une information homogène, accessible en permanence devint une évidence. Jusqu'à cette nouvelle évolution, il fallait des outils différents pour chaque machine et pour chaque support d'information (Minitel, PC portables ou de bureau en client serveur...) ; il fallait réaliser un logiciel spécifique, installer des ordinateurs et des réseaux différents.

Le client léger est simplement l'utilisation d'Internet/Intranet pour l'ensemble du développement des applications et de la présentation des informations. Au lieu d'installer un logiciel sur un ordinateur, celui-ci est directement transféré et exploité par le Browser Internet (Internet Explorer par exemple) du poste de travail à partir du serveur intranet (intranet est un Internet interne à l'entreprise). Le micro-ordinateur devient un "client léger".

Le terme "client léger" vient en opposition avec le terme "client/serveur". En effet, le poste client ne fait qu'afficher le résultat obtenu et envoyer des demandes aux serveurs. Dans le cadre du "client/serveur", le poste client réalise le traitement complet et n'envoie au serveur que des demandes aux bases de données. Pour que le mode "client/serveur" fonctionne il faut installer les programmes complets sur le client, alors que dans le cadre du "client léger", seul le Browser Internet, la plupart du temps livré avec le PC, est nécessaire. Si d'aventure, il manquait un morceau de logiciel, celui-ci est transféré automatiquement par le serveur Internet.

La généralisation des Intranet dans les entreprises se réalise via un "Portail", site Internet destiné à l'usage des salariés de l'entreprise. Toutes les grandes entreprises ont maintenant mis en place ce type de "Portail" qui fédère toute l'information de l'entreprise, la gestion de plus en plus de processus (achat, maintenance,...), etc. L'évolution actuelle dépasse maintenant la simple diffusion d'information, c'est aussi l'automatisation des processus de l'entreprise via des "workflow". Par exemple, un processus achat n'est plus que le transfert d'une information d'un signataire à un autre, sous forme électronique, orchestré par un système automatique dont le processus a été décrit au préalable.

Du fait que ces logiciels reposent sur des éléments standard Internet (HTML, JAVA...), toute machine fonctionnant avec un Browser Internet (Netscape et Internet Explorer par exemple) peut accéder aux différentes informations produites dans le monde entier et utiliser les différentes applications (logiciels) des entreprises.

C'est le cas de votre Pocket PC qui contient un Browser Internet Explorer.

Cette évolution a conduit à construire les infrastructures informatiques sur ce modèle :

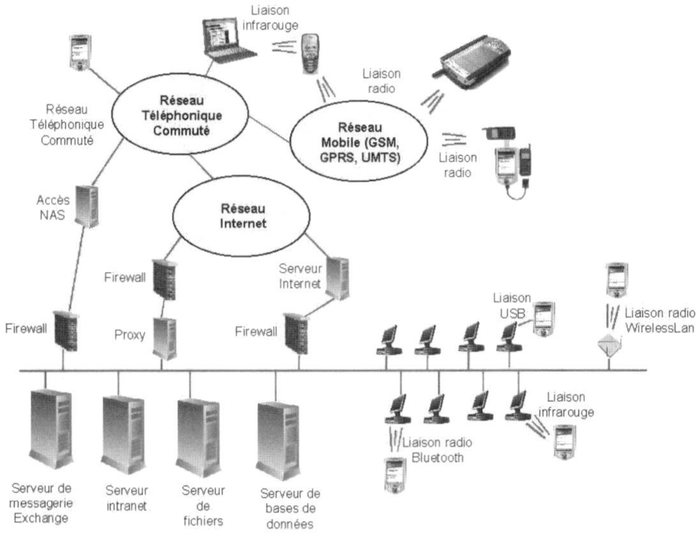

Ce schéma décrit les modes de liaison suivants :

- Sur le réseau d'entreprise, nous avons des serveurs de messagerie, de fichiers, de bases de données.
- Les PC accèdent aux données de ces serveurs et au portail d'entreprise, via des applications en client léger à travers le serveur Intranet. Les Pocket PC de l'entreprise accèdent aux données avec les modes de connexion suivants :
  - via le port USB ou série du PC de bureau. Connexion standard entre les deux machines par le biais de la station d'accueil du Pocket PC ;
  - via une liaison infrarouge entre le PC et le Pocket PC ;
  - via une liaison radio "personnelle" entre le PC et le Pocket PC, Bluetooth ;
  - via une liaison radio WirelessLan qui est une extension via les ondes hertziennes du réseau local de l'entreprise sous Ethernet TCP/IP.

Les mails et la gestion d'agenda global sont gérés en interne via le serveur de messagerie.

L'accès à Internet et à la communication entre les messageries s'effectue à travers le "proxy" (passerelle informatique interne et externe à l'entreprise).

L'entreprise est protégée des accès extérieurs indésirables via des "Firewall". Un Firewall étant un "mur de feu", c'est-à-dire un ordinateur interdisant l'intrusion de personnes extérieures sur le réseau de l'entreprise.

Un serveur Internet permet à l'entreprise de "publier" sur Internet son site Web institutionnel et aux itinérants d'accéder aux applications de l'entreprise (Messagerie, réunions, gestion de stock, CRM…). Il permet aussi de mettre en œuvre un nouveau mode d'organisation et d'architecture informatique, l'Extranet. Un Extranet est une partie du système d'information accessible par les sociétés concourant à la vie de l'entreprise. Cela permet l'externalisation de fonctions de l'entreprise de façon homogène et contrôlée.

A l'extérieur de l'entreprise, coexistent plusieurs modes d'accès à l'information :

- ❑ La connexion de votre Pocket PC avec une carte modem pour se connecter à Internet via le téléphone (Réseau Téléphonique Commuté).
- ❑ La connexion de votre Pocket PC sur le réseau de votre entreprise pour accéder aux applications, données des différents serveurs, agendas partagés, intranet, via l'accès NAS (accès distant), via le RTC en utilisant un modem ou via le réseau mobile.
- ❑ La connexion de votre PC portable avec une carte modem pour se connecter à Internet via le téléphone (Réseau Téléphonique Commuté).
- ❑ La connexion de votre PC portable à Internet via votre téléphone mobile. Le lien entre votre PC portable est une liaison par infrarouge. La liaison entre votre mobile et le réseau Internet est une liaison GSM, GPRS ou UMTS.
- ❑ La connexion de votre Pocket PC directement via le GSM, le GPRS ou l'UMTS par l'adjonction de périphérique ("jaquette", carte au format Compact Flash ou SD) transformant votre Pocket PC en téléphone mobile d'un nouveau genre : le Smartphone, ou directement en utilisant un Pocket PC intégrant un processeur Intel ARM 920 qui intègre la communication mobile GSM / GPRS / UMTS, c'est-à-dire un Smartphone. Ces Pocket PC reçoivent une version communicante de système d'exploitation : Pocket Pc 2002 Phone Edition.

Dans ce livre, nous vous décrirons ces différents types de connexion et nous vous expliquerons comment réaliser vous-même ces connexions, y compris comment vous abonner à Internet, paramétrer votre PC de bureau, et surtout paramétrer et utiliser votre Pocket PC.

Mais avant de commencer la pratique, le chapitre suivant vous décrit tous ces modes de communication dont vous entendez tout le temps parler. Nous allons essayer de répondre à toutes les questions que vous vous posez sans oser les demander.

L'accès à Internet à travers les réseaux GSM, GPRS, UMTS, RTC, ADSL et Wireless

Attention, vous accédez maintenant à un nouvel univers, celui des télécommunications du troisième millénaire ! Ces télécommunications, dans le cadre de la transmission d'informations entre plusieurs ordinateurs, et par conséquent, vous autres êtres humains, s'appuient sur un phénomène nouveau et corollaire à l'histoire que nous venons de vous conter, "l'avènement du tout IP". Ce barbarisme de spécialiste étant prononcé, nous allons essayer de vous l'expliquer. C'est tout simplement la standardisation de la communication entre toutes ces machines qui communiquent entre elles. En effet, que ce soit par l'ADSL, un modem, le GSM,... les machines (votre Pocket PC, votre téléphone mobile, la télévision numérique, ...) n'utilisent plus qu'un seul protocole : IP (Internet Protocole), qui spécifie comment les messages doivent être transmis entre les systèmes. Cette généralisation a pour conséquence pour vous, utilisateurs de technologies informatiques, de pouvoir utiliser une seule machine pour accéder à toutes les sources d'information.

Il ne reste plus qu'à mettre en œuvre les tuyaux permettant de véhiculer cette information. Ce sont ces machines dont les entreprises vendant ce type de technologie vous ont rebattu les oreilles à coûts de centaines de millions d'euros, dans une période qui fut euphorique. En particulier les différentes technologies qui permettent de communiquer, et notamment la téléphonie mobile (GSM, GPRS et UMTS), le raccordement filaire (RTC et ADSL) ainsi que le Wireless (c'est-à-dire "le sans fil" de type WirelessLan et Bluetooth), dernier né des technologies de mise en œuvre de réseau sans fil.

La somme de ces technologies apporte les "briques de base" nécessaires pour réaliser un réseau global de communication et d'accès aux informations, que ce soit en tant que particulier ou en tant qu'entreprise. Les PDA, et notamment les Pocket PC, qui possèdent des fonctionnalités et des capacités évoluées s'intègrent parfaitement dans cet environnement communicant.

Vous pouvez maintenant aborder le monde d'aujourd'hui en communiquant et utiliser ces merveilles de technologie qui vont vous simplifier la vie. Les différents chapitres de ce livre vont vous présenter ce que vous pouvez en attendre et ce qu'il faut faire pour les utiliser et en tirer parti le plus possible.

La téléphonie mobile

Le GSM

En 1990, à l'initiative de la Communauté européenne, le groupe GSM (Global System for Mobile) est créé dans le but d'harmoniser les techniques de télécommunication. Avec les progrès de l'informatique et des codages numériques, une nouvelle révolution se profile. La télécommunication mobile allait enfin devenir un service accessible à tous. France Telecom Mobile commercialise en juillet 1992 le premier réseau GSM en France. Alors que les pays européens s'équipent à un rythme exponentiel, la France ne semble pas touchée par la vague "mobile" dont l'utilisation reste réservée à un petit nombre de privilégiés du fait de son coût.

La téléphonie mobile a pris son essor en France avec l'arrivée d'un troisième opérateur, Bouygues Telecom, en 1996. Cet opérateur, en utilisant un nouveau mode de commercialisation des communications téléphoniques, allait enfin faire décoller l'utilisation des mobiles en France grâce au forfait et à une qualité de son inégalée à ce jour par l'utilisation de nouveaux algorithmes de codage.

Le GSM classique fonctionnant sur la bande de fréquence 900 Mhz, le nombre d'antennes qu'il était possible de déployer sur le territoire national, et surtout dans les grandes villes, ne permettait pas d'accueillir cet afflux de nouveaux abonnés ; ainsi, la saturation des réseaux SFR et France Telecom a commencé à se faire sentir. Bouygues Telecom en commençant directement avec le DCS 1800, c'est-à-dire du GSM fonctionnant à 1 800 Mhz, a su contourner cette difficulté car cette norme permet d'implanter plus d'antennes et donc d'avoir plus d'abonnés en même temps. Aujourd'hui avec la généralisation des terminaux bibandes, les opérateurs français utilisent les deux normes, le 900 Mhz et le 1 800 Mhz.

Avec l'arrivée de ce troisième opérateur, les Français se sont pris d'un fort engouement pour la téléphonie mobile. Actuellement un téléphone mobile est devenu un produit grand public et s'achète dans n'importe quelle grande surface. Ce marché commence à arriver à saturation avec plus de 70 % des ménages équipés.

Le principe d'un réseau GSM cellulaire repose sur la division de l'espace géographique couvert par le réseau entre des territoires reliés entre eux appelés cellules (d'où l'appellation de téléphonie cellulaire). Dans chaque cellule sont implantées des antennes reliées à un émetteur / récepteur. Elles portent le nom de BTS. Comme cette technologie doit permettre à l'utilisateur de pouvoir se déplacer, il faut pouvoir gérer cette translation d'un territoire à l'autre et plus précisément d'une BTS à une autre. Cela s'appelle le "Hand Over". Quand vous vous déplacez, vous vous éloignez obligatoirement d'une antenne pour aller vers une autre. Le réseau détecte cela et vous transfère d'une antenne vers une autre. Les BTS sont reliées ensemble en groupes de cellules et sont gérées et coordonnées par un ordinateur appelé BSC qui gère globalement cette mobilité.

Le GSM a deux modes de fonctionnement : le mode "voix" que vous pouvez utiliser tous les jours lorsque vous téléphonez, et le mode "data". Ce mode data vous permet de transmettre des données sous forme numérique de la même façon que vous le faites avec le modem de votre micro-ordinateur lorsque vous vous connectez à Internet. C'est ce mode-là que vous allez utiliser avec votre Pocket PC pour le rendre communicant à partir de n'importe quel point géographique et pouvoir "surfer" sur Internet, récupérer et envoyer des e-mails, etc.

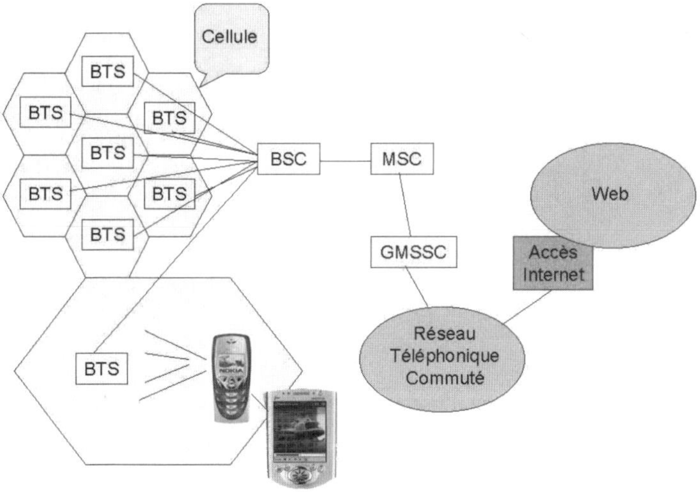

Le GPRS

Le GPRS n'est pas un réseau mobile à lui tout seul, mais juste une couche supplémentaire qui se rajoute à un réseau GSM. C'est une évolution des réseaux GSM existants en y incluant une couche réseau TCP/IP permettant de transformer votre "appareil mobile", tel qu'un téléphone mobile ou un Pocket PC au moyen d'une jaquette GSM/GPRS, en terminal multimédia raccordé à Internet en permanence et non plus à la demande comme auparavant avec les GSM. Cela explique qu'il puisse être installé sans licence supplémentaire pour les opérateurs et que tous les opérateurs GSM peuvent et vont faire évoluer leurs réseaux vers le GPRS. L'ART (Agence pour la régulation des télécommunications) n'a d'ailleurs pas fait d'appel d'offres pour le GPRS alors qu'elle en a fait pour l'UMTS.

Cette technologie est une technologie de transition entre le GSM et l'UMTS. Dans le cadre des réseaux GSM on parle de réseaux de deuxième génération, GPRS de génération 2,5 et UMTS de troisième génération.

Le GPRS utilise le même réseau et les mêmes fréquences que le GSM, c'est-à-dire la bande des 900 Mhz et 1 800 Mhz pour quasiment le monde entier et 1 900 Mhz pour les Etats-Unis. Le japon utilise quant à lui des normes et des fréquences qui lui sont propres.

Le GPRS, appelé aussi GSM 2+, repose sur la transmission en mode paquet. Ce principe, déjà retenu par exemple pour le protocole X.25, permet d'affecter à d'autres communications les "temps morts" d'une première communication (attente d'une réponse à une requête Internet par exemple).

Conçu pour réutiliser au maximum les infrastructures GSM existantes, le déploiement du GPRS nécessite la mise en place d'une infrastructure réseau basée sur la commutation de paquets et l'introduction de passerelles pour s'adosser aux réseaux GSM existants.

Cette technologie, capable de fournir des débits par utilisateur allant jusqu'à 115 kb/s (contre 9,6 kb/S pour le GSM), offre des fonctionnalités intéressantes :

- plusieurs canaux peuvent être alloués à un utilisateur ;
- ces mêmes utilisateurs peuvent partager un même canal ;
- le débit est indépendant des liens montant et descendant.

En France cette offre sera proposée par tous les opérateurs en 2002.

Ce nouveau mode de transmission et d'attachement permanent au réseau TCP/IP via les ondes va permettre, grâce à des débits plus élevés et une connexion permanente au réseau, de développer de nouvelles offres et de nouveaux services.

Le premier avantage sera lié à cette connexion permanente à Internet, comme pour l'ADSL, et donc de recevoir en permanence ses e-mails ou d'aller surfer sur le net sans avoir à se raccorder au préalable, et ce, avec de grandes vitesses de connexion. C'est aussi un moyen de rester en contact permanent avec le système d'information de son entreprise, y compris pour les fonctions e-mails, agenda, applications "client léger" à travers des extensions de la messagerie d'entreprise Exchange avec l'option MMIS par exemple.

Le deuxième avantage sera les applications professionnelles de transfert de données et de sécurité. La connexion ouverte en permanence du GPRS et le mode de taxation offrent à ceux qui font de la télémaintenance, de la télésurveillance et de la téléalarme, des opportunités intéressantes. On trouvera donc la norme GPRS dans les horodateurs, dans les ascenseurs (télésurveillance), dans les distributeurs de boissons ou de billets (vente, télésurveillance, gestion des stocks, réactualisation des prix), pour surveiller les sites industriels ainsi que les locaux professionnels et privés.

Aujourd'hui, le débit d'un réseau GSM standard en mode "connecté" ne dépasse pas 9,6 kbit/s, voire 14,4 kbit/s par implantation de logiciels spécifiques. Il est cinq fois moins rapide que celui du réseau filaire standard, qui autorise 56 kbit/s avec un modem V90. Avec le GPRS, on dispose d'un débit compris entre 40 et 115 kbit/s. Tout dépend du nombre de canaux virtuels ou "time slots" utilisés, et du schéma de codage (CS1 à CS4). Ce dernier agit sur la compression des données comme un multiplicateur de débit. En mode multislots 3+1 (trois slots pour la transmission dans le sens réseau vers portable, et un slot pour le sens portable vers réseau), on atteint un débit de 40 kbit/s avec un schéma de codage CS2. En multislots (8+1) avec le mode de codage CS4, on atteint en pratique 115 kbit/s (en théorie 175 kbit/s). Si, comme cela semble être la volonté actuelle des opérateurs, on réutilise l'infrastructure GSM existante, en conservant notamment le réseau des stations de base (BTS) actuelles, mises à niveau par logiciel, seules les versions CS1 et CS2 seront implantées. Pour les versions CS3 et CS4, des transformations importantes de l'infrastructure devront être effectuées.

Le GPRS offre un accès immédiat. Le mode de fonctionnement du GPRS et son mode de facturation au volume de données transmises permettent de laisser le canal de transmission ouvert en permanence. Ainsi, pour télécharger un e-mail par GPRS on économise, par rapport à une connexion par GSM ou RTC, lors de la première connexion, le temps d'initialisation du modem, soit 30 secondes environ. Sur les autres e-mails, l'avantage est encore plus flagrant, les téléchargements se font immédiatement, sans numérotation préalable alors qu'en GSM il faut recommencer la procédure de numérotation pour chaque consultation. Parmi les évolutions possibles du GPRS, figure la voix sur IP. On peut imaginer le transport de la voix après codage comme une donnée, ce qui ouvre des applications de téléphonie par Internet. Mais aussi les Web TV, Web Radio, visiophonie, etc.

Trois types de terminaux ont été définis pour répondre aux besoins du GPRS :

- le modèle de base (classe B) est prévu pour la voix et les données en mode non simultané ;
- le modèle professionnel (classe C) est data exclusivement (le terminal est utilisé comme un modem) ;
- enfin le haut de gamme (classe A) est compatible voix/data simultanément. Ce terminal classe A pose problème actuellement. La puissance de calcul qu'il demande a pour l'instant une forte incidence sur son coût de production et le rend dissuasif.

Le schéma d'un réseau GPRS se présente comme suit :

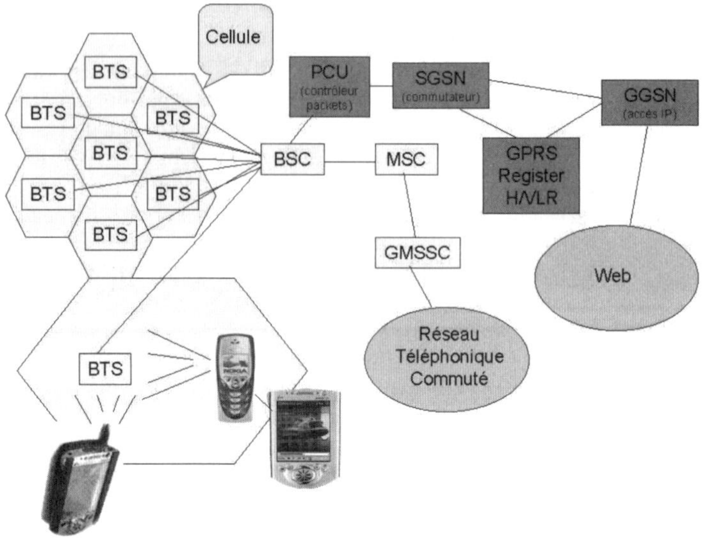

L'UMTS

Le système UMTS (Universal Mobile Télécommunications System) qui arrivera bientôt en Europe annonce une véritable révolution de la téléphonie mobile.

L'objectif de l'UMTS est de permettre la transmission des données à haut débit dans les téléphones mobiles et PDA et de permettre ainsi l'utilisation de services multimédias (transmission de vidéo…).

La technologie de l'UMTS s'appuie sur une nouvelle norme cellulaire numérique dite de troisième génération.

L'UMTS est une extension du GPRS et fonctionne en mode paquet. La vitesse de transmission des réseaux UMTS atteint 2 Mb/s.

Sa technologie utilise une infrastructure qui permet l'élargissement des fréquences et la modification du codage des données.

Le principal changement vient du mode de communication utilisé entre les téléphones (ou PDA) mobiles et les stations de base des opérateurs de téléphonie.

Avec UMTS, c'est la 3e génération de mobiles qui arrive et qui succède à 2 générations de téléphones.

La première génération correspond aux téléphones mobiles analogiques (certains se souviendront de Radiocom 2000), qui utilisaient des réseaux incompatibles.

La deuxième génération (réseaux "2G") était basée sur des portables numériques qui utilisaient une norme européenne : le GSM. Avec cette deuxième génération, sont arrivés les standards WAP (qui permettaient d'accéder à des services Internet à partir d'un portable GSM) et également le GPRS (qui est une amélioration du GSM).

Ces standards devraient disparaître progressivement avec l'arrivée des réseaux UMTS.

La mise en œuvre des réseaux UMTS va nécessiter une très importante mise à jour des réseaux mobiles et des téléphones portables. Plus simplement, ce nouveau système n'est pas compatible avec les systèmes GPRS et GSM existants ; il faudra reconstruire un nouveau réseau de télécommunication hertzien complet à partir de zéro. L'estimation globale du déploiement d'un réseau UMTS avoisine les 7,5 milliards d'euros. Les téléphones mobiles actuels ne pourront fonctionner sur ce nouveau réseau.

L' UMTS s'appuie en effet sur une évolution des technologies radio qui vont permettre l'utilisation et l'exploitation de bandes de spectres de fréquences supérieures à celles utilisées sur les réseaux actuels (GSM).

Le système UMTS permet des débits pouvant aller jusqu'à 2 Mbps et exploite des bandes de fréquences qui sont réservées par la Conférence mondiale des radiocommunications (IMT-2000 pour "International Mobile Télécommunications"). La norme utilisée est appelée CDMA.

Suivant les applications utilisées, le réseau fera la différence entre une transmission en mode "circuit" (comme une communication téléphonique via le RTC ou le GSM) ou bien une transmission en mode "paquet" suivant le protocole Internet IP.

L'ouverture des premiers réseaux UMTS en France devrait avoir lieu entre les années 2006 et 2008.

L'UMTS est la norme qui va se substituer à la norme GSM en Europe.

Cette technologie va apporter des possibilités beaucoup plus importantes que les réseaux actuels, notamment en ce qui concerne le transfert de données et tous les nouveaux services accessibles à partir d'un téléphone mobile, d'un Pocket PC ou d'un Smartphone (machine hybride issue de la fusion d'un PDA et d'un téléphone mobile) : images vidéo et son en streaming, interactivité, visiophonie… et cela grâce à une vitesse de transmission 100 fois supérieure à la vitesse des réseaux actuels GSM. Mais c'est aussi une technologie qui permettra de supporter plus d'abonnés et donc qui permettra de passer les seuils de saturation des réseaux actuels.

La communication globale devrait se présenter sous cette forme dans le monde :

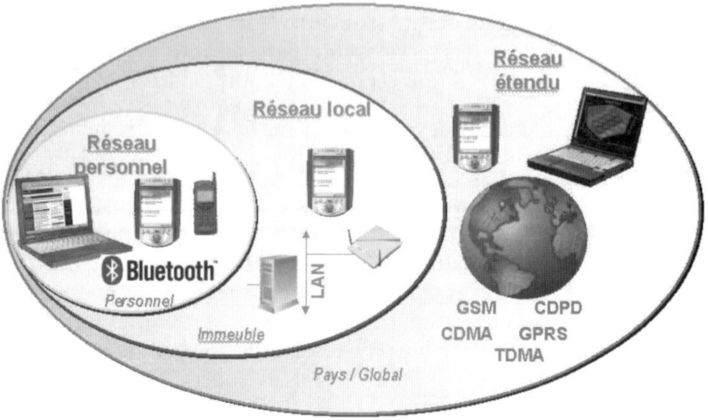

Globalement, l'UMTS qui devait être un système Universel, permettant une communication planétaire homogène et fédératrice, voit apparaître, alors même qu'elle n'est pas implantée dans les différents pays du monde, différentes scissions techniques et modes d'implémentation différents qui risquent de provoquer une nouvelle tour de Babel en termes de télécommunications, le tout dicté par les différents intérêts protectionnistes des différents pays du monde… Vous ajoutez à cela un coût d'implantation des réseaux plus élevé qu'un réseau GSM/GPRS, des perspectives commerciales incertaines, une mise au point technique difficile, et vous avez tous les ingrédients en place pour une mise en vente vers 2007 - 2008 en Europe.

Raccordement filaire (avec fil)

Il existe 3 façons de se connecter au réseau Internet en "mode filaire" : le RTC, le RNIS et l'ADSL.

Le RNIS (réseau numérique à intégration de services) n'étant pratiquement plus utilisé, nous décrirons simplement les 2 modes de connexion suivants : le RTC et l'ADSL.

Le RTC (réseau téléphonique commuté)

Le RTC (réseau téléphonique commuté) est tout simplement l'utilisation de la ligne téléphonique que l'on utilise pour le téléphone fixe chez soi, afin d'accéder au réseau Internet et communiquer.

De même que le RTC permet de dialoguer avec tous les abonnés du téléphone fixe, il permet aussi de transmettre et d'échanger des données entre ordinateurs.

L'utilisation du RTC s'appuie sur des lignes téléphoniques sur une bande passante initialement conçue pour transmettre de la voix, soit 300 Hz-3 400 Hz.

Il utilise la technique de la communication de circuit, avec un protocole orienté "connexion" ; c'est-à-dire que l'on commence par établir la liaison entre les abonnés, puis on effectue la commutation avec la réservation d'un canal pour communiquer, et enfin, on libère la connexion.

Le RTC utilise une bande passante (300 Hz-3 400 Hz) constante avec interface analogique.

Le débit est également constant comme le temps de transit.

La tarification sur le RTC est proportionnelle au temps de connexion sur le réseau.

L'ordinateur utilise un modem pour se connecter au réseau téléphonique, puis il appelle un fournisseur d'accès (qui correspond à un autre ordinateur connecté au réseau Internet).

La liaison téléphonique ainsi établie permet de faire communiquer l'ordinateur avec le fournisseur d'accès, puis, de là, d'accéder à Internet.

Si l'investissement initial de ce type de connexion est négligeable (si vous êtes abonné au téléphone fixe, il suffit de se procurer un modem pour votre ordinateur), il est plutôt recommandé pour une utilisation occasionnelle du réseau.

En effet, étant donné la bande passante qu'il utilise (300 Hz-3 400 Hz), le temps d'établissement de la connexion et le débit sont peu satisfaisants.

L'ADSL

Le DSL (Digital Subscriber Line) est une technologie permettant de faire passer simultanément des données et de la voix sur une ligne téléphonique, et notamment celle qui est installée chez vous.

En dehors de la rapidité de la liaison, l'avantage essentiel du DSL est de permettre une utilisation simultanée de la ligne pour la voix et pour Internet. On parle de "xDSL" en raison des différentes formes que peut prendre cette technologie selon les modalités de sa mise en œuvre. Une des technologies les plus utilisées est l'ADSL.

L'ADSL, Asymmetric Digital Subscriber Line ou liaison DSL asymétrique, est particulièrement adaptée à l'utilisation d'Internet. En effet, la liaison asymétrique privilégie l'envoi d'informations vers l'usager – appelé communément "download", selon une vitesse de 512 kbps – plutôt que les informations que l'usager peut renvoyer vers Internet "upload", limité à 128 kbps. Autre avantage, contrairement à un modem classique, le modem ADSL n'occupe pas la ligne pendant que l'on surfe. Il existe d'autres formes de technologies DSL comme HDSL, VDSL, IDSL, RADSL, etc. qui permettront dans un futur proche des applications comme la téléphonie sur IP et la vidéo à la demande.

Un filtre et un modem installé au début de la ligne chez l'abonné permettent de transporter un signal modulé en haute fréquence jusqu'à l'endroit où la ligne téléphonique rejoint un noyau de connexions dans le central téléphonique de l'opérateur (appelé "répartiteur") où le signal est démodulé par un autre modem, appelé DSLAM (Digital Subscriber Line Access Multiplexer). Cette opération permet d'assurer l'étanchéité et le transport sur la ligne des données et de la voix à grande vitesse.

Pour que cette technologie fonctionne, il est nécessaire :

- que la ligne téléphonique de l'abonné soit située à moins de 5 km d'un répartiteur France Telecom (80 % des foyers en France sont dans ce cas) ;
- que le répartiteur dont dépend l'utilisateur soit connecté au réseau ADSL de France Telecom.

Le Wireless (le sans fil)

La liaison infrarouge

La liaison infrarouge est la même que celle utilisée pour la télécommande de votre télévision.

Elle travaille sur une très basse fréquence de la lumière, appelée infrarouge.

Elle sert aussi à la communication entre les différents éléments communicants de vos éléments mobiles tels que votre téléphone mobile dont on accède au modem via le port infrarouge, votre PC portable qui communique avec le modem de votre téléphone portable, avec un autre PC pour échanger des informations, fichiers et synchroniser votre Pocket PC.

Ces dernières années ont vu se développer un standard de fait autour de cette communication et, aujourd'hui, à peu près tous les appareils équipés de ce type de port de communication arrivent à communiquer ensemble.

Son débit est de 115 Kb/s. Il s'agit d'un débit théorique qui peut varier en fonction des conditions d'éclairage (soleil par exemple) venant polluer la qualité de votre liaison et en réduire le débit.

Avec la généralisation des technologies sans fil radio de type WirelessLan et Bluetooth ce mode de communication sera de moins en moins utilisé. Vous l'utiliserez plus pour communiquer avec d'autres éléments tels que votre téléviseur, votre lecteur de DVD ou autre. En effet, en installant un logiciel sur votre Pocket PC, vous pourrez le transformer en télécommande universelle !

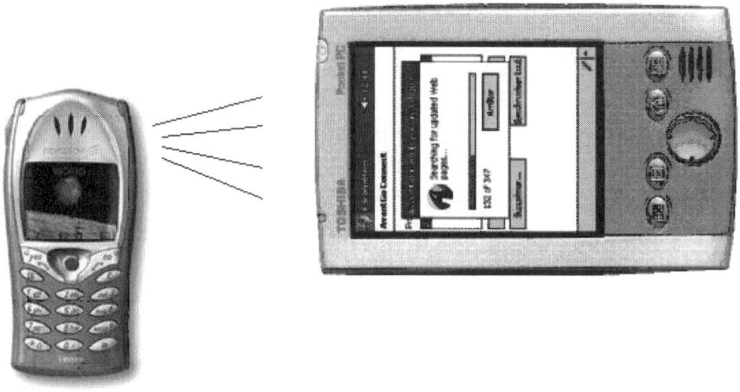

Bluetooth

"Bluetooth" (La dent bleue) est le nom d'un Viking né en l'an 908 au Danemark, et qui a réussi en son temps l'exploit de rapprocher et de réunir le Danemark et la Norvège alors que l'Europe était à l'époque divisée par les conflits. Voici pourquoi le symbole de Bluetooth est une rune viking...

"Bluetooth" est un standard technologique qui a été développé en 1998 par un consortium industriel formé de 5 entreprises : Ericson, Nokia, Intel , IBM et Toshiba.

L'objectif de cette technologie est de permettre la communication "sans fil" entre appareils mobiles, grâce à la transmission radio (hertzienne).

"Bluetooth" a pour objectif de transmettre des données entre différents appareils (téléphones mobiles, PDA, ordinateurs et tout autre appareil électronique) à une vitesse de 1 Mo/sec dans un rayon de 10 mètres.

Cette technologie utilise des ondes radio de courte portée, c'est-à-dire un mode de transmission bien connu, fiable, sûr et bon marché.

"Bluetooth" est facile à utiliser car il ne nécessite pas de liaison spécifique : il suffit que 2 appareils équipés soient situés à moins de 10 mètres l'un de l'autre pour communiquer (ils peuvent se trouver n'importe où, même si un mur les sépare...).

De plus, "Bluetooth" est décentralisé, ce qui signifie qu'il ne nécessite pas d'infrastructure telle que station d'émission, etc. N'importe quel appareil Bluetooth peut communiquer avec un autre appareil Bluetooth. Sa technologie est donc très simple à mettre en œuvre.

Le principe de fonctionnement est le suivant :

- Les différents équipements sont donc reliés par des ondes radio sur la fréquence des 2 400-2 483,5 Mhz avec une vitesse de transmission de 1 Mo/s et l'échange des informations se fait en mode paquet (comme sur les réseaux IP).
- Les appareils sont reliés entre eux et forment ainsi ce que l'on appelle un "Picoréseau".
- Dans chaque Picoréseau, on trouve un équipement "maître" et des équipements "esclaves". On peut avoir dans un Picoréseau, en plus du maître, jusqu'à 7 esclaves actifs (et jusqu'à 255 esclaves inactifs).

Il est possible de relier plusieurs Picoréseaux, et de chaîner ainsi jusqu'à 10 mini-réseaux pour faire une chaîne de plusieurs dizaines d'appareils.

Exemples d'utilisation de Bluetooth :

Bluetooth permet aujourd'hui de faire communiquer des équipements tels que téléphone, PDA, ordinateurs, etc. Pour illustrer ce propos, nous allons utiliser un téléphone Ericsson T68m et un Ipaq 3850 équipé d'une jaquette Bluetooth. Les deux appareils sont tous les deux équipés de modules radio Bluetooth.

D'autres modèles comme le Ipaq 3870 ou le Toshiba e740 BT sont nativement équipés de ce module radio. iIl existe aussi des cartes d'extension au format Compactflash ou SD permettant d'équiper son Pocket PC en Bluetooth.

Ceci va vous simplifier la vie quotidienne et vous permettre d'utiliser votre Pocket PC comme terminal de navigation sur Internet, envoyer et recevoir vos mails, le plus simplement possible.

Cette technologie permet ainsi l'utilisation d'applications telles que la téléphonie, l'utilisation d'Internet ; elle permet également la synchronisation automatique des ordinateurs avec les PDA et les téléphones portables.

Tout ceci se réalise par onde radio, vous n'avez pas, comme pour la technologie infrarouge, la nécessité de positionner votre Pocket PC en face de votre téléphone. Il suffit simplement que votre téléphone soit à moins de 10 mètres de votre PDA pour que la liaison fonctionne (dans la poche de votre veste ou votre sac à main). Ceci prend toute son ampleur avec le GPRS. Le téléphone présenté ici est Bluetooth ET GPRS. Ceci implique que vous soyez connecté en permanence sur le réseau Internet via le GPRS. Vous pourrez envoyer et recevoir vos e-mails, surfer sur Internet en ayant votre téléphone dans votre poche de veste ou votre sac à main, et surtout sans avoir à vous préoccuper de la connexion, celle-ci étant établie automatiquement.

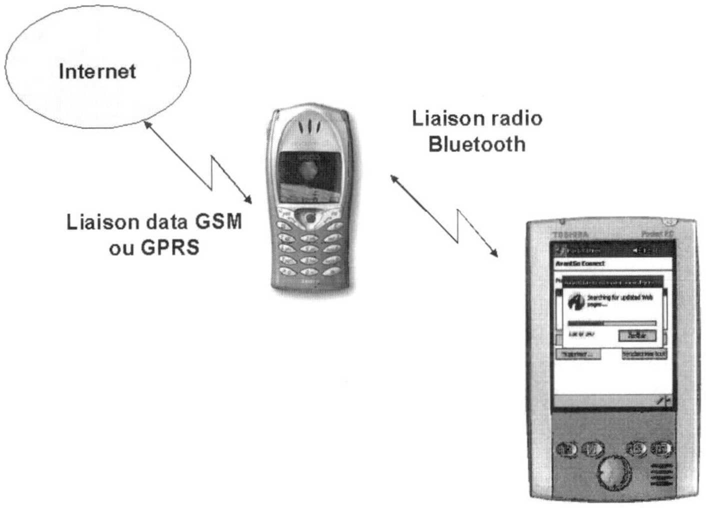

Le lien entre votre Pocket PC (ici un Toshiba e570 équipé d'une carte Bluetooth CompactFlash) et le téléphone est établi automatiquement à travers la liaison radio Bluetooth. Le téléphone GSM / GPRS établit la connexion avec Internet, via le GSM ou le GPRS.

A terme, Bluetooth permettra de relier les équipements dans les foyers.

Ainsi, le lecteur de DVD pourra communiquer avec le téléviseur, la télécommande se connectera aux équipements ménagers dans la cuisine... C'est ce que l'on appelle les réseaux domestiques.

On pourra, grâce à cette technologie, transférer de façon très simple et sans connectique des données d'un PC vers un périphérique externe (disque, graveur, etc.).

Le potentiel de la technologie Bluetooth est réel et très important, et les prévisions des différents constructeurs sont assez optimistes : Ericsson estime ainsi à plus de 100 millions le nombre d'équipements qui seront équipés de la puce Bluetooth en 2002 !

Cette technologie est en plein essor, et le faible coût de mise en œuvre est aujourd'hui devenu un standard et équipe de plus en plus de téléphones mobiles et de Pocket PC. Les équipementiers aujourd'hui vous proposent des extensions Bluetooth via des jaquettes ou des extensions au format CompactFlash.

Nous vous présentons la mise en œuvre du Bluetooth au chapitre " Le réseau sans fil - Mise en œuvre du WirelessLan et du Bluetooth".

Le WirelessLan ou WiFi

Le WirelessLan est une extension de votre réseau informatique Ethernet TCP/IP. Elle utilise une norme portant le nom de 802.11. Cette norme de communication radio permettant de relier des ordinateurs entre eux ou de les fédérer sur un même réseau est apparue en France en 2001, sa mise en œuvre était conditionnée par l'ART (Agence de Régulation des Télécoms) et la libération des fréquences radio utilisées par les militaires français. En effet la fréquence utilisée par cette norme de communication radio fonctionne sur la bande des 1 Ghz qui était précédemment utilisée par l'armée.

Quand on parle de WirelessLan, on parle de réseaux locaux sans fil. Un réseau local est aujourd'hui un réseau la plupart du temps Ethernet qui utilise un protocole réseau TCP/IP. Que du standard donc. Un réseau local sans fil est un système de transmission de données flexible, mis en œuvre comme une extension, ou comme une alternative à un réseau local câblé. En employant les fréquences radio, les réseaux locaux sans fil transmettent et reçoivent des données en utilisant les ondes, supprimant la nécessité de se connecter à un réseau avec des fils. Ces réseaux sans fil combinent la connectivité nécessaire aux sources de données et la mobilité de l'utilisateur.

Les réseaux locaux sans fil ont commencé leur essor dans les services médicaux, la vente au détail, la fabrication, le magasinage, et maintenant pénètrent très rapidement dans le monde des entreprises ayant des activités de bureau traditionnelles.

Après ces définitions barbares mais nécessaires, ce que nous pouvons dire c'est qu'avec le WirelessLan, vous pourrez être connecté en permanence dans votre entreprise avec le réseau de votre entreprise, et ceci sans fil, sans paramétrage barbare. Vous n'aurez rien d'autre à faire que d'utiliser votre Pocket PC ou votre PC portable. Il détecte automatiquement le réseau et vous y raccorde. Ce qui dans le contexte de mobilité professionnelle actuel est un avantage certain.

Mais l'avantage ne s'arrête pas là, vous pourrez communiquer en direct de votre Pocket PC à votre PC sans utiliser de câbles, ou avec un autre PC. Vous pourrez aussi réaliser un petit réseau de PC intégrant votre Pocket PC, ce qui peut être agréable lors de réunions de travail loin de toute source réseau.

La cerise sur le gâteau est que le débit (c'est-à-dire la vitesse du réseau) est similaire à celui que vous auriez avec un câble, soit 11 Mb/s.

Découvrons ensemble la mise en œuvre.

Il vous faut un émetteur récepteur WireLessLan. Il se présente comme ceci et est raccordé directement au réseau de votre entreprise. Nous vous présentons ici un récepteur WirelessLan de marque HP Compaq (référence WL410 Wireless) qui fonctionne parfaitement avec toute marque de PC et de Pocket PC.

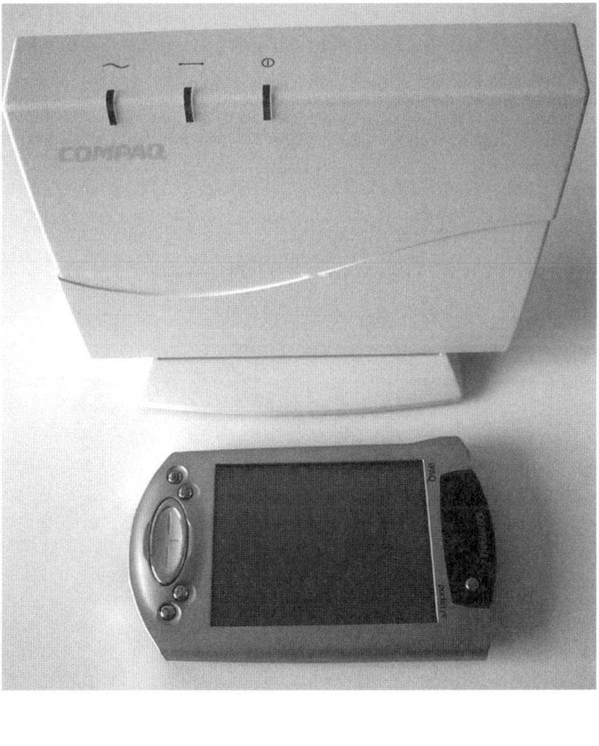

Il vous faut ensuite un Pocket PC qui soit équipé du WirelessLan, ou lui rajouter une extension WireLessLan. Vous pourrez utiliser par exemple un Pocket PC Toshiba e740 wifi qui intègre directement l'option WirelesLan.

ou utiliser une extension WirelessLan au format CompactFlash ou un adaptateur PCMCIA pour votre Pocket PC.

Vous pourrez bien sûr utiliser un PC portable intégrant le Wifi en standard, ou utiliser la même carte au format PCMCIA dans votre PC portable.

En termes de mise en œuvre, le WirelessLan vous offre plusieurs possibilités. Dans le cadre de ce que nous allons vous présenter, le micro-ordinateur symbolise aussi bien un PC portable qu'un Pocket PC.

Premier cas de figure :

Le réseau d'égal à égal (peer-to-peer).

Il peut être mis en œuvre à partir de deux machines, PC ou Pocket PC, pour communiquer entre eux, partager des répertoires, s'envoyer des fichiers, etc.

Dans ce mode de fonctionnement, si vous avez plusieurs micro-ordinateurs et Pocket PC qui doivent communiquer entre eux, vous pourrez utiliser un émetteur-récepteur WirelessLan pour les faire communiquer ensemble, ce qui vous donne le résultat ci-après. Dans ce cadre, il n'y a pas de gestionnaire de réseau autre que la borne Wifi.

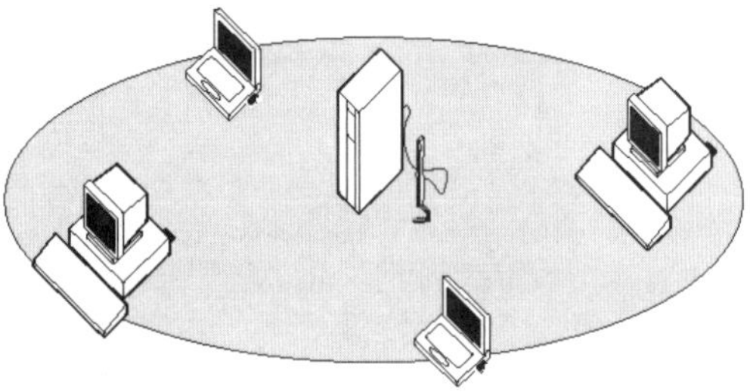

L'autre utilisation de ce type d'infrastructure est le "Point d'accès". Il vous permettra de créer un environnement sans fil pour des Pocket PC ou des PC portables et de les connecter à un réseau Ethernet existant.

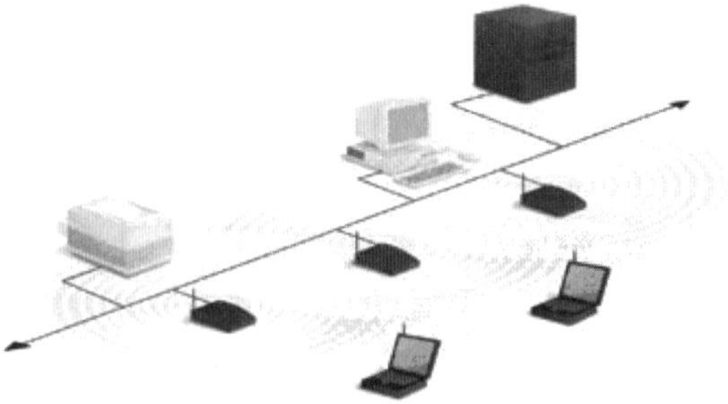

Mais vous pourrez aussi utiliser Le WirelessLan comme passerelle entre deux parties de votre réseau.

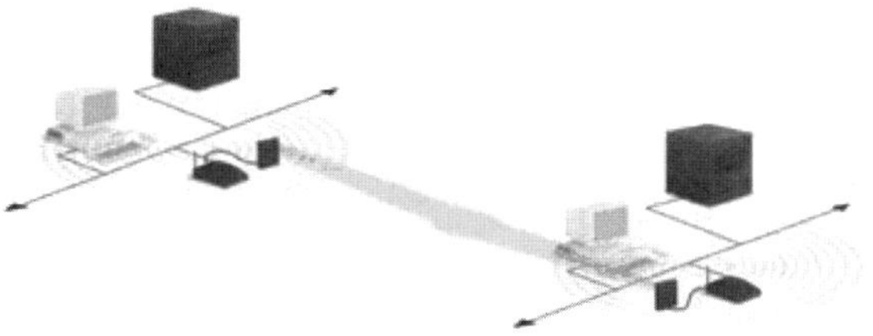

Nous vous présentons au chapitre "Le réseau sans fil - Mise en œuvre du WirelessLan et du Bluetooth" la mise en œuvre de la communication WiFi avec un Pocket PC.

Le VPN (Virtual Private Network)

Le propos de ce livre n'est pas de vous décrire toutes les possibilités très riches du concept de VPN, mais de vous montrer son application à votre intranet d'entreprise. La solution décrite ci-après s'appuie sur l'excellente offre de France Telecom.

Réseau intranet privé

L'offre de VPN de France Telecom "Global Intranet" permet à une entreprise de partager un réseau rapide via l'ADSL tout en ayant les mêmes prestations que si elle faisait poser elle-même les câbles de son réseau.

Cela apporte les fonctionnalités suivantes :

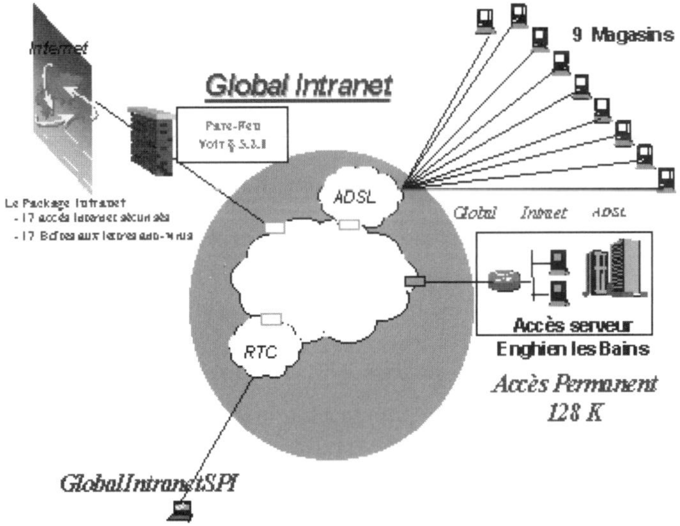

Une liaison permanence entre tous les sites de l'entreprise. Les utilisateurs ont accès en permanence au serveur intranet, la vitesse d'accès est garantie, il n'y a pas besoin de se connecter chaque fois. En termes de tarification, l'entreprise ne paye qu'un accès forfaitaire au réseau intranet (plus de facturation à la communication).

L'accès est totalement privé à l'entreprise, personne en dehors des salariés de l'entreprise ne peut accéder au réseau intranet dont la mise en relation entre les différents sites se réalise via des mécanismes de "tunnels" qui réservent des tuyaux réseaux étanches. En effet, Il est possible de raccorder chaque accès Intranet DSL à plusieurs sites serveurs via l'établissement de plusieurs tunnels.

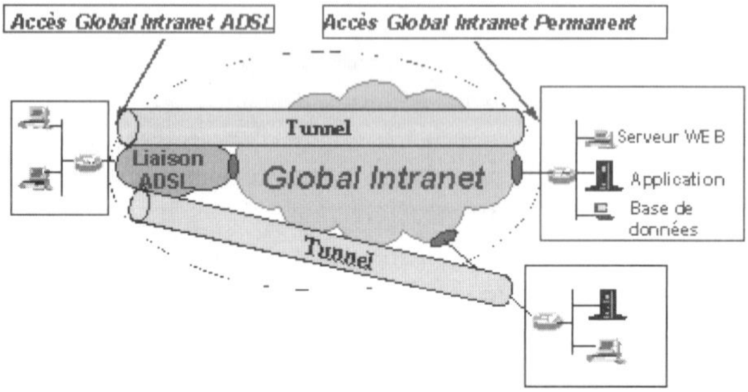

Accès Internet via le VPN

Il est possible d'avoir des accès Internet en plus de son accès intranet. Cette option permet aux utilisateurs de l'intranet d'accéder aux sites Internet du Web de la même façon qu'au réseau intranet, **mais** avec toutes les conditions de sécurité requises.

Dans le cadre de l'accès intranet, via le VPN, l'utilisateur ne peut sortir de son réseau privé virtuel (le réseau privé de votre entreprise). S'il veut le faire, il doit pouvoir se connecter au Web. Pour une entreprise, ouvrir son réseau local au Web peut être risqué. Il y a le risque de voir son réseau infecté par des virus et celui d'avoir une intrusion malveillante. Deux moyens sont à mettre en œuvre pour protéger son réseau :

- mettre en place une gestion antivirus qui doit être toujours à jour ;
- mettre en place des firewall pour se protéger des intrusions. Les firewall sont des composants réseaux (ordinateurs ou machines spécialisées qui filtrent les accès extérieurs et les virus).

Gérer ce type d'infrastructure nécessite des compétences particulières et l'acquisition de composants matériels et logiciels coûteux.

Pour finir, il faut pouvoir laisser à l'entreprise le choix de la gestion de ses accès Internet (qui y accède, quelles sont les limitations de ces accès, etc.)

L'offre de France Telecom apporte la réponse à cette problématique de la façon suivante.

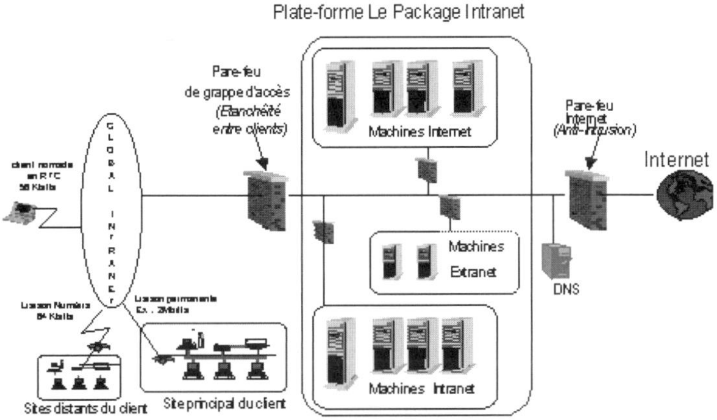

Le dessin ci-dessus se décompose comme suit :

- sur la partie gauche, le réseau intranet virtuel qui fonctionne au travers de Global Intranet ;
- au milieu, la plate-forme de gestion des accès Internet et de mail de France Telecom, utilisée pour produire le service LPI ; à droite, nous avons Internet ;
- chaque grande partie est séparée par des firewall qui sont administrés et gérés par France Telecom, y compris la protection contre les intrusions virales.

MEGA LIVRE

Chapitre 2	Que faire avec cet ordinateur surdoué et comment il s'intègre dans notre environnement de communication ?

Un Pocket PC, tout simplement un ordinateur "surdoué"

A quoi ressemble ce petit ordinateur surdoué, eh bien tout simplement à un ordinateur portable dont le "look" et les capacités ont été revus afin qu'il tienne dans votre main et devienne un objet de communication global qui vous apportera toutes les informations dont vous avez besoin, gérera votre agenda, vous permettra d'envoyer et recevoir vos e-mails, de "surfer" sur Internet, de faire des jeux et beaucoup d'autres choses encore.

Après vous avoir séduit par son apparence, cette machine suscitera votre incrédulité et après quelques minutes de manipulations vous comprendrez que vous tenez dans le creux de votre main un petit PC qui simplifiera votre vie de tous les jours, voire qui l'améliorera, que ce soit au niveau professionnel ou au niveau privé.

Il pourra évoluer au gré de vos désirs, puisque vous pourrez ajouter tous les programmes (en fonction des désirs de chacun) qui vous permettront de regarder un film, d'écouter de la musique, de se repérer dans une ville, de prendre le métro simplement dans toutes les villes du monde, d'envoyer et recevoir des e-mails, des SMS via votre téléphone mobile.

Pour les fans de jeux, vous pourrez trouver des amateurs de vieilles consoles de café et des jeux qui vont avec, des amateurs de consoles Sega, transformer votre machine en Gameboy (à déconseiller si vous ne voulez pas que vos enfants vous dépossèdent de votre bien…) ou tout simplement acheter les jeux actuels réalisés pour Pocket PC tel l'excellent jeu "Tomb Raider" et ainsi vous laisser porter par le charme de la belle Lara Croft…

Vous aurez aussi la possibilité de transformer votre Pocket PC et de le faire évoluer grâce à ses cartes d'extension qui permettront d'accroître la capacité mémoire via des cartes de type CompactFlash, SD/MMC, comme si vous rajoutiez des disques durs sur votre Pocket PC.

Par ailleurs, vous pourrez le transformer en Smartphone,

hybride de téléphone mobile GSM / GPRS et téléphoner avec, être en permanence en communication avec le monde entier grâce à la simplicité d'utilisation d'un téléphone mobile. A moins que vous ne désiriez que votre machine vous guide dans tous vos déplacements à l'aide d'une carte d'extension GPS, à l'image des systèmes que l'on intègre dans les voitures haut de gamme.

Mais aussi, en tant que professionnel, il vous sera possible de vous raccorder sur le réseau de votre entreprise, de sa messagerie, de sa gestion d'agenda électronique, et de toutes les applications qui vous permettront de connaître le niveau de vos stocks, de passer en direct des commandes, etc. d'utiliser toutes les fonctions bureautiques telles que Word et Excel, de pouvoir emporter avec vous les derniers documents dont vous avez besoin, tout le temps avec vous, de les consulter en réunion chez des clients, le tout en quelques pressions de stylet et en écrivant directement sur l'écran car cette petite machine reconnaît votre écriture !

Pour vous, cette petite machine devient une extension de votre bureau et du système d'information de votre entreprise.

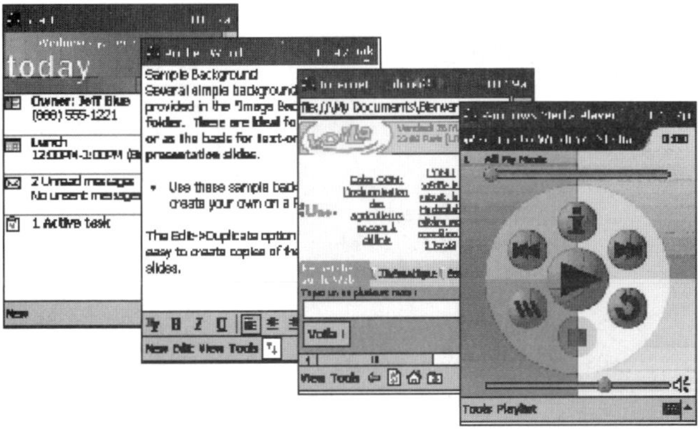

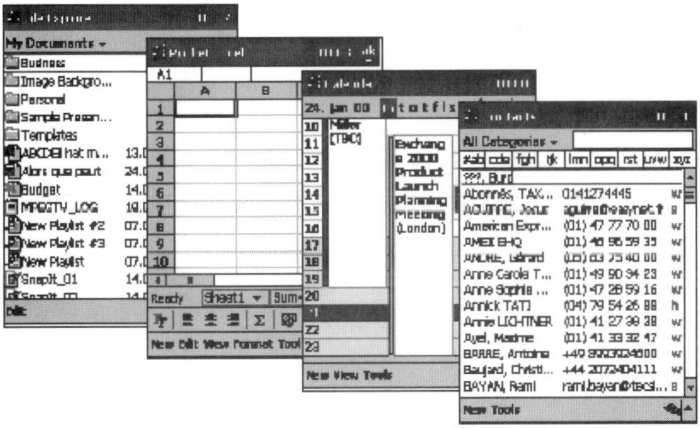

C'est l'accès à toutes les informations personnelles et professionnelles avec ce simple petit outil dans votre poche ou votre sac à main.

Cette petite merveille ressemble à cela. Nous vous aiderons dans ce livre à choisir un Pocket PC si vous n'en avez pas encore acquis un.

Vous pénétrez tout simplement dans le troisième millénaire avec toutes ses possibilités.

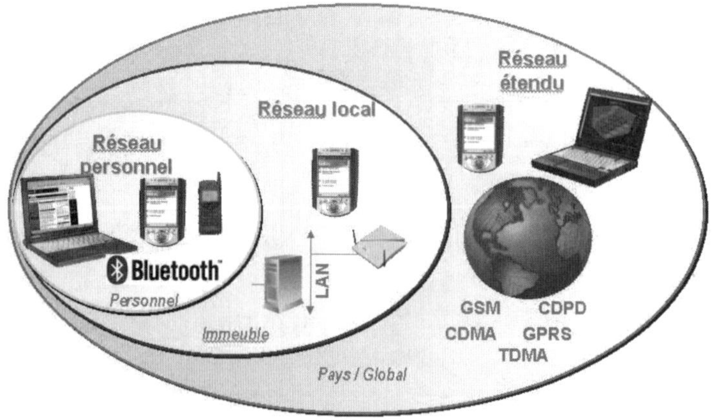

Quoi qu'il en soit, ces petites machines sont à peu près toutes conçues de la même façon et toujours quasiment avec les mêmes processeurs (le moteur qui fait fonctionner votre petit bijou). Les processeurs Intel StrongARM 1110 sont les plus généralisés.

Le choix se fera ensuite selon vos besoins et la taille de votre bourse.

Ils fonctionnent tous avec le système d'exploitation de Microsoft : Pocket PC 2002 (comprenez Windows pour Pocket PC) ; le critère dimensionnant sera donc la taille de la mémoire. (De cela dépend la capacité de stocker un nombre plus ou moins grand d'informations et de programmes, et non la capacité d'exécuter un programme contrairement au PC de salon. Le disque dur de la machine est la mémoire du Pocket PC).

Qu'est-ce qu'un PDA en définitive ?

Un PDA est un assistant de poche. Un assistant de poche est un micro-ordinateur très compact doté la plupart du temps d'un écran tactile et de fonctions de reconnaissance d'écriture sur lequel on a implanté un système d'exploitation.

Un système d'exploitation est un ensemble de programmes utilisés par le processeur de votre machine et permettant la gestion des différents composants périphériques (mémoire, écran, boutons...) et présenté sous la forme d'une Interface Homme-Machine utilisable simplement par un être humain, c'est-à-dire aujourd'hui un système multifenêtres graphique. A partir de ces éléments de système d'exploitation, d'autres programmes sont exécutés, ce sont les programmes applicatifs du type Word, Excel, Windows media...

Dans le domaine des PDA, il existe aujourd'hui plusieurs grandes familles de machines :

- ❑ les machines de type Palm Pilot, petit PDA dotées d'un système d'exploitation avec une IHM graphique, le Palm OS (Operating System) ;
- ❑ les machines de type Psion qui fonctionnent avec le système d'exploitation EPOC ;
- ❑ les machines de type Pocket PC qui fonctionnent avec un système d'exploitation Microsoft Windows appelé auparavant "Windows CE" et qui porte aujourd'hui la dénomination commerciale de Microsoft Pocket PC 2002. Pour les personnes férues d'Unix, sachez qu'une adaptation de Linux est disponible pour les machines de type Pocket PC.

Ce livre traite des machines fonctionnant avec Microsoft Pocket PC 2002. Pour faire une analogie avec les PC de bureau, vous avez des micro-ordinateurs de type PC (Personnal Computer) fonctionnant avec Windows 95, 98, 2000, XP, NT et dans le domaine des PDA, vous avez des machines fonctionnant sous Pocket PC 2002.

Le système d'exploitation de votre très petit ordinateur de poche : Microsoft Pocket PC 2002

Ce système d'exploitation est directement tiré des générations précédentes de Windows sur les PC de bureau. Pour ceux qui ont connu les différentes générations de ce système d'exploitation, on pourrait le décrire comme suit :

Il ressemble en termes de construction à Windows 3.11 puisque c'est un système d'exploitation multitâches non préemptif (c'est-à-dire qu'un programme s'exécute en même temps qu'un autre à condition que celui-ci ait été conçu spécifiquement à cette intention), mais fonctionnant en 32 bits et incluant les dernières évolutions en termes de gestion des périphériques de votre Pocket PC et en termes d'ergonomie.

Ce livre va vous décrire le fonctionnement de l'ensemble des fonctionnalités de votre Pocket PC.

Une utilisation professionnelle

Cette petite machine est un PC de poche fonctionnant sous Windows et doté des moyens de communication quasiment supérieurs à votre PC portable ou votre PC de bureau. Vous ajoutez à cela les fonctions de bureautique classiques du type Outlook, Word, Excel..., un browser Internet et la capacité de réaliser simplement des logiciels, et vous avez les moyens d'en faire un outil qui sera une extension de votre système d'information, que ce soit bureautique ou pour vos applications professionnelles. L'arrivée de GPRS très bientôt complétera parfaitement l'intégration de votre Pocket PC au sein du monde communicant qui est devenu le nôtre à une époque où la nomadisation se développe et où l'accès instantané à l'information de l'entreprise devient une arme face à la concurrence.

Il est plus qu'un organiseur papier, c'est un ordinateur à part entière !

Une certitude, c'est que dans les premiers jours d'utilisation, votre agenda papier, votre organiseur, votre carnet d'adresses vont tous disparaître et être rangés dans un tiroir de votre bureau comme des reliques du passé, issues du deuxième millénaire, voire du siècle dernier.

Mais considérer votre Pocket PC comme un organiseur papier est très limitatif, il est beaucoup plus que cela. C'est un ordinateur, ultra communiquant et doté d'une grande capacité d'évolution. Il communiquera en parfaite synchronisation avec le système de messagerie Exchange de votre entreprise, avec votre portail d'entreprise, que ce soit en connexion via votre PC de bureau, en Bluetooth ou à distance via votre téléphone mobile, un modem réseau téléphonique commuté (RTC) ou encore les moyens de communication dont vous aurez doté votre Pocket PC. Ce sont toutes les fonctions d'Outlook sur votre PC qui sont maintenant partout avec vous, et en parfaite synchronisation avec votre PC de bureau et votre entreprise. Mais aussi la capacité d'intégrer toutes les fonctionnalités supplémentaires dont vous aurez besoin en intégrant des options (GPS, ...) en utilisant le port série, infrarouge, CompactFlash, SD, ...

En termes de fonctions de type organiseur, nous retrouvons les fonctions :

- e-mails ;
- gestion des contacts ;
- gestion des tâches ;
- gestion des notes ;
- gestion d'agenda.

Ce qui sur votre Pocket PC se présentera sous cette forme.

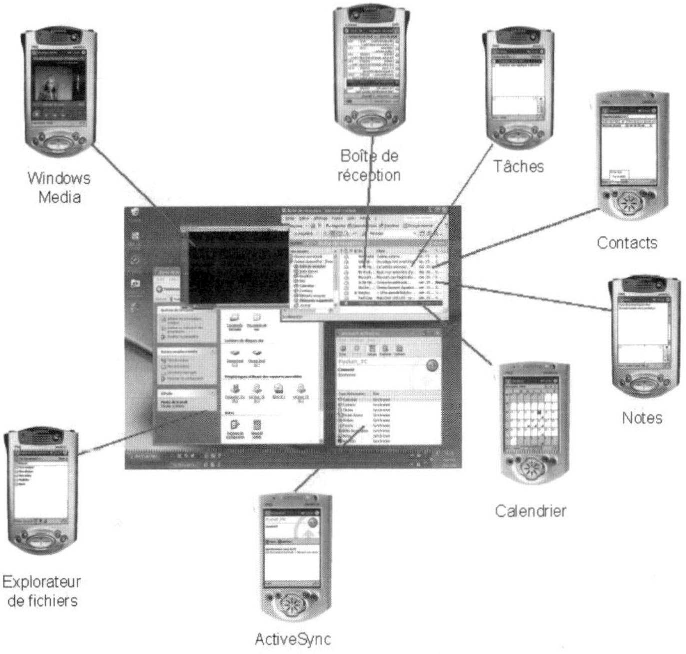

Des fonctions bureautiques comme les "grands"

Comme il a tout d'un grand, il possède aussi des outils bureautiques très évolués, et notamment Pocket Word et Pocket Excel. Ils vous permettront d'emporter avec vous vos documents Word et Excel, de les consulter et de les modifier à votre gré, mais aussi vos présentations PowerPoint que vous pourrez présenter avec un vidéo projecteur doté d'un port infrarouge ou d'une liaison Bluetooth.

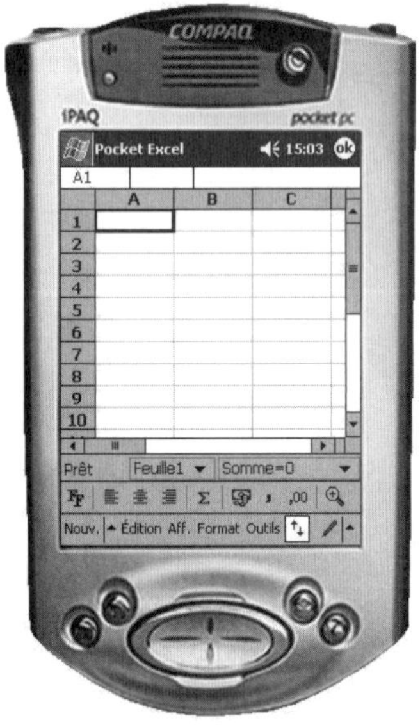

L'utilisation de vos applications d'entreprise

Avec l'avènement des nouveaux modes de conception des applications d'entreprise, nous passons progressivement du mode client/serveur utilisé dans les années 85/95 au mode client léger, où une application n'est plus installée sur votre Pocket PC, mais est utilisée dans votre browser Internet.

Ce mode de fonctionnement de logiciels, couplés à des serveurs Web intelligents, reconnaissant le type de terminal qui se connecte, permet d'utiliser les mêmes programmes et les mêmes données sur tous les ordinateurs de l'entreprise, et notamment le Pocket PC.

Vous pourrez à travers ce type de structure réaliser en tant qu'entreprise toutes les applications nécessaires à la vie de l'entreprise, sans surcoûts, les utiliser à distance via votre Pocket PC. L'ère du Pocket PC pour les populations nomades a débuté !

Et surtout l'utiliser comme une extension du système d'information de l'entreprise et avoir au creux de votre main la puissance du système d'information de votre entreprise à travers ses outils CRM par exemple (voir chapitre " Intégrez et utilisez les Pocket PC au sein des processus de l'entreprise ").

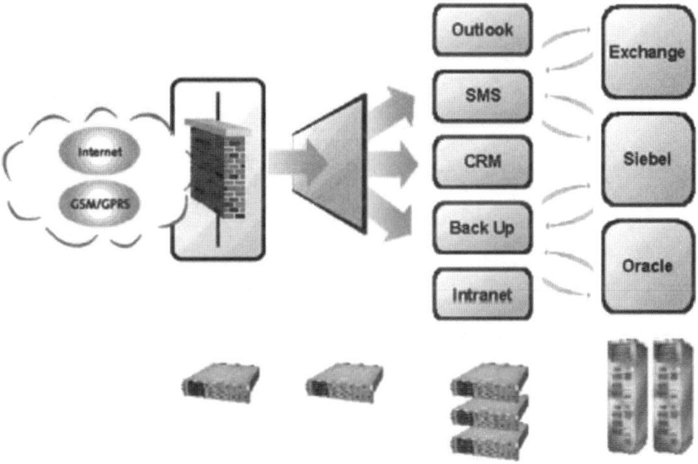

Une utilisation plus personnelle

Votre Pocket PC a répondu à toutes vos attentes dans le domaine professionnel, il répondra aussi à vos besoins personnels dans tous les domaines qu'il vous plaira. Beaucoup de logiciels sont réalisés et téléchargeables via Internet, il y en a pour tous les goûts (vous pouvez télécharger les logiciels indispensables sur le site www.universpocketpc.com). Le chapitre "Ajouter de nouvelles fonctionnalités sur votre Pocket PC" vous expliquera comment rechercher ces programmes sur Internet et les installer sur votre Pocket PC.

Les grandes applications que vous pouvez imaginer avec votre Pocket PC peuvent être notamment les suivantes :

- ❑ transformer votre Pocket PC en lecteur MP3 ou de clips vidéo ou en radio FM ;
- ❑ recevoir directement sur votre Pocket PC des journaux d'information mis à jour à chaque synchronisation ;
- ❑ lire des livres ;
- ❑ gérer votre téléphone mobile, envoyer et recevoir des SMS ;
- ❑ avoir un plan de toutes les villes et demander à votre Pocket PC de calculer et vous indiquer l'itinéraire, à pied ou en voiture grâce à un récepteur GPS (Global Positioning System) ;
- ❑ avoir en permanence votre dictionnaire anglais, espagnol… ;
- ❑ prendre des photos ou des vidéos ;
- ❑ jouer à vos jeux préférés.

La liste des possibilités est quasiment infinie, et chaque jour apporte de nouvelles solutions et de nouvelles évolutions. L'industrie des périphériques et de la micro-informatique a trouvé dans le Pocket PC un nouveau souffle, nous revivons ici ce que nous avions pu vivre avec le PC, avec une technologie des années 2000.

Tous les moyens de communication de votre Pocket PC

Nous voici enfin, ou déjà, dans le troisième millénaire. D'aucuns pensaient que nous vivrions dans un monde déshumanisé, environné d'ultra technologie envahissante, basée sur du verre et du béton, le tout sur fond de pollution. C'était compter sans l'être humain. Nous pouvons constater ces dernières années que cette vision du monde n'est pas exacte, nous revenons au naturel, et aux valeurs plus vraies, mais surtout la technologie ne s'intègre dans notre vie que lorsqu'elle est simple à utiliser, voire complètement masquée, c'est-à-dire mature.

Les exemples sont innombrables dans notre vie quotidienne, ce sont les distributeurs de billets dans les banques, le DVD, le téléphone mobile,... Il n'est pas nécessaire d'être un spécialiste des technologies numériques pour parvenir à les utiliser, juste taper des numéros et appuyer sur la touche verte ou rouge du téléphone, taper son code, etc.

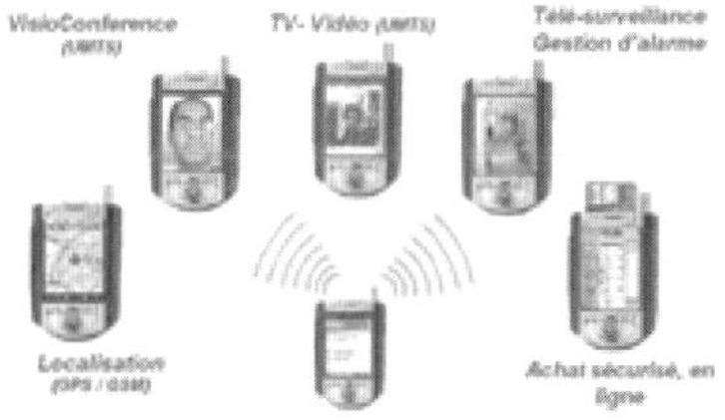

Les entreprises automatisent complètement leurs chaînes de vente et d'approvisionnement, ce qui permet pour nous utilisateurs de services d'acquérir les produits disponibles au gré de nos envies, sans passer par une longue chaîne de traitement logistique, du type "je vais au magasin, je ne trouve pas, je commande, je reviens, cela n'est pas livré, je repasse, ...". Le produit est simplement disponible. Cela n'étonne personne, mais la pierre angulaire de cet édifice est cette technologie absconse, effrayante, gérée par des êtres autistes et bizarres, déambulant avec des tee-shirts ornés de pingouins, j'ai nommé les informaticiens et l'informatique (vous m'excuserez pour cette image caricaturale). Finalement savez-vous qu'un magasin de type Fnac possède une informatique qui permet de gérer automatiquement les stocks, directement en fonction des ventes, et de lancer les ordres d'approvisionnement automatiquement à travers une norme d'échange appelée EDI, ordres d'échanges lancés par des programmes à travers des réseaux de télécommunication ? Non, et c'est tout aussi bien. Rassurant presque.

Le tout numérique ne s'arrête pas là, ce sont la musique, les films, la télévision par câble, le satellite, la télévision hertzienne... Tous les supports média deviennent numériques et convergent tous vers ce support de transmission qui devient universel et qui peut emprunter toutes les voies de communication. Par exemple, un film peut être diffusé sur le câble, via le satellite, via la télévision hertzienne (la télévision de votre salon), être regardé sur votre ordinateur via un DVD, un VCD, un DIVX... mais aussi via internet. Nous avons une source unique mais une multiplicité de supports de diffusion. Même les salles de cinéma commencent à franchir le cap avec une distribution via satellite des films qui sont directement projetés à partir de la forme numérique dans les salles obscures. Les supports analogiques disparaissent progressivement.

Ceci nous dirige rapidement vers une civilisation plus simple, mais aussi plus complexe. Alors qu'il y a 50 ans les affaires se traitaient par courrier, aujourd'hui elles se font notamment par téléphone, fax, et surtout e-mails. Nous sommes passés d'un délai de plusieurs jours à un délai de quelques secondes. Nous sommes entrés dans l'ère du tout numérique et de la communication.

Cette communication permet la propagation des idées, des vogues, des musiques, des films, etc. quasiment instantanément sur la planète. Ce partage communautaire des idées, des produits, des événements... a pour effet de créer un village planétaire que nous partageons tous, habitants de la planète Terre.

Cette civilisation en pleine mutation conduit les êtres humains que nous sommes à être ouverts aux idées, cultures... et surtout à être de plus en plus communicants et mobiles. Prendre l'avion n'est plus un luxe, et passer plus de temps chez les clients qu'à traiter du papier dans son bureau devient une approche relationnelle de plus en plus développée. Dans nos vies personnelles aussi, nous nous déplaçons de plus en plus et les familles sont fréquemment réparties sur un territoire national, voire international.

Nous avons donc maintenant un fort besoin de communication et de mobilité. Et c'est pour répondre à ce besoin en pleine expansion que nous voyons apparaître de nouveaux produits. C'est la fonction qui crée l'organe et non l'inverse.

Après plusieurs dizaines d'années d'incubation, sont apparus les micro-ordinateurs, l'Internet, le téléphone mobile.

Nous entrons dans une nouvelle ère, celle du numérique et de la mobilité.

Dans le cadre de ce qui nous intéresse, les outils sont déjà là, nous voyons se développer avec une grande rapidité les Pocket PC et aussi les moyens de prolonger la communication et l'accès instantané aux informations, les réseaux de communication numériques sans fil.

De nouveaux mots apparaissent, Bluetooth, Wirelesslan, GPRS, UMTS, réseaux 2,5G et 3G… Les nouvelles technologies de la mobilité sont à votre porte, l'année 2002 en verra la naissance en France.

La puissance des Pocket PC décuple quand elle se met à communiquer ; c'est l'accès instantané à toutes les informations que vous propose Internet, aux données et au système d'information de votre entreprise. Cela permet aussi d'envoyer et recevoir des e-mails, de télécharger des logiciels…

Nous vous proposons de passer en revue tous les moyens de communication de votre Pocket PC. La mise en pratique de ces moyens de communication est décrite dans ce livre au chapitre "Mise en œuvre de la communication globale de votre Pocket PC et de votre ordinateur de bureau".

Le schéma global de ces différents moyens de communication est le suivant :

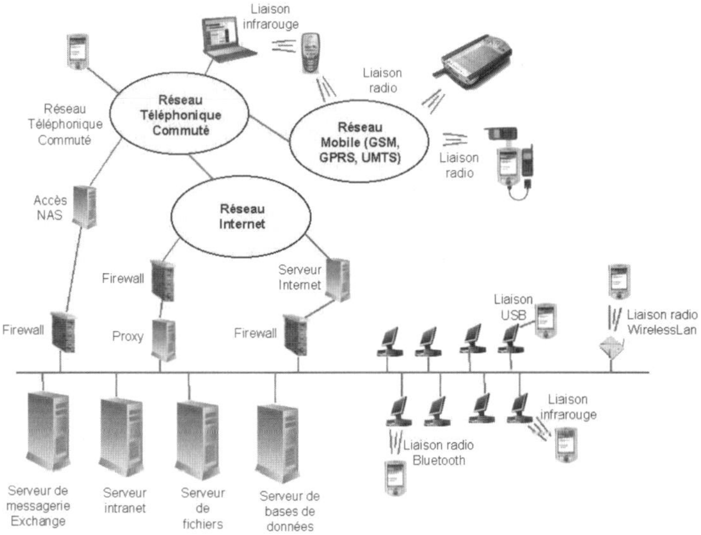

La connexion de votre Pocket PC à partir de chez vous ou de n'importe quel lieu dans le monde

Nous allons partir du schéma global de communication pour détailler chaque mode de connexion et les moyens de les mettre en œuvre.

Accès via le réseau téléphonique commuté et ADSL

Le réseau téléphonique commuté (RTC), réseau des origines, est celui que vous utilisez tous les jours pour téléphoner de chez vous, dans une cabine téléphonique, etc. C'est à travers ce réseau que vous pourrez avoir accès à votre entreprise en accès distant (NAS) ainsi qu'au réseau Internet. Du réseau Internet, vous pourrez avoir accès au serveur Internet de votre entreprise ou à n'importe quel site Web de votre choix, et bien sûr envoyer des e-mails.

Pour des raisons de simplification, nous considérerons que l'accès via le RTC et l'accès via l'ADSL sont équivalents puisqu'ils utilisent tous les deux votre ligne téléphonique. Il y a cependant une restriction, il n'existe pas d'extension permettant de raccorder directement votre Pocket PC via l'ADSL, il faudra passer pour cette liaison à travers votre PC portable ou de bureau.

Le dessin ci-après reprend ces différents éléments.

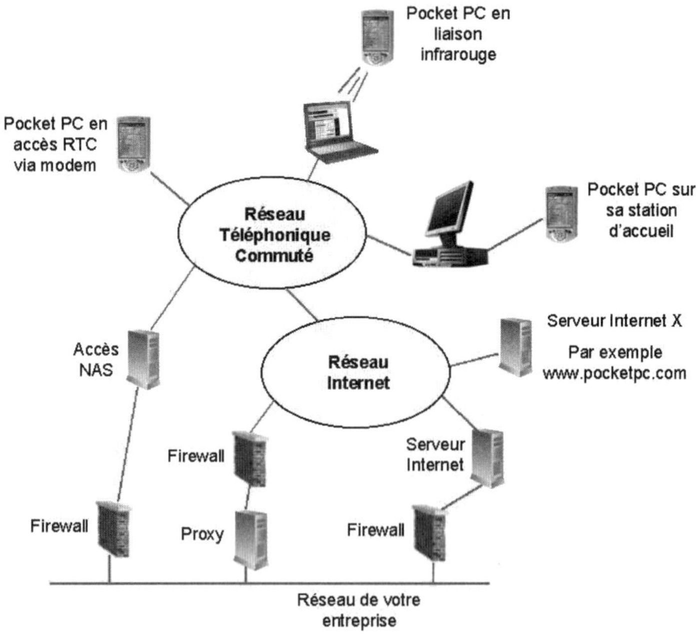

Nous allons découvrir ensemble comment cela s'applique à votre Pocket PC.

Accès direct entre votre Pocket PC et le RTC

Pour pouvoir accéder au réseau NAS de votre entreprise, à Internet, à votre messagerie..., vous devez acquérir les composants suivants et les installer sur votre Pocket PC :

Modem RTC CompactFlash + Jaquette CompactFlash

Votre Pocket PC est inséré dans la jaquette CompacFlash, vous connectez le modem au connecteur de la jaquette. Puis vous connectez le modem à une prise téléphonique murale.

Cette liaison ne permet qu'une connexion classique à 56 Kb/s, pas de connexion ADSL possible.

Pour plus de détails concernant la mise en œuvre, reportez-vous au chapitre "Connectez votre Pocket PC à Internet avec un Modem 56 k".

Accès via votre PC de bureau à partir de la station d'accueil

Votre PC de bureau est connecté au réseau téléphonique commuté via un modem (classique à 56 Kb/s ou ADSL) qui lui permet d'accéder au réseau Internet ou au NAS.

Votre Pocket PC est connecté au PC de bureau via sa station d'accueil.

Lorsque votre PC de bureau est connecté à Internet ou au NAS, vous pouvez utiliser Internet Explorer directement sur votre Pocket PC et accéder ainsi à vos informations.

Quel avantage, me direz-vous ? Pour vous qui n'êtes pas forcément féru d'informatique, cela vous permettra de vous connecter directement à des serveurs Web et de télécharger directement sur votre Pocket PC des vidéos, musiques MP3, etc. sans passer par le transfert de fichier.

Accès via une liaison infrarouge à travers votre PC de bureau ou votre PC portable

Le principe est le même que décrit au paragraphe précédent, à cela près que vous ne raccordez pas votre Pocket PC à votre PC de bureau, mais via une liaison infrarouge. En général, tous les PC portables sont équipés de ce type de liaison.

Attention, les débits (vitesse de transmission des informations) entre votre PC portable et votre Pocket PC via infrarouge sont nettement inférieurs à ceux d'une liaison via le port USB de votre machine.

Accès à travers un réseau de téléphonie mobile

Comme nous l'avons évoqué au début de ce livre, la communication mobile qui équipe maintenant plus de 60 % des ménages en France permet à partir des différents lieux sur notre territoire national de communiquer par la voix, mais aussi d'échanger des données.

Cet échange de données peut se faire :

- ❑ via le GSM en connexion ponctuelle à la demande ; il faut se connecter chaque fois que l'on désire se connecter ;
- ❑ via le GPRS ou UMTS en connexion permanente en mode "paquets" avec des débits importants.

La liaison entre votre Pocket PC et le réseau GSM peut se réaliser de différentes manières :

- ❑ Via votre téléphone mobile avec les modes de communication qui suivent.

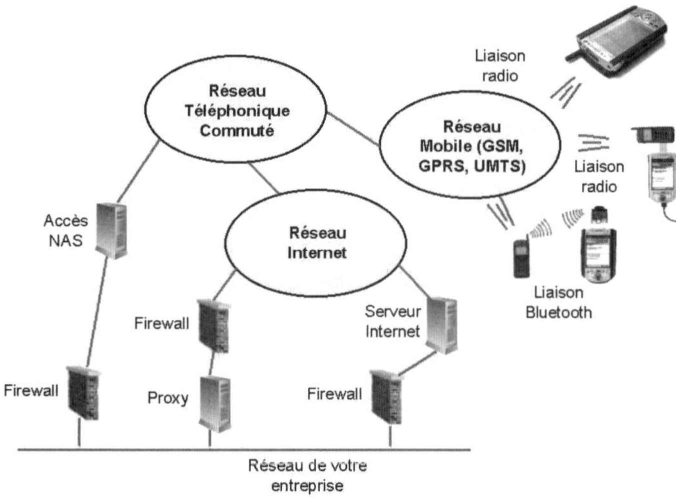

A partir d'une extension GSM ou GPRS

Vous pouvez vous connecter directement à partir d'une jaquette ou d'une extension GSM ou GPRS utilisant le port Compact Flash. Vous glisserez votre Pocket PC à l'intérieur ou votre Extension CompactFlash à l'intérieur de votre Pocket PC, et il se transformera en Smartphone, une sorte d'hybride de Pocket PC et de téléphone mobile qui vous permettra de téléphoner directement puisqu'il devient ainsi un téléphone mobile et bien sûr de continuer à l'utiliser comme un Pocket PC "normal", ainsi que d'accéder directement et simplement à Internet, d'envoyer et recevoir vos mails, etc. Il vous faudra installer la carte SIM de votre téléphone mobile à l'intérieur pour pouvoir le faire fonctionner. Les "jaquettes" UMTS ne sont pas disponibles actuellement sur le marché. Vous devrez attendre la commercialisation de ce réseau. Concernant le GPRS, tous les opérateurs de téléphonie mobile le proposent depuis le début de l'année 2002.

Vous pourrez découvrir l'utilisation complète de cette jaquette au chapitre "Ajouter de nouvelles fonctionnalités sur votre Pocket PC".

Avec votre téléphone mobile GSM, GPRS ou UMTS

Vous pouvez vous connecter à Internet via votre téléphone mobile actuel, GSM ou GPRS. Dans le cas du GPRS, votre mobile est raccordé en permanence au réseau, il n'y a plus de procédure de "raccordement au réseau", vous êtes connecté en permanence. Dans le cas du GSM, c'est votre Pocket PC qui, via le modem de votre téléphone mobile, va établir la liaison avec le NAS ou votre fournisseur d'accès Internet.

On commercialise aujourd'hui un grand nombre de téléphones mobiles qui permettent de faire du GSM et GPRS, et qui sont très richement dotés en moyens de communication.

Là encore, il existe plusieurs méthodes pour faire communiquer votre Pocket PC avec votre téléphone mobil :

Avec un cordon de raccordement

Avec un cordon de raccordement. Vous branchez un câble entre votre téléphone mobile et votre Pocket PC.

En liaison infrarouge

En liaison infrarouge. Vous positionnez votre téléphone mobile face à votre Pocket PC après avoir activé la liaison infrarouge de votre téléphone et de votre Pocket PC. Votre Pocket PC fera le reste.

En liaison radio "Bluetooth"

La connexion entre votre Pocket PC et votre téléphone mobile s'effectue automatiquement via une liaison radio dont le nom est "Bluetooth ", et cela dans un rayon de 10 mètres. Cette liaison est vraiment très pratique, vous pouvez avoir votre téléphone mobile dans votre poche, votre mallette ou votre sac à main et vous raccorder directement au NAS ou à Internet avec votre Pocket PC sans le sortir. Votre téléphone mobile est près de vous dans un rayon de 10 mètres. C'est tout ce qu'il vous faut savoir. Bien sûr votre téléphone mobile devra être "Bluetooth" et vous devrez acquérir la "jaquette Bluetooth" pour réaliser cette connexion.

Directement à partir de votre Pocket PC en version Phone Edition

Phone Edition est une fonctionnalité supplémentaire de votre Pocket PC en termes logiciel. Sa vocation est de vous apporter toutes les fonctionnalités nécessaires à l'utilisation de l'option téléphonie qui est intégrée dans votre Pocket PC. C'est-à-dire que votre Pocket PC est maintenant un Smartphone à part entière. Il est tribande et intègre la partie data GSM et GPRS. Vous pourrez téléphoner avec, recevoir et envoyer vos e-mails, il intègre même un répondeur téléphonique ! Vous aurez avec cet appareil un "tout en un" qui vous servira dans toutes vos actions.

Vous pourrez découvrir ci-après un Pocket PC, phone édition, intégrant la téléphonie, auquel nous avons rajouté un récepteur GPS (Global Positioning system)

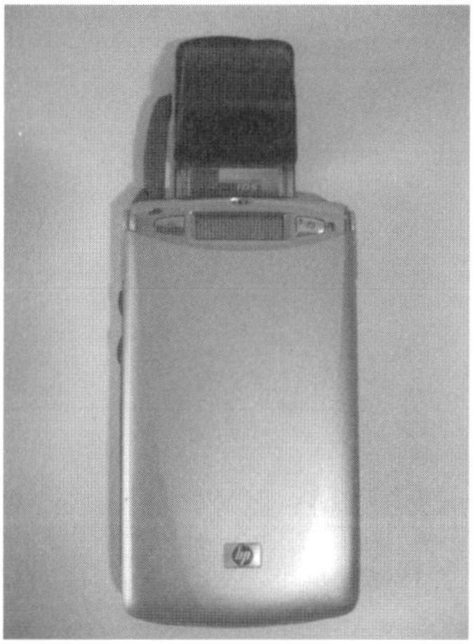

Pour la mise en œuvre, vous pourrez consulter les différents chapitres de ce livre relatifs à phone édition, la mise en œuvre de la communication GSM/GPRS, bluetooth...

La connexion de votre Pocket PC au sein de votre entreprise

Nous vous avons présenté précédemment comment communiquer avec votre Pocket PC en dehors de votre entreprise, ce chapitre va vous expliquer comment réaliser la même chose au sein de votre entreprise.

Ce qui va surtout changer, c'est l'infrastructure à votre disposition, notamment les serveurs et l'infrastructure réseau.

Vous pourrez accéder directement à toutes les applications intranet de votre entreprise, à sa messagerie, organiser des réunions, utiliser des applications en "client léger", accéder à des fichiers sur un serveur de fichiers...

Accès via votre PC de bureau à partir de la station d'accueil

Votre PC de bureau est connecté au réseau Ethernet TCP/IP de votre entreprise.

Votre Pocket PC est connecté au PC de bureau via sa station d'accueil.

Votre PC de bureau est connecté en permanence au réseau d'entreprise. Ce réseau d'entreprise est lui-même raccordé en permanence avec le réseau Internet via un "proxy" (passerelle réseau) ; vous pouvez utiliser Internet Explorer directement sur votre Pocket PC et vous accédez ainsi à l'intranet, l'Internet, le portail d'entreprise et à toutes les applications en "client léger" de votre entreprise.

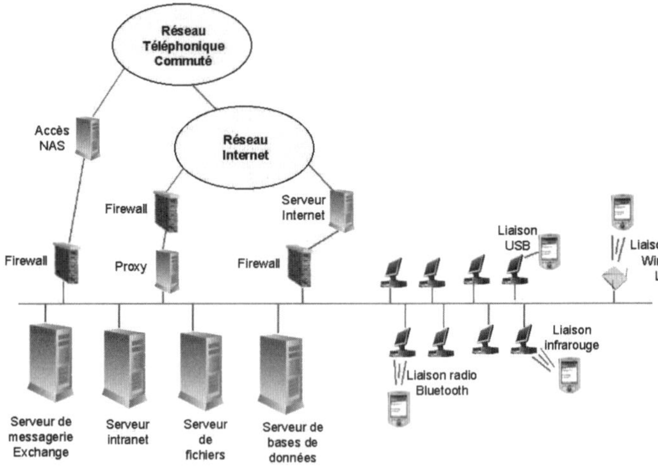

Wireless

Accès en liaison radio "Bluetooth"

La connexion entre votre Pocket PC et votre PC de bureau s'effectue automatiquement via une liaison radio dont le nom est "Bluetooth", et cela dans un rayon de 10 mètres. Votre PC est lui-même raccordé au réseau de votre entreprise par un câble réseau ou en WirelessLan. Cette liaison vous permettra de faire communiquer votre PC de bureau (ou tout autre équipement du type imprimante équipée de "Bluetooth") instantanément. Il suffit que les équipements soient dans un rayon de

10 mètres au plus. C'est tout ce qu'il vous faut savoir. Toutefois, vous devrez acquérir la "jaquette Bluetooth" pour réaliser cette connexion.

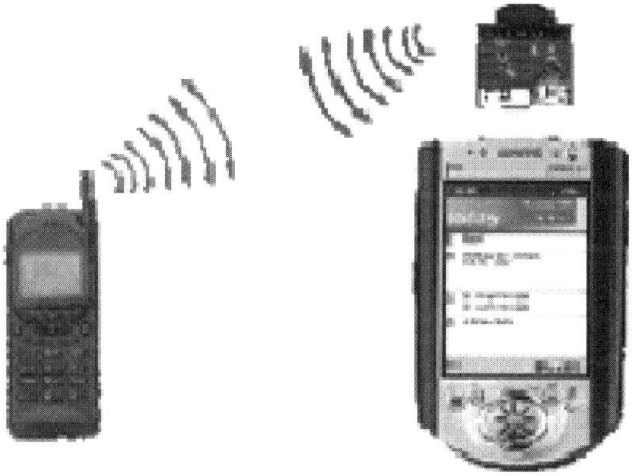

Accès en WirelessLan

Le WirelessLan est une extension de votre réseau d'entreprise Ethernet, mais sans fil. Aujourd'hui, seul votre PC de bureau peut bénéficier de cette connexion. Ce qui est intéressant pour vous c'est l'accès au réseau de votre entreprise sur votre Pocket PC via votre PC de bureau.

Accès via une liaison infrarouge à travers votre PC de bureau ou votre PC portable

Le principe est le même que décrit aux paragraphes précédents, à cela près que vous raccordez votre Pocket PC à votre PC de bureau ou portable, via une liaison infrarouge. En général, tous les PC portables sont équipés de ce type de liaison.

Attention, les débits (vitesse de transmission des informations) entre votre PC portable et votre Pocket PC via infrarouge sont nettement inférieurs à ceux d'une liaison via le port USB de votre machine.

MEGA LIVRE

Chapitre 3 — Choisissez un Pocket PC en fonction de vos besoins

Un Pocket PC est une petite machine qui vous apportera toute satisfaction à la condition de bien la choisir, sinon vous risquez d'être rapidement limité dans votre utilisation quotidienne.

Nous allons essayer de découvrir ensemble quel utilisateur vous êtes, les limitations que peuvent avoir ces PDA, et vous aider à effectuer votre choix en fonction de vos besoins.

L'évolution du marché des communications et du Pocket PC propulse cette petite machine au rang des machines à tout faire, et le conduit à devenir votre compagnon indispensable de votre vie quotidienne.

En effet, ses capacités se développent de jour en jour, une industrie est en train de se structurer pour produire de plus en plus de périphériques, de fonctions, etc.

En plus des fonctions traditionnelles d'agenda et l'enrichissement de l'environnement bureautique comme Outlook, Word, Excel..., ce sont maintenant les fonctions et modes de communication qui arrivent en force comme le WirelessLan, le Bluetooth, le GPRS... ainsi que des extensions très utiles comme le GPS (Global Positioning System), les caméras. Les dernières générations étant dotées de la génération vocale, laissez-vous guider.

Avec l'avènement des nouveaux réseaux de communication comme le GPRS et dans quelques années l'UMTS, le haut débit associé à la mobilité est disponible et les nouvelles applications de types Web TV, Web radio, Visiophonie vont arriver dans les prochains mois.

Il en est de même pour la puissance de votre machine, ainsi que la qualité de l'écran. Les nouvelles gammes de Pocket PC intègrent des processeurs spécialisés dans la communication mobile, des processeurs spécialisés pour la gestion de l'affichage de votre écran, des processeurs plus puissants, des disques durs. Votre Pocket PC devient une machine mature vous permettant de répondre à vos besoins les plus fous.

Ce sont donc de nouveaux critères de sélection de votre Pocket PC que nous devons aborder ensemble.

Ce que je veux faire avec mon Pocket PC

Pour commencer, il vous faut déterminer l'usage que vous ferez de votre Pocket PC quotidien. Globalement, on peut classer les usages de ce type de machine en trois grandes catégories d'utilisation qui va de la plus faible consommation de ressources de votre machine vers la plus élevée.

La première catégorie concerne les fonctions bureautiques classiques avec Pocket Outlook qui vous permettront de gérer vos e-mails, vos contacts, vos tâches et vos notes, y compris vocales à l'image d'un dictaphone. Dans ce cadre, vous recevez peu d'e-mails et vous désirez simplement utiliser les fonctions de type "organiseur" papier, plus évoluées, certes, mais rien de plus. Nous appellerons ce type d'utilisation "organiseur".

La deuxième catégorie concerne un usage plus intensif de la partie bureautique. Vous souhaitez prendre avec vous certains documents sur lesquels vous travaillez ainsi que des documents au format Acrobat ou PowerPoint pour les consulter ou les modifier. Vous désirez accéder au système d'information de votre entreprise et utiliser les grands logiciels en "client léger" Internet ou accéder à votre portail d'entreprise. Nous appellerons ce type d'utilisation "bureautique".

La troisième catégorie concerne un usage étendu faisant appel aux fonctions multimédias. Vous souhaitez pouvoir utiliser votre Pocket PC comme baladeur MP3 pour écouter vos morceaux de musique préférés, regarder et écouter des clips vidéo, utiliser de la visiophonie, faire des jeux, pouvoir vous faire guider dans vos déplacements à pied, en voiture ou en métro... Nous appellerons ce type d'utilisation "multimédia".

En tout état de cause, réfléchissez bien avant de choisir le type d'utilisation car les évolutions risquent d'être difficiles par la suite si vous choisissez une machine trop petite pour vos besoins.

Les limites de votre Pocket PC

De par sa construction, votre machine est conçue pour être nomade, et de ce fait un certain nombre de compromis ont dû être faits.

La différence entre les machines se fera par :

- la puissance du processeur ;
- la définition et la qualité de l'écran ;
- la taille de la mémoire ROM ;
- la taille de la mémoire RAM ;
- les ports de communication ;
- le type de liaison entre votre Pocket PC et votre PC de bureau ;
- les extensions qui peuvent être rajoutées sur votre Pocket PC ;
- le nombre de logiciels disponibles ;
- les fonctions de communication ;
- le système d'exploitation ;
- l'autonomie de la batterie ;
- le poids et la taille ;
- le prix.

Processeurs

De la puissance du processeur dépendra la rapidité de fonctionnement de vos programmes sur votre Pocket PC. Pour les logiciels manipulant des données (contacts par exemple), la rapidité d'exécution sera liée au volume de données que vous manipulez. En effet, ouvrir tous vos contacts avec 2 contacts ou avec 300 représente une réelle différence pour ce type de machine.

Les processeurs actuellement implantés sur les Pocket PC sont les suivants :

- Intel StrongARM 1110 à 166 Mhz et 206 Mhz ;
- Intel PAX 250, processeur Xcale à 400 Mhz ;
- Intel ARM920 à 200 Mhz intégrant le GSM et le GPRS ;

Jusqu'à l'année 2002, plusieurs processeurs différents pouvaient être susceptibles d'être présents dans votre Pocket PC, ce qui était un critère discriminant par rapport au nombre de logiciels qui existaient pour tel ou tel processeur. Désormais, ce sont systématiquement des processeurs Intel qui sont implantés et pour lesquels les programmes fonctionnent tous, y compris avec les nouveaux processeurs.

Définition et qualité de l'écran

Ici encore, vous verrez une différence dans l'offre qui vous est faite. Globalement, tous les Pocket PC ont une définition de 320 x 240 pixels. La différence au niveau de la qualité d'écran va résider dans le nombre de couleurs affichées qui varie entre 256 pour les machines d'entrée de gamme à 4 096 pour les milieux de gamme et 65 536 pour les hauts de gamme.

Il y a aussi la taille de l'écran qui varie d'un Pocket PC à l'autre. En fonction de votre type d'utilisation, vous verrez vite la différence.

Et aujourd'hui, certaines machines commencent à être équipées de processeurs graphiques spécialisés qui vont permettre une définition d'écran nettement plus riche, nuancée. Les amateurs de films ou Web TV, de visiophonie ou de jeux apprécieront.

Mémoire ROM

Cette mémoire est une catégorie de mémoire dite "flashable". Les logiciels et données qui seront stockés sur de la mémoire ROM le seront à travers un logiciel spécifique qui va écrire les données un peu de la façon d'un CD ROM réinscriptible, c'est-à-dire que d'abord il va effacer l'ensemble des informations présentes en ROM puis écrire les nouvelles. L'avantage de ce type de mémoire est qu'il ne faut pas d'énergie pour faire en sorte que les données ne soient pas effacées. Même si votre Pocket PC tombe en panne de batterie, les programmes et données implantés dans cette mémoire seront toujours présents sur votre machine. Elle est utilisée pour accueillir le système d'exploitation de votre PDA. En fonction des gammes de machine, cela va de 16 Mo à 32 Mo. Le système d'exploitation sera le même sur toutes les machines, mais plus la mémoire est petite et moins il y a d'options. Ces options sont matérialisées par le nombre de programmes associés à votre système d'exploitation. Elles seront constituées par exemple de filtres améliorant la qualité de restitution du son quand vous utiliserez votre Pocket PC en mode Walkman, mais aussi dans les méthodes de reconnaissance d'écriture, etc.

Et il faut préserver l'avenir… Avec 16 Mo, vous avez à peine de quoi charger les fonctions principales de Pocket PC 2002. Songer à faire évoluer sa machine n'est pas envisageable. Il est conseillé d'en choisir une équipée au minimum de 32 Mo.

Attention, cette mémoire doit être "Flashable", c'est-à-dire qu'elle permet une réécriture des données. Sinon, pas de mise à jour possible.

Mémoire RAM

En termes d'analogie, il s'agit du disque dur de votre Pocket PC. Plus la taille est petite, moins vous pourrez installer de programmes et moins vous pourrez emporter de données, documents, MP3, etc.

Vous pourrez cependant l'étendre avec des cartes CompactFlash ou de type SD / MMC, ou plus encore, intégrer un disque dur.

Les Ports de communication

Ici encore tout dépend de l'utilisation souhaitée, mais une fois de plus, à l'image de votre PC, moins vous avez de "prises" de raccordement à des extensions, et plus vous serez limité pour faire évoluer votre machine.

Les connecteurs d'extension les plus communs sont les connecteurs CompactFlash et SD/MMC, qui vous permettent d'enficher des cartes mémoire, comme dans votre appareil photo numérique, et de rajouter de la mémoire RAM amovible sur votre Pocket PC. Pour les mélomanes, sachez qu'un fichier MP3 occupe entre 2 Mo et 3 Mo par morceau de musique en mémoire RAM et que vos fichiers Word et Excel, même après conversion prennent encore beaucoup de mégaoctets.

Mais, là ne sont pas les seules fonctions de ces ports de communication. Ils servent aussi à utiliser les différents périphériques que vous souhaiteriez rajouter dans votre Pocket PC.

Aujourd'hui, il existe des cartes Bluetooth par exemple au format SD et au format Compact Flash. Pour utiliser un module GPS (Global Positioning System) il vous faudra un port CompactFlash. Il en est de même si vous désirez ajouter une camera.

Si vous envisagez une autre utilisation que le mode organiseur, prenez bien en compte les ports de connexions. En effet, aujourd'hui la plupart des extensions sont au format CompactFlash. La mémoire est au format SD et CompactFlash. Mais les extensions au format SD sont deux fois plus chères que les formats CompactFlash. Certaines marques proposent des jaquettes pour étendre les ports d'extension, validez bien le fait que cela rajoutera une épaisseur certaine à votre Pocket PC et que votre poche de veste pourrait en souffrir.

Le type de liaison entre votre Pocket PC et votre PC de bureau

Ce qu'il faut savoir, c'est qu'il existe deux types de liaisons entre votre PC de bureau et votre Pocket PC :

- la liaison série qui a maintenant au moins 15 ans (UART Intel 8250), et qui tout en étant très fiable est très lente ;
- la liaison USB, introduite il y a 5 ans environ et qui est rapide ainsi que "plug and play" la plupart du temps ;
- la Liaison infrarouge qui peut permettre de synchroniser votre Pocket PC avec votre PC portable, sans avoir à vous déplacer avec votre station d'accueil ou votre câble de synchronisation.

Les machines d'entrée de gamme ne sont dotées que de port série, port réservé à une utilisation qui ne nécessite qu'un faible volume de données à transférer. Les autres sont dotées de port USB bien mieux adapté à une utilisation intensive. Certaines machines très bien conçues comme le Compaq Ipaq 3850 sont dotées d'un port série et d'un port USB qui sont assemblés sur le même câble.

Il vous faut savoir que les ports séries et les ports infrarouges sont très lents et que cela réduit le confort d'utilisation : si vous avez beaucoup de données avec Outlook, cela risque d'être lent.

Fonctions de communication

Votre Pocket PC devient une machine ultra-communicante. En fonction de vos besoins, vous trouverez des Pocket PC dotés de base de fonctions

GM / GPRS, de fonction Bluetooth, WirelessLan. Ceci implique qu'en fonction de votre mode d'utilisation et de vos besoins, vous pourrez choisir telle ou telle fonction de communication et réserver les ports d'extension de votre Pocket PC pour une autre fonction.

Par exemple, si vous êtes très nomade, vous trouverez peut-être agréable d'avoir en un seul appareil, un Pocket PC, un téléphone avec lequel vous pourrez directement surfer sur Internet et être en communication avec votre entreprise, tout en vous laissant guider dans vos déplacements par le module GPS (Global Positioning System) que vous aurez introduit dans le port Compact Flash.

La photo ci-après illustre très bien cette utilisation. Vous retrouvez dans le Pocket PC ci-dessous un Pocket PC doté des fonctions de téléphonie et un module GPS inséré dans le port CompactFlash.

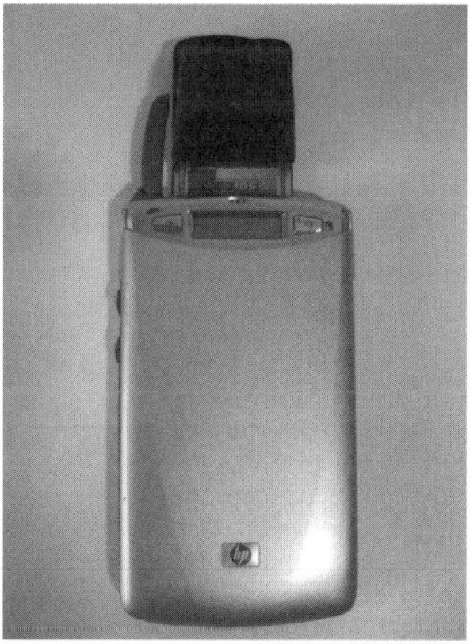

Les extensions qui peuvent être rajoutées sur votre Pocket PC

Le domaine des extensions pour votre Pocket PC est en plein développement. Elles sont proposées soit par le constructeur de votre Pocket PC, soit par des équipementiers qui proposent des extensions standard qui peuvent être utilisées par n'importe quel Pocket PC. Ce qui va compter maintenant, ce sont les ports de communication de votre Pocket PC. En fonction de vos besoins, vous pourrez rajouter telle ou telle extension.

Cette deuxième édition va vous présenter les extensions de votre Pocket PC. Vous pourrez les découvrir au chapitre "Ajouter de nouvelles fonctionnalités sur votre Pocket PC".

Le nombre de logiciels disponibles

Comme nous vous l'avons indiqué précédemment, il n'existe plus qu'une seule famille de processeurs, tous compatibles entre eux. Le catalogue de logiciels ne cesse de croître. Vous trouverez maintenant des logiciels qui répondront à toutes vos attentes.

L'autonomie de la batterie

Globalement, l'autonomie dépend de la qualité et de la technologie utilisée pour réaliser la batterie. De sa taille aussi. Elle varie sur ce type de machine de 7 heures à 15 heures. Ce qui peut être important quand vous savez qu'une panne de batterie implique le vidage complet de toutes les données et tous les programmes que vous avez installés sur votre Pocket PC. Il ne vous restera plus qu'à restaurer votre machine à partir de votre dernière sauvegarde.

Les nouvelles versions de processeurs Xcale intègrent une gestion de la batterie qui prolonge l'autonomie de votre machine.

Par ailleurs, maintenant, comme pour votre téléphone mobile, vous trouverez des extensions de batterie, des prises allume-cigares, etc.

Le poids et la taille

Ce paramètre peut avoir de l'importance du fait que ce genre de machine est censé être toujours avec vous. Ce choix vous est personnel mais a une grande importance. La tendance actuelle est aux machines de plus en plus légères et qui intègrent de plus en plus de fonctions. Avec les processeurs ARM920, vous pourrez avoir en main, une petite machine qui pèsera 150 grammes et qui fera à la fois Pocket PC et téléphone.

Le prix

Paramètre important, les prix varient de 350 € à plus de 1000 €. A vous de trouver l'adéquation entre votre utilisation et votre bourse.

Quelle machine acheter pour mon utilisation

Le choix se fera en fonction de votre profil d'utilisation, maintenant que vous connaissez les différents paramètres qui différencient ces machines.

Voici ce que nous vous conseillons en fonction de votre profil d'utilisation :

- L'utilisation "organiseur". Choisissez plutôt une machine moyenne gamme avec un écran en 4 096 couleurs minimum, 16 Mo de ROM et 32 Mo de RAM minimum.
- L'utilisation "bureautique". Choisissez plutôt une machine moyenne gamme avec un écran en 65 256 couleurs minimum, 16 Mo de ROM et 32 Mo de RAM minimum. La liaison USB est vraiment un plus.
- L'utilisation "multimédia". Seule une machine haut de gamme équipée d'un écran à 65 256 couleurs, 64 Mo de RAM et une liaison USB pourra vous apporter satisfaction. Vous pourrez choisir une machine dotée d'un processeur graphique.
- L'utilisation "communiquant". De base, prenez une machine avec les mêmes pré-requis que pour le multimédia. Plusieurs solutions s'offrent à vous : soit une machine de type SmartPhone intégrant le GSM/GPRS, soit une machine permettant l'utilisation d'extensions communicantes.
- L'utilisation "multi-usage". Cette machine est un haut de gamme, qui reprend Les pré-requis des machines de type multimédia et les machines communicantes.

Le tableau ci-après vous en présente la synthèse :

	Organiseur	Bureautique	Multimédia	Communiquant	Multi usage
Puissance du processeur					
200 Mhz	●	●	●	●	
400 Mhz				●	●
Définition et la qualité de l'écran.					
4096	●				
65536		●	●	●	●
Proc. Graphique			●		●
Taille de la mémoire ROM					
16 Mo	●				
32 Mo		●	●	●	●
Taille de la mémoire RAM.					
32 Mo	●	●			
64 Mo		●	●	●	●
Liaison PC / Pocket PC					
Série	●				
USB	●	●	●	●	●
Infrarouge	●	●	●	●	●
Les ports de communication					
SD / MMC		●	●	●	●
Compact Flash		●	●	●	●
Fonctions de communication					
Bluetooth				●	●
WirelessLan				●	●
GSM / GPRS				●	●
Systéme d'exploitation					
Pocket PC 2002	●	●	●	●	●
Pocket PC 2002 Phone Edition				●	●
Extensions			●	●	●
Autonomie de la batterie.		●	●	●	●
Ergonomie		●	●	●	●
Poids.				●	●
Taille		●	●	●	●
Le prix	●	●	●	●	●

Quelques exemples de machines actuellement disponibles

Ces derniers mois ont vu apparaître plusieurs nouvelles machines. Un nombre de plus en plus grand de constructeurs commencent à en fabriquer, et les prochains mois verront arriver des Pocket PC proposés par des constructeurs taiwanais. Contrairement à ce qui est arrivé ces dernières années, ce ne sont pas des sociétés qui fabriquent des machines spécifiques pour leurs systèmes d'exploitation, mais l'industrie du PC tout entière qui se lance dans cette aventure et prend un essor de plus en plus grand.

On retrouve les composants qui ont permis le succès incroyable des PC :

- microprocesseur Intel ;
- système d'exploitation Microsoft Windows, qui dans sa version pour PDA a pris le nom de "Pocket PC 2002".

Les performances des machines aussi se développent. Les dernières générations nous apportent de la mémoire en plus, des écrans avec 65 256 couleurs, une synchronisation systématiquement USB, l'intégration du Bluetooth... L'été 2002 sera la date de lancement de nouveaux processeurs, l'intégration de la téléphonie, plus de mémoire. Les dernières limitations de ces machines sont en passe d'être levées. Vous aurez désormais votre PC dans votre poche de veste ou votre sac à main.

Nous allons vous présenter quelques machines qui nous ont séduits par leurs performances et leur ergonomie.

Compaq Ipaq 3850

Cette machine occupe le haut de gamme de Compaq en termes de PDA et ils ont décidé de soigner leur produit afin que celui-ci reste une référence dans le domaine.

Mêmes caractéristiques que le 3850, celui-ci intègre une liaison Bluetooth. La technologie Bluetooth propose un débit de 721 Kbps dans un périmètre de 6 à 10 mètres. Vous pouvez dès aujourd'hui communiquer avec des téléphones équipés de cette technologie. Vous pourrez, demain, étendre les fonctionnalités de votre iPAQ Pocket PC Bluetooth en communiquant avec d'autres périphériques : imprimantes, PDA, scanners, SmartPhone, TV, etc.

Cette machine est construite autour du désormais classique processeur Intel StrongArm 1110 cadencé à 206 Mhz.

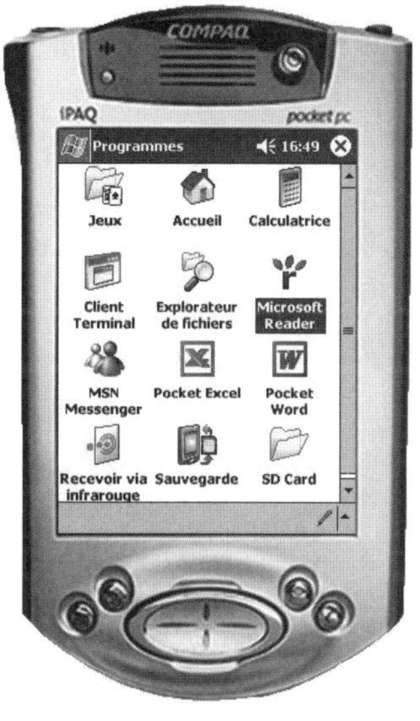

Les grands "plus" de cette petite merveille en termes de hardware sont :

- la taille de sa mémoire qui est de 32 Mo de ROM et permet de livrer directement cette machine avec des compléments de Windows qui sont des "plus" dans la vie de tous les jours. Cette capacité permettra de faire évoluer facilement votre machine au fil des mises à jour de Windows pour votre PDA (Microsoft Pocket PC 2002) car cette mémoire est flashable ;
- les 64 Mo de RAM qui permettront d'installer de nombreux logiciels et documents, et repoussent les limitations très rapidement atteintes avec ce type de machine ;
- une ROM de 8 Mo nommée Ipaq File Store qui permet de stocker des informations qui seront sauvegardées sur votre machine même si vous avez une panne de batterie. Si ce type de mésaventure vous arrive, il vous restera toujours vos rendez-vous et vos contacts sans que vous ayez à re-synchroniser votre machine ;
- un port d'extension SD/MMC très simple à utiliser et qui vous permettra d'étendre la capacité de votre machine très facilement.

En termes de socle de synchronisation, Compaq a réussi à installer sur le même socle et avec le même câble, une liaison série ET USB. C'est un modèle d'intégration. Vous n'aurez pas à emporter avec vous une multitude de câbles pour vous adapter aux différentes configurations que vous pourrez rencontrer en mode "nomade". Tout est avec vous et en un seul morceau ! Un modèle du genre.

Quant aux logiciels, nous ne pouvons que nous féliciter de voir livrés avec le 3850, en standard, 5 modes de saisie dont 4 sont installés dans la ROM de votre PDA avec votre système d'exploitation. Classiquement, nous avions le clavier virtuel et la reconnaissance de caractères. Maintenant nous avons en plus le "Graffiti", appelé "reconnaissance de blocs" par Microsoft, technologie de reconnaissance cursive qui reste la solution la plus simple pour saisir vos données. Et bien sûr Transcriber, qui permet de traduire les mots saisis sur votre écran tactile comme si vous écriviez sur une feuille de papier. Les mots ainsi tracés sont traduits en caractères d'imprimerie, automatiquement au fil de votre rédaction.

Une cinquième forme de saisie est livrée sur le CDROM, le clavier virtuel Wordlogic, qui permet pour les adeptes inconditionnels de la saisie clavier d'accélérer fortement la saisie des informations.

Les mélomanes qui auront transformé leur PDA en lecteur MP3 apprécieront le réglage des basses (booster de basses) et des aiguës qui sont intégrées de base.

Est aussi livrée en standard une version de ViaVoice de la société IBM et qui permettra d'utiliser votre Pocket PC directement avec la parole. Ce logiciel est surprenant et vous voir demander à votre machine "Quelle heure est-il ?" en surprendra quelques-uns. Outre ce côté amusant et l'étonnement de vos concitoyens, vous trouverez vraiment pratique, dans des lieux où vous n'êtes pas en bonne position pour "pointer" sur votre écran, de rechercher directement à la voix un contact et de vous faire lire sa fiche complète. A moins que vous ne trouviez utile une lecture complète des e-mails de votre boîte réception.

Pour finir et ne pas faire un inventaire à la Prévert de tous les logiciels supplémentaires livrés avec ce petit bijou, vous trouverez, installé de base dans la ROM, l'excellent petit logiciel Itask qui simplifie considérablement l'accès et la gestion des programmes en mémoire de votre Pocket PC ainsi que le paramétrage courant.

Comme nous l'avons vu au début de cette présentation, tout a été fait pour rendre cette machine la plus nomade possible et la plus simple à utiliser.

La prise en main est excellente et la forme ovale du petit haut-parleur / Pad est très réussie. Il est à noter que le haut-parleur permet une très bonne restitution de la voix, ce qui, dans une utilisation avec Viavoice, une extension GSM/GPRS (utilisation en main libre) ou l'utilisation d'un logiciel GPS avec guidage vocal, est vraiment un plus.

En termes d'extension, on ne pourra que saluer la jaquette GSM / GPRS qui transformera votre PDA préféré en Smartphone GSM et GPRS. A vous les joies de l'accès permanent à Internet et à vos boîtes vocales avec des débits minimum de 28 kb/s, sans compter l'exploitation directe de vos contacts pour composer vos numéros de téléphone à l'image du répertoire de votre téléphone mobile. A utiliser d'urgence. Vous n'aurez qu'à installer la carte SIM de votre téléphone mobile GSM ou GPRS pour vous en servir.

Au déballage de cette machine, vous êtes surpris par sa beauté, sa finition ainsi que par son révolutionnaire capot de protection transparent.

Compaq Ipaq 3950 & 3970

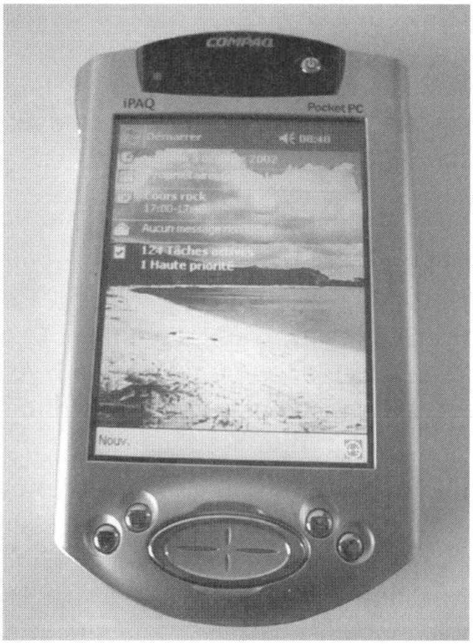

Le nouvel HP offre au marché du Pocket PC une nouvelle machine. Cette machine est sûrement la dernière commercialisée sous la marque Compaq. Pour les informaticiens, cela fera sûrement un choc de voir disparaître une nouvelle marque prestigieuse, trois ans après la disparition de l'autre marque prestigieuse qu'était Digital. Machine attendue car utilisant les technologies de dernière génération.

C'est toujours un grand moment que cet instant de prise en main de cette petite machine. Partons à sa découverte et explorons ce nouveau territoire, et devenez un Indiana Jones du Pocket PC !

Globalement si l'on regarde cette nouvelle merveille, que pouvons-nous dire, et quelles conclusions en tirer ?

Cette machine reprend la même présentation et spécifications en termes d'esthétique, de poids et de taille que son prédécesseur, le 38xx.

Même politique de jaquettes, qui restent compatibles sur la gamme depuis le 36xx. Donc, une volonté affichée de pérenniser l'investissement de périphériques du type GPS, etc. Et surtout une logique de continuité de gamme qui montre une progression et possède un sens et devrait rassurer tous les acquéreurs de Pocket PC, que ce soit les particuliers ou les entreprises.

Cette continuité s'étend aussi aux accessoires qui sont livrés avec, et qui n'ont pas changé : chargeur, étui de protection, stylet... Cette logique est aussi appliquée aux options de communication, puisque le modèle 3970 est livré en standard avec le module de liaison radio permettant d'établir un pico réseau, le Bluetooth.

Vous vous direz alors, mais quelles sont les nouveautés apportées par cette nouvelle machine ? La réponse tient en quelques mots : amélioration du confort d'utilisation (écran et puissance processeur, infrarouge plus puissant) et offre logicielle répondant aux attentes des utilisateurs de Pocket PC.

Ceci se décline dans les faits de la façon suivante :

- ❑ utilisation du dernier né d'Intel en matière de processeurs Pocket PC, le Xscale 400 MHz PXA 250. Ce processeur vous apportera plus de puissance dès maintenant. Ceci se traduira pour des applications de type multimédia, guidage GPS et autres applications métiers, par une plus grande fluidité d'exécution, et donc un plus grand confort d'utilisation ;
- ❑ utilisation dans la fabrication de ces nouveaux Pocket PC d'un écran à technologie TFT. La gamme Ipaq était dotée jusque là des meilleurs écrans du marché, meilleur relief, lisibilité, couleurs. Avec ce nouvel écran, nous franchissons une nouvelle étape. Cet écran est une véritable merveille de relief, couleurs, affichage, luminosité. De plus la luminosité s'adapte automatiquement au moyen d'un capteur à la luminosité ambiante. L'utilisation en appareil photo, en mode guidage GPS (votre Pocket PC est dans votre voiture, et donc soumis aux conditions d'ensoleillement), lecteur de vidéos, affichage de photos, est vraiment excellent. Du jamais vu ;
- ❑ un port infrarouge dopé qui permet de communiquer avec des appareils qui sont situés beaucoup plus loin de votre Pocket PC. Ceci n'est pas un gadget, puisque vous pourrez ainsi utiliser votre Pocket PC en télécommande universelle ;
- ❑ une dotation logicielle qui répond à une demande très forte des utilisateurs de Pocket PC. En effet, la marque a pris en compte les demandes des utilisateurs les plus fortes en termes de logiciels. Dès lors, vous pourrez trouver sur votre Pocket PC, outre les classiques Word, Excel, Outlook, un logiciel permettant de transformer votre Pocket PC en télécommande universelle, le logiciel NEVO, la dernière évolution apportée par Universal Electronics (http://www.mynevo.com), leader des technologies de télécommande sans fil, aux applications domestiques télécommandées. Grâce à Nevo,

votre PDA se transforme en une télécommande sans fil conviviale pour votre domicile. Votre Pocket PC devient la commande infrarouge de l'ensemble de vos appareils à domicile ou au travail. Vous pourrez contrôler à distance plus de vingt types d'appareils, tels que télévision, lecteur vidéo ou DVD, chaîne hi-fi, ventilateur ainsi que d'autres appareils de domotique.

Ce logiciel vous apportera des aides non négligeables telles que :

- accéder à votre chaîne préférée via une seule touche ;
- organiser les appareils en fonction des pièces dans lesquelles ils se trouvent ,
- partager la télécommande avec d'autres membres de votre famille ou de votre équipe (les utilisateurs) tout en permettant à chacun de créer son propre profil pour les appareils et les actions ;
- programmer une touche (macro) afin de réaliser plusieurs activités qui impliquent plus d'un appareil. Par exemple, sous l'intitulé "Regarder DVD", vous pourriez enregistrer une succession de commandes qui atténuerait la lumière dans votre salon, allumerait le lecteur de DVD et actionnerait la touche Lecture.
- Il ne tient qu'à vous de configurer Nevo pour qu'il reflète vos préférences.
- Mais aussi un logiciel de sauvegarde complet qui sauvegarde dans une mémoire non volatile les données de votre Pocket PC. Ce système de backup peut être programmé pour se déclencher à l'heure dite, même si celui-ci est éteint. Ainsi, même si vous oubliez de charger votre Pocket PC et que celui-ci se décharge complètement, vous pourrez le remettre en fonction avec toutes vos données sans être obligé de passer par votre PC. Et ceci concerne aussi votre système de fichiers, et donc vos précieux fichiers de données, ou vos fichiers MP3. Vous trouverez encore un logiciel d'affichage des photos que vous avez installé sur votre Pocket PC.

Pour les 3970, dotés du Bluetooth, vous trouverez l'excellent logiciel de gestion des partenariats Bluetooth de HP, mais aussi un utilitaire de composition de numéros de téléphone "Simple Call" qui vous sera très pratique si vous possédez une oreillette Bluetooth pour votre Pocket PC.

Je sens votre impatience, nous allons donc vous présenter cette machine et sa dotation logicielle plus en détail.

Commençons par mettre deux Ipaq côte à côte, un 38xx et le 39xx. A gauche vous avez un 38 et à droite un 39. Nous avons installé le même fond d'écran, positionné les mêmes réglages sur les deux machines. Bienvenue dans l'univers des écrans Transflexifs.

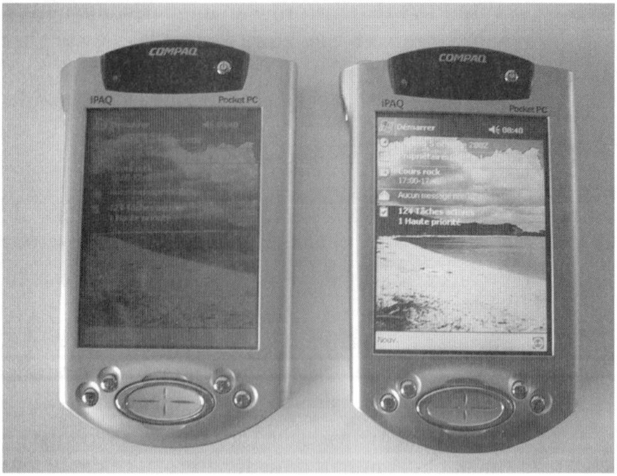

La taille de sa mémoire est de 32 Mo de ROM et permet de livrer directement cette machine avec des compléments de Windows qui sont des plus dans la vie de tous les jours. Cette capacité permettra de faire évoluer facilement votre machine au fil des mises à jour de Windows pour votre PDA (Microsoft Pocket PC 2002) car cette mémoire est flashable.

Les 64 Mo de RAM permettront d'installer de nombreux logiciels et documents, repoussant les limitations très rapidement atteintes avec ce type de machine.

Une ROM de 8 Mo nommée Ipaq File Store permet de stocker des informations qui seront sauvegardées sur votre machine même si vous avez une panne de batterie. Si ce type de mésaventure vous arrive, il vous restera toujours vos rendez-vous et vos contacts sans que vous ayez à re-synchroniser votre machine.

Un port d'extension SD/MMC très simple à utiliser vous permettra d'étendre la capacité de votre machine très facilement.

En matière de station d'accueil, Compaq a réussi à installer sur le même socle et avec le même câble, une liaison série ET USB. C'est un modèle d'intégration. Vous n'aurez pas à emmener avec vous une palanquée de câbles pour vous adapter aux différentes configurations que vous pourrez rencontrer en mode "nomade". Tout est avec vous et en un seul morceau ! Un modèle du genre.

Les mélomanes qui auront transformé leur PDA en lecteur MP3 apprécieront le réglage des basses (booster de basses) et des aiguës qui sont intégrées de base.

Pour finir et ne pas faire un inventaire à la Prévert de tous les logiciels supplémentaires livrés avec ce petit bijou, vous trouverez, installé de base dans la ROM, l'excellent petit logiciel Itask qui simplifie considérablement l'accès et la gestion des programmes en mémoire de votre Pocket PC ainsi que le paramétrage courant.

Cette machine se présente sous cette forme

Vous pourrez découvrir les 4 boutons programmables vous permettant de lancer vos logiciels directement. Le "pad" vous permettra de vous déplacer simplement dans vos applications et vous servira aussi de joystick. Et au-dessus de l'écran, le micro, le capteur de lumière pour le réglage de la luminosité de l'écran, ainsi que le bouton marche arrêt.

Avec son étui de protection, l'esthétique est encore plus futuriste.

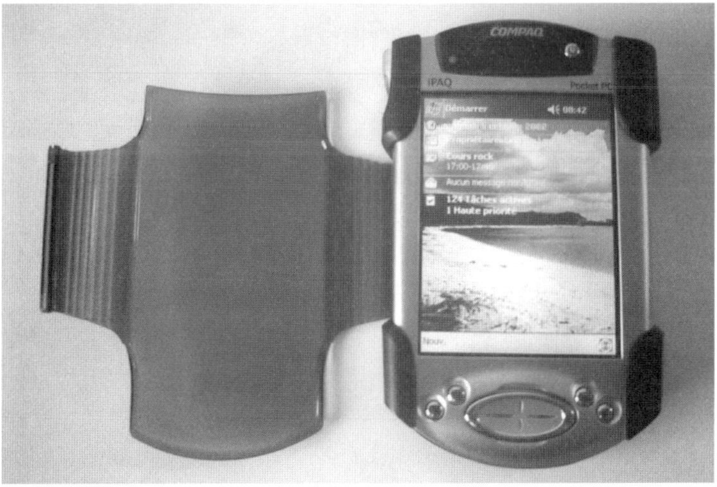

Vu par le haut, il ressemble à ceci, vous pourrez apercevoir la prise casque stéréo pour y connecter votre casque de Walkman, le port SD/MMC qui vous permettra d'ajouter de la mémoire ou un périphérique sur votre Pocket PC.

Côté gauche, vous pourrez découvrir le bouton programmable vous permettant de déclencher l'option prise de notes vocales.

Côté droit, rien à signaler

Vu d'en bas, l'inévitable prise série et alimentation électrique.

Passons à la partie logicielle.

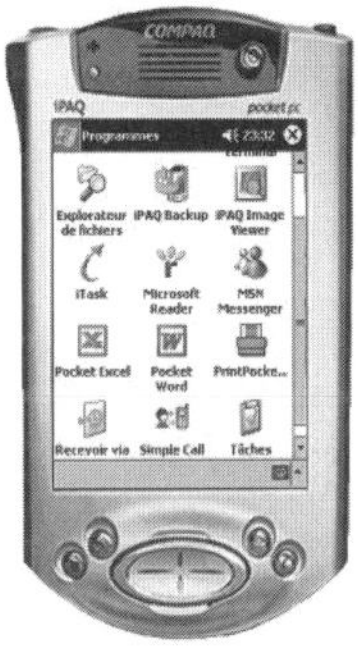

Le logiciel de télécommande Universelle NEVO

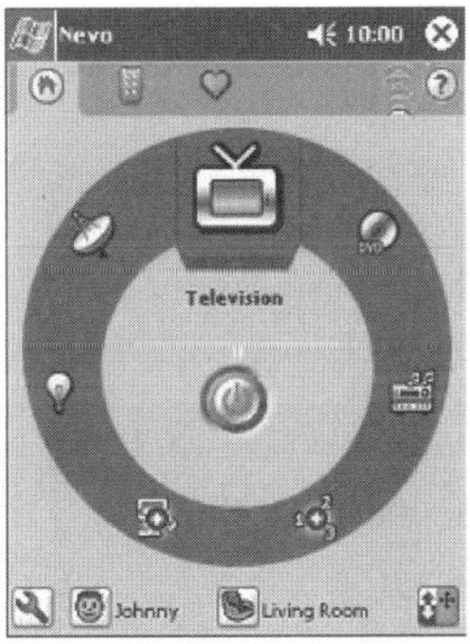

Ce logiciel transforme simplement votre Pocket PC en télécommande infrarouge. Celui-ci est très convivial, il permet de construire une télécommande spécifique pour chacun des membres de la famille, mais aussi de créer des télécommandes pour chacune des pièces de votre appartement. Vous pourrez trouver un grand nombre de télécommandes télévision, magnétoscopes, DVD, prédéfinies, mais vous pourrez faire apprendre à votre télécommande, toutes les télécommandes qui ne seraient pas dans la liste par simple apprentissage à partir de votre télécommande classique.

Une belle présentation, des touches espacées, que vous pourrez utiliser avec vos doigts directement sur l'écran, sans avoir à sortir votre stylet à chaque utilisation.

Un bon logiciel que vous apprécierez tous les jours.

Ipaq Image Viewer

Un très bon logiciel de visualisation de vos images et photos sur votre Pocket PC. Il vous permettra d'emporter avec vous les images qui vous sont les plus chères. Ceci allié à la très bonne qualité de l'écran, c'est un vrai bonheur !

Ipaq Backup

Ce logiciel vous permettra de sauvegarder vos données, de façon automatique, même lorsque votre Pocket PC est éteint. Cette sauvegarde est réalisée sur une mémoire de type ROM, qui ne s'effacera pas, même si votre Pocket PC épuise sa batterie. Vous pourrez ainsi repartir à partir de votre sauvegarde sur votre Pocket PC. Une bonne réponse aux risques de perte de données.

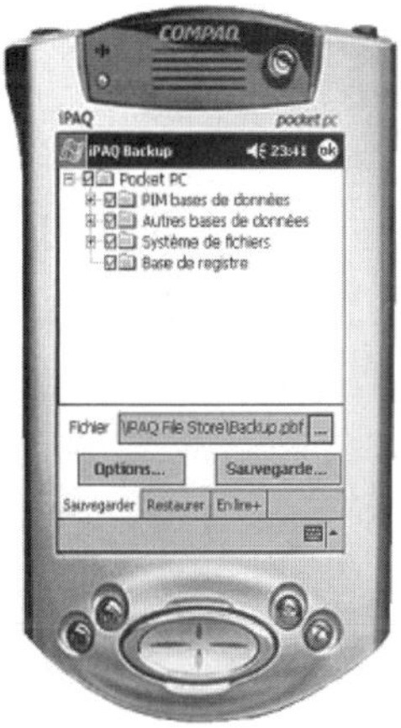

Toshiba e310

Ici Toshiba nous signe un très grand cru "Pocket PC", une petite merveille de technologie extra légère, une petite taille, et un petit prix. Le tout avec les mêmes spécifications que les autres machines ! Vraiment très impressionnant ! Cette machine risque de prendre beaucoup de parts de marché et confirme largement l'ambition de Toshiba dans ce domaine.

Seul compromis, la taille de la mémoire RAM qui est de 32 Mo, ce qui n'est vraiment pas un problème, car une petite carte SD permet de rajouter jusqu'à 128 Mo, sans aucune intervention d'installation ou de quoi que ce soit (nous avons testé pour vous) !

A la découverte du E310

Une fois n'est pas coutume, après le déballage, l'ouverture de la boîte qui contient cette petite machine provoque une exclamation que vous avez du mal à réprimer : Incroyable !

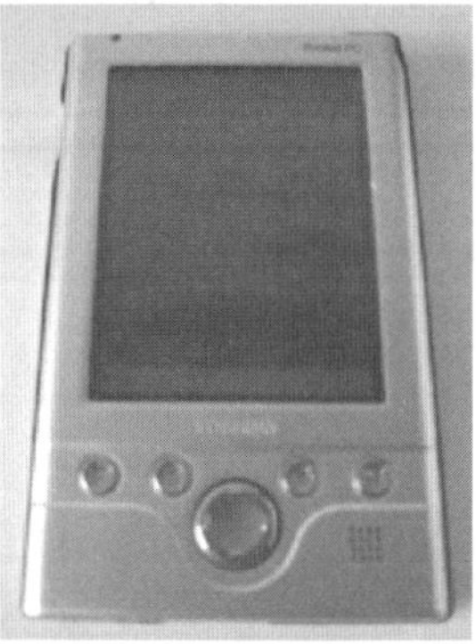

Oui, c'est vraiment ce que l'on pense quand on prend en main cette petite machine qui ne pèse que 140 grammes, un concentré de technologie. Vous ne pouvez vous empêcher de la prendre dans la poche de votre veste immédiatement, pour découvrir que vous ne la sentez pas, elle se fait totalement discrète au fond de votre poche, délicatement nichée en attendant de vous simplifier la vie de tous les jours ! A ceci est associé le fait qu'elle est belle, construite avec de très bons matériaux qui lui donnent la meilleure apparence. La mise en route de la machine est aussi impressionnante, l'écran est un des plus grands du marché avec celui de l'Ipaq et surtout avec les mêmes qualités d'affichage !

En termes de technologie, du désormais classique, mais très bien intégré. On retrouve les éléments suivants :

- un processeur Intel StrongARM 1110 à 206 Mhz ;
- un port d'extension mémoire SD/MM ;
- un port Infrarouge ;
- un écran 65 000 couleurs ;
- les 4 boutons logiciels classiques ;
- un pad ;
- un haut-parleur ;
- une prise casque ;
- 32 Mo de ROM et 32 MO de RAM

Vu par le bas, vous retrouvez le connecteur qui permet le raccordement à la station d'accueil et une prise pour le recharger sans passer par la station d'accueil.

Sur le côté gauche, on trouve une mollette de déplacement. Ce type de bouton est relativement récent sur les Pocket PC, mais il est pratique pour faire défiler les ascenseurs apparaissant sur les différents programmes. Par exemple, si , comme nous, vous avez saisi tous vos contacts dans Outlook, au fil des années vous en aurez plusieurs centaines.

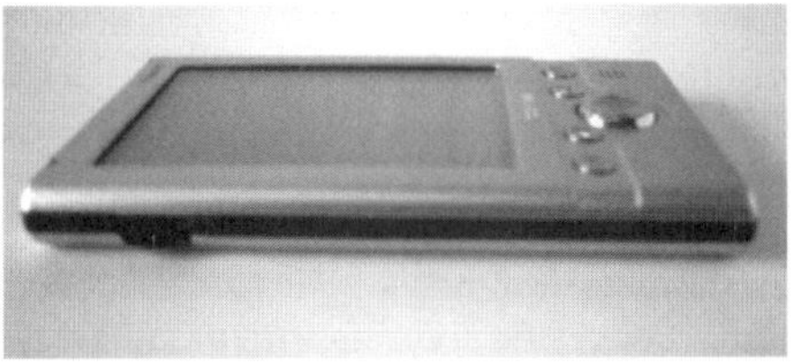

Ce qui ne simplifie pas la recherche de contacts, même en utilisant les catégories. Il faut faire défiler les ascenseurs avec le stylet, cela peut finir par être fastidieux, surtout dans des situations ou vous n'êtes pas forcément confortablement assis à votre bureau.

Au-dessus (donc à gauche sur la photo), vous trouverez un bouton pour déclencher l'enregistrement de mémos vocaux directement. Ce bouton n'était pas présent sur le E570. Cela permet d'utiliser votre Pocket PC, très simplement comme dictaphone. Ces mémos vocaux se retrouveront sur votre PC de bureau sous Outlook dans les notes.

Sur la partie haute, on peut découvrir le microphone du Pocket PC, le bouton de marche / arrêt, le port infrarouge et le port SD (Security Data). Ce port permet l'utilisation de cartes mémoire pour accroître la capacité de stockage de votre Pocket PC. C'est d'ailleurs ce qui vous permettra de faire passer le E310 d'une utilisation de type "bureautique" à une utilisation de type "multimédia".

Sur la photo, nous avons rajouté 128 Mo de mémoire RAM de cette façon. Et bien sûr la prise casque qui vous permettra d'écouter vos morceaux de musique MP3 avec un son impressionnant !

Côté droit, rien de bien particulier, si ce n'est le logement pour ranger le stylet (à droite sur la photo). Vous pourrez voir le "joypad" qui trône au milieu des boutons de raccourcis. Ce joypad est fait pour les jeux, à l'image de la manette de jeu de votre console de jeu. Il est très bien conçu et a su allier l'esthétique à une grande richesse fonctionnelle. Contrairement à certains Pocket PC, où il faut deux doigts pour les utiliser, celui-ci se laisse piloter par un seul doigt, ce qui est vraiment un plus pour certains jeux de type Metallion ou Wolf. Un vrai plaisir !

Le seul petit défaut de cette machine quasi parfaite : le stylet que nous n'avons pas trouvé très pratique à extraire et à ranger.

Cette machine est très agréable à utiliser et à transporter, surtout dans une poche de veste. Elle est très légère (140 gr), ce qui peut faire 40 grammes de moins que certaines machines concurrentes. Cela se sent vraiment. En termes de taille, la longueur est relativement standard. La différence sera surtout l'épaisseur.

En conclusion

Une très bonne machine, belle, performante, légère, bien conçue. Cette dernière machine que Toshiba nous a concoctée est un grand cru. Toute notre équipe vous la recommande !

Toshiba e740 Wifi (WirelessLan)

Toshiba a signé ici une superbe machine qui représente ce que l'on peut trouver de mieux dans la dernière génération de machines à l'été 2002. Cette machine est une réussite, elle possède tout ce qui est nécessaire pour une utilisation quotidienne intensive. C'est même la machine la plus complète. En termes d'esthétique, la présentation est quasiment identique à celle du e310, et utilise la même station d'accueil. Son poids est similaire aux machines HP Ipaq, c'est-à-dire 185 g. Par contre pour la même taille et le même poids, nous avons le WirelessLan (ou le Bluetooth si vous prenez le e740 BT) et en plus un port Compact Flash.

Ceci vous sera très utile, surtout au regard des derniers logiciels sortis sur Pocket PC. Vous aurez envie d'utiliser une antenne GPS, de rajouter un disque dur, etc. Avec son port SD et son port Compact Flash, vous pourrez réaliser cela très facilement.

Jusqu'ici, nous étions dans du conventionnel amélioré, mais en plus vous pourrez choisir une version WirelessLan ou Bluetooth ! La version que nous avons testée pour vous est une version WirelessLan. Avec cette option, vous pourrez en plus être en permanence relié au réseau de votre entreprise sans avoir à réaliser la moindre connexion avec un fil, et ceci où que vous soyez. Vous aurez au creux de votre main un concentré de technologie !

Elle est de plus dotée du dernier processeur Xcale à 400 Mhz qui vous apportera un surcroît de rapidité par rapport aux machines des précédentes générations. Ce supplément de puissance vous donnera toute satisfaction dans l'utilisation de logiciels de navigation GPS, le traitement des images, la recherche dans vos contacts... Un confort d'utilisation supplémentaire !

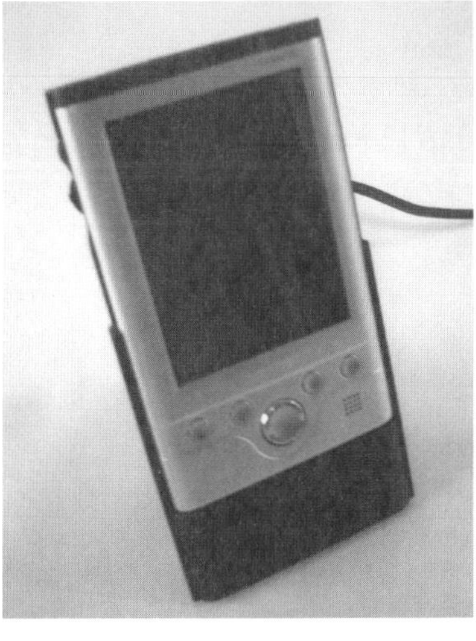

Technologiquement, on retrouve les éléments suivants :

- un processeur Intel Pax 250 à 400 Mhz ;
- un port d'extension mémoire SD/MM ;
- un Port Compact Flash ;
- un port Infrarouge ;
- un écran 65 000 couleurs ;
- les 4 boutons logiciels classiques ;
- un pad ;
- un haut-parleur
- une prise casque ;
- 32 Mo de ROM et 32 MO de RAM ;
- WirelessLan.

Pour son volume, vous trouverez ci-après le e740 WirelessLan au côté d'un Ipaq 3870 Bluetooth.

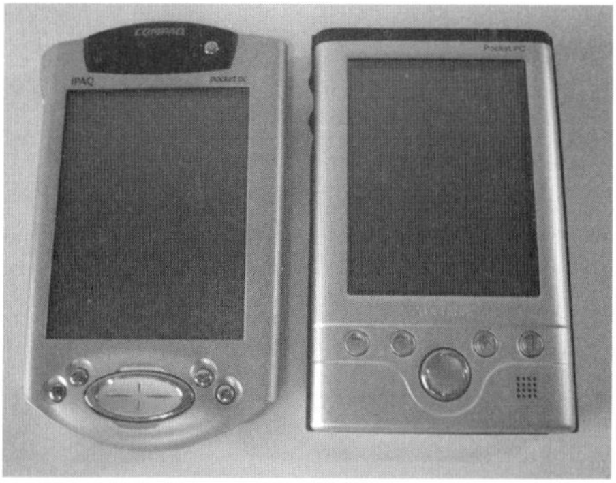

Par rapport au e310 de la même marque, seul le petit bandeau noir en haut du Pocket PC et 2 millimètres d'épaisseur vous permettront de distinguer les deux machines.

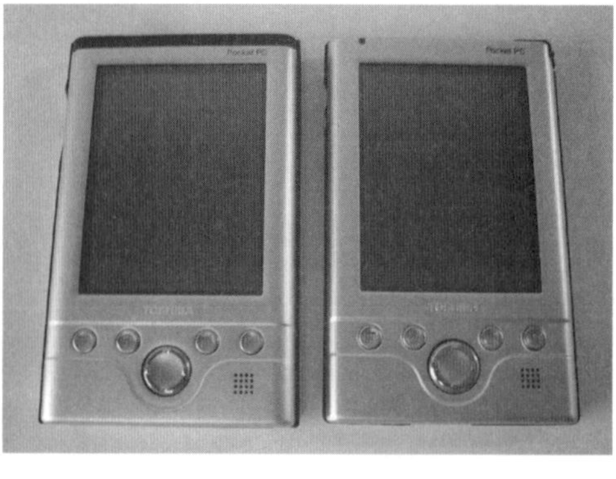

Passons à une revue détaillée. Au bas de cette machine, vous trouverez l'habituelle connectique vous permettant de raccorder le Pocket PC à sa station d'accueil.

Dans le détail, nous avons le port série (couleur cuivre), la prise de raccordement secteur, un petit switch permettant de mettre la machine en service, ou de la réinitialiser. A droite de ce switch, nous en découvrons un autre permettant de mettre en fonction le WirelessLan. Il faut savoir que les dernières générations de PC portables (les satellites) Toshiba ou les portables HP sont équipées d'extension Bluetooth et WirelessLan.

Vu du côté droit, rien à signaler.

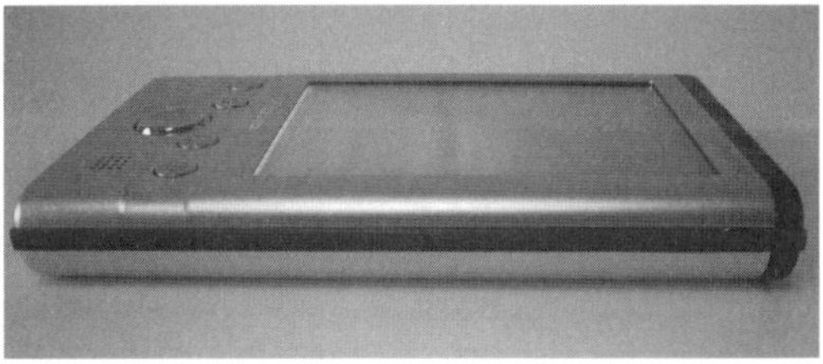

Vu d'en haut, nous pouvons distinguer les ports CompactFlash et le Port SD, ici occupé par une carte SD que nous pouvons apercevoir en bleu.

Le côté gauche nous présente un slider permettant de faire défiler les menus de façon simple, et le port infrarouge qui n'est pas comme celui que les autres machines présentent sur le dessus de l'appareil. Complètement à gauche, nous retrouvons le classique bouton permettant de piloter l'enregistrement des mémos vocaux.

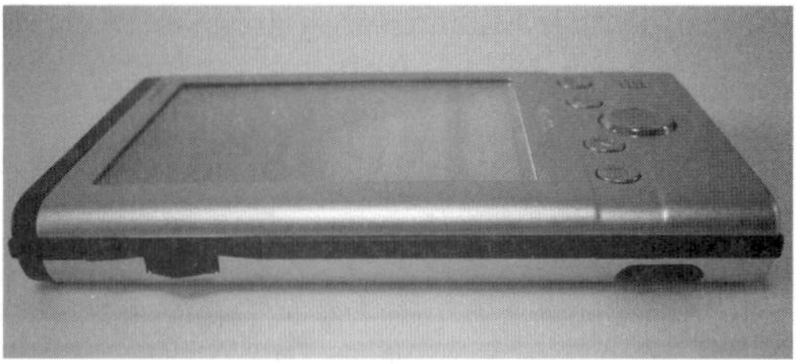

Vu d'en haut, nous retrouvons les quatre boutons classiques au Pocket PC, un joypad et le haut- parleur.

L'écran est de très bonne facture et permet un affichage des couleurs très lumineux qui prend vraiment toute son ampleur avec l'utilisation de fonds d'écran, et des logiciels graphiques de type TomTom Navigator.

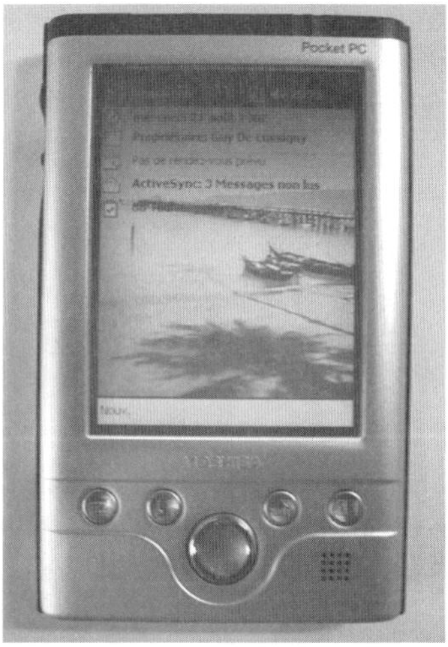

Passons à la spécificité de cette petite merveille, le WirelessLan. C'est une première du genre que nous allons découvrir ensemble. Pour son utilisation, c'est du côté du logiciel que nous allons nous tourner. Dans les paramètres, nous voyons apparaître une nouveauté.

Nous pouvons découvrir une option "Utilitaire WirelessLan".

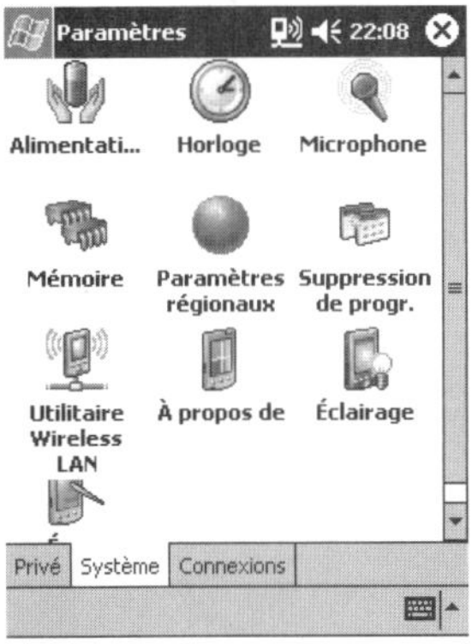

Vous n'utiliserez cette option que lorsque vous aurez des paramètres très spécifiques "réseau" à paramétrer. Telle que nous l'avons utilisé, notre réseau attribue une adresse IP (Ethernet), et tout ce que nous avons fait pour mettre en œuvre le raccordement au réseau, est de mettre en route l'option WirelessLan de notre machine, le reste s'est réalisé sans que nous ayons rien fait, ce fut automatique. Nous avons pu dès lors récupérer nos mails et surfer sur Internet en toute tranquillité, sans le moindre fil à la patte. A cette occasion, nous avons évidemment testé le serveur Toshiba spécifiquement réalisé pour Pocket PC (www.pda.toshiba.com).

En pointant sur cette option logicielle, nous découvrons les écrans ci-après.

L'écran lien permet de visualiser la connexion qui a été établie automatiquement et précise les différents paramètres établis.

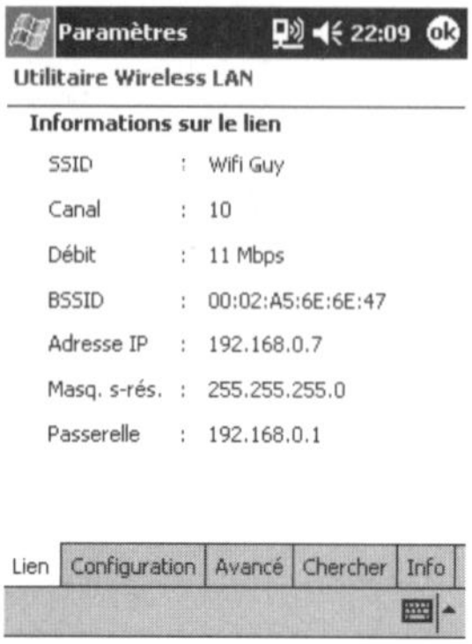

L'écran Configuration vous permet de préciser quel type de réseau WirelessLan vous souhaitez mettre en œuvre.

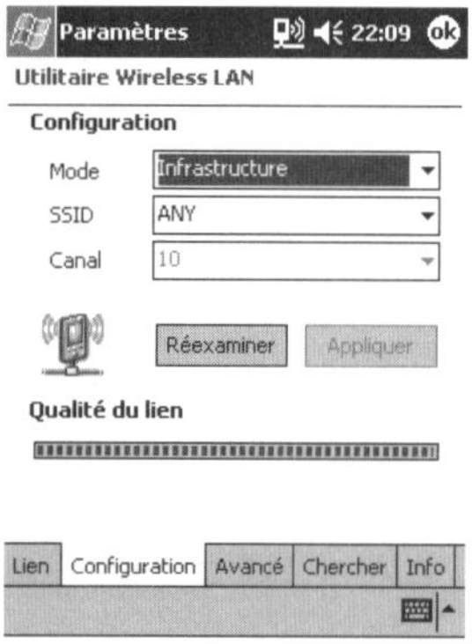

L'écran Chercher permet de lancer une nouvelle recherche de borne WirelessLan.

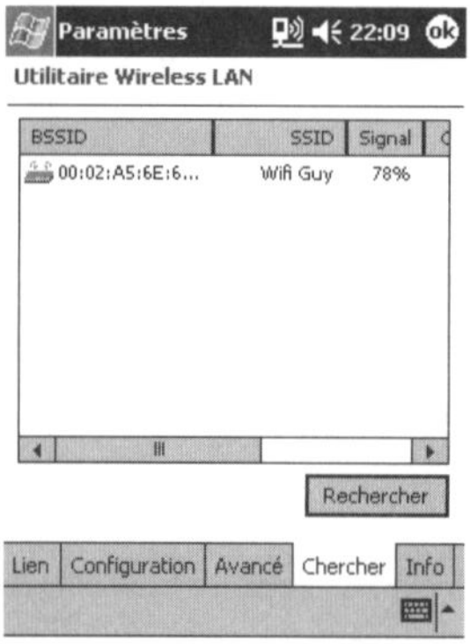

Ce dernier écran vous présente des informations complémentaires sur le logiciel et le paramétrage réseau.

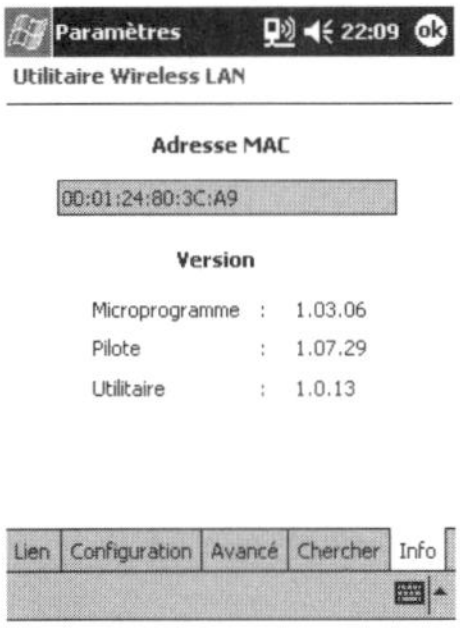

D'une simplicité d'utilisation redoutable l'option WirelessLan est vraiment un plus dans le cadre d'une utilisation en entreprise.

En conclusion

Cette très belle machine, bien construite, très fiable, possède tout ce que la technologie peut vous apporter. A conseiller pour tout type d'utilisation de Pocket PC, même les plus extrêmes. Une réussite pour ce constructeur qui a su en quelques mois nous concevoir des machines parmi les meilleures du marché.

Toshiba e570

Voici le premier Pocket PC concocté par Toshiba, qui réalise habituellement de bons PC Portables. L'arrivée de ce type de machine montre que le Pocket PC a maintenant ses lettres de noblesse. Le déclencheur de cette vague de machines est l'excellent système d'exploitation Pocket PC 2002.

Esthétiquement, c'est une machine très sobre, à l'image des autres machines produites par la marque. Une volonté à guidé la création de cette machine : la taille et la capacité d'extension.

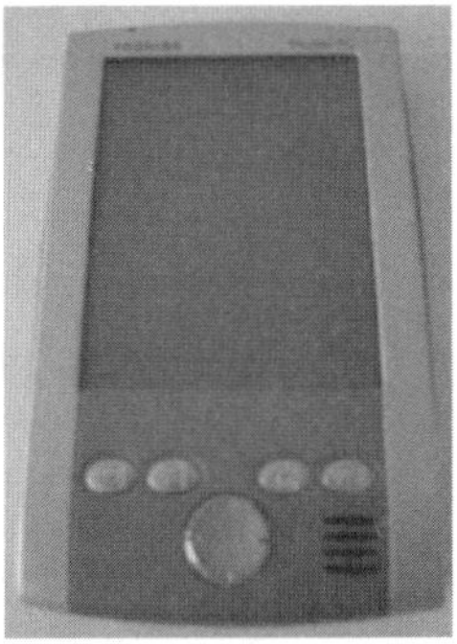

Nous nous retrouvons donc avec une machine de la taille d'un Palm Pilot, un autre produit de type PDA. Donc, une petite taille, mais la souplesse, la convivialité, et la puissance du Pocket PC. De même que toutes les nouvelles machines de ce type, elle sera évolutive en termes de système d'exploitation, puisque la mémoire est flashable (c'est-à-dire que l'on peut changer la version du système d'exploitation, avec une simple mise à jour logicielle).

En matière de technologie, du désormais classique, mais très bien intégré. On retrouve les éléments suivants :

- un processeur Intel StrongARM 1110 à 206 Mhz ;
- deux ports d'extension mémoire SD/MMC et CompaqFlash de type 2 ;
- un écran 65 000 couleurs ;
- les 4 boutons logiciels classiques ;
- un pad ;
- un haut-parleur ;
- 32 Mo de ROM et 64 MO de RAM.

Donc, le panel complet de ce que l'on peut attendre de ce type de machine actuellement. Cet ensemble vous permettra de faire tout de que vous désirez faire, notamment une utilisation multimédia et communication, puisqu'il y a une possibilité de carte Bluetooth permettant de vous connecter à votre téléphone GSM/GPRS lui-même étant Bluetooth, ainsi que de réaliser la synchronisation de votre Pocket PC avec votre PC directement via Bluetooth et donc vous passer de votre station d'accueil, ce qui peut être pratique à divers titres.

Une petite coquetterie, vous pouvez changer la couleur des bordures de votre Pocket PC. Un peu de fantaisie...

Présentation de cette petite machine

La prise en main de cette machine donne une sensation de solidité et de robustesse. Sa petite taille fera la joie de vos poches de vestes vue la petite taille de l'engin.

Voici à quoi ressemble cette petite merveille de technologie :

Apparence sobre, qualité des matériaux, un écran précis et restituant bien les couleurs. Des boutons relativement accessibles que les amateurs de jeux apprécieront, un pad, lui aussi assez pratique. Il pèse 180 g, soit 10 g de moins qu'un Ipaq 38xx. Peu discriminant, mais il faut prendre en compte pour les utilisateurs de cartes CompaqFlash qu'un slot est prévu pour ce type de cartes. Mais globalement, les nouvelles cartes qui sortent sont des cartes de type SD/MMC.

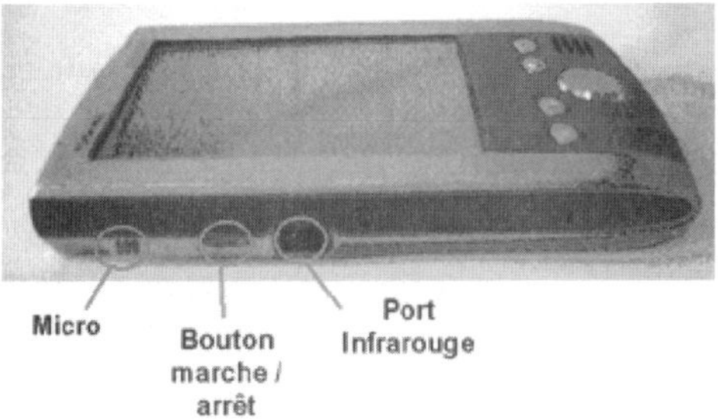

Sur les côtés de cette machine, on trouve le microphone pour la fonction dictaphone, un port infrarouge, le bouton d'enregistrement audio et le nécessaire bouton de reset !

Si l'on prend cette machine par le haut, on découvre les éléments suivants :

Une prise audio pour transformer votre Pocket PC en baladeur MP3, le logement du stylet, le port CompactFlash ainsi que le port SD/MMC.

Chose intéressante, la carte CompactFlash rentre complètement dans votre Pocket PC, vous pourrez ainsi à bas coût rajouter de la mémoire et lire directement vos photos en prenant la carte CompactFlash de votre appareil photo numérique.

L'e570 est doté d'une batterie non interchangeable ALB (Avanced Lithium Ion Battery), ce qui offre une autonomie d'environ 10 à 12 h, ce comme les autres machines de ce niveau.

La synchronisation se fait via port USB, le port série devenant franchement trop lent pour les échanges entre Pocket PC et PC de bureau. D'apparence, elle aussi très sobre, la station d'accueil est fonctionnelle et remplit bien son office.

En conclusion

Une bonne machine haut de gamme, évolutive et équipée afin de satisfaire les plus exigeants. Vous pourrez l'utiliser quotidiennement dans vos déplacements et différents travaux, mais aussi l'utiliser pour communiquer, travailler, jouer, regarder des films...

Une machine qui, d'entrée de jeu, se positionne comme une machine haut de gamme, au même niveau que ses concurrentes.

Casio e200F

C'est le dernier né du constructeur Casio qui a décidé de nous concocter une bonne petite machine.

Apparemment, l'objectif de Casio a été de nous fournir une machine très complète, utilisant ce qui se fait de mieux en matière de technologie, hissant cette machine dans la catégorie des machines haut de gamme.

Ses caractéristiques sont les suivantes :

- on retrouve désormais le très célèbre processeur Intel StrongARM 1100 cadencé à 206 Mhz qui équipe toutes les dernières générations de machines. Ceci est pour vous un gage de pérennité et d'accès à tous les logiciels pour Pocket PC ;
- un superbe écran 240 x 320, 65 536 couleurs ;
- une mémoire très bien dotée avec ses 64 Mo RAM et ses 32 Mo de ROM Flash ;
- bien sûr une sortie casque stéréo qui permet d'écouter vos MP3 favoris avec la qualité d'un baladeur MP3 ou minidisque ;
- mais aussi et surtout, ce qui fait une des grandes nouveautés de ce type de machine, un ensemble de possibilités de connexion et d'extension hors normes ;
- connexion à votre PC de bureau via le port USB ;
- un port MMC et SD qui permet d'enficher des cartes mémoires de dernière génération, beaucoup plus petites que les cartes Compact Flash et d'une capacité pouvant aller jusqu'à 128 Mo ;
- un port Compact Flash I et II, plus encombrantes, mais actuellement mois onéreuses que les cartes MCC et SD ;
- une possibilité d'extension PCMCIA (en option).

L'autonomie est, dirons-nous, classique, elle permet de fonctionner environ 12 heures (batterie Li-ion). Par contre, elle est un petit peu moins autonome que la dernière version de sa concurrente l'Ipaq 38xx. Mais globalement, l'autonomie est suffisante pour travailler une journée sans problèmes particuliers, à l'image de votre téléphone mobile.

Concernant la prise en main : de même taille que ses concurrentes, celle-ci est très acceptable et surtout beaucoup plus légère. Ce compromis en termes de poids est un choix de Casio qui induit une esthétique beaucoup plus "plastique" que les autres. Les testeurs de notre équipe ont des avis partagés. Comme toute affaire de goûts, ceux-ci sont fréquemment divergents, vous vous ferez votre opinion vous-même en essayant ce petit bijou.

L'écran est clair et lumineux, mais la "sensation" lors de la manipulation avec un stylet est différente de celle que l'on peut retrouver sur les machines concurrentes. L'impression globale est que l'écran est mou, ce qui surprend au départ, mais on s'habitue très vite.

Pocket Gear 2060 de Packard Bell

Le dernier né, mais aussi le premier, de la société Packard-Bell. (www.packardbell.fr). Nous pourrions aussi dire, le premier de la société NEC, commercialisé sous la marque Packard-Bell.

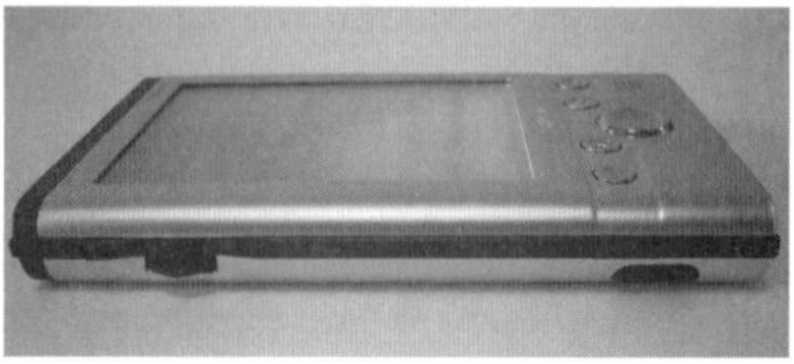

Technologiquement, du grand classique (il est intéressant de voir que le classicisme dans ce domaine s'installe en peu de temps).

Un écran très lumineux, 60 Mo de RAM, 32 Mo de ROM, un processeur StrongARM 1110 à 206 Mhz, un port SD, un haut-parleur, un joypad, les 4 boutons sur la façade supérieure, un bouton qui permet le défilement horizontal sur la partie gauche, ainsi que le classique bouton permettant de déclencher l'enregistrement de notes vocales.

Son positionnement est grand public et professionnel, vous pouvez acheter une extension CompactFlash et PCMCIA, à l'image de ce qui se pratique pour d'autres marques.

Concernant son poids et sa taille, il est juste un petit peu plus lourd que le Toshiba e310 qui est un modèle du genre, et son épaisseur se situe entre le e310 et les autres machines.

Ceci en fait une machine petite et légère, qui tient dans la poche d'une veste sans que cela ne pose le moindre problème, on ne le sent pas.

La différence de positionnement va se jouer en termes d'esthétique. Il est volontairement positionné objet "fun", qui est très performant, mais aussi amusant, à l'image des derniers téléphones Nokia. Le constructeur a été jusqu'à nous créer une station d'accueil amusante, tant par sa forme que par l'éclairage intégré. Cela ressemble par certains côtés à l'esthétisme de machines qui nous disent de penser différemment.

Cette petite machine donne tout de suite envie de la prendre dans sa main, de la saisir et de l'utiliser, pour son plus grand plaisir.

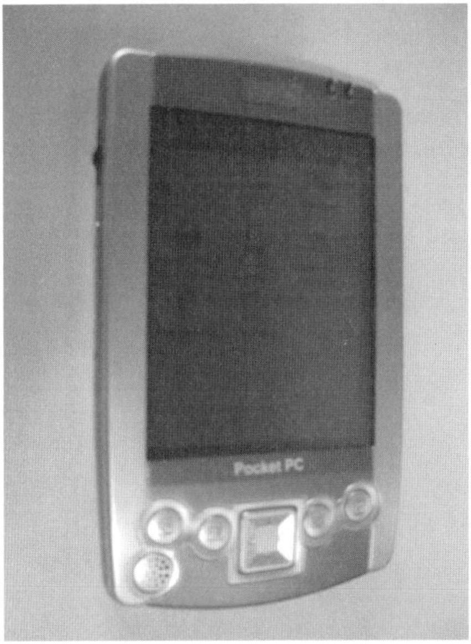

Objet agréable tant par la taille idéale que par les matériaux, faisons le tour de cette petite merveille.

Côté droit, vous retrouverez une prise d'alimentation, ce qui vous simplifiera la vie si vous utilisez un module GPS, et le stylet, qui a la particularité d'être télescopique.

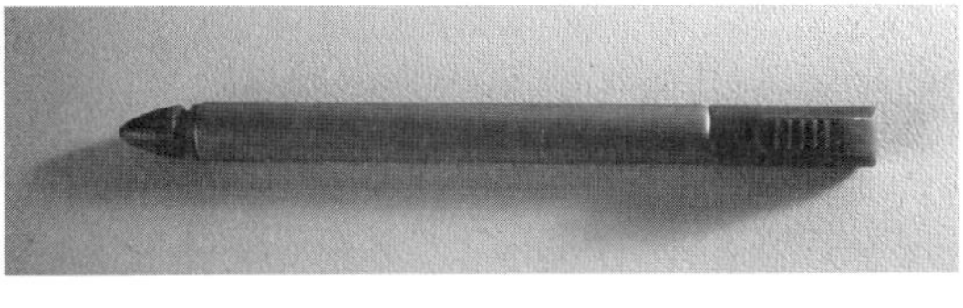

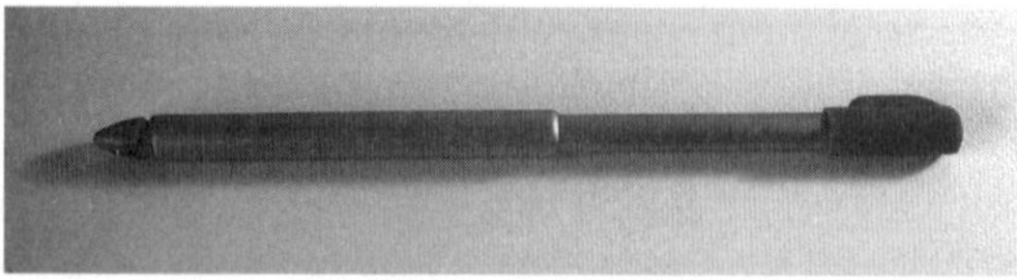

Vu du côté droit, vous retrouvez le bouton d'enregistrement, le bouton de défilement horizontal ainsi que le bouton de reset du Pocket PC.

Vu d'en haut, nous retrouvons le port SD dans lequel nous avons inséré une carte SD à 128 Mo, le port infrarouge, tout petit pais aussi efficace que sur les autres modèles, le bouton marche / arrêt, le micro pour l'enregistrement et la prise casque qui vous permet de transformer votre Pocket PC en baladeur MP3.

En conclusion, nous avons ici une des plus sympathiques petites machines du marché. Nous avons beaucoup apprécié ce Pocket PC dont l'utilisation quotidienne nous a apporté, outre une certaine curiosité de la part de nos contemporains, une réelle satisfaction. Un produit vraiment bon à acquérir les yeux fermés.

MEGA LIVRE

Chapitre 4	Installez votre Pocket PC

Déballez votre Pocket PC

Voilà, vous l'avez enfin, le fruit de vos désirs est entre vos mains ! Rassurez-vous, vous ne mettrez pas beaucoup de temps pour parvenir à vos fins, c'est-à-dire commencer à jouer avec, puis, bien sûr après ce grand moment d'euphorie, à l'utiliser avec le professionnalisme et la sérénité qu'il convient…

La "mise en route" qui est décrite ci-après varie peu d'un Pocket PC à un autre et reste standard, ne serait-ce que parce qu'il fonctionne avec le système d'exploitation de Microsoft Pocket PC 2002.

La machine qui a servi de modèle durant cette phase d'installation est un modèle HP (ex Compaq).

Vous voici donc face à cette boîte, nous avons effectué le déballage pour vous et vous trouverez les principaux composants qui vous sont livrés dans les photos suivantes :

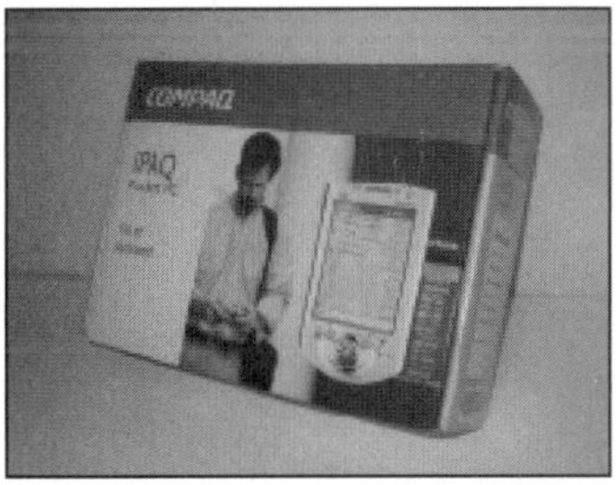

Voici le détail de ce que vous allez trouver :

Votre Pocket PC (ici l'Ipaq 3750).

Un stylet de rechange.

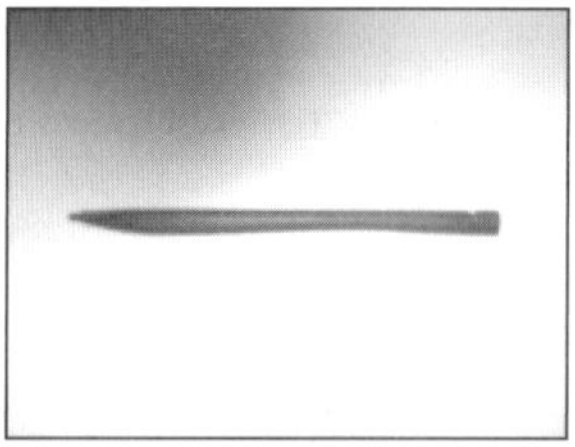

La "station d'accueil" qui vous permet de raccorder votre machine à votre micro-ordinateur.

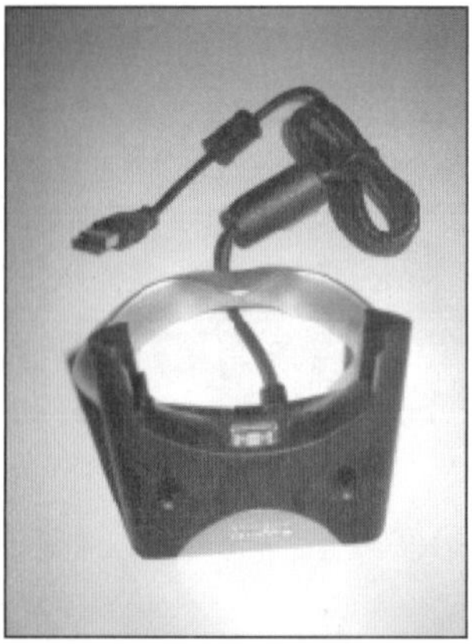

Un transformateur qui vous permettra d'alimenter en énergie votre machine.

Un CD-ROM contenant les logiciels afférents à l'utilisation de votre Pocket PC.

Une pochette de protection de votre appareil. Nous ne pourrions que trop vous conseiller d'acheter dans un magasin spécialisé un étui de protection un peu plus élaboré…

Le modèle H3850 est livré dans un étui rigide intégré avec un capot transparent du meilleur effet.

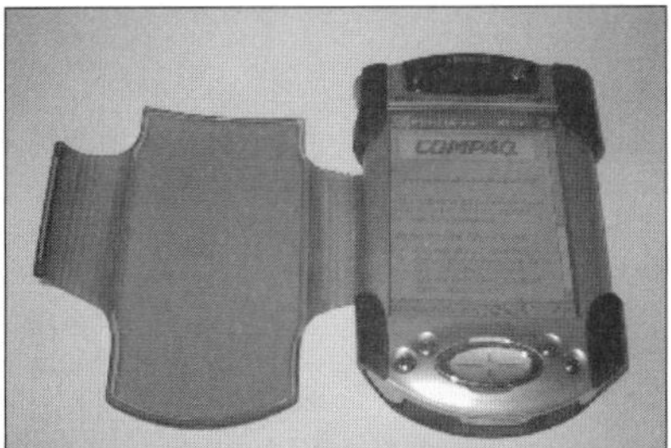

Vous trouverez aussi un ensemble assez succinct de documentation.

Attention, la mise en fonction de votre appareil peut être simple et rapide si vous respectez bien la séquence d'installation du logiciel et du matériel décrite dans ce livre. Si par impatience vous sautez ces étapes, vous risquez d'avoir quelques difficultés.

Comme le signale le mince film plastique déposé sur votre appareil, ne connectez pas maintenant votre machine, attendez le moment qui vous sera indiqué.

Première étape, déballer la documentation qui va avec votre machine.

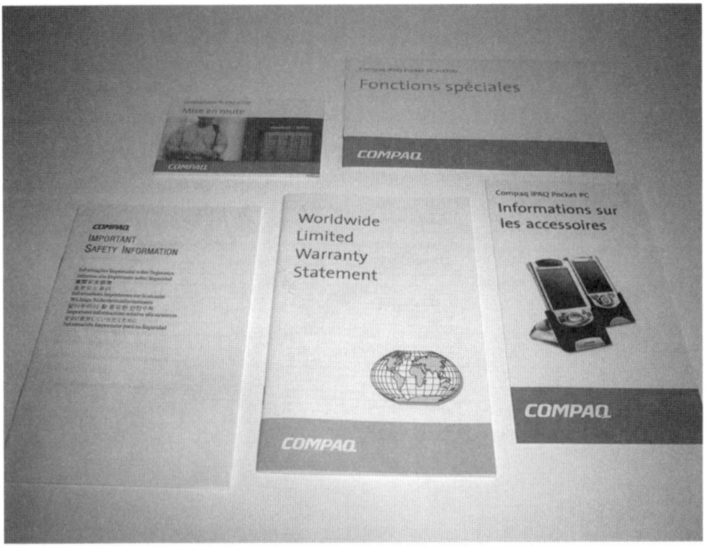

Vous ne trouverez aucune documentation vous permettant de démarrer à part celle-ci ; même si nous allons faire ensemble ce processus de mise en service, nous vous recommandons de lire attentivement la documentation suivante :

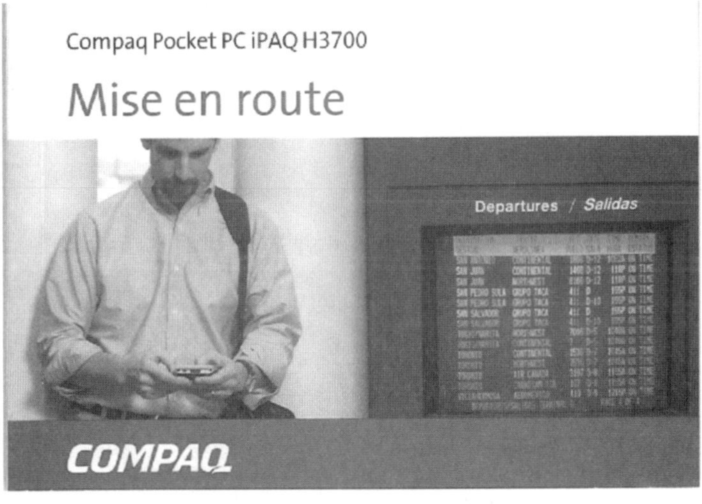

La documentation d'utilisation de votre Pocket PC se trouve sur le CD ROM d'installation de votre Pocket PC.

Préparez votre machine

Ces machines sont livrées avec une batterie incorporée ; pour la protéger des atteintes du temps, celle-ci n'est en général pas raccordée à votre machine à la livraison. La première étape est donc de réaliser ce raccordement. Sur l'Ipaq, il faut à l'aide du stylet, après avoir ouvert la petite trappe au bas de votre machine, pousser le "switch" en position inverse de celle dans laquelle il est positionné. Cela fait, fermez la trappe et votre machine est prête à l'emploi.

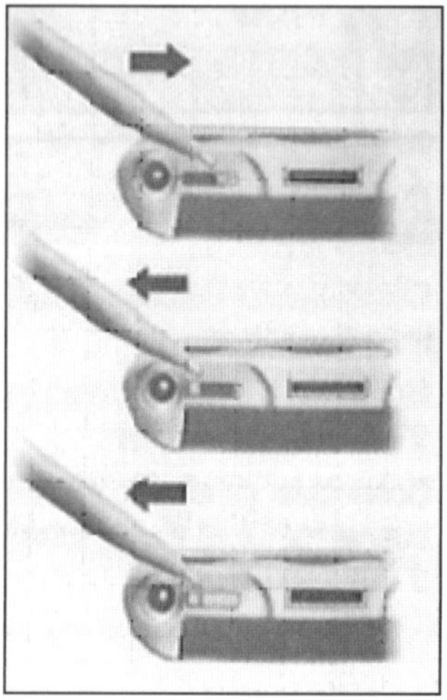

Comme vous êtes impatient, vous pouvez maintenant positionner votre petite machine sur sa "station d'accueil" pour voir ce que cela donne et obtenir le résultat qui suit :

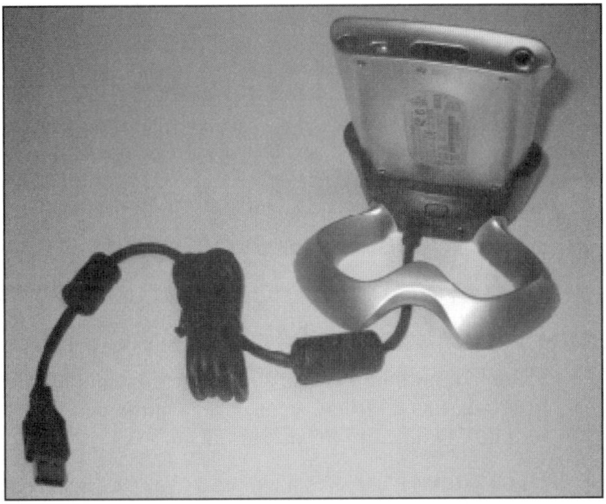

Votre machine devra être raccordée à une source d'alimentation électrique. Pour ce faire, il faut brancher l'alimentation électrique de votre machine sur sa station d'accueil. Sur l'Ipaq, la prise se trouve au dos de la "station d'accueil" à côté de l'arrivée du câble de raccordement du Pocket PC à votre ordinateur de bureau (Câble USB pour les 3 700 et USB/Série pour les 3 800). Branchez le transformateur sur une arrivée électrique et passez à l'installation de ActiveSync® 3.5 qui vous permettra de synchroniser votre Pocket PC avec votre ordinateur de bureau.

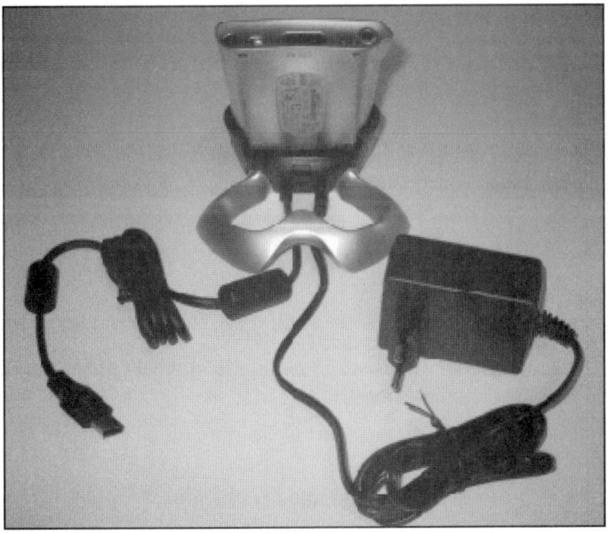

Vous êtes maintenant prêt à passer à l'étape suivante, l'installation de votre Pocket PC avec votre ordinateur de bureau.

Avant de passer à cette deuxième phase, RETIREZ IMPERATIVEMENT le Pocket PC de la station d'accueil. Ne branchez pas encore le câble USB ou série de la station d'accueil sur votre ordinateur de bureau.

Installez le logiciel de synchronisation de votre Pocket PC avec votre ordinateur de bureau (ActiveSync® 3.5) et Microsoft Outlook 2002

Comme nous vous l'avons montré précédemment, votre Pocket PC est livré avec un CD ROM. Vous devez maintenant l'introduire dans le lecteur de CD de votre PC de bureau.

Ce CD-ROM n'est pas spécifique à Compaq, il est réalisé par Microsoft en collaboration avec les constructeurs, et vous retrouverez systématiquement le même contenu avec les mêmes présentations. La seule différence entre les constructeurs sera :

- le nom de la marque du constructeur sur l'écran d'installation ;
- le manuel de référence de votre machine que vous retrouverez dans la rubrique Compléments d'information.

L'installation de votre Pocket PC se fera en deux étapes simples.

La première consiste à installer le logiciel Outlook 2002 sur votre PC de bureau, qui permettra de gérer :

- vos boîtes aux lettres, de rédiger, d'envoyer et de recevoir vos e-mails ;
- votre emploi du temps et réunions (Agenda) ;
- vos listes de tâches à réaliser ;

- ❑ votre liste complète de numéros de téléphone, e-mails… ;
- ❑ des notes écrites ou vocales.

Et cela de la même façon que sur votre Pocket PC, toute information enregistrée sur Outlook sera transmise sur le logiciel équivalent sur votre Pocket PC (Pocket Outlook) et inversement.

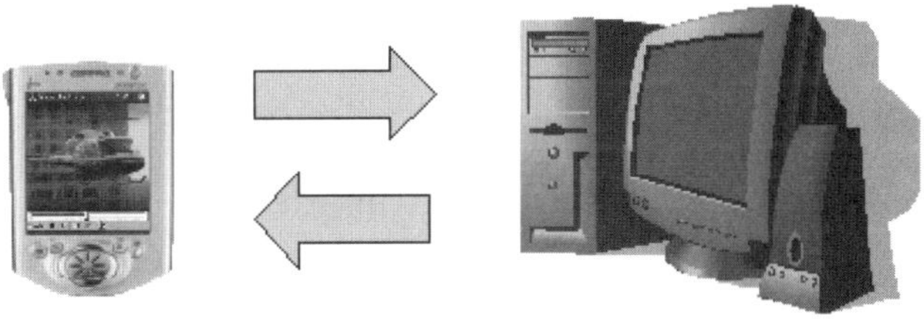

Si votre PC est relié à un réseau d'entreprise et que le système de messagerie repose sur Microsoft Exchange, cela va vous permettre de synchroniser vos données d'agenda avec celui de votre entreprise. (Attention, vous devrez prendre la précaution d'indiquer pour les éléments de type rendez-vous si ceux-ci sont privés ou non, car si vous ne prenez pas cette précaution, toute votre entreprise connaîtra votre agenda privé ! Le fait que vous emmeniez votre fils chez le dentiste n'intéresse sûrement que vous… Nous vous expliquerons comment gérer vos rendez-vous privés et professionnels dans ce cadre.) Globalement l'utilisation de votre Pocket PC en entreprise s'intègre dans le schéma suivant :

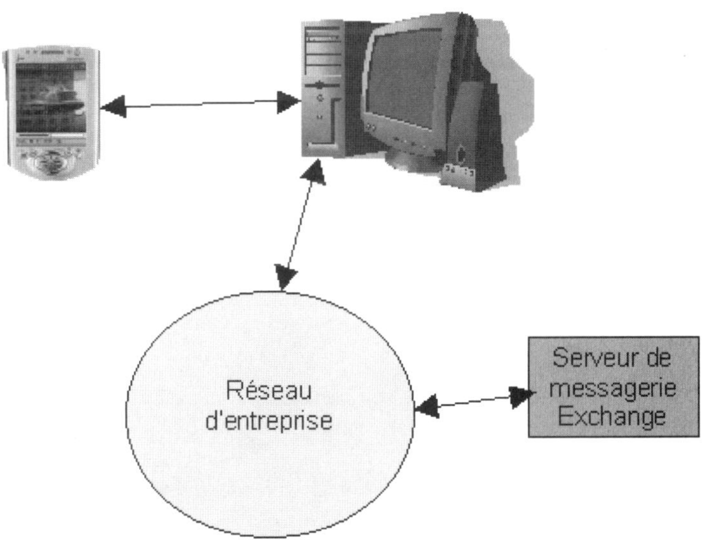

La deuxième étape va être d'installer le logiciel ActiveSync® 3.5 pour synchroniser votre PC de bureau et votre Pocket PC.

La procédure d'installation est réalisée avec Microsoft Windows XP ; il se peut que dans le cadre de versions plus anciennes (Windows 98, NT 4, 2000), les écrans diffèrent.

Important. Il est à noter qu'Outlook 2002 ne fonctionne pas avec Windows 95. Votre ordinateur devra fonctionner au minimum avec Windows 98 pour pouvoir réaliser cette installation.

Lancez votre CD ROM d'installation

Vous avez maintenant introduit le CD ROM d'installation de votre Pocket PC dans votre lecteur de CD, deux cas de figure se présentent en fonction du paramétrage de Windows sur votre PC de bureau :

- Vous avez laissé activée l'option "exécution automatique" positionnée par défaut sur votre ordinateur, vous verrez apparaître la page d'accueil du logiciel.
- Vous l'avez désactivée et vous devrez démarrer en cliquant sur le programme SETUP.EXE.

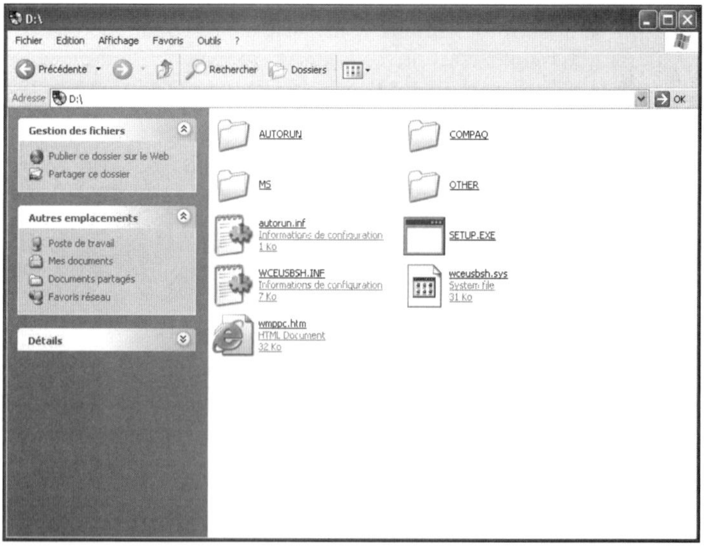

Après quelques instants, vous verrez apparaître l'écran suivant :

Si vous désirez passer directement à l'installation, cliquez sur la petite flèche au milieu du cercle bleu au pied des deux personnages.

Vous accédez maintenant au menu principal de votre cédérom.

Voici ce que vous allez y trouver :

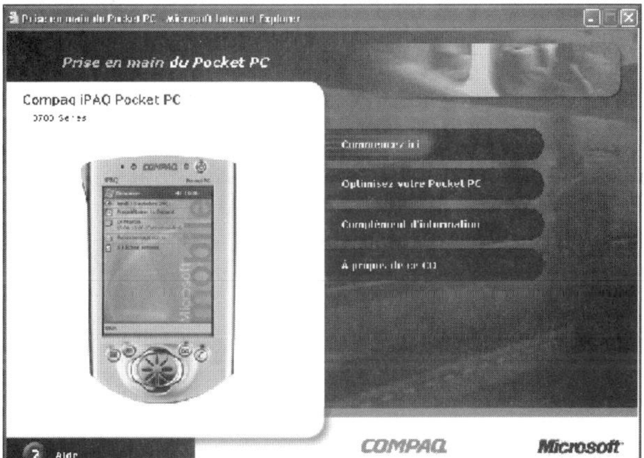

Comme nous vous l'avons indiqué précédemment, ce CD ROM d'installation est quasiment le même pour toutes les marques et tous les modèles de Pocket PC. Comme exemple, nous vous présentons cet autre et même écran pour un Pocket PC d'une autre marque.

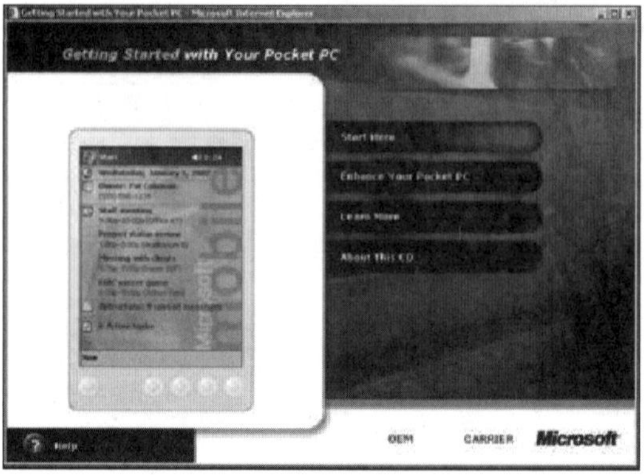

Voici les rubriques qui se présentent à vous :

- Une rubrique "**Commencez ici**", qui va vous permettre d'installer les logiciels Outlook 2002 et ActiveSync® 3.5.
- Une rubrique "**Optimisez votre Pocket PC**" qui vous permettra d'installer des logiciels supplémentaires vous apportant des fonctionnalités en plus (voir le chapitre "Ajouter de nouvelles fonctionnalités sur votre Pocket PC").
- Une rubrique "**Compléments d'information**" qui vous présente le lien sur le site Microsoft traitant du Pocket PC et sur le manuel de référence d'utilisation de votre Pocket PC, livré par le constructeur de votre Pocket PC (ici en l'occurrence Compaq).
- Une rubrique "**A propos de ce CD**" qui décrit les copyrights de ce CD ROM.

Ce logiciel d'installation a été bâti de façon à fonctionner au sein de Microsoft Explorer ou de votre browser Internet habituel (par exemple Netscape). Ne vous étonnez pas de retrouver des terminologies telles que téléchargement, liens, etc. Cela est normal, cela se généralise de plus en plus et simplifie l'utilisation de ce type de CD ROM.

Vous allez maintenant commencer l'installation. Une recommandation, réservez-vous une bonne heure de votre temps, seul et tranquille, ainsi vous ne vous y reprendrez pas à plusieurs fois et vous serez directement satisfait.

Vous avez fermé la porte de votre bureau, mis le panneau "Do not disturb", débranché vos différents téléphones, au travail.

Cliquez sur la rubrique "Commencez ici".

Vous verrez apparaître un premier écran vous expliquant les étapes que nous venons de vous décrire précédemment et recommandant une fois de plus la chose suivante :

"Avant d'installer ActiveSync, vérifiez que la station d'accueil Pocket PC n'est pas encore connectée à votre ordinateur. Ne connectez pas la station d'accueil avant d'avoir terminé l'installation d'ActiveSync."

Respectez à la lettre cette recommandation sous peine de conflits d'installation des différents automatismes d'installation de Windows et d'avoir beaucoup de mal à vous sortir des dizaines de questions qui vous seront posées et pour lesquelles vous n'aurez pas de réponses à donner. Nous avons essayé pour vous cette démarche et vous la déconseillons fortement.

Installation de Microsoft Outlook 2002

Une remarque pour les utilisateurs de PC au bureau, et surtout pour les personnes dont le micro-ordinateur fonctionne avec les versions Windows NT4, Windows 2000 et Windows XP. Pour administrer un grand nombre de machines, et faire en sorte que l'ensemble reste cohérent et fonctionnel, les administrateurs micro-informatique (on dit aussi bureautique) ne vous ont peut-être pas donné le mot de passe administrateur de votre machine, alors qu'ils ont positionné en standard une interdiction d'installer des logiciels (ils vous ont retiré ces droits à distance). Dans ce cas, vous ne pourrez pas installer votre Pocket PC tout seul sur votre PC de bureau et devrez faire appel à l'informatique interne de votre entreprise.

Autre remarque importante, Outlook 2002 ne fonctionne pas avec Windows 95. Vous devrez installer une version plus récente de Windows pour faire fonctionner votre Pocket PC.

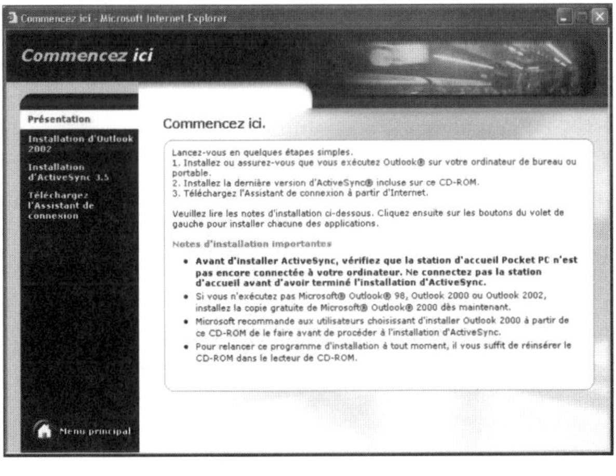

Cliquez maintenant sur la rubrique installation d'Outlook 2002 après avoir lu les quelques lignes qui sont présentées à l'écran.

Concernant ce logiciel, vous êtes en droit de vous poser des questions, auxquelles nous allons essayer de répondre :

- A quoi sert-il ? Comme cela vous a été présenté précédemment, ce logiciel permettra de gérer vos rendez-vous, vos mails, contacts et notes en parfaite synchronisation avec Pocket Outlook installé sur votre Pocket PC. Nous vous présenterons dans ce livre le fonctionnement et le paramétrage de ce logiciel.
- Je n'en ai pas l'utilité, dois-je l'installer ? La réponse est Oui. Au minimum, cela vous servira à saisir rapidement vos contacts, notes, rendez-vous à partir de votre PC de bureau, et surtout à sauvegarder automatiquement vos données de type "agenda, réunions, notes, contacts..." qui peuvent être effacées de votre Pocket PC en cas d'épuisement de votre batterie (un malheur de ce type est si vite arrivé...).
- J'ai Outlook Express installé sur mon PC de bureau, qu'est-ce que cela m'apportera en plus ? Le programme Outlook remplit les mêmes fonctions de base, mais avec des fonctionnalités plus riches. Vous pourrez récupérer vos mails et contacts en provenance d'Outlook Express. Et dernier point, Outlook Express n'est pas synchronisable avec votre Pocket PC. Cette version d'Outlook 2002 vous est offerte avec votre Pocket PC, n'hésitez pas à l'utiliser.
- Mon ordinateur n'est pas installé avec Windows XP, cela va fonctionner quand même ? Oui, pour les versions Windows 98, NT 4 et Windows 2000. Cela ne fonctionnera pas avec Windows 3.11, ni Windows 95. Donc, si vous avez une très vieille version de Windows, installez une version compatible avec ce logiciel avant de continuer.
- J'ai déjà installé sur mon PC de bureau une version de pack office contenant Microsoft Outlook, n'est-ce pas suffisant pour fonctionner ? La réponse est non, même s'il s'agit d'Outlook 2002, nous vous recommandons quand même l'installation de ce logiciel pour être certain du bon fonctionnement de votre Pocket PC avec votre PC de bureau et bénéficier des suppléments logiciels permettant le fonctionnement en symbiose de vos logiciels sur les deux machines.
- Mon pack office antérieur à la version XP ou 2002, risque-t-il de ne plus fonctionner après cette installation ? Cela ne pose aucun problème de compatibilité. Toutes vos données et les paramètres de vos anciennes versions seront repris durant l'installation.

J'ai déjà installé une version d'Outlook antérieure à la version Outlook 2002, vais-je perdre mes données et connexions Internet ? Non, l'installation va reprendre l'intégralité de vos données, mails, contacts et paramétrages. Et cela continuera à fonctionner avec le mail de votre entreprise. Tout ça est transparent pour vous, vous aurez juste un logiciel plus récent.

Vous pouvez donc cliquer sur l'installation d'Outlook, l'écran suivant apparaît :

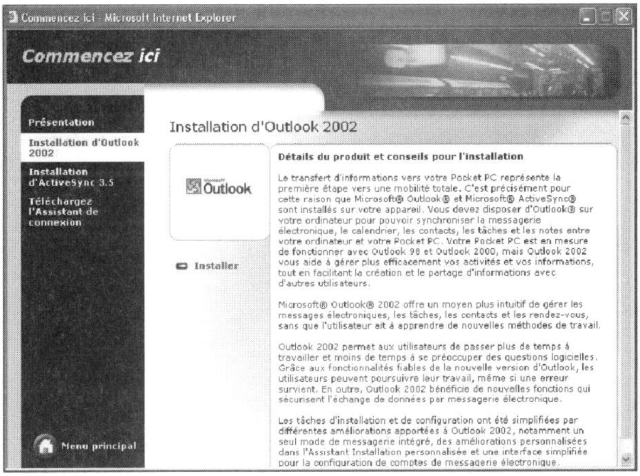

Cet écran fait une présentation des apports d'Outlook dans votre vie de tous les jours.

Cliquez maintenant sur le lien "Installer" en dessous du logo du produit "Outlook".

La fenêtre suivante apparaît, vous n'avez pas le choix, cliquez sur "OK".

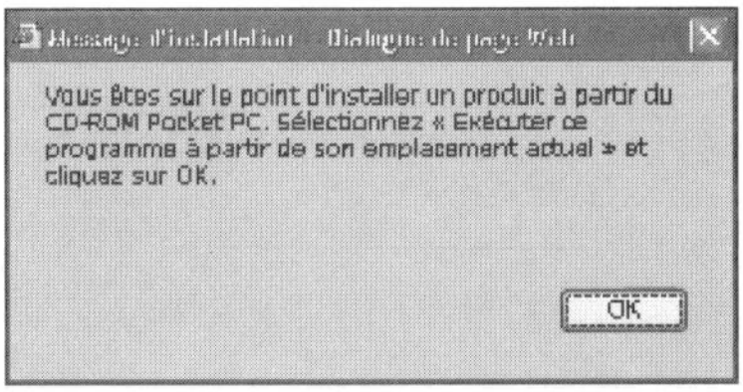

Sur la fenêtre suivante, le choix est plus complexe. La bonne réponse est "Ouvrir".

Comme nous vous l'avons indiqué, en fonction de la version de Windows installée sur votre PC de bureau, les fenêtres et questions posées pourront différer de celles présentées et posées avec Windows XP. Par exemple avec Windows 2002, la question est "Exécuter le programme à partir de son emplacement actuel" au lieu de "Voulez-vous ouvrir le fichier ou l'enregistrer sur votre ordinateur ?" La réponse avec Windows 2000 est "Oui."

Maintenant, l'installation proprement dite du logiciel débute et l'écran suivant apparaît sans que vous n'ayez quoi que ce soit à faire :

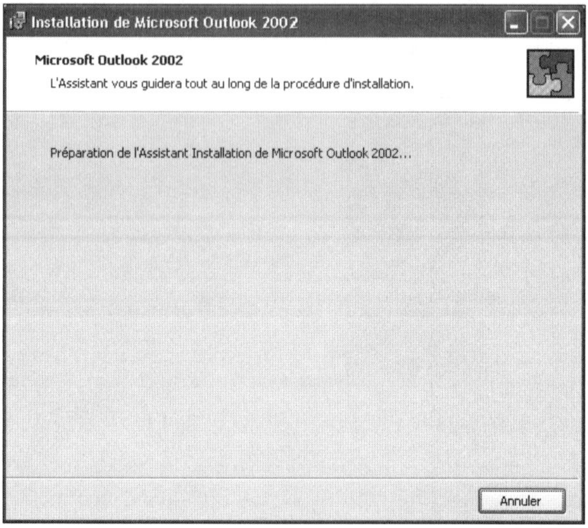

Sur l'écran qui suit, vous devez saisir la clé de produit du logiciel. Vous la trouverez sur l'autocollant collé au dos de l'enveloppe de votre cédérom :

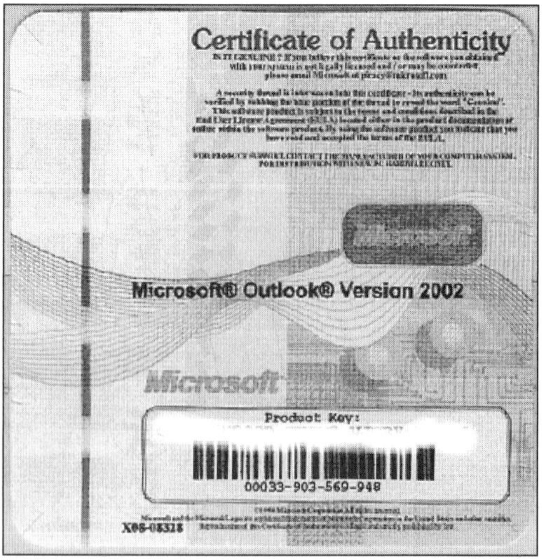

Saisissez maintenant la clé et cliquez sur suivant.

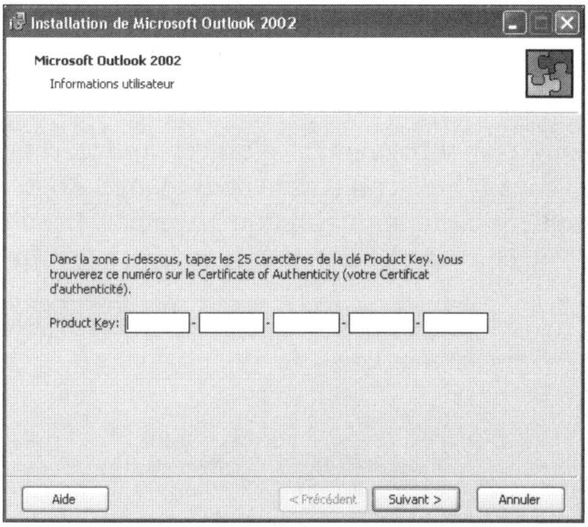

Ici, vous avez plusieurs questions qui vont sont posées, et qui expliquent la manière dont Outlook va être installé sur votre machine.

Voici comment interpréter ces questions :

Installer. Choisissez cette option si votre disque dur est petit ou presque plein. Ce n'est pas celle que nous vous recommandons.

Complète. Cela installera l'intégralité d'Outlook, choisissez-la de préférence aux autres ; vous ne serez plus jamais ennuyé par la suite avec des demandes intempestives d'insertion de cédérom de la part d'Outlook, et vous aurez l'ensemble des fonctionnalités dès le départ.

Personnalisée. Option de spécialiste. Fortement décommandée.

Installer dans. Le répertoire d'installation proposé est standard avec Windows, conservez-le.

Cliquez maintenant sur "Suivant".

Le logiciel va vous indiquer maintenant qu'il est prêt à terminer l'installation, et surtout valide la capacité de votre disque dur à recevoir votre application.

Vous avez suffisamment d'espace disque, cliquez sur "suivant", sinon, revenez à l'écran précédent pour changer l'option d'installation ou abandonner l'installation (bouton "Annuler") pour faire du ménage sur votre machine car vous aurez de nouveau le problème avec ActiveSync.

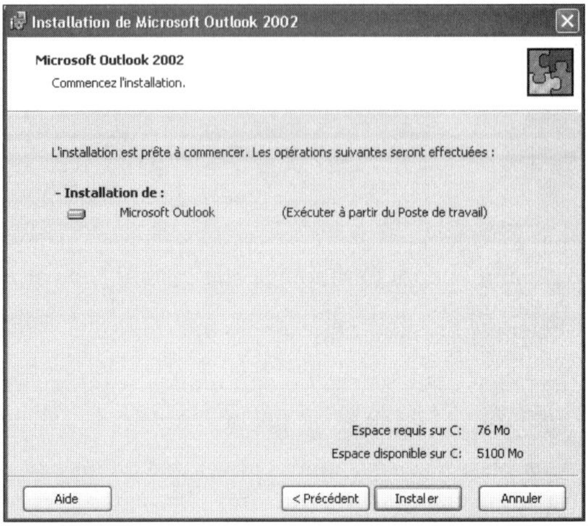

C'est parti, le logiciel est maintenant en cours d'intégration dans Windows.

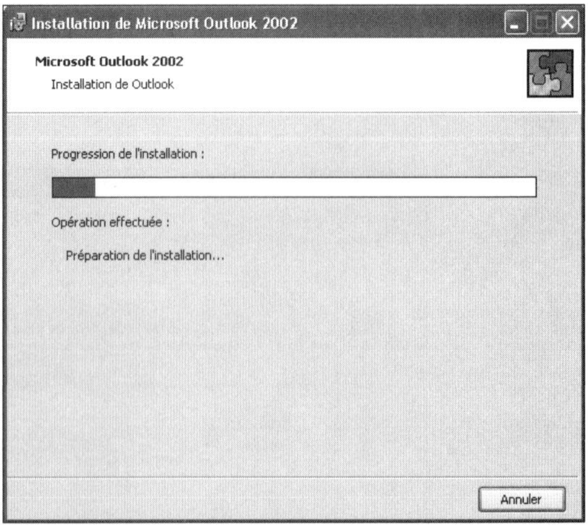

Après quelques minutes, vous verrez la fenêtre suivante apparaître. Vous avez fait la moitié du chemin. Félicitation, cliquez maintenant sur "OK".

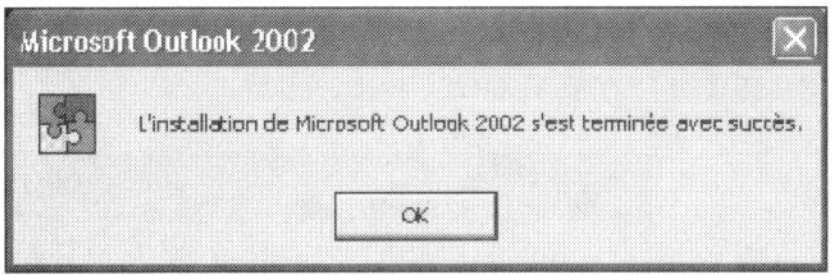

Installation d'ActiveSync 3.5

Vous avez maintenant franchi la première étape de ce parcours initiatique, vous êtes presque un "Jedei" du Pocket PC. Passons aux choses sérieuses.

En cliquant sur la rubrique "Installation d'ActiveSync 3.5", apparaît alors l'écran suivant qui vous présente le logiciel.

A l'instar d'Outlook, cliquez sur le lien "Installer" pour débuter les festivités.

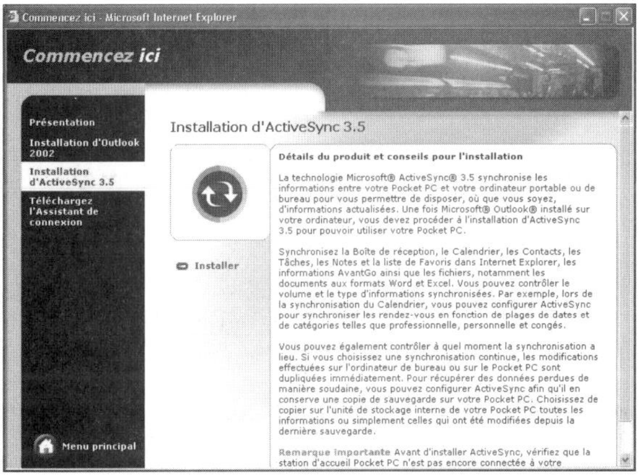

Lors de cette installation, vous aurez deux choses à réaliser :

- ❑ Installer le logiciel ActiveSync et faire reconnaître votre Pocket PC par votre ordinateur, c'est-à-dire par Windows.
- ❑ Insérer délicatement votre Pocket PC sur sa station d'accueil au moment qui vous sera indiqué.

Vous avez cliqué sur "Installer", la fenêtre suivante apparaît. Cliquez sur "OK".

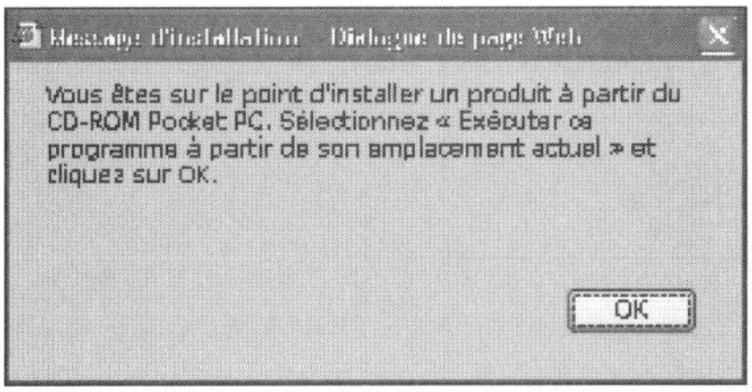

Comme pour Outlook, cliquez sur Ouvrir, les autres options étant toujours fortement déconseillées.

L'installation du logiciel commence.

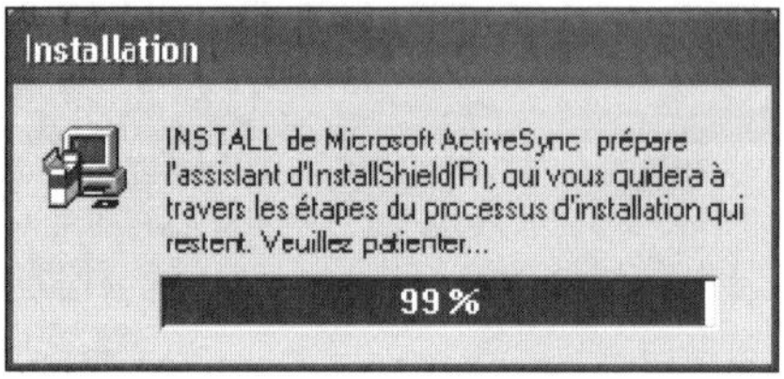

Cet écran présente les étapes d'installation de l'ensemble. Cliquez sur "Suivant".

Le logiciel a testé la capacité de votre disque dur à recevoir cette nouvelle application. Si vous n'avez plus assez de place, faites le ménage sur votre disque et continuez l'installation en cliquant sur "Suivant".

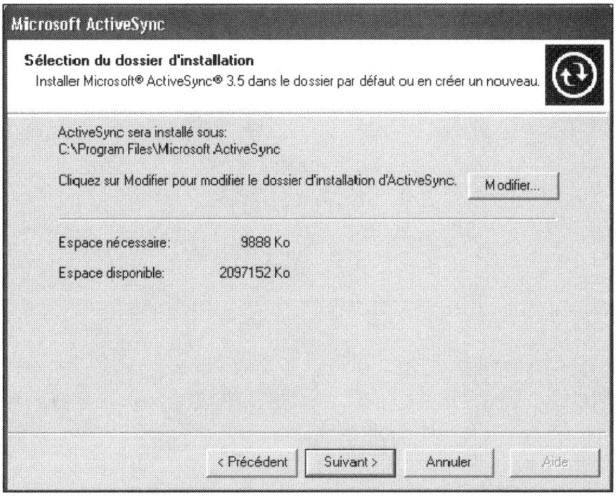

Le logiciel est maintenant en cours d'intégration dans Windows.

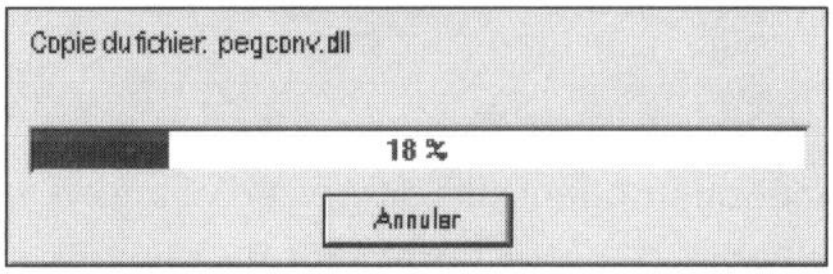

Détection et paramétrage de la liaison entre votre PC de bureau et votre Pocket PC

Nous abordons maintenant une étape TRÈS importante de l'installation de votre Pocket PC : la connexion entre votre Pocket PC et votre PC de bureau.

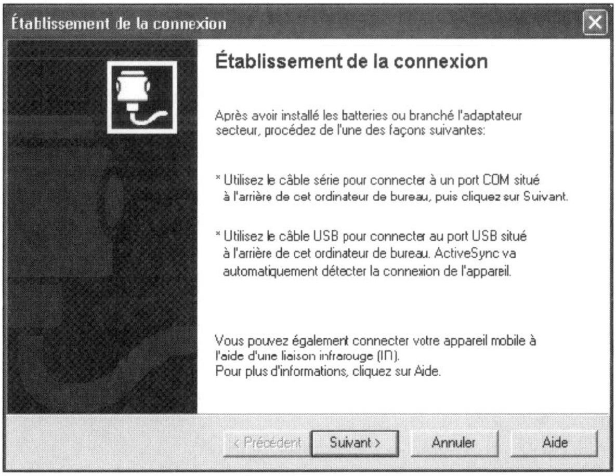

Vous devez insérer votre Pocket PC **maintenant** sur sa "station d'accueil" et connecter la station d'accueil sur votre PC au moyen de la prise USB ou série, avant de cliquer sur "Suivant".

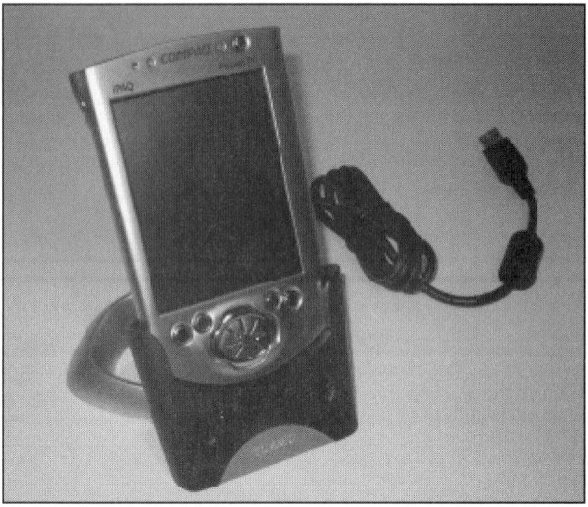

Cliquez maintenant sur "Suivant", Windows va paramétrer la liaison USB entre votre Pocket PC et votre ordinateur.

Votre matériel est maintenant détecté, les drivers nécessaires vont s'installer. Cliquez sur l'option "Installer le logiciel automatiquement" et sur le bouton "Suivant".

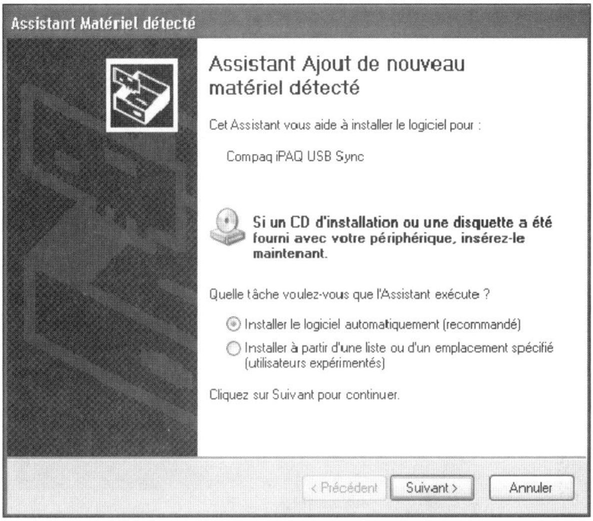

Le driver est en cours d'installation.

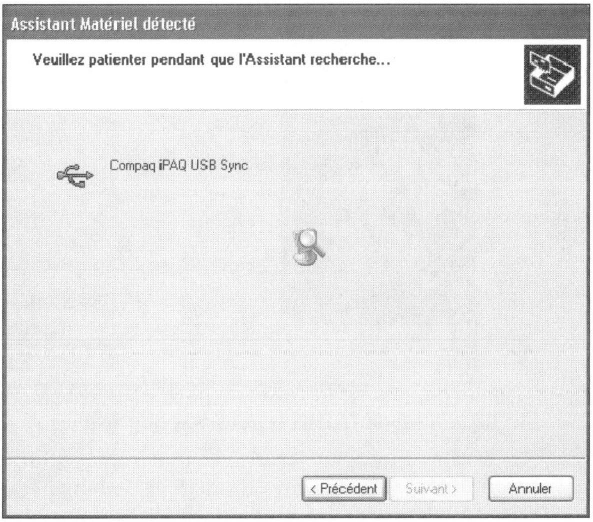

Le logiciel est maintenant installé et votre Pocket PC reconnu par votre ordinateur.

Etablissement d'un partenariat entre votre Pocket PC et votre ordinateur de bureau

Le type de liaison (USB ou série) que vous utilisez entre votre Pocket PC et votre PC de bureau est maintenant connu de votre ordinateur de bureau et les pilotes logiciels (drivers) sont installés. Il faut alors établir un "partenariat" entre votre Pocket PC et votre PC de bureau. Définir un partenariat va permettre à votre PC de bureau de reconnaître systématiquement votre Pocket PC et son identification, et d'utiliser toutes les fonctions de synchronisation entre vos deux machines, y compris la sauvegarde/restauration. Votre Pocket PC sera reconnu en tant qu'"entité individuelle", c'est-à-dire unique et, ainsi, il sera possible de personnaliser ce mode de travail pour votre Pocket PC et l'adapter à vos besoins.

Cliquez maintenant sur "Terminer" pour continuer et établir un "partenariat" entre votre ordinateur et votre Pocket PC.

Sur l'écran suivant, deux réponses sont possibles :

- Si vous choisissez "Oui", vous pourrez synchroniser toutes les informations entre votre ordinateur de bureau et votre Pocket PC. Dans le cas de la première installation de votre Pocket PC, il est nécessaire de choisir cette option, sinon, vous ne pourriez pas synchroniser vos données Outlook.
- Si vous choisissez "Non", les informations ne seront pas synchronisées automatiquement. Cela permet d'accueillir le Pocket PC d'une autre personne sans que vos données personnelles concernant vos agendas, contacts, etc. ne soient fusionnées en un seul ensemble avec celles du Pocket PC "invité", au plus grand déplaisir des protagonistes…

Après avoir choisi l'option "Oui", cliquez sur "Suivant".

Ici, vous devez choisir les options de synchronisation entre votre ordinateur et votre Pocket PC. Choisissez toutes les options. L'ensemble du fonctionnement d'ActiveSync et des paramétrages vous sera détaillé dans ce livre au chapitre "Utilisation de votre PC de bureau avec votre Pocket PC".

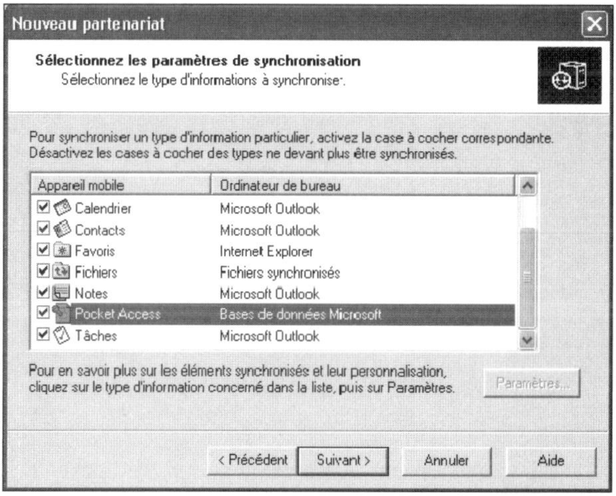

L'installation des logiciels est maintenant terminée ; votre Pocket PC est opérationnel et a terminé d'installer ses fonctions standard.

Votre ordinateur va maintenant se synchroniser avec votre Pocket PC dès que vous aurez cliqué sur "Terminer".

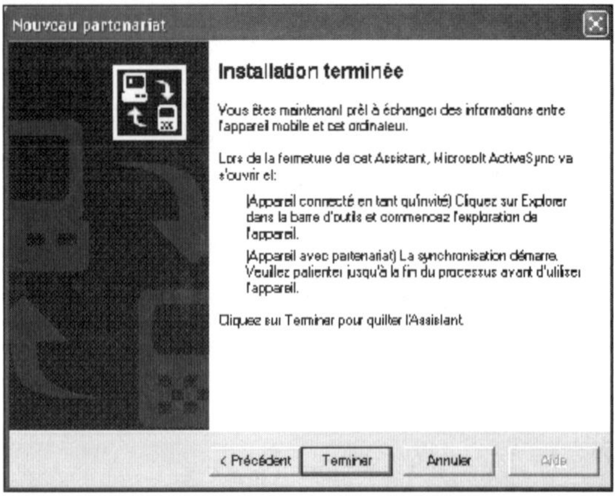

Une nouvelle fenêtre va apparaître sur votre écran, c'est la fenêtre du logiciel ActiveSync. Cette fenêtre vous accompagnera quotidiennement dans l'utilisation de votre superbe petite machine. Les fonctionnalités complètes de cette fenêtre vous seront expliquées plus tard dans ce livre. Ne touchez à rien et laissez ActiveSync se paramétrer tout seul lors de cette première utilisation.

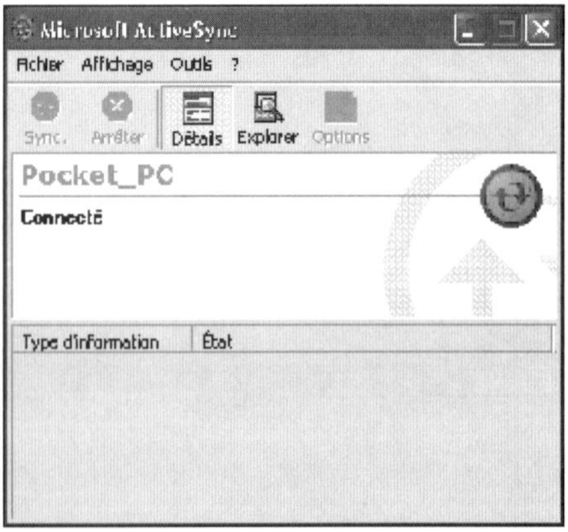

La connexion entre ActiveSync et votre Pocket PC est réalisée, et le logiciel va indiquer à Outlook le fait qu'il va être utilisé avec votre Pocket PC et paramétrer les "conduites" nécessaires.

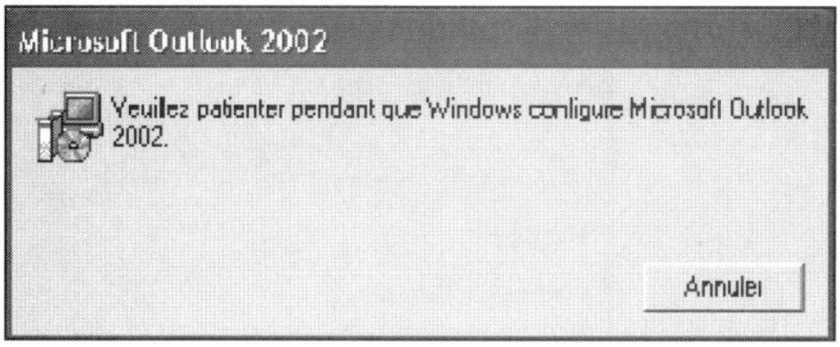

Il faut maintenant accepter la licence d'utilisation de cet "add-on" de Microsoft "Outlook". Pour terminer l'installation. Nous vous déconseillons de refuser…

C'est fini, terminé, votre Pocket PC et votre ordinateur sont maintenant parfaitement en harmonie et vous en avez terminé avec cette procédure d'installation.

La fenêtre d'ActiveSync apparaît dans sa forme définitive et va synchroniser vos données. Si vous étiez déjà utilisateur d'Outlook sur votre PC de bureau, tous vos contacts, rendez-vous, e-mails, tâches et notes qui étaient présents dans votre Outlook vont être synchronisés avec votre Pocket PC.

Bienvenue dans le troisième millénaire !

Il est temps de passer directement au chapitre suivant et commencer à utiliser l'objet de vos désirs.

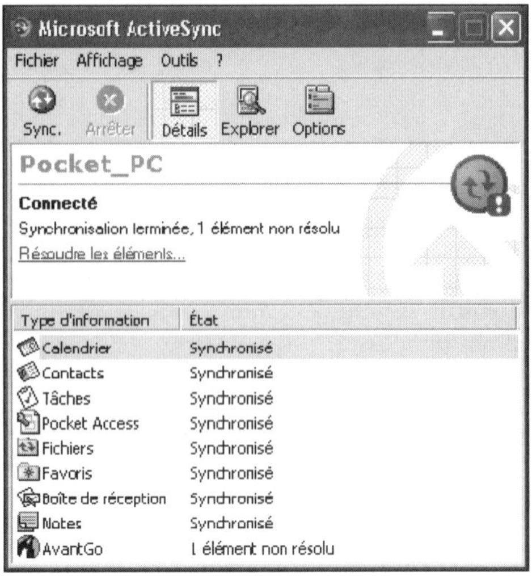

Prenez en main votre Pocket PC

Voici le moment de prendre en main votre machine et de commencer à l'utiliser. A l'issue de l'installation de ActiveSync, votre Pocket PC s'est mis en fonction et a commencé à vous dire des choses. Surtout, il n'attend plus qu'un geste de votre part pour être adopté. (Rassurez-vous, ce n'est pas un tamagoshi !)

Extrayez votre Pocket PC de sa station d'accueil, prenez votre stylet et "tapotez" n'importe où sur cet écran.

Première étape, ajustez la précision de votre écran. Votre stylet va être utilisé dans toutes les actions conversationnelles et de saisie de votre

Pocket PC. Il est nécessaire, voire fondamental, que l'endroit exact où vous allez pointer sur votre écran soit reconnu avec précision par votre Pocket PC. Il faut donc l'ajuster lors de cette première utilisation.

A travers les quelques écrans qui suivent, le système de reconnaissance de votre écran va se calibrer pour être le plus précis possible par rapport aux réglages usine. Suivez avec attention les indications et appuyez le bout de votre stylet, à l'image d'un stylo, à l'endroit qui vous est indiqué sur l'écran.

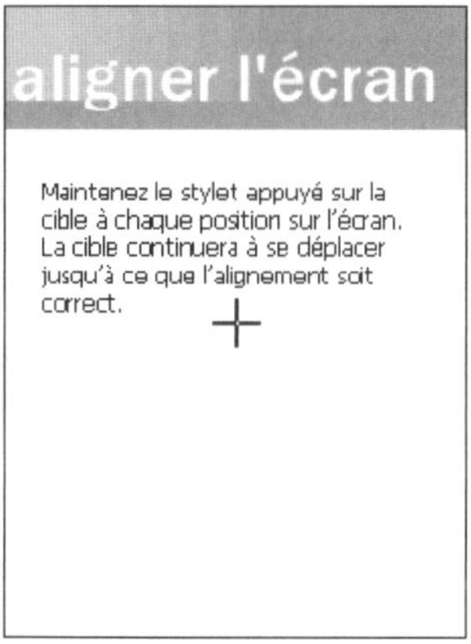

A l'issue de cette étape, une "très" brève présentation de l'utilisation du stylet vous est présentée. Nous vous laissons la découvrir durant les quelques manipulations qui vous sont proposées.

Une chose importante à retenir. Maintenir la pression du bout du stylet sur une adresse, un nom, un composant quelconque de l'écran vous donnera un résultat qui variera de la présentation d'une "info-bulle" à l'équivalent d'un "clic droit" ou encore "bouton droit" avec la souris de votre PC de bureau. N'oubliez pas ce petit geste, il vous sera utile en permanence dans l'utilisation de votre machine.

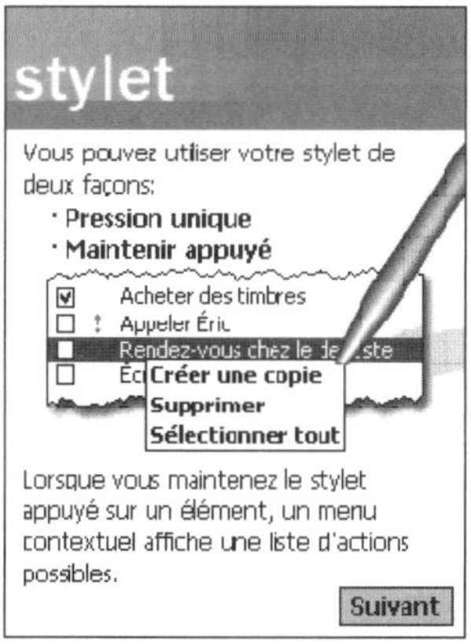

Vous venez d'acquérir les premières connaissances de base de votre petite machine. Maintenant, passons à la phase finale de paramétrage.

Votre machine vous propose de lui indiquer sur quel fuseau horaire vous allez l'utiliser. Sélectionnez le bon fuseau horaire.

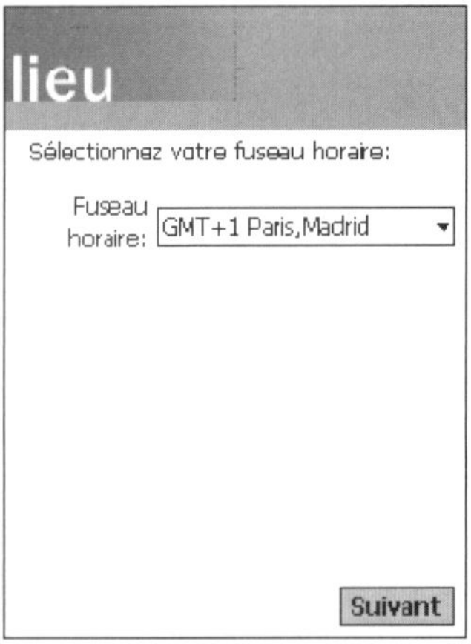

Félicitation ! Vous avez COMPLÈTEMENT terminé l'installation de votre Pocket PC.

Vous apercevez l'écran qui s'affichera systématiquement au démarrage de votre machine et qui fait le récapitulatif des éléments en cours.

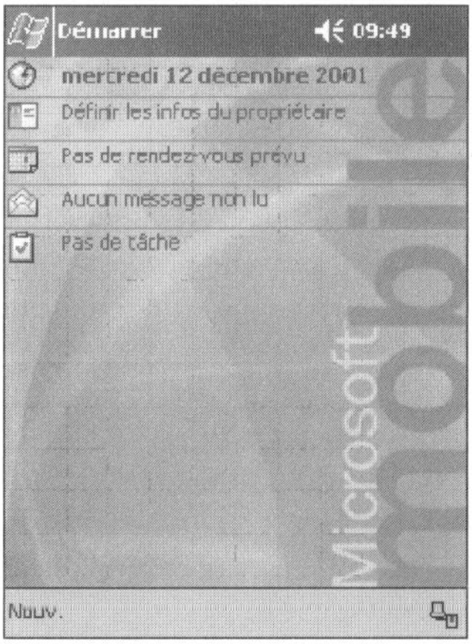

Vous pouvez commencer à utiliser votre machine.

Ce livre va vous guider dans l'apprentissage du fonctionnement de toutes les fonctions de votre Pocket PC, de son utilisation avec votre PC de bureau et de la mise en œuvre de la communication avec Internet. Nous vous expliquerons aussi comment le paramétrer dans son intégralité, et comment rechercher et installer de nouveaux programmes sur votre Pocket PC. En complément de ce livre, un site Web a été créé à votre intention ; il vous permettra de télécharger de nouveaux logiciels, de comparer les machines du marché, ainsi que d'autres informations et rubriques qui, nous l'espérons, vous aideront dans l'utilisation quotidienne de votre Pocket PC. L'adresse de ce site est : `www.universpocketpc.com`

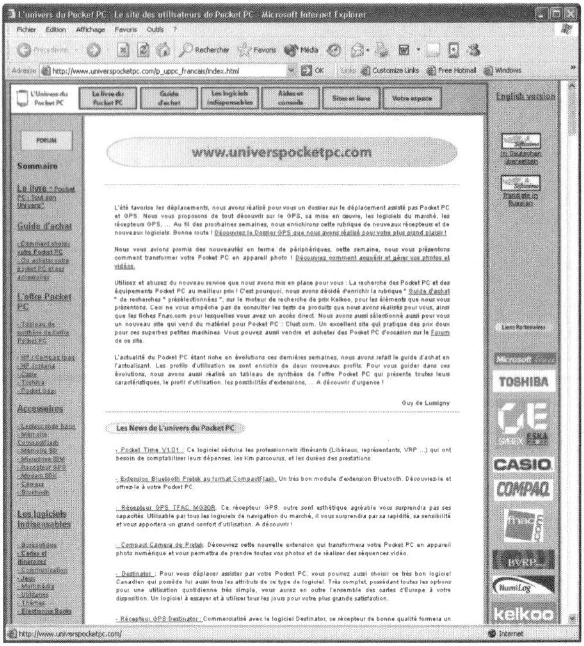

Nous vous recommandons de lire ce livre séquentiellement pour tirer le meilleur parti de l'utilisation de votre Pocket PC avec votre PC de bureau et de son intégration dans votre environnement de communication.

MEGA LIVRE

Chapitre 5 — Prise en main, utilisation et principes de base de votre Pocket PC

Comme nous vous l'avons décrit dans les chapitres précédents, votre Pocket PC est une machine riche en fonctions et en possibilités. Mais avant d'aller plus avant, vous devez au préalable découvrir votre Pocket PC et commencer à le prendre en main.

Ce chapitre vous permettra de faire vos premiers pas avec ce concentré de technologie et de commencer à le personnaliser.

Prise en main de votre Pocket PC

Description de votre machine

Comme nous vous l'avons indiqué au début de ce livre, la préférence de l'auteur s'est portée sur les Ipaq h3750 et H3850, mais c'est un choix personnel. Même si ces machines sont parmi les meilleures que vous pouvez trouver actuellement, l'offre des constructeurs évolue très rapidement, et vous avez choisi la vôtre en fonction de votre préférence. Il n'existe pas, dans le domaine, de bons ou de mauvais choix, il s'agit seulement d'un choix adapté à vos besoins personnels.

Quel que soit votre choix, les Pocket PC se présentent la plupart du temps de la même façon et possèdent les mêmes fonctionnalités, puisque celles-ci sont directement conditionnées par le système d'exploitation installé sur votre Pocket PC : Microsoft Pocket PC 2002.

Pour illustrer ce propos, vous trouverez ci-après plusieurs Pocket PC fonctionnant tous avec le système d'exploitation Microsoft Pocket PC 2002. Parmi les meilleures machines, vous trouverez :

La dernière machine créée par Casio, le E200 machine de toute dernière génération et qui possède tous les attributs des machines les plus récentes.

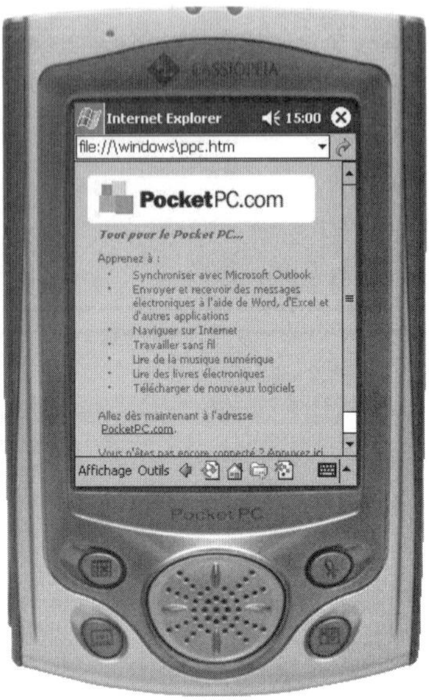

Le Pocket PC par HP, le Jordana 565 et 568 dont les performances, l'autonomie et les qualités n'ont pas à rougir par rapport à ses concurrents.

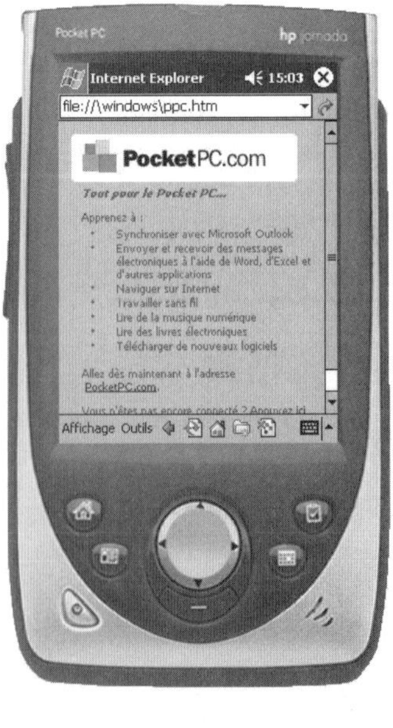

Le panorama des machines haut de gamme ne serait pas complet sans le dernier né de Toshiba, le E570, dont la taille, le poids et l'autonomie en font une très bonne machine haut de gamme qui apportera une grande satisfaction aux personnes qui se laisseront tenter par ce modèle.

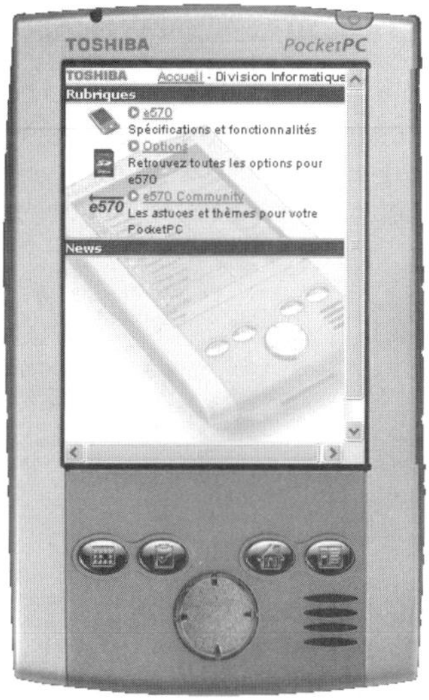

Et bien sûr le dernier né de la gamme Compaq, le 3850 dont les performances, l'autonomie (nouvelles batteries LI-Ion-Polymère), alliées à une esthétique très réussie, en font un modèle du genre.

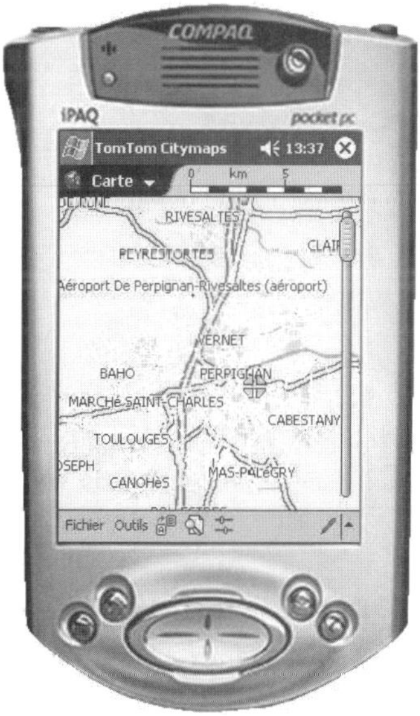

Les logiciels présentés sur les écrans de ces différents Pocket PC sont Internet Explorer et le logiciel TomTom CityMaps. Ces logiciels sont prévus pour être utilisés avec le système d'exploitation Microsoft Pocket PC 2002. Ils fonctionneront et se présenteront de la même façon sur tous les Pocket PC utilisant ce système d'exploitation livré en standard sur tous les modèles récents de Pocket PC.

Globalement, les Pocket PC ont tous 5 boutons, un micro, un haut-parleur et un bouton marche / arrêt. Sur certains modèles comme l'Ipaq, le haut-parleur sert aussi de "joystick" qui, comme il se doit, a été renommé pour ce type de machine et s'appelle "pad".

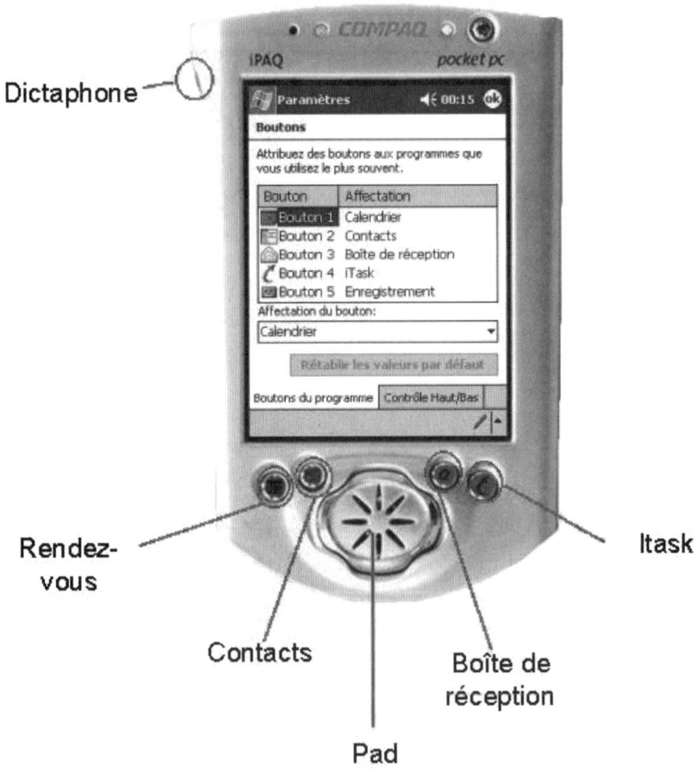

A chaque bouton est associé le lancement d'un programme. Vous pourrez personnaliser le lancement de vos programmes avec les différents boutons à votre gré (voir chapitre "Paramétrage de votre Pocket PC").

Les premiers pas et personnalisation

Vous avez maintenant installé votre machine avec votre PC de bureau, et suivi les quelques exemples de la mise en fonction de votre Pocket PC.

Retirez-le de sa station d'accueil, prenez-le dans votre main, nous allons faire ensemble vos premiers pas.

Lors de la mise en route de votre machine l'écran "Aujourd'hui" se présente à vous systématiquement. Il réalise une synthèse des informations dont vous avez besoin à l'instant où vous accédez à votre Pocket PC.

Il se présente sous la forme suivante.

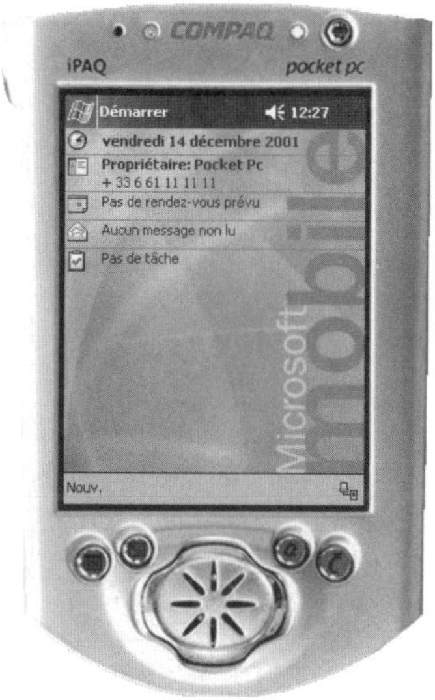

Pour que cela soit plus agréable et pédagogique, nous vous présenterons les différents exemples de ce livre directement à partir d'un Pocket PC.

Nous vous proposons de vous familiariser avec l'utilisation de votre petit ordinateur à travers les points suivants :

- Utiliser le stylet et les différents menus proposés.
- Mettre à jour l'heure et la date de votre système.
- Saisir les informations vous identifiant comme le propriétaire de la machine.
- Passer en revue les principaux paramètres de la machine et les adapter à vos besoins.

Vous vous demandez certainement comment saisir les différentes informations dans votre Pocket PC. Vous pourrez le faire directement à l'écran en utilisant un des modes de saisie et de reconnaissance d'écriture. En effet, celui-ci possède plusieurs modes de saisie allant du clavier virtuel jusqu'à la reconnaissance de l'écriture cursive (manuscrite). Nous vous décrivons en détail ces modes de saisie au chapitre "La reconnaissance d'écriture ou le clavier virtuel". Nous vous proposons de débuter avec un mode de saisie qui vous est familier, le clavier. Car votre machine est dotée d'un clavier virtuel auquel vous pourrez accéder chaque fois que cela vous sera nécessaire.

Il est à noter que vous pourrez ajouter un clavier externe sur votre Pocket PC, si vous désirez utiliser un "vrai" clavier.

Détaillons maintenant ce superbe écran "Aujourd'hui".

L'écran "Aujourd'hui" de votre Pocket PC

Utilisation de l'écran "Aujourd'hui"

Comme vous avez pu le découvrir, cet écran apparaît systématiquement lorsque vous allumez votre machine.

Tous les programmes que vous utiliserez sur votre Pocket PC se présentent de la même façon. Votre écran "Aujourd'hui" ne déroge pas à cette règle et se présente comme suit.

En haut de l'écran, le menu de vos applications. Cette barre de menu se retrouve systématiquement dans toutes les applications qui fonctionnent sur votre Pocket PC et vous permet très facilement de passer d'un programme à un autre.

Un Pocket PC est toujours composé des éléments suivants :

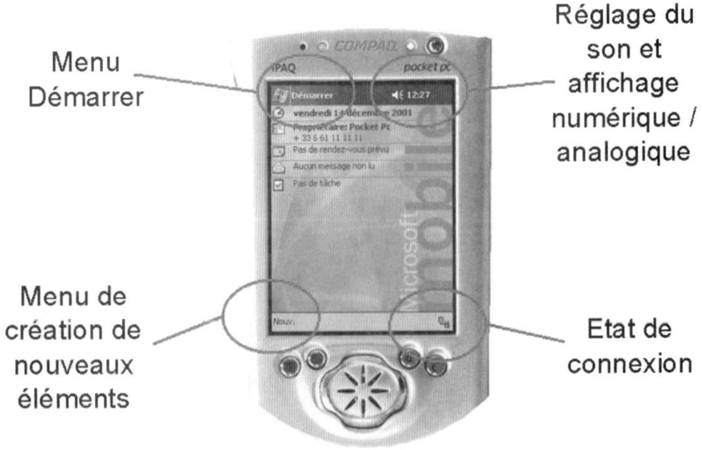

En haut à gauche, le logo Microsoft Windows qui permet d'appeler le menu Démarrer de votre Pocket PC. Ce menu vous permet d'accéder à l'ensemble des applications et des paramètres de votre système. Pour le déplier, pointez votre stylet (l'équivalent de cliquer sur un PC de bureau, mais avec votre Pocket PC, appuyez la pointe de votre stylet sur l'élément).

En haut à droite, vous pouvez voir un logo qui symbolise le son de votre machine et qui vous permet d'en régler l'intensité. Ainsi que l'affichage de l'heure. Lorsque vous pointez sur l'heure, vous accédez aux notifications de votre Pocket PC, et notamment à l'affichage de l'heure, de la date et des prochains rendez-vous.

Essayez maintenant, vous obtiendrez le résultat suivant :

Comme vous pouvez le constater, cela fonctionne quel que soit le programme que vous utilisez.

La barre de menu en bas de votre écran est contextuelle et évolue en fonction des applications et des différentes possibilités que chaque logiciel vous offre. Dans le cadre de ce menu, celui-ci permet la création des différents éléments bureautiques.

Même chose pour la partie basse en bas à droite de l'écran, qui est aussi contextuelle. Dans le cadre de cet écran, c'est l'état de la connexion avec votre PC de bureau qui est affiché. Si vous pointez sur cette icône, vous voyez apparaître une fenêtre qui vous indique en détail l'état de votre connexion avec votre PC de bureau.

La partie centrale de l'écran représente toujours la zone d'affichage et de fonctionnement des programmes (calendrier, contacts, Word...).

Nous vous proposons de passer tous ces points en revue et de les utiliser ensemble dans les pages qui suivent.

Sachez aussi que vous pouvez agrémenter votre Pocket PC de "thèmes", à l'image de votre PC de bureau. C'est-à-dire que vous pouvez changer les couleurs et l'apparence de l'ensemble des menus et du fond d'écran de votre Pocket PC. Il pourrait ressembler à cela :

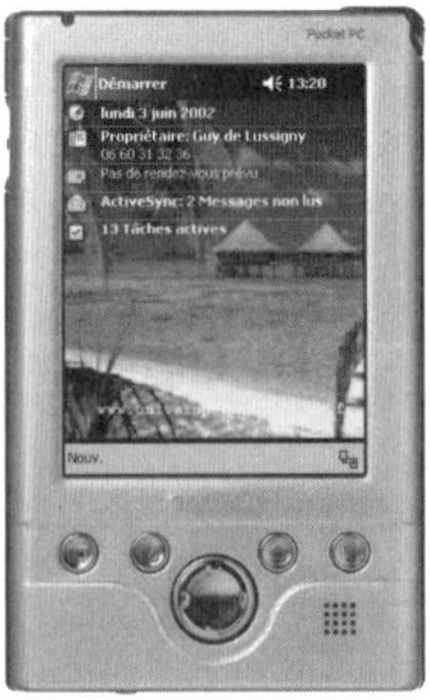

Le changement des thèmes se réalise dans les options de paramétrage de votre Pocket PC (voir chapitre "Personnalisez votre menu Aujourd'hui").

Les notifications et les bulles

Une nouveauté de cette version de système d'exploitation est la notification et les bulles qui sont des ajouts simples et conviviaux, et surtout une façon élégante de vous prévenir de telle ou telle action en retard, à faire, etc. Cela peut être déclenché soit par votre Pocket PC en fonction des événements, soit par vous-même en pointant sur l'heure affichée à l'écran sur le menu du haut de votre écran.

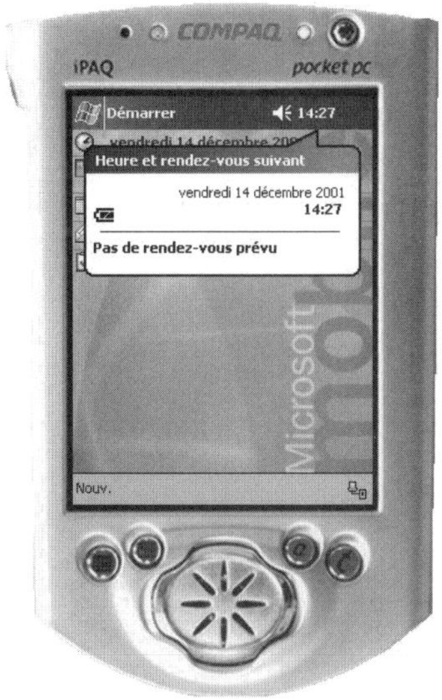

En pointant sur l'icône représentant un petit haut-parleur, une bulle apparaît et vous permet de régler le volume sonore de votre machine.

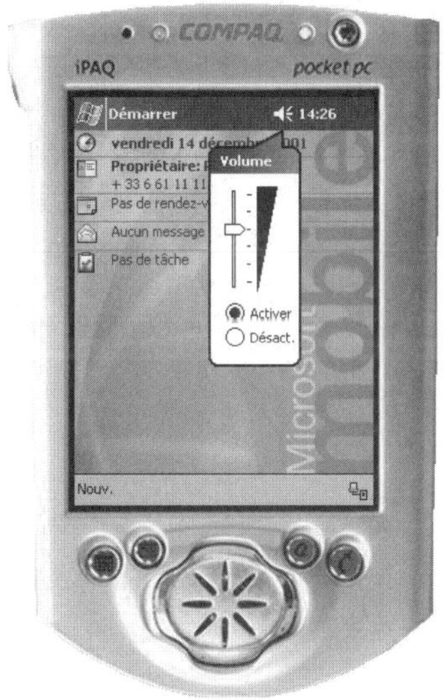

Subtil raffinement des développeurs de Microsoft, vous pouvez afficher l'heure en format analogique en modifiant directement le paramétrage à l'écran. Pour ce faire, pointez quelques secondes (sur votre Pocket PC, cette action correspond à la même utilisation que l'utilisation du bouton droit de votre souris sur votre PC de bureau) le stylet sur l'affichage de l'heure. Un menu se déroule et vous pouvez choisir le type d'affichage voulu.

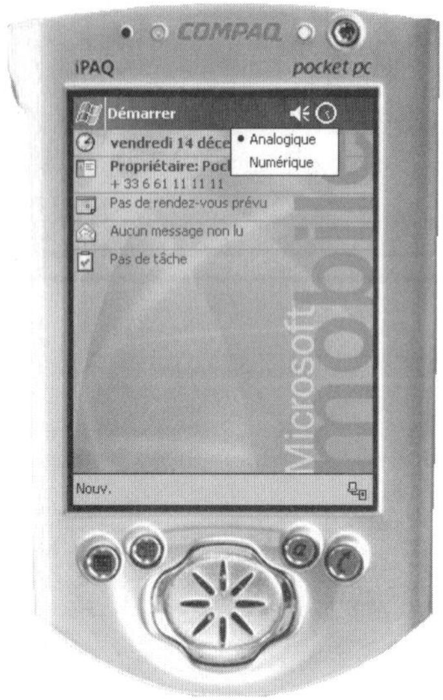

Ce qui nous donne le résultat suivant :

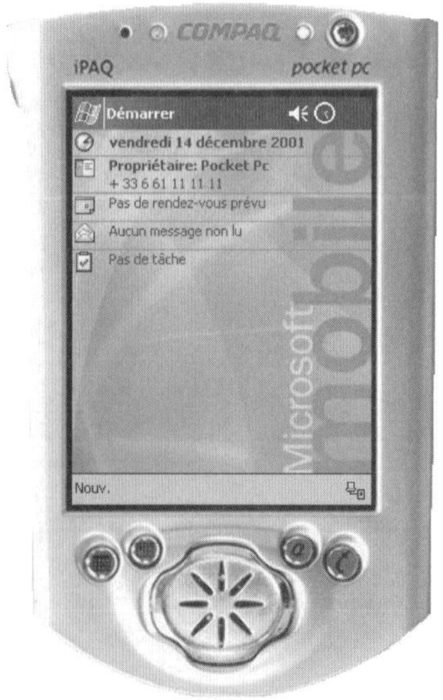

Le menu Démarrer
Ce menu est l'équivalent du menu Démarrage de votre PC de bureau. Il vous permet en standard de lancer toutes les applications de votre Pocket PC. Il est similaire dans le cadre de l'utilisation de l'ensemble des applications de votre Pocket PC.

Pour déplier ce menu, "Pointez" sur le mot "Démarrer" ou le logo Windows en haut à gauche de votre écran.

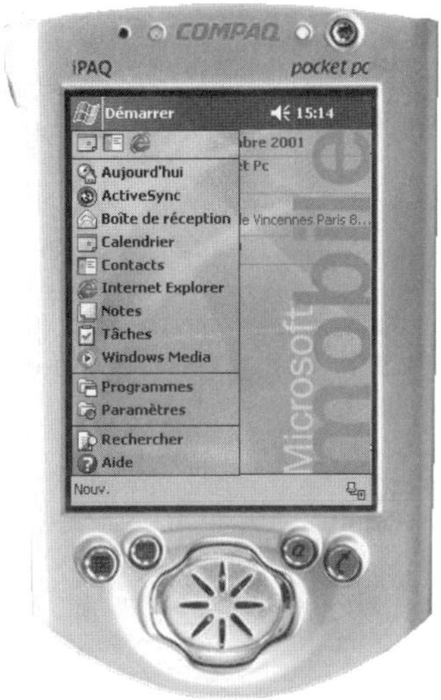

Ce menu est décomposé de la façon qui suit :

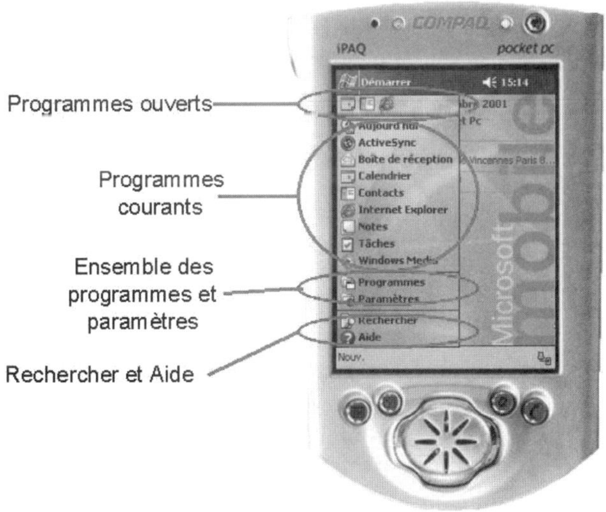

Le menu Démarrer est décomposé en quatre zones distinctes :

Programmes ouverts. Cette zone vous présente sous forme d'icônes les programmes que vous avez ouverts.

Cela nous conduit à préciser ce qu'est un programme "ouvert". Le concept de base ressemble à celui de votre PC de bureau, c'est-à-dire que vous avez lancé une application (un programme du type calendrier, notes, Word...) et celle-ci est ouverte sur votre Pocket PC. "Ouverte" signifie qu'elle fonctionne et que les données que vous avez saisies (ou l'endroit où vous vous trouvez dans l'application) resteront positionnées comme vous les avez laissées en lançant un autre programme à l'aide du menu Démarrer. Ce qui veut dire que cela occupe une partie de la mémoire RAM de votre Pocket PC, jusqu'à ce que vous fermiez les programmes ouverts. Plus de programmes sont ouverts, plus les performances de votre machine iront en ralentissant. En standard, seul le programme de gestion de la mémoire permet de fermer les applications déjà ouvertes. Compaq livre ses Pockets PC avec un petit utilitaire très pratique "iTask" qui vous sera décrit dans ce livre au chapitre "Ajoutez des nouvelles fonctionnalités sur votre Pocket PC". Ne soyez pas inquiet de cette gestion de vos programmes ; cela est très pratique, vous ne perdez jamais vos données, vous retrouvez vos applications telles que vous les avez laissées en changeant de programme ou en éteignant votre machine. Et surtout, la gestion de ce "contexte" ne prend que très peu de place dans la mémoire de votre machine. En effet, la machine stocke de la même façon votre programme dans sa mémoire, que celle-ci soit active ou non. La seule différence sera les données d'utilisation des applications ouvertes en cours, ce qui sur ce type de machine est assez réduit. Pour terminer sur ce point, un programme ne peut pas être lancé plusieurs fois sur votre machine, il ne sera présent qu'une seule fois, quel que soit le mode de lancement du programme que vous avez utilisé. Pour revenir à l'utilisation de cette zone du menu, un simple "pointage" sur les icônes présentes vous permet de passer d'un programme à l'autre instantanément.

Programmes courants. Les programmes présentés dans cette rubrique sont ceux proposés en standard à la livraison de la machine sous "Microsoft Pocket PC 2002". Pour modifier cette liste de programmes, reportez-vous au chapitre "Paramétrage de votre Pocket PC".

"Pointer" sur un des éléments du menu vous permet d'ouvrir l'application souhaitée.

Deux options sont possibles :

- Le programme n'est pas lancé sur votre machine et celui-ci s'ouvrira, en conservant ouvert celui sur lequel vous étiez positionné, mais vous ne le verrez plus. Pour revenir au programme précédent, ouvrez de nouveau le menu "Démarrer" et utilisez la zone "Programmes ouverts" ou de nouveau cette zone. Vous le retrouverez dans la même situation que vous l'avez laissé.

- Le programme est déjà lancé sur votre machine, et celui-ci apparaît dans l'état où vous l'avez laissé précédemment.

Les applications qui vous sont proposées sont positionnées en standard à la livraison de votre machine. Les autres programmes, y compris ceux que vous allez installer sont accessibles via l'option "Programmes" de ce menu Démarrer.

Ensemble des programmes et paramètres. Cette zone regroupe deux grands classiques des systèmes d'exploitation Microsoft, à savoir :

- La liste de tous les programmes installés, ici définie sous le nom "Programmes". (Sur votre ordinateur de bureau sous Windows XP, vous retrouvez l'équivalent en dépliant le menu Démarrer et le lien "Tous les programmes".)
- Ainsi que le paramétrage des fonctions de votre système d'exploitation, ici défini sous la rubrique "Paramètres". (Sur votre ordinateur de bureau sous Windows XP, vous retrouvez l'équivalent en dépliant le menu Démarrer et le lien "Panneau de configuration".)

La deuxième rubrique est la rubrique "Paramètres" qui va vous permettre de réaliser l'ensemble du paramétrage de votre machine. Ces paramètres seront tous détaillés au chapitre "Paramétrage de votre Pocket PC".

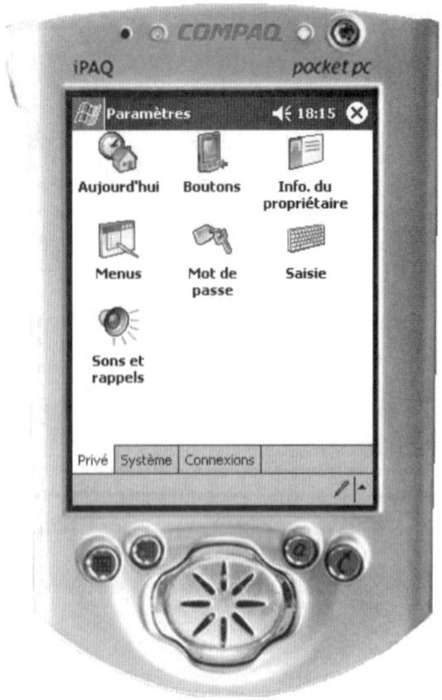

Recherches et Aide. Ces deux fonctions standard de Pocket PC 2002 vous accompagneront tout au long de l'utilisation de votre Pocket PC et vous seront très utiles.

La première est la fonction "**Rechercher**". Cette fonction va vous permettre de rechercher toutes les informations que vous souhaitez et qui sont enregistrées dans votre machine, que ce soit dans un e-mail, une fiche contact ou un autre programme. "Pointez" sur l'option "Rechercher" et l'écran ci-après apparaît.

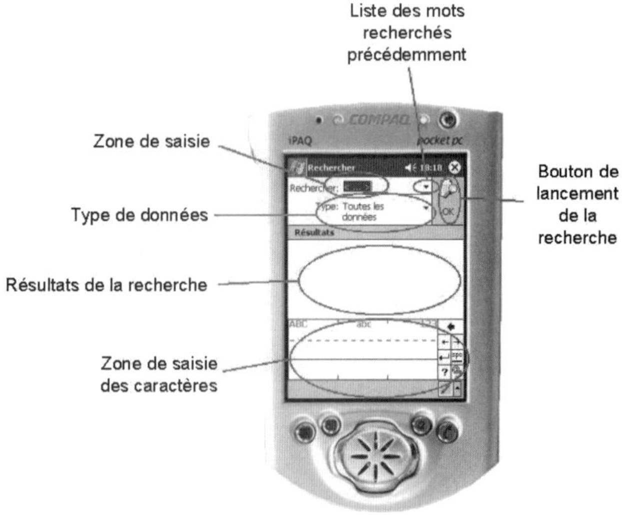

La zone de saisie vous permet de saisir le ou les mots recherchés.

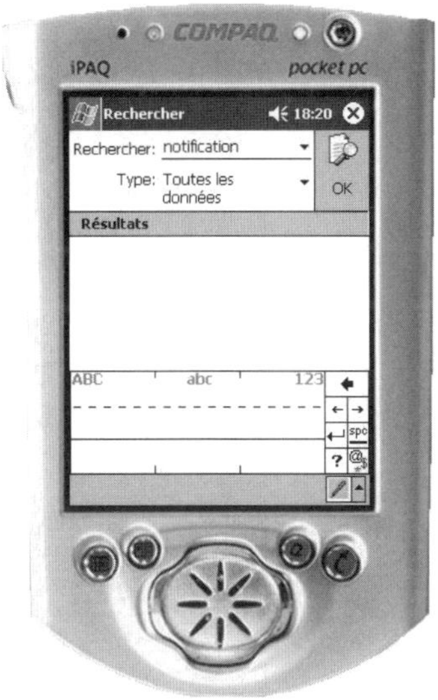

Le bouton en forme de petit triangle à droite de la zone de saisie vous permet de déplier la liste des mots précédents que vous avez recherchés.

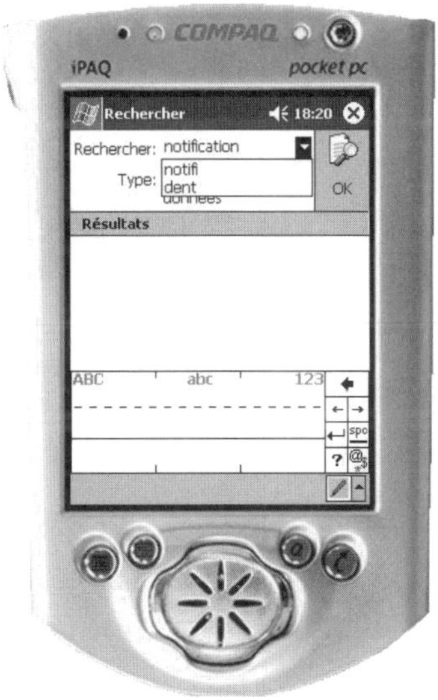

Le type de données vous permet de limiter la zone de recherche à des programmes installés ou sur d'autres critères tels que "supérieur à 64 Ko".

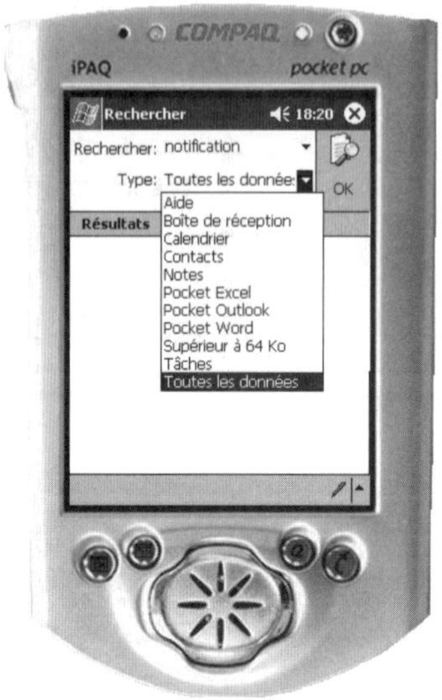

Vous avez maintenant pointé sur le bouton de lancement de la recherche (bouton "OK"), vous voyez très rapidement apparaître la liste des éléments qui contiennent les informations recherchées. "Pointer" sur un des éléments vous permet de l'ouvrir. Dans le cas de notre exemple, nous recherchions le mot "notification". Deux éléments ont été trouvés.

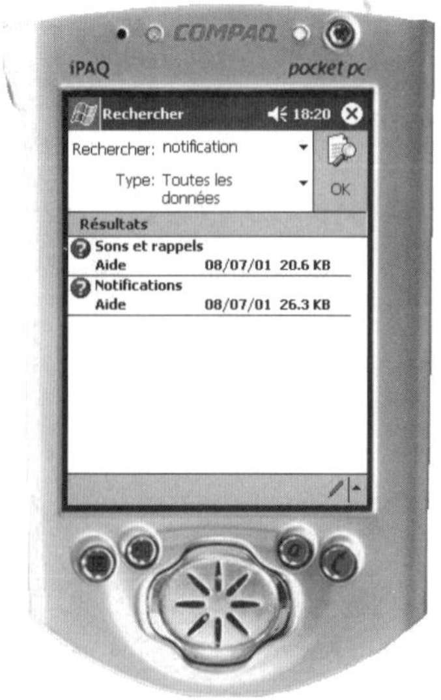

Dès que vous pointez sur la rubrique, celle-ci apparaît. Dans le cas présent, nous accédons à l'aide sur la notification, livrée en standard dans la rubrique "Aide" de votre Pocket PC.

La deuxième fonction est la fonction "**Aide**" que nous avons commencé à aborder au paragraphe précédent. La prise en main de cette fonction est surprenante. Elle est étonnamment complète et décrit assez bien l'utilisation de votre Pocket PC. Nous ne pouvons que vous recommander de l'utiliser chaque fois que vous avez un doute sur le fonctionnement de tel ou tel logiciel ou fonction.

Cette fonction d'aide a l'avantage d'être contextuelle et universelle dans le cadre de l'utilisation de TOUS vos logiciels ou fonctions. En effet, les logiciels que vous ajouterez sur votre Pocket PC installeront la documentation d'aide au sein du répertoire de votre Pocket PC prévu à cet effet et, lorsque vous désirerez de l'aide sur le logiciel utilisé, vous pourrez y accéder au moyen de cette option du menu "Démarrer".

Votre écran se décompose comme présenté sur la figure précédente :

Menu Démarrer. Ouverture du menu Démarrer. Option toujours présente quel que soit le logiciel utilisé.

Test de l'aide hypertextuelle. La navigation est une navigation hypertextuelle, à l'image de la navigation sur les pages Web avec Internet Explorer (on dit "surfer"). Tous les textes en bleu soulignés symbolisent des "liens" et vous permettent d'accéder à une autre page et donc à plus d'informations.

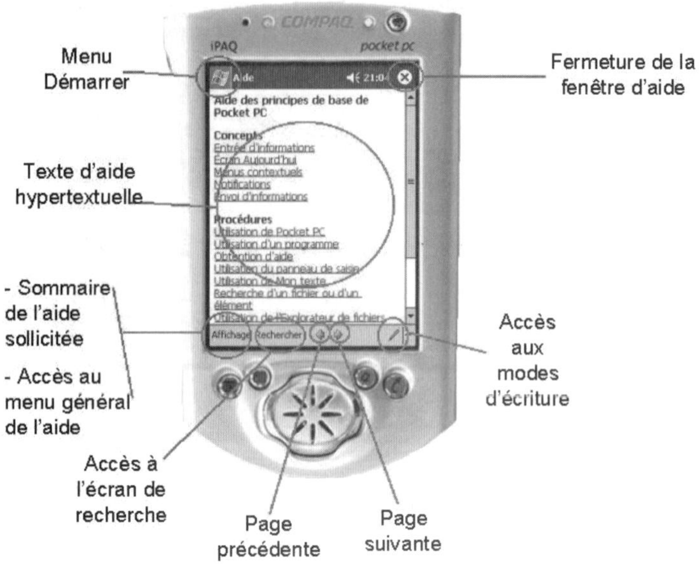

Sommaire de l'aide sollicitée et accès au menu général de l'aide. Lorsque vous pointez sur cette option du menu, un menu déroulant se déplie vers le haut de votre écran.

L'option "Sommaire" vous permet d'accéder au sommaire de l'aide du logiciel demandé (exemple : sommaire de l'aide de Pocket Word) et l'option "Toute l'aide installée" vous transfère au sommaire général de l'aide du système d'exploitation "Pocket PC 2002".

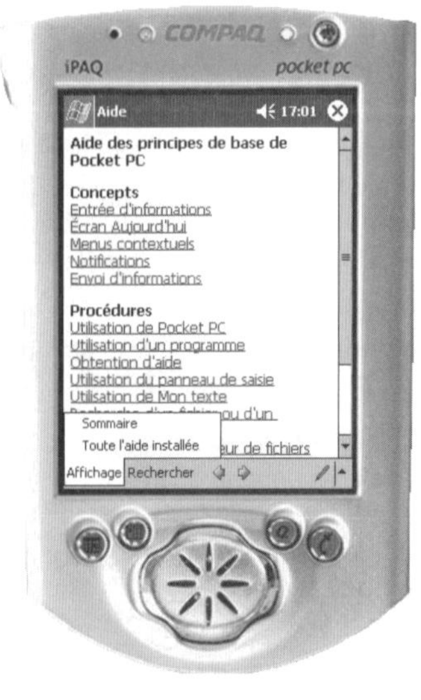

Rechercher. Ouvre l'écran de recherche de votre Pocket PC.

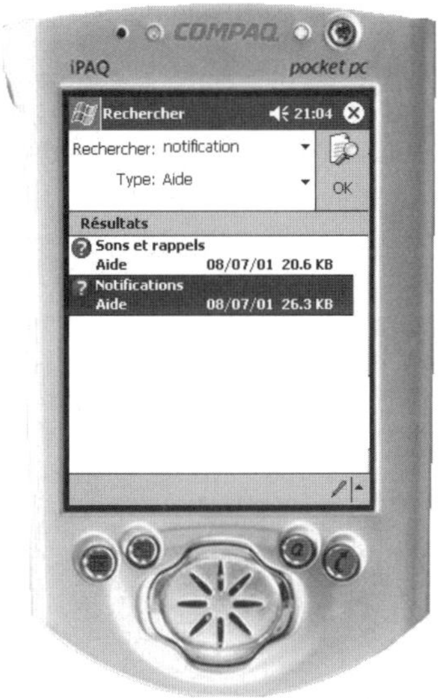

Accès aux modes d'écriture. Ces deux boutons vous permettent d'accéder à la gestion des modes d'écriture (voir chapitre "La reconnaissance d'écriture ou le clavier virtuel").

Le menu contextuel du bas de votre écran

Le menu au bas de votre écran est contextuel, c'est-à-dire qu'il s'adapte systématiquement aux logiciels que vous utilisez. Dans le cas d'un ordinateur de bureau où l'écran est suffisamment vaste, vous accédez aux menus de votre application en haut des fenêtres. Ici, le processus a été adapté à cette contrainte et les menus de vos programmes sont présentés dans cette barre de menu.

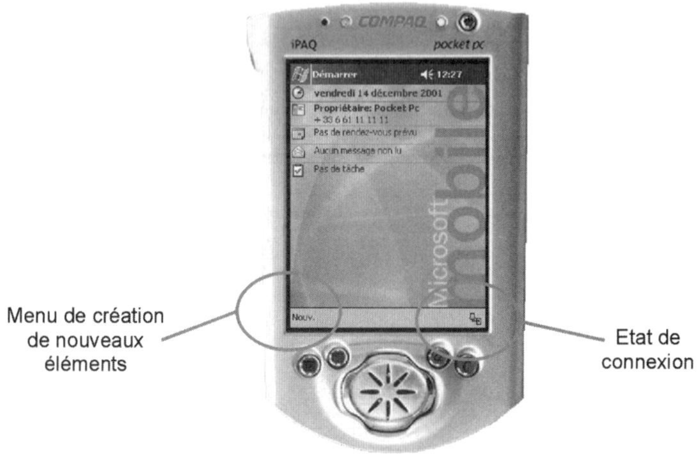

Dans l'écran "Aujourd'hui", le menu du bas de l'écran donne accès à la création de nouveaux éléments sur votre Pocket PC.

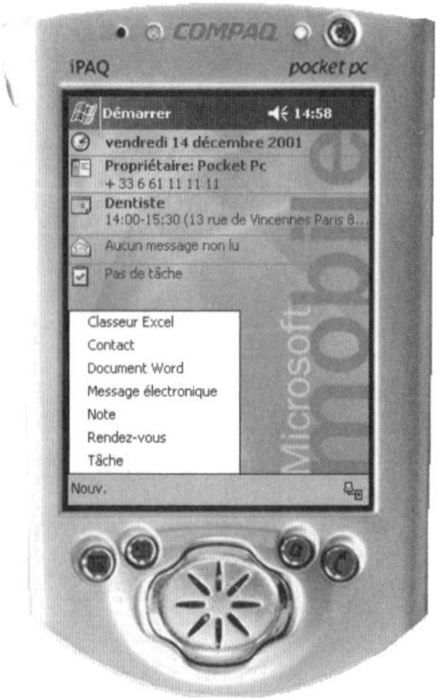

Ces éléments sont les suivants :

Classeur Excel. Ouvre votre tableur Pocket Excel et un nouveau classeur.

Contact. Vous permet de saisir dans une fiche très complète les coordonnées d'une personne ou d'une entreprise.

Document Word. Ouvre votre traitement de texte Pocket Word et une nouvelle feuille Word vierge.

Message électronique. Ouvre votre éditeur de mail et vous permet de rédiger et envoyer un mail.

Note. Ouvre le logiciel de gestion des notes et vous permet d'en rédiger une. Par rapport à Word, cela s'apparente plutôt à un "Post-it" ou "pense-bête" électronique.

Rendez-vous. Vous permet de saisir un nouveau rendez-vous dans votre calendrier électronique.

Tâche. Vous permet de saisir une nouvelle tâche que vous devez réaliser (par exemple envoyer des fleurs à votre femme...).

L'utilisation de ces programmes est détaillée au chapitre "Les programmes bureautiques et de communication de Microsoft Pocket PC 2002".

Pour revenir au menu contextuel présent au bas de votre écran, il est complètement différent, par exemple dans le cas de la gestion d'aide.

Les informations de votre écran "Aujourd'hui"

Les informations qui vous sont présentées sont une représentation synthétique des informations manipulées par différents programmes présents sur votre Pocket PC.

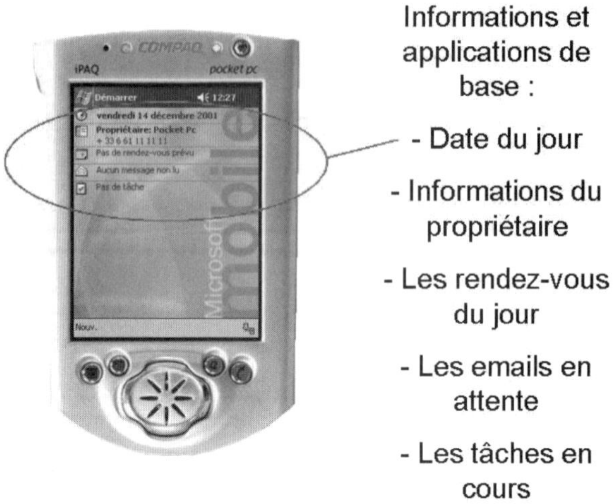

En pointant sur chacun des items de cet écran, vous accéderez aux programmes dont l'écran présente la synthèse :

Date du jour
Cet item de votre écran "Aujourd'hui" fait appel directement à la fonction "Horloge" de votre Pocket PC. Cette fonction vous permet de régler la date et l'heure de votre Pocket PC sur le fuseau horaire où vous utilisez votre appareil. Elle permet aussi d'effectuer un deuxième réglage sur un autre fuseau horaire. Lors de vos déplacements à l'étranger, il vous suffit d'indiquer au moyen de cette fonction que vous êtes sur ce deuxième fuseau horaire et votre machine l'adopte immédiatement, sans pour cela oublier le fuseau horaire habituel d'utilisation de votre Pocket PC.

Cette fonction vous permet aussi de programmer des alarmes à la façon d'un "super réveil".

Vous y accédez directement à partir de cet écran soit en "pointant" avec votre stylet sur la date affichée, soit à travers le menu Démarrer : Paramètres / Système. L'utilisation de cette fonction est décrite au chapitre "Paramétrage de votre Pocket PC".

Informations du propriétaire
Cette fonction vous permet de saisir vos informations d'utilisateur de cet appareil avec vos coordonnées (adresse postale, adresse électronique, numéro de téléphone). Il peut être utile de rentrer ces informations en cas de perte...

L'utilisation de cette fonction est décrite au chapitre "Paramétrage de votre Pocket PC".

Les rendez-vous du jour
Cet item vous présente les rendez-vous à venir de votre journée. En pointant sur cet élément vous accédez en direct à votre agenda, afin de le consulter et de créer ou supprimer des rendez-vous. L'utilisation de cette fonction est décrite au chapitre "Les programmes bureautiques et de communication de Microsoft Pocket PC 2002".

ActiveSync / Les e-mails
Ici vous est présenté l'état de vos e-mails, et notamment le nombre d'e-mails non lus. En pointant sur cette option, vous accédez à votre gestionnaire d'e-mail complet sur Pocket PC.

Nous vous proposons d'aborder la gestion complète de vos e-mails en relation avec votre PC de bureau et à travers les différents modes de connexion de votre Pocket PC dans ce livre aux chapitres suivants :

- "Mise en œuvre de la communication globale de votre Pocket PC et de votre ordinateur de bureau".
- "Les programmes bureautiques et de communication de Microsoft Pocket PC 2002".

Les tâches en cours

La vie trépidante que nous menons nous conduit à avoir une multitude de choses à faire où à penser. La solution de ces dernières années a été de coller des "Post-it" un peu partout sur le côté de votre écran, le réfrigérateur de votre cuisine, etc. C'en est fini grâce à cette grande fonction qui vous permet de saisir par catégorie les tâches et actions en cours à réaliser.

L'utilisation de cette fonction qui vous simplifiera la vie est décrite au chapitre "Les programmes bureautiques et de communication de Microsoft Pocket PC 2002".

La reconnaissance d'écriture ou le clavier virtuel

La reconnaissance d'écriture est LA fonction qui a permis aux PDA de devenir des machines à part entière.

Différentes technologies ont vu le jour et se sont succédé ces dernières années. Par ailleurs, l'augmentation de la qualité des logiciels associée au développement de la puissance de ces petites machines fait qu'aujourd'hui la reconnaissance d'écriture fonctionne parfaitement et permet la saisie d'information rapidement et en tous lieux.

A l'origine, fut le clavier. Un clavier avec des touches dont l'encombrement sur ces machines portables réduisait fortement la place pour un écran digne de ce nom.

Ensuite est apparu le clavier virtuel : petit clavier qui apparaît à la demande pour saisir les données. Système peu naturel et qui souffre d'une certaine lenteur d'utilisation. N'oublions pas que le clavier AZERTY a été conçu pour limiter la vitesse de frappe des antiques machines à écrire afin que les tiges sur lesquelles étaient soudées les lettres qui imprimaient les caractères au travers d'un ruban encreur ne s'emmêlent pas entre elles durant la frappe…

Il fallait développer un mode de saisie naturel et utilisé par l'humanité depuis des millénaires, l'écriture. Fort de ce constat se sont développées des technologies de reconnaissance d'écriture cursive (manuscrite). La reconnaissance des lettres sous la forme d'écriture script n'est pas toujours parfaite et implique une certaine précision dans l'écriture de chaque lettre en respectant une position précise dans l'écran. Malheureusement, les années passent et notre écriture évolue rarement dans le sens d'une plus grande lisibilité…

D'autres ont pris le parti de reconnaître des mots entiers dessinés sur l'écran. Le système est assez lent, mais reconnaît assez bien les mots écrits sur l'écran.

Une idée simple a fait son apparition. Et si au lieu d'essayer de reconnaître les formes compliquées des lettres de l'alphabet, on simplifiait cette forme d'écriture. C'est à ce moment qu'a été créée une nouvelle forme d'écriture cursive simple à tracer et ne nécessitant qu'un apprentissage très succinct : LE GRAFFITI.

Votre Pocket PC propose ces quatre modes de saisie pour le plus grand plaisir de tous. Vous choisirez le mode de reconnaissance qui vous convient. Nous ne pouvons que vous inciter à faire l'effort de pratiquer le graffiti car il vous apportera la plus grande satisfaction.

L'activation d'un mode d'écriture se fait toujours en pointant sur le menu déroulant du menu contextuel de votre Pocket PC en bas à gauche de l'écran. Lorsque vous aurez effectué le choix du mode de saisie, l'utilisation de ce mode de reconnaissance d'écriture (palette de reconnaissance graphique…) ou du clavier virtuel se fera en pointant sur le symbole clavier du menu contextuel du bas de votre écran.

Chaque mode de reconnaissance d'écriture a ses finesses et son mode d'utilisation qui lui est propre. Nous allons tous vous les présenter et vous apprendre à les utiliser.

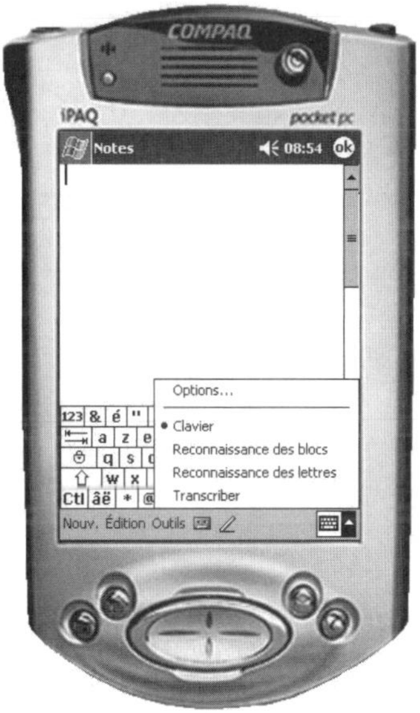

Le clavier virtuel

Le clavier virtuel est une fonction désormais classique de saisie de caractères sur ce type de machine portable.

Lors de son activation vous verrez apparaître un clavier de type AZERTY, la réplique de votre clavier de PC de bureau.

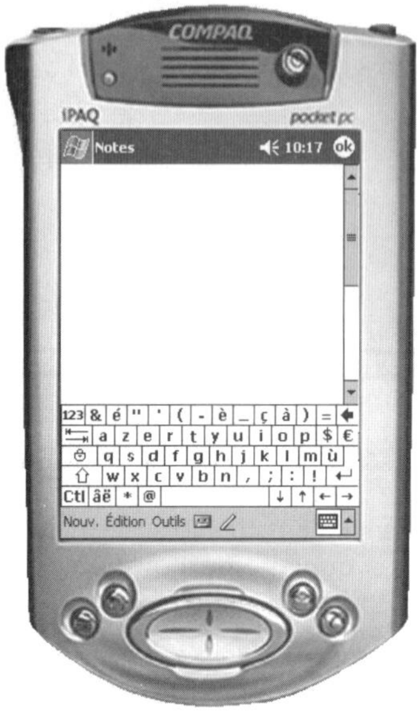

En cliquant sur la zone "123", vous basculerez sur le clavier numérique et symboles.

Il vous est aussi possible de paramétrer cette fonction de clavier virtuel en appelant la partie Options, du menu déroulant permettant de sélectionner le mode d'écriture.

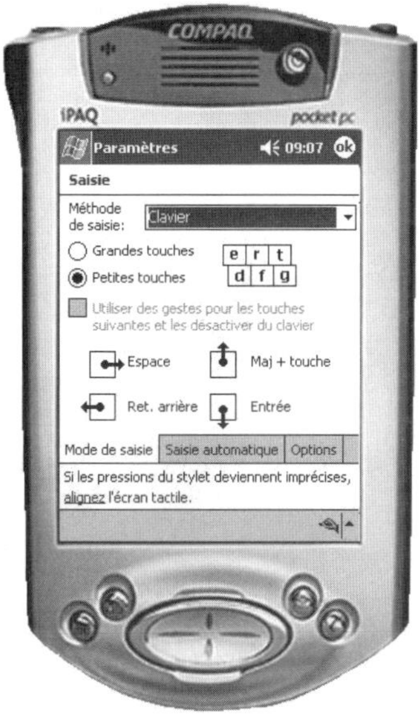

Vous pouvez paramétrer la taille des touches et ajouter quatre petites fonctions de saisie très pratiques, issues du graffiti et permettant avec le stylet à l'écran de produire un espace, de sélectionner les majuscules, d'effacer une lettre par un retour arrière et de simuler la touche "Enter" de votre clavier.

La reconnaissance des blocs : Le Graffiti

Ce mode de saisie de l'écriture est vraiment très efficace. Vous pourrez prétendre après quelques jours d'entraînement à pratiquement 100 % de taux de réussite.

Microsoft a décidé d'appeler cela la reconnaissance des blocs. Nom qui ne reflète pas exactement l'utilisation que vous en ferez, car il s'agit ici de reconnaissance de caractères de l'alphabet et de chiffres simplifiés dans leur écriture et qui ne correspond pas à l'appellation que lui ont donnée ses créateurs : l'écriture graffiti.

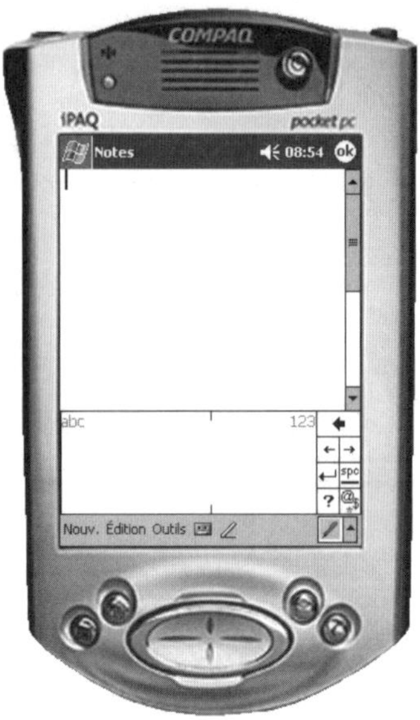

Pour comprendre comment écrire en graffiti, plusieurs concepts de base sont à assimiler.

La partie qui permet de tracer les graffitis à l'écran est divisée en deux parties. La partie de gauche permet de saisir les lettres et la partie de droite permet de saisir des chiffres.

Vous devez respecter la façon de tracer les caractères qui sont une simplification du tracé de l'alphabet classique.

Le tableau ci-après vous présente le tracé des lettres de l'alphabet :

Le point de chaque forme indique où commencer le tracé du graffiti. Le tracé doit s'effectuer d'un seul geste.

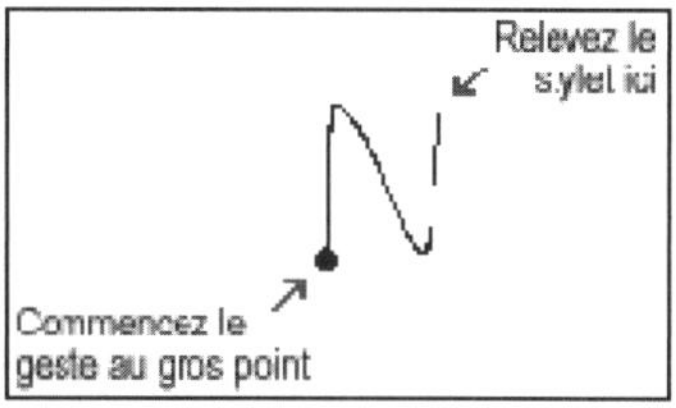

Cela n'est pas limité aux seules lettres de l'alphabet. Vous pourrez aussi saisir les caractères accentués, la ponctuation…

Voici le détail de ce que vous pouvez faire :

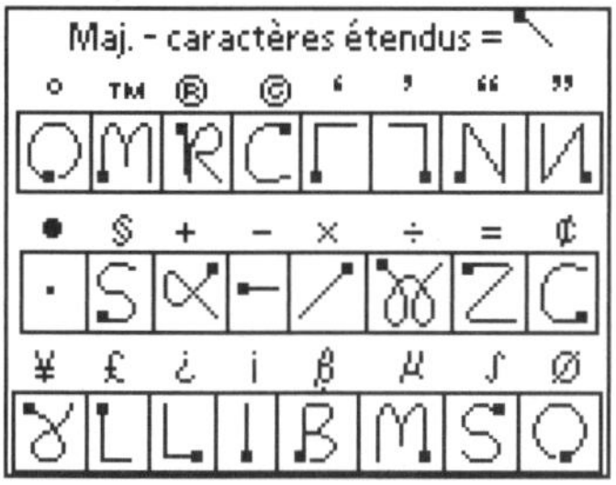

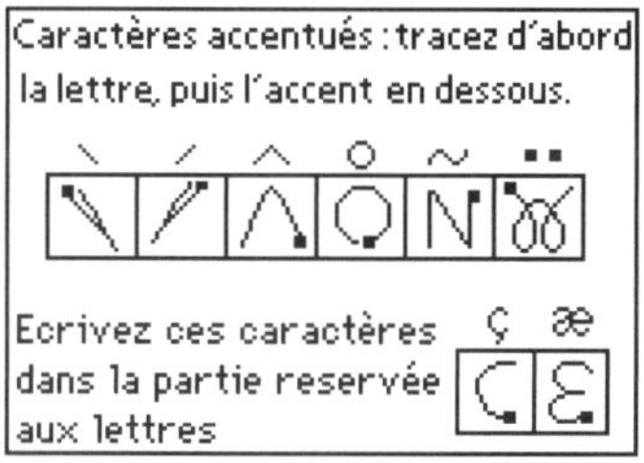

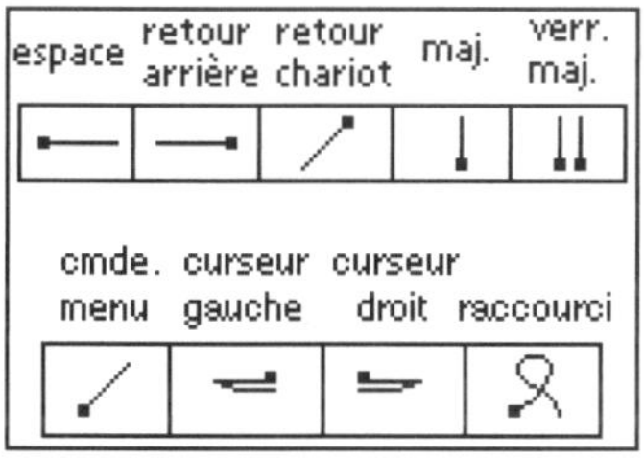

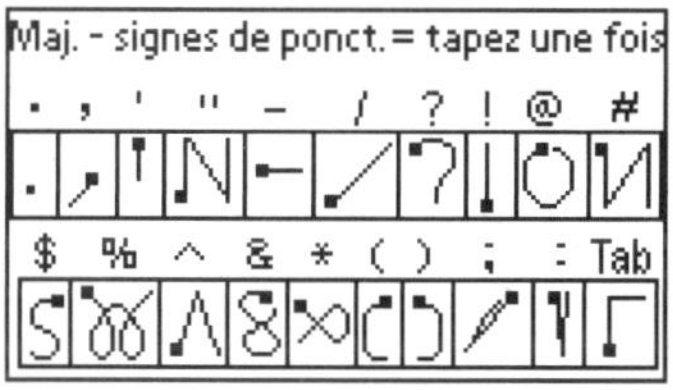

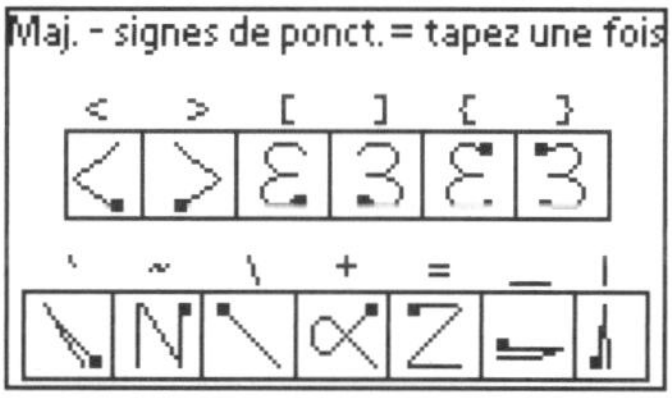

Comme vous n'emporterez pas ce livre avec vous en permanence, une très bonne fonction d'aide a été développée pour votre Pocket PC et vous permettra de vous remémorer comment tracer une lettre, un chiffre, un caractère ou un symbole.

Pour y accéder, pointez sur le point d'interrogation en bas à gauche de votre écran.

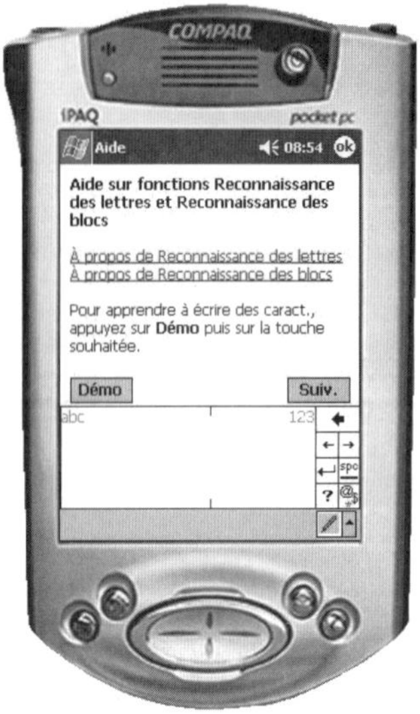

Vous accédez à l'aide sur le tracé des lettres ou du graffiti (ici appelé bloc).

Pointez sur le bouton "Démo" puis, sur le clavier, pointez sur la lettre que vous désirez apprendre à tracer.

Dynamiquement, la lettre se tracera en graffiti sur votre écran.

Il n'y a aucun paramétrage de ce mode de reconnaissance d'écriture.

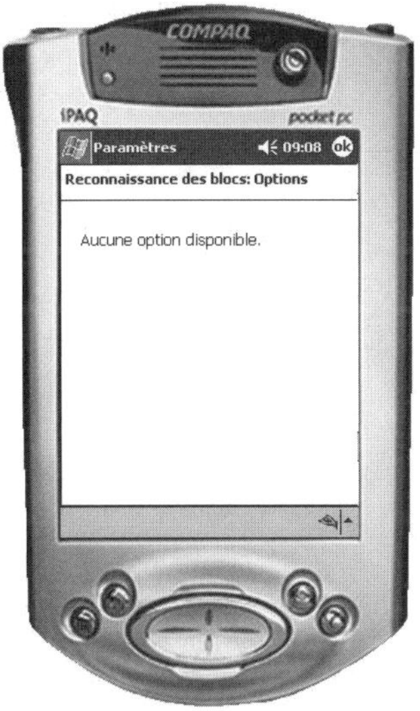

La reconnaissance des lettres

Autre mode de reconnaissance d'écriture de votre Pocket PC, la reconnaissance de caractères. Ce mode de reconnaissance est prévu pour reconnaître l'écriture script des lettres de l'alphabet. Même si ce mode de reconnaissance utilise les caractères de l'alphabet sans modifications de type graffiti, son utilisation est plus astreignante que le graffiti. A vous de choisir ce qui vous semblera être le plus simple.

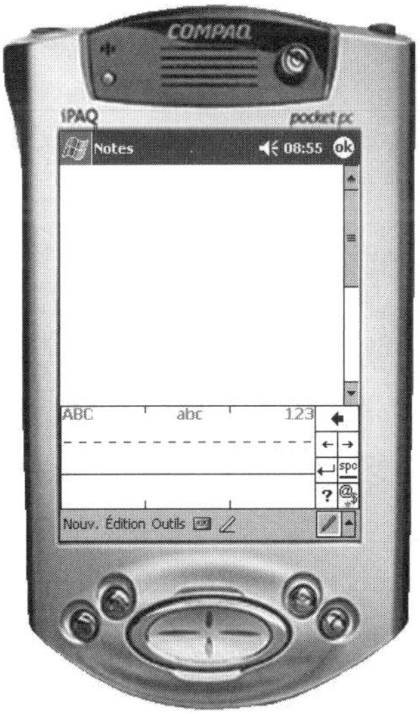

La zone de saisie est décomposée en trois parties :

- A gauche pour écrire en majuscule.
- Au milieu pour écrire en minuscule.
- Et à droite pour écrire les chiffres.

Chaque zone de saisie est divisée en deux zones qui permettent de saisir un type de lettre ou partie d'une lettre. Les lettres sans jambage doivent être saisies dans le bas de la zone de saisie.

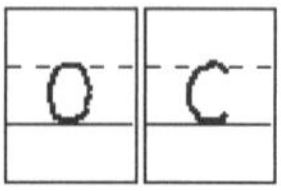

Les lettres avec jambage doivent être saisies de la façon qui suit :

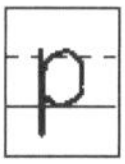

Et celles avec une hampe comme cela :

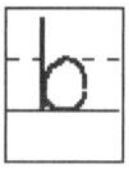

La partie de droite de la zone de saisie vous permet d'effectuer les actions suivantes :

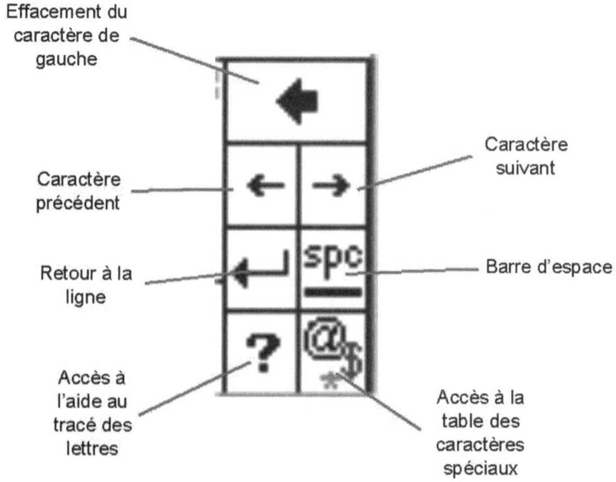

A l'image de la partie graffiti, une aide vous permet d'apprendre à tracer toutes les lettres de l'alphabet en cliquant sur le point d'interrogation de la partie de droite de la zone de saisie.

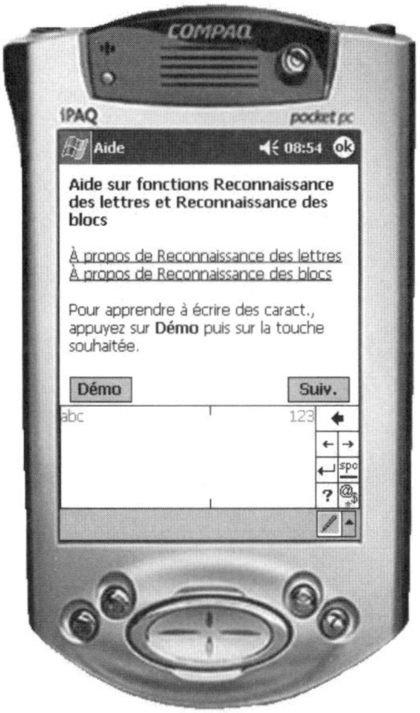

Vous accédez à l'aide sur le tracé des lettres ou du graffiti (ici appelé bloc). "Pointez" sur "A propos de la reconnaissance des lettres", puis "Pointez" sur le bouton "Démo".

Sur le clavier, pointez sur la lettre que vous désirez apprendre à tracer.

Vous verrez dynamiquement la lettre se tracer sur votre écran.

Vous pouvez paramétrer ce mode de reconnaissance d'écriture cursive en dépliant le menu des types d'écriture positionné en bas à droite de votre écran et en pointant sur la rubrique "Options".

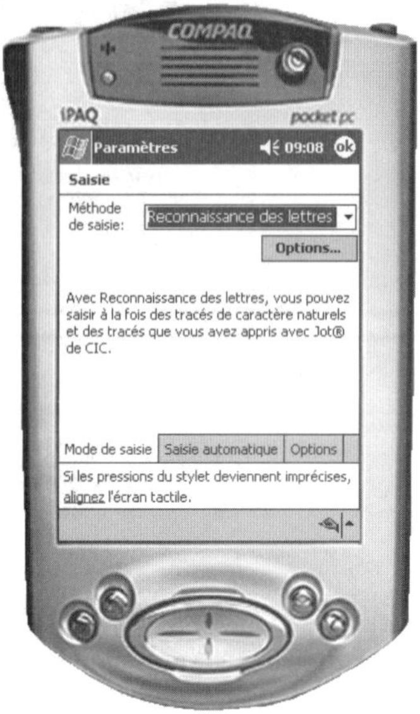

Choisissez la méthode de saisie "Reconnaissance des lettres" et pointez sur le bouton "Options…".

L'option Tracé rapide permet de saisir la lettre en un seul geste. Cela peut dégrader le tracé de certaines lettres.

L'option Barre de droite à gauche permet de tracer de droite à gauche la barre du "t", "f" et du signe "+".

La troisième option autorise directement la saisie des caractères accentués.

La reconnaissance de l'écriture : Transcriber

Transcriber est une reconnaissance d'écriture manuscrite, non plus lettre par lettre, mais par mot. Il détecte le tracé des mots que vous écrivez à l'écran, analyse la constitution de ce mot lettre par lettre, recherche la correspondance dans son dictionnaire et le traduit en lettres d'imprimerie sur votre écran.

Le fonctionnement de base est assez simple, mais l'application moins facile qu'il n'y paraît car il va modifier l'ergonomie de votre Pocket PC, notamment dans le cadre de l'utilisation des menus.

Globalement, nous vous conseillons de l'utiliser pour réaliser une saisie de masse d'un document et laisser les erreurs de reconnaissance. A la suite de cela, ayez recours au graffiti ou à la reconnaissance des lettres pour finaliser votre document.

La méthode de saisie est simple, vous écrivez sur votre écran comme si vous vous serviez d'une feuille de papier. Ecrivez votre mot. Attendez un instant durant lequel votre machine reconnaît votre écriture.

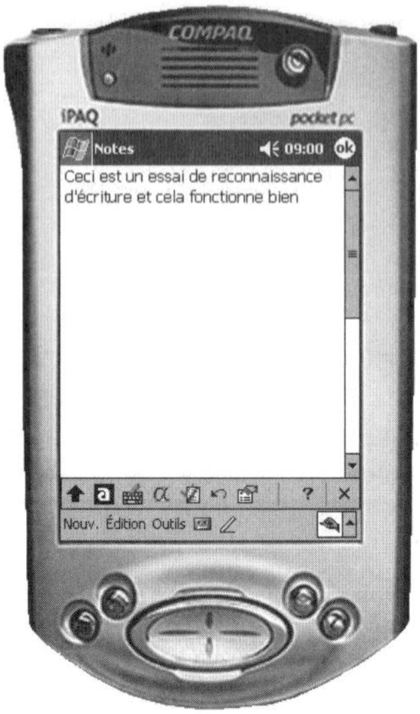

Lorsque vous avez terminé d'écrire votre mot, vous entendez un "bip" sonore qui indique le début du processus de traduction. Dès lors votre mot est reconnu et inséré dans votre texte sous la forme de caractères d'imprimerie.

Au démarrage de Transcriber, vous verrez apparaître une fenêtre vous rappelant les grands principes de déplacement et de sélection. Lisez-la avec attention

L'orientation d'écriture permet de déterminer l'orientation de votre écriture sur l'écran (diagonale...).

Utilisation de Transcriber

Voici le détail des éléments constitutifs de votre écran de saisie avec Transcriber :

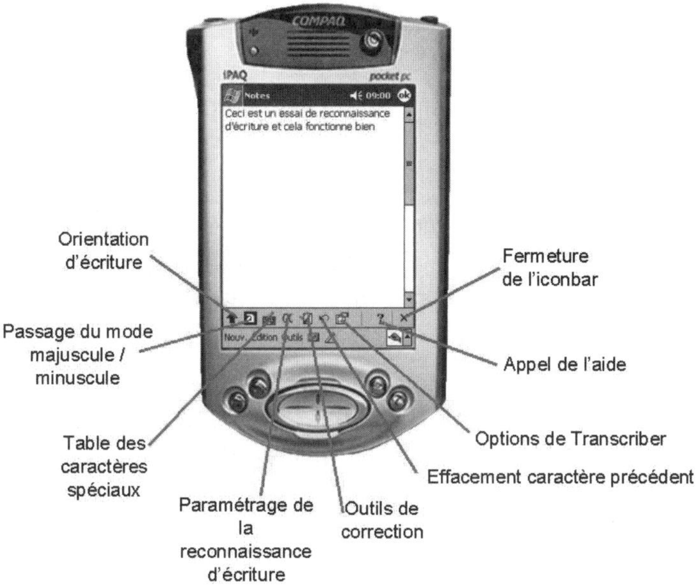

Pour sélectionner un texte ou manipuler les ascenseurs, vous devez pointer avec insistance sur l'élément désiré, un simple pointage de stylet se traduisant par le tracé d'un point.

Passage du mode majuscule / minuscule. Cette icône permet de déterminer si le texte reconnu est traduit en majuscule ou en minuscule.

Table des caractères spéciaux. Cette icône fait apparaître une table de caractères difficiles à écrire à l'écran. Vous pointez sur le caractère désiré pour l'insérer dans votre texte.

Paramétrage de la reconnaissance d'écriture. Cette option permet d'indiquer à Transcriber de quelle façon vous tracez vos lettres. Il est conseillé de réaliser ce paramétrage pour toutes les lettres afin d'améliorer la reconnaissance.

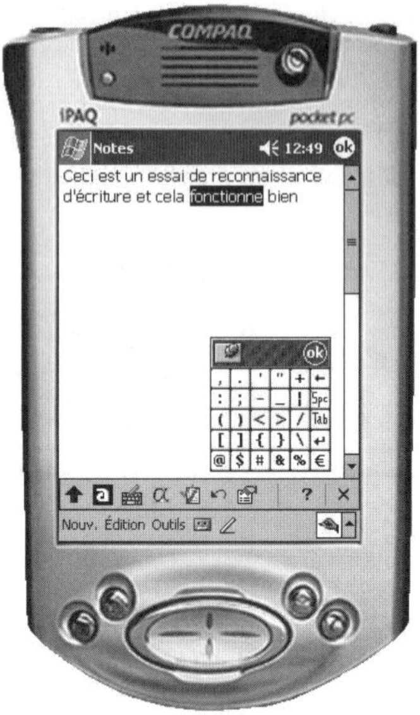

Pour chaque lettre sélectionnée, vous pointez sur la façon la plus courante pour vous d'écrire cette lettre.

Outils de correction. Cette icône permet la correction du texte sélectionné.

Annulation action précédente. Cela permet comme son intitulé l'indique d'annuler la dernière action réalisée.

Options de Transcriber. Cela permet de paramétrer les options suivantes :

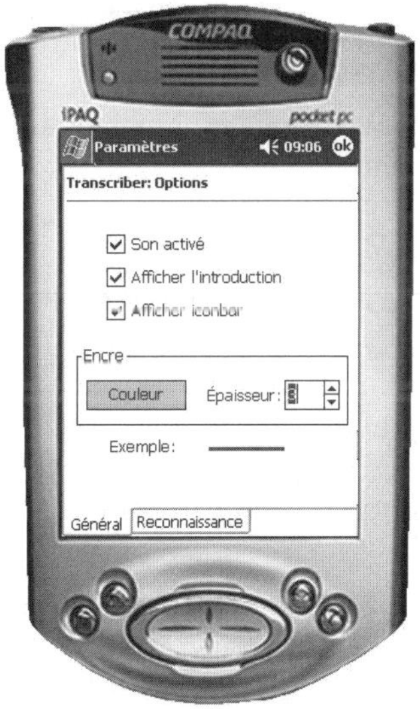

- ❑ Le retour sonore matérialisé par un "bip" lorsque la reconnaissance de l'écriture est effectuée.

- L'affichage de la page de rappel d'instructions à l'ouverture de Transcriber.
- L'affichage de l'iconbar directement au lancement.

Ainsi que certains paramètres de reconnaissance.

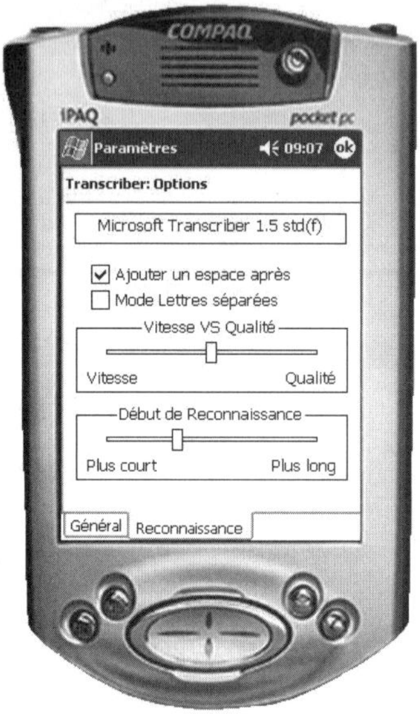

Vous pourrez alors déterminer :

- Le positionnement automatique d'un espace entre chaque mot reconnu.
- Le mode lettre séparé, ce qui désigne l'écriture en script.
- Un réglage permettant de déterminer si l'accent doit être mis sur la qualité de la reconnaissance d'écriture ou sur sa vitesse.
- Le début de la reconnaissance, qui permet de régler le temps s'écoulant entre le moment où vous avez terminé d'écrire le mot et le moment où Transcriber commencera à l'analyser pour le traduire.

Saisie semi-automatique

Dans les modes de saisie clavier virtuel, graffiti (bloc) et lettres, une fonction très intéressante a été mise en œuvre pour accélérer la saisie de vos textes. C'est la saisie semi-automatique.

Lorsque vous saisissez votre texte, après quelques caractères, un ou plusieurs mots contenus dans le dictionnaire de votre Pocket PC vous seront proposés durant un instant. Si ce mot vous convient, pointez dessus et il sera inséré dans votre texte à la place des premiers caractères saisis.

Le vocabulaire de votre machine s'enrichira au fil de vos saisies et cette assistance sera de plus en plus performante.

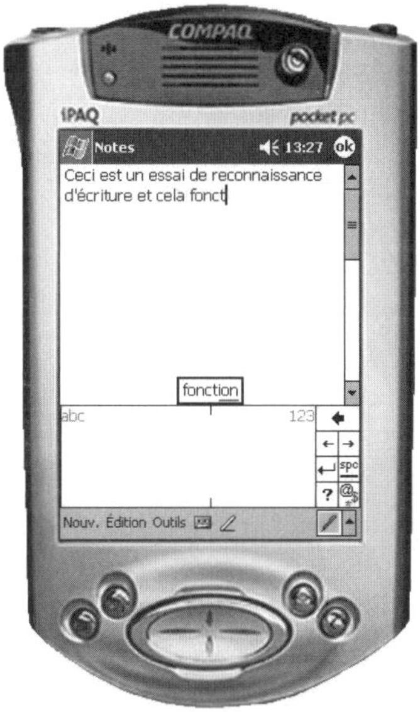

Vous pouvez paramétrer les options de saisie semi-automatique à partir des options du menu de sélection du mode de reconnaissance d'écriture.

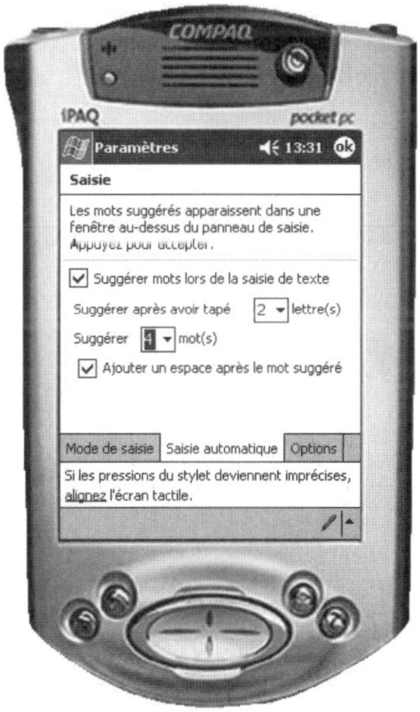

Vous pouvez interdire cette assistance en décochant la case à cocher "Suggérer mots lors de la saisie de texte".

Vous pouvez paramétrer :

- Le nombre de lettres tracées avant que ne débute la suggestion.
- Le nombre de mots proposés.
- Et le fait d'insérer systématiquement un espace dans votre texte après l'insertion du mot choisi.

MEGA LIVRE

Chapitre 6

Utilisez votre PC de bureau avec votre Pocket PC

Votre Pocket PC est un outil en lui-même puissant, mais connecté à votre PC de bureau, il devient un outil très puissant qui vous rendra de grands services au fil des jours. Il est une extension de votre bureau que vous pourrez emmener partout avec vous. Il contiendra vos rendez-vous, notes, fichiers d'adresse, documents Word, présentation PowerPoint, fichiers Excel, fichiers Access...

Cela est d'autant plus pratique que les fonctions Outlook de votre PC de bureau sont totalement synchronisées avec les fonctions équivalentes sur votre pocket Outlook sans que vous n'ayez rien à faire.

Un petit aparté sur la confidentialité de vos données si vous utilisez votre PC de bureau connecté à votre messagerie d'entreprise. Les SEULES données accessibles par les autres personnes connectées au réseau de votre entreprise sont les données de votre agenda (vos rendez-vous), même si vous effectuez une délégation de votre agenda à votre assistante (sauf bien sûr si vous activez spécifiquement le partage de vos données avec les fonctions d'Outlook et de Windows, mais par défaut, ce n'est pas le cas). Les autres données de type contact, notes, mails, etc. ne le sont pas. Elles vous sont personnelles et sont sur VOTRE PC. Pour la partie calendrier (vos rendez-vous), si vous positionnez systématiquement l'option "Sensibilité" de vos rendez-vous à "Privé", ceux-ci apparaîtront comme une zone "occupée" de votre agenda, mais personne ne connaîtra le détail de vos rendez-vous. La protection de votre vie privée et de vos données confidentielles ne nécessite QUE l'utilisation de cette option.

Mais vous pourrez aussi gérer le contenu de votre Pocket PC à partir de votre Pocket PC de bureau, récupérer et lire les fichiers que vous avez créés avec votre Pocket PC, vous connecter à Internet sur votre Pocket PC à travers votre PC de bureau.

Ainsi que toutes les applications que vous pourrez mettre en œuvre avec de nouveaux logiciels, achetés ou que vous développerez vous-même si ce type de sport vous agrée.

Nous allons passer en revue ensemble les modifications qui ont été réalisées sur votre PC de bureau lors de l'installation de votre Pocket PC et apprendre à utiliser ActiveSync, qui est l'outil de synchronisation entre votre Pocket PC et votre PC de bureau.

L'intégration globale de votre Pocket PC et de votre PC se présente comme suit :

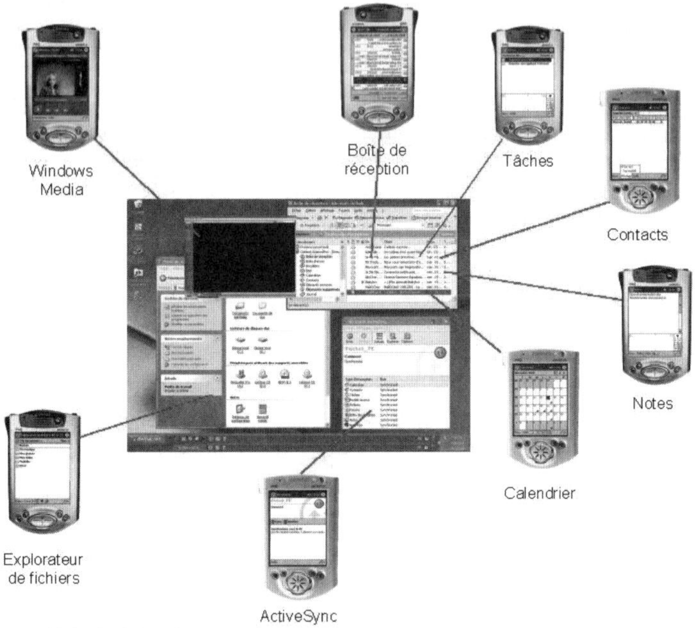

- ❑ **ActiveSync** se chargera automatiquement et en permanence de la synchronisation de vos fichiers et données via la base de votre Pocket PC.
- ❑ **Windows Media** permettra d'échanger des vidéos et des fichiers MP3 entre votre PC et votre Pocket PC.
- ❑ **Outlook** se synchronisera avec les applications suivantes de votre Pocket PC (pocket Outlook) :
  - La gestion de vos mails (boîte de réception).
  - La gestion de vos tâches.
  - La gestion de vos contacts.
  - La gestion de vos notes.
  - La gestion de votre calendrier (rendez-vous).
- ❑ **Explorateur de fichiers.** Votre PC gérera le stockage et la manipulation de vos fichiers et répertoires sur votre Pocket PC comme s'il était un disque dur de votre PC.

Le tout avec une gestion des "Favoris" intégrée entre les deux machines et qui vous simplifiera la navigation sur Internet.

Vous pourrez aussi utiliser certaines ressources de votre PC de bureau en surfant sur Internet ou sur l'intranet de votre entreprise avec votre Pocket PC via le modem de votre PC ou sa connexion réseau. De même, vous pourrez accéder à un fichier situé quelque part sur un serveur de fichier de votre réseau d'entreprise ou utiliser une application en "client léger" (logiciel fonctionnant avec votre browser Internet) utilisée par votre entreprise. (Par exemple l'application de gestion de centre d'appels de la société Siebel implanté dans votre entreprise ou accéder à vos données datawarehouse via le produit webintelligent de la société Business Object.)

La synchronisation entre les deux machines est instantanée, permanente et bidirectionnelle.

Le Pocket PC est une extension de votre Pocket PC mais l'inverse est aussi totalement vrai.

Ce qui a changé sur votre ordinateur de bureau

Les premiers changements que vous pourrez constater sont ces icônes apparues sur le "Bureau" de votre PC et la présence de la fenêtre ActiveSync. D'autres modifications ont été apportées dans plusieurs logiciels, ainsi que la gestion de vos fichiers que nous vous décrivons dans ce chapitre.

Bureau de votre PC

Pour commencer, les modifications de votre "Bureau" qui apparaît maintenant comme ceci.

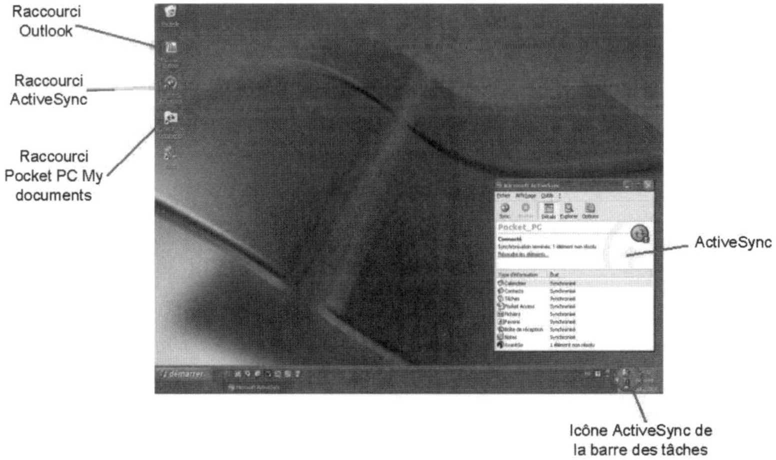

- **Raccourci Outlook.** Ce raccourci vous permettra en cliquant dessus de lancer le programme Outlook 2002 qui a été inclus sur votre PC lors de l'installation de votre Pocket PC.
- **Raccourci ActiveSync.** Ce raccourci vous permet de lancer le programme de synchronisation de votre Pocket PC : ActiveSync, si celui-ci n'a pas été automatiquement lancé lors de l'ouverture de votre cession utilisateur Windows.
- **Raccourci Pocket PC My documents.** Ce raccourci vous permet d'accéder directement aux répertoires de votre Pocket PC dans la zone "My documents" de votre Pocket PC. Vous l'aurez compris, c'est la structure de fichiers qui permet de stocker vos fichiers Word, Excel, multimédias... de votre Pocket PC. Et cela de façon tellement intégrée que vous aurez l'impression que votre Pocket PC fait partie intégrante du disque dur de votre PC de bureau. Vous pourrez y supprimer des fichiers, en copier, etc.

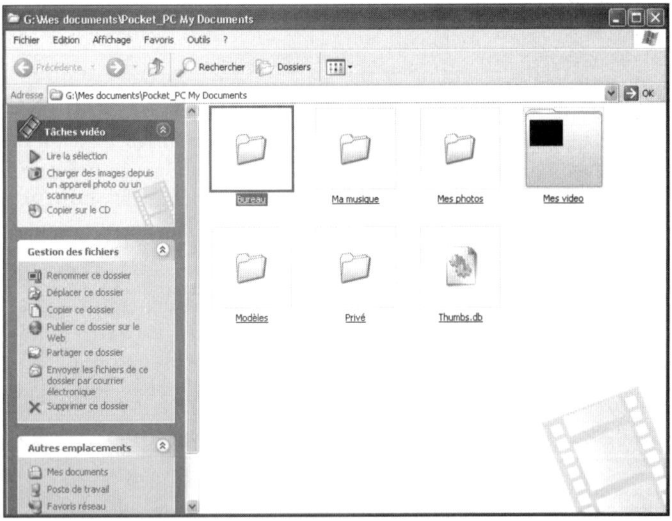

Vous pouvez, pour plus d'information sur la gestion de fichiers, aller au chapitre "Je gère mon Pocket PC".

- **Icône ActiveSync de la barre des tâches.** Lorsque ActiveSync est en fonction, vous verrez systématiquement apparaître une petite icône ronde et verte dans votre barre des tâches. Vous pourrez ouvrir la fenêtre ActiveSync en cliquant dessus.

- **Fenêtre ActiveSync.** Cette fenêtre est celle de votre logiciel ActiveSync. Nous vous en détaillerons le fonctionnement dans ce chapitre.

Les favoris

Un ajout a été effectué dans votre browser Microsoft Internet Explorer et tout autre logiciel utilisant le menu "Favoris", propre aux logiciels Microsoft.

En effet, le favori suivant a été rajouté : Favoris de l'appareil mobile. Ce petit ajout à l'apparence très anodine vous simplifiera la vie. En effet, tous les liens des sites Web que vous rajouterez dans ce raccourci seront immédiatement transmis dans la zone "Favoris" d'Internet Explorer de votre Pocket PC. Cela vous permettra de "surfer" sur Internet à partir de votre PC de façon conviviale et de préparer directement les liens qui vous intéressent pour votre Pocket PC sans effort aucun. Par la suite, vous pourrez les utiliser pour surfer avec votre téléphone mobile comme moyen de communication par exemple.

Modifications dans votre explorateur de fichiers : Explorer

Explorer que vous utilisez pour gérer vos fichiers sur votre PC de bureau intègre maintenant tout simplement votre Pocket PC. Il apparaît sous la forme de l'icône "Appareil mobile" dans la liste des composants accessibles sur votre PC. Cela vous permettra d'accéder à l'intégralité des fichiers de votre Pocket PC comme si celui-ci était un disque dur de votre machine, et ce instantanément.

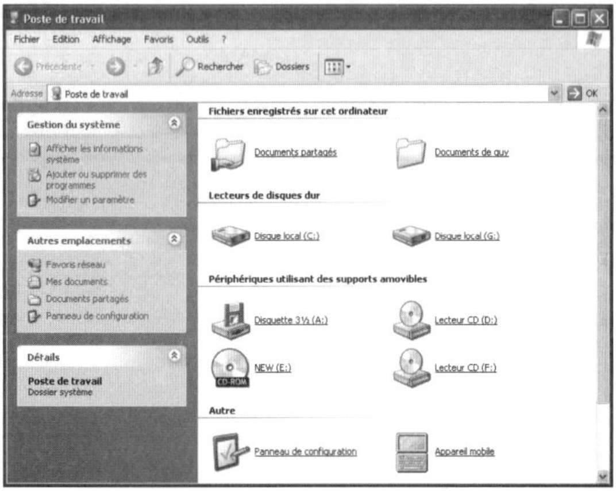

En cliquant sur l'icône Appareil mobile, vous en verrez apparaître le contenu sous cette forme :

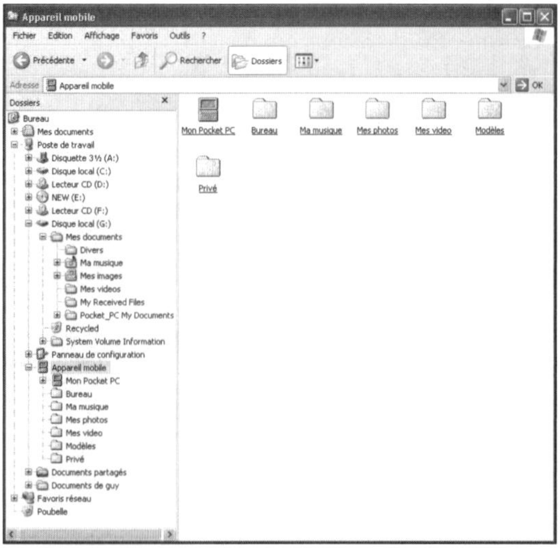

Nous aborderons en détail la gestion des fichiers sur votre PC et votre Pocket PC au chapitre "Je gère mon Pocket PC".

ActiveSync 3.5 / La synchronisation entre votre PC et votre Pocket PC

Microsoft ActiveSync vous permet de créer une liaison symbiotique entre votre Pocket PC et votre PC de bureau. Cette liaison peut se réaliser au moyen d'éléments suivants :

- Un câble reliant votre PC à la station d'accueil (via le port série ou le port USB).
- Un câble direct entre votre PC et votre Pocket PC (via le port série ou le port USB).
- Une connexion infrarouge.
- Un modem.
- Une carte réseau.

Après avoir créé le partenariat, vous pouvez synchroniser vos données.

Vous pouvez utiliser ActiveSync pour disposer des mêmes informations sur les deux ordinateurs. Si vous effectuez une modification sur l'un des deux ordinateurs, cette modification sera également apportée aux données correspondantes sur l'autre ordinateur. Quel que soit l'ordinateur à partir duquel vous affichez les données, vous êtes certain qu'elles sont à jour. Cela prend toute son ampleur quand votre PC est lui-même raccordé au système d'information de votre entreprise. Les utilisateurs d'Exchange avec Outlook vont être comblés, ils pourront avoir en permanence leurs données de messagerie, de rendez-vous, l'annuaire de l'entreprise, partout avec eux et ainsi préparer des mails ou programmer des réunions, depuis n'importe où (dans le métro, chez un client...).

L'objectif de ce chapitre est de vous expliquer le fonctionnement de la synchronisation entre votre PC et votre Pocket PC ainsi que de vous en expliquer l'utilisation globale.

Description du logiciel

La fenêtre principale d'ActiveSync se présente comme suit. Vous pouvez l'ouvrir à partir de la petite icône ronde et verte dans la barre des tâches.

Zone de menu ; quatre menus vous sont proposés.

Menu Fichier. Il vous permet de :

- Déclencher une synchronisation entre vos deux machines (Synchroniser).
- Arrêter la synchronisation (Arrêter), sélectionner un Pocket PC parmi ceux susceptibles de se connecter à votre PC (Appareil mobile).

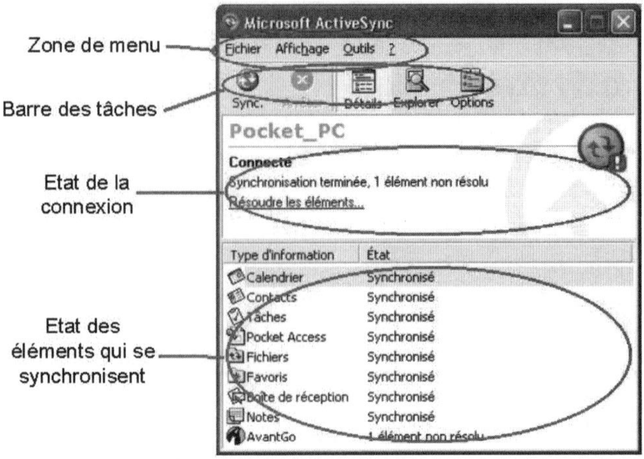

- ❑ Manipuler les fichiers de votre Pocket PC avec l'Explorer de votre PC comme s'il était une disquette ou un disque dur de votre PC de bureau (Explorer).
- ❑ Supprimer le partenariat entre votre PC et votre Pocket PC (Supprimer le partenariat).
- ❑ Etablir la communication entre vos deux machines et, s'il n'en existe pas, créer un nouveau partenariat (Etablissement de la connexion) pour établir la connexion.
- ❑ Paramétrer la connexion entre votre PC et votre Pocket PC (Paramètres de la connexion).
- ❑ Fermer la fenêtre ActiveSync (Fermer). Cela n'arrête pas ActiveSync, mais ferme juste la fenêtre principale. Pour rouvrir cette fenêtre, cliquez sur l'icône ActiveSyns dans la barre des tâches.

Menu affichage. Il vous permet de :

- ❑ Modifier la taille des icônes de l'écran (Barre d'outils) et de masquer les détails (Détails). Cela fait apparaître votre fenêtre comme ceci :

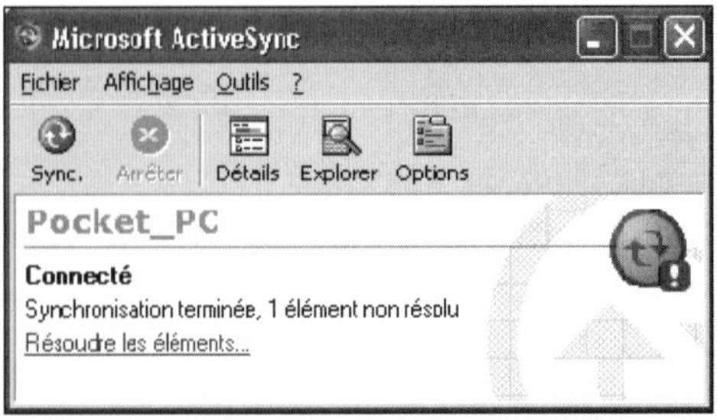

Menu Outils. Il vous permet de :

- Définir les options de synchronisation, définir le mode de synchronisation et les règles de résolutions de conflits entre vos deux machines (Options).
- Résoudre les conflits de synchronisation entre vos deux machines (Résoudre les éléments).
- Sauvegarder le contenu de votre Pocket PC en cas de perte de vos données (Sauvegarder / Restaurer). Option indispensable car si vous êtes en panne de batterie, l'intégralité de vos données et des programmes installés sera effacée. Vous retrouverez votre Pocket PC comme au premier jour où vous l'avez mis en fonction. Il faudra restaurer votre Pocket PC pour le retrouver là où il était avant la panne de batterie.
- Installer et désinstaller des programmes supplémentaires sur votre PC (Ajouter / supprimer des programmes).
- Gérer les données de vos tables Microsoft Access (Importer des tables de la base de données et Exporter des tables de la base de données).

Aide. Rubrique d'aide standard Microsoft.

Le partenariat entre votre Pocket PC et votre PC de bureau ou la mise en symbiose de vos deux machines

Lors de l'installation de votre Pocket PC, vous avez créé un partenariat. Voir le chapitre concernant l'installation d'ActiveSync "Installation de votre Pocket PC" pour le détail de la procédure.

L'établissement de ce partenariat a créé pour vous un Gestionnaire de données personnelles (GIP). Cela a pour vocation de sauvegarder sur votre Pocket PC et votre PC de bureau les paramètres de synchronisation et de transfert de vos fichiers.

Ce GIP rend très simple l'utilisation de votre Pocket PC.

En effet, vous pouvez connecter plusieurs Pocket PC sur votre ordinateur de bureau. Le vôtre en tant qu'utilisateur principal et peut-être celui d'autres personnes, collègues, relations, amis. Mais par contre, vous ne voudrez pas que cette personne emporte toutes vos données personnelles lors de la synchronisation. Il vous suffira d'établir le partenariat avec le Pocket PC de cette autre personne en tant qu'invité. Elle pourra partager et utiliser les ressources (réseau, fichiers, etc.) de votre PC de bureau de la même façon que vous, mais vos données personnelles ne seront pas transmises.

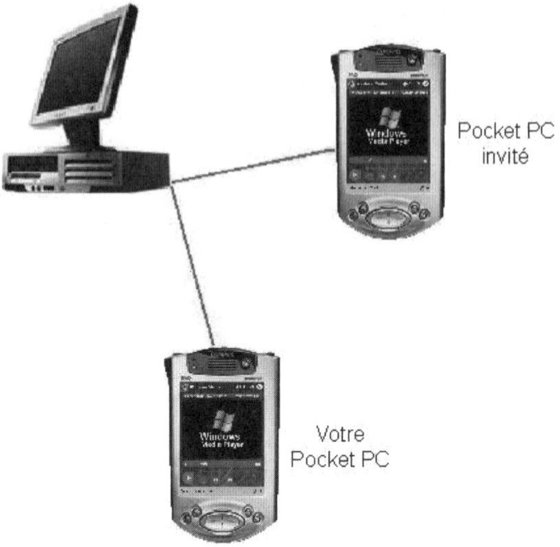

Autre cas de figure qui devient un grand classique. Vous avez un PC chez vous et un PC sur votre lieu de travail. Vous voudrez alors utiliser votre Pocket PC avec vos deux ordinateurs. Mais vous ne voulez pas que vos données personnelles et vos données professionnelles soient intégrées sur les deux PC de bureau. Il vous suffit simplement d'utiliser les "catégories" des éléments de rendez-vous, de contacts, de notes, etc., et paramétrer la liaison comme nous vous l'indiquerons un peu plus loin dans ce livre.

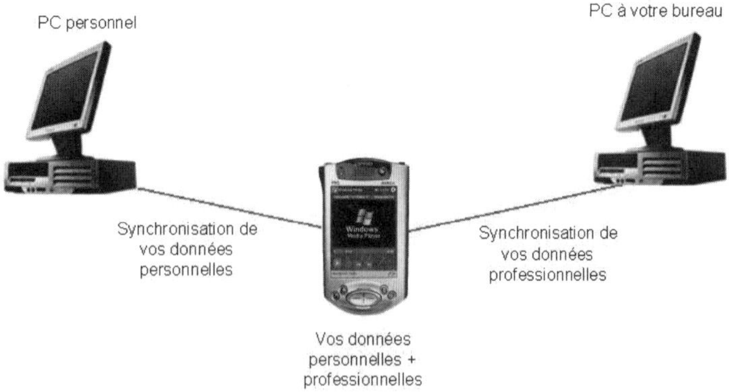

Attention, dans ce mode de fonctionnement, pour que la synchronisation fonctionne correctement, les deux ordinateurs de bureau doivent être configurés avec les mêmes paramètres de synchronisation et notamment le même type de données à synchroniser.

Vous voudrez peut-être vous connecter à un autre PC que celui de votre domicile ou de votre travail, pour récupérer un fichier, ou encore vous connecter sur le réseau. Vous pouvez le faire sur cet ordinateur en vous connectant en tant qu'invité.

Il est intéressant de noter qu'il n'y a pas de limitation au nombre de Pocket PC qui peuvent se connecter sur un PC. Vous pouvez sélectionner quel Pocket PC raccorder en utilisant le menu "Fichier" d'ActiveSync. Attention, en tant qu'invité, le Pocket PC disparaîtra de la liste à la fin de la connexion.

Pour créer un partenariat, "normal" sans synchronisation, il vous faudra désélectionner les options de synchronisation sur vos données personnelles.

Créer un partenariat

La création d'un partenariat a été décrite au chapitre "Installation de votre Pocket PC".

Pour créer un nouveau partenariat, utilisez l'option "Etablissement de la connexion…" du menu Fichier d'ActiveSync. Vous devez avoir au préalable connecté votre Pocket PC à votre PC par infrarouge, par votre station d'accueil ou par un câble.

Vous n'aurez plus qu'à déterminer si vous connectez ce Pocket PC en tant qu'invité ou non.

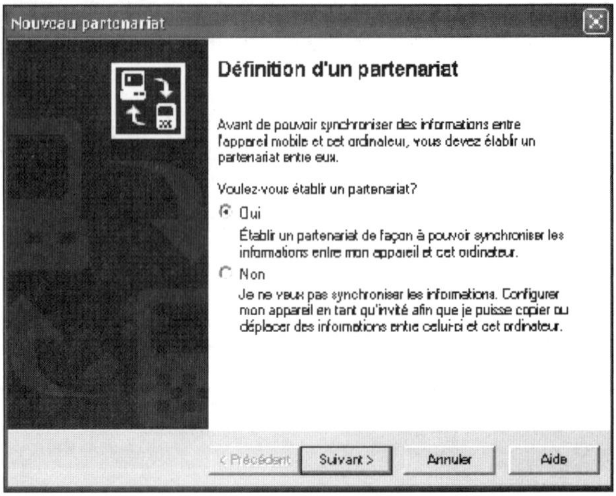

Attention, dans l'écran de partenariat, la réponse :

Oui signifiera l'établissement d'un partenariat complet et vous devrez indiquer quels éléments vous désirez synchroniser dans l'écran suivant :

L'explication de ce paramétrage est décrite au chapitre "Paramétrer ActiveSync".

Non établira une connexion en tant qu'invité.

Supprimer un partenariat

Pour supprimer un partenariat, vous devez utiliser l'option "Supprimer le partenariat" du menu Fichier d'ActiveSync.

La fenêtre de mise en garde suivante s'affichera :

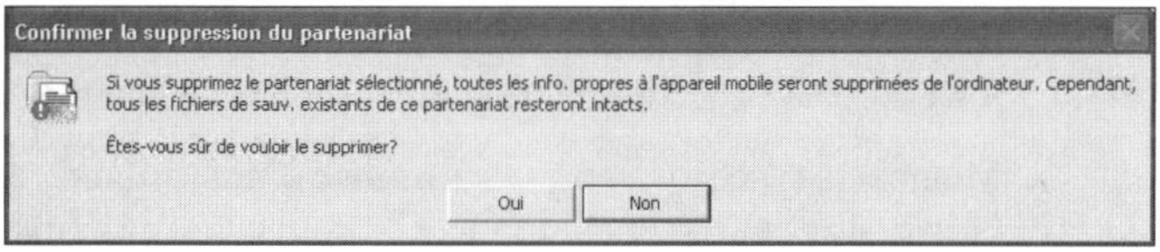

Ce qu'il faut savoir sur cette action, c'est que celle-ci est sans risque pour vos données, tant sur votre PC de bureau que sur votre Pocket PC. Elle peut être supprimée et créée à volonté sans que vous ne rencontriez de problèmes. La suppression d'un partenariat entraîne la suppression de tous les paramètres de synchronisation et de conversion de fichiers que vous avez définis pour ce Pocket PC.

Cependant, la sauvegarde restera présente sur votre PC de bureau.

Synchroniser les éléments entre votre Pocket PC et votre PC de bureau

Préambule

Les fichiers que vous manipulez sur votre PC de bureau sont très riches en terme de fonctions et d'implémentation d'attributs de présentation.

De plus, votre disque dur possède une grande capacité de stockage sur votre PC alors que vous avez des capacités plus ou moins limitées sur votre Pocket PC en fonction des modèles et des marques choisis.

Les fichiers bureautique "standards" Microsoft (Word, Excel...) seront transformés en un format plus compact et plus restreint. Rassurez-vous, le processus de conversion ne vous demandera aucun effort, c'est directement ActiveSync qui gérera cela à votre place.

Le transfert s'effectue dans les deux directions, et en permanence entre les deux machines ; toute action effectuée sur votre Pocket PC sera répercutée sur votre PC de bureau.

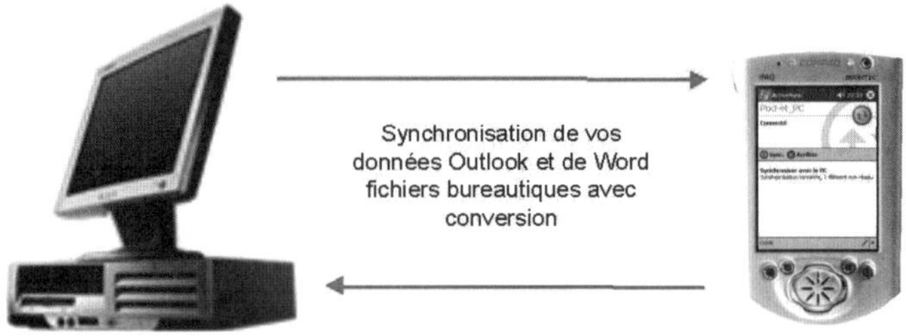

En standard, les données stockées sur votre appareil sont synchronisées en permanence avec celles de votre ordinateur de bureau. Vous pouvez changer de mode de synchronisation en choisissant d'effectuer la synchronisation uniquement lors de la première connexion ou uniquement lorsque vous procédez à une synchronisation manuelle.

Même si la synchronisation est un mode d'utilisation recommandé, vous pouvez aussi partager les données en copiant ou en déplaçant un fichier. D'ailleurs, ce mode de transfert est le seul à pouvoir être utilisé si vous êtes connecté en tant qu'invité.

En tout état de cause, la synchronisation permet de transférer vos données d'une machine à l'autre ; n'oubliez pas toutefois de faire des sauvegardes de votre Pocket PC pour le réinstaller à l'identique en cas de panne de batterie. Car la synchronisation ne permet pas de sauvegarder les programmes installés en plus de ceux livrés avec Microsoft Pocket PC 2002, ni leurs paramétrages.

En terme de partage de vos fichiers bureautique entre vos deux machines, la meilleure solution consiste à faire une "copie" de votre fichier format PC vers le mobile (par copier / coller par exemple) et non un déplacement de votre fichier (par couper / coller par exemple).

La conversion de fichiers

Différents types de fichiers vont être convertis quand ils seront transférés de votre Pocket PC vers votre PC et inversement.

C'est notamment le cas des fichiers :

- Word.
- Excel.
- Powerpoint.
- Access.

ActiveSync se charge de cette opération qui devient ainsi transparente pour vous, et cela, quelle que soit la méthode utilisée pour réaliser ce transfert (via Explorer, via la synchronisation, etc.). Les pièces jointes à vos mails le seront aussi.

Les fichiers convertis subiront des modifications, même si ceux-ci conservent les attributs de mise en forme. Quelquefois, les transformations peuvent impliquer des modifications importantes de vos fichiers :

- Les attributs peuvent apparaître sur l'appareil tout en restant inchangés dans les fichiers d'origine au format PC.
- Les attributs peuvent être modifiés lors de la conversion des fichiers PC au format de l'appareil et ne pas être restaurés dans leur état d'origine lors de la conversion des fichiers de l'appareil au format PC.
- Les attributs peuvent ne pas apparaître sur l'appareil et être restaurés dans leur état d'origine lors de la conversion des fichiers de l'appareil au format PC.
- Les attributs peuvent être supprimés lors de la conversion des fichiers de l'appareil et ne pas être restaurés lors de la conversion des fichiers de l'appareil au format PC.

Gardez toujours une copie de vos fichiers bureautique sur votre PC de bureau et vous n'aurez aucun problème. L'inverse, par contre, ne pose pas de problème. Un fichier créé sur votre Pocket PC sera parfaitement compatible avec votre PC de bureau.

Voici, dans le détail, les contraintes et restrictions d'utilisation liées aux transferts entre les deux machines et donc à la conversion de fichiers.

Conversion MS Access et SQL Server avec Pocket MS Access
Conversion de fichiers de bases de données (PS Access et SQL Server) en vue de les utiliser sur un Pocket PC.

Structure des bases de données
Les champs dont la largeur est supérieure à 64 Ko sont tronqués lors de la conversion.

Les tables dont les noms comprennent plus de 31 caractères sont tronquées.

Les tables dont les noms commencent par "Msys" ne peuvent pas être convertis.

Conversion des types de champs

La conversion des types de champs entre votre PC de bureau et votre Pocket PC est la suivante :

Access et SQL Server	Pocket Access
Assistant Liste de choix	Texte
Binaire	Binaire
Binaire long	Objet OLE
Booléen	Booléen
Date/Heure	Date/Heure
Entier	Entier court
Entier long	Entier
Lien hypertexte	Mémo
Mémo	Mémo
Monétaire	Réel
N° de réplication	Binaire
NuméroAuto	Entier
Objet OLE	Objet OLE
Octet	Entier court
Oui/Non	Booléen
Réel	Réel
Réel simple	Réel
Texte	Texte

Conversion des index

La conversion des index concerne trois types d'index qui sont convertis comme ci-dessous :

- Index de clés primaires : Lorsqu'une clé primaire est composée de plusieurs champs, chaque champ est converti en index. Les chiffres de 0 à 2 sont ajoutés à la fin du nom de l'index. Si les trois index de clés primaires sont créés, aucun autre index ne sera converti.
- Index uniques : Ces index sont convertis en index non uniques. Lorsqu'un index unique comprend plusieurs champs, seul le premier champ est converti.
- Index non uniques : Lorsqu'un index non unique est composé de plusieurs champs, il n'est pas converti.

Avec les restrictions qui suivent :

- Les noms d'index qui comprennent plus de 64 caractères seront tronqués.
- La conversion des index ne respecte pas la casse (majuscules et minuscules).

- ❑ Les index des champs contenant des données que Pocket Access ne peut pas interpréter (par exemple, des images et des objets OLE) ne sont pas convertis.
- ❑ Les champs avec plusieurs index sont convertis en champ avec un seul index.
- ❑ Les champs contenant des données de type Boolean sont convertis sans index. Rubrique connexe.

Conversion de fichiers Excel vers Pocket Excel
Lorsque vous transférez un fichier Excel entre votre PC de bureau et votre Pocket PC, celui-ci est converti et les extensions de fichiers changent :

.xls et . xlt deviennent .pxl et .pxt.

Mais la mise en forme et la plupart des attributs de votre fichier restent.

Attention, si votre fichier est protégé par un mot de passe, pocket Excel ne sera pas capable de l'ouvrir. Supprimez votre mot de passe avant d'effectuer un transfert. Vous pourrez de nouveau attribuer un mot de passe quand le fichier Excel sera sur votre Pocket PC.

Cependant, même si un grand nombre d'attributs ne seront pas changés :

- ❑ Formats des numéros personnalisés et prédéfinis.
- ❑ Les bordures ligne simple.
- ❑ Les noms des feuilles de calcul dans un même classeur.
- ❑ Les renvois de texte à la ligne.

D'autres seront modifiés et vous ne les retrouverez plus lorsque vous utiliserez votre fichier sur votre PC de bureau :

- ❑ Les bordures sont modifiées et sont transformées en bordures simples.
- ❑ Les formules saisies contenant une référence à une ligne au-delà de la ligne 16 384 sont remplacées par #REF!.
- ❑ Les données des tableaux croisés dynamiques sont remplacées par une valeur, celle dans la partie référencée dans le tableau dynamique.
- ❑ Les graphiques, les feuilles de calcul, les modules VBA, les feuilles macro et les feuilles boîte de dialogue sont remplacées par des feuilles vierges.
- ❑ Les formules non prises en charge par Pocket Excel sont remplacées par une valeur.
- ❑ Le texte vertical est remplacé par un texte horizontal.
- ❑ Les formules faisant référence à un tableau ou à un argument de tableau sont remplacées par une valeur.
- ❑ Les formules ou les fonctions référençant des noms désignant d'autres classeurs, tableaux, formules de tableaux ou plages d'intersection sont remplacées par #NAME?.

- Les formules contenant des références à des liens externes ou des plages d'intersection sont remplacées par une valeur.
- Les noms cachés sont affichés.

Il se peut que certains attributs qui ne sont pas gérés par pocket Excel restent présents dans le fichier et soient restitués lors du transfert vers le PC de bureau ; dans l'autre cas, ils auront disparu purement et simplement.

Par exemple, l'ombrage des cellules n'est pas pris en charge dans pocket Excel mais cet attribut est restauré lors de la conversion du fichier au format Excel.

Les attributs suivants sont supprimés lors de la conversion d'un fichier Excel au format pocket Excel et ne sont pas restaurés lors de la conversion inverse.

- Macros complémentaires.
- Objets dessin.
- Protection.
- Autres paramètres de palette.
- Objets OLE intégrés.
- Paramètres des bordereaux de routage.
- Filtre automatique.
- Mise en forme conditionnelle Excel 97.
- Scénario.
- Commentaires de cellules.
- Partage de fichiers.
- Zones de texte.
- Motifs de cellules.
- Lien hypertexte.
- Alignement vertical.
- Consolidation des données.
- Graphiques d'objet.
- Zoom.
- Validation des données.
- Contrôles d'image.

Conversion de fichiers PowerPoint

La conversion des fichiers PowerPoint ne peut se réaliser que dans un seul sens : de votre PC de bureau vers votre Pocket PC.

Lors de la conversion, les extensions de fichier seront transformées de .ppt en .ppv.

ActiveSync propose quatre options lors de la conversion de fichiers PowerPoint : Compact, Haute qualité (640 x 480), Haute qualité (800 x 600) et Haute qualité (1 024 x 768). La conversion effectuée avec l'option Compact permet d'obtenir un fichier de la plus petite taille possible. La conversion effectuée avec l'option Haute qualité permet d'obtenir des fichiers qui sont souvent plus volumineux que les fichiers d'origine stockés sur votre ordinateur de bureau. Par défaut, ActiveSync utilise l'option de conversion Haute qualité (640 x 480).

Conversion de fichiers Word vers pocket Word

Comme pour les autres formats de fichiers, votre fichier Word subit des modifications.

La première est la conversion d'extension de fichiers.

Les fichiers .doc et .dot seront convertis en fichiers .psw.

Il se peut que certains attributs qui ne sont pas gérés par pocket Word restent présent dans le fichier et soient restitués lors du transfert vers le PC de bureau ; dans l'autre cas, ils auront disparu purement et simplement.

Les attributs inchangés sont les suivants :

- Gras.
- Listes numérotées simples.
- Espacement des paragraphes.
- Puces.
- Barré.
- Italique.
- Alignement des paragraphes.

Les attributs suivants sont modifiés lors de la conversion d'un fichier Word au format pocket Word et ne sont pas restaurés lors de la conversion inverse.

- La mise en retrait peut être modifiée de sorte à améliorer la lisibilité sur l'appareil.
- Les objets OLE sont convertis en images en mode point.
- Les caractéristiques de mise en forme sont supprimées, mais le texte est conservé.
- La mise en forme des index est perdue, mais le texte reste.
- Les images comportant plus de 256 couleurs sont converties en images 256 couleurs.
- La mise en forme des tables des matières est perdue, mais le texte est conservé.

Les attributs suivants sont modifiés lors de la conversion d'un fichier Word au format Pocket Word et ne sont pas restaurés lors de la conversion inverse.

- Reliure.
- Taille de la reliure.
- Position verticale de l'en-tête / pied de page.
- Format du papier.

Certains attributs Word ne sont pas pris en charge dans pocket Word et sont définitivement supprimés lors de la conversion d'un fichier pocket Word en fichier Word.

- Annotations.
- Commentaires.
- Cadres.
- Marques de révision.
- Bordures.
- Notes de bas de pages.
- En-têtes.
- Ombrage.
- Colonnes.
- Pieds de page.
- Données de mise en page telles que l'alimentation papier et la disposition.
- Feuille de styles.

Remarque
La conversion de fichiers n'est pas limitée aux formats décrits dans ce livre. Un certain nombre de logiciels installeront leurs propres convertisseurs. Charge à vous de consulter la documentation utilisateur livrée avec votre produit pour en déterminer les limitations.

Limitations

Normalement, vos données sont synchronisées entre vos deux appareils, mais attention, des limitations sont apportées dans le cadre des transferts afin de ne pas saturer la mémoire de votre Pocket PC dès les premiers instants. C'est le cas d'Outlook où vous pouvez définir des limitations par exemple.

- Les informations stockées sur une carte mémoire ne sont pas synchronisées avec l'ordinateur de bureau.
- La synchronisation entre vos deux machines ne se réalise que lorsque le Pocket PC est raccordé au PC.

- Une boîte aux lettres Outlook ne peut être synchronisée qu'avec un seul ordinateur.

Modifier l'affichage d'ActiveSync

A partir du menu "Affichage", vous pourrez effectuer les actions suivantes :

- Afficher ou masquer la barre d'outils et en modifier la taille des icônes.
- Afficher ou masquer la liste des éléments qui sont synchronisés.

Pour une utilisation simple, nous vous recommandons de positionner l'affichage comme suit :

Paramétrer ActiveSync

Vous pouvez modifier la quasi-totalité des paramètres de synchronisation et de connexion avec votre Pocket PC. Et ce, soit en dépliant le menu "Outils" de la barre de menus, soit en cliquant sur l'icône "Options" de la barre d'outils.

Le paramétrage de la connexion peut aussi être appelé à partir de l'option "Paramètres de connexion" du menu Fichier.

Paramétrage de la connexion

Cela permet le paramétrage de la connexion physique de votre Pocket PC.

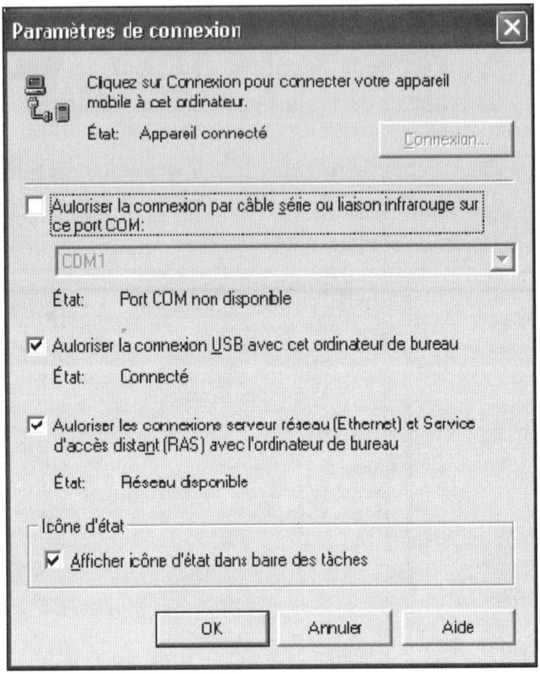

Les options suivantes sont présentes :

Si la connexion n'est pas établie, vous ne pouvez cliquer que le bouton Connexion pour l'établir. Dans certains cas, ce sera la seule façon de restaurer la connexion alors que toutes les autres tentatives auront échoué.

Vous pouvez autoriser la connexion via le port infrarouge de votre PC portable de la même façon qu'avec votre câble USB ou série. Si votre PC de bureau est installé avec Windows 2000 ou avec Windows XP, il vous suffira simplement de positionner en face l'un de l'autre les deux ports infrarouges de votre ordinateur portable et de votre Pocket PC.

Voir le chapitre "Synchronisation avec un port infrarouge".

Vous pouvez aussi autoriser ou interdire la connexion via le port USB de votre machine.

La partie "Autoriser les connexions serveur réseau" autorise ou non le fait que vous utilisiez les ressources de votre PC de bureau (liaisons par câble Ethernet, WirelessLan) pour vous connecter à Internet ou effectuer un accès distant via le NAS.

Enfin, l' "Icône d'état" vous permet d'afficher l'icône de fonctionnement à partir de la barre des tâches de votre PC de bureau (icône verte et ronde).

Paramétrage des options de synchronisation

Cette option vous permet de paramétrer les différents paramètres de synchronisation entre votre Pocket PC et votre PC de bureau.

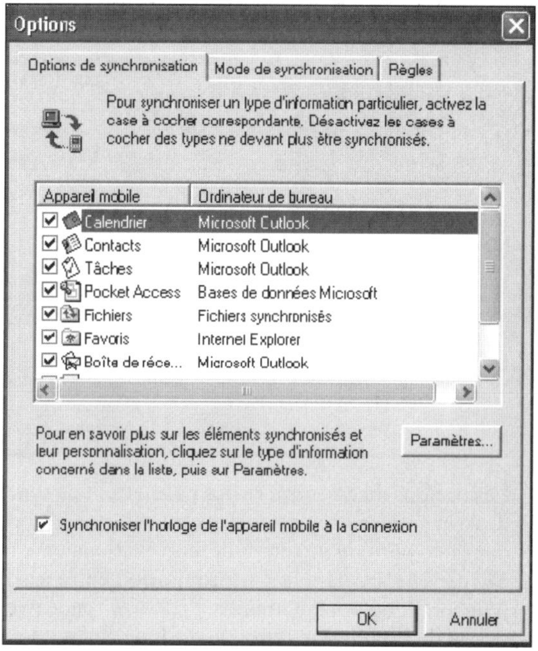

Cette liste s'étendra au fur et à mesure que vous installerez des nouveaux logiciels ayant besoin de synchroniser leurs éléments entre les deux machines.

Vous avez aussi la possibilité de synchroniser les horloges de vos deux appareils. Cela est recommandé si vous désirez avoir la notification des rendez-vous au même moment sur votre ordinateur de bureau et votre Pocket PC et non pas de façon dissociée, ce qui, dans le temps, pourra vous gêner.

En vous positionnant sur chaque option, vous pourrez paramétrer les spécificités de chaque synchronisation d'éléments.

Nous allons, ensemble, passer en revue les paramètres standards des logiciels livrés avec Microsoft Pocket PC 2002.

Calendrier

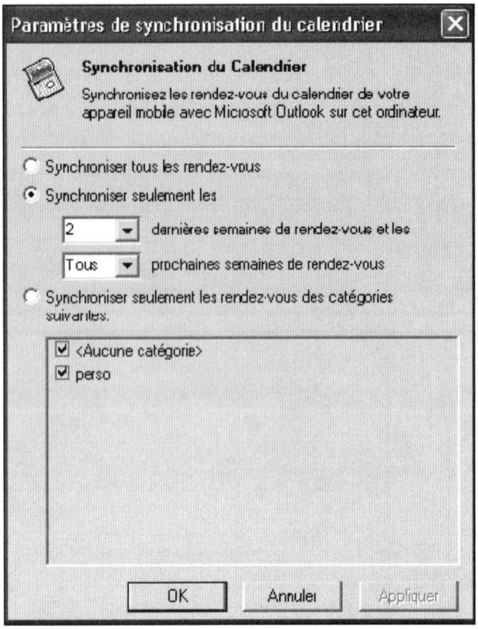

Les options du calendrier vous permettent de synchroniser tous les rendez-vous présents sur vos deux machines, sans restriction de durée, ou dans une période de temps définie. La deuxième option est recommandée car elle accélère la synchronisation entre les deux machines. Sinon, pour peu que vous n'archiviez pas vos rendez-vous via Outlook, cela risque de prendre un temps assez long chaque fois.

Si vous ne désirez pas mélanger vie professionnelle et vie personnelle, utilisez les catégories des éléments d'Outlook pour faire cette distinction. Sur une machine, vous ne synchronisez que les éléments "perso" et sur l'autre, vous ne synchronisez que les éléments "professionnels".

Contacts

Vous pouvez avoir une gestion fine de la synchronisation de vos contacts entre vos deux machines.

Vous pouvez synchroniser tous les contacts ou choisir les contacts que vous désirez synchroniser parmi la liste de tous les contacts présents sur votre Pocket PC.

A moins que vous ne choisissiez que des contacts référencés sous une catégorie particulière (par exemple perso ou professionnelle).

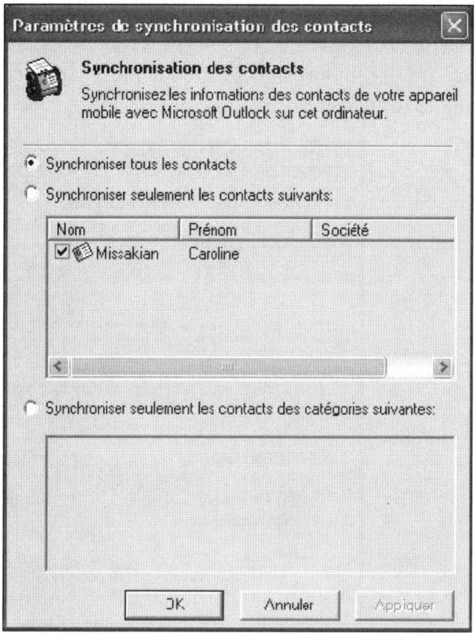

Bases de données Access ou SQL Server

Vous pouvez synchroniser les données entre deux bases de données, l'une sur votre Pocket PC, l'autre sur votre PC de bureau.

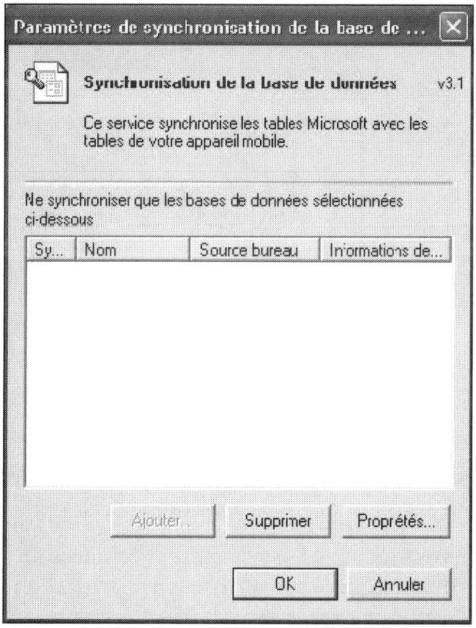

En cliquant sur le bouton "Ajouter", vous pourrez ajouter le fichier de base de données que vous désirez synchroniser. Je vous recommande de faire un essai avec la base de données de démonstration qui se trouve dans le répertoire d'installation de MS Acces : Comptoir.mdb.

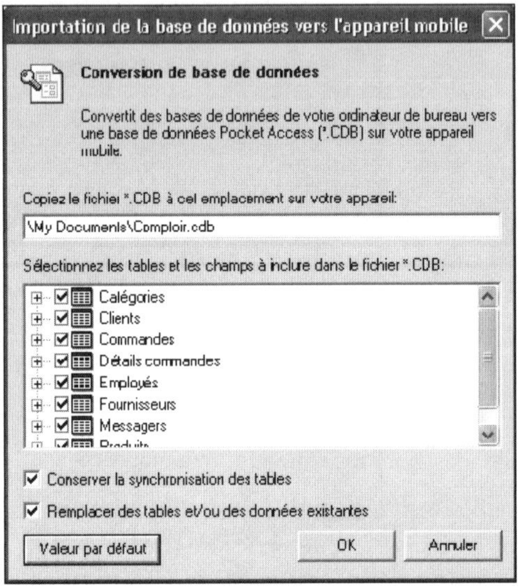

Les tables et champs de votre base de données apparaissent à l'écran et vous pouvez choisir de ne synchroniser que ceux qui vous intéressent, et ce afin de réduire les temps de synchronisation.

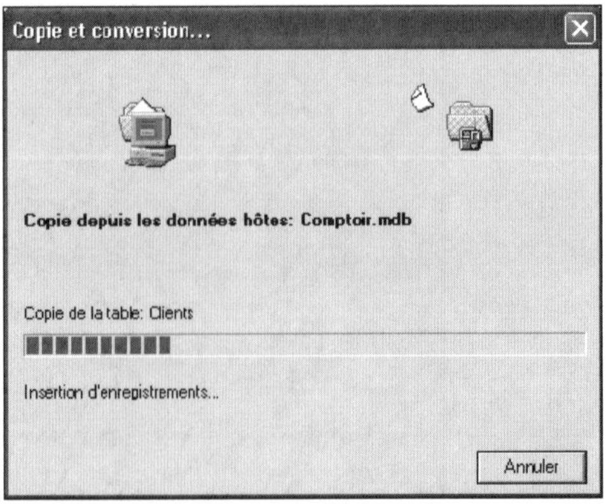

Vous avez validé la synchronisation, elle s'effectue en réalisant une conversion de votre base de données.

Ne vous inquiétez pas devant cet écran, ce ne sont pas des erreurs, mais les options que le convertisseur a prises lors du transfert sur votre Pocket PC. Vous en avez la liste.

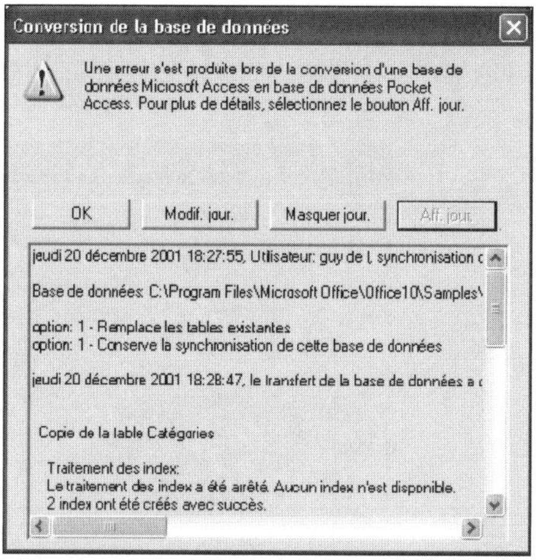

Comme vous pouvez le constater, les limitations décrites dans le chapitre précédent de ce livre ont bien été prises en compte.

Fichiers

Cet écran affiche la liste de tous les fichiers présents à la fois sur votre PC de bureau dans la zone "Appareil mobile" du "Poste de travail" et sur votre Pocket PC.

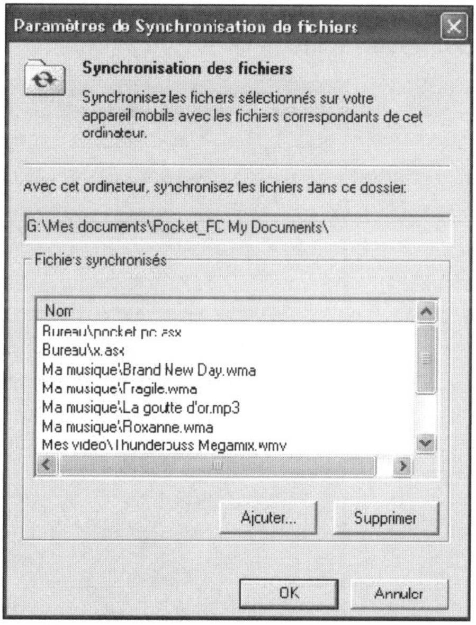

Vous pourrez en supprimer ou en ajouter à partir de cet écran.

Favoris

Comme présenté dans ce livre, vous avez la possibilité de partager vos favoris entre votre Pocket PC et votre PC.

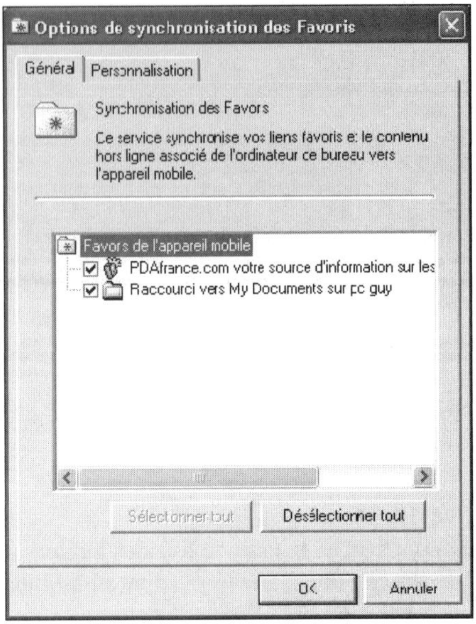

Sur cet écran, vous pouvez sélectionner ceux que vous désirez conserver lors des synchronisations.

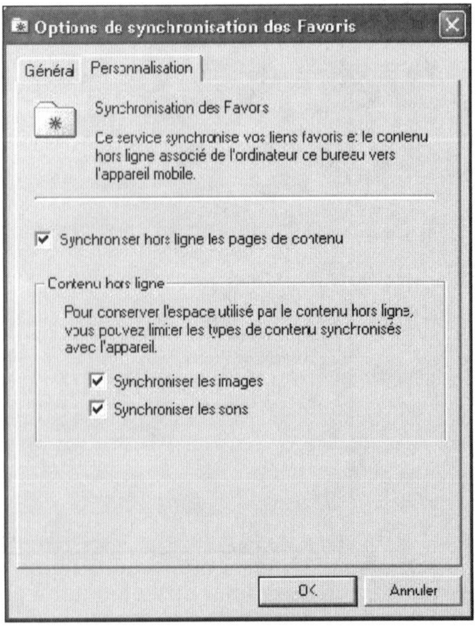

Sur cet autre écran, vous pouvez déterminer si vous désirez activer l'option de consultation hors ligne d'Internet Explorer et consulter les pages une fois déconnecté d'Internet.

Courrier

Vous pouvez ici paramétrer les options de synchronisation de votre courrier avec Outlook.

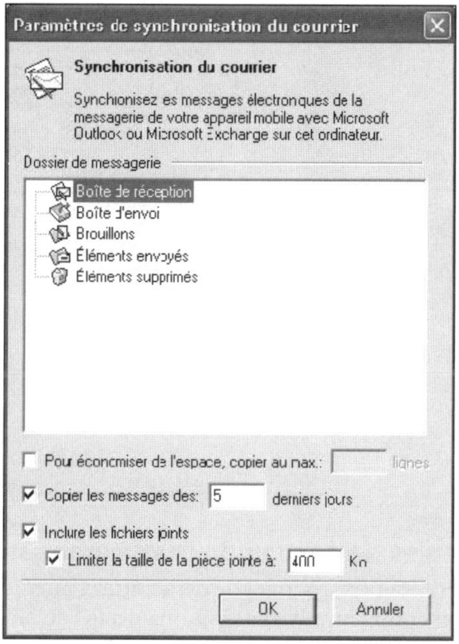

Vous pouvez modifier le nombre de lignes de vos mails qui sont synchronisés en utilisant l'option "Pour économiser..." et en stipulant le nombre de lignes maximum transférées pour chacun de vos mails.

Vous pouvez aussi limiter l'occupation d'espace en ne copiant que les messages des derniers jours. Recommandé si, comme dans beaucoup d'entreprises, vous recevez 100 mails par jour...

Vous pouvez aussi choisir de transférer les fichiers joints aux mails que vous recevez et en limiter la taille. Ces fichiers joints peuvent être des textes, des fichiers Word, image, vidéo, etc. La conversion s'effectuera automatiquement. Il est conseillé de limiter la taille des fichiers transmis pour ne pas saturer votre Pocket PC très rapidement, certains fichiers Word pouvant faire 10 Mo par exemple.

Paramétrage du mode de synchronisation

Vous pouvez choisir de synchroniser en continu vos deux appareils, de ne le faire qu'une seule fois lorsque vous connectez votre Pocket PC ou manuellement à la demande à partir de l'écran principal d'ActiveSync. Nous vous recommandons la première option qui vous permettra de travailler de façon plus conviviale avec votre Pocket PC comme si celui-ci n'était qu'une simple extension de votre PC de bureau.

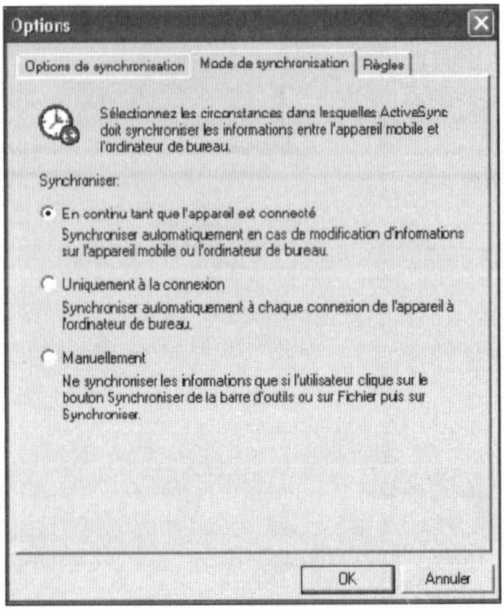

Règles de gestion de la synchronisation

Cet écran vous permet de paramétrer toutes les options de synchronisation entre votre Pocket PC et votre PC de bureau.

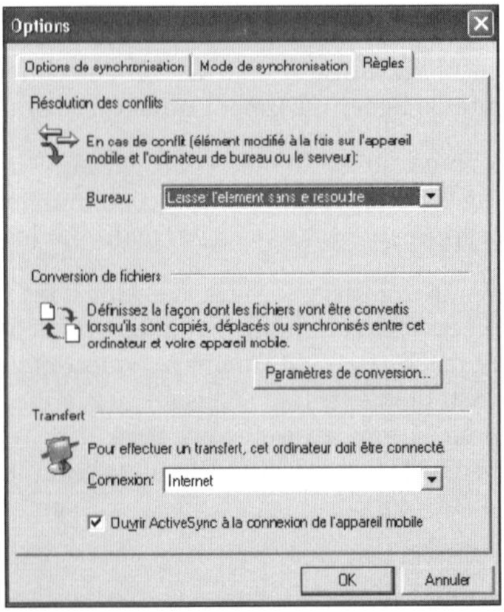

Vous pourrez paramétrer les trois grandes options suivantes.

Paramétrage de la résolution des conflits
Cette option vous permet de résoudre les conflits de synchronisation entre votre Pocket PC et votre PC.

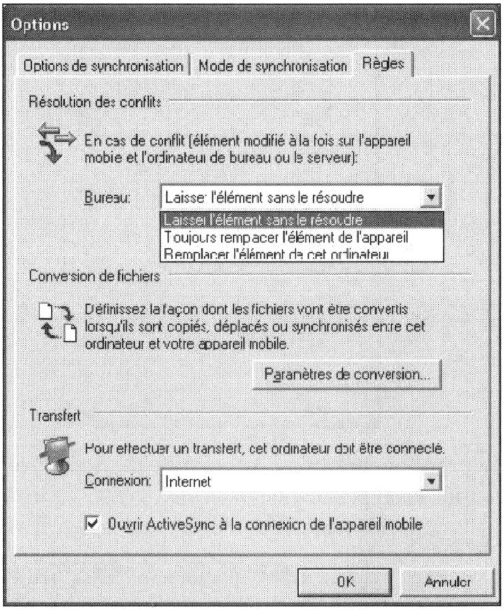

Trois options vous sont proposées :

- ❑ Laisser l'élément sans le résoudre. Option conseillée, l'écran principal d'ActiveSync vous proposera de cliquer sur un lien pour résoudre les problèmes de synchronisation et vous les résoudrez au cas par cas.
- ❑ Toujours remplacer l'élément de l'appareil en conflit sur votre Pocket PC avec l'élément contenu sur votre PC.
- ❑ Toujours remplacer l'élément de votre ordinateur de bureau par celui contenu sur votre Pocket PC.

Paramétrage de la conversion des fichiers
Vous allez ici pouvoir régler finement les paramètres de conversion des fichiers entre vos deux ordinateurs, type de fichier par type de fichier.

La recommandation globale est de laisser ces options telles qu'elles ont été définies par l'éditeur de logiciel à l'origine. Mais dans certains cas, des options de conversion peuvent vous gêner et vous serez heureux de pouvoir les redéfinir dans leur intégralité.

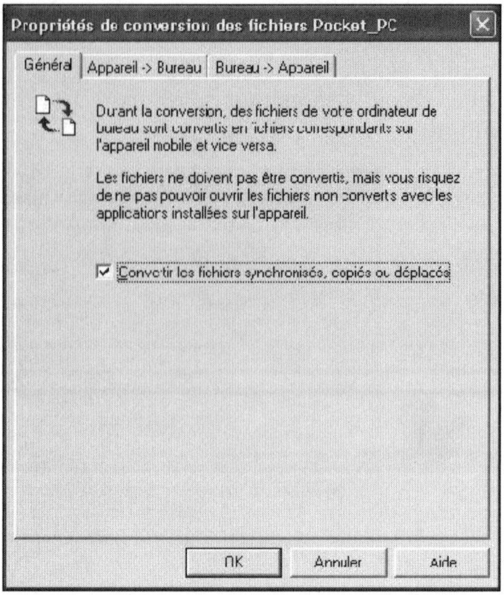

Ce premier écran vous permet de désactiver ou d'activer la conversion de tous les types de fichiers synchronisés entre vos deux machines. Il est fortement déconseillé de désactiver cette conversion.

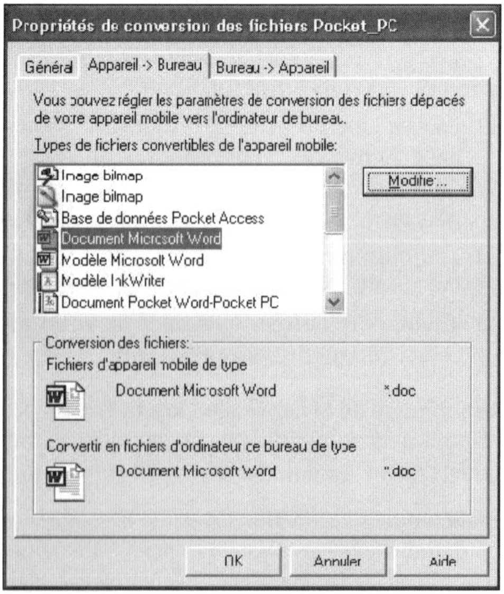

Ce deuxième écran va vous permettre de paramétrer la conversion des fichiers de votre PC de bureau vers votre Pocket PC.

Prenons par exemple le cas des fichiers Word. Vous en sélectionnez le type dans la liste des types de fichiers et cliquez sur le bouton "Modifier".

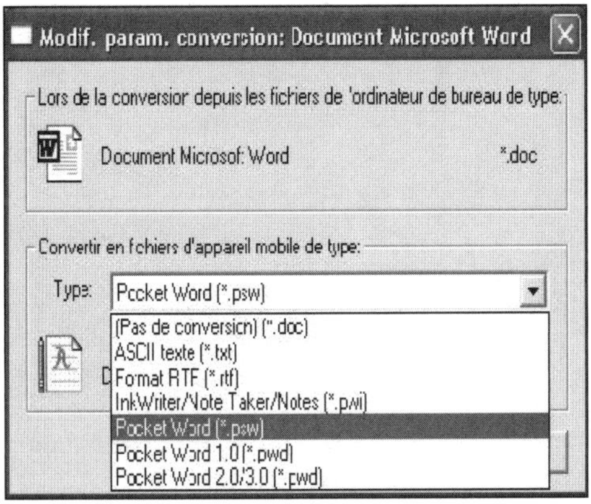

Vous pourrez sélectionner le format que vous voudrez utiliser sur votre Pocket PC. Ici en l'occurrence, c'est l'option "pocket Word" qui est sélectionnée. Mais vous pouvez tout aussi bien décider de convertir les fichiers Word en simple fichier texte ou dans le format RTF (Rich Tag Format) utilisé par Microsoft pour être compatible avec l'ensemble des versions de Word vendues ces dernières années.

Ce troisième écran vous permet de déterminer les formats de conversion de vos fichiers entre votre Pocket PC et votre PC de bureau.

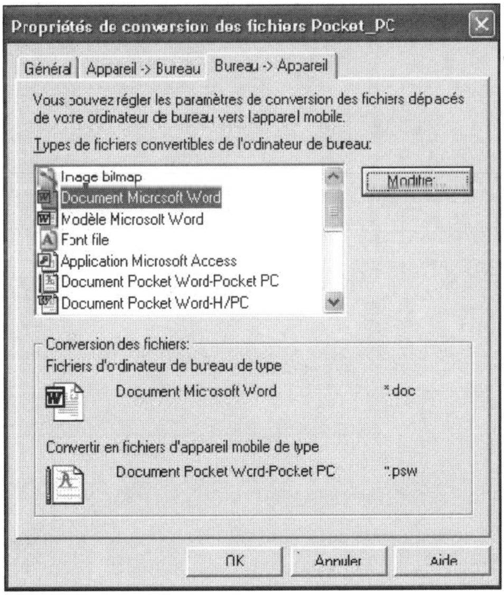

Prenons l'exemple inverse de l'écran précédent et sélectionnons la conversion Word.

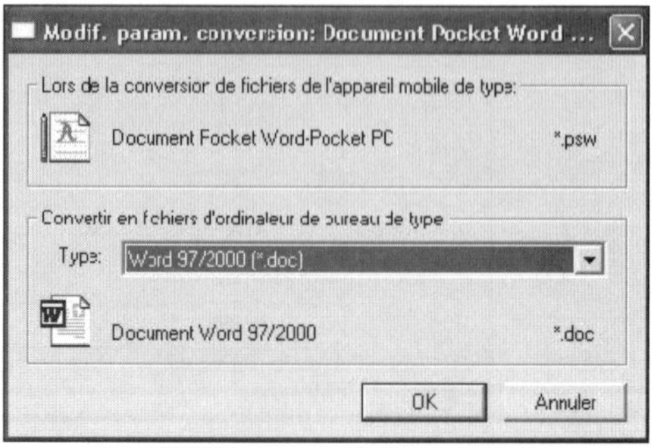

Vous pourrez alors choisir vers quel format de compatibilité des fichiers Word seront convertis vos fichiers.

Paramétrage des transferts de fichiers
Cette option définit par quel biais vous pourrez effectuer des transferts de fichiers vers un ordinateur autre que le vôtre.

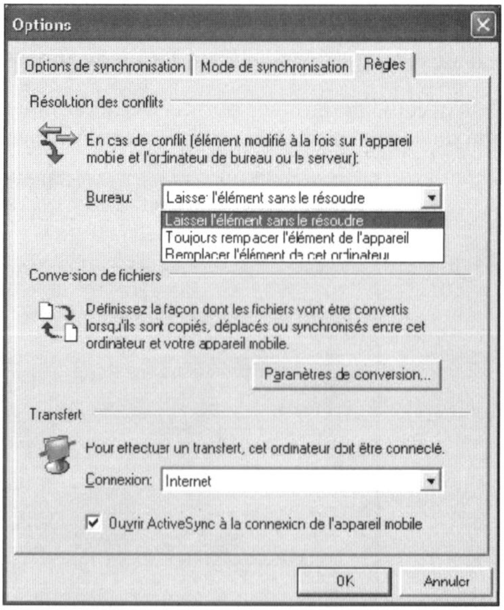

Sauvegarder et restaurer votre Pocket PC

Cette fonction est l'une des options les plus importantes pour vous. En effet, elle vous permet de sauvegarder et restaurer votre Pocket PC.

Un des problèmes de ce type de machine est la batterie. Si vous arrivez à la décharger complètement, vous perdrez toutes les données et les programmes que vous avez installés.

Vous pourrez alors utiliser la fonction de restauration pour rétablir votre Pocket PC dans l'état où il était avant cette panne.

Rassurez-vous, si vous n'aviez pas fait de sauvegarde, vous pourrez réinstaller les programmes déjà installés à partir de la fonction d'ajout et de suppression des programmes. Ainsi, lors de la synchronisation, vos données en correspondance avec Outlook seront de nouveau synchronisées sur votre Pocket PC. Cette procédure est fastidieuse et ne permet pas de restaurer les autres fichiers tels que des fichiers vidéo, Word, Excel qui seront à jamais perdus. Il en sera de même pour tous les paramétrages de votre Pocket PC.

Sauvegarde

Cet écran vous permet de sauvegarder l'intégralité de toutes les informations de votre Pocket PC.

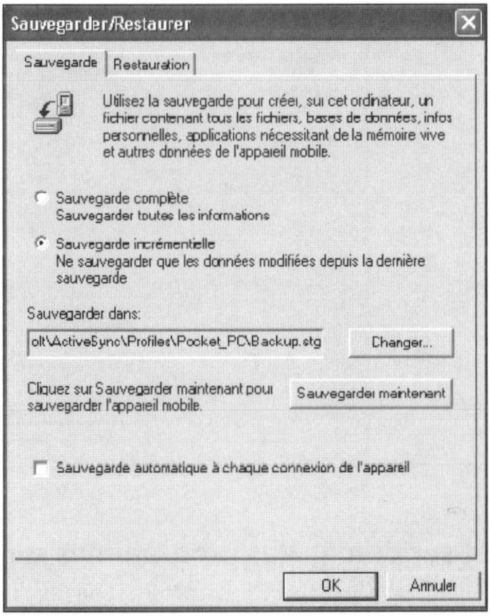

Vous pouvez paramétrer et exécuter les types de sauvegardes suivantes :

- Complète. Tout sera sauvegardé.
- Incrémentielle. Il ne sera sauvegardé que les données modifiées depuis la dernière sauvegarde. Option recommandée car le processus de sauvegarde est long ! Il faut cependant faire régulièrement une sauvegarde complète, sinon le processus de restauration sera extrêmement long.

Vous pouvez bien sûr choisir dans quel répertoire vous voulez enregistrer sur votre PC de bureau les fichiers de sauvegarde.

"Sauvegarder maintenant" démarre la sauvegarde dans l'instant.

Il est recommandé de positionner l'option de sauvegarde à chaque connexion, qui, couplée à l'option Sauvegarde incrémentielle, vous permettra de vous prémunir de toutes les catastrophes liées à la perte de vos données.

Restauration

Cet écran est d'un fonctionnement simple, vous positionnez votre Pocket PC dans sa base et vous cliquez sur le bouton "Restaurer immédiatement". Après un temps certain, votre machine reviendra à l'identique de ce qu'elle était depuis votre dernière sauvegarde.

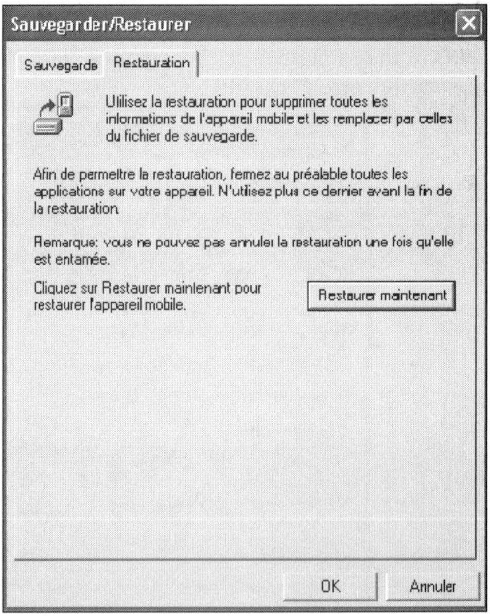

Ajouter et supprimer des programmes sur votre Pocket PC

Cette fonction est très utile, même si son nom ne définit pas totalement le service rendu. En effet, le processus d'installation d'un programme sur votre Pocket PC passe par votre PC de bureau.

Pour installer un logiciel, vous devez exécuter un programme d'installation, souvent intitulé setup.exe, sur votre PC de bureau. Le programme d'installation va écrire dans ActiveSync les références de ce logiciel et utiliser les fonctions de transfert d'ActiveSync pour copier le programme à installer sur votre Pocket PC.

Cette option est appelée à partir du menu "Outils" du menu d'ActiveSync.

La liste présentée à l'écran recense tous les logiciels que vous avez à un moment donné installés sur votre Pocket PC. Ils sont présents sur votre ordinateur de bureau, mais ne le sont pas forcément sur votre Pocket PC si vous les avez désinstallés.

En cochant ou décochant la case à cocher en face du nom du logiciel, vous provoquerez le transfert du programme ou sa suppression sur votre Pocket PC.

Vous pouvez aussi le supprimer de votre Pocket PC ET de votre PC de bureau en cliquant sur le bouton Supprimer.

Importer et exporter des tables de votre base de données Access

Cette option qui est appelée à partir du menu Outils d'ActiveSync permet d'exporter les données de la base de données de votre Pocket PC vers votre PC et inversement.

Pour référencer et donc mettre en œuvre ce processus de synchronisation entre les deux machines, utilisez la fonction de paramétrage bases de données décrite au chapitre "Bases de données Access ou SQL Server".

Synchronisation avec un port infrarouge

Cette synchronisation s'effectue exactement de la même façon qu'avec un câble USB ou série.

Vous devez avoir au préalable activé la fonction infrarouge de votre Pocket PC ; voir le chapitre "Paramétrage de votre Pocket PC".

Une chose importante à savoir cependant : ce n'est pas votre PC de bureau qui peut déclencher la synchronisation, mais votre Pocket PC.

Pour cela, vous devrez aller dans le logiciel ActiveSync sur votre Pocket PC (vous y accédez par le menu Démarrer de votre Pocket PC).

Puis, une fois arrivé sur l'écran ActiveSync, dépliez le menu contextuel au bas de l'écran nommé "Outils" et pointez sur l'option "Infrarouge".

Veillez à ce que les ports infrarouges des deux machines soient face à face et la synchronisation s'établira.

ATTENTION, l'inverse n'est pas vrai. Si vous cherchez à établir une connexion à partir de votre PC de bureau, celui-ci indiquera qu'il ne trouve pas votre Pocket PC... Un bogue qui sans doute disparaîtra dans le mois à venir.

Outlook sur mon PC de bureau et sur mon Pocket PC

La correspondance entre les fonctions Outlook PC et Pocket PC

Vous retrouvez toutes les fonctions de Microsoft Outlook 2002 sur votre Pocket PC fonctionnant avec Microsoft pocket 2002, car il s'agit de pocket Outlook.

Toutes les données présentes dans Outlook sur votre PC de bureau seront transférées automatiquement via ActiveSync dans les fonctions équivalentes sur votre Pocket PC. Et réciproquement de votre Pocket PC vers Outlook 2002.

La correspondance des fonctions est la suivante :

- Les fonctions de gestion des emails d'Outlook 2002 (Boîte de réception) correspondent au programme "Boîte de réception" de votre Pocket PC.
- La fonction de gestion des contacts correspond au programme "Contacts" sur votre Pocket PC.

- La fonction Notes correspond au programme "Notes" sur votre Pocket PC.
- La fonction de gestion des tâches correspond au programme "Tâches" sur votre Pocket PC.
- La fonction de gestion du calendrier correspond à la fonction "Calendrier" de votre Pocket PC.

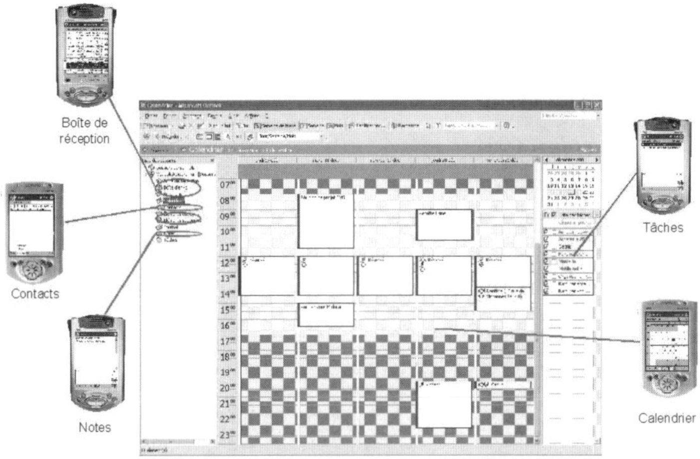

Nous allons découvrir comment fonctionnent ces programmes ensemble.

Outlook sur mon PC de bureau

Le propos de ce chapitre n'est pas de vous décrire l'intégralité des fonctionnalités du logiciel Outlook sur votre PC, mais de vous expliquer leurs fonctionnements symbiotiques. En effet, ce logiciel est tellement riche qu'il faudrait un livre spécialisé pour en décrire toutes les fonctionnalités.

Les grandes fonctions d'Outlook sur le PC de bureau

Fonction "Aujourd'hui"

A l'image de l'écran de mise en fonction de votre Pocket PC, Outlook possède aussi sa page Aujourd'hui qui est plus détaillée que sur votre Pocket PC.

Celui-ci présente les rendez-vous à venir, les tâches en cours et une synthèse sur les mails reçus.

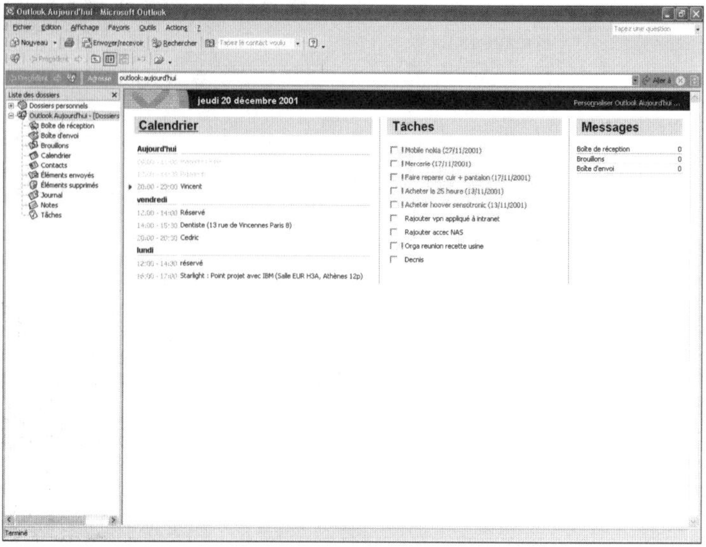

L'écran "Aujourd'hui" se présente comme suit sur votre Pocket PC :

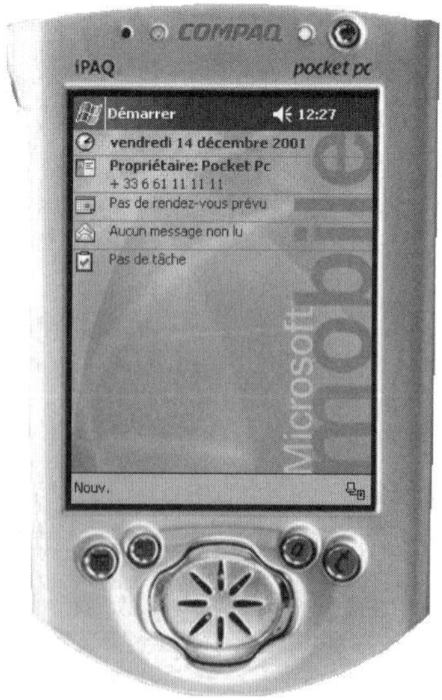

Gestion des tâches

Cette fonction d'Outlook vous permet de gérer vos tâches à faire ou en cours.

Il existe différentes fonctions associées à ces tâches, notamment des fonctions de suivi d'avancement, de délégation d'une tâche vers un collaborateur dont le PC de bureau est connecté au même réseau que vous, de rappels avec des alarmes préprogrammées. Cet outil est très riche et surtout fonctionne en parfaite synchronisation avec votre Pocket PC.

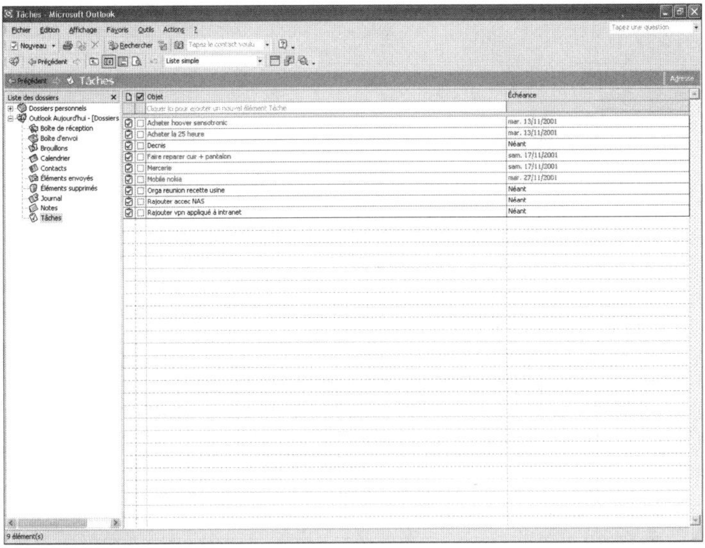

A l'image des conversions de fichiers, les informations relatives aux tâches seront beaucoup plus limitées sur votre Pocket PC que sur votre PC de bureau. Cependant, les informations seront synchronisées entre vos deux machines sans qu'il y ait de perte sur votre PC de bureau. Vous n'utiliserez qu'un sous-ensemble de données sur votre Pocket PC.

La fenêtre de saisie d'une tâche sur votre PC de bureau :

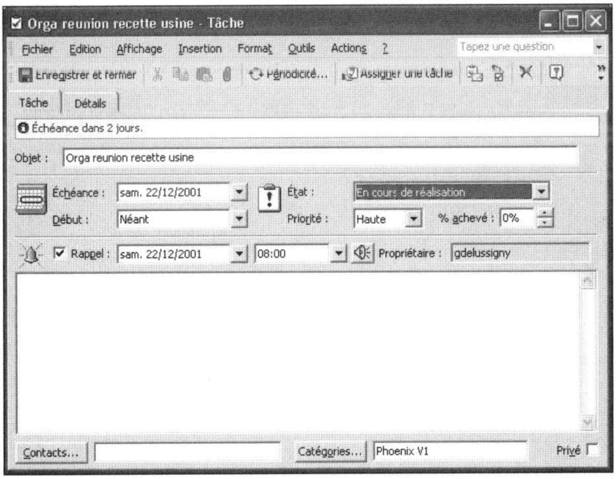

Alors que sur votre Pocket PC, elle ressemble à ceci :

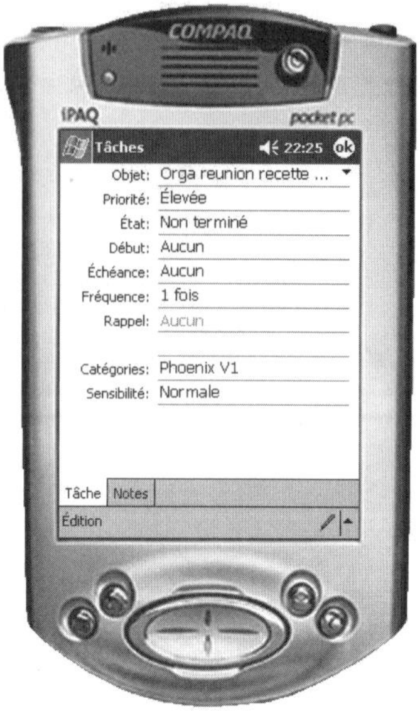

Seul le sous-ensemble de données suivant sera géré sur votre Pocket PC :

- ❑ L'objet.
- ❑ La priorité.
- ❑ Son état d'avancement.
- ❑ Sa date de début.
- ❑ Sa date de fin.
- ❑ Sa fréquence de répétition.
- ❑ La programmation d'un rappel.
- ❑ Sa catégorie.
- ❑ Et la sensibilité de la tâche : normale ou privé.

Boîte de réception

C'est la boîte aux lettres de votre PC. A travers ses fonctions, vous pourrez créer des emails ou en recevoir.

Cette boîte aux lettres, à l'image du programme de votre Pocket PC, va être présente dans toutes les fonctions de votre PC de bureau, à partir des programmes desquels vous pourrez directement envoyer par mail les documents sur lesquels vous travaillez. Emails, que vous enverrez à partir de votre liste de contacts, fonctions que vous retrouverez sur votre Pocket PC.

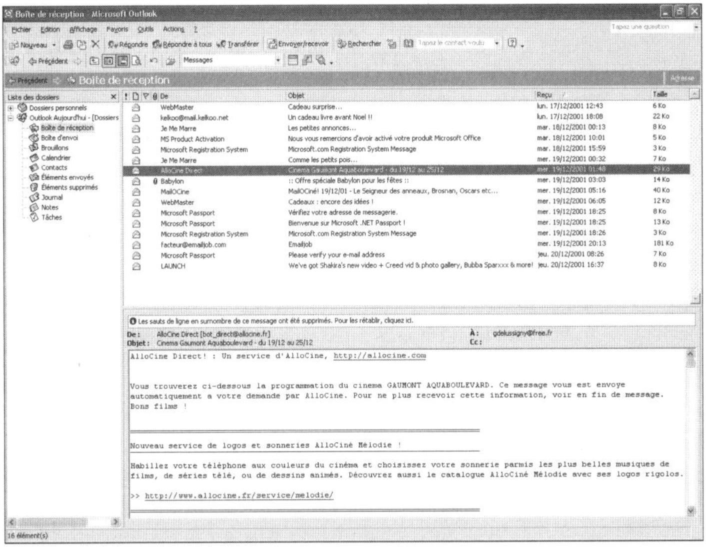

La boîte de réception sur votre Pocket PC se présente comme suit :

L'Outlook de votre PC servira de passerelle pour l'envoi des mails de votre Pocket PC si vous n'utilisez pas de liaison autre que celle-ci pour envoyer vos mails.

En effet, quand vous travaillez en mode déconnecté sur votre Pocket PC et que vous rédigez un mail, celui-ci sera envoyé dans la boîte d'envoi de votre Outlook sur votre PC. Ainsi, quand vous enverrez vos mails à partir de votre PC, ceux de votre Pocket PC partiront en même temps.

Bien sûr, tout mail reçu sur votre PC de bureau sera synchronisé sur votre Pocket PC, avec ses pièces jointes. Toutes ne seront pas envoyées sur votre Pocket PC en fonction du paramétrage que vous aurez déterminé dans ActiveSync (voir "Paramétrage des transferts de fichiers").

Gestion du calendrier

Cette fonction est très puissante sur votre PC de bureau puisqu'elle permet de saisir et gérer tous vos rendez-vous et réunions, personnels ou professionnels. Si votre entreprise a installé des serveurs Microsoft Exchange, vous aurez la possibilité d'organiser des réunions avec les autres personnes de votre entreprise directement à l'écran en visualisant les plages de disponibilité dans l'agenda des différents participants que vous souhaitez inviter à votre réunion, tout en réservant une salle de réunion dont vous aurez pu vérifier la disponibilité.

Bien évidement, vous pourrez programmer des réunions se répétant dans le temps.

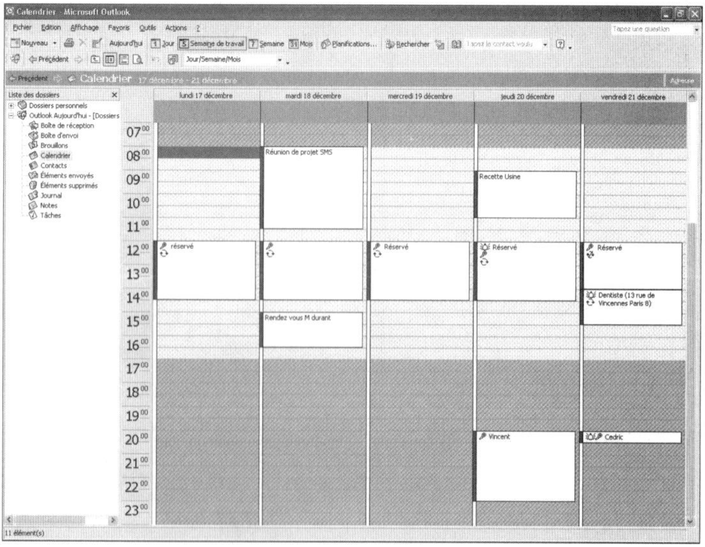

A l'image des autres fonctions, vous n'aurez qu'un sous-ensemble des informations sur votre Pocket PC, mais en aucun cas vous ne perdrez les informations qui ne figurent pas dans votre Pocket PC. Elles ne sont tout simplement pas transférées.

La fenêtre de programmation des rendez-vous est celle-ci sur votre PC de bureau :

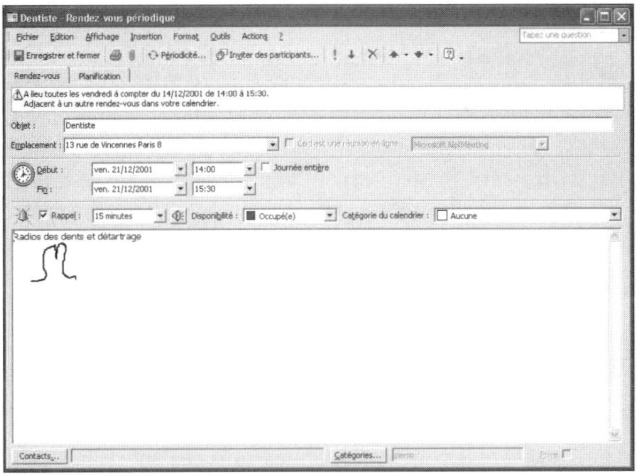

Alors qu'elle ressemble à cela sur votre Pocket PC :

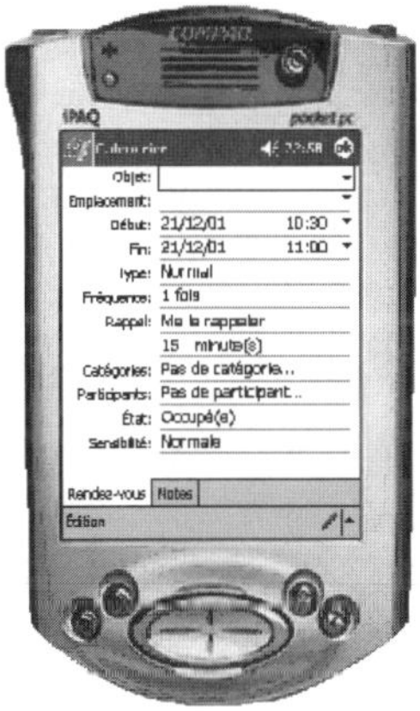

Seul le sous-ensemble de données suivant sera géré sur votre Pocket PC :

- ❑ L'objet du rendez-vous.
- ❑ Son lieu.
- ❑ Son début.
- ❑ Sa fin.
- ❑ Son type (normal ou journée entière).
- ❑ Sa fréquence de répétition dans le temps.
- ❑ Combien de temps avant le rendez-vous celui-ci doit vous être rappelé.
- ❑ Sa catégorie (perso, professionnelle...). Il vous est possible de paramétrer le type de catégorie.

- ❑ Les participants à cette réunion.
- ❑ Si vous êtes libre ou non sur ce créneau horaire (si vous avez reçu une convocation à une autre réunion).

Et bien sûr, son niveau de sensibilité : normale ou privée. J'attire votre attention sur cette option si vous utilisez Outlook et votre Pocket PC dans une entreprise ayant des agendas partagés via Microsoft Exchange. Si la sensibilité n'est pas positionnée à "Privé", toutes les personnes de votre entreprise pourront voir le contenu de ce rendez-vous. Si, par contre, la sensibilité est positionnée à "Privé", il apparaîtra que vous êtes occupé sur ce créneau horaire, mais cela ne donnera pas plus de détails.

Contacts

La gestion des contacts vous permettra de gérer l'ensemble de vos adresses, numéros de téléphone, adresses email et autres informations que nous manipulons en permanence.

Les adresses email contenues dans ce répertoire téléphonique vous permettront d'envoyer directement vos emails sans avoir à ressaisir les adresses email de votre correspondant.

Si vous les utilisez avec un PC portable, les options de synchronisation avec votre messagerie d'entreprise vous permettront d'avoir toujours avec vous toutes les adresses email de chaque personne travaillant avec vous. Un regret cependant, seules les adresses email contenues dans la rubrique Contacts seront transférées dans votre Pocket PC et non pas les adresses contenues dans votre répertoire d'entreprise.

Cette page de gestion des contacts se présente comme suit :

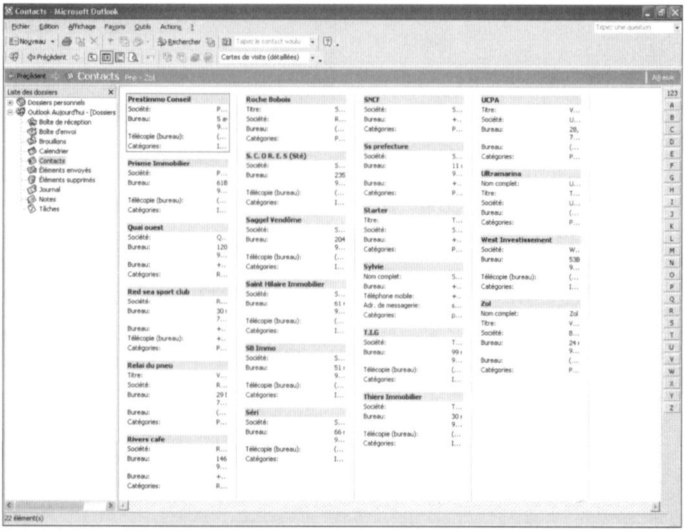

La fenêtre permettant de saisir un contact apparaît comme ci-après :

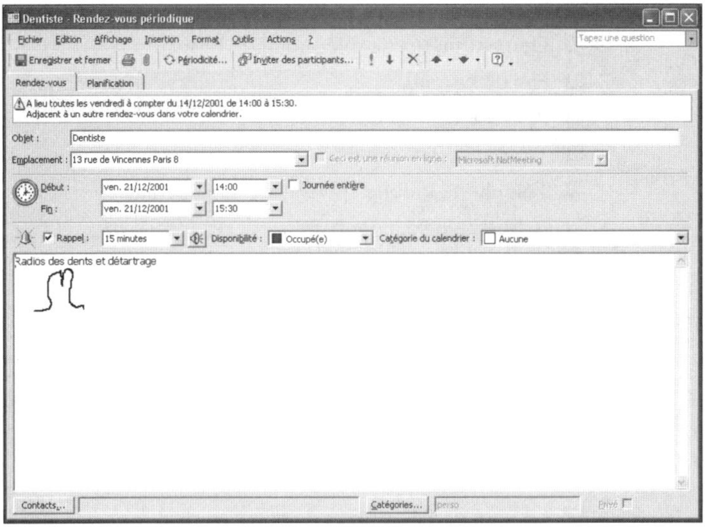

Sur votre Pocket PC, elle apparaît sous cette forme :

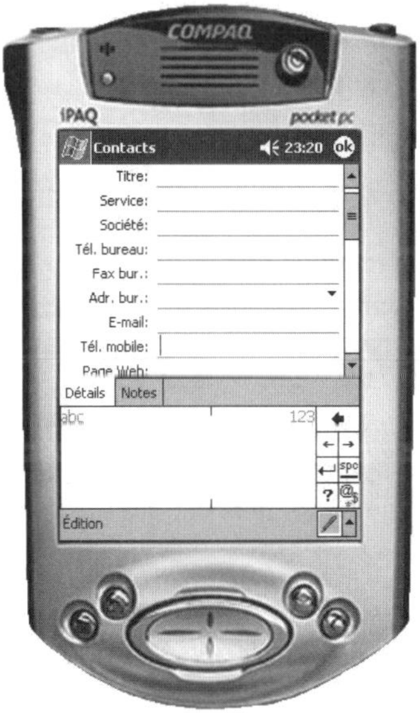

Seul le sous-ensemble de données suivant sera géré sur votre Pocket PC :

- ❑ Titre.
- ❑ Noms et prénoms.

- Service.
- Société.
- Deux numéros de téléphone de bureau.
- Fax de bureau.
- Adresse de bureau.
- Trois adresses email.
- Téléphone mobile.
- Adresse de page Web.
- Localisation du bureau.
- Deux numéros de téléphone de domicile.
- La catégorie.
- Une deuxième adresse pour le contact.
- La personne qui réceptionne les appels.
- Le téléphone de voiture.
- Le fax de domicile.
- Le nom de l'assistante de votre contact.
- Le téléphone de l'assistante de votre contact.
- La date d'anniversaire.
- La date de la fête.
- Le nom du conjoint.
- Le nombre d'enfants.
- Et bien sûr une note associée au contact.

Notes et mémos vocaux

Cette fonction est le Post-it de votre PC de bureau. Il va permettre de prendre en note toutes ces petites informations qui vous sont nécessaires dans votre vie de tous les jours.

Un grand plus est la récupération de vos mémos vocaux enregistrés sur votre Pocket PC. Ainsi, vous pourrez enregistrer un compte rendu d'examen clinique ou n'importe quelles informations avec votre Pocket PC transformé pour l'occasion en dictaphone et les écouter sur votre PC, et surtout, les envoyer par emails à votre assistante par exemple pour qu'elle tape le courrier que vous lui avez dicté.

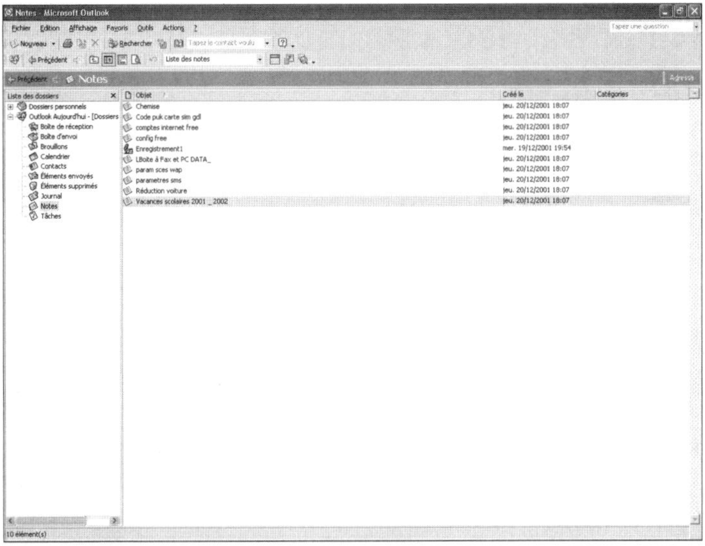

Le paramétrage de mes "boîtes aux lettres électroniques"

Le paramétrage de vos boîtes aux lettres est décrit dans le chapitre "Fonctions de communication".

La synchronisation des données entre Outlook et votre Pocket PC

La description de la synchronisation des données d'Outlook sur votre PC de bureau avec votre Pocket PC est expliquée au chapitre "Synchroniser les éléments entre votre Pocket PC et votre PC de bureau".

Les fonctions Outlook sur mon Pocket PC

L'utilisation des programmes correspondant aux fonctions d'Outlook sur votre Pocket PC est décrite au chapitre "Les programmes standards de Microsoft Pocket PC 2002".

Windows Media sur mon PC de bureau et sur mon Pocket PC

Avec les dernières générations de Windows nous avons vu apparaître Windows Media 8, un excellent lecteur multimédia. Dans le cadre de l'utilisation de votre Pocket PC, cela vous permettra de transformer votre Pocket PC en baladeur multimédia, capable de lire des vidéos et de la musique sous la forme de MP3.

Ces fichiers vidéo et MP3 peuvent être obtenus sur Internet avec votre Pocket PC, votre PC de bureau ou directement à partir d'un CD musical que vous utilisez sur votre lecteur de salon. C'est cette application que nous allons découvrir et mettre en œuvre ensemble.

Windows Media 8 sur mon PC de bureau

Vous ouvrez Windows Media sur votre PC. Vous trouverez ce logiciel en dépliant le menu "Démarrer" de Windows, et en cliquant sur le lien "Tous les programmes". Le menu avec tous les programmes se déplie. Choisissez l'option "Accessoires", puis "Divertissement". Cliquez sur "Lecteur Windows Media".

L'écran suivant apparaît, vous êtes dans le lecteur Windows Media.

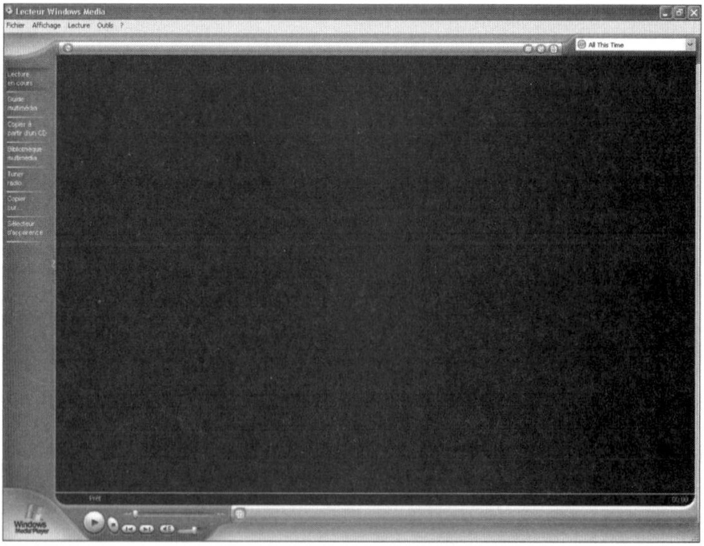

La musique

Le propos de ce livre n'est pas de vous parler du fonctionnement de l'intégralité de Media Player, mais de vous décrire les procédures pour faire de votre Pocket PC un baladeur multimédia très performant.

La mise en œuvre est très simple et le résultat dépassera vos espérances. Préparez-vous à un choc !

Lire un CD sur votre lecteur multimédia et convertir en MP3

Lire un CD

Insérez un CD musical dans le lecteur de CD de votre PC. Normalement, votre lecteur détectera automatiquement l'insertion de votre CD dans le lecteur et commencera la lecture.

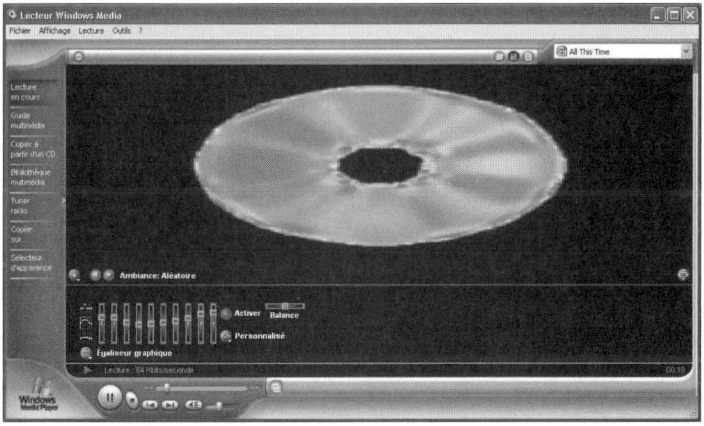

Il vous vaut maintenant transformer votre CD musical qui est au format WAV, un très vieux format défini il y a maintenant 25 ans, pour le transformer en MP3, format de compression de vos fichiers musicaux beaucoup plus performant. Vous pourrez ainsi les emmener partout avec vous et surtout les écouter avec votre Pocket PC.

Convertissez votre CD audio en MP3 sur votre PC de bureau

Pour simplifier la gestion de votre bibliothèque multimédia, vous pouvez importer le nom de votre disque, de tous les morceaux et la pochette du disque à partir d'Internet. Pour se faire, connectez-vous à Internet (voir le chapitre "Mise en œuvre de la communication globale de votre Pocket PC et de votre ordinateur de bureau").

Cliquez sur le menu de gauche sur l'option "Copier à partir d'un CD".

Les morceaux de musique de votre CD apparaissent sur votre écran. Cliquez sur le bouton "Obtenir les noms".

Votre CD apparaît en bas de l'écran avec la pochette de disque et tous les titres. Cliquez sur "Finish" pour rapatrier ces informations sur votre PC. Vous avez maintenant toutes les informations de votre disque, avec sa pochette associée.

Vous pouvez alors l'enregistrer en MP3 sur le disque dur de votre machine.

Cliquez sur le bouton "Copier de la musique". Votre disque est maintenant en cours d'enregistrement sur votre PC. Vous pourrez l'utiliser ainsi systématiquement par la suite.

Comme vous pouvez le constater, lorsque vous écoutez votre disque enregistré en MP3 sur votre ordinateur, la pochette du disque apparaît.

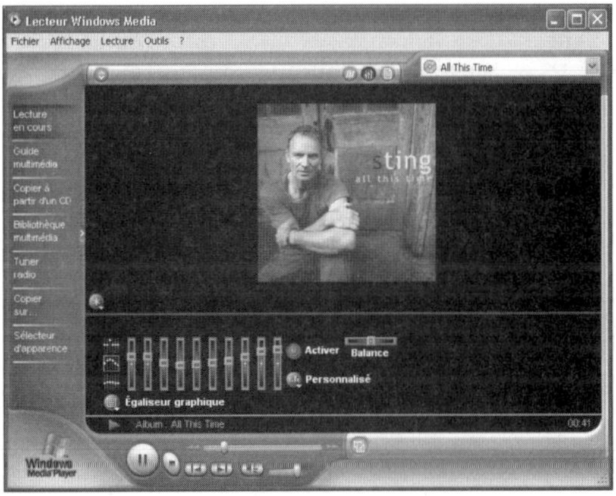

Transférez vos morceaux de musique sur votre Pocket PC pour le transformer en baladeur MP3

Vous avez suivi la procédure décrite pour convertir un CD audio "standard" en MP3 ou vous êtes allé chercher (télécharger) de la musique sur Internet avec votre browser MP3. Il vous suffit maintenant de la transférer sur votre Pocket PC préféré.

Je vous recommande, avant de réaliser cette action, de lire le chapitre sur la structure de gestion des fichiers sur votre Pocket PC afin que l'organisation de vos répertoires et fichiers ne soit pas "anarchique". (Voir le chapitre "Je gère mon Pocket PC".)

Cliquez sur l'option "Copier sur..." à gauche de votre écran.

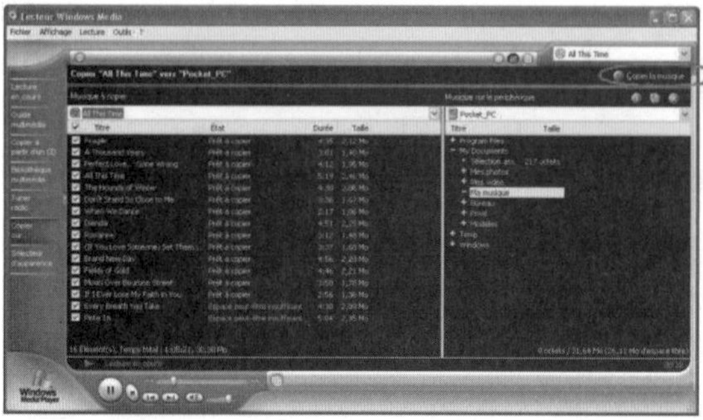

Vous voyez apparaître à gauche la liste des morceaux de votre album et à droite la structure de fichier de votre Pocket PC. Choisissez l'endroit sur lequel vous désirez que soient copiés vos morceaux de musique, et cliquez sur le bouton "Copier la musique" en haut à droite de votre écran.

Après quelques instants votre musique est transférée, votre baladeur MP3 est prêt à être utilisé.

La vidéo

Windows Media est aussi un bon lecteur de vidéos. Nous avons téléchargé sur le site `www.pocketpc.com` un clip vidéo sur notre PC et nous allons le transférer sur votre Pocket PC.

Pour cela, sélectionnez la vidéo désirée à partir du bouton "Bibliothèque multimédia".

Puis revenez à l'écran "Copier sur ..." à partir du menu à gauche de votre écran.

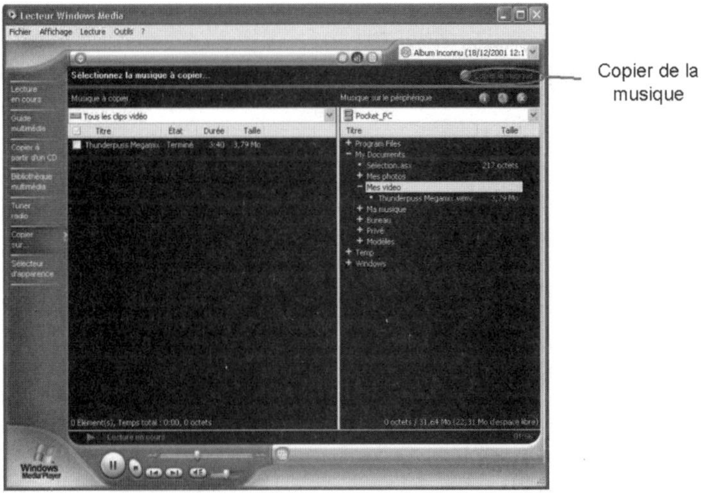

Comme pour les fichiers MP3, cliquez sur le bouton "Copier de la musique" et le transfert est effectué sur votre Pocket PC. Votre baladeur MP3 est prêt à être utilisé comme lecteur multimédia.

Windows Media sur votre Pocket PC

Vous connaissez maintenant le moyen de transformer votre Pocket PC en lecteur multimédia à partir de votre PC de bureau. Il ne vous reste plus qu'à découvrir comment exploiter ces fonctions sur votre Pocket PC.

Elles sont plus restreintes mais vous permettront de grands moments de plaisir.

Découvrez l'utilisation de votre Pocket PC en baladeur multimédia au chapitre "Utilisation des fonctions multimédias".

MEGA LIVRE

Chapitre 7 — Je gère mon Pocket PC

Comme toute machine, à l'image de votre PC de bureau ou de votre voiture, vous devrez gérer votre Pocket PC afin que celui-ci vous apporte quotidiennement les services que vous attendez de lui.

Dans ce cadre, vous avez plusieurs choses à gérer sur votre Pocket PC :

- Les répertoires et fichiers.
- La sauvegarde de votre Pocket PC.
- L'énergie de votre Pocket PC.

Ce chapitre va vous présenter :

- La structure de répertoires et de fichiers de votre Pocket PC et comment la gérer, directement sur votre Pocket PC où à partir de votre PC de bureau.
- Comment sauvegarder et restaurer votre Pocket PC, et les actions à mettre en œuvre pour une sécurité optimum.
- Comment gérer l'énergie de votre Pocket PC et éviter de perdre le contenu de votre Pocket PC par mégarde.

La gestion des fichiers et des répertoires

A l'image de la gestion de votre PC de bureau, vous pouvez gérer les répertoires et les fichiers de votre Pocket PC pour les organiser et maintenir une organisation structurée de vos données.

Ne pas le faire vous expose à une saturation de la mémoire de votre machine, qui vous le verrez est malgré tout assez limitée.

En terme d'outils de manipulation de vos répertoires et fichiers, vous pouvez utiliser l'Explorer de votre PC de bureau ou l'Explorer de votre Pocket PC.

Un seul grand regret, le gestionnaire de fichiers de votre Pocket PC n'est pas à la hauteur de ce que l'on aurait pu attendre d'une telle machine, et n'est pas au niveau des autres logiciels livrés avec Microsoft Pocket PC 2002.

Vous pourrez pallier ce problème en installant un excellent gestionnaire de fichiers "dTree" que nous vous présenterons dans ce livre au chapitre "Ajouter de nouvelles fonctionnalités sur votre Pocket PC".

Description du système de gestion des fichiers et des répertoires

Cette partie va vous présenter la gestion de fichiers de votre Pocket PC qui a une structure ressemblant assez à celle implantée sur votre PC de bureau.

Pour des questions didactiques et de lisibilité de présentation, nous aborderons la structure de gestion de fichier en utilisant l'explorateur de fichiers de votre PC sous Windows XP.

En ouvrant le Poste de travail de votre PC de bureau, vous vous apercevrez qu'une icône a été rajoutée. Elle symbolise votre Pocket PC sous le nom de "Appareil mobile". Cliquez dessus pour l'ouvrir.

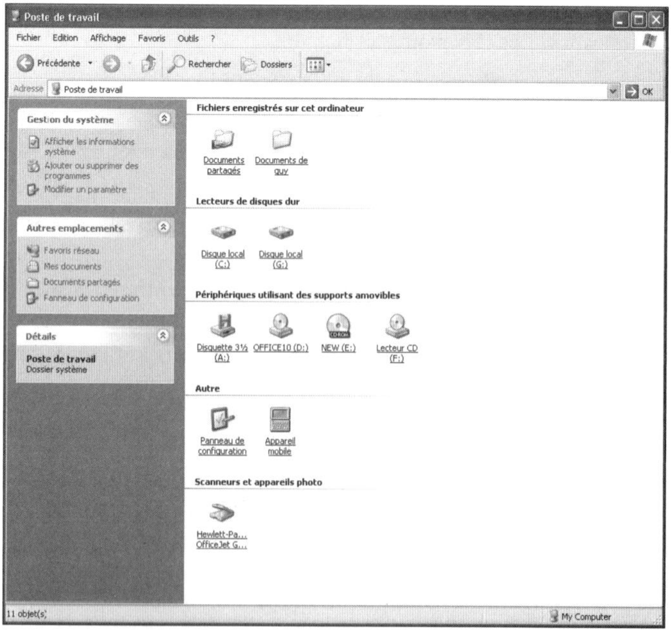

En cliquant sur l'option "Dossiers", vous aurez une vue plus globale de la structure des fichiers.

Arborescence de répertoire standard

Nous avons donc la structure de répertoires suivante sur votre Pocket PC :

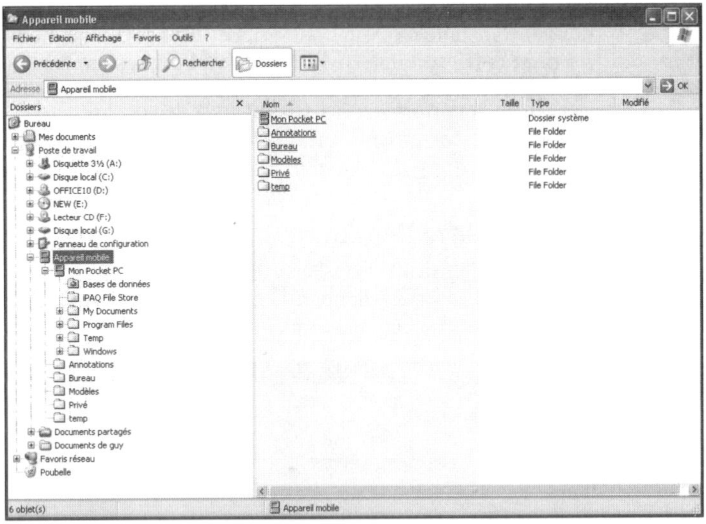

Un répertoire racine : Appareil mobile.

Un répertoire Mon Pocket PC qui contient les répertoires suivants :

Bases de données. Contient vos bases de données.

Ipaq File Store. Pour certains possesseurs de Ipaq 3750 et 3850 le répertoire de sauvegarde de votre Pocket PC. Il vous permet de stocker sur 8 Mo de mémoire ROM des données qui seront préservées même en cas de panne de batterie.

My Documents. Equivalent à "Mes Documents" sur votre PC de bureau. C'est un répertoire standard utilisé par les logiciels pour accéder à vos documents. C'est dans ce répertoire que vous devez enregistrer vos données et fichiers de tous types.

Program Files. Ce répertoire est le répertoire d'installation par défaut des programmes pour votre Pocket PC.

Temp. Ce répertoire est une zone temporaire de stockage de vos données utilisée par nombre de logiciels. Le contenu de ce répertoire ne se vide pas tout seul et, après un temps d'utilisation, beaucoup d'espace (comprenez mégaoctets) sera perdu sur la RAM de votre Pocket PC (mémoire de stockage de masse de votre Pocket PC, l'équivalent de votre disque dur sur votre PC de bureau). En effet, la plupart des logiciels ne suppriment pas les fichiers temporaires dont ils ont eu besoin à un moment donné.

Une solution, supprimez régulièrement tous les fichiers contenus dans ce répertoire pour libérer de la mémoire sur votre Pocket PC.

Windows. A l'identique de votre PC de bureau, votre système d'exploitation est installé ici (Microsoft Pocket 2002), ainsi que tous les répertoires dont votre système d'exploitation a besoin pour fonctionner.

Les autres répertoires affichés sont ceux de votre répertoire "My Documents" qui sont affichés en doublon à cet endroit. Tout répertoire et fichier créés dans "My Documents" se verront affichés à cet endroit.

Arborescence Windows

La manipulation des fichiers dans cette arborescence n'est conseillée que pour les utilisateurs avertis. Attention, la suppression inconsidérée de fichiers dans cette arborescence peut provoquer une panne de votre Pocket PC !

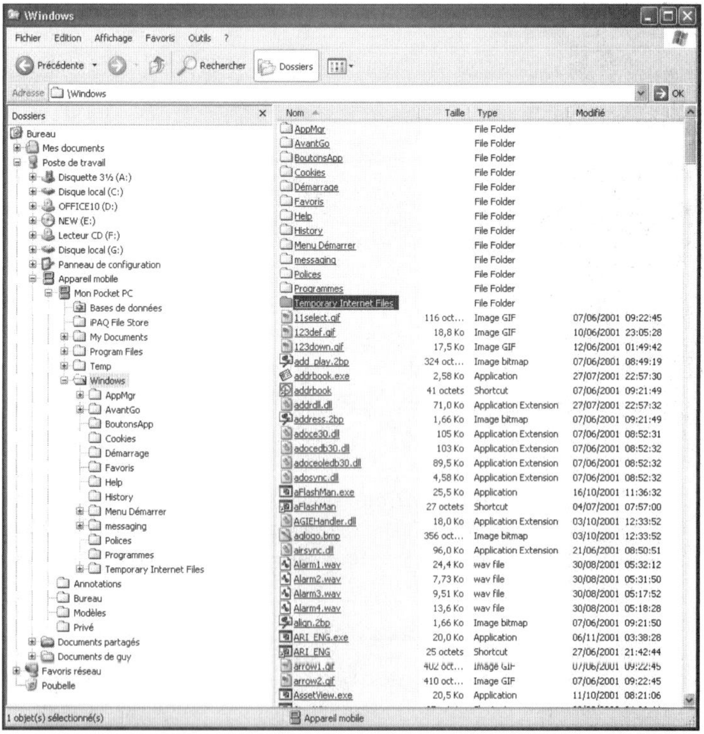

Le répertoire racine Windows contient les répertoires de fonctionnement de Pocket PC 2002 ainsi que les programmes exécutables livrés en standard.

AppMgr. Contient les informations d'installation des logiciels que vous avez ajoutés sur votre Pocket PC.

AvantGo. Répertoire des fichiers du logiciel AvantGo. Il n'est présent que si vous avez installé ce logiciel.

BoutonsApp. Ce répertoire contient les raccourcis de lancement des applications qui sont associées aux boutons matériels de votre Pocket PC.

Cookies. Ce répertoire contient les cookies envoyés par les sites Internet via votre Internet Explorer.

Démarrage. Ce répertoire contient les raccourcis des programmes à lancer sur votre Pocket PC lors du démarrage de votre Pocket PC, à l'identique de votre PC de bureau.

Favoris. Contient la liste de vos favoris gérés par Internet Explorer. Ces favoris sont aussi accessibles via le menu "Favoris" de votre Internet Explorer sur votre PC de bureau.

Help. Contient les fichiers d'aide de votre Pocket PC.

History. Ici est écrit un fichier par le système et qui contient l'historique des fichiers que vous avez ouverts sur votre Pocket PC.

Menu Démarrer. Ce répertoire, à l'image de celui de votre PC de bureau contient les programmes, raccourcis et répertoires du menu Démarrer de votre Pocket PC.

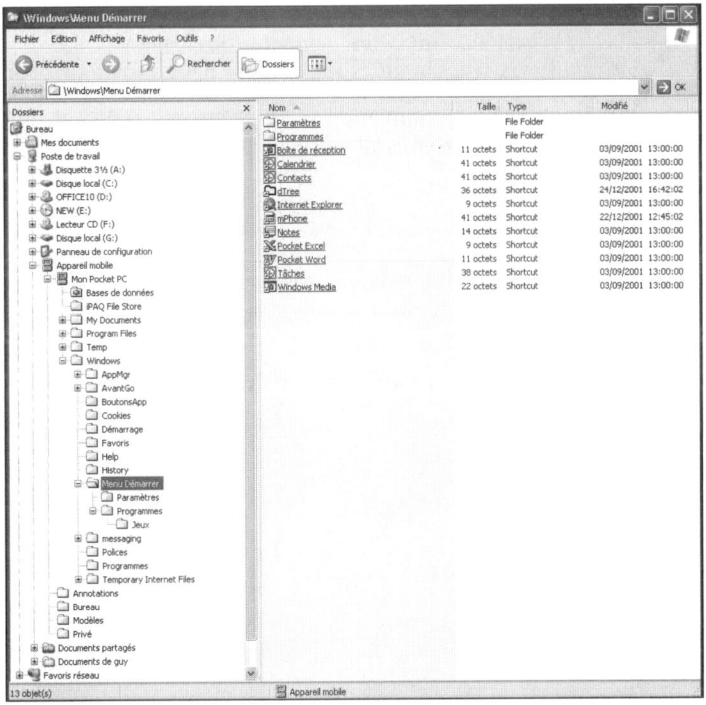

Il est beaucoup plus simple d'utiliser votre PC de bureau pour organiser le menu "Démarrer" de votre Pocket PC. Ne serait-ce que parce que le programme de gestion du menu Démarrer de votre Pocket PC vous empêche d'y installer plus de 9 programmes, alors qu'en passant par cette voie, vous pourrez en insérer autant que vous voulez.

Messaging. Répertoire de MSN Messenger.

Polices. Répertoire contenant les polices de caractère de votre Pocket PC.

Temporary Internet Files. Ce répertoire contient les fichiers temporaires de votre Internet Explorer de façon à afficher vos pages plus rapidement lors de vos déplacements sur les pages Internet. Si vous voulez libérer la mémoire de votre Pocket PC, effacez ces fichiers.

Répertoire "My Documents" et organisation de vos fichiers

C'est dans ce répertoire que vous pourrez enregistrer vos documents et fichiers sur votre Pocket PC. Cependant, celui-ci a une limitation, vous ne pouvez créer qu'un seul niveau de répertoire dans ce répertoire.

Par exemple, vous pourrez créer le répertoire "Ma musique", mais vous ne pourrez pas créer de répertoire "Madona" dans le répertoire "Ma musique".

Le répertoire "Modèles" contient tous les modèles de documents que vous avez créés pour les applications pocket Outlook, Word et Excel.

Nous vous recommandons de créer des répertoires par type de documents que vous allez créer.

Par exemple :

- Ma musique
- Mes vidéos
- Mon Excel
- Mon Word
- …

Cela vous donnera une organisation structurée comme suit :

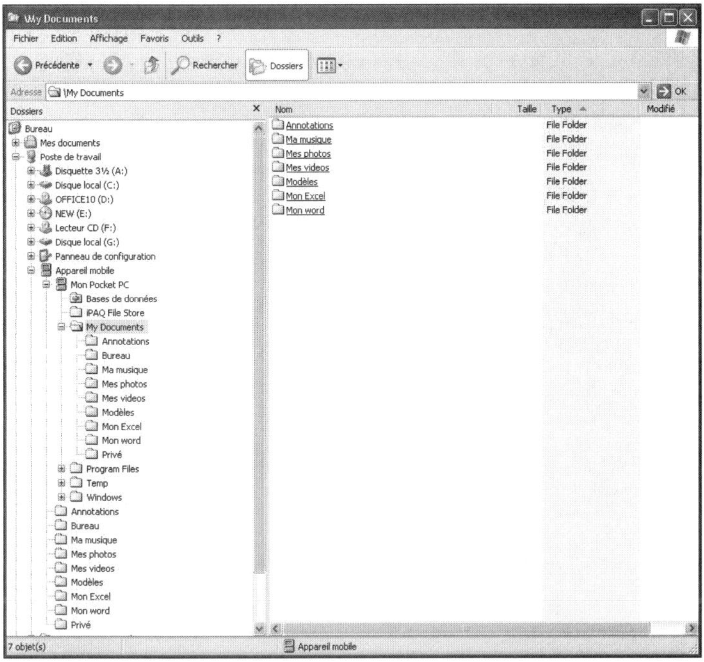

Gérer mes répertoires et mes fichiers

Vous avez deux possibilités pour gérer vos fichiers avec votre Pocket PC :

- ❑ Gérer vos fichiers et répertoires avec Explorer sur votre PC de bureau.
- ❑ Gérer vos fichiers et répertoires directement sur votre Pocket PC.

Vous pourrez effectuer les mêmes opérations sur ces fichiers à partir des deux ordinateurs.

Gestion des fichiers et répertoires à partir de votre ordinateur de bureau

Pour gérer vos fichiers et répertoires directement à partir de votre PC de bureau, vous allez utiliser l'Explorer de fichiers de Windows. Afin de le faire, vous devez vérifier qu'ActiveSync est bien positionné en mode synchronisation continue (voir le chapitre "Utilisation de mon PC de bureau avec mon Pocket PC").

Ouvrez votre explorateur de fichiers sur votre PC de bureau.

ATTENTION, lors de la rédaction de ce livre (fin 2001), il existait un bogue dans l'Explorer de fichiers sous Windows XP. Il sera peut-être corrigé lorsque vous lirez ces lignes, mais la gêne occasionnée mérite d'être prise en compte si ce bogue perdure. Il se présente comme suit :

Lors de la création ou suppression de répertoires, l'affichage de la partie Dossiers (partie gauche de l'écran) ne se remet pas à jour au fil de vos travaux. Par contre sur la partie droite, listant vos répertoires et fichiers, cette mise à jour du contenu de votre Pocket PC se fait correctement. La partie Dossiers ne se remet à jour que lorsque vous fermez Explorer et que vous le relancez. En conclusion, pour éviter d'être troublé par des informations incohérentes, masquez la partie Dossiers lorsque vous travaillez sur la structure de répertoire de votre Pocket PC.

L'écran suivant vous montre la matérialisation de cette anomalie de fonctionnement.

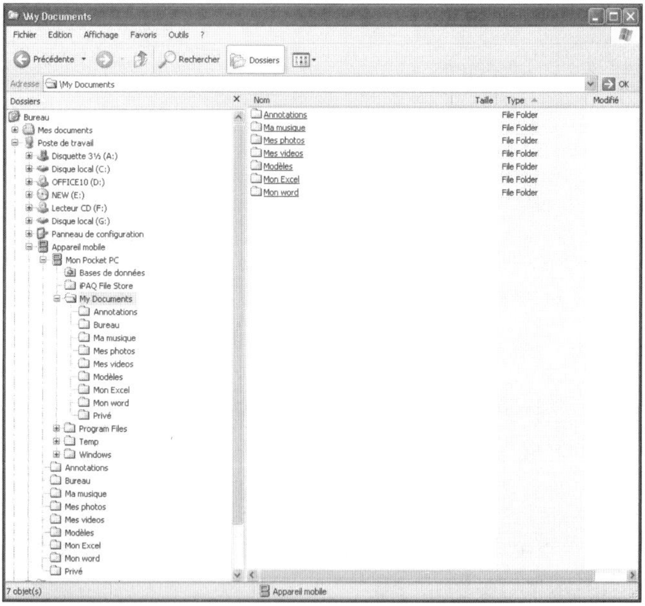

Le contenu en terme de répertoires n'est pas le même pour le répertoire "My Documents" sur la partie gauche et la partie droite de l'écran.

Les limitations dans l'utilisation d'Explorer de votre PC sont les suivantes :

- ❑ Vous ne pouvez pas copier un fichier de votre PC vers votre Pocket PC en utilisant la fonction Glisser / Déposer. Il vous faudra faire un copier / couper, puis coller dans le répertoire de destination de votre Pocket PC. Le processus inverse de votre Pocket PC vers votre PC de bureau ne pose pas de problème.

- Les actions que vous pouvez réaliser entre votre PC de bureau et votre Pocket PC, celles que vous feriez directement sur votre PC de bureau avec les limitations qui vous ont été décrites.

Ce sont notamment les suivantes :

- Copier un fichier de votre Pocket PC vers votre PC.
- Copier un fichier de votre PC vers votre Pocket PC.
- Créer un répertoire sur votre Pocket PC.
- Supprimer un répertoire sur votre Pocket PC.
- Supprimer un fichier sur votre Pocket PC.
- Déplacer un fichier sur votre Pocket PC.
- Renommer un fichier sur votre Pocket PC.

Toutes les actions que vous entreprendrez sur votre Pocket PC à partir de votre PC de bureau passeront via ActiveSync (voir le chapitre "Utilisation de mon PC de bureau avec mon Pocket PC") et respecteront les règles de conversion sans que vous n'ayez rien à faire de particulier.

Copier un fichier de votre Pocket PC vers votre PC de bureau

Sélectionnez le fichier que vous désirez copier sur votre Pocket PC, faites "bouton droit". Choisissez Copier ou Couper, puis allez sur le répertoire de destination de votre Pocket PC et faites Coller avec le bouton droit de votre souris. Pour les experts, vous pouvez utiliser les raccourcis clavier (Ctrl-C pour copier, Crtl-X pour couper et Crtl-V pour coller). Ou tout simplement, utilisez les fonctions de glisser / copier standards de Windows.

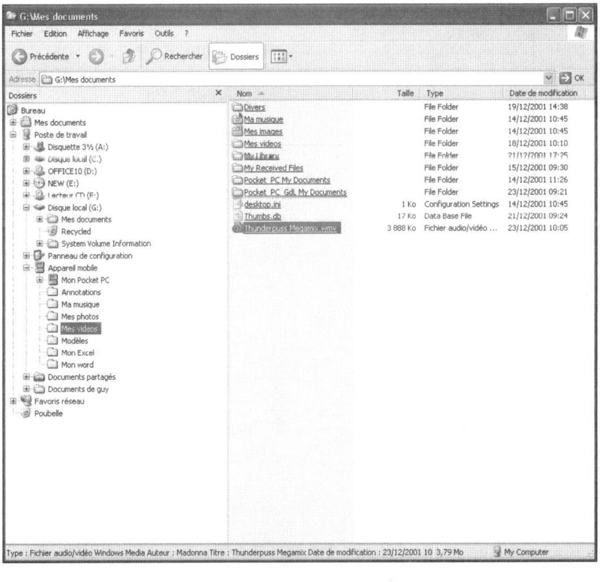

Une fenêtre matérialisant la copie et la conversion de vos fichiers vers votre Pocket PC apparaîtra.

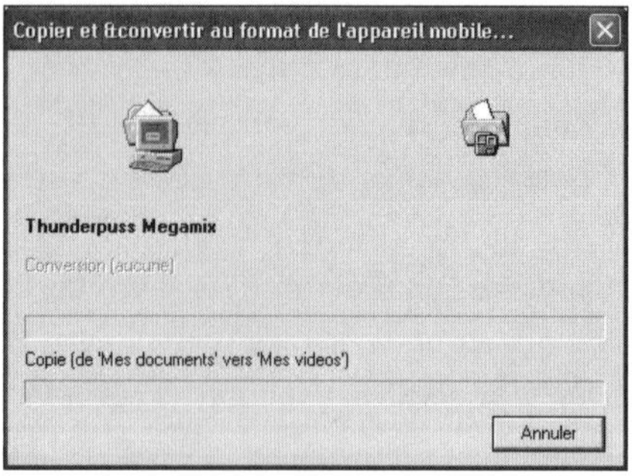

Copier un fichier de votre PC vers votre Pocket PC

Vous réalisez la même chose que dans le cas de la copie de votre PC vers votre Pocket PC.

Créer un répertoire sur votre Pocket PC

Pour créer un nouveau répertoire, utilisez l'option Nouveau dossier du menu Fichier.

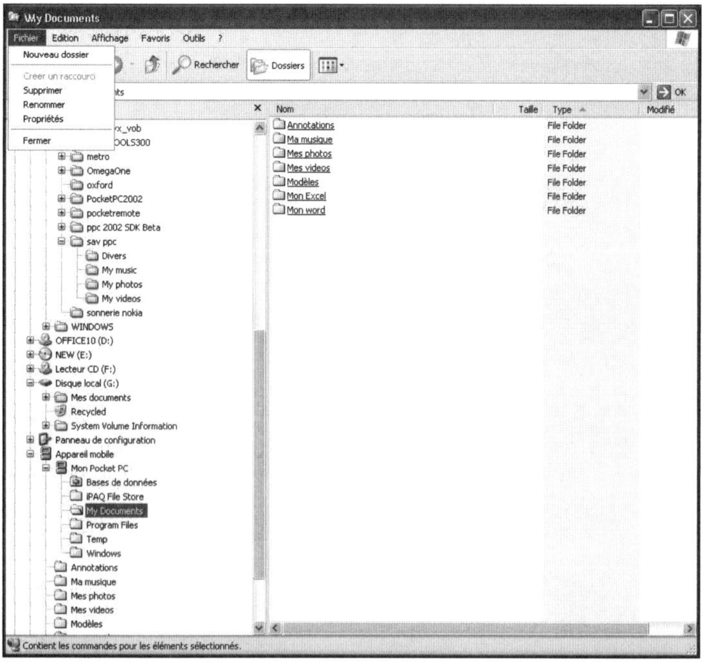

Un "nouveau dossier" apparaîtra sur votre répertoire. Saisissez le nom que vous désirez lui donner.

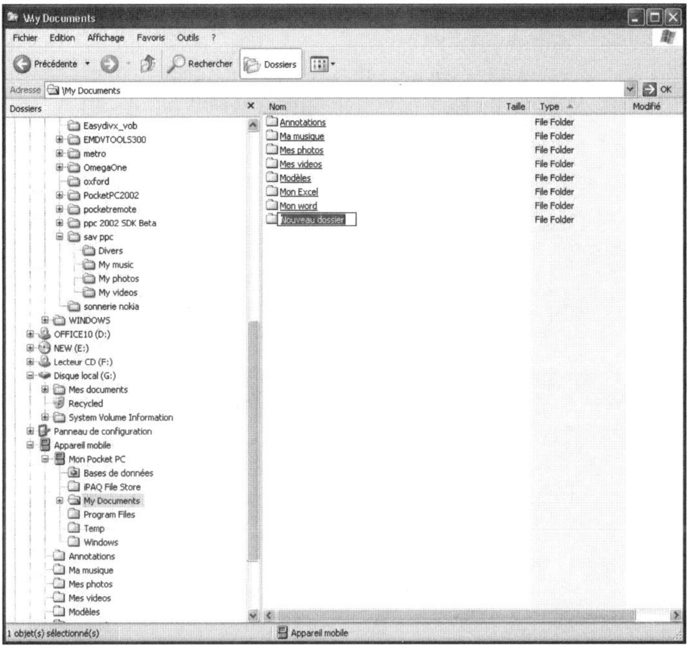

Supprimer un répertoire ou un fichier sur votre Pocket PC

Sélectionnez le répertoire ou fichier que vous désirez supprimer et appuyez sur la touche "Suppr" de votre clavier ou utilisez l'option Supprimer du menu "bouton droit" de votre PC.

Déplacer un fichier sur votre Pocket PC

Vous pouvez utiliser la fonction Glisser / Déplacer.

Renommer un fichier ou un répertoire sur votre Pocket PC

Cliquez quelques instants sur le fichier ou répertoire à renommer ou utilisez l'option Renommer du menu "bouton droit". Saisissez le nouveau nom de votre fichier.

Gestion des fichiers à partir de votre Pocket PC

Présentation de l'explorateur de fichiers

Contrairement à Explorer sur votre PC de bureau, vous ne pourrez pas manipuler les fichiers de votre PC de bureau à partir de votre Pocket PC. Vous ne pourrez manipuler que les fichiers présents sur votre Pocket PC.

L'explorateur de fichiers se lance à partir de la rubrique Programmes du menu Démarrer de votre Pocket PC.

L'écran de votre explorateur de fichiers se présente comme suit :

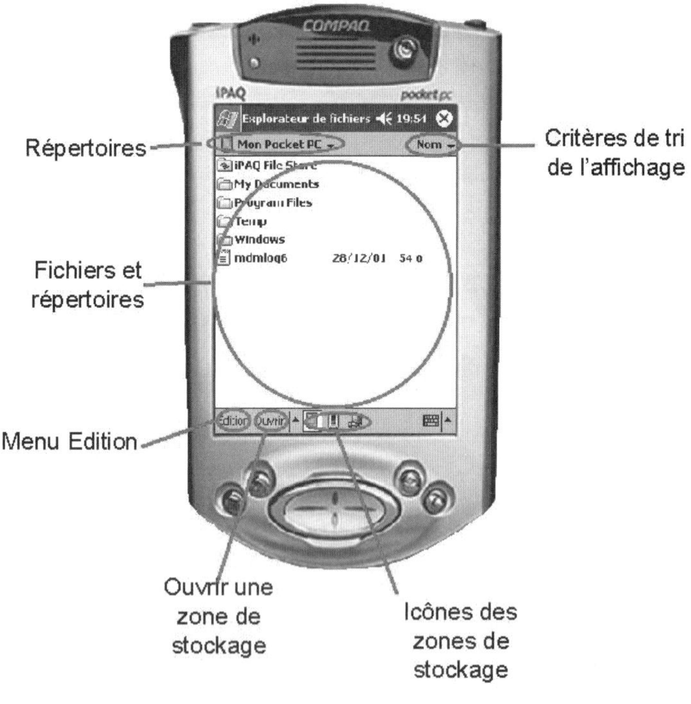

Répertoire. La structure de répertoire de votre Pocket PC peut se représenter sous la forme d'un arbre qui part du niveau le plus haut (la racine de votre Pocket PC) et descend vers les répertoires de niveau le plus bas (par exemple Mes Documents / Mes photos). Quand vous dépliez ce menu, il vous présente la liste des répertoires composants les feuilles au-dessus desquelles vous vous trouvez, ainsi que celui sur lequel vous êtes positionné, matérialisé par un point.

Fichiers et répertoires. Cette zone vous présente la liste des fichiers et répertoires contenus dans le niveau de l'arbre sur lequel vous vous trouvez.

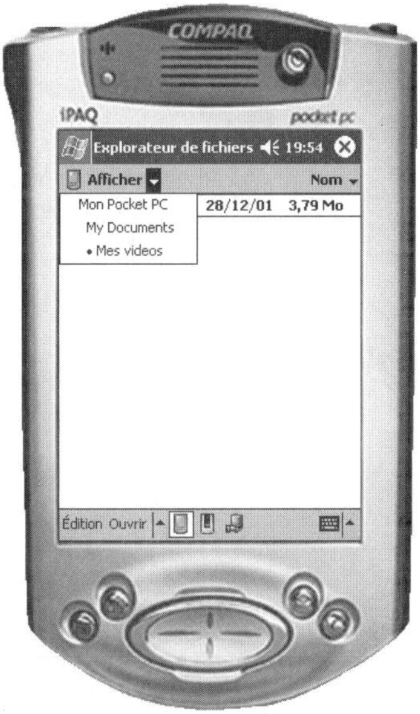

Critères de tri de l'affichage. Cela vous permet de trier la liste affichée par nom, date de création, taille du fichier et type en ordre croissant.

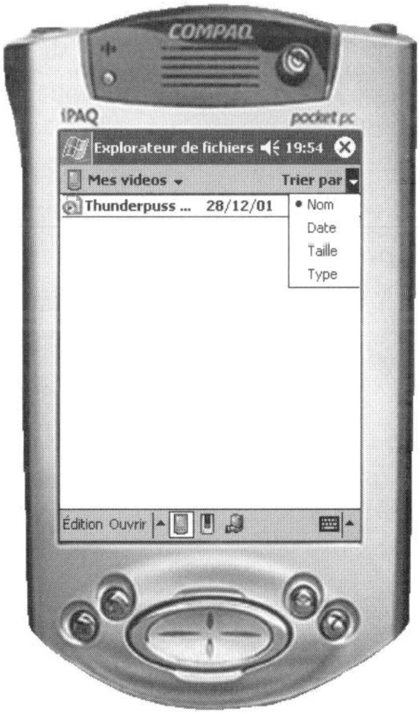

Menu Edition

Ce menu vous permet d'effectuer les fonctions de manipulation de fichiers "classiques".

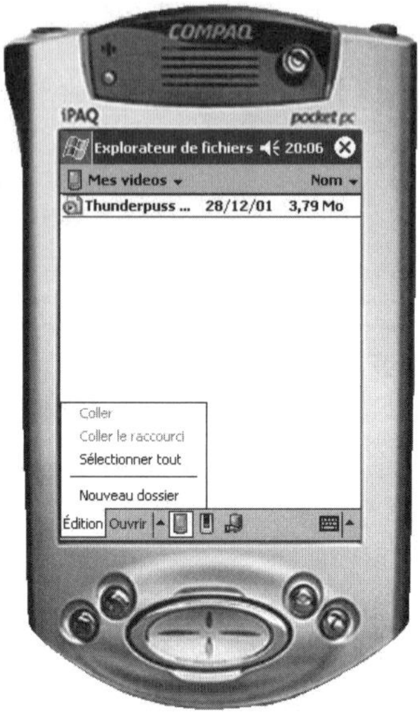

- ❑ Coller un élément que vous avez copié.
- ❑ Créer un raccourci sur un élément que vous avez créé.
- ❑ Sélectionner tous les éléments de la liste présente à l'écran.
- ❑ Créer un dossier, qui permet tout simplement de créer un nouveau répertoire sur votre Pocket PC.

Menu Ouvrir

Ce menu permet deux options :

- ❑ Ouvrir un fichier. Celui-ci s'ouvrira avec le logiciel capable de l'exploiter (un fichier Excel sera ouvert avec Excel).
- ❑ Ouvrir une zone de stockage en dépliant le menu Ouvrir.

Les zones de stockage sont celles présentes sur votre Pocket PC. Ce peut être de la mémoire de sauvegarde (ici IPAQ File Store), la mémoire de votre Pocket PC ou une carte d'extension SD ou autre.

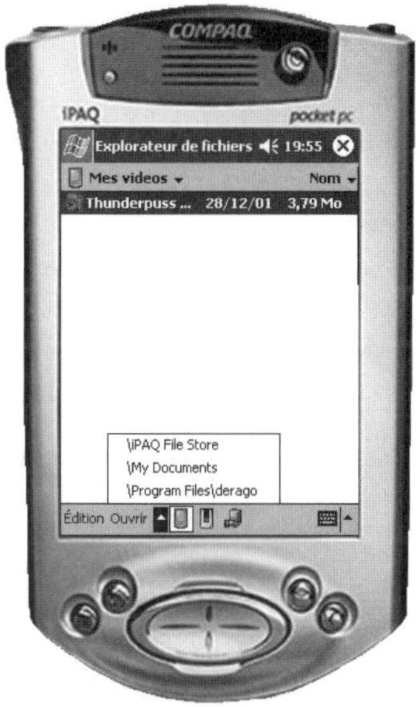

Ces zones de stockage peuvent être utilisées directement via des icônes les représentant.

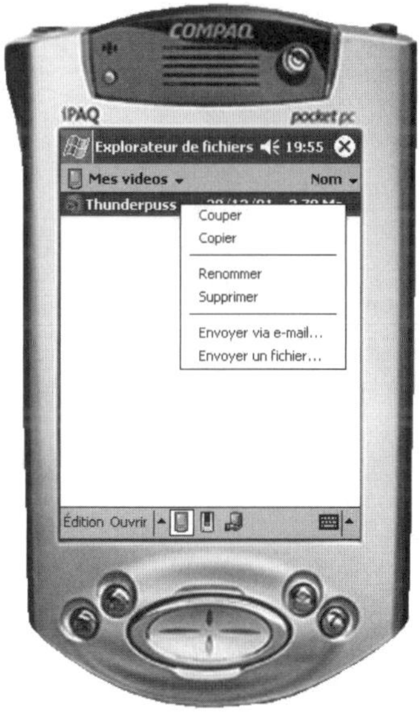

Les grandes fonctions de gestion de fichiers de votre Pocket PC

Avec l'utilisation de l'explorateur de fichiers, nous retrouvons les grandes fonctions classiques de ce type de programme.

Se déplacer dans l'arborescence de fichiers

Vous êtes positionné dans la racine de votre Pocket PC (le répertoire le plus "haut"), vous voyez les répertoires matérialisés par des icônes de couleur jaune. En pointant dessus, vous vous déplacerez dedans.

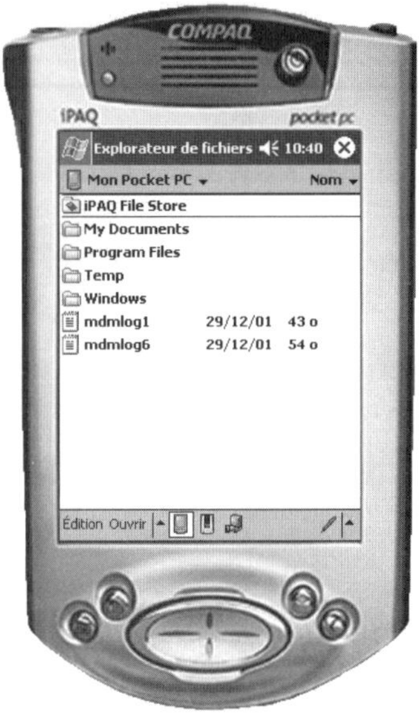

Afin de remonter aux niveaux précédents, dépliez le menu en haut à gauche de votre écran et vous verrez la liste des répertoires que vous avez parcourus pour arriver à cet endroit. Pointez sur le répertoire sur lequel vous désirez remonter.

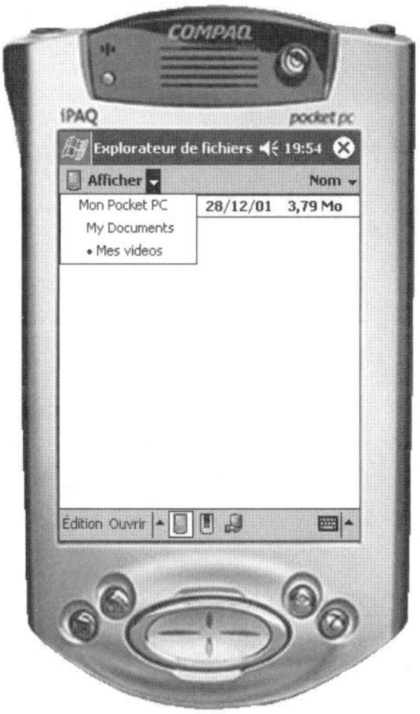

Ouvrir un fichier

Pour ouvrir un fichier, il suffit de pointer sur le fichier afin que le logiciel exploitant ce type de fichier se lance et l'ouvre. Par exemple, si vous pointez sur un fichier MP3, Windows Media s'ouvrira et commencera directement la lecture du morceau de musique.

Créer un répertoire sur votre Pocket PC

Pour créer un répertoire à partir de l'endroit où vous êtes positionné, utilisez le menu "Edition".

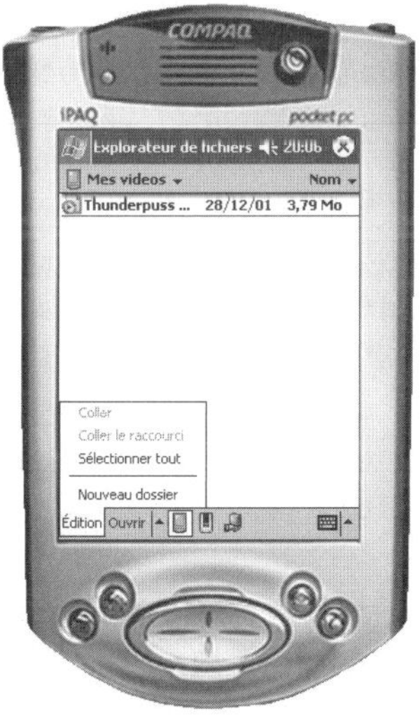

Et choisissez l'option "Nouveau dossier". Il ne vous reste plus qu'à saisir le nom du nouveau répertoire.

Supprimer un répertoire ou un fichier sur votre Pocket PC

En pointant quelques instants sur le fichier ou le répertoire que vous désirez supprimer, vous verrez apparaître un menu.

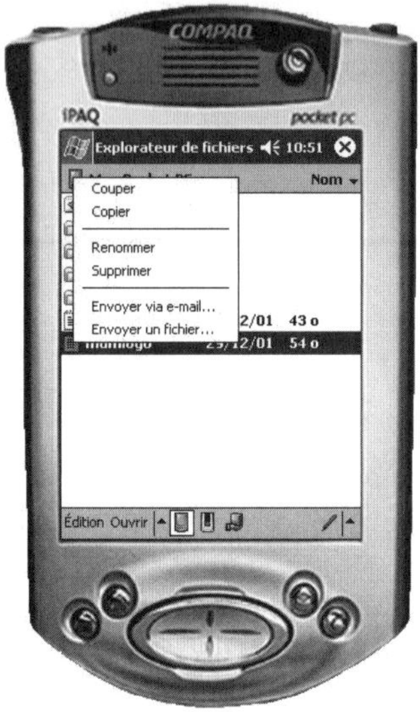

Choisissez l'option "Supprimer". Un message de confirmation apparaîtra. Attention, cette procédure permet de supprimer sans aucune difficulté un répertoire contenant des fichiers.

Déplacer un fichier sur votre Pocket PC

Ici, contrairement à votre PC de bureau, vous ne pourrez pas utiliser les options Glisser / Déplacer. Vous allez devoir recourir aux fonctions de couper et coller.

En pointant quelques instants sur le fichier ou le répertoire que vous désirez déplacer, vous verrez apparaître un menu.

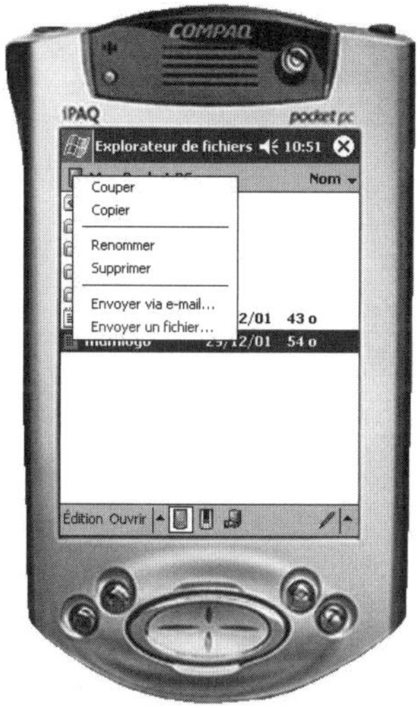

Choisissez l'option Couper, déplacez-vous à l'endroit où vous souhaitez insérer votre fichier ou répertoire et faites le processus inverse, à savoir, pointez quelques instants sur une zone vide de votre écran et faites "Coller". A moins que vous n'utilisiez l'option Coller du menu Edition.

Renommer un fichier sur votre Pocket PC

En pointant quelques instants sur le fichier ou le répertoire que vous désirez renommer, vous verrez apparaître un menu.

Choisissez l'option Renommer et saisissez le nouveau nom.

Créer un raccourci pour un programme ou un fichier

Il peut être utile de créer un raccourci afin d'accéder à un programme ou fichier sur votre Pocket PC, ne serait-ce que pour modifier le menu Démarrer de votre Pocket PC.

Le processus est le suivant.

En pointant quelques instants sur le fichier ou le programme pour lequel vous désirez créer un raccourci, vous verrez apparaître un menu.

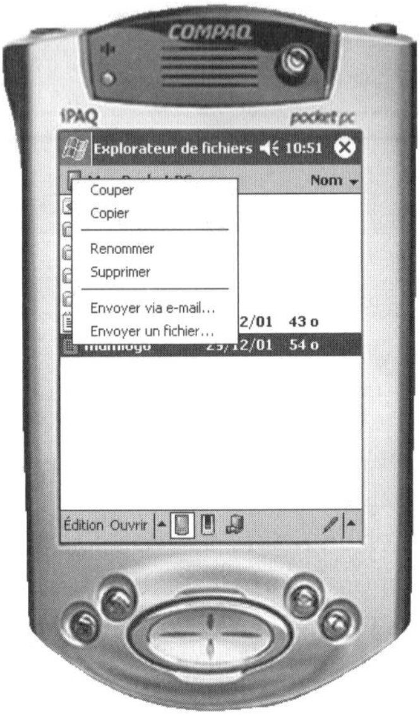

Sélectionnez l'option Copier.

Déplacez-vous à l'endroit où vous souhaitez déposer ce raccourci, dépliez le menu Edition et choisissez l'option "Coller le raccourci".

Envoyer un fichier par e-mail ou par infrarouge

Fonction présente partout sur votre Pocket PC, vous avez la possibilité de transmettre un fichier par le port infrarouge vers un autre ordinateur ou de l'envoyer par mail.

En pointant quelques instants sur le fichier ou le programme que vous désirez envoyer, vous verrez apparaître un menu.

Sélectionnez l'option désirée.

Sauvegarde / restauration de vos données et de votre Pocket PC

La structure de la mémoire de votre Pocket PC

Votre machine est dotée de deux types de mémoire :

- La mémoire ROM (Read Only Memory) dans laquelle est installée le système d'exploitation de votre Pocket PC (Microsoft Pocket PC 2002). Le système d'exploitation implanté sur cette mémoire est permanent. Même si vous êtes à cours de batterie sur votre Pocket PC, celle-ci ne s'effacera pas.
- La mémoire RAM. Dans cette mémoire, les informations suivantes seront stockées :
- Le paramétrage des programmes.
- Les programmes que vous aurez rajoutés.
- Vos répertoires et fichiers que vous aurez créés au fil du temps.
- Les données afférentes à pocket Outlook (rendez-vous, notes, calendrier, boîte de réception, contacts, tâches).

Si, par mégarde, vous avez laissé se vider complètement la batterie de votre Pocket PC, toutes les données contenues dans la mémoire ROM s'effaceront et seront perdues. Il est donc nécessaire de sauvegarder votre Pocket PC, tous les jours de préférence.

Les données et programmes contenus sur votre Pocket PC

En fonction de leurs types, il y a des éléments que vous pourrez récupérer en cas de vidage de la RAM de votre Pocket PC et d'autres qui seront définitivement perdus.

Nous allons détailler ce point :

- Le paramétrage des programmes. Ces données ne pourront être récupérées sans sauvegarde.
- Les programmes additionnels. Vous pourrez les réinstaller à partir du menu Ajout / suppression de programme d'ActiveSync qui garde la mémoire des logiciels installés. En pointant sur le nom du programme de la liste, celui-ci se réinstalle. Attention, cela ne fonctionne que pour les programmes qui ont utilisé le processus d'installation automatique standard des programmes pour Pocket PC. Ca ne fonctionnera pas si vous avez directement copié le programme dans votre Pocket PC à partir de l'explorateur de fichiers de votre PC de bureau.
- Répertoires et fichiers. Ceux-ci seront définitivement perdus si vous n'avez pas effectué de sauvegarde.
- Les données pocket Outlook. Toutes les données afférentes à pocket Outlook seront de nouveau synchronisées lorsque vous insérerez votre Pocket PC sur son socle de connexion.

La sauvegarde de votre Pocket PC

La sauvegarde s'effectue à partir d'ActiveSync sur votre PC de bureau via le menu Outils et l'option Sauvegarder / Restaurer.

Vous avez la possibilité de faire une sauvegarde complète. Nous vous conseillons d'en réaliser une, une fois par semaine.

Les autres jours de la semaine, nous vous conseillons de réaliser une sauvegarde incrémentielle, qui ne sauvegarde que les modifications. Cela est nettement plus rapide que la sauvegarde complète. Attention, ne faire que des sauvegardes incrémentielles risque de rendre la restauration de votre Pocket PC extrêmement longue, voire impossible.

Vous pouvez choisir la localisation de vos fichiers de sauvegarde.

L'option Sauvegarde automatique à chaque connexion de l'appareil est à conseiller.

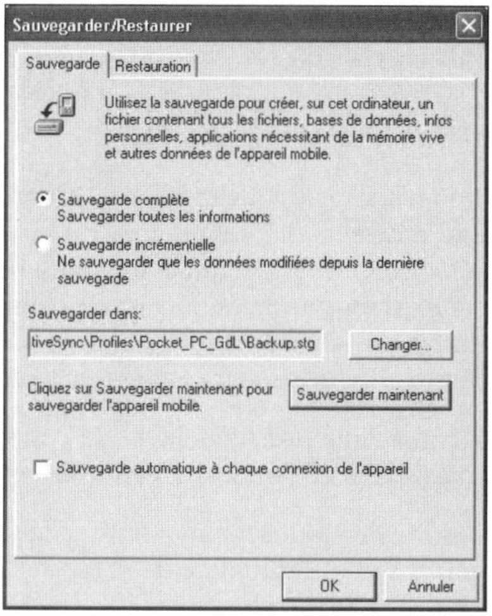

La restauration de votre Pocket PC

La restauration de votre machine est simple si vous avez suivi les conseils de sauvegarde précédemment décrits.

Nous vous conseillons de rebooter (réinitialiser) votre Pocket PC avant de commencer la restauration.

La restauration s'effectue à partir d'ActiveSync sur votre PC de bureau via le menu Outils et l'option Sauvegarder / Restaurer.

Cliquez sur le bouton "Restaurer maintenant" et votre machine reviendra dans l'état où elle était avant la dernière sauvegarde.

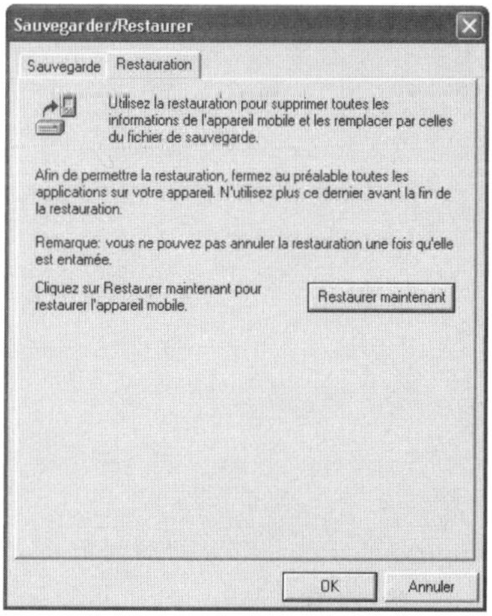

Gérez votre batterie et économisez l'énergie

Quelle que soit la qualité de votre batterie, celle-ci aura une forte tendance à se décharger rapidement.

Avec les technologies de type Li-ion, Li-ion polymère, les batteries peuvent être mises en charge à n'importe quel moment. Les phénomènes de "mémoire de charge" qui abîmaient vos batteries nickel caldium et autres n'existent plus maintenant. Cela implique que votre batterie est sans entretien. Respectez les conseils de mise en route et chargez complètement votre appareil avant une première utilisation.

Ce qui consomme principalement de l'énergie sur votre Pocket PC est le rétroéclairage de l'écran de votre Pocket PC.

Evitez donc de l'utiliser pour limiter la consommation d'énergie ou paramétrez son utilisation de deux façons :

- ❑ Limitez la durée de rétroéclairage en modifiant son paramétrage.
- ❑ Limitez aussi la puissance du retroéclairage.

En complément, vous pouvez limiter la durée de fonctionnement de votre Pocket PC afin que celui-ci s'éteigne seul après une durée de non-utilisation.

Le paramétrage du fonctionnement de ces options est décrit au chapitre "Paramétrage de votre Pocket PC".

MEGA LIVRE

Chapitre 8	Mise en œuvre de la communication globale de votre Pocket PC et de votre ordinateur de bureau

Nous avons découvert ensemble au début de ce livre comment s'intégrait votre Pocket PC dans le monde global de communication qui est devenu le nôtre.

Puis, nous vous avons présenté les différentes modes de communication existants et accessibles via votre PC de bureau, votre PC portable et votre Pocket PC.

Il ne reste plus qu'à passer à la pratique et mettre en œuvre ces différents moyens de communication.

Nous allons vous présenter comment vous abonner à Internet et créer votre boîte aux lettres pour vos emails.

Comment paramétrer votre PC pour se connecter à Internet ainsi que recevoir et envoyer des emails avec Outlook.

Comment paramétrer votre Pocket PC pour se connecter à Internet via votre PC.

Comment utiliser votre téléphone mobile (GSM / GPRS) pour vous connecter à Internet ainsi qu'envoyer et recevoir des emails.

Mes connexions à Internet

A mon domicile et avec mon téléphone mobile

L'habitude dans ce type de littérature est de vous indiquer qu'il faut vous connecter à Internet. Charge à vous d'improviser et de découvrir comment faire.

Nous allons faire l'inverse et vous aider de bout en bout dans ce processus ; vous n'aurez même pas à sortir de chez vous.

Dans le cadre de ce livre, nous allons utiliser un fournisseur d'accès Internet (ASP) français dont le nom est "Free".

Ce choix, qui n'est qu'une proposition, est motivé par plusieurs points :

- C'est un des fournisseurs d'accès le plus plébiscité par les internautes.
- L'abonnement est gratuit et totalement sans engagement.
- L'accès est gratuit, vous ne payez que le prix d'une communication urbaine en accédant via votre PC, ou d'une communication GSM en accédant via votre téléphone mobile.

Vous pourrez par la suite prendre un autre fournisseur d'accès si vous le désirez, ce choix n'étant que didactique.

Le schéma suivant vous présente de façon synthétique ce que cela représente.

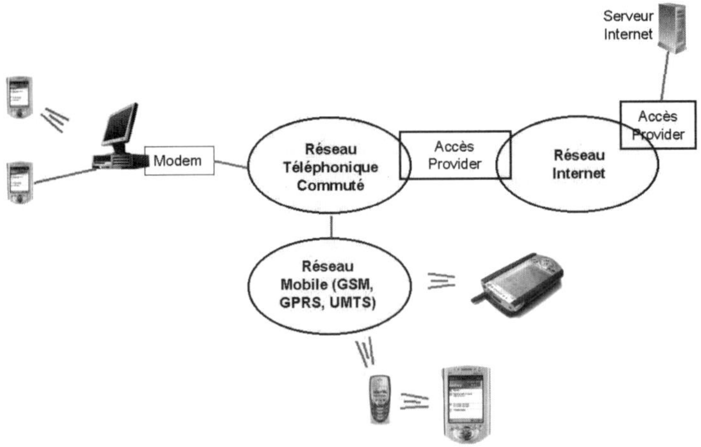

Pour suivre les exemples de ce livre, vous devrez avoir les éléments suivants :

- Un PC de bureau qui fonctionne avec Windows (nous vous présentons les exemples de ce livre avec Windows XP), et impérativement un modem raccordé à une prise téléphonique.
- Un abonnement à un téléphone fixe.
- Un abonnement au téléphone mobile avec l'option DATA. Attention cette option est obligatoire. Vous devez appeler votre opérateur en téléphonie mobile pour savoir si cette option est intégrée en standard dans votre forfait. Cela varie en fonction des offres commerciales liées à votre forfait.
- Votre Pocket PC.

Je m'abonne à un fournisseur d'accès Internet (Access Provider) : Free

Afin de vous expliquer en détail comment réaliser cela, nous nous sommes abonnés pour vous à Free. Toutes les étapes de connexion vont vous être décrites.

Lors de l'inscription à Free, nous avons créé pour vous une boîte aux lettres : `gdl.pocketpc@free.fr`. Cette boîte aux lettres restera active et vous permettra, si vous le désirez, de nous faire part de vos remarques et commentaires sur ce livre, et pourquoi pas de nous poser des questions sur votre Pocket PC et son utilisation. Cet ouvrage sera régulièrement mis à jour en prenant en compte vos commentaires.

Un site Internet a aussi été créé pour vous, sur lequel vous y trouverez notamment des conseils supplémentaires, les dernières évolutions concernant votre Pocket PC, ainsi qu'une sélection de logiciels pour le faire évoluer. Vous trouverez ce site à l'adresse suivante : `www.universpocketpc.free.fr`.

Au moment où vous lisez ce livre, vous pouvez être dans l'une des deux situations suivantes :

- Vous possédez ou vous souhaitez acquérir l'équipement décrit au paragraphe précédent, mais vous n'avez pas de connexion Internet.
- Vous avez une connexion Internet. Souscrire l'abonnement Free ne vous apportera pas de possibilités supplémentaires, toutefois vous pourrez suivre la mise en œuvre de la connexion de votre Pocket PC et de votre PC de bureau avec les mêmes éléments que ceux de ce livre et découvrir par un exemple concret toutes les finesses de ce type de mise en œuvre.

Dans les deux cas, voici la marche à suivre pour vous abonner.

Je n'ai pas accès à une connexion Internet

Vous pouvez vous abonner directement par téléphone au numéro suivant : 08 11 02 80 28 (tarification locale non surtaxée). Vous recevrez sous 3 jours tous les éléments nécessaires pour installer votre liaison Internet.

J'ai accès à une connexion Internet

Vous pouvez aller directement vous inscrire sur le site Internet de Free Telecom à l'adresse suivante :

```
www.free.fr
```

En choisissant l'option Inscription, vous accéderez aux pages qui suivent et qu'il vous faudra remplir.

La première page vous décrit les conditions d'abonnement.

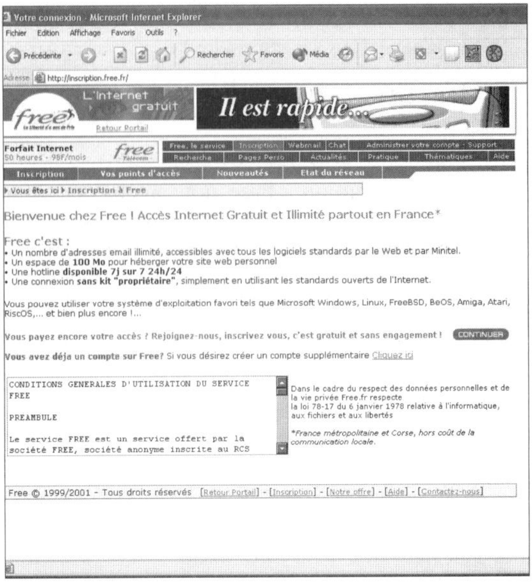

Sur la deuxième, vous devrez saisir vos coordonnées ainsi que des renseignements complémentaires.

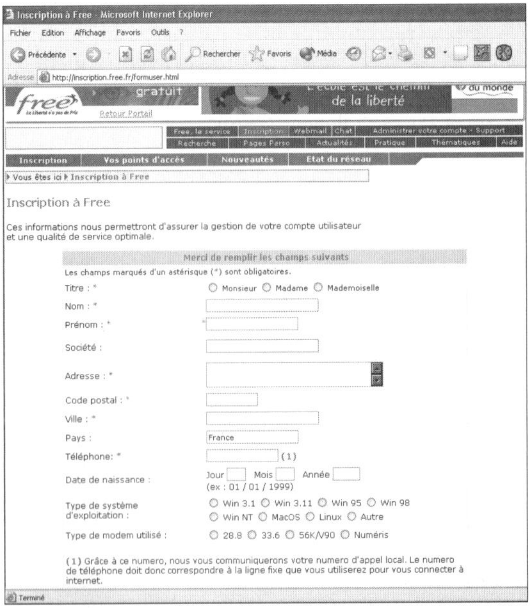

Dans cette page, vous devrez saisir le "login" (nom que vous souhaitez donner à votre connexion).

La page suivante est une page de confirmation des éléments de votre abonnement.

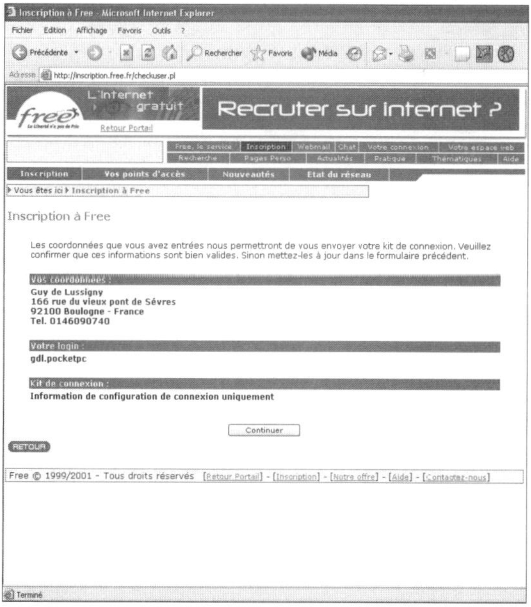

La dernière confirme votre souscription.

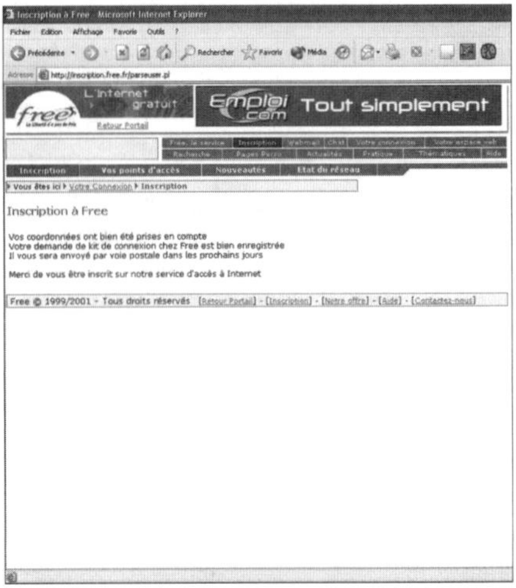

Vous abonner ne vous prendra que quelques minutes. Vous allez recevoir environ 3 jours après ce document qui reprendra tous les paramètres de votre abonnement Internet.

free
La Liberté n'a pas de Prix

Monsieur,

Bienvenue sur Free ! Votre demande d'inscription a été enregistrée avec succès.
Free : l'accès gratuit à Internet, au prix d'une communication téléphonique locale (sous réserve que votre zone téléphonique locale soit couverte par notre réseau), sans abonnement, sans surcoût de tarification, ni limite de temps.

Vos coordonnées d'utilisateur sont les suivantes :

Votre nom d'utilisateur (« login ») : **gdl.pocketpc**
Votre mot de passe (« password ») : (tapez les lettres en minuscules)
Votre adresse E-Mail : gdl.pocketpc@free.fr et gdl.pocketpc@online.fr
(Ces deux adresses arrivent dans la même boîte aux lettres)

Conservez précieusement ces informations.
Elles ne vous seront plus communiquées !

Pour configurer manuellement votre ordinateur, les informations ci-dessous vous seront nécessaires :

Serveurs	Adresses
Mail (serveur de courriers entrants : POP) :	pop.free.fr
Mail (serveur de courriers sortants : SMTP) :	smtp.free.fr
News :	news.free.fr
Proxy http :	proxy.free.fr (port 3128)
Proxy FTP :	proxy.free.fr (port 3128)
DNS 1 :	212.27.32.5
DNS 2 :	212.27.32.6
Domaine :	free.fr
N° de téléphone du serveur :	0960922000
Ville du serveur :	Free National (92)

Assistance technique : - hotline@free.fr
- http://support.free.fr
- 08 36 69 37 37 (2,23 F/mn) (24 heures sur 24 et 7 jours sur 7)

Pour vérifier si vous pouvez vous connecter à notre serveur au tarif local, vous avez 2 possibilités :
- avec les pages jaunes de votre région (voir les cartes de votre circonscription tarifaire),
- sur http://www.free.fr/ (rubrique « Points d'accès »), indiquez les 6 premiers chiffres de votre numéro et validez.

En aucun cas Free ne pourra être tenu responsable d'un mauvais choix du point d'accès de l'utilisateur.

Toute l'équipe vous remercie d'avoir choisi FREE.

Nous avons volontairement masqué l'adresse du courrier de l'auteur ainsi que le mot de passe permettant l'accès pour des raisons de confidentialité évidentes.

Paramétrage de la connexion Internet sur votre PC de bureau et sur votre Pocket PC et connexion

Il est assez difficile pour un néophyte en informatique de paramétrer son accès Internet car les termes utilisés par les ASP (fournisseurs d'accès Internet), les livres et les logiciels diffèrent très souvent.

Pour simplifier ce processus, les fournisseurs d'accès envoient fréquemment des "kits de connexion" automatiques. Ceux-ci sont en général décevants et vous enferment dans un mode de fonctionnement particulier. Nous vous déconseillons fortement ce mode de paramétrage, il vaut mieux le réaliser vous-même. Avec les explications de ce livre, vous y parviendrez en quelques minutes.

Nous vous proposons de paramétrer la connexion d'abord sur votre PC puis sur votre Pocket PC.

Paramétrage de la connexion Internet sur votre PC de bureau

L'explication du paramétrage de votre liaison va être réalisée avec Windows XP.

A partir du menu "Démarrer" de votre PC choisissez l'option "Connexions réseau". Le menu suivant va apparaître.

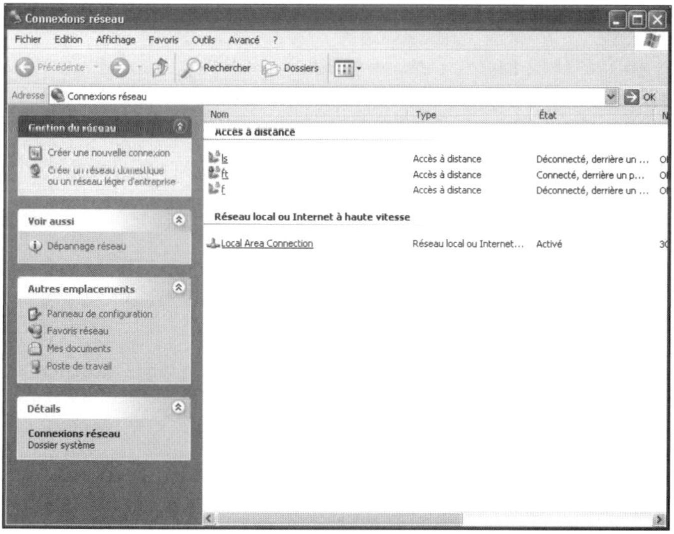

Cliquez sur l'option "Créer une nouvelle connexion" pour commencer à réaliser le paramétrage.

Cliquez sur le bouton "Suivant".

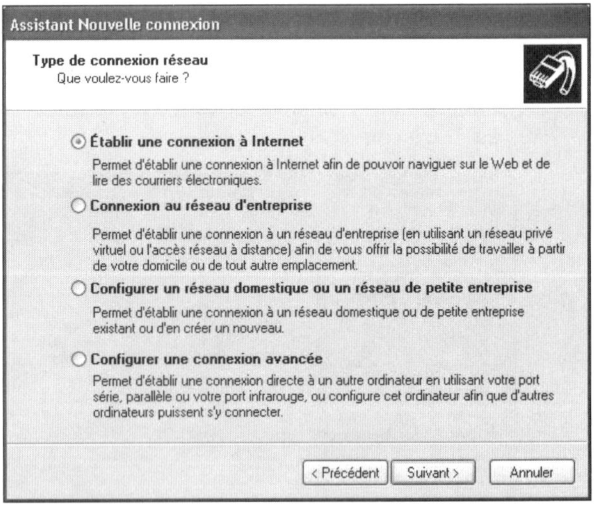

Choisissez l'option "Etablir une connexion à Internet" et cliquez sur le bouton "Suivant".

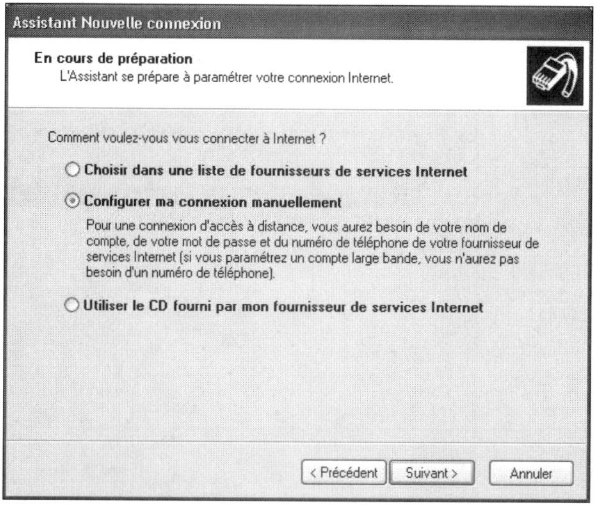

Choisissez l'option "Configurer ma connexion manuellement" puis cliquez sur le bouton "Suivant".

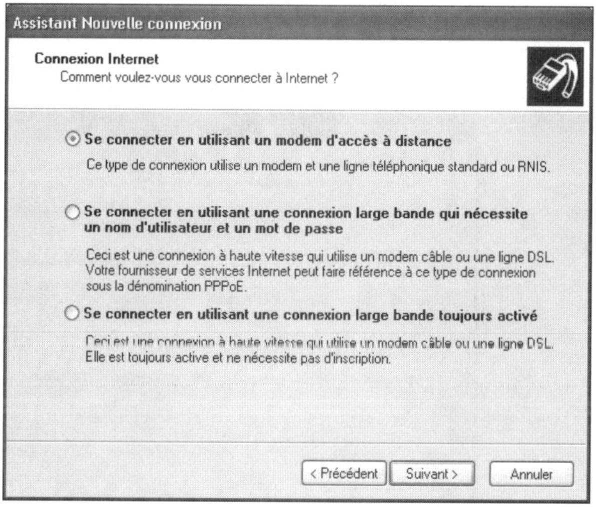

Choisissez "Se connecter en utilisant un modem d'accès à distance" puisque vous utiliserez votre modem "classique" à 56 Kb/s et cliquez sur le bouton "Suivant".

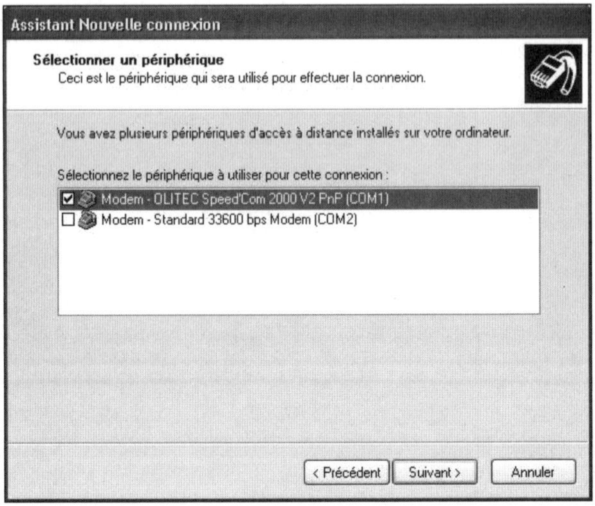

Sélectionnez le modem qui est installé sur votre machine. Dans le cas présent, avec la machine utilisée, c'est un Olitec SpeedCom 2000 installé lors de l'achat de la machine.

Nous allons maintenant rentrer dans le vif du sujet : cliquez sur le bouton "Suivant".

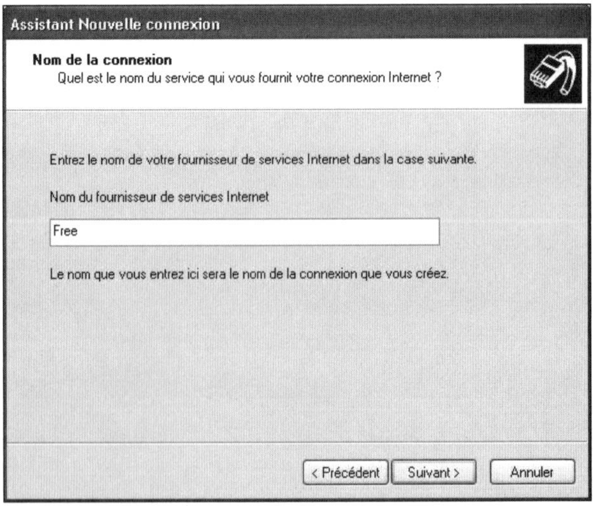

Entrez le nom de votre fournisseur. Ici, tapez "free" et cliquez sur le bouton "Suivant".

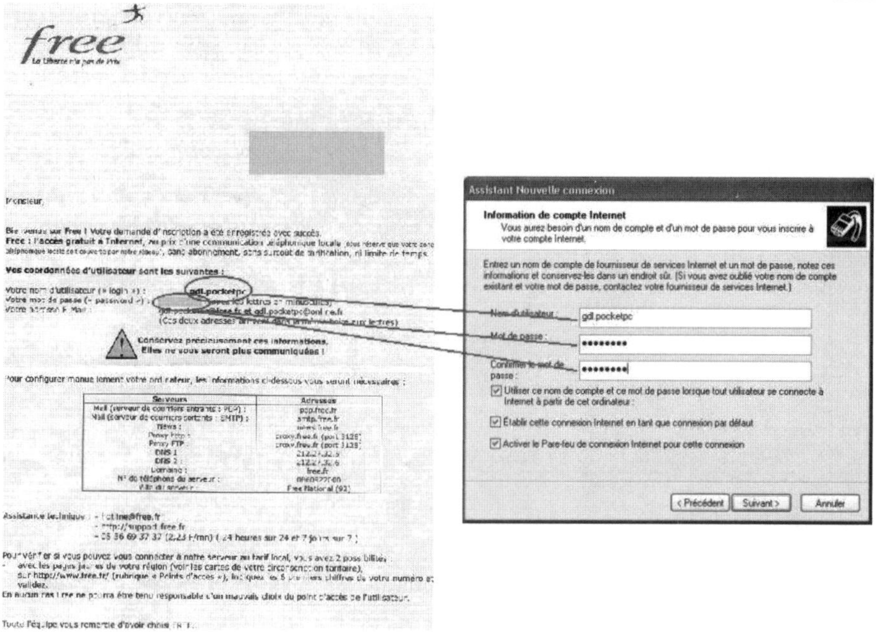

Tapez "votre nom d'utilisateur" indiqué sur le document Free dans la zone de saisie "Nom d'utilisateur" de votre écran.

Faites de même pour "votre mot de passe" indiqué sur le document Free dans la zone de saisie "Mot de passe" et ressaisissez-le une seconde fois pour confirmation dans la zone de saisie "Confirmer le mot de passe".

Laissez les options par défaut proposées dans le reste de l'écran et cliquez sur le bouton "Suivant".

Vous avez terminé la première partie de ce paramétrage, l'écran de connexion va apparaître sur votre écran. Nous allons pouvoir terminer le paramétrage de cette connexion.

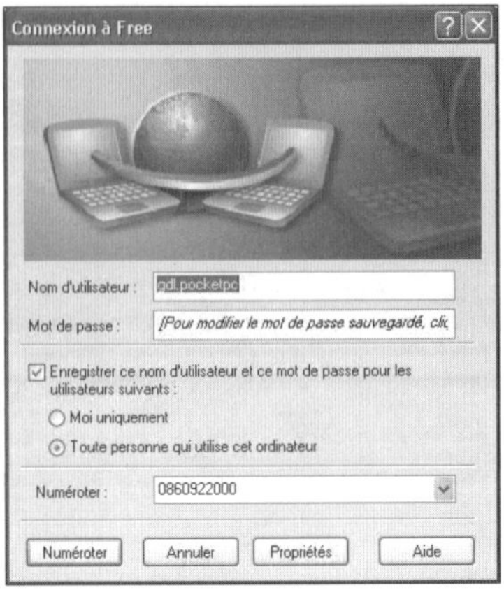

Cet écran vous servira systématiquement à vous connecter sur Internet. Pour l'instant, nous allons l'utiliser afin de terminer le paramétrage. Cliquez sur le bouton "Propriétés".

L'écran suivant va s'ouvrir à vous.

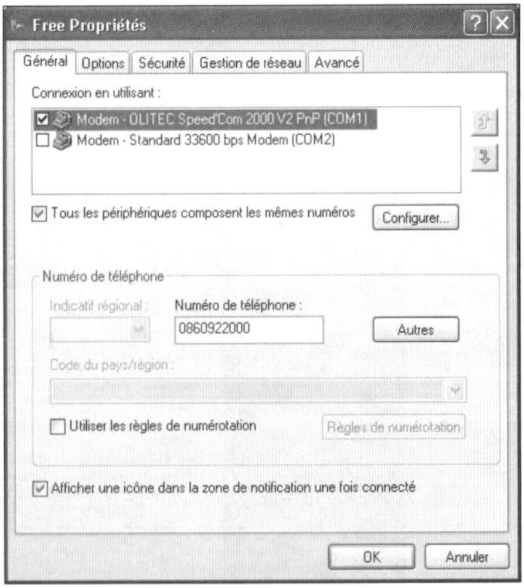

Cliquez sur l'onglet "Gestion de réseau" en haut de votre écran.

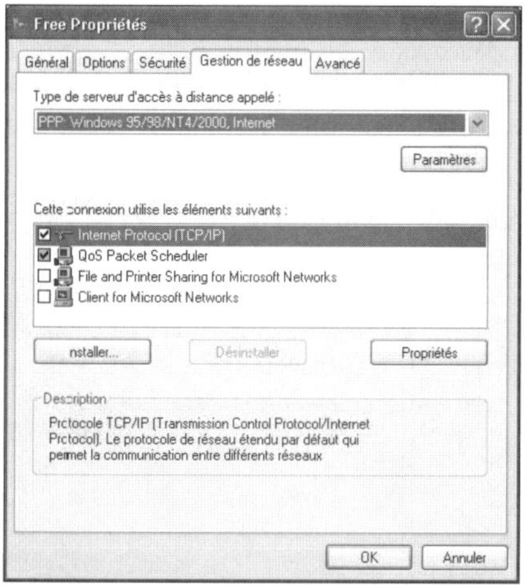

Sélectionnez "Internet Protocol (TCP/IP)" et cliquez sur le bouton "Propriétés".

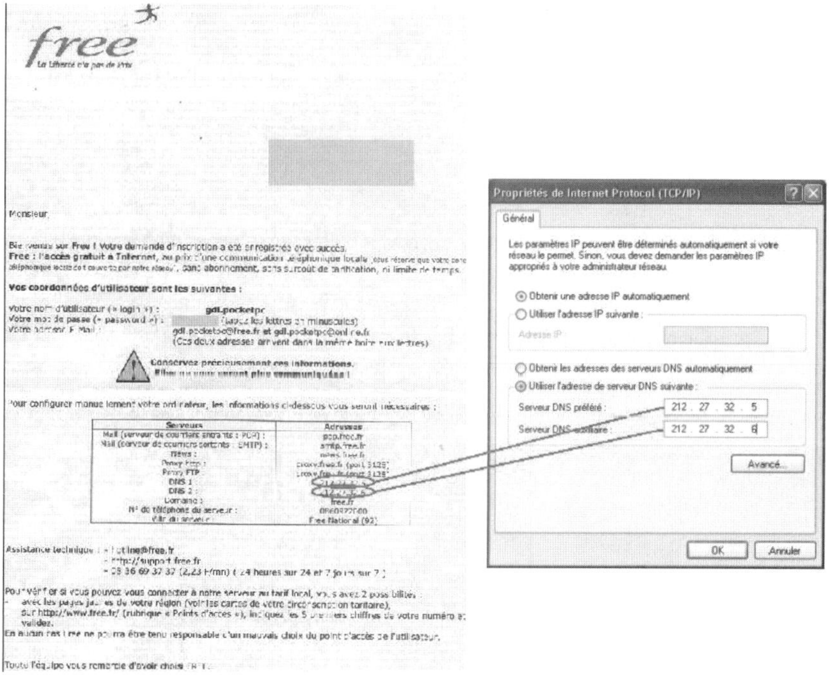

Vous devez maintenant saisir les paramètres TCP/IP nécessaires.

Pour commencer, vous devez sélectionner l'option "Utiliser l'adresse de serveur DNS suivante" en cliquant sur la "case à cocher" correspondante.

Dans la zone de saisie de l'écran, sous la rubrique "Serveur DNS préféré", vous devez saisir les chiffres indiqués dans le tableau du document free sous la rubrique "DNS 1". Puis dans la zone de saisie "Serveur DNS auxiliaire", vous devez saisir les chiffres indiqués dans le tableau du document Free sous la rubrique "DNS 2".

Cliquez sur le bouton OK de cet écran, puis de nouveau sur le bouton OK de l'écran qui apparaît.

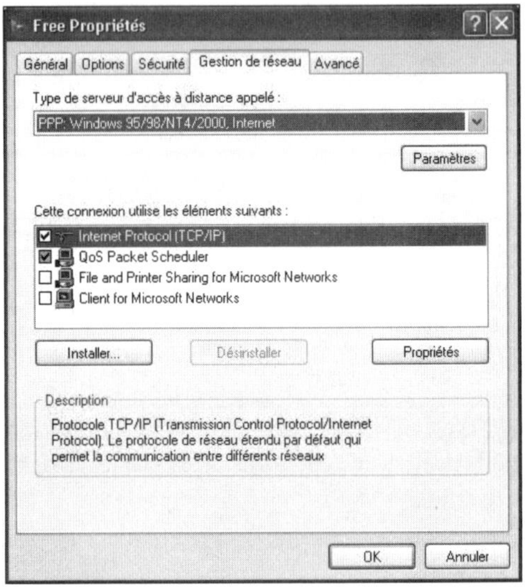

Vous revenez à l'écran de connexion classique, vous allez enfin pouvoir vous connecter à Internet.

Connexion à Internet sur mon PC de bureau

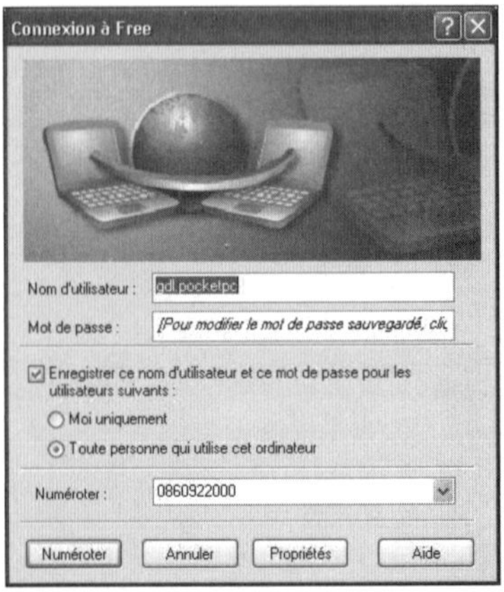

Cliquez sur le bouton "Numéroter".

La fenêtre suivante apparaît.

Dès la disparition de cette fenêtre vous êtes connecté à Internet. Bravo, vous avez réussi, nous allons pouvoir passer au paramétrage de votre Pocket PC.

Paramétrage de la connexion Internet sur votre Pocket PC en utilisant votre téléphone mobile GSM

Pour paramétrer cette liaison, dépliez le menu "Démarrer", et choisissez l'option "Paramètres". Vous choisissez l'onglet "Connexions" au bas de votre écran et pointez sur l'option "Connexions" dans les programmes qui vous sont présentés.

L'écran suivant s'affiche :

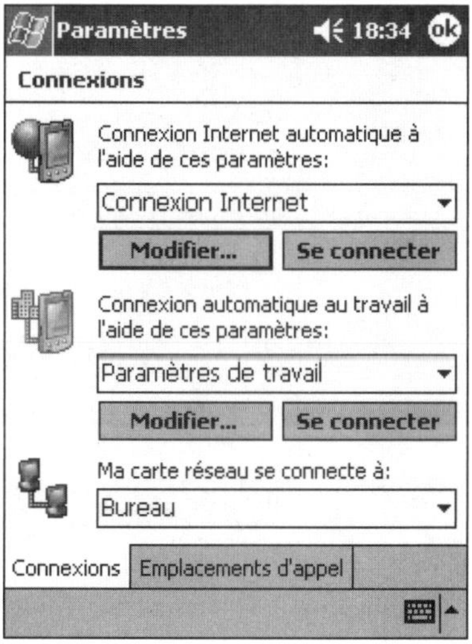

Vous devez au préalable modifier les paramètres de numérotation de votre Pocket PC en pointant sur l'onglet de bas de page "Emplacements d'appel".

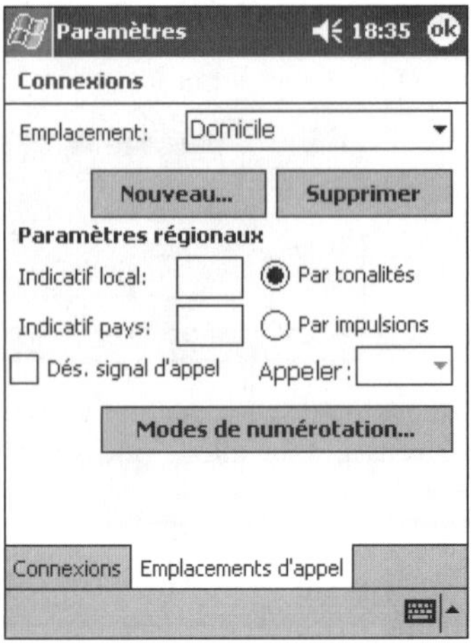

Vous devez veiller à ce qu'aucun chiffre n'apparaisse dans les zones d'écran "Indicatif local" et "Indicatif pays". Si vous en voyez apparaître par défaut sur l'écran, supprimez-les sans aucun remords. Puis pointez sur le bouton "Modes de numérotation…".

Dans les 3 zones de saisie de l'écran, remplacez les chiffres et les lettres par une virgule et un "G" majuscule. Cela indique à votre Pocket PC de ne transférer à votre téléphone mobile que le numéro de téléphone pour vous connecter à Internet. Numéro de téléphone que vous indiquerez lorsque vous créerez la connexion. Pointez sur "OK" en haut à gauche de votre écran.

Vous revenez à l'écran précédent sur lequel vous pointez sur l'onglet de bas de page "Connexions".

Pointez sur le bouton "Modifier..." de la "Connexion Internet".

Vous pointez sur "Nouveau..." dans la fenêtre qui vous est présentée. Pour le paramétrage de la connexion, nous vous recommandons d'utiliser le "clavier virtuel".

Sur cet écran, vous rentrez le nom de la connexion que vous désirez établir. Ici, vous tapez "free".

En terme de liaison, il faut sélectionner "Modem IrDA générique" dans le menu déroulant "Sélectionnez un modem".

Il faut régler le débit (la vitesse de transmission) de la liaison. Sélectionnez "57600" dans le menu déroulant "Débit en bauds".

Ne cliquez pas maintenant sur le bouton "Suivant", mais pointez sur le bouton "Avancés...".

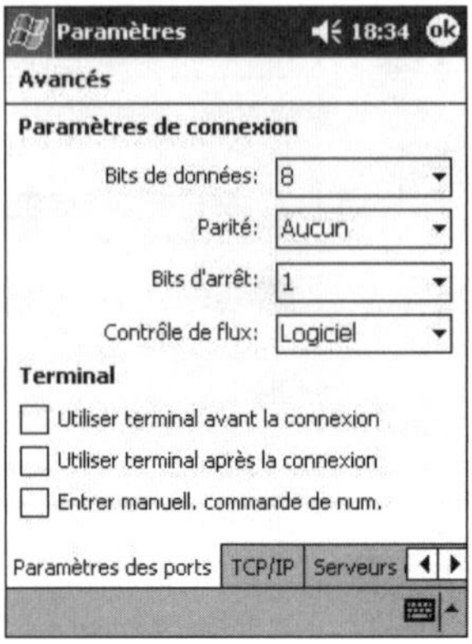

Sur cet écran vous devez modifier le "Contrôle de flux" de la liaison entre votre modem et votre point d'accès Internet. Il faut sélectionner "Logiciel" dans ce menu déroulant.

En cliquant sur l'onglet du bas d'écran "TCP/IP", vous verrez apparaître la page suivante.

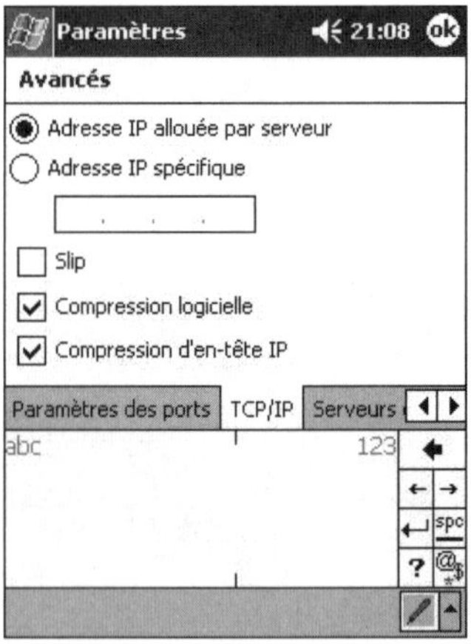

Ne touchez à rien sur cet écran, l'adresse IP est attribuée dynamiquement pas votre Access provider lors de la connexion. Pointez maintenant sur l'onglet "Serveurs".

Il vous faut alors taper les paramètres DNS de votre liaison tels qu'ils sont décrits dans le document Free. Vous devez entrer les chiffres référencés dans le tableau Free sous la rubrique "DNS 1" dans le tableau de la zone de saisie "DNS", et les éléments de la rubrique "DNS 2" dans la zone de saisie "Autre DNS".

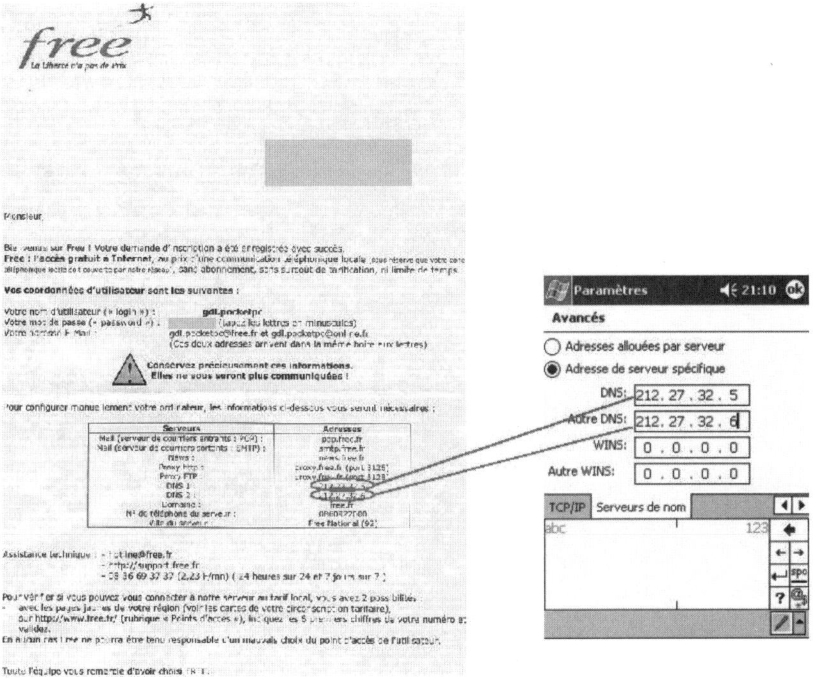

Pointez maintenant sur "OK" en haut à gauche de votre écran.

Vous revenez ainsi sur l'écran d'où nous sommes partis.

Pointez sur "Suivant".

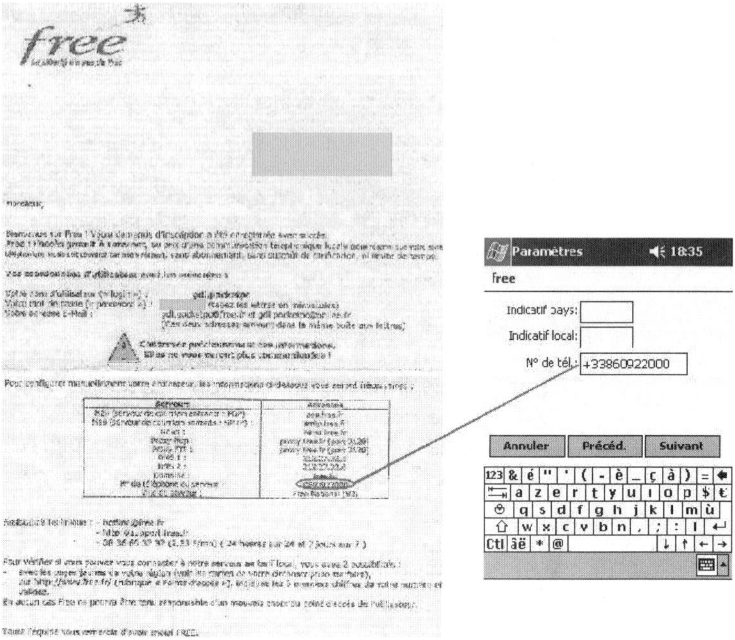

Dans cet écran, Vous devez entrer le numéro de téléphone de votre opérateur Internet. Vous ne devez rien remplir dans les zones Indicatif pays et Indicatif local.

Comme le téléphone utilisé est un téléphone mobile, entrez-le directement en mode GSM et international. Cela nous donne le numéro de téléphone suivant : +33860922000. Attention, ce numéro de téléphone n'est pas universel, c'est le numéro de téléphone du point d'accès local situé près de chez vous. Il variera en fonction de votre lieu d'habitation. Ne soyez donc pas étonné de le voir modifié si vous habitez à Montpellier par exemple.

Pointez sur "Suivant".

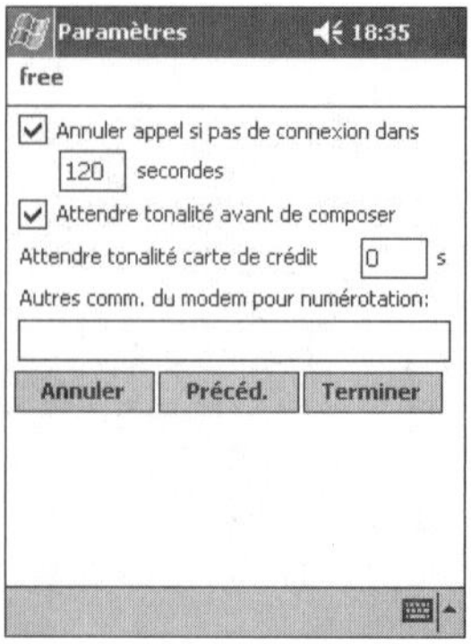

Dernière étape, pointez sur le bouton "Terminer".

L'écran suivant apparaît.

Pointez sur le bouton en haut à droite de l'écran. Vous revenez sur l'écran de départ.

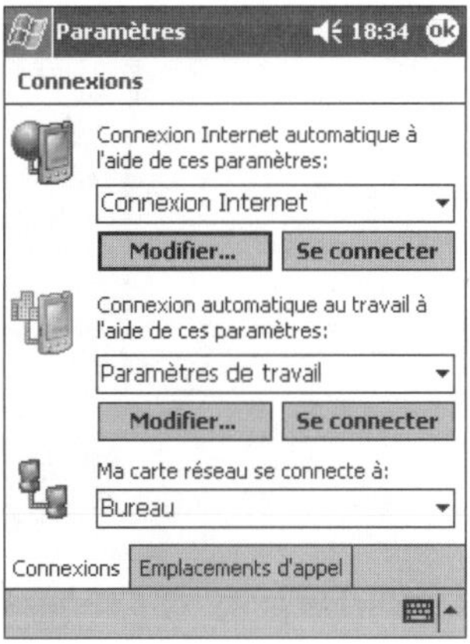

Bravo, vous avez terminé le paramétrage. Vous pouvez vous connecter.

Connexion Internet avec mon Pocket PC

Vous pouvez vous connecter en pointant sur le bouton "Se connecter". MAIS auparavant, préparez votre téléphone GSM.

Comme présenté précédemment et indiqué en prérequis, vous avez demandé à votre opérateur de téléphonie mobile (Bouygues Telecom, SFR ou Wanadoo) de rajouter l'option "Data" à votre abonnement téléphonique en téléphonant à votre centre d'appel.

Il faut vérifier que le port infrarouge de votre Pocket PC est bien activé, le chapitre "Modifiez le paramétrage de vos connexions" vous présentera comment faire.

Puis activez la réception infrarouge de votre téléphone mobile. Alors que la réception infrarouge reste toujours positionnée sur votre Pocket PC, votre téléphone mobile pour des raisons de consommation d'énergie n'activera la fonction de connexion infrarouge que 30 secondes environ. Il vous faudra l'activer chaque fois que vous désirerez vous connecter.

Pour se faire, appuyez sur le bouton de "Menu" de votre téléphone mobile (vous avez ici présenté un Nokia 8310, c'est le même bouton sur Nokia 8210 et 8310) et sélectionnez l'option "Infrarouge".

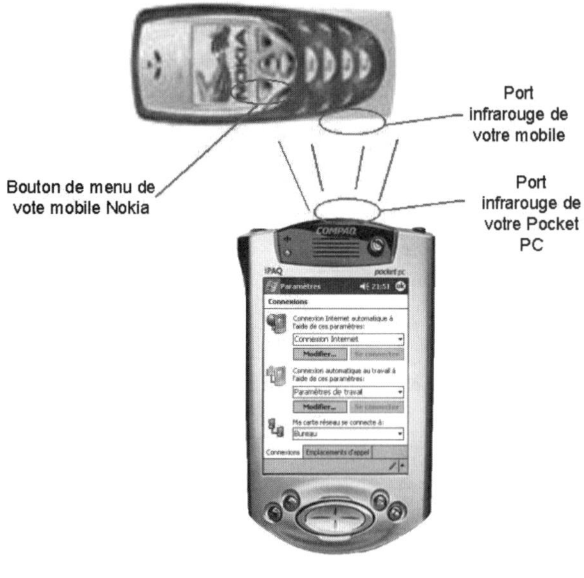

Positionnez votre Pocket PC face à votre téléphone mobile comme présenté sur le dessin ci-dessus pour que les deux ports infrarouges communiquent.

Vous pouvez maintenant pointer sur le bouton "Se connecter" de votre Pocket PC.

A la première connexion, il vous sera demandé de saisir les informations "votre nom d'utilisateur" de votre document Free dans la zone "Nom d'util." de votre écran de Pocket PC ainsi que "votre mot de passe" de votre document Free dans la zone "Mot de passe" de votre écran. Il est indispensable d'utiliser le clavier virtuel pour saisir les informations de mot de passe afin d'être certain de ce que vous tapez. Sélectionnez "Enregistrer le mot de passe" pour éviter d'avoir à recommencer cette opération chaque fois que vous vous connectez.

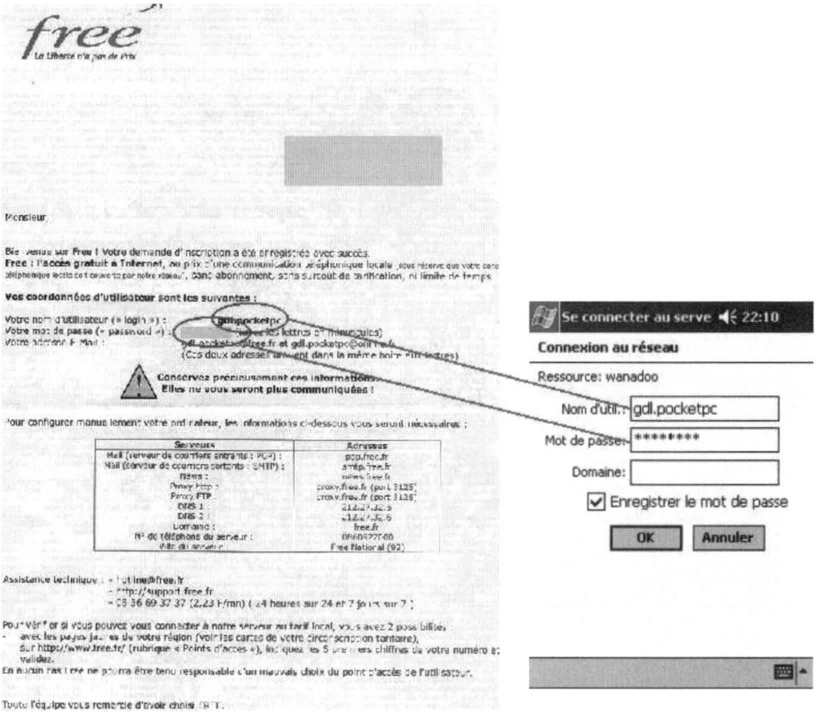

free
La Liberté n'a pas de Prix

Monsieur,

Bienvenue sur Free ! Votre demande d'inscription a été enregistrée avec succès.
Free : l'accès gratuit à Internet, au prix d'une communication téléphonique locale (sous réserve que votre zone téléphonique locale soit couverte par notre réseau), sans abonnement, sans surcoût de tarification, ni limite de temps.

Vos coordonnées d'utilisateur sont les suivantes :

Votre nom d'utilisateur (« login ») : gdl.pocketpc
Votre mot de passe (« password ») : (avec les lettres en minuscules)
Votre adresse E-Mail : gdl.pocketpc@free.fr et gdl.pocketpc@online.fr
(Ces deux adresses arrivent dans la même boîte aux lettres)

Conservez précieusement ces informations.
Elles ne vous seront plus communiquées !

Pour configurer manuellement votre ordinateur, les informations ci-dessous vous seront nécessaires :

Serveurs	Adresses
Mail (serveur de courriers entrants : POP) :	pop.free.fr
Mail (serveur de courriers sortants : SMTP) :	smtp.free.fr
News :	news.free.fr
Proxy http :	proxy.free.fr (port 3128)
Proxy FTP :	proxy.free.fr (port 3128)
DNS 1 :	212.27.32.5
DNS 2 :	212.27.32.6
Domaine :	free.fr
N° de téléphone du serveur :	0860922000
Ville du serveur :	Free National (92)

Assistance technique : - hotline@free.fr
- http://support.free.fr
- 08 36 69 37 37 (2,23 F/mn) (24 heures sur 24 et 7 jours sur 7)

Pour vérifier si vous pouvez vous connecter à notre serveur au tarif local, vous avez 2 possibilités :
- avec les pages jaunes de votre région (voir les cartes de votre circonscription tarifaire),
  sur http://www.free.fr/ (rubrique « Points d'accès »), indiquez les 5 premiers chiffres de votre numéro et validez.

En aucun cas Free ne pourra être tenu responsable d'un mauvais choix du point d'accès de l'utilisateur.

Toute l'équipe vous remercie d'avoir choisi FREE.

Pointez sur le bouton "OK". Les écrans suivants s'affichent.

Le premier écran apparaît durant l'établissement de la communication avec votre téléphone mobile. C'est directement votre Pocket PC qui pilotera la composition du numéro de téléphone.

Lorsque la connexion avec Internet est établie, la notification suivante apparaît :

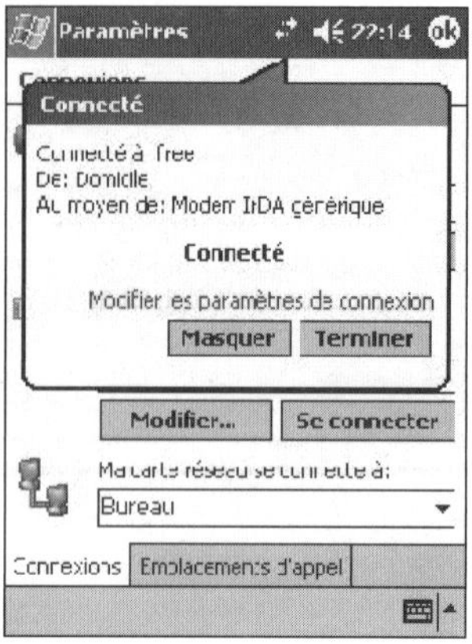

Félicitation, vous êtes maintenant connecté à Internet. Vous avez franchi un grand pas.

Vous êtes connecté, et il ne se passe rien. C'est normal, il vous faut maintenant aller sur Internet Explorer pour "surfer" sur Internet en dépliant le menu "Démarrer" de votre Pocket PC, ou encore aller dans la boîte de réception pour envoyer vos emails. (Voir le chapitre "Les programmes standards de Microsoft Pocket PC 2002".) Il vous faudra pour mettre en œuvre la réception et l'envoi de vos e-mails réaliser le paramétrage de votre boîte de réception sur votre Pocket PC. Cela est décrit dans le même chapitre que celui cité précédemment.

Pour vous déconnecter, éloignez simplement le téléphone mobile de votre Pocket PC (c'est la procédure standard…), et bien sûr appuyez sur le bouton "Raccrocher" de votre téléphone mobile. L'écran suivant apparaîtra.

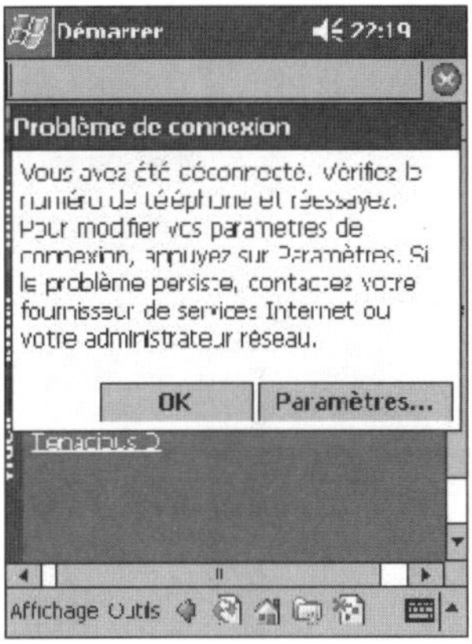

Paramétrage de la connexion de votre Pocket PC sur le réseau de votre entreprise

La connexion entre votre Pocket PC et le réseau de votre entreprise s'effectue très simplement via votre PC de bureau lui-même connecté à votre réseau d'entreprise. Dès lors où votre Pocket PC est raccordé à votre PC via la station d'accueil ou une liaison radio de type "Bluetooth", vous pouvez directement surfer sur Internet, envoyer ou recevoir des emails à partir de votre petite machine.

Vous devez cependant passer via le proxy de votre réseau d'entreprise pour accéder à Internet. La seule modification de paramétrage à effectuer est la suivante.

En dépliant le menu Démarrer, accédez à l'écran "Paramètres" puis à l'écran "Connexions" en pointant sur l'onglet "connexions" du pas de l'écran Paramètres. Dans cet écran, ouvrez le programme "Connexions".

Pointez sur le bouton "Modifier..." des "Paramètres de travail".

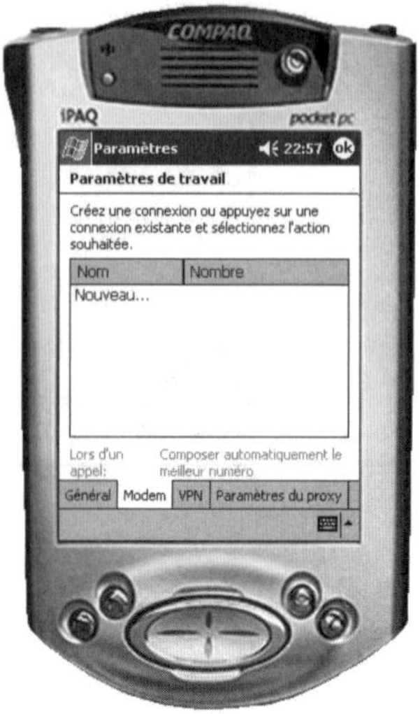

Sélectionnez l'option "Ce réseau se connecte à Internet" ainsi que l'option "Ce réseau se connecte à Internet via un serveur proxy" et saisissez le nom de votre serveur proxy. Vous pourrez l'obtenir auprès de votre administrateur réseau préféré.

Pointez sur "OK".

Pénétrez dans le monde de la communication instantanée avec Messenger

Introduction

Il était une fois un monde où la lenteur de communication dominait, toute action demandait du temps, de l'énergie, c'était il y a 25 ans. Tout passait par le courrier papier. Le moindre aller et retour de courrier prenait minimum une semaine. C'était aussi l'époque où avoir une ligne téléphonique demandait deux ans...

Est apparue la télécopie, qui ne s'est généralisée que depuis 15 ans. Ce fut la capacité à envoyer un document papier instantanément à l'autre bout du monde. En parallèle, des gens ont commencé à s'envoyer des e-mails d'un ordinateur à un autre. Ils étaient motivés car cela était très rapide, mais par contre très complexe d'utilisation, et d'une ergonomie déplorable.

Ces cinq dernières années ont vu l'explosion des communications. Elles ont changé notre mode de vie, dynamisé les échanges, simplifié notre vie. Aujourd'hui, il faut 24 h pour avoir une ligne de téléphone fixe, l'ADSL, et l'obtention d'une ligne de téléphone mobile ou une boîte e-mail se réalise en quelques minutes. Le monde de l'écrit, qui était déclaré fini et enterré il y a 10 ans, revient en force à travers les e-mails et récemment les SMS (Short Message System).

Un nouveau mode de communication fait son apparition, le "chat" ou message instantané. C'est le moyen de communiquer instantanément par écrit entre deux personnes. Vous écrivez, le message apparaît immédiatement sur l'écran de votre correspondant et il vous répond en direct.

La mise en œuvre de ce nouveau mode de communication ne prend que quelques instants. Vous devez utiliser pour cela un logiciel livré en standard sur votre PC de bureau fonctionnant sous Windows XP : "Messenger". Il est aussi installé en standard sur votre Pocket PC. La même adresse Messenger, qui correspond à une adresse e-mail, peut être utilisée indifféremment sur votre PC et sur votre Pocket PC.

La version livrée avec Windows XP est plus riche que sur votre Pocket PC. En effet, elle permet le "chat" avec un correspondant, ainsi que de communiquer par la voix, comme avec un téléphone, en vidéo avec une simple webcam, d'envoyer un fichier à votre correspondant, et de partager un fichier pour travailler à deux. Imaginez, vous pourrez dialoguer par écrit, par la voix, voir votre correspondant, tout en travaillant tous les deux sur un fichier Excel. L'espace est aboli, le monde est à portée de votre souris.

Quant à la tarification, vous ne payez que l'accès à Internet. Avec l'ADSL, l'usage est illimité.

Sur votre Pocket PC, vous ne pourrez qu'utiliser le chat, mais ceci est déjà beaucoup.

Si vous l'utilisez sur votre PC de bureau, vous devrez, soit être relié au réseau de votre entreprise, soit posséder un modem et un abonnement Internet, soit avoir un abonnement ADSL. Pour un usage vocal et vidéo, vous devrez avoir obligatoirement un abonnement ADSL ou utiliser le réseau de votre entreprise.

Pour votre Pocket PC, vous devrez mettre en œuvre un des moyens de communication suivants :

Utiliser un modem au format CompactFlash.

Utiliser une liaison GSM ou GPRS au moyen d'un Pocket PC équipé des fonctions de communication GSM ou GPRS (jaquette GSM/GPRS, Extension GSM/GPRS au format CompactFlash, Téléphone GSM/GPRS équipé d'une liaison infrarouge ou Bluetooth), ou un Pocket PC directement équipé de ces fonctions de communication (un SmartPhone).

Utiliser la liaison Internet de votre PC de bureau au moyen de la station d'accueil ou du port Infrarouge.

Utiliser une extension WirelessLan pour votre Pocket PC ou un Pocket PC équipé directement du WirelessLan (comme le Toshiba e740 WiFi par exemple). Le réseau WirelessLan auquel vous vous connectez doit avoir une connexion Internet via un Proxy.

Pour vous présenter cette fonction nous allons utiliser un PC relié à Internet par l'ADSL et un Pocket PC directement équipé du WirelesLan, le Toshiba e740. Ce Pocket PC est relié à Internet via une borne WirelessLan de marque HP, elle-même connectée à un réseau lui-même connecté à Internet.

Pour finir, l'ensemble des moyens de type infrastructure permettant cette mise en relation est fourni par MSN, c'est-à-dire Microsoft.

Le schéma ci-après vous présente cela.

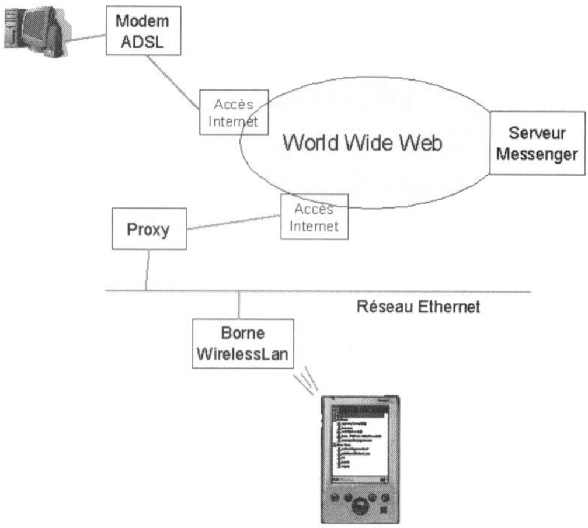

Vous savez maintenant comment mettre en œuvre Messenger, nous allons maintenant découvrir comment l'utiliser. Comme vous serez amené à l'utiliser sur PC et sur Pocket PC, nous allons vous le présenter sur votre PC de bureau et sur votre Pocket PC, sachant que nous ne vous présenterons que la partie commune aux deux appareils, à savoir le "chat". De même, vous ne pourrez vous inscrire à Messenger qu'à partir de votre PC. Une fois votre inscription validée avec votre PC, vous pourrez utiliser votre connexion à Messenger sur n'importe quelle machine utilisant Messenger.

Inscription à Messenger

Vous devez commencer sur votre PC par exécuter le programme Messenger. Vous le trouverez dans le "Menu démarrer" option "Tous les programmes".

Vous devrez utiliser l'option "Fichier / Ouvrir une cession" pour vous connecter et créer votre compte utilisateur.

La fenêtre suivante apparaîtra. Elle vous proposera la liste de vos connexions possibles. Dans votre cas, elle sera vierge.

Vous cliquez en bas à gauche sur l'option "Obtenez un passeport". Et vous arriverez sur l'écran suivant :

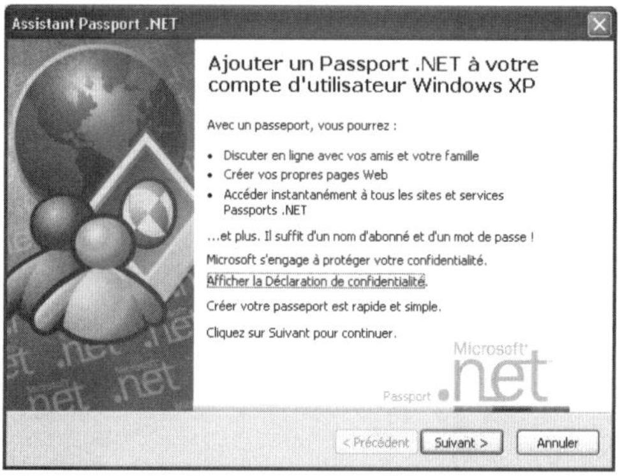

Après lecture, cliquez sur "Suivant".

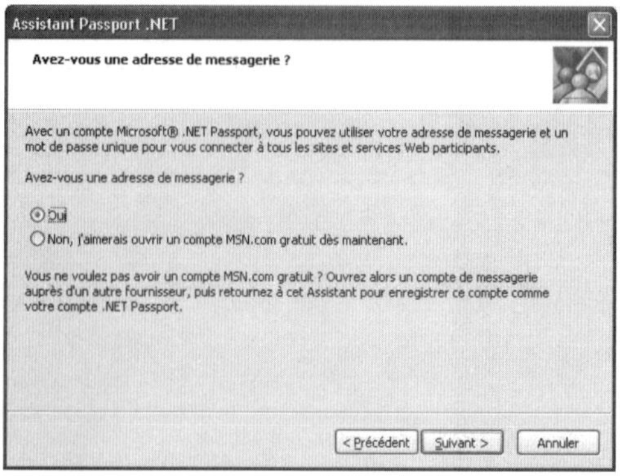

Si vous avez déjà une adresse de messagerie, cliquez sur oui, sinon, cliquez sur non. Le processus reste le même dans les deux cas, nous allons choisir d'utiliser une adresse de messagerie existante.

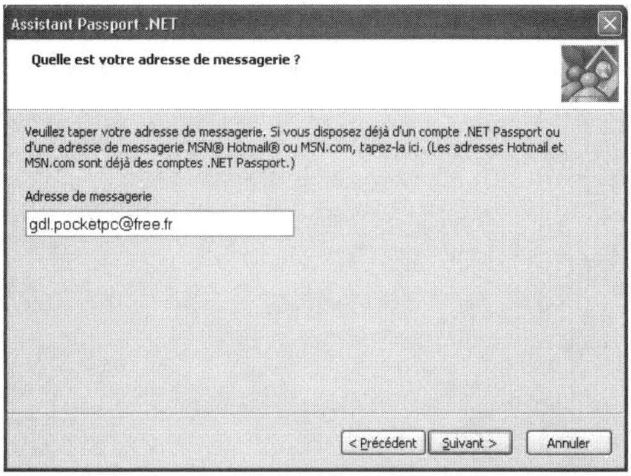

Vous avez saisi votre adresse de messagerie, cliquez sur "Suivant".

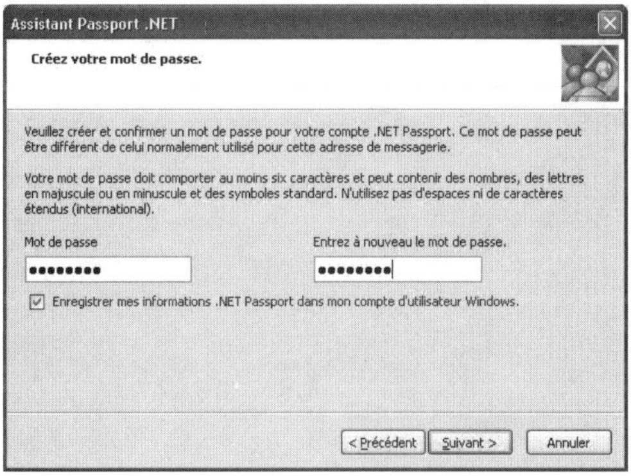

Vous saisissez votre mot de passe, et vous cliquez sur "Suivant".

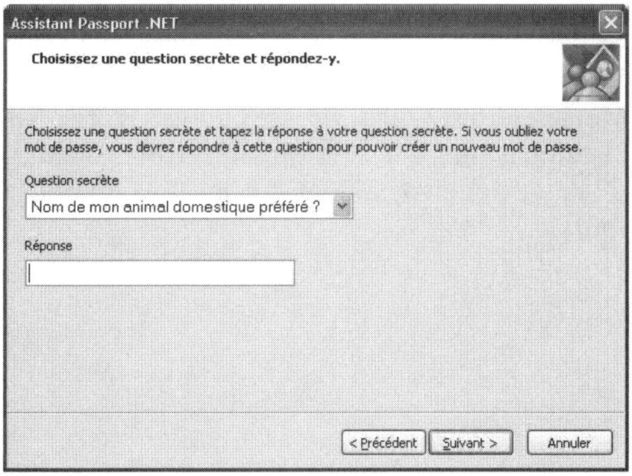

Vous saisissez les éléments permettant à Microsoft de vous renvoyer votre mot de passe si vous l'oubliez. Vous cliquez sur "Suivant".

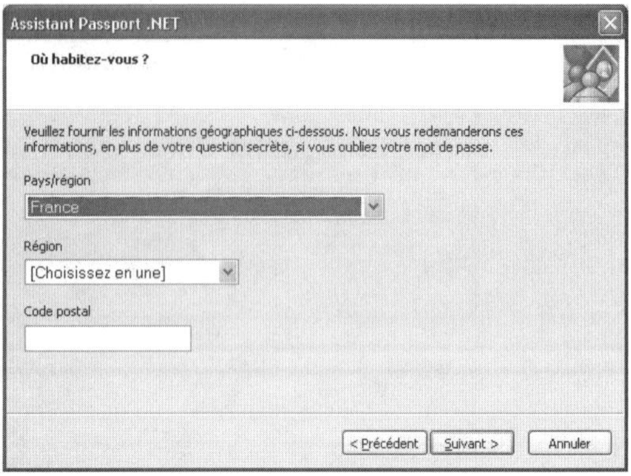

Vous rentrez les éléments relatifs à votre région.

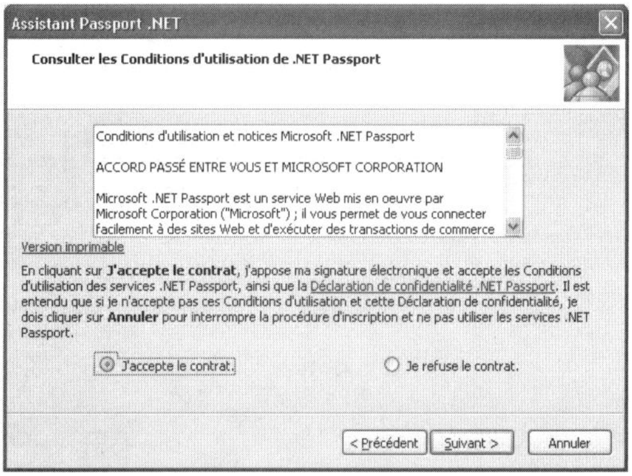

Vous acceptez les termes du contrat !

Vous avez terminé. Messenger va maintenant se connecter.

Vous l'aurez compris au travers de ce processus, votre identifiant Messenger est votre adresse de messagerie. Attention, ceci ne veut en aucun cas dire que cela impacte votre e-mail. Microsoft l'utilise simplement pour vous identifier en tant qu'utilisateur Messenger. C'est tout.

Utilisation de Messenger sur votre PC

Nous venons de voir comment s'inscrire, et maintenant votre cession Messenger est ouverte et se présente comme suit :

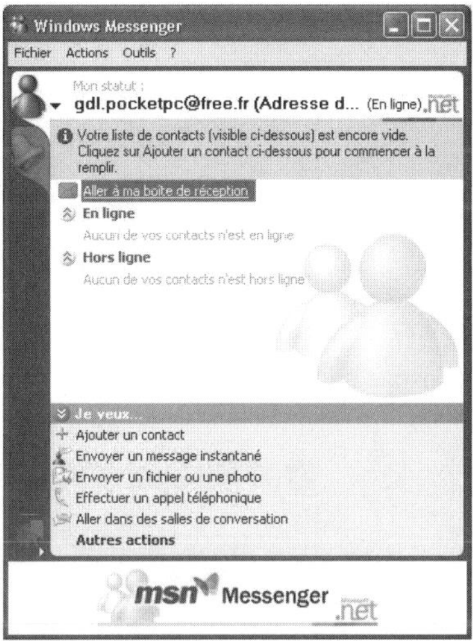

Ajoutez un contact à votre liste de contacts

La première action à réaliser est de contacter un correspondant pour pouvoir "chatter". Pour cela vous devez l'ajouter à votre liste de contacts. Cliquez sur "Ajouter un contact".

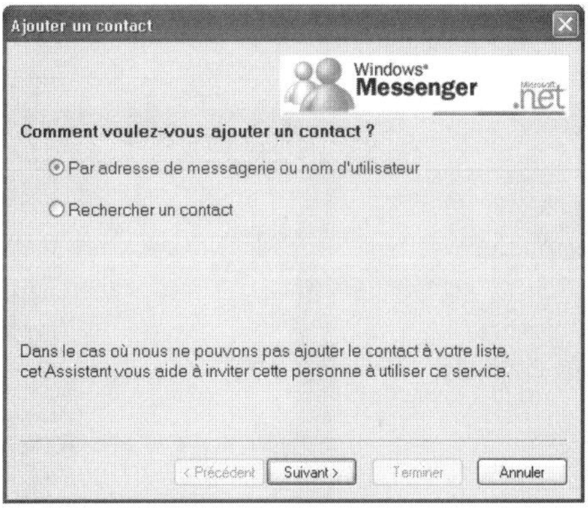

Comme vous connaissez l'identifiant de votre contact, vous allez choisir la première option "Par adresse…".

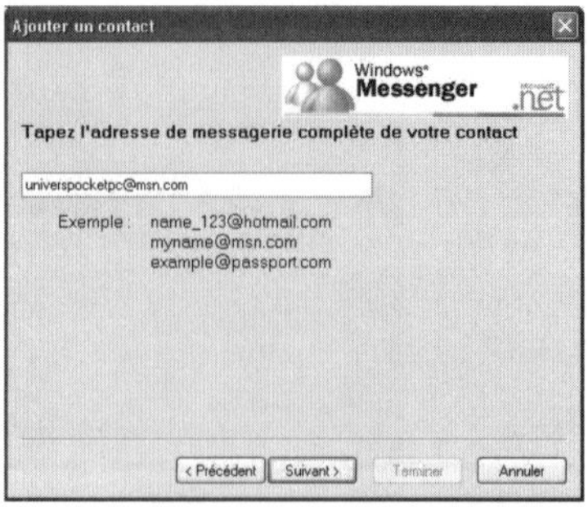

Vous saisissez l'adresse e-mail qui sert d'identifiant Messenger à votre contact.

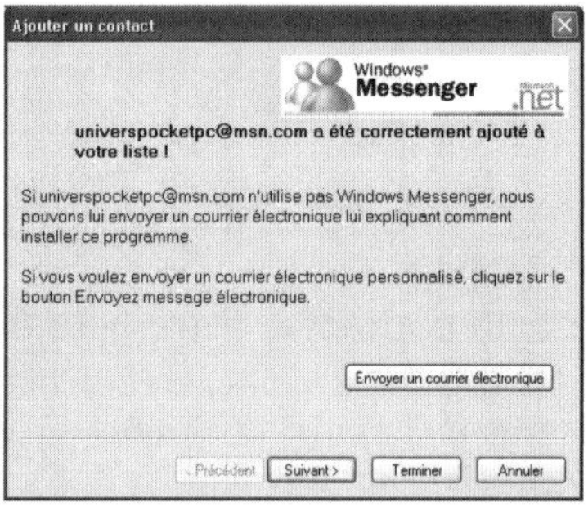

La magie de l'informatique a encore joué, votre correspondant a été ajouté à votre liste.

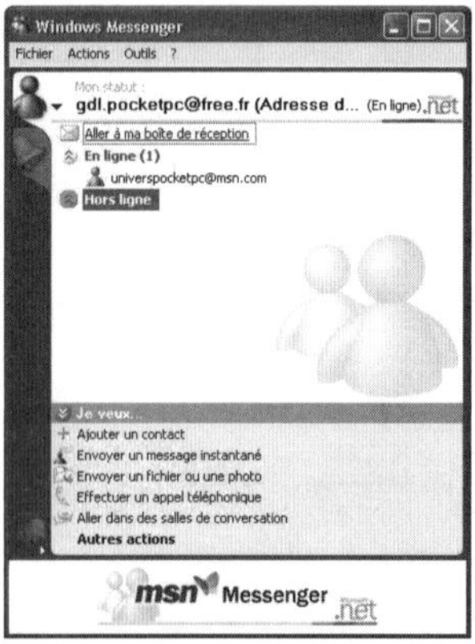

Vous ne pourrez savoir si votre correspondant est en ligne que si celui-ci a accepté que vous le rajoutiez dans votre liste de contacts. Une fois ceci réalisé, vous saurez toujours quand votre correspondant est en ligne, et si vous pouvez lui envoyer un message instantané, c'est-à-dire "chatter".

Communiquez avec votre correspondant

Pour communiquer avec votre correspondant, rien de plus simple. Vous faites un double-clic sur le nom de votre correspondant dans votre liste de contacts. La fenêtre suivante s'ouvre :

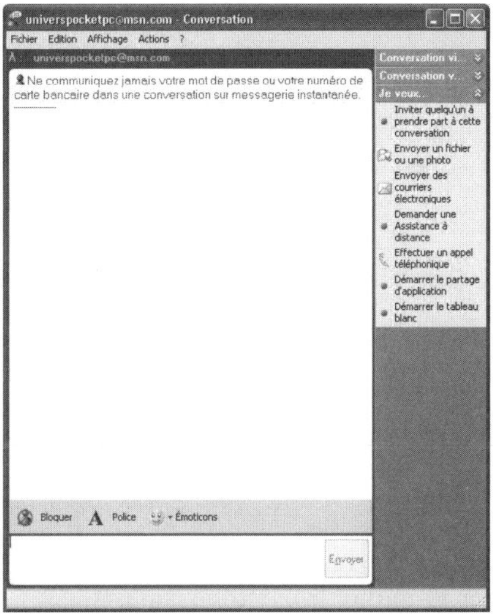

Il ne vous reste plus qu'à taper votre texte et attendre la réponse. Cela vous donne ceci :

Utilisation de Messenger sur votre Pocket PC

A partir du menu "démarrer" de votre Pocket PC, vous vous rendez dans la partie "Programmes" et vous choisissez l'icône "Messenger". Vous pointez dessus. Vous verrez apparaître l'écran suivant :

Vous avez un compte Messenger, il ne vous reste plus qu'à pointer sur l'écran pour ouvrir une connexion.

Vous saisissez votre nom de connexion et votre mot de passe. Puis vous pointez sur "Se connecter". L'écran suivant apparaît :

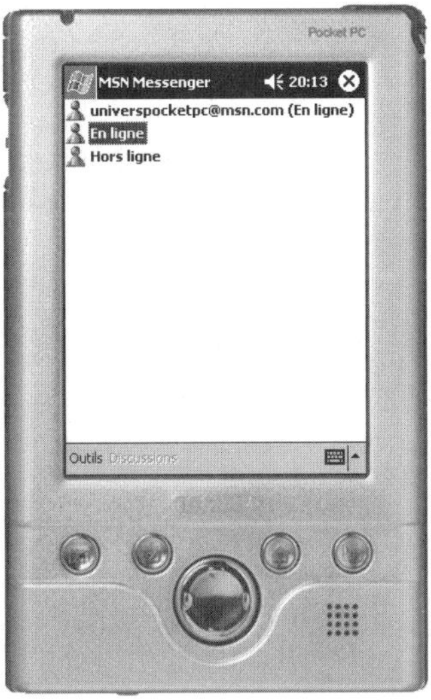

Ajoutez un contact à votre liste de contacts

La première action à réaliser est de contacter un correspondant pour pouvoir "chatter". Pour cela vous devez l'ajouter à votre liste de contacts. Dépliez le menu "Outils" et pointez sur l'option "Ajouter un contact".

L'écran suivant apparaît :

Saisissez l'identifiant Messenger de votre contact et pointez sur "Suivant". Vous verrez apparaître l'écran suivant qui confirme cet ajout. Pointez sur "Ok".

Communiquez avec votre correspondant

Pour communiquer avec votre correspondant, rien de plus simple. Vous pointez sur l'identifiant de votre correspondant dans votre liste de contacts. Un menu contextuel s'ouvre.

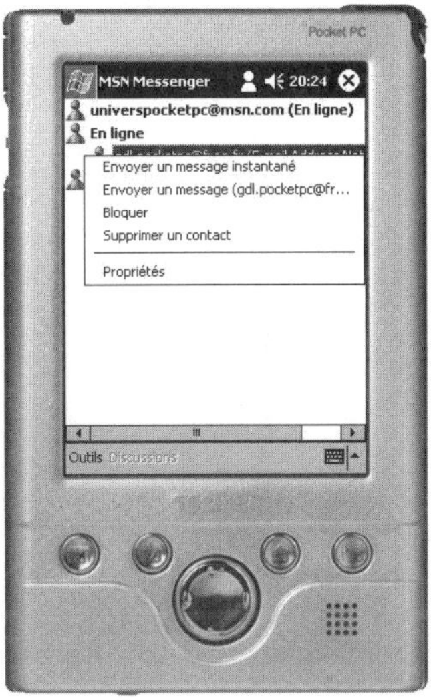

Choisissez l'option "Envoyer un message instantané". La fenêtre suivante s'ouvre.

Vous saisissez votre message et vous pointez sur "Env". Cela donne le résultat suivant :

Si vous communiquez avec un correspondant qui possède un PC, il verra s'afficher ceci :

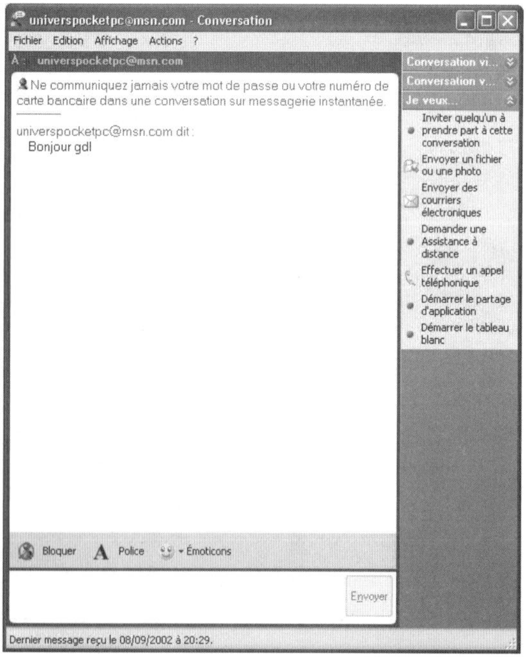

Votre correspondant vous répond, et cela donne cela :

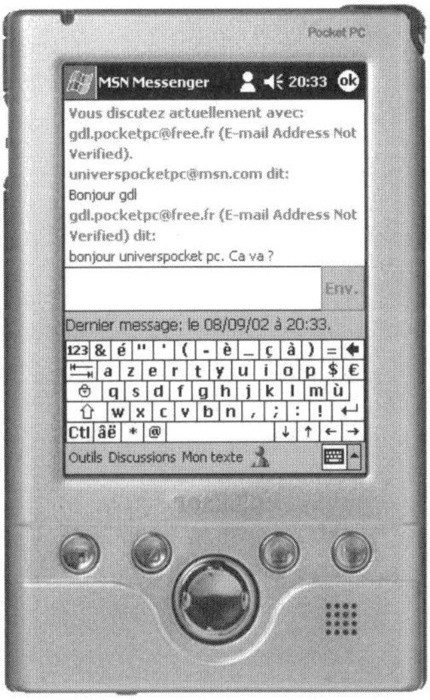

Et ainsi de suite. Bienvenu dans un nouveau monde de communication, les télécommunications du troisième millénaire.

MEGA LIVRE

Chapitre 9	Les programmes bureautiques et de communication de Microsoft Pocket PC 2002

Les fonctions d'Outlook sur votre Pocket PC

Les fonctions d'Outlook sur votre PC de bureau sont détaillées au chapitre "Utilisez votre PC de bureau avec votre Pocket PC" de ce livre. Il vous décrira les correspondances entres les fonctions de PC Outlook 2002 et pocket Outlook ainsi que la synchronisation des données entre elles. Si vous souhaitez utiliser les fonctions d'Outlook sur votre Pocket PC avec votre PC de bureau, commencez par lire ce chapitre.

Ce dessin récapitule les grandes correspondances entre les fonctions des deux machines.

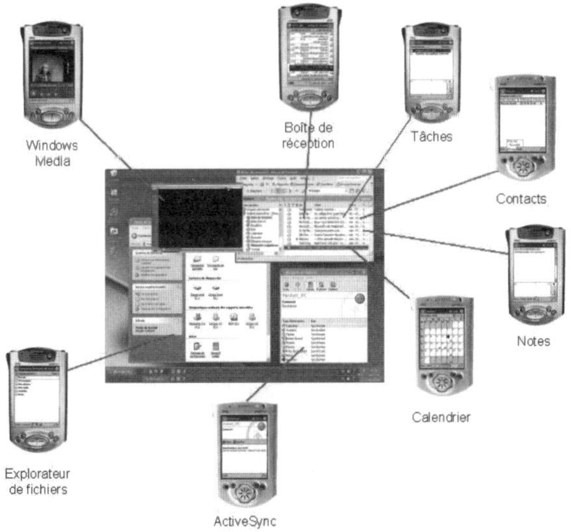

Menu "Aujourd'hui"

Cet écran est le premier écran auquel vous accédez lors de la mise en route de votre Pocket PC.

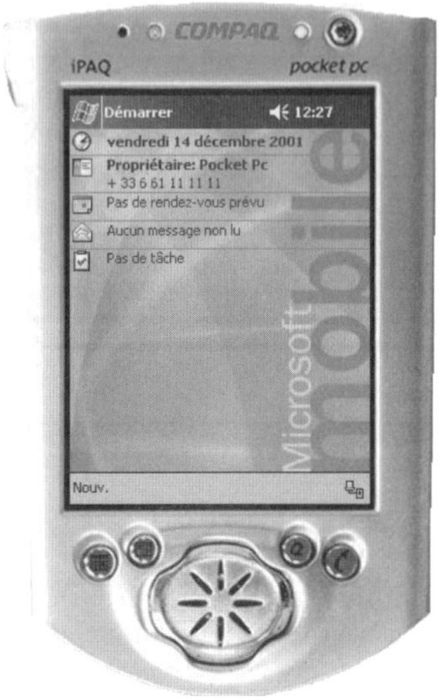

Son utilisation est détaillée dans le chapitre "Prise en main, utilisation et principes de base de votre Pocket PC".

Gestion du calendrier (rendez-vous)

Fonction essentielle de votre Pocket PC. Certain ne l'auront acheté que pour cela. Il permet d'avoir toujours avec vous les rendez-vous et les lieux où ceux-ci se déroulent. A travers votre PC de bureau et Outlook 2002 lorsque votre Pocket PC est dans sa station d'accueil, les rendez-vous que vous prendrez seront en parfaite synchronisation avec le système de gestion de réunions de votre entreprise et des serveurs Microsoft Exchange. (Certains l'appellent le "schedule", abus de langage dû à l'ancien nom du logiciel de gestion des rendez-vous sur votre PC de bureau.)

Au troisième millénaire, la réunion est presque devenue un mode de fonctionnement à part entière : vous passez vos journées à aller d'une réunion à une autre, dans une entreprise répartie aux quatre coins d'une ville ou d'un pays, vous ne repassez presque jamais à votre bureau, votre assistante s'arrache les cheveux à gérer votre agenda... vous êtes un utilisateur désigné pour ce logiciel. Il vous permettra de savoir où se situe la prochaine réunion, de synchroniser votre agenda géré par votre assistante et même à travers votre mobile à le synchroniser avec le serveur Exchange de votre entreprise via un accès distant de type NAS.

Présentation

L'écran de la gestion de vos rendez-vous se présente comme suit :

Le détail de cet écran est le suivant :

- **Date du jour.** Affiche la date du jour.
- **Jours de la semaine.** Vous présente les différents jours de la semaine calendaire. Le jour courant est présenté en inverse vidéo.
- **Aller à la date du jour.** Vous permet de revenir à la date du jour.
- **Zone d'affichage calendrier.** Zone où vont s'afficher vos rendez-vous. La granularité d'affichage va du rendez-vous jusqu'à l'année.
- **L'option Nouv.** Du menu contextuel, vous permet de créer un nouveau rendez-vous.

Le menu Outils. Vous permet de :

- **Gérer les catégories.** A chaque rendez-vous, vous pouvez assigner une catégorie (perso, clients…). Cela est très pratique pour gérer vos éléments. Il est fortement recommandé de les utiliser.
- Gérer les options de votre calendrier :
- **Type d'affichage.** Vous permet de passer d'un mode de visualisation à un autre un peu à la façon d'un zoom en allant de la journée jusqu'à la visualisation de l'année complète.
- **Déplacement temporel.** Vous permet de vous déplacer d'un jour, d'une semaine, d'un mois… en fonction de l'affichage que vous avez sélectionné. Le déplacement peut se faire vers les éléments précédents ou suivants.

Création, modification ou suppression d'un rendez-vous

Création d'un rendez-vous

Vous avez plusieurs méthodes pour créer un rendez-vous :

- ❑ Vous pointez sur une partie vierge de la zone d'affichage du calendrier. Le menu qui apparaît vous propose de créer un nouveau rendez-vous.
- ❑ Vous pointez sur la zone "Nouv." du menu contextuel.

L'écran suivant s'affiche :

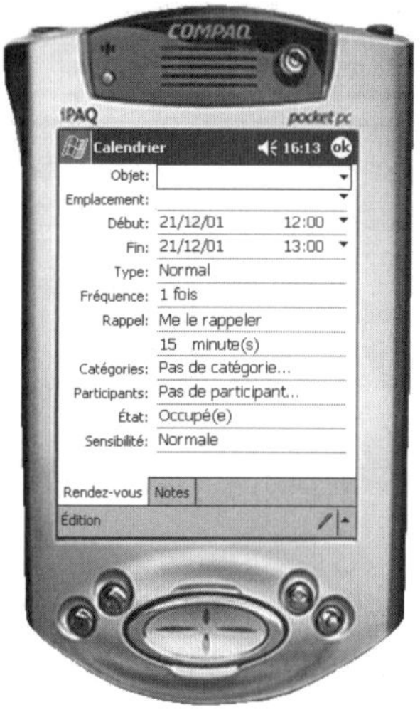

Dans cet écran, vous pourrez saisir les éléments suivants :

- ❑ L'objet du rendez-vous.

❑ Son lieu.

❑ Son début.

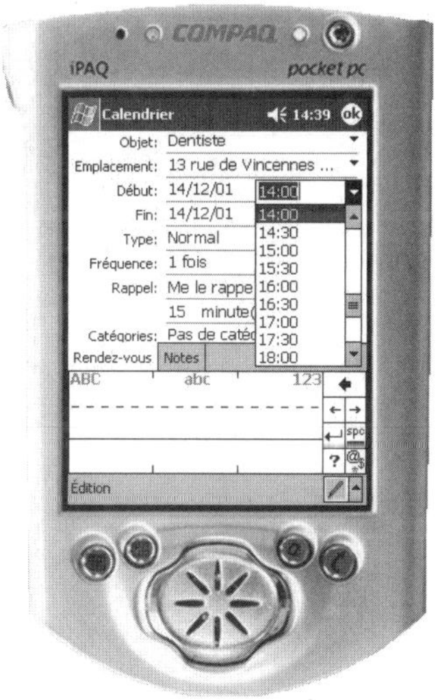

- Sa fin.

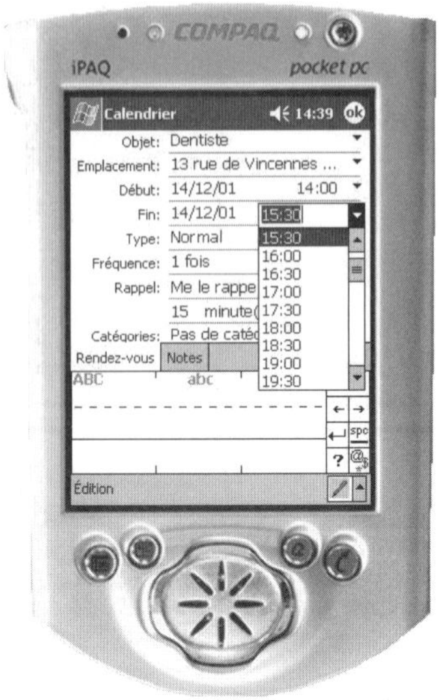

- Son type (normal ou journée entière).

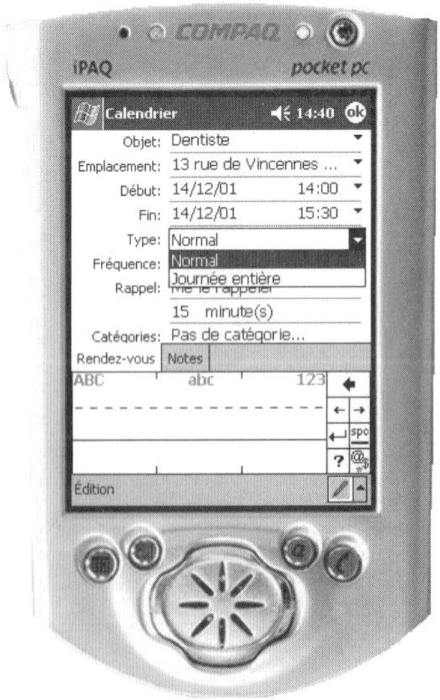

❑ Sa fréquence de répétition dans le temps.

❑ Combien de temps avant le rendez-vous celui-ci doit vous être rappelé.

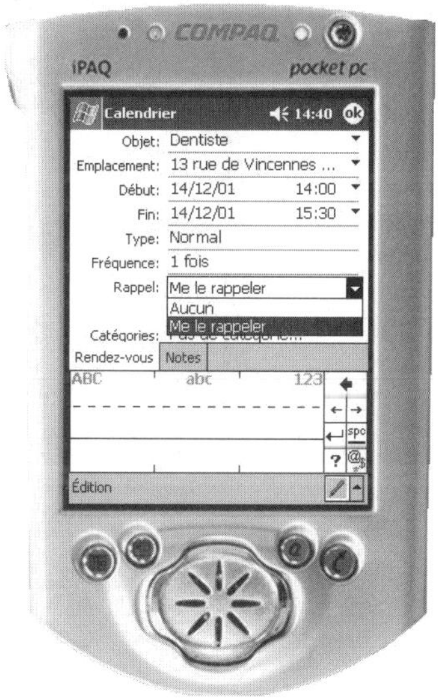

- ❑ Sa catégorie (perso, professionnelle…). Il vous est possible de paramétrer le type de catégorie. Voir le chapitre "Gestion des catégories".

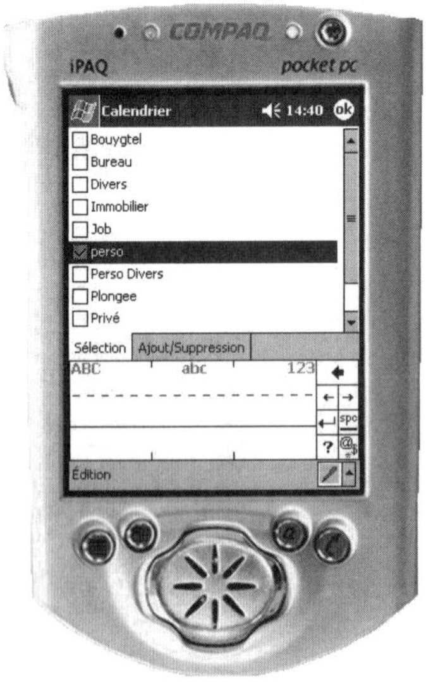

- ❑ Les participants à cette réunion.

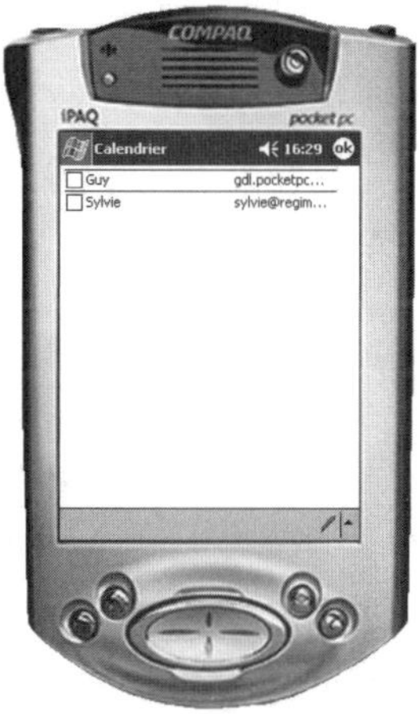

Il est à noter les points suivants sur les participants :

- ❑ Si vous êtes raccordé à votre messagerie d'entreprise Microsoft Exchange, une notification sera envoyée aux participants sélectionnés et connectés à la même messagerie d'entreprise que vous.
- ❑ La liste affichée est celle contenue dans le programme "Contacts" de votre Pocket PC. Vous n'avez pas accès aux annuaires de votre messagerie d'entreprise.
- ❑ Si la personne sélectionnée ne fait pas partie de votre entreprise, mais que vous avez saisi une adresse email, la demande de rendez-vous sera envoyée par la fonction "Boîte de réception" de votre Pocket PC.
- ❑ Etat : si vous êtes libre ou non sur ce créneau horaire (si vous avez reçu une convocation à une autre réunion).

- Et enfin, son niveau de sensibilité : normale ou privée. J'attire votre attention sur cette option si vous utilisez Outlook et votre Pocket PC dans une entreprise ayant recours aux agendas partagés via Microsoft Exchange. Si la sensibilité n'est pas positionnée à "privé", toutes les personnes de votre entreprise pourront voir le contenu de ce rendez-vous. Si, par contre, la sensibilité est positionnée à "privé", il apparaîtra que vous êtes occupé sur ce créneau horaire, mais cela ne donnera pas plus de détails.

Note associée au rendez-vous

Vous pouvez associer au rendez-vous une note que vous avez écrite.

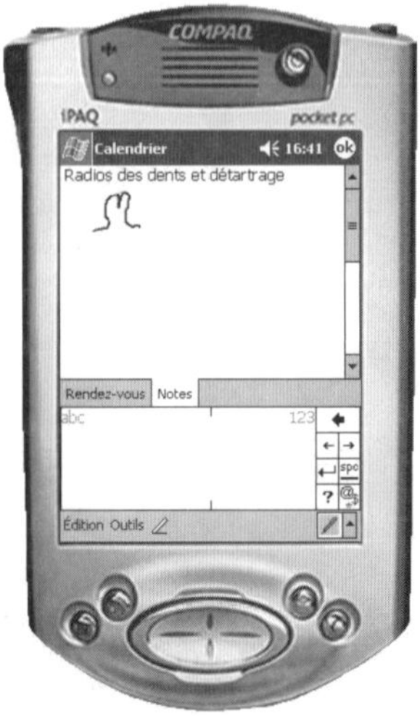

Cette note peut-être composée de texte ou de graphiques. L'activation du stylet comme stylo pour dessiner se réalise en pointant sur le petit stylo présent dans le menu contextuel du bas de l'écran.

Cette fonction de note correspond au programme Notes de votre Pocket PC. Son utilisation est la même et est décrite au chapitre "Gestion des notes". Par contre, la note associée à votre rendez-vous ne sera accessible que via la fonction Calendrier.

Consultation ou modification d'un rendez-vous

Pour voir le détail de votre rendez-vous, pointez le rendez-vous affiché sur votre écran.

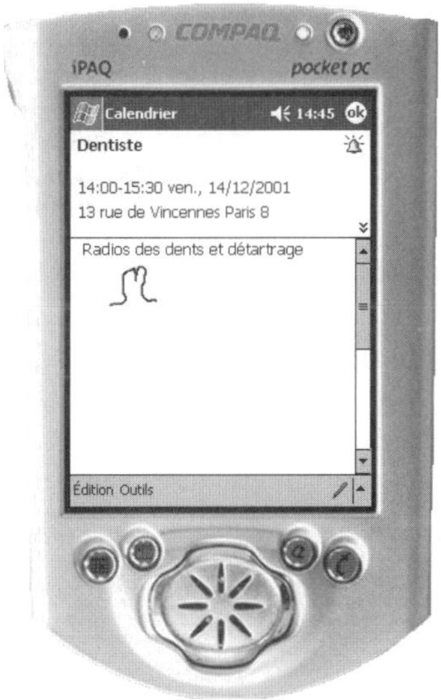

Pour le modifier, pointez sur le menu "Edition" du menu contextuel du bas de votre écran.

La fiche s'ouvrira et vous pourrez l'utiliser comme vous l'avez fait lors de sa création.

Suppression d'un rendez-vous

La seule méthode pour supprimer un rendez-vous est de pointer quelques secondes sur le rendez-vous à supprimer, et ce afin d'ouvrir le menu.

Ensuite, pointez sur l'option "Supprimer un rendez-vous".

Les différents modes de visualisation

Vous avez maintenant saisi un certain nombre de rendez-vous, que ce soit avec votre Pocket PC ou votre PC de bureau via Outlook 2002. Vous voudrez maintenant visualiser votre emploi du temps.

Plusieurs modes d'affichage vous sont proposés :

- ❑ La synthèse de votre journée.

❑ Le détail de votre journée.

❑ La synthèse de votre semaine.

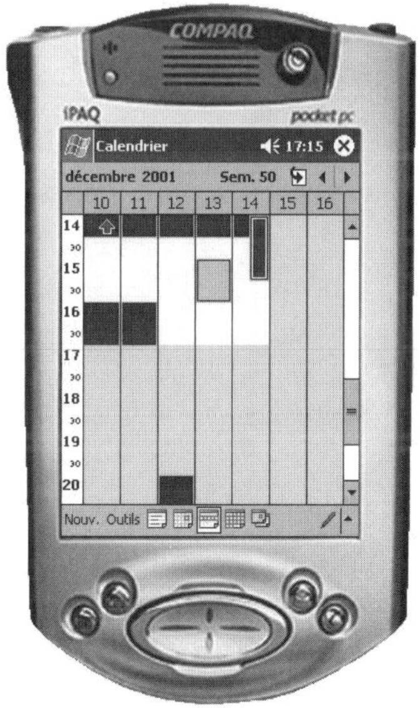

❑ La synthèse de votre mois.

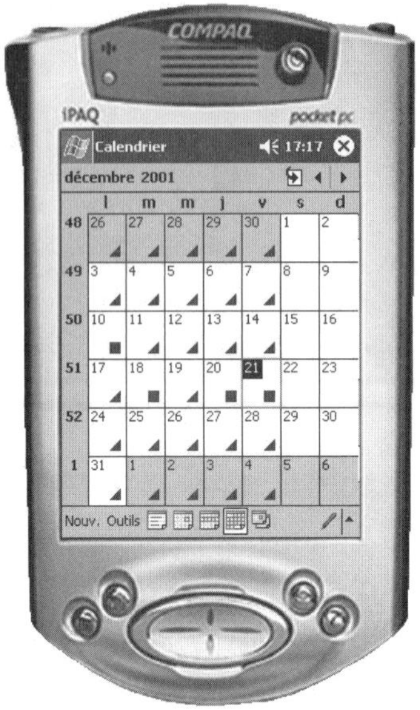

❑ Le calendrier de l'année.

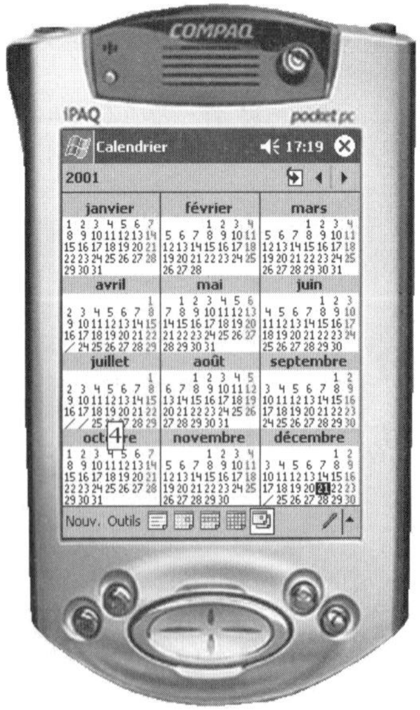

Les options de votre calendrier

Vous pouvez adapter votre calendrier à votre utilisation via cet écran d'options. Vous y accédez à partir du menu "Outils" du menu contextuel du bas de votre écran.

1er jour de la semaine. Positionne le début de la semaine au lundi ou au dimanche.

Vue de la semaine. Ceci vous permet de déterminer si la vue synthétique de votre semaine comprend 5 ou 7 jours.

Afficher des intervalles de 30 mn. Par défaut, les intervalles dans la présentation de votre journée sont de 1 heure. Avec cette option, l'intervalle proposé est de 30 mn.

Afficher les numéros de semaines. Le libellé de cette option se suffit à lui-même.

Utiliser une grande police. Cela va augmenter la taille des caractères sur votre écran, plus de lisibilité, mais moins d'informations seront affichées en même temps.

Activer les rappels des nouveaux éléments. Cela fera en sorte que pour tous les nouveaux éléments (comprenez les nouveaux rendez-vous) il soit systématiquement positionné un rappel (une alarme ou notification sur l'écran de votre Pocket PC). Il est intéressant de noter que cette alarme sera aussi positionnée sur l'Outlook 2002 de votre PC de bureau. Option bien pratique quand vous travaillez sur votre PC. Vous pouvez déterminer combien de temps ce rappel s'activera avant le rendez-vous, en terme de minutes, heures, semaines…

Afficher les icônes. Ces icônes seront positionnées en haut à droite de la visualisation de chaque rendez-vous ; elles symbolisent les informations suivantes :

- si un rappel à été positionné,
- si le rendez-vous se déroule plusieurs fois (série),
- si le rendez-vous est privé (ou normal, c'est-à-dire public)...

Ces icônes sont très pratiques et sont les mêmes que sur l'Outlook de votre PC. Nous vous recommandons de les utiliser. Pour les sélectionner, pointez successivement sur chacune d'elles.

Envoyer les demandes de réunion via. C'est une option de connectivité de votre Pocket PC. En effet, vous pouvez préparer des rendez-vous en n'étant pas synchronisé avec votre PC de bureau. Vous ferez cela en réunion, dans la rue, chez vous, n'importe où. Il faudra ensuite synchroniser vos rendez-vous avec votre PC qui, lui-même, se synchronisera avec la messagerie Exchange de votre entreprise ou via une liaison NAS.

Vous pouvez choisir ActiveSync. Cela implique que les rendez-vous seront synchronisés avec Outlook 2002 sur votre PC de bureau quand votre Pocket PC sera connecté à votre PC de bureau (soit par infrarouge, soit par câble, soit par votre station d'accueil). Si votre PC de bureau est connecté à une messagerie Exchange, le rendez-vous que vous avez positionné deviendra accessible aux autres personnes de votre entreprise. Si celui-ci est en sensibilité normale, le libellé du rendez-vous apparaîtra en clair pour les autres utilisateurs de la messagerie, si celui-ci est positionné en sensibilité "privé", seul la période de temps du rendez-vous apparaîtra comme occupé, mais le libellé de ce rendez-vous ne sera accessible à personne d'autre que vous.

Vous pouvez choisir les autres connexions que vous aurez paramétrées sur votre Pocket PC (voir les chapitres "Paramétrage de votre Pocket PC" et "Mise en œuvre de la communication globale de votre Pocket PC et de votre ordinateur de bureau"). Attention, cette synchronisation par le biais d'une connexion à distance ne pourra s'effectuer que si vous vous connectez en direct sur votre PC via un modem ou si vous accédez à votre messagerie Exchange d'entreprise via un accès NAS. Dans le deuxième cas décrit, seuls les administrateurs réseau et bureautique de votre entreprise pourront mettre en œuvre cette liaison.

Gestion des contacts

La gestion des contacts, autre grande fonction de votre Pocket PC. Ce programme a sa correspondance dans Outlook 2002 : Contacts. Ainsi, tous les contacts présents sur une machine seront synchronisés sur l'autre sans que vous n'ayez à faire quoi que ce soit, excepté déposer délicatement votre Pocket PC sur sa station d'accueil.

Ce fichier Contacts vous permettra d'avoir avec vous l'intégralité des informations sur vos contacts, de leur envoyer des emails et, pour ceux qui possèdent un téléphone mobile doté d'un port infrarouge, d'envoyer des SMS (Short Messages System), de faire composer le numéro de téléphone automatiquement par votre téléphone mobile, de transférer ou récupérer des numéros de téléphone de votre téléphone mobile. (Pour ces fonctions utilisant votre téléphone mobile, il vous faut acquérir un des logiciels que nous vous présentons au chapitre "Ajouter de nouvelles fonctionnalités sur votre Pocket PC".)

Il existe cependant une limitation concernant la messagerie d'entreprise. Vous ne pourrez pas accéder aux annuaires d'entreprise auxquels vous accédez via votre PC de bureau avec Outlook 2002 et qui vous servent lorsque vous travaillez en mode autonome (c'est-à-dire déconnecté de votre station d'accueil).

Ce gestionnaire de contacts est accessible par tous les logiciels communicants de votre Pocket PC.

Présentation

Lorsque vous ouvrez les contacts, le premier écran auquel vous accédez se présente comme suit.

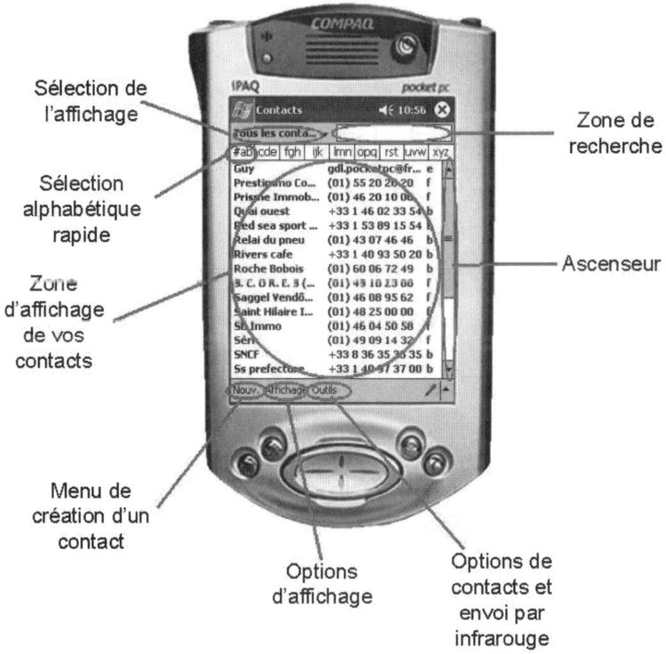

Détaillons ensemble les fonctions qui vous sont offertes :

Sélection de l'affichage. Déroule un menu et vous permet de sélectionner un sous-ensemble de vos contacts.

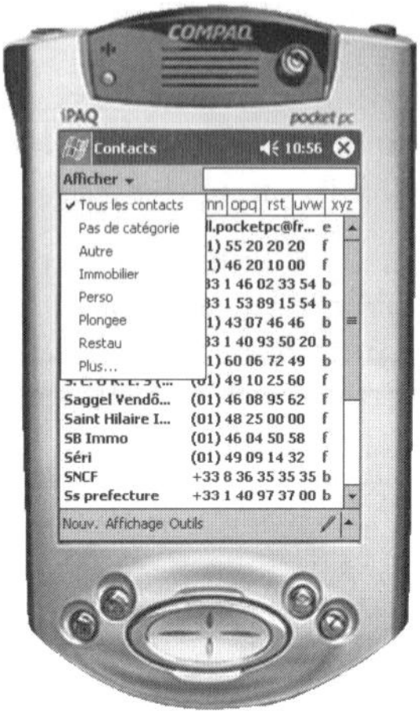

Cette sélection se fait par les catégories que vous avez assignées à vos contacts (voir le chapitre "La gestion des catégories").

La sélection alphabétique rapide. Vous permet dans la catégorie sélectionnée de vous positionner directement sur les noms commençant par "abc" par exemple, à l'image de ce que vous faites avec votre répertoire papier.

Zone d'affichage de vos contacts. Cette zone est subdivisée en trois parties :

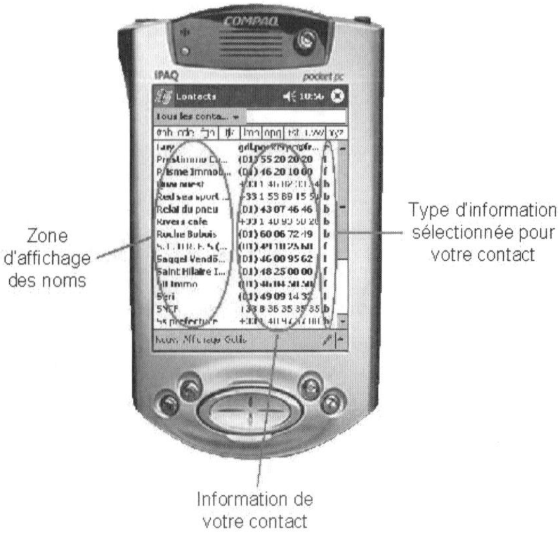

- ❑ Le nom.
- ❑ L'information qui vous est nécessaire d'afficher pour votre contact.
- ❑ Le type d'information que vous avez décidé d'afficher pour votre contact.

Menu de création d'un nouveau contact. En pointant sur la zone "Nouv." du menu contextuel du bas de votre écran, vous pourrez créer un nouveau contact.

Options d'affichage. Vous permet de sélectionner l'affichage de vos contacts, soit par nom de société, soit par le nom propre de votre contact.

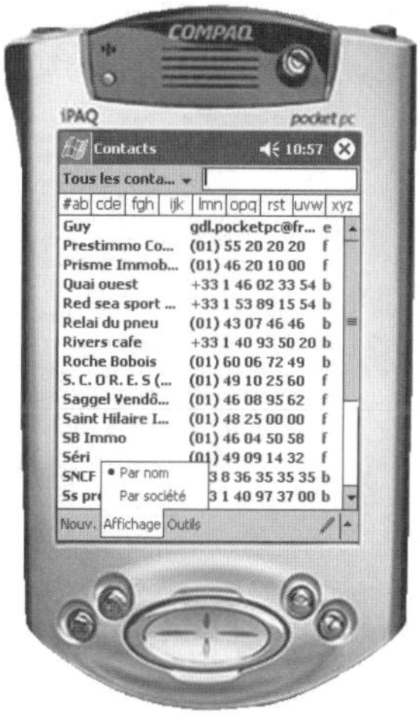

En choisissant l'option "Par société", vous verrez apparaître l'affichage comme suit :

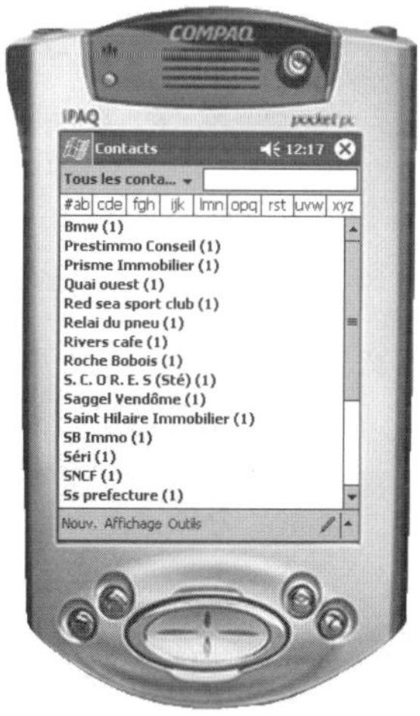

Vous ne verrez que la liste des sociétés et le nombre de contacts qui sont associés à cette société.

Menu "Outils". Vous permet de modifier les options de ce programme et d'envoyer par infrarouge un contact à un autre utilisateur de Pocket PC, et grande nouveauté de Pocket PC 2002, de l'envoyer à un possesseur de palm pilot (machine et système d'exploitation concurrente au Pocket PC).

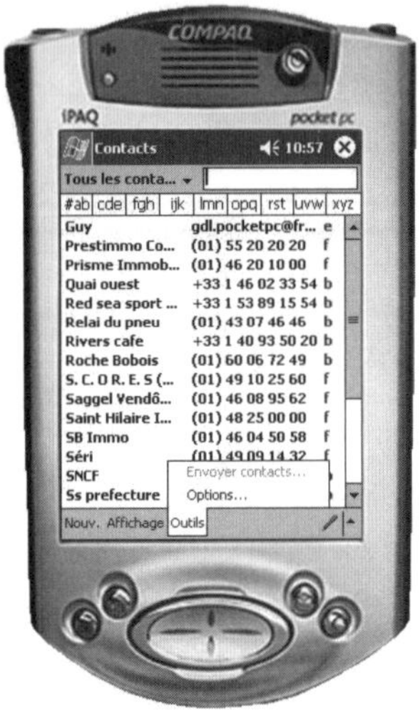

Zone de recherche. Cette zone de saisie vous permet de saisir le nom du contact que vous recherchez.

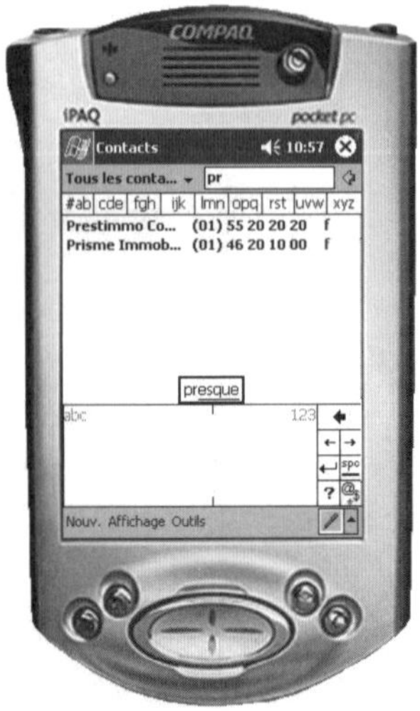

Ascenseur. Vous permet de vous déplacer dans la liste affichée.

Création d'un contact

Pour créer un contact, vous pointez sur l'option "Nouv." du menu contextuel du bas de votre écran. Ou bien, vous pouvez le créer à partir d'une copie d'un autre contact par l'écran principal de "Contacts".

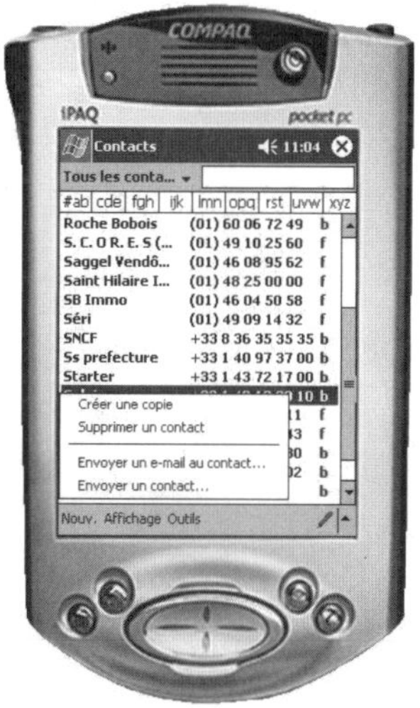

Pour cela, pointez sur un contact pendant quelques instants, un menu s'ouvre à vous. Sélectionnez "Créer une copie". Le contact sera dupliqué et apparaîtra sous le nom "Copie de...).

L'écran suivant apparaît et vous allez pouvoir commencer à saisir votre contact.

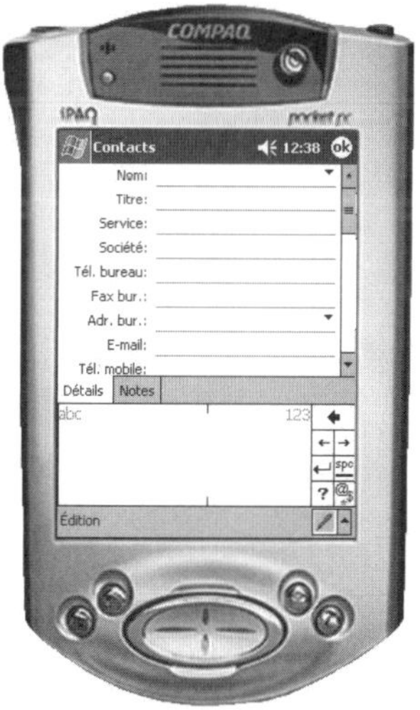

Dans cet écran, vous pourrez saisir les éléments suivants :

Dans la zone "Nom", vous apercevez un petit triangle pointant vers le bas. Vous pouvez pointer sur ce triangle pour saisir le détail du nom.

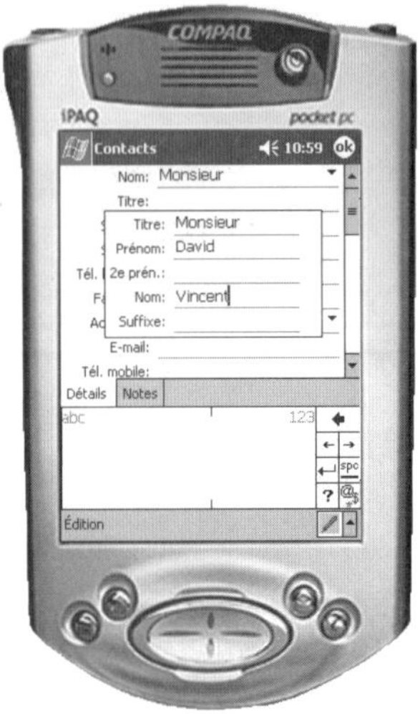

Vous y rentrez le titre de cette personne (Monsieur, Madame, Docteur…), ses prénoms, son nom et l'abrégé du nom ou le surnom.

Puis les éléments suivants :

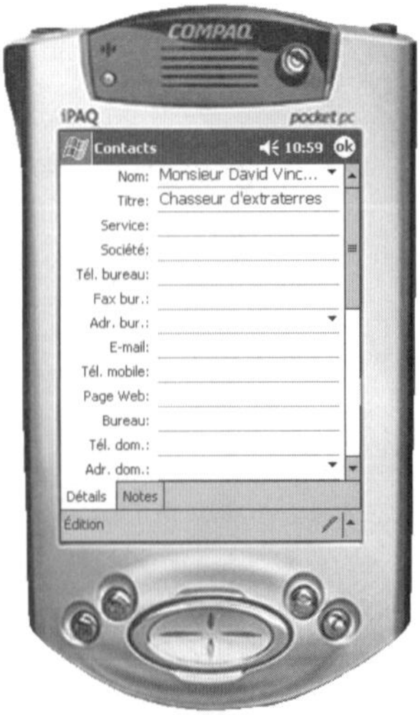

- ❑ Service.
- ❑ Société.

- ❑ Deux numéros de téléphone de bureau.
- ❑ Fax de bureau.
- ❑ Adresse de bureau.
- ❑ Trois adresses email.
- ❑ Téléphone mobile.
- ❑ Adresse de page Web.
- ❑ Localisation du bureau.
- ❑ Deux numéros de téléphone de domicile.
- ❑ La catégorie.
- ❑ Une deuxième adresse pour le contact.
- ❑ La personne qui réceptionne les appels.
- ❑ Le téléphone de voiture.
- ❑ Le fax de domicile.
- ❑ Le nom de l'assistante de votre contact.
- ❑ Le téléphone de l'assistante de votre contact.
- ❑ La date d'anniversaire.
- ❑ La date de la fête.
- ❑ Le nom du conjoint.
- ❑ Le nombre d'enfants.
- ❑ Et bien sûr une note associée au contact.

Note associée au contact

Vous pouvez associer une note au contact que vous avez créé.

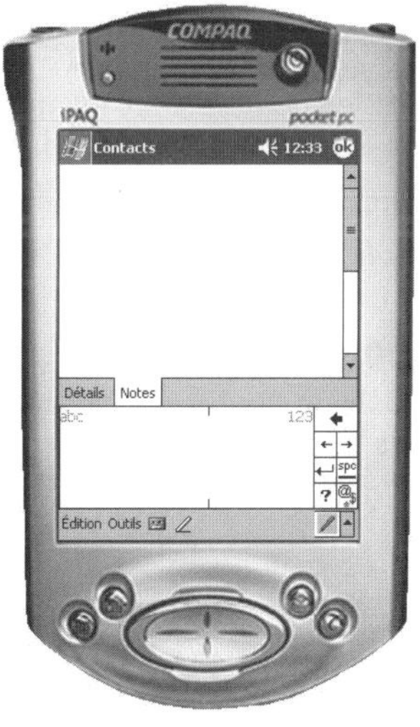

Cette note peut-être composée de texte ou de graphiques. L'activation du stylet comme stylo pour dessiner se réalise en pointant sur le petit stylo présent dans le menu contextuel du bas de l'écran.

Cette fonction de note correspond au programme "Notes" de votre Pocket PC, elle est décrite au chapitre "Gestion des notes". Par contre, la note associée à votre contact ne sera accessible que via la fonction Contacts.

Consultation ou modification d'un contact

Pour voir le détail de votre contact, pointez le contact sur votre écran.

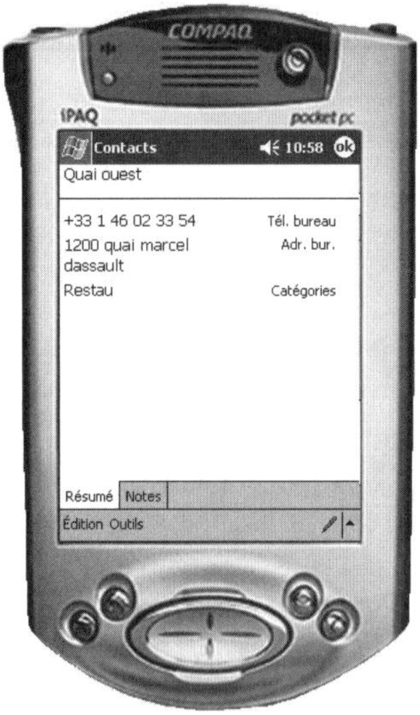

Pour le modifier, pointez sur le menu "Edition" du menu contextuel du bas de votre écran.

La fiche s'ouvrira et vous pourrez l'utiliser comme vous l'avez fait lors de sa création.

Suppression d'un contact

La seule méthode pour supprimer un contact est de pointer quelques secondes sur le contact à supprimer, et ce afin d'ouvrir le menu.

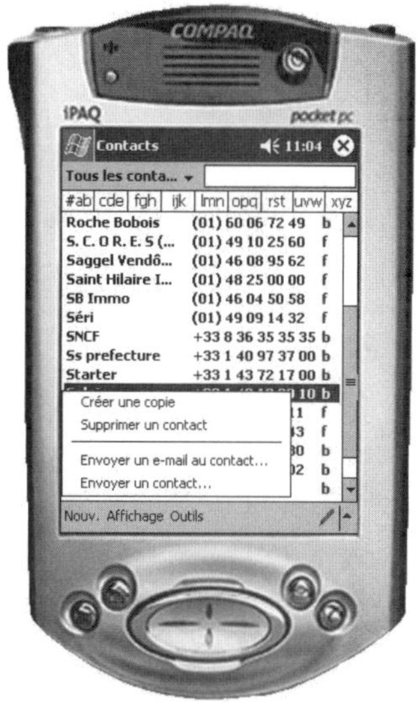

Pointez sur l'option "Supprimer un contact".

Envoyer un email à votre contact

Vous pouvez envoyer un email à un contact directement à partir de l'écran Contacts. Vous pointez quelques secondes sur le contact à qui vous désirez envoyer un email et vous sélectionnez l'option "Envoyer un e-mail au contact...".

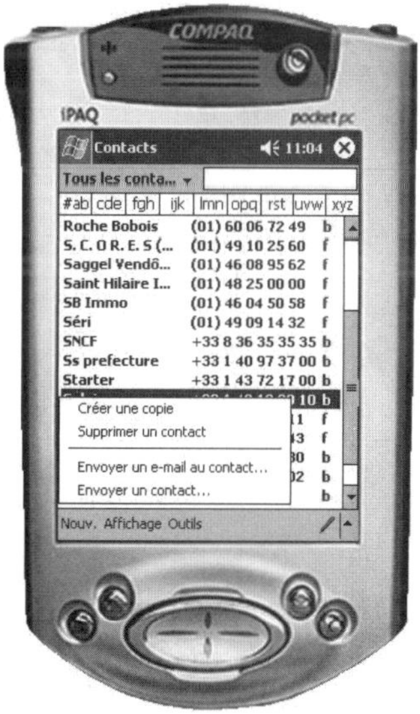

Vous accédez directement à l'écran du programme Boîte de réception qui permet de rédiger un nouveau mail. (Voir la fonction Boîte de réception au chapitre "Les fonctions de communication".)

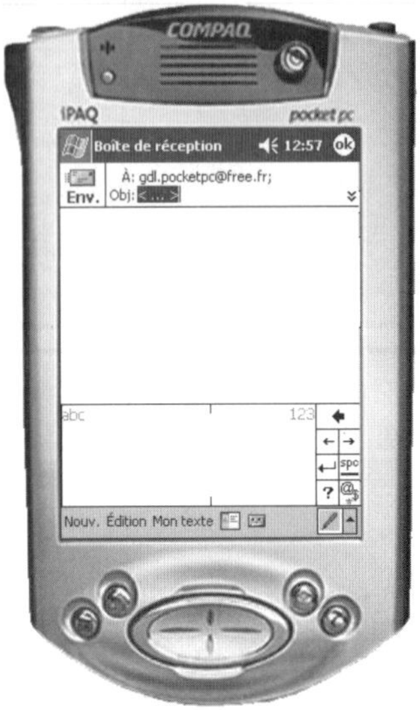

Les options de votre gestionnaire de contacts

Vous pourrez paramétrer les éléments suivants pour personnaliser le fonctionnement de votre gestionnaire de contacts.

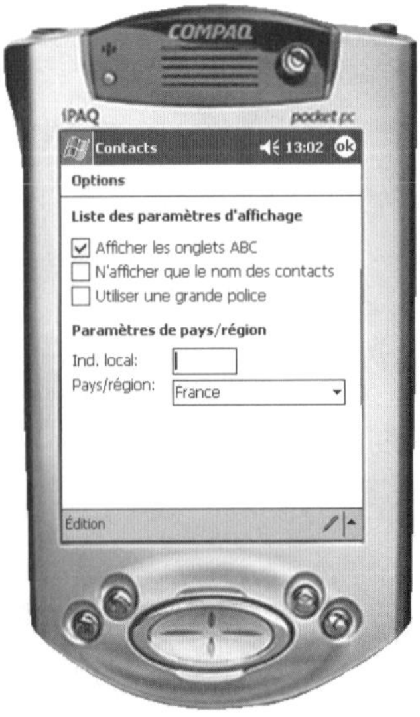

Onglet ABC. Permet l'affichage du menu de sélection alphabétique rapide.

Vous pouvez restreindre l'affichage en n'affichant que les **noms des contacts**.

Vous pouvez afficher les contacts dans un **format de police de caractères plus grand**.

Enfin, vous pouvez définir les **paramètres de pays et région**. Retirez l'option "Ind. local", qui devient une grande contrainte de saisie car le fonctionnement de notre numérotation française s'adapte très mal à ce type de fonctions "automatiques".

Sélectionnez le pays où vous résidez.

Gestion des notes

Cet outil de gestion des notes est très présent dans votre utilisation quotidienne. En effet, c'est lui que vous utilisez pour créer des notes dans la gestion de vos contacts, tâches, rendez-vous. Sinon, vous pouvez y accéder directement à partir du menu Démarrer de votre Pocket PC.

Quelques remarques importantes concernant ces notes :

- Si vous saisissez une note à partir de contacts, tâches, rendez-vous, vous ne pourrez la consulter que depuis des fiches contacts, tâches et rendez-vous pour lesquelles vous les avez créées, que ce soit sur votre Pocket PC ou sur Outlook 2002 de votre PC de bureau.

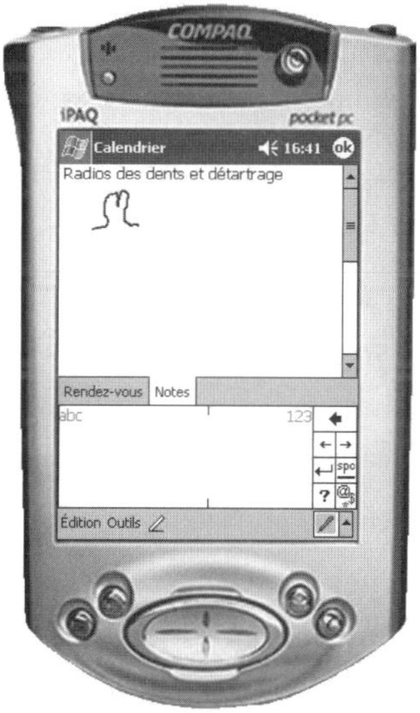

- Si vous créez une note directement à partir de notes, celle-ci sera accessible depuis le programme Notes et l'explorateur de fichiers sur votre Pocket PC, ou depuis votre PC de bureau dans les Notes d'Outlook 2002.

- Les notes peuvent être saisies avec tous les modes de saisie d'écriture.
- Les notes peuvent être agrémentées de dessins ou d'un enregistrement sonore au moyen de la fonction Dictaphone (voir chapitre "Utilisation des fonctions multimédias").

Cette note peut-être composée de texte et/ou de graphiques. L'activation du stylet comme stylo pour dessiner s'effectue en pointant sur le petit stylo présent dans le menu contextuel du bas de l'écran.

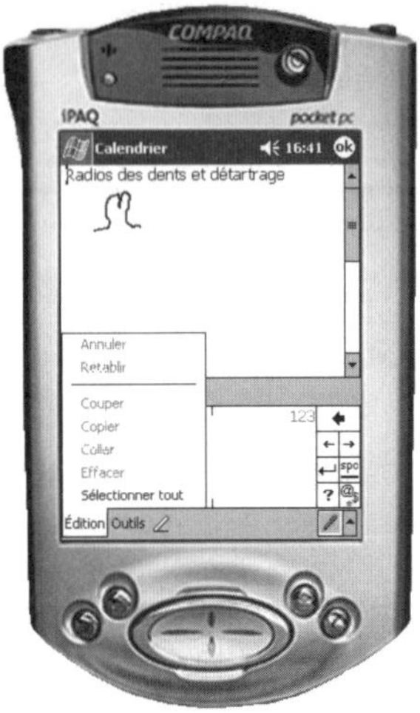

Vous pouvez bien sûr associer une note vocale à votre rendez-vous, en pointant sur la petite icône en forme de cassette du menu contextuel de bas d'écran.

Présentation

Le premier écran auquel vous accédez sert à la gestion de vos fichiers notes.

Il se compose des éléments suivants :

Liste des notes. C'est la liste des notes qui sont enregistrées sur votre Pocket PC.

Date de création. Date de création de la note.

Taille du ficher. C'est la taille qu'occupe votre note sur votre Pocket PC.

Création d'une nouvelle note. Le bouton "Nouv." vous permet d'accéder à l'écran de création d'une note.

Paramétrage des options. Vous accédez au paramétrage des options via le menu "Outils" du menu contextuel du bas de votre écran.

Enregistrement d'une note vocale. L'icône représentant une cassette stylisée vous permet d'enregistrer directement une note (mémo) vocal.

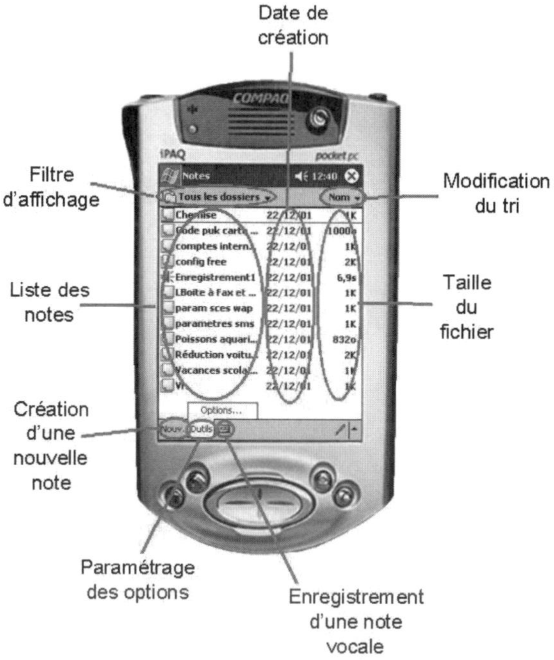

Création d'une note

Comme dans les autres programmes, pointez sur l'option "Nouv." du menu contextuel du bas de l'écran qui permet de se positionner en mode création.

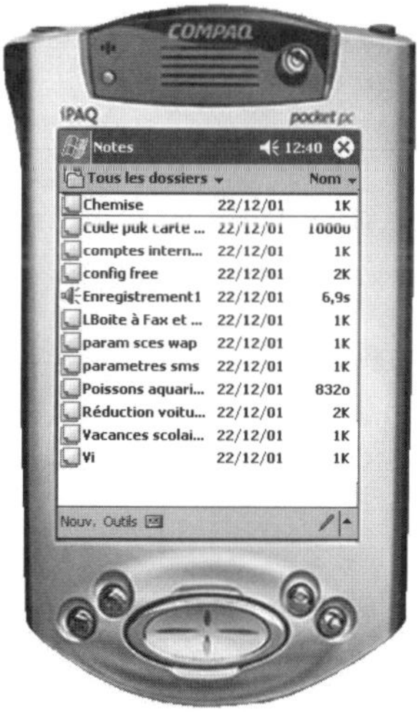

Vous arrivez sur l'écran de création d'une note.

Description de l'écran de saisie d'une note

Cet écran est constitué des éléments suivants :

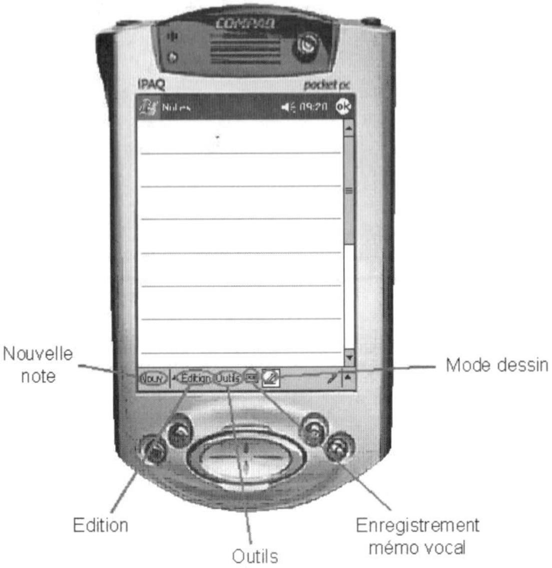

La zone de saisie qui est positionnée en standard en "mode graphique".

Une zone de menu "Nouv." qui permet de créer une nouvelle note.

Un menu "Edition" qui permet d'utiliser les fonctions suivantes :

- **Annuler Frappe.** Annule la dernière saisie à l'écran.
- **Répéter.** Répète la dernière action effectuée.
- **Copier.** Copie dans une zone de mémoire temporaire (le clipboard sur votre PC de bureau) les éléments que vous avez sélectionnés à l'écran.
- **Couper.** Copie dans une zone de mémoire temporaire (l'équivalent du clipboard sur votre PC de bureau) les éléments que vous avez sélectionnés à l'écran et le supprime de l'écran.
- **Coller.** Colle l'élément copié ou coupé.
- **Effacer.** Efface les éléments sélectionnés mais ne les garde pas en mémoire.
- **Sélectionner tout.** Permet de sélectionner l'ensemble des éléments à l'écran.

Le menu "Outils" qui permet d'accéder aux fonctions suivantes :

- **Reconnaître.** Permet de traduire les mots que vous avez saisis en mode graphique et de les traduire en caractères d'imprimerie via Transcriber. Cette reconnaissance ne se fait pas mot à mot, mais pour l'ensemble du texte saisi. Attention, cet outil ne fait pas la différence entre le dessin et le texte, et il convertira le dessin en texte si vous n'y prenez garde. (Voir le chapitre sur la reconnaissance d'écriture "Prise en main, utilisation et principes de base de votre Pocket PC".)
- **Envoyer via e-mail.** Vous permet d'envoyer cette note par mail. En sélectionnant cette option, vous retrouvez votre note insérée dans un nouvel e-mail.

- **Envoyer note**. Vous permet d'envoyer une note par le port infrarouge de votre Pocket PC, vers un autre Pocket PC, un palm pilot ou un PC de bureau.
- **La zone des pourcentages : 75 % … 300 %.** Permet de zoomer sur votre écran.
- **Renommer / Déplacer.** Permet de renommer la noter et de l'enregistrer dans un autre répertoire de votre Pocket PC.

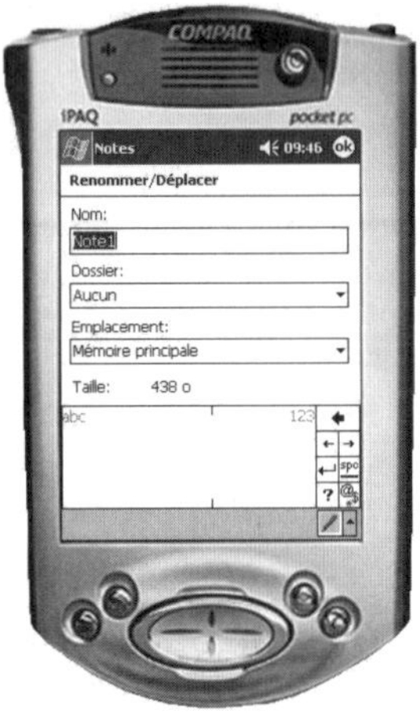

- **Supprimer une note.** Cette option permet de supprimer la note en cours.

Enregistrement mémo vocal. Cette fonction permet d'associer une note vocale à votre note manuscrite.

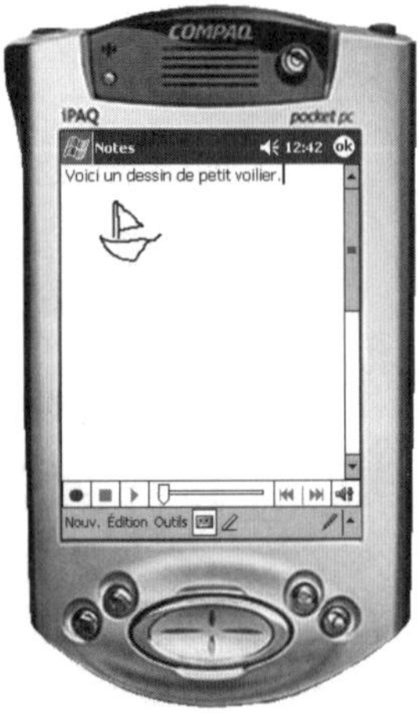

Elle fonctionne comme la fonction Dictaphone de votre Pocket PC. Pour plus de détails, voir le chapitre "Utilisation des fonctions multimédias".

A l'issue de l'enregistrement de la note vocale, une petite icône représentant un "haut-parleur" apparaîtra dans votre texte. Pour l'écouter, pointez sur ce petit logo, l'écoute de la note commencera.

Le petit logo stylisant un petit crayon permet de passer en mode graphique.

Fonctionnement de la saisie

Par défaut, votre écran est positionné en mode graphique et apparaît sous cette forme :

Vous pouvez saisir votre texte en mode graphique et, ensuite, le faire reconnaître par Transcriber. En pointant sur le logo représentant un petit crayon stylisé, vous passez en mode de saisie classique via le clavier, le graffiti, la reconnaissance des lettres et Transcriber.

Vous pouvez insérer un mémo vocal dans votre texte en pointant sur le logo stylisant une cassette.

Consultation ou modification d'une note

Vous pointez sur la note à consulter ou modifier et vous accédez directement à la note à consulter ou modifier.

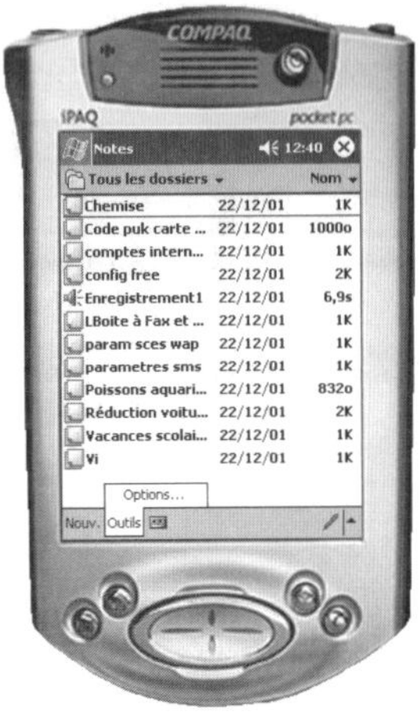

Si la note est un mémo vocal, elle est matérialisée par un petit haut-parleur ; en pointant dessus, vous arrivez directement vers la fonction dictaphone.

Suppression d'une note

Pour supprimer une note, vous pointez sur la note durant quelques secondes, puis sur l'option "Supprimer".

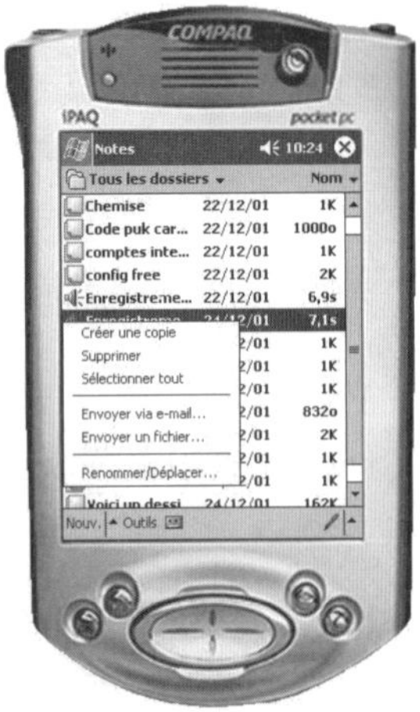

Les options de notes

Les différentes options suivantes peuvent être positionnées :

Mode par défaut. "Ecriture" permet de systématiquement ouvrir la note en mode graphique, pour ensuite faire reconnaître les mots manuscrits par l'option "Reconnaître", ou la laisser telle quelle.

Modèle par défaut. Vous pouvez demander qu'une note soit systématiquement ouverte avec une forme préétablie. Cette forme préétablie s'appelle un modèle. Ce sont les mêmes que vous utilisez avec Microsoft pocket Word et d'autres logiciels bureautiques. Ces modèles sont enregistrés dans le répertoire "Modèles". Pour créer un modèle, vous formatez une note au format dans lequel vous voudrez la voir apparaître à chaque création de note et vous enregistrez cette note dans le répertoire "Modèles".

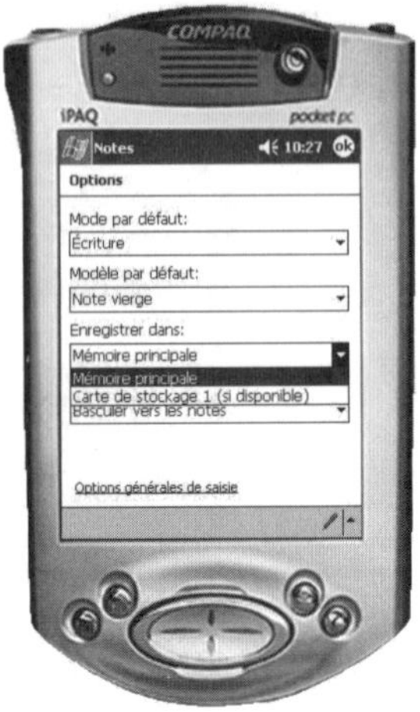

Enregistrer dans. Permet d'enregistrer systématiquement les notes dans la mémoire de votre Pocket PC ou sur une carte mémoire supplémentaire.

Action du bouton d'enreg. Permet de choisir le comportement de votre Pocket PC lorsque vous appuyez sur le bouton d'enregistrement dans une note.

- **Basculer vers les notes** ouvre une note et affiche les fonctions d'enregistrement.
- **Rester dans le programme en cours** permet de créer un mémo vocal en restant dans le programme en cours.

Gestion des tâches

La gestion des tâches sur votre Pocket PC permet de saisir par catégorie la liste des tâches à réaliser, à l'image des Post-it que vous avez collés un peu partout sur votre PC de bureau, à la maison, dans votre voiture, etc. Ces tâches sont toujours présentes sur votre PC de bureau et sur votre Pocket PC. Vous pourrez positionner une alarme sur vos tâches pour vous les rappeler au moment que vous déterminerez.

Présentation

A l'ouverture de cet écran, la liste des tâches apparaît sous la forme suivante :

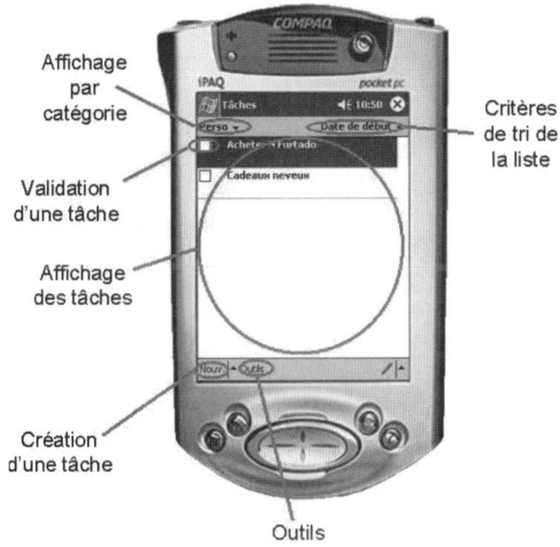

Affichage par catégorie.

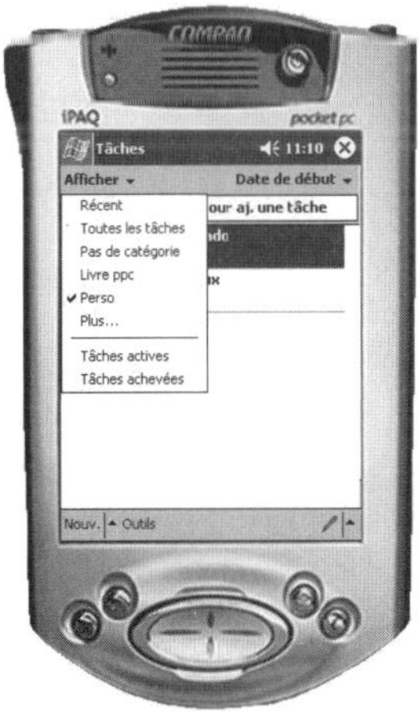

Cela vous permet de sélectionner les tâches par catégorie, les tâches en cours (actives) ou terminées (achevées).

Critères de tri de la liste.

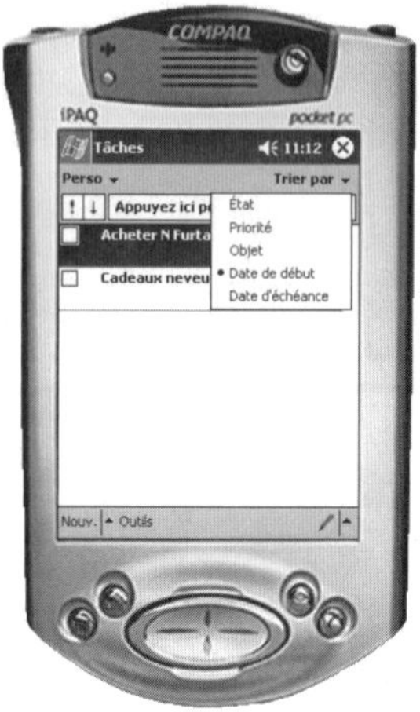

Vous pouvez afficher les tâches par état (en cours ou terminées), par le niveau de priorité que vous avez assigné aux tâches, par le libellé des tâches (objet), par la date de début ou par la date de fin.

Validation d'une tâche.

En pointant sur la case à cocher de la tâche, vous indiquerez que la tâche est terminée.

Menu "Nouv.". Vous permet de créer une nouvelle tâche.

Menu "Outils".

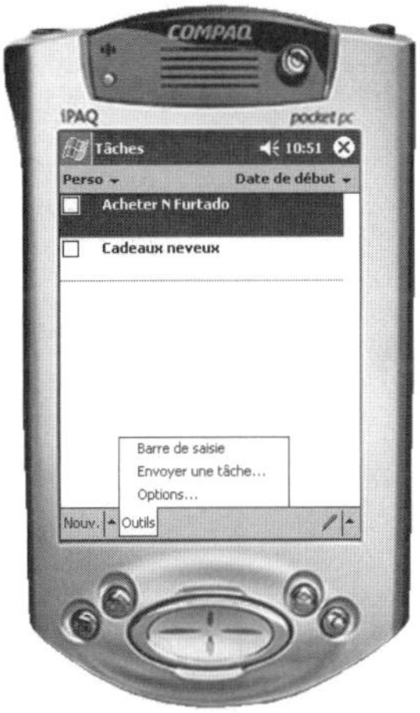

Ce menu "Outils" vous permet d'afficher une barre de saisie rapide, d'envoyer cette tâche par le port infrarouge et de paramétrer les options de la gestion des tâches.

- ❑ Barre de saisie rapide.

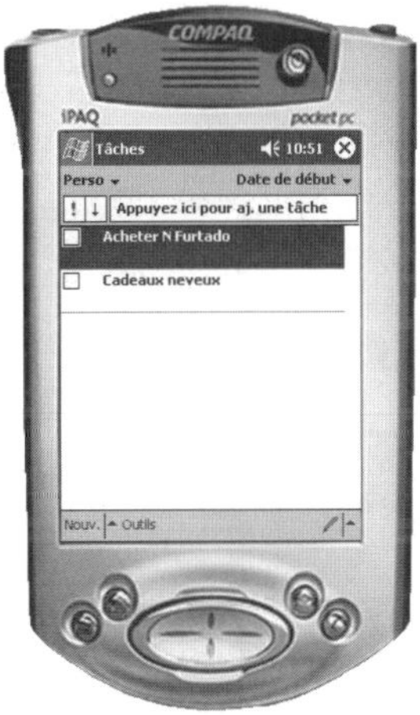

Cette barre de saisie vous permet de saisir une nouvelle tâche dans la zone dans laquelle s'affiche le libellé "Appuyez ici pour aj. une tâche". Le point d'exclamation permet d'attribuer à votre tâche une haute priorité, la flèche vers le bas, d'indiquer que la priorité est basse. Par défaut, la tâche sera positionnée à priorité normale.

Création d'une tâche

Comme vous l'avez vu au paragraphe précédent, vous pouvez créer une tâche avec la barre de saisie rapide, mais vous pouvez aussi le faire avec l'option "Nouv." du menu contextuel du bas de votre écran.

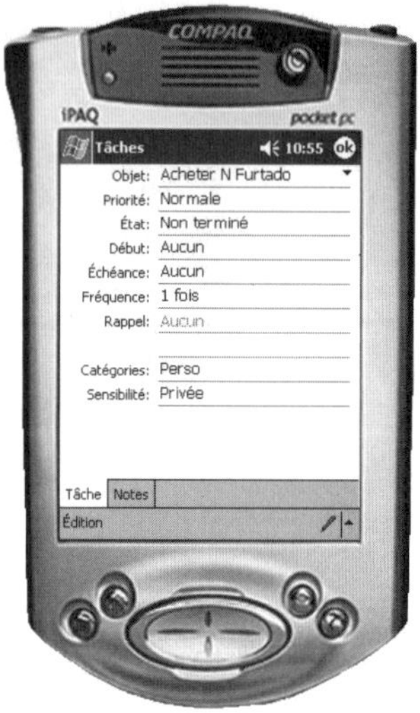

Vous pourrez saisir les éléments suivants :

Objet.

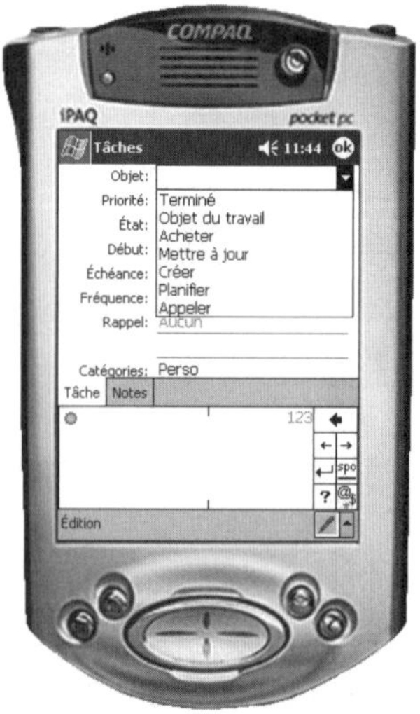

Il s'agit du libellé de votre nouvelle tâche. En pointant sur le petit triangle à droite de cette zone de saisie, vous pourrez directement saisir un début de libellé préétabli, puis le compléter.

Priorité.

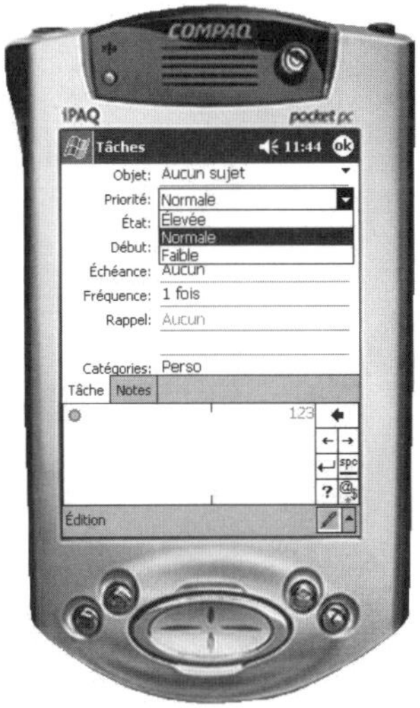

Vous permet de définir la priorité de la tâche.

Etat.

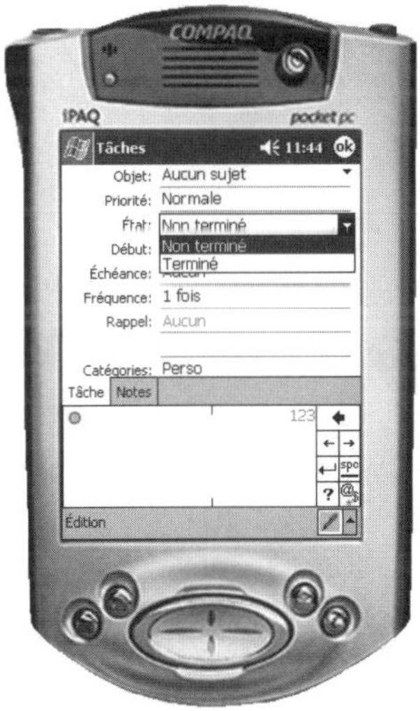

Vous permet de déterminer si la tâche est toujours en cours (non terminée). Une tâche en cours est aussi appelée tâche "active" dans votre Pocket PC.

Début.

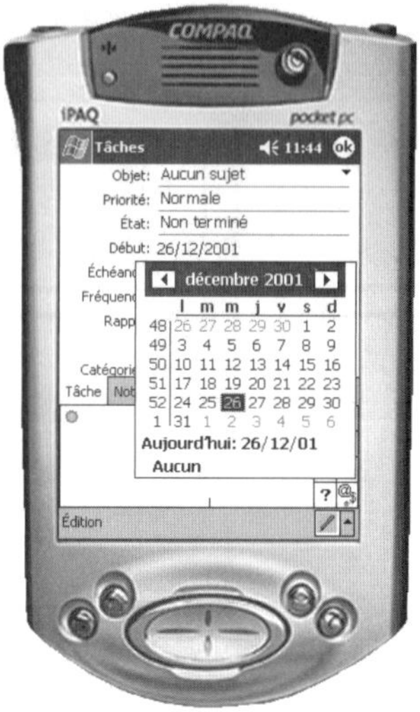

Vous permet de saisir directement dans un calendrier la date de début prévisionnel de la tâche.

Echéance.

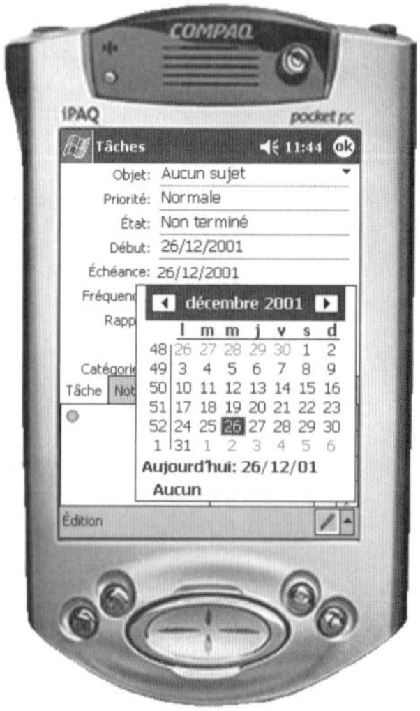

Vous permet de saisir directement dans un calendrier la date d'échéance de la tâche.

Fréquence.

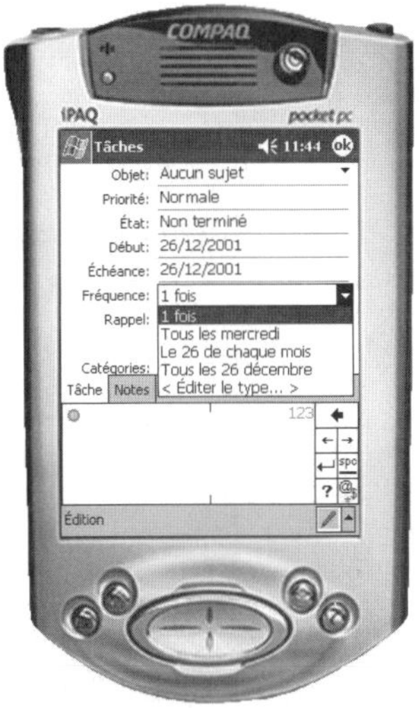

Vous permet de définir la fréquence de répétition de la tâche.

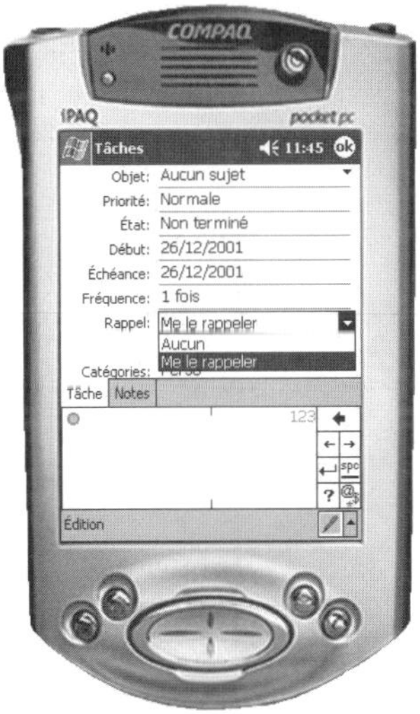

Rappel. Cette option permet de définir si votre Pocket PC doit vous rappeler la tâche à mettre en œuvre le jour de sa date de début. Vous ne pouvez saisir que la date de début. Il n'existe pas la possibilité de paramétrer l'heure du rappel sur votre Pocket PC. Vous ne pourrez le faire que sur le PC de votre bureau avec Outlook 2002 dans la fenêtre de saisie de la tâche. De plus, comme vous le constaterez, le rappel aura lieu toujours à la même heure pour vos tâches. Vous n'aurez pas la possibilité de définir cette heure de rappel standard sur votre Pocket PC. Il vous faudra modifier cette option sur Outlook 2002 sur votre PC de bureau par le menu : Outils / Options.

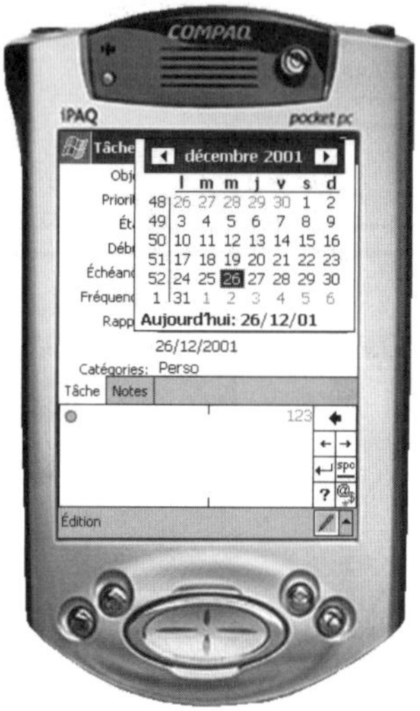

Catégorie. Vous permettra d'associer une catégorie à votre tâche. Nous vous recommandons d'utiliser les catégories pour une meilleure manipulation de vos tâches.

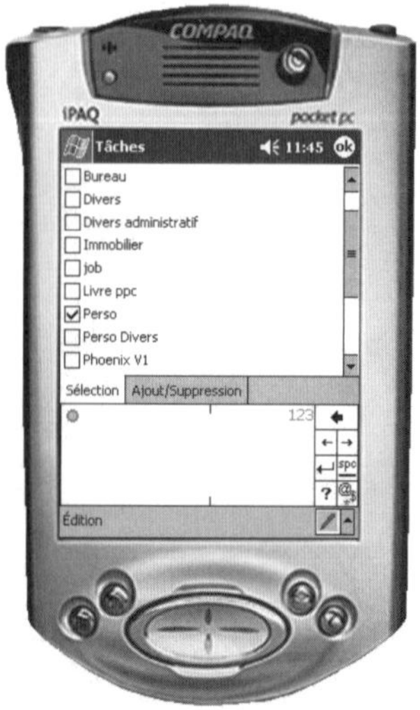

Note associée à la tâche

Vous pouvez associer une note à la tâche que vous avez créée.

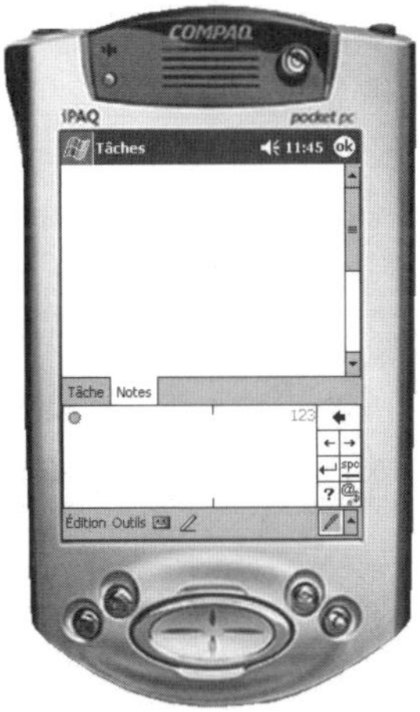

Cette note peut-être composée de texte ou de graphiques. L'activation du stylet comme stylo pour dessiner s'effectue en pointant sur le petit stylo présent dans le menu contextuel du bas de l'écran.

Cette fonction de note correspond au programme "Notes" de votre Pocket PC. Son utilisation est la même et est décrite au chapitre "Gestion des notes". Par contre, la note associée à votre tâche ne sera accessible que via la fonction Tâche.

Consultation ou modification d'une tâche

Pour voir le détail de votre tâche, pointez la tâche sur votre écran.

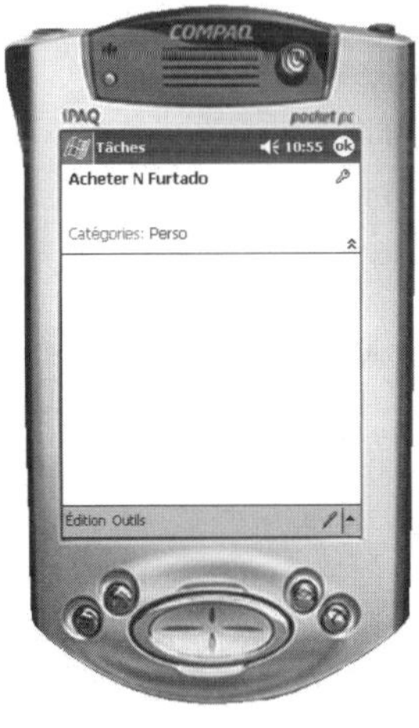

Pour la modifier, pointez sur le menu "Edition" du menu contextuel du bas de votre écran.

La fiche s'ouvrira et vous pourrez l'utiliser comme vous l'avez fait lors de sa création.

Suppression d'une tâche

La méthode pour supprimer une tâche est de pointer quelques secondes sur la tâche à supprimer pour ouvrir le menu.

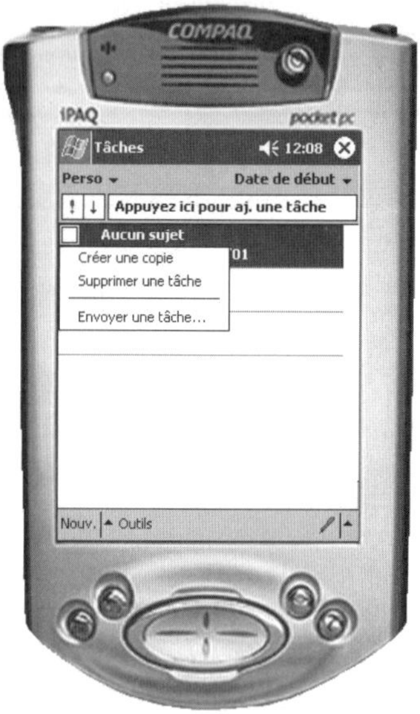

Puis, pointez sur l'option "Supprimer une tâche".

Les options des tâches

Les options suivantes pourront être paramétrées sur votre Pocket PC :

- Activer ou désactiver le rappel de vos tâches.
- Afficher les dates de début et de fin de vos tâches dans la liste des tâches.
- Afficher les tâches avec une plus grande police de caractères.

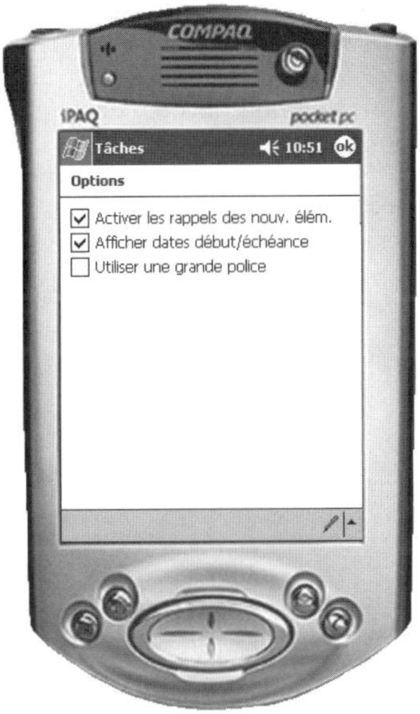

Gestion des catégories

La gestion des catégories vous permettra de classer tous les éléments relatifs aux fonctions Outlook de votre Pocket PC. Cet outil est très puissant et vous permettra même de pouvoir effectuer des synchronisations sélectives entre votre Pocket PC et votre PC de bureau.

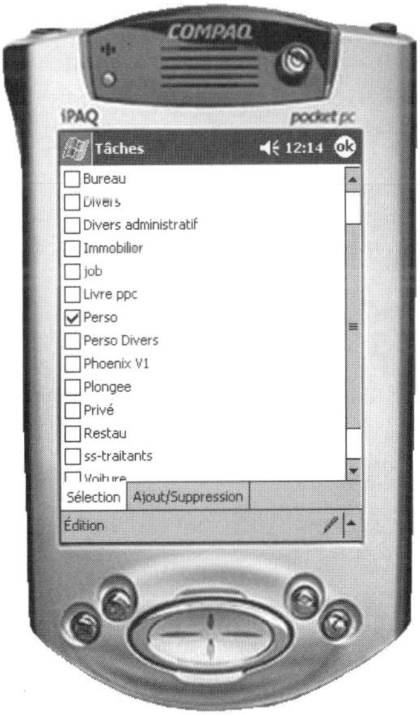

La gestion des catégories est appelée par toutes les fiches contacts, rendez-vous...

Pour attribuer une ou plusieurs catégories à l'élément, pointez sur une ou plusieurs cases à cocher.

Pour modifier, créer ou supprimer une catégorie, pointez sur le menu du bas de l'écran "Ajout / Suppression".

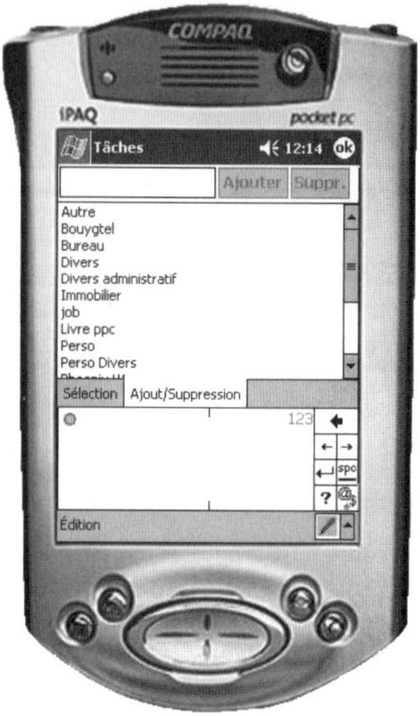

Si vous pointez sur une catégorie existante, son libellé apparaîtra dans la zone de saisie en haut à gauche de l'écran. Et vous pourrez modifier le libellé ou supprimer la catégorie en pointant sur le bouton "Suppr.".

Pour créer une catégorie, saisissez le libellé de la nouvelle catégorie dans la zone de saisie et pointez sur "Ajouter".

Les fonctions bureautiques

Il existe plusieurs fonctions bureautiques livrées en standard sur votre Pocket PC et qui viennent en complément de pocket Outlook ; ce sont les mêmes que sur votre PC de bureau.

Nous allons, dans cette partie, vous apprendre à utiliser pocket Word, pocket Excel et une calculatrice qui permet la conversion de toutes les monnaies du monde.

Les fichiers Word et Excel de votre PC sont compatibles avec vos fichiers Pocket PC et inversement. Ces fichiers, quand ils sont transférés d'une machine à une autre par ActiveSync, subissent certaines restrictions lors de la conversion de votre PC de bureau vers votre Pocket PC. Nous vous les rappellerons à la fin de ce chapitre.

Avec ces programmes, vous pourrez enfin transporter vos fichiers partout avec vous, les consulter et les modifier comme si vous étiez devant votre PC de bureau.

Pocket Word

Pocket Word est similaire à celui que vous utilisez sur votre PC de bureau, mais avec des fonctionnalités plus réduites qui ne sont qu'un sous-ensemble de celles existantes sur le Word de votre PC de bureau. Certaines précautions sont à prendre dans la conversion de vos fichiers Word entre les deux machines.

Pour transférer un fichier Word entre votre Pocket PC et votre PC de bureau, vous utiliserez l'Explorer de Windows sur votre PC de bureau. (Voir le chapitre "Je gère mon Pocket PC".)

Ecran Liste

Au démarrage de pocket Word, vous verrez apparaître cet écran. Il vous permettra de sélectionner un fichier existant ou de décider d'en créer un nouveau.

Cet écran est composé des éléments suivants :

Répertoire courant.

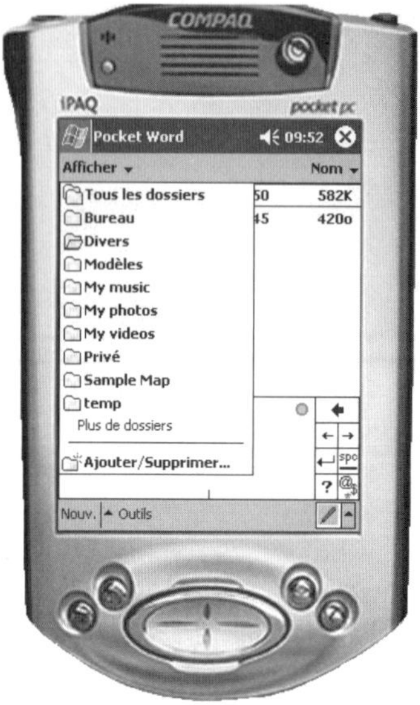

Ce menu déroulant vous permet de naviguer dans vos différents répertoires en pointant sur le répertoire désiré.

Paramètres de tri de la liste des fichiers.

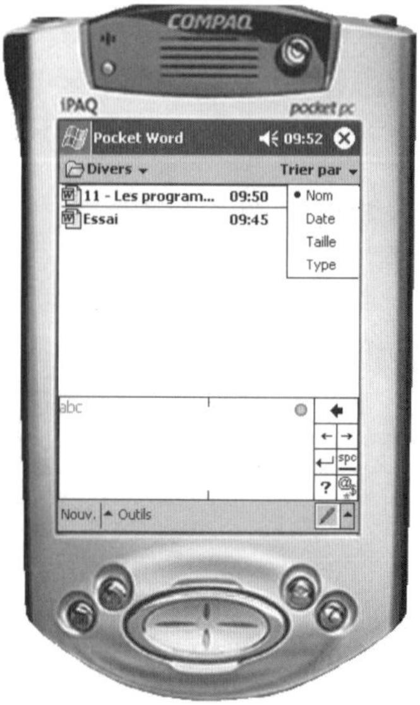

Ce menu déroulant vous permet de définir les différents tris d'affichage de la liste de vos fichiers. Ces paramètres sont les suivants :

- **Nom.** La liste sera affichée par ordre alphabétique croissant.
- **Date.** La liste sera affichée par date en ordre croissant.
- **Taille.** La liste sera affichée en fonction de la taille en octets de vos fichiers par ordre croissant.
- **Type.** Si vous avez sélectionné l'option dans le menu "Outils", vous pourrez voir s'afficher tous les types de fichiers connus par votre Pocket PC. Cette option permet d'en regrouper l'affichage par type.

Création de fichiers.

Sur la partie basse de ce menu, vous accédez à la liste des éléments que vous pouvez créer en plus des documents Word.

Sur la partie haute, il vous est présenté la liste des modèles qui existent dans le répertoire Modèles. En pointant sur le modèle, vous ouvrez un document Word directement formaté comme vous l'avez défini dans le modèle de document.

Sinon, pour créer un document vierge, pointez sur l'option "Nouv.".

Outils / Options. Cette option du menu contextuel vous permet de paramétrer les options de pocket Word.

Consultation, création ou modification d'un document Word

L'écran de saisie de document se présente comme suit. Dans le cas de notre exemple, nous avons ouvert directement un nouveau fichier avec le modèle mémo.

Par défaut, vous êtes en mode texte. Mais il vous est possible de réaliser des dessins. De même, vous pouvez saisir votre texte en mode graphique et utiliser la fonction "Reconnaître" qui transformera votre texte saisi sous forme graphique en lettres d'imprimerie en utilisant "Transcriber".

Les menus et fonctions

Cette première partie vous présente les différentes fonctions de votre pocket Word. L'utilisation est décrite au chapitre suivant.

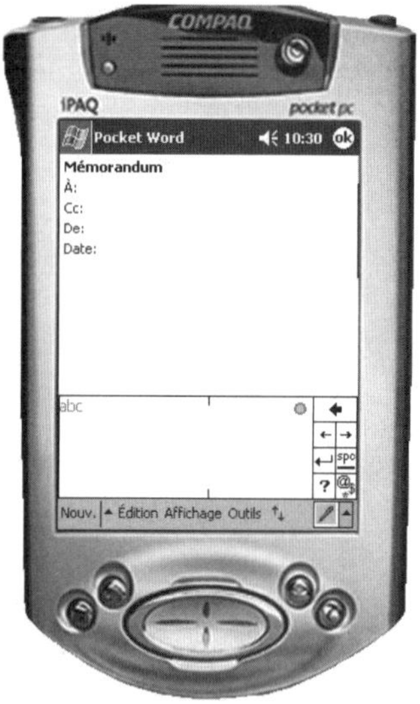

Les différentes fonctions décrites ci-après vous permettront de manipuler vos textes Word.

Menu Edition

Ce menu vous permet d'utiliser les fonctions d'édition et de mise en forme suivantes :

- **Annuler.** Permet d'annuler la dernière action effectuée.
- **Répéter.** Permet de répéter la dernière action.
- **Couper.** Permet de couper un élément sélectionné dans votre texte Word que vous pourrez copier à un autre endroit dans votre texte.
- **Copier.** Permet de copier dans le Presse-papiers de Word un élément que vous pourrez copier à un autre endroit de votre texte.

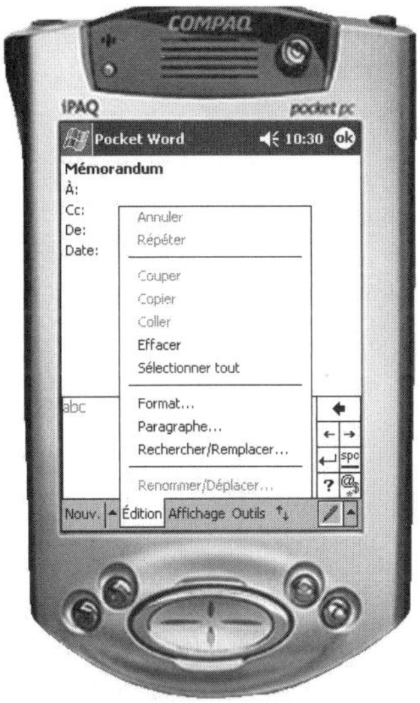

- ❑ **Coller.** Permet de coller dans votre texte l'élément que vous avez copié ou coupé dans votre texte.
- ❑ **Effacer.** Permet d'effacer l'élément sélectionné dans votre texte.
- ❑ **Sélectionner tout.** Permet de sélectionner l'ensemble des éléments de votre texte.
- ❑ **Format.** Ce menu permet de formater les éléments de votre texte ou dessin.

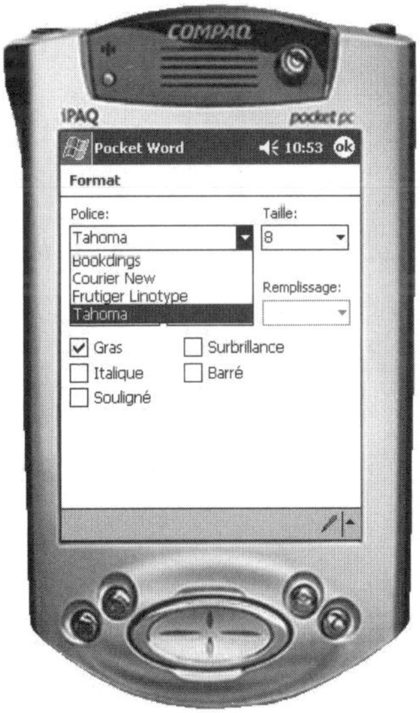

En dépliant le menu déroulant "Police", vous pourrez sélectionner la police de caractères.

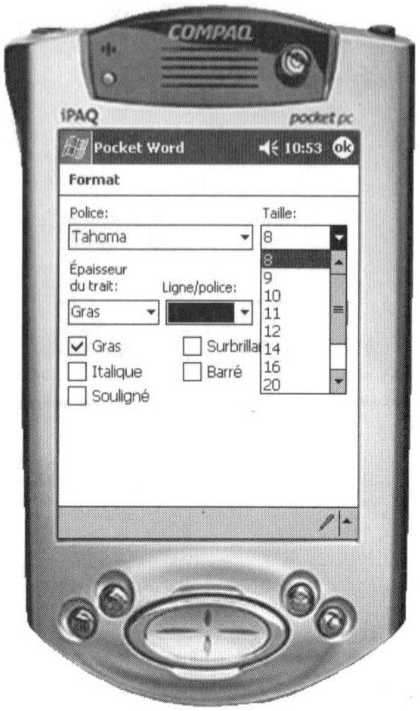

En dépliant le menu déroulant "Taille", vous pouvez sélectionner la taille de la police de caractères.

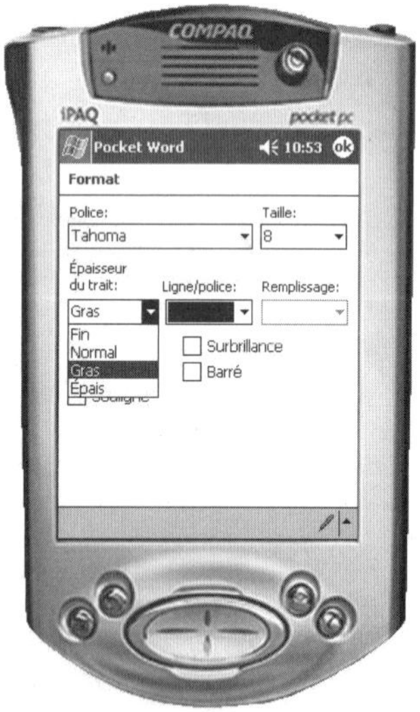

En dépliant le menu déroulant "Epaisseur du trait", vous pouvez modifier l'épaisseur du trait de l'élément graphique que vous tracez avec votre stylet quand vous êtes en mode dessin.

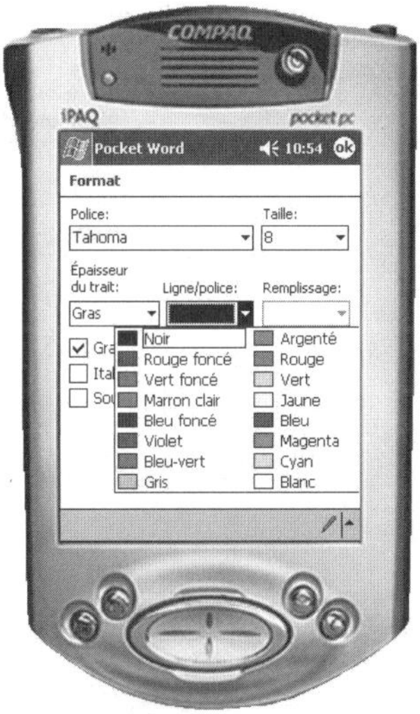

En dépliant le menu déroulant "Ligne / police", vous pourrez choisir la couleur du trait que vous tracez ou de la police des éléments texte.

Il en est de même pour la couleur de remplissage de votre élément graphique.

Menu Affichage

Ce menu vous permet de paramétrer des fonctions d'affichage, de choisir le mode de saisie, de passer en mode réalisation de dessins, d'enregistrer votre document Word et de zoomer sur votre écran.

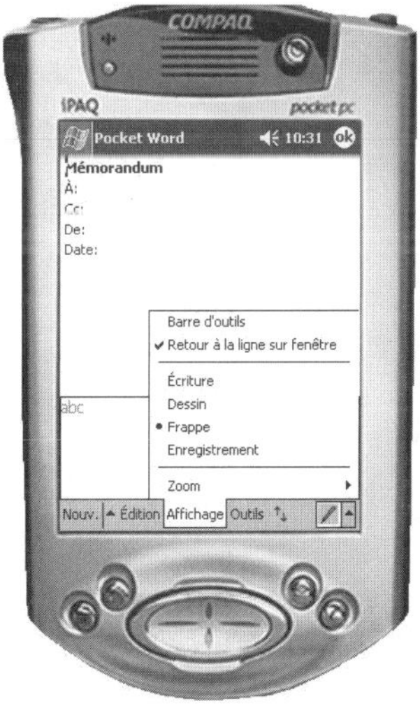

Les options de ce menu se déclinent ainsi :

- **Barre d'outils.** Active la barre d'outils Word.

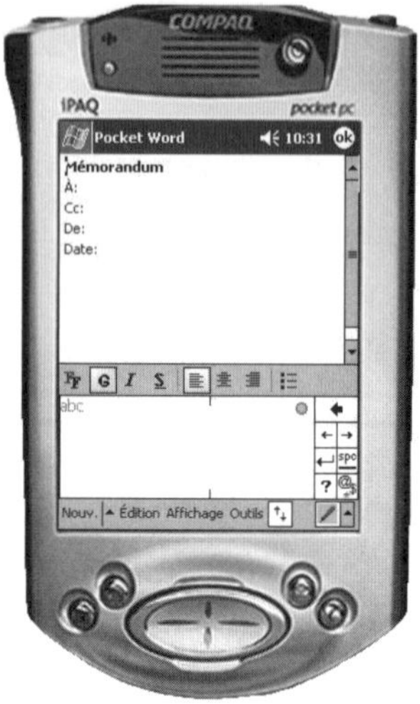

- **Retour à la ligne sur fenêtre.** Permet de positionner automatiquement un retour à la ligne en arrivant sur le bord droit de la fenêtre. Attention, si vous l'activez, c'est ce format que vous récupérerez sur le Word de votre PC de bureau.
- **Ecriture.** Passe en mode de saisie de texte graphique. Ce mode permet d'écrire directement à l'écran le texte comme si vous étiez sur une feuille de papier. Vous aurez la possibilité de le conserver tel quel ou de le faire traduire en caractères d'imprimerie avec la fonction "Reconnaître" du menu "Outils".

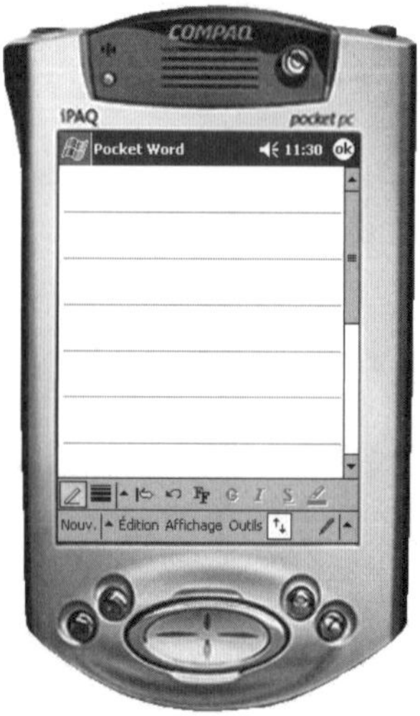

- **Dessin.** Vous permet de réaliser un dessin au sein de votre texte.

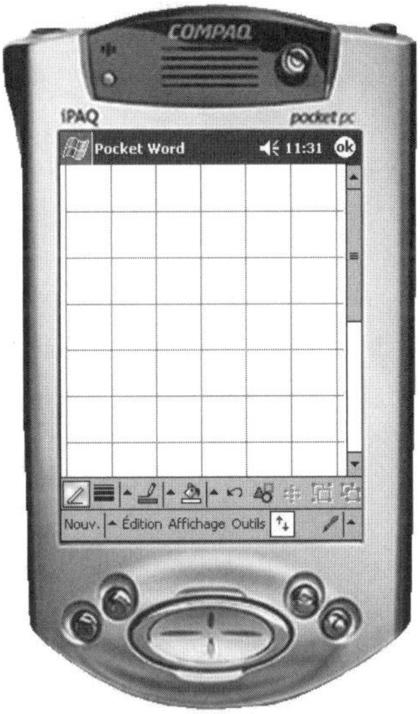

- **Frappe.** Cette option vous permet de revenir en mode de saisie, graffiti, caractères ou clavier.

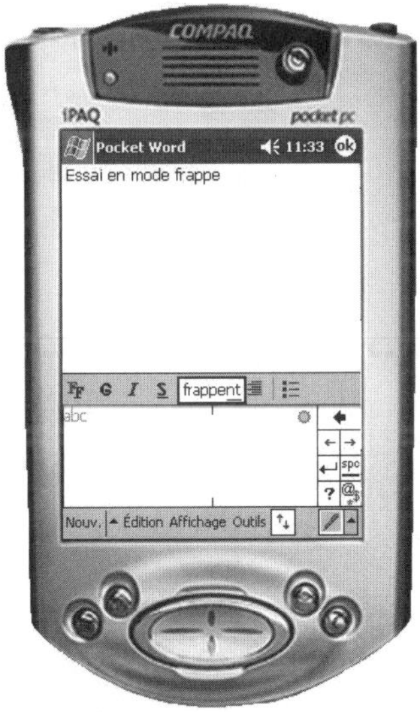

- **Enregistrement.** Cette option vous permet d'enregistrer un mémo vocal dans votre texte Word comme vous pouvez le faire dans toutes les "Notes" des éléments Outlook de votre Pocket PC, et cela grâce à la fonction Dictaphone décrite au chapitre "Utilisation des fonctions multimédias".

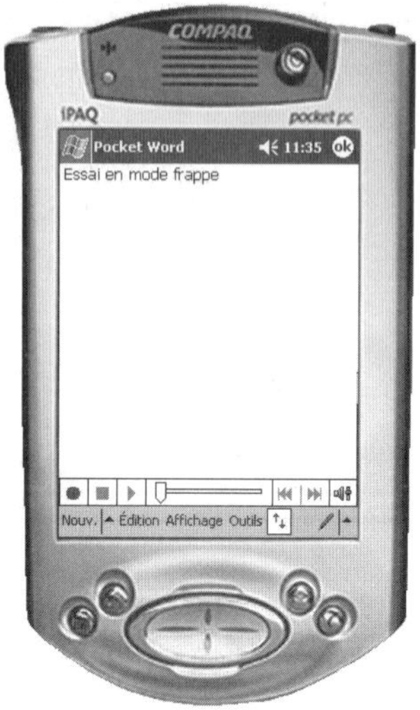

Vous pointez sur le bouton rouge pour enregistrer, sur le carré pour arrêter l'enregistrement et sur le petit triangle pour écouter la note enregistrée. A l'issue de l'enregistrement, une petite icône en forme de haut-parleur apparaîtra dans votre texte. En pointant dessus, vous pourrez écouter la note vocale.

- ❑ **Zoom.**

Cette fonction vous permet de réaliser un zoom sur l'écran en cours.

Menu Outils

Ce menu permet d'accéder aux fonctions de correction orthographique, de comptage de mots, d'insertion de date et de traduction de la saisie graphique d'un texte en caractères d'imprimerie. Ainsi que d'envoyer ce document par le port infrarouge ou par e-mail et de gérer le document dans le système de gestion de fichier de votre Pocket PC.

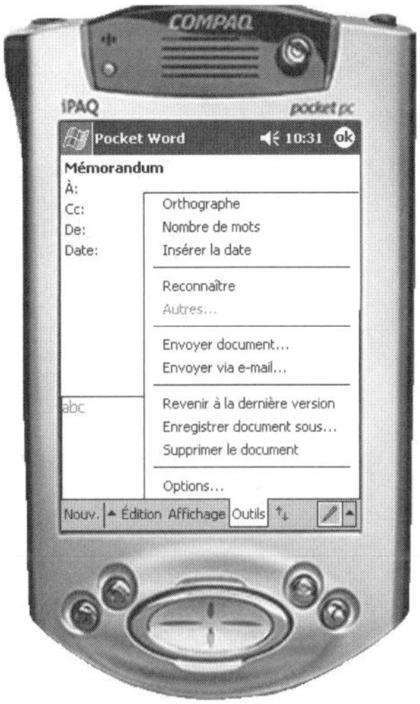

Les options de ce menu se déclinent ainsi :

- ❑ **Orthographe.** Cette option permet de vérifier l'orthographe de votre document.

Lorsqu'une faute d'orthographe est détectée dans votre texte, une liste de mots correspondants possibles s'affiche. Vous pouvez :

- Pointer sur le mot qui correspond selon vous à la correction et il sera inséré à la place du mot mal orthographié.
- Ignorer ce mot dans cette phase.
- Ignorer ce mot dans l'ensemble du texte.
- L'ajouter au dictionnaire de votre Pocket PC.

❑ **Nombre de mots.** Word va compter pour vous le nombre de mots du texte.

❑ **Insérer la date.** Word va insérer dans votre texte la date du jour.

❑ **Reconnaître.** Cette fonction va lancer la traduction du texte saisi en mode "écriture".

❑ **Autres...** Correspond à des "add-on" (ajout de petites fonctions logicielles) que vous auriez pu installer sur votre Pocket PC pour pocket Word.

❑ **Envoyer document...** Vous permet d'envoyer votre document vers un autre ordinateur via le port infrarouge.

❑ **Envoyer via e-mail...** Permet d'envoyer votre texte par e-mail via l'option "Boîte aux lettres" de votre Pocket PC.

❑ **Revenir à la dernière version.** Vous fait revenir à la dernière version de votre document et vous le restitue dans l'état où il était lors du précédent enregistrement.

- **Enregistrer document sous…** Cette fonction permet d'enregistrer votre document avec un nom et dans un répertoire donnés.

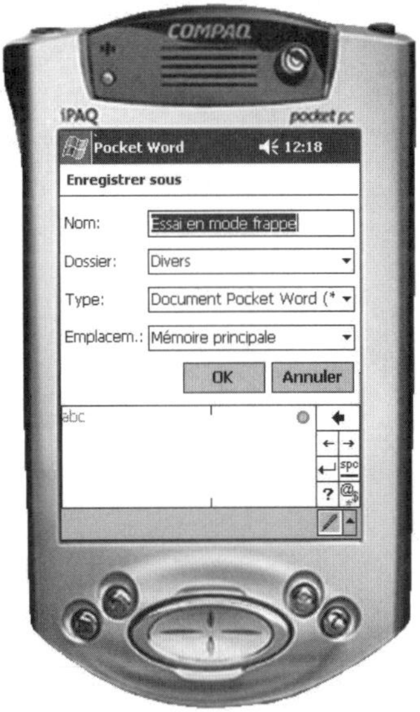

- **Nom.** Saisissez le nom que vous désirez donner à votre fichier. Par défaut, il vous propose la première phase de votre texte.

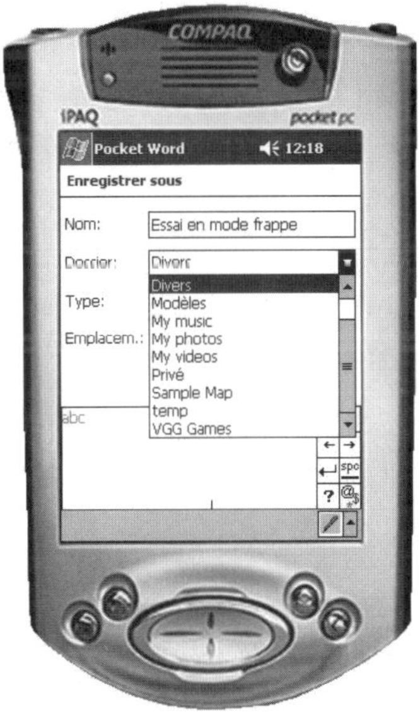

- **Dossier.** Permet de préciser dans quel répertoire vous désirez sauvegarder le fichier sur votre Pocket PC.

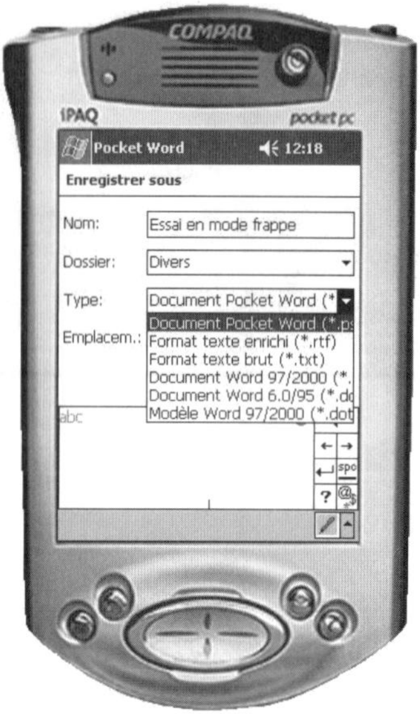

- **Type.** Vous permet de sélectionner sous quel format vous désirez sauvegarder votre fichier.

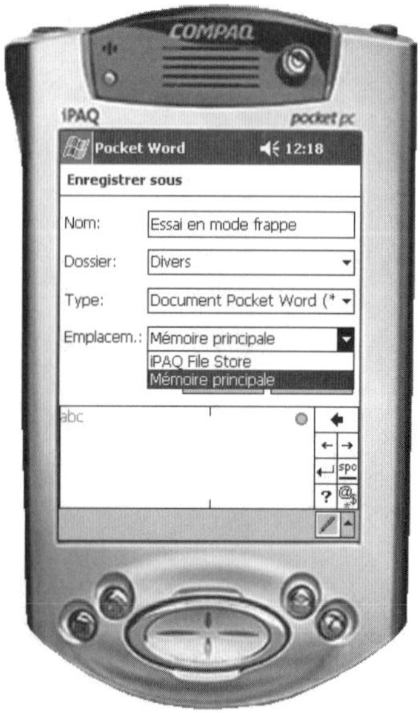

- **Emplacement.** Vous permet de sélectionner soit la mémoire principale de votre Pocket PC, soit une carte d'extension mémoire, ou encore un disque dur additionnel.
- **Supprimer le document.** Cette option vous permet de supprimer votre document.

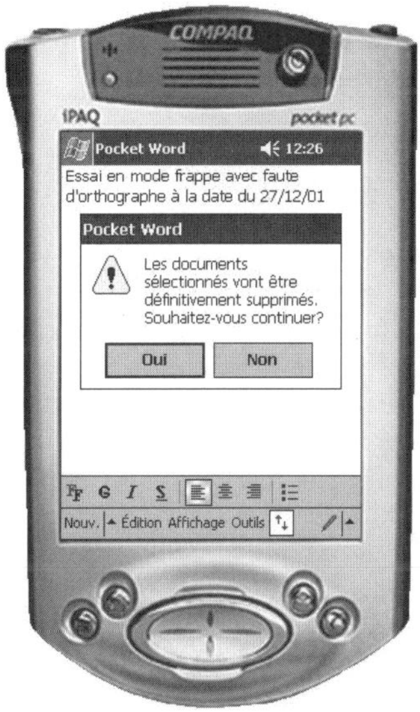

- **Options...** Vous permet de définir certaines options de pocket Word.

Barre d'outils

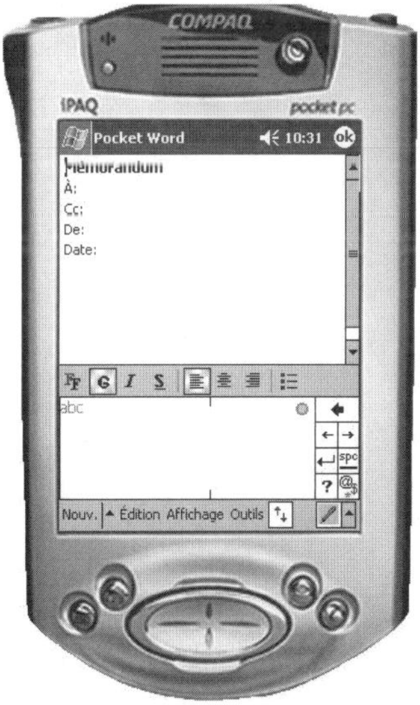

La barre d'outils peut être appelée soit par le menu Affichage, soit par le bouton graphique symbolisé par une flèche vers le haut et une flèche vers le bas. Cette barre d'outils est contextuelle et correspondra au mode de saisie dans lequel vous êtes positionné.

La saisie des textes et dessins

Vous pouvez créer trois types d'éléments dans votre document Word :

- Du texte.
- Des dessins.
- Des mémos vocaux.

Saisie du texte

Vous avez plusieurs possibilités de saisie de texte avec pocket Word : saisir sous forme graphique votre texte dans son intégralité, saisir votre texte en graffiti, en caractères, mot à mot avec Transcriber ou avec le clavier. Dans le cas de la saisie globale de votre texte en mode graphique, vous pourrez le faire traduire automatiquement en caractères d'imprimerie en fin de rédaction avec la fonction Traduire.

Saisie en mode écriture manuscrite

Vous pouvez dans ce mode saisir du texte sous forme graphique et le manipuler. Vous saisissez votre texte en respectant l'interlignage. Attention, par défaut, vous êtes dans le mode d'écriture stylet. Pour manipuler les éléments rédigés, il faut désélectionner ce mode grâce à l'option "Stylet" de la barre d'outils.

Les outils de manipulation de cette forme de texte sont contenus dans la barre d'outils. Ils vous permettront de manipuler votre texte simplement :

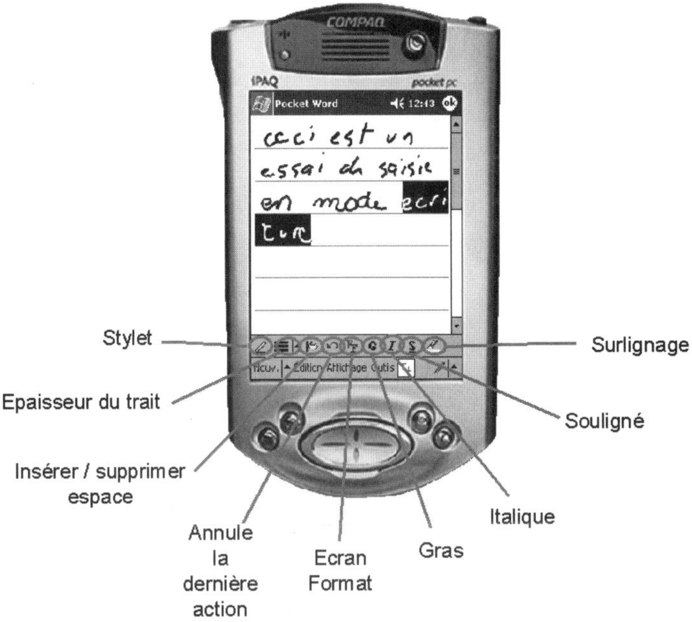

Stylet. Permet de passer du mode saisie de votre texte, le mode "stylet" qui vous permet de saisir le texte en écrivant vos phrases directement à l'écran, au mode manipulation et mise en forme de votre texte qui vous permet de manipuler et sélectionner votre texte.

Epaisseur du trait. Permet de modifier l'épaisseur du trait de votre stylet.

Insérer / supprimer espace. Permet de réduire les espaces dans votre texte saisi.

Annule la dernière action. Annule la dernière action réalisée.

Ecran Format. Appel l'écran "Format".

Gras. Met en gras la sélection.

Italique. Met en italique la sélection.

Souligné. Souligne la sélection.

Surlignage. Surligne en jaune la sélection.

Vous avez la possibilité de traduire votre texte manuscrit en caractères d'imprimerie avec la fonction "Reconnaître" du menu "Outils". Votre texte sera alors analysé par "Transcriber" et traduit en caractères d'imprimerie.

Saisie en mode frappe

Vous pouvez saisir votre texte directement en caractères d'imprimerie avec le mode de saisie que vous avez sélectionné en terme de reconnaissance d'écriture (graffiti, caractères, clavier virtuel, Transcriber…).

Le mode de saisie graphique peut très bien cohabiter avec un texte en caractères d'imprimerie.

Vous pourrez manipuler votre texte avec la barre d'outils contextuelle :

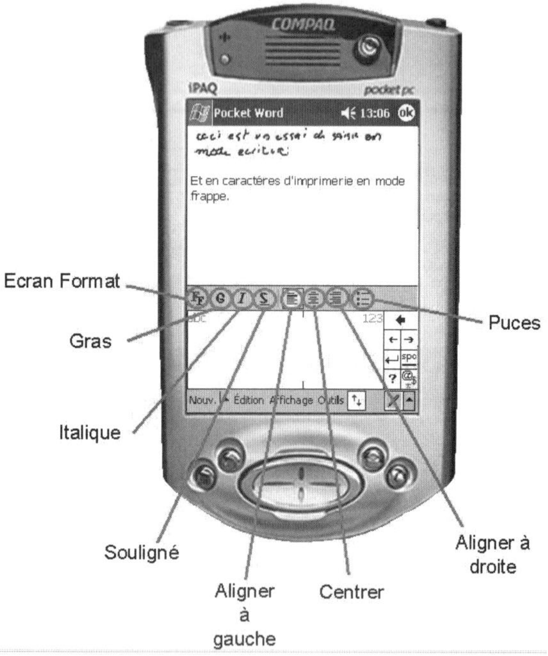

Ecran Format. Appel l'écran "Format".

Gras. Met en gras la sélection.

Italique. Met en italique la sélection.

Souligné. Souligne la sélection.

Aligner à gauche. Aligne le texte à gauche de l'écran.

Centrer. Centre le texte au milieu de l'écran.

Aligner à droite. Aligne le texte à droite de l'écran.

Puces. Insère des puces dans votre texte.

Création d'un dessin

Encore une fois vous serez étonné par la richesse de ce logiciel sur une si petite machine. La fonction de création de dessins permet la création de toutes formes graphiques en couleurs.

Vous y accédez par l'option "Dessin" du menu Affichage.

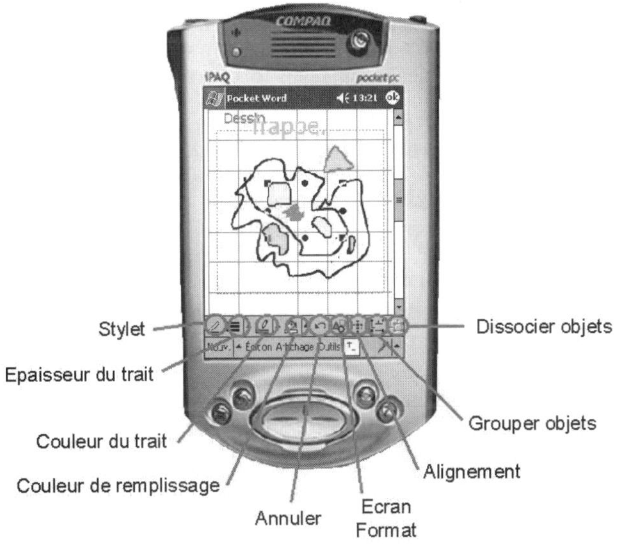

Comme pour la saisie de texte graphique, vous pouvez passer alternativement du mode de dessin avec votre stylet au mode de manipulation des objets graphiques avec le bouton "Stylet" de votre barre d'outils.

En mode stylet, vous dessinez à main levée directement sur votre écran. Lorsque le mode stylet est désélectionné, vous pouvez manipuler les différents éléments graphiques que vous avez créés. Chaque petit composant graphique est distinct des autres et vous pouvez les sélectionner soit en pointant dessus avec votre stylet, soit en délimitant une zone de sélection en pointant et déplaçant votre stylet, à l'image de ce que vous faites en mode dessin avec Word sur votre PC de bureau.

Les fonctions suivantes sont disponibles dans la barre d'outils :

Stylet. Passe du mode dessin au mode manipulation des objets graphiques.

Epaisseur du trait. Permet de modifier l'épaisseur du trait de votre stylet.

Couleur du trait. Permet de choisir la couleur du trait à tracer.

Couleur de remplissage. Permet de sélectionner la couleur de remplissage des formes. Ce remplissage se fera automatiquement chaque fois que vous dessinerez une forme "fermée" de type rond, carré…

Annuler. Permet d'annuler la dernière action.

Ecran Format. Permet d'accéder à l'écran "Format".

Alignement. Permet de sélectionner un alignement des différentes formes entre elles. Par exemple, l'option "Centrer vertical" permet de centrer à la verticale toutes les formes sélectionnées.

Grouper objets. Permet de grouper plusieurs composants graphiques en un seul composant graphique et de le manipuler comme tel par la suite.

Dissocier objets. Permet de dissocier des éléments graphiques qui ont été groupés.

Enregistrement d'un mémo vocal

Cela permet d'enregistrer un mémo vocal au sein de votre texte avec la fonction Dictaphone décrite au chapitre "Utilisation des fonctions multimédias".

Suppression d'un document Word

Il existe plusieurs options pour supprimer un document Word ; et ce, en dehors de l'Explorateur de fichiers de Word (voir le chapitre "Je gère mon Pocket PC") :

- ❑ Dans un document, en sélectionnant l'option "Supprimer" du menu Outils.

- ❑ Dans l'écran affichant la liste des documents Word au lancement de pocket Word.
- ❑ En pointant sur l'élément et en choisissant l'option "Supprimer".

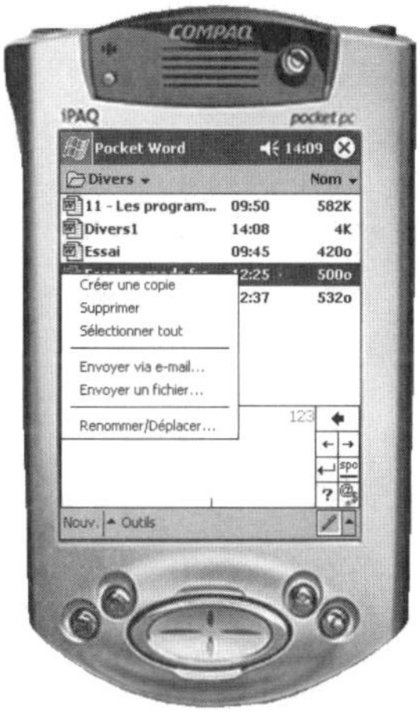

Les modèles Word

A l'image de la version sur votre PC, vous pouvez créer des modèles de documents qui apparaîtront dans le menu contextuel "Nouv." à la création d'un document.

Pour réaliser cette opération, créez un ficher Word avec le formatage texte et graphique qui vous convient.

Enregistrez-le dans le répertoire "Modèles" de votre Pocket PC au format "Modèle de document".

Les options de pocket Word

Les trois options suivantes peuvent être paramétrées :

Modèle par défaut. Vous pouvez, avec cette option, indiquer à Word qu'il doit toujours ouvrir un document Word avec le même modèle.

Enregistrer dans. Vous permet de sélectionner où seront systématiquement enregistrés les documents sur votre Pocket PC. Il s'agira soit de la mémoire principale de votre Pocket PC, soit d'une carte mémoire d'extension.

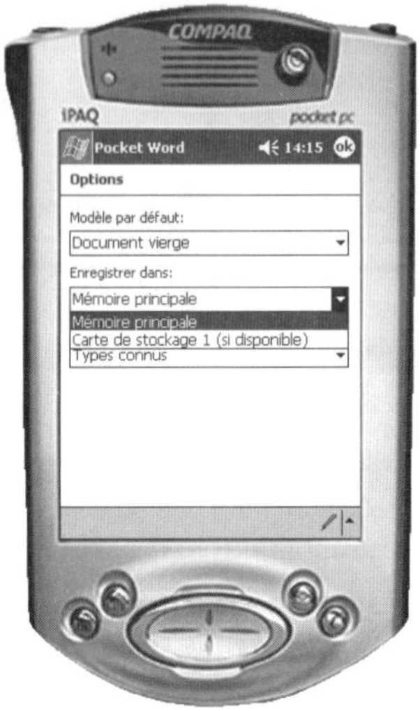

Afficher dans le mode Liste. Vous permet de déterminer si, sur votre liste de fichiers à l'écran, vous verrez apparaître seulement les documents Word, seulement les documents Word et texte ou tous les types connus.

Les conversions entre votre Pocket PC et votre PC de bureau et inversement

Comme pour les autres formats de fichiers, votre fichier Word subit des modifications.

La première est la conversion d'extension de fichiers.

Les fichiers .doc et .dot seront convertis en fichiers .psw.

Il se peut que certains attributs qui ne sont pas gérés par pocket Word restent présents dans le fichier et soient restitués lors du transfert vers le PC de bureau ; dans l'autre cas, ils auront disparu purement et simplement.

Les attributs inchangés sont les suivants :

- Gras.
- Listes numérotées simples.
- Espacement des paragraphes.
- Puces.
- Barré.
- Italique.
- Alignement des paragraphes.

Les attributs suivants sont modifiés lors de la conversion d'un fichier Word au format pocket Word et ne sont pas restaurés lors de la conversion inverse.

- La mise en retrait peut être modifiée de sorte à améliorer la lisibilité sur l'appareil.
- Les objets OLE sont convertis en images en mode point.
- Les caractéristiques de mise en forme sont supprimées, mais le texte est conservé.
- La mise en forme des index est perdue, mais le texte reste.
- Les images comportant plus de 256 couleurs sont converties en images 256 couleurs.
- La mise en forme des tables des matières est perdue, mais le texte est conservé.
- Reliure.
- Taille de la reliure.
- Position verticale de l'en-tête / pied de page.
- Format du papier.

Certains attributs Word ne sont pas pris en charge dans pocket Word et sont définitivement supprimés lors de la conversion d'un fichier pocket Word en fichier Word.

- Annotations.
- Commentaires.

- Cadres.
- Marques de révision.
- Bordures.
- Notes de bas de pages.
- En-têtes.
- Ombrage.
- Colonnes.
- Pieds de page.
- Données de mise en page telles que l'alimentation papier et la disposition.
- Feuille de style.

Pocket Excel

Ce tableur de poche a "tout d'un grand" pour plagier une publicité de voiture assez connue… Vous y retrouverez beaucoup des fonctions d'Excel que vous utilisez sur votre bureau, et surtout, vous pourrez emporter avec vous les tableaux Excel dont vous vous servez quotidiennement sur votre PC de bureau.

Comme pour les autres logiciels, ce tableur ne possède qu'un sous-ensemble des fonctions d'Excel ; cependant, vous serez surpris par la richesse de cet outil.

Bien sûr, il existe des règles de conversion lors de la synchronisation à travers ActivSync qui vous seront détaillées à la fin de la description de ce logiciel.

Ecran Liste

Au lancement de pocket Excel, vous arrivez sur cet écran. Il vous permettra de sélectionner un fichier existant ou de décider d'en créer un nouveau.

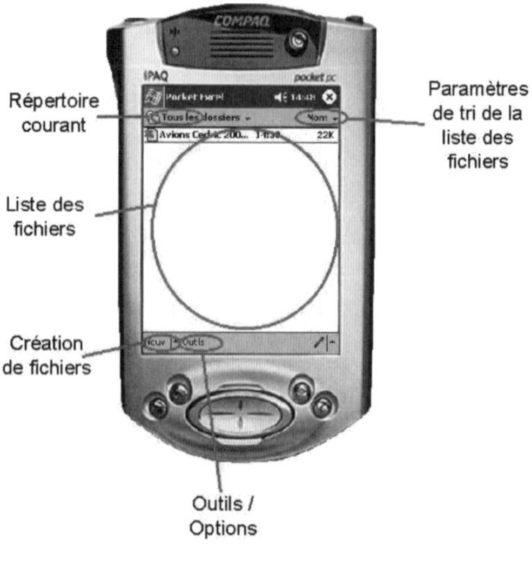

Cet écran est composé des éléments suivants :

Répertoire courant.

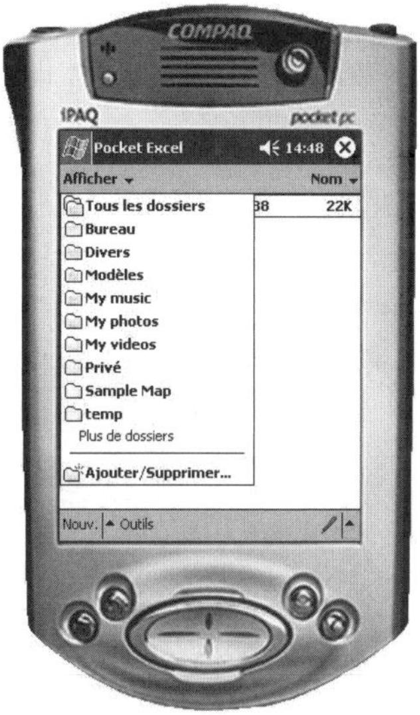

Ce menu déroulant vous permet de naviguer dans vos différents répertoires en pointant sur le répertoire désiré.

Paramètres de tri de la liste des fichiers.

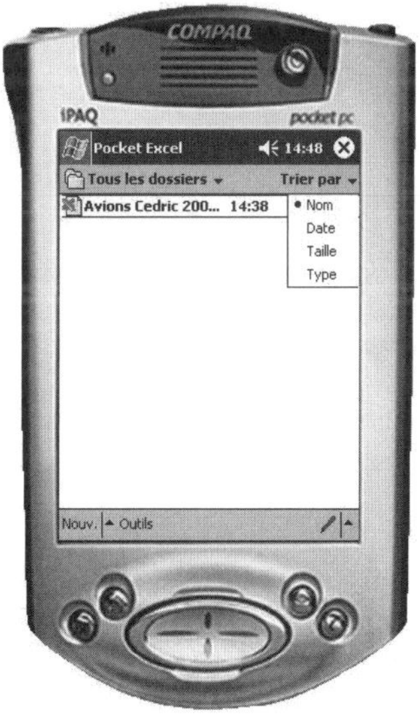

Ce menu déroulant vous permet de définir les différents tris d'affichage de la liste de vos fichiers. Ces paramètres sont les suivants :

- **Nom.** La liste sera affichée par ordre alphabétique croissant.
- **Date.** La liste sera affichée par date en ordre croissant.
- **Taille.** La liste sera affichée en fonction de la taille en octets de vos fichiers par ordre croissant.
- **Type.** Si vous avez sélectionné l'option dans le menu "Outils", vous pourrez voir s'afficher tous les types de fichiers connus par votre Pocket PC. Cette option permet d'en regrouper l'affichage par type.

Création de fichiers.

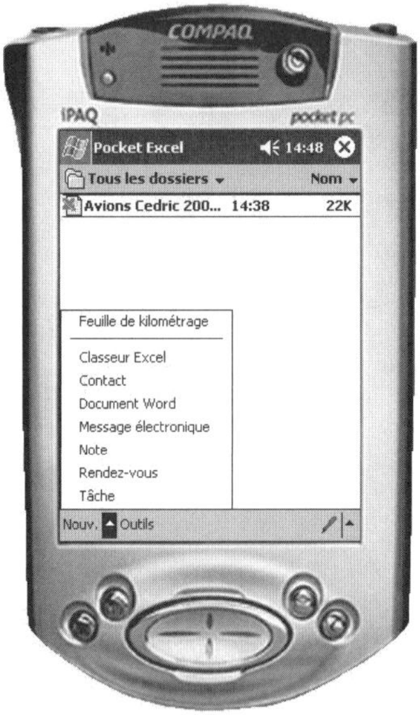

Sur la partie basse de ce menu, vous voyez s'afficher la liste des éléments que vous pouvez créer en plus des documents Excel.

Sur la partie haute, vous pouvez voir la liste des modèles qui existent dans le répertoire Modèles. En pointant directement sur le modèle, vous ouvrez un document Excel directement formaté comme vous l'avez défini dans le modèle de document.

Sinon, pour créer un document vierge, pointez sur l'option "Nouv.".

Outils / Options. Cette option du menu contextuel vous permet de paramétrer les options de pocket Excel.

Consultation, création, modification d'une feuille de calcul dans un classeur Excel

Lorsque vous arrivez sur l'écran de création d'un nouvel élément Excel, il est soit préformaté si vous avez choisi un modèle, soit vierge.

Par défaut, c'est toujours un classeur Excel qui est créé.

Un classeur Excel est un ensemble de plusieurs feuilles Excel.

Les menus et fonctions

Cette première partie vous décrit les différentes fonctions de votre pocket Excel. L'utilisation est décrite au chapitre suivant.

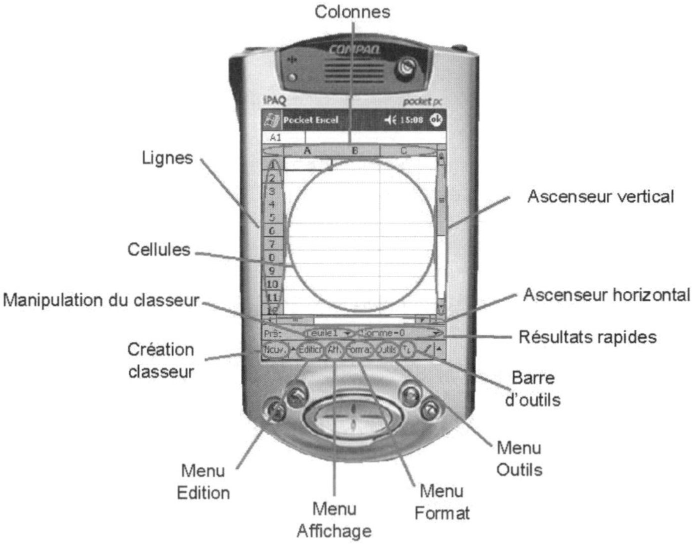

Présentation de l'écran Feuille de calcul

Cet écran est subdivisé, par défaut, en plusieurs zones :

Zone Feuille de calcul. Comprend les éléments lignes, colonnes, cellules, ascenseur vertical et horizontal.

Barre d'état. Permet de se déplacer d'une feuille de calcul à une autre et de visualiser directement le résultat de certaines fonctions Excel sans les insérer dans une feuille de calcul.

Zone Menus. Permet la création d'un nouveau classeur et l'accès aux menus de manipulation et de formatage de vos classeurs.

Zone Feuille de calcul

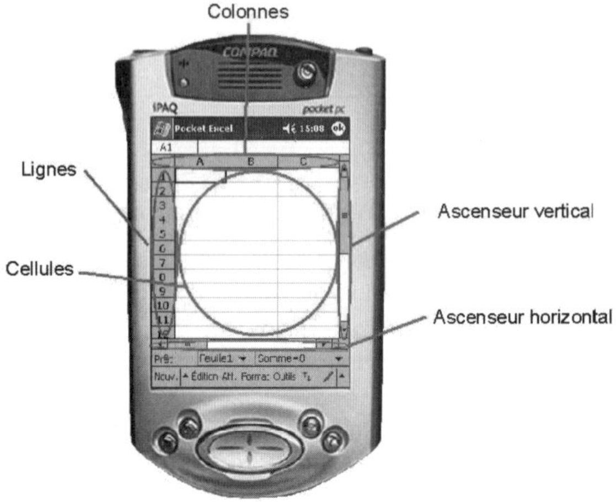

Une feuille de calcul est un ensemble de cellules référencées par des lignes et des colonnes.

Leurs localisations géographiques se réalisent par la somme des références entre une colonne et une ligne. Par exemple, la première cellule en haut à gauche de votre écran aura pour référence A1 (colonne A, Ligne 1).

Les ascenseurs verticaux et horizontaux permettent de se déplacer dans la feuille de calcul.

Vous pourrez saisir tout type de données dans une cellule, mais vous ne pourrez pas effectuer de calculs ou de manipulations sur des données de types différents. Par exemple, il ne vous sera pas possible d'additionner du texte avec un nombre.

Barre d'état

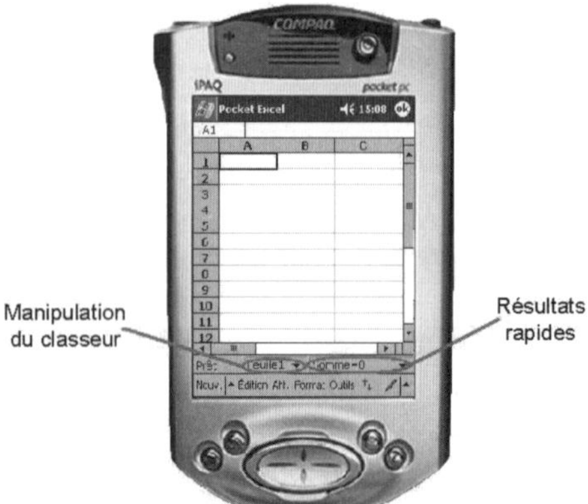

Manipulation du classeur. Cette zone permet de se déplacer d'une feuille du classeur vers une autre.

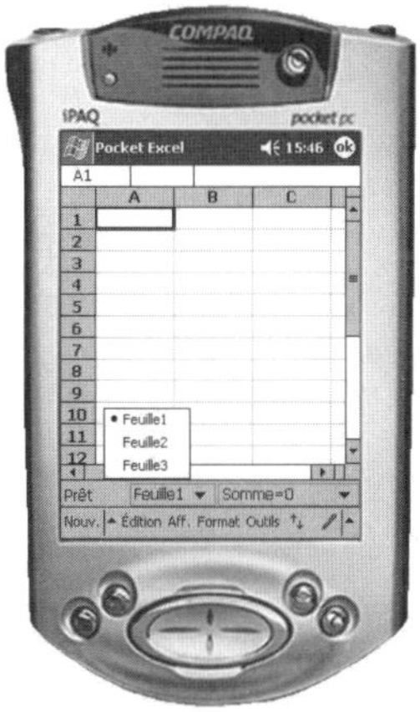

Vous dépliez le menu en pointant dessus et vous sélectionnez la feuille de calcul sur laquelle vous désirez vous positionner.

Résultats rapides. Cette zone permet d'appliquer des fonctions Excel sur une sélection de colonnes en voyant directement le résultat sans l'insérer dans la feuille. C'est très pratique pour vérifier une feuille de calcul.

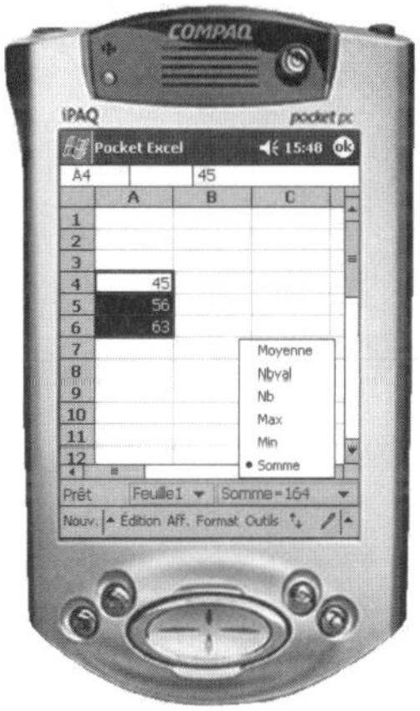

Vous pouvez obtenir les informations suivantes :

- ❑ **Moyenne.** La moyenne arithmétique.
- ❑ **NbVal.** Le nombre de valeurs sélectionnées.
- ❑ **Nb.** Le nombre de cases sélectionnées.
- ❑ **Max.** La valeur maximale contenue dans la sélection.

- **Min.** La valeur minimale contenue dans la sélection.
- **Somme.** La somme des valeurs de la sélection.

Zone Menus

A partir du menu contextuel du bas de l'écran, vous pourrez avoir accès à toutes les fonctions de votre tableur.

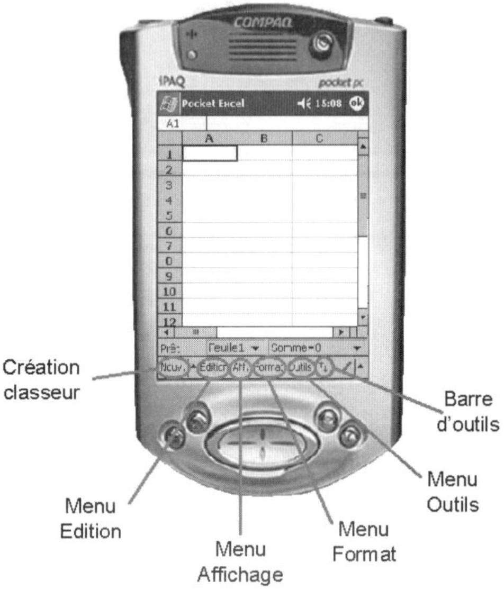

Création classeur

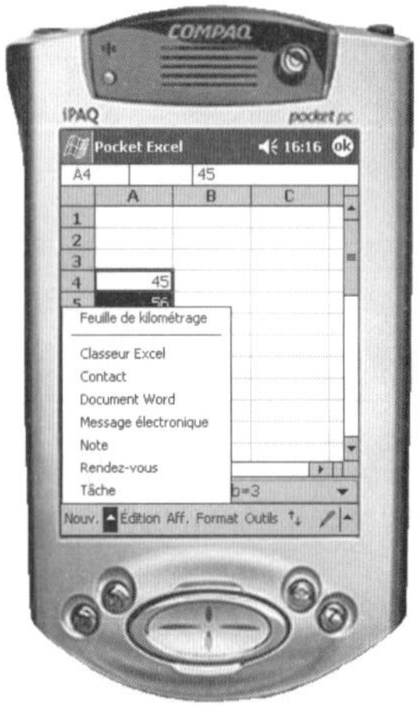

Mêmes possibilités qu'à partir de l'écran Liste.

Menu Edition

Vous retrouvez dans ce menu les fonctions standards des menus "Edition" des logiciels Microsoft.

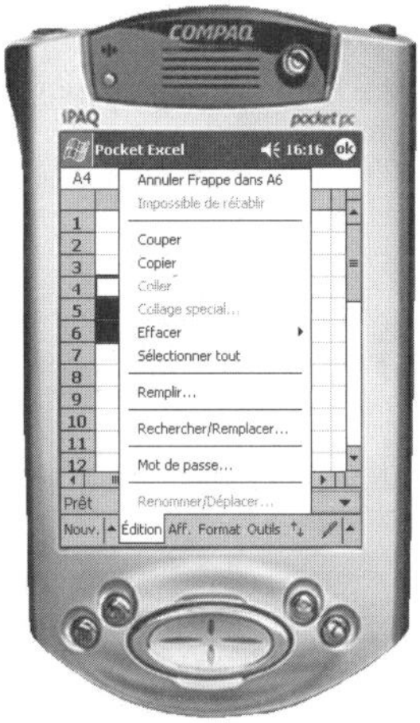

Annuler. Permet d'annuler la dernière action réalisée.

Rétablir. Permet de rétablir l'action annulée.

Couper. Permet de supprimer une sélection, mais conserve les éléments en mémoire.

Copier. Permet de copier une sélection en mémoire.

Coller. Permet de coller une sélection coupée ou copiée.

Collage spécial.

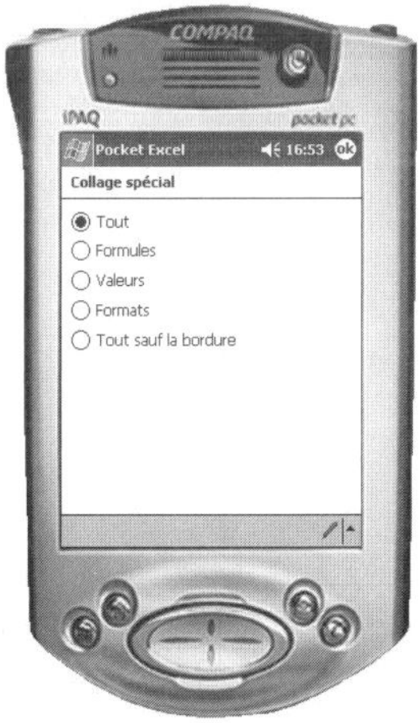

Permet de coller un élément en ne sélectionnant que la formule, les valeurs, les formats, ou encore sans copier les formats de bordures.

Effacer.

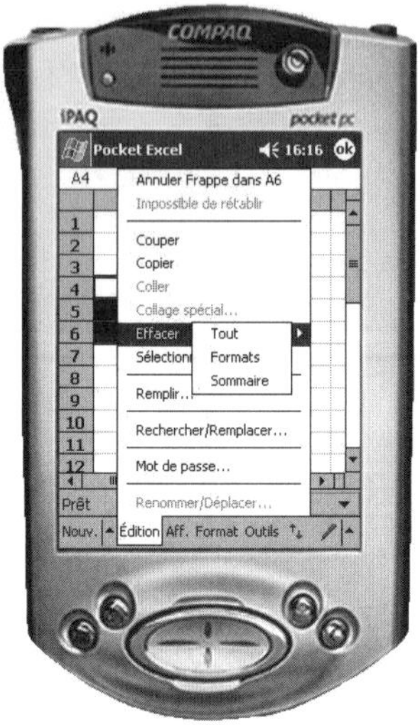

Permet d'effacer les éléments sélectionnés.

Sélectionner tout. Permet de sélectionner la totalité des éléments de la feuille de calcul.

Remplir. C'est l'équivalent de la fonction Remplissage d'Excel sur votre PC de bureau.

Cela permet soit de recopier la valeur d'une cellule vers le bas ou vers le haut, soit de remplir une série.

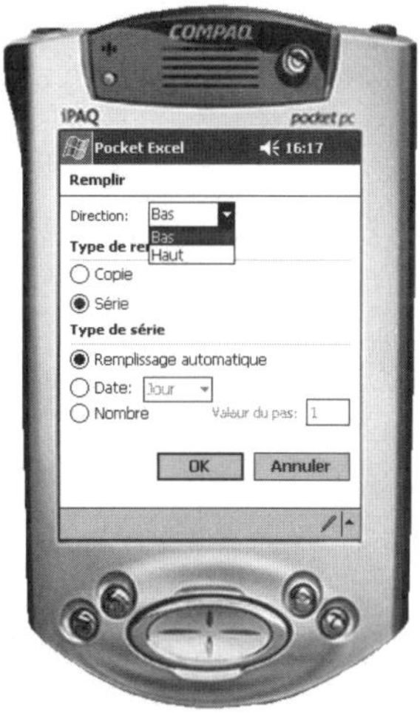

Une série est une suite d'éléments logiques de type date ou nombre. L'option automatique permet de détecter si cet élément est une date ou un nombre et de générer automatiquement la série dans les colonnes sélectionnées.

Rechercher.

Cette fonction permet de rechercher un élément dans la feuille de calcul active.

Remplacer. C'est une extension de Rechercher et permet de rechercher et remplacer l'élément voulu.

Mot de passe. Vous pouvez protéger votre fichier avec un mot de passe. Cependant, faites attention au fait que vous ne pourrez pas ouvrir un fichier protégé par un mot de passe sur votre PC de bureau si celui-ci a été protégé sur votre Pocket PC. L'inverse est vrai aussi si vous essayez d'ouvrir un classeur Excel qui a été protégé par un mot de passe sur votre PC de bureau. Il vous faut donc déprotéger le fichier, le transférer sur l'autre machine, puis de nouveau le protéger.

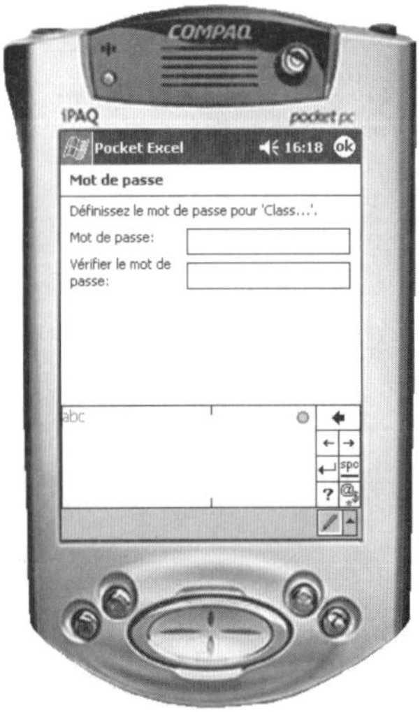

Menu Affichage

Ce menu vous permet de paramétrer l'aspect de votre tableur et des fonctions accessibles ; de vous déplacer vers une autre feuille du classeur ; de fractionner l'écran ; de figer des volets ; de zoomer sur votre écran.

Barre d'outils. Permet l'affichage de la barre d'outils.

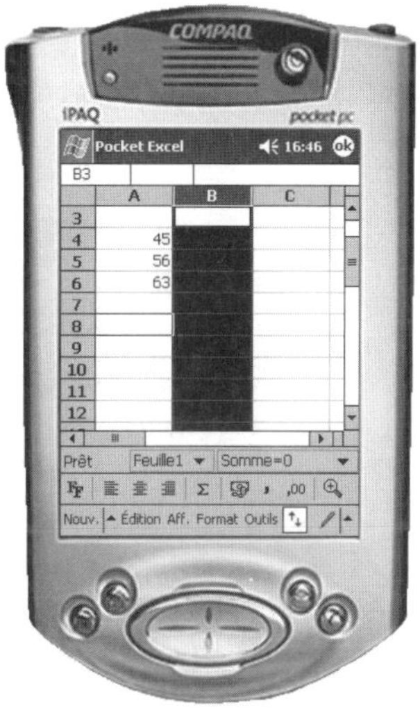

Barre de défilement horizontale. Permet d'afficher ou de masquer la barre d'ascenseur horizontale.

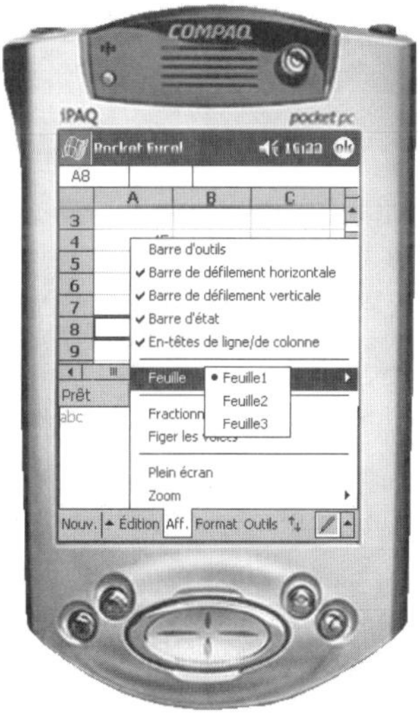

Barre de défilement verticale. Permet d'afficher ou de masquer la barre d'ascenseur verticale.

Barre d'état. Permet d'afficher ou de masquer la barre d'état.

En-têtes de ligne / de colonne. Permet d'afficher ou de masquer le nom des lignes (numéros des lignes) et celui des colonnes (lettres alphabétiques).

Feuille. Permet de se déplacer vers une autre feuille de calcul.

Fractionner. Permet de fractionner en deux votre écran, mais sur la même feuille de calcul. Ce qui permet une saisie plus simple dans les grands tableaux.

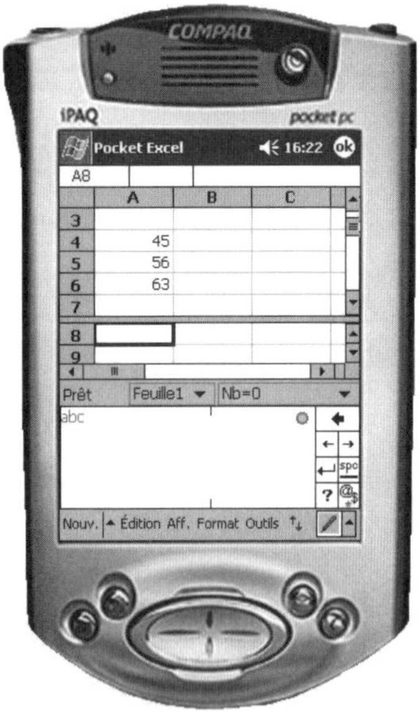

Figer les volets. Permet de rendre une partie de votre feuille de calcul fixe en affichage (par exemple les libellés des colonnes que vous avez saisis) et de pouvoir faire défiler les valeurs qui sont au-dessous. La mise en œuvre est simple. Vous sélectionnez en pointant la ou les colonnes / lignes que vous désirez rendre fixes et en pointant sur le numéro de ligne ou la lettre de colonne, puis vous sélectionnez cette option.

Plein écran. Permet de visualiser le plus grand nombre possible de cellules pour une consultation ou la saisie de vos éléments.

Pour revenir à l'affichage précédent, pointez sur le bouton Restaurer en haut à gauche de l'écran.

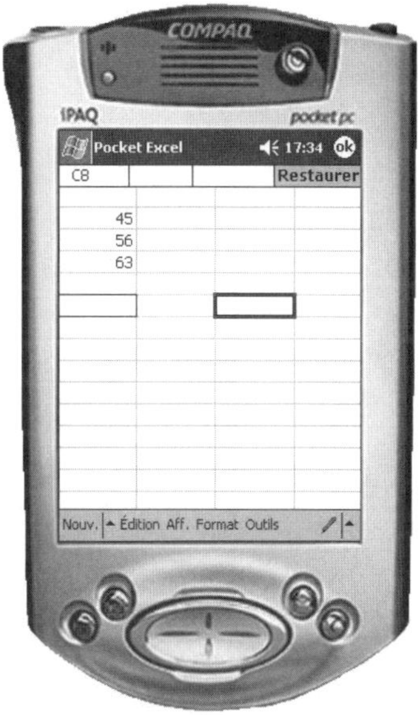

Zoom. Permet de zoomer sur l'écran.

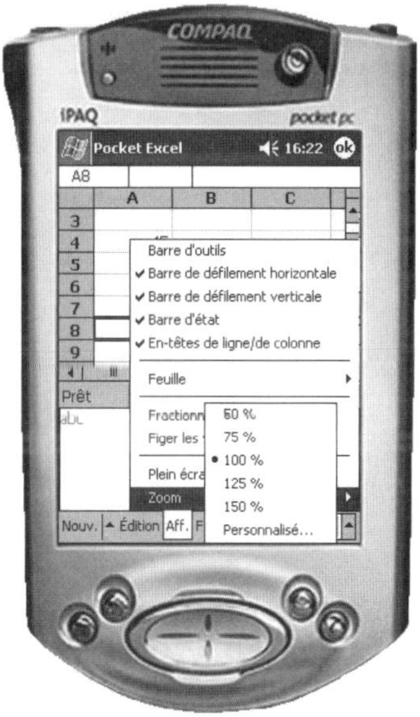

Menu Format

Ce menu vous permet de manipuler ou formater les feuilles et cellules de votre classeur Excel.

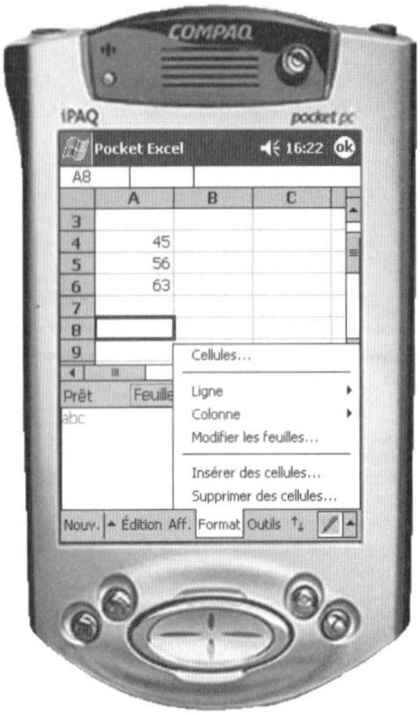

Cellules... Cette option vous permet de définir le format d'une sélection de cellule. Vous accédez à toutes les options de formatage à partir des onglets du bas de votre écran :

- ❑ **Taille.** Permet de modifier la hauteur et la largeur de ligne.

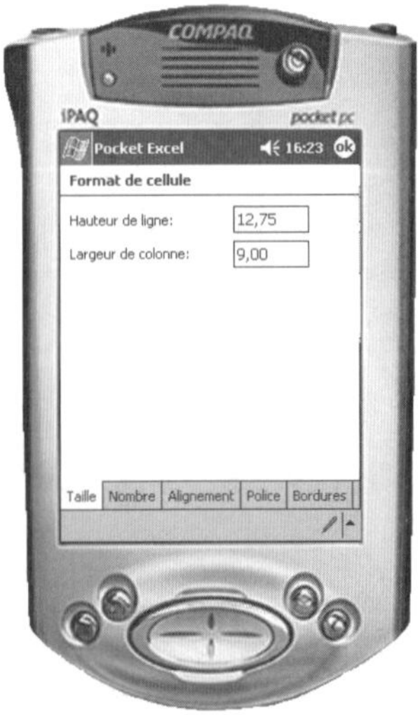

- **Nombre.** Permet de définir le type de données de la sélection. Par exemple, pour du texte, il est préférable de définir que ces éléments sont de type texte, pour les nombres aussi, etc. Cela permettra à Excel de prendre directement en compte l'affichage de ces éléments aux bons formats.

- **Alignement.** Permet de définir la présentation des éléments sélectionnés dans les cellules.

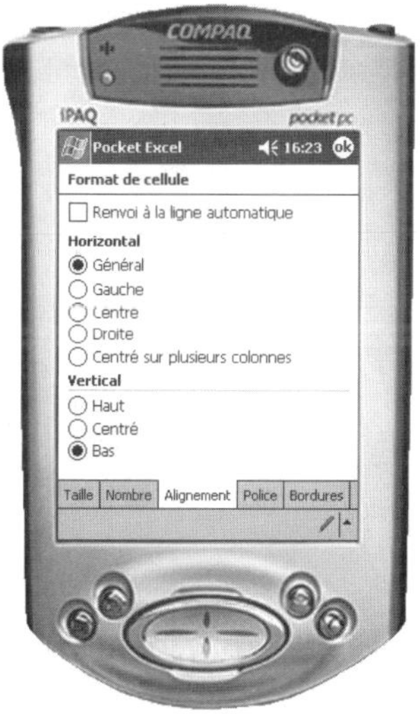

Vous trouverez notamment Renvoi à la ligne automatique, qui permet à Excel de renvoyer le texte saisi à la ligne dans le format de la cellule et d'en gérer automatiquement la taille en hauteur. Les autres paramètres permettent de déterminer la position horizontale et verticale de l'élément dans la cellule.

- **Police.** Permet de sélectionner les attributs d'affichage de la police sélectionnée pour les éléments.

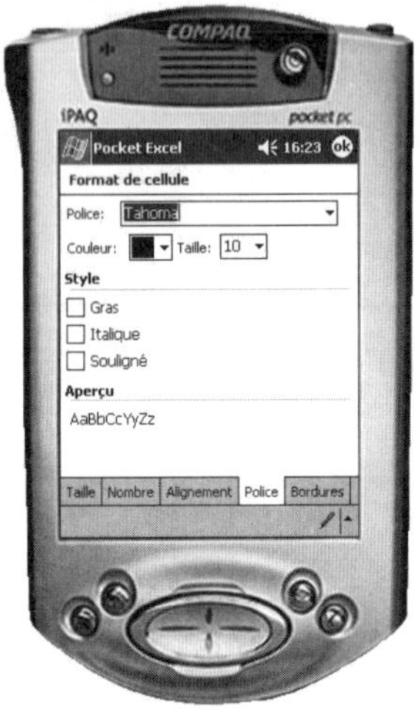

- **Bordures.** Permet de sélectionner des cadres pour vos cellules.

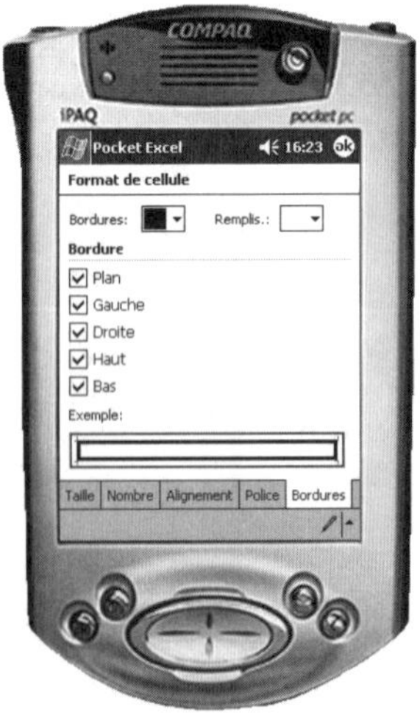

Bordures, représente la couleur de la bordure.

Remplissage, représente la couleur de remplissage.

Plan, détermine un quadrillage complet de la ou les cellules sélectionnées.

Gauche, Droite, Haut, Bas permet de sélectionner l'endroit où l'on désire voir s'afficher une bordure. Le tableau du bas vous montre au fur et à mesure des sélections le rendu que vous aurez dans votre tableau.

Menu Outils

Ce menu vous permettra de manipuler votre tableau, d'y insérer des éléments et de manipuler le classeur en tant qu'élément.

Atteindre... Cette fonction vous permet d'atteindre une zone du classeur ou une feuille à laquelle vous avez donnée un nom avec la fonction "Définir un nom...".

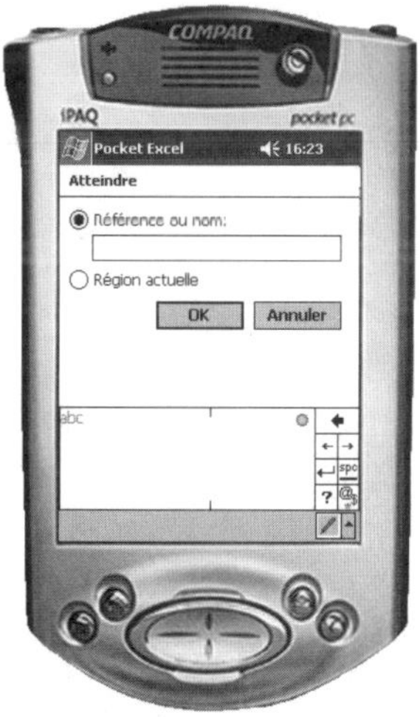

Trier... Cette fonction vous permet de trier les éléments d'une sélection.

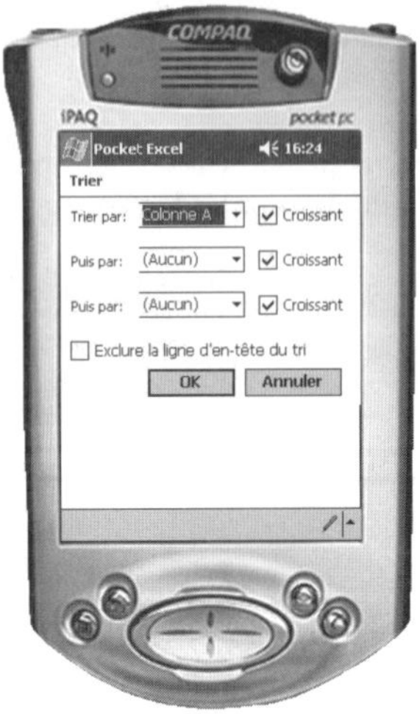

Pour la sélection, vous pouvez définir trois critères de tri. En pointant sur la case à cocher, vous êtes en mode de tri croissant, en décochant cette case, vous êtes en tri décroissant.

L'option "Exclure la ligne d'en-tête du tri" permet de ne pas inclure dans le tri le nom que vous aurez donné à la ligne ou colonne que vous désirez trier.

- **Filtre automatique.** Cette fonction de manipulation des colonnes est très pratique et permet de ne visualiser que des sous-parties du tableau en les sélectionnant par leurs valeurs.

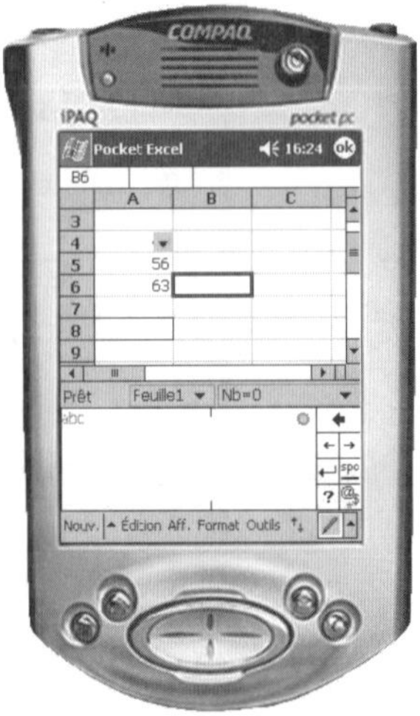

Pour la mettre en œuvre, vous sélectionnez des éléments ou une colonne complète, puis vous choisissez cette option dans le menu. Un menu déroulant sera inclus dans votre tableau.

Il ne vous reste plus qu'à choisir les valeurs que vous désirez voir s'afficher dans le tableau dans le menu.

Insérer une fonction… Un sous-ensemble des fonctions d'Excel sur votre PC de bureau a été implémenté dans ce mini-tableau.

Une fonction permet de réaliser des actions sur des éléments de votre tableau et de réaliser des formules de calcul complexes.

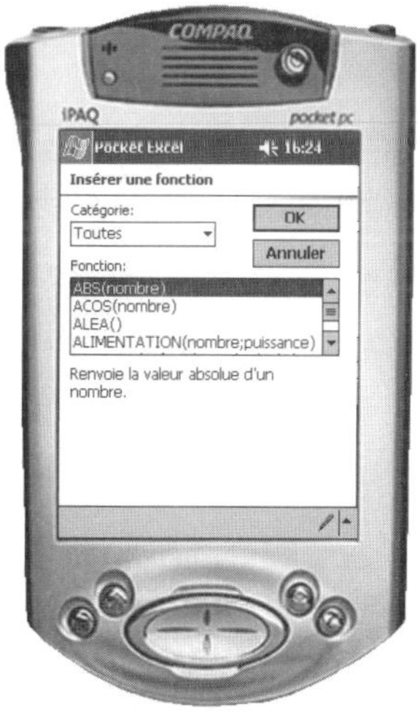

Vous sélectionnez la fonction à insérer et vous pointez sur "OK".

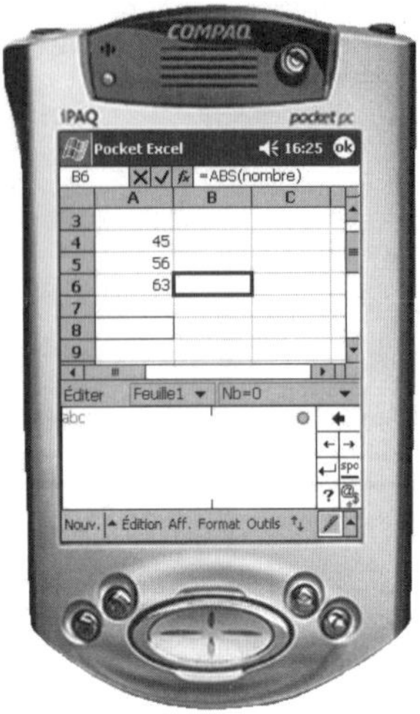

Vous verrez apparaître la fonction dans la zone de saisie de la cellule.

Insérer un symbole... Vous pouvez avoir besoin d'insérer un symbole graphique qui n'est pas présent sur votre clavier virtuel ou avec le mode de saisie que vous avez choisi. Cette fonction permet de l'insérer.

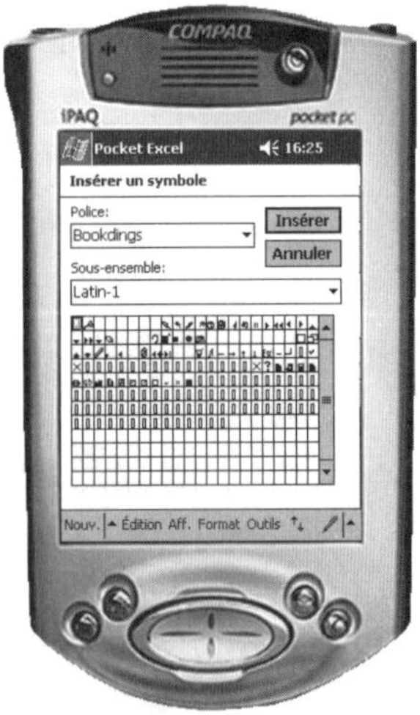

Vous choisissez le symbole dans un des tableaux proposés et pointez sur le bouton Insérer.

Définir un nom... Vous pouvez avoir besoin pour réaliser des formules de calcul complexes ou, tout simplement, vous déplacer dans votre classeur de donner un nom qui référence différents éléments. Pour cela, vous devrez donner un nom à ces différents sous-ensembles de votre feuille de calcul ou aux éléments de votre classeur avec cette fonction.

Pour réaliser cela, vous sélectionnez la zone à "nommer" dans votre feuille, puis vous activez cette fonction. La description de la zone est présente dans le champ "Fait référence à". Vous entrez un nom dans "Nom du classeur" et pointez sur Ajouter.

Enregistrer sous... Vous permet d'enregistrer votre classeur Excel sur votre Pocket PC :

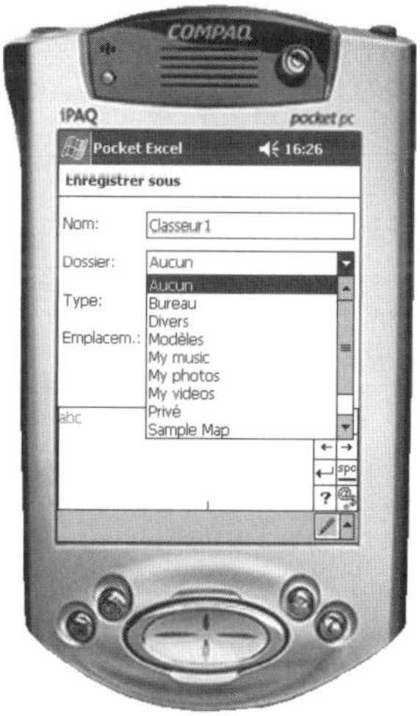

- **Noms.** Saisissez le nom que vous désirez donner à votre fichier. Par défaut, il vous propose le contenu des premières cellules de votre texte.
- **Dossier.** Permet de préciser dans quel répertoire vous désirez sauvegarder le fichier sur votre Pocket PC.

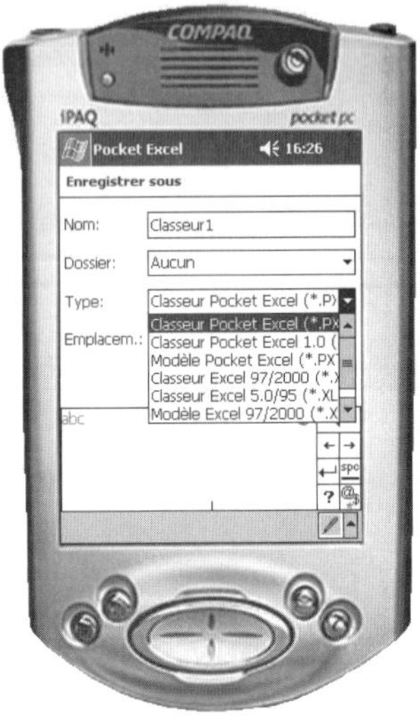

- **Type.** Vous permet de sélectionner sous quel format vous désirez sauvegarder votre fichier.

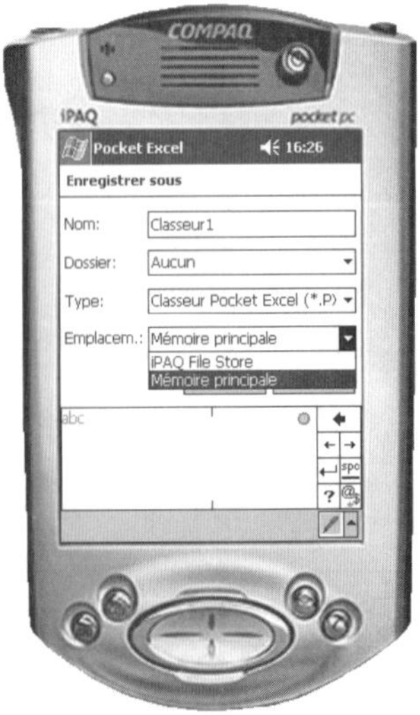

- **Emplacement.** Vous permet de sélectionner soit la mémoire principale de votre Pocket PC, soit une carte d'extension mémoire, ou encore un disque dur additionnel.
- **Supprimer le classeur.** Cette option vous permet de supprimer votre classeur.

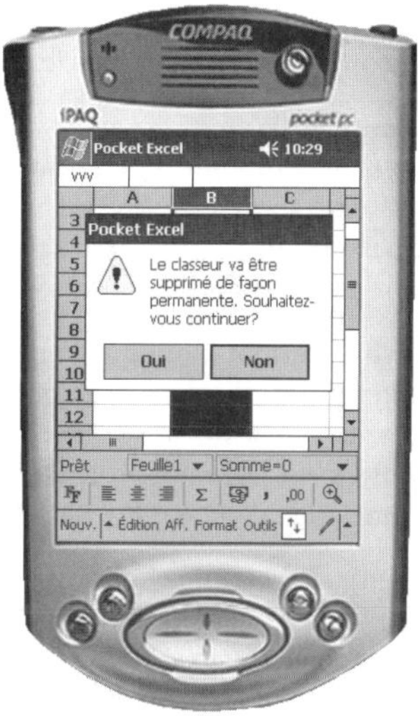

Barre d'outils

Vous pouvez accéder à des fonctions de mise en forme ou à certaines fonctions directement par cette barre d'outils.

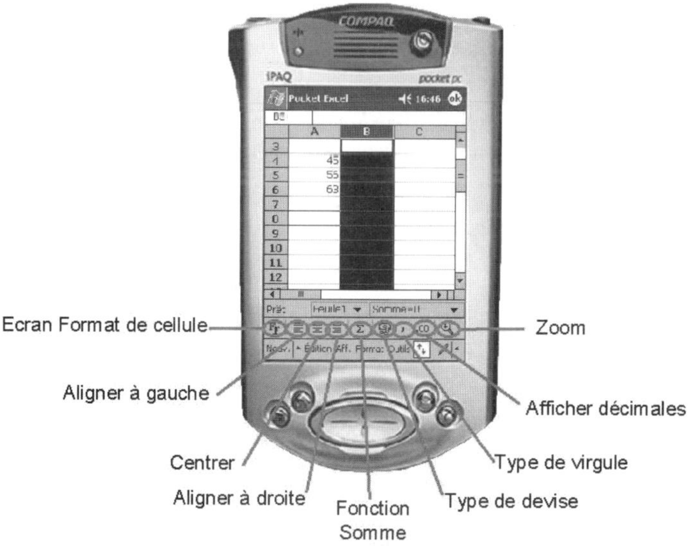

Ecran Format de cellule. Permet d'accéder directement à l'écran Format de cellule.

Aligner à gauche. Permet d'aligner le contenu des cellules sur le côté gauche des cellules.

Centre. Permet d'aligner le contenu des cellules au centre.

Aligner à droite. Permet d'aligner le contenu des cellules à droite.

Fonction Somme. Permet de réaliser la somme des éléments des cellules. Vous vous positionnez en dessous ou à côté des cellules dont vous désirez réaliser la somme et vous pointez sur cette option. Une sélection automatique sera effectuée pax Excel. Vous pouvez modifier cette sélection en pointant sur les éléments désirés.

Type de devise. Permet d'indiquer quel est le type de devise de la valeur que vous manipulez. Il existe une limitation à cette fonction. Le type de devise est celui que vous aurez sélectionné durant le paramétrage de votre Pocket PC, et notamment les paramètres régionaux. (Voir le chapitre "Paramétrage de votre Pocket PC".)

Type de virgule. Permet de choisir le type de virgule utilisée : une virgule ou un point.

Afficher décimales. Permet d'afficher ou de masquer les décimales des nombres.

Zoom. Permet de zoomer sur l'écran.

Suppression d'un classeur Excel ou d'une feuille de calcul

Il existe plusieurs options pour supprimer un document Excel ; et ce, en dehors de l'Explorer d'Excel (voir le chapitre "Je gère mon Pocket PC") :

Dans un document, en sélectionnant l'option "Supprimer" du menu Outils.

Dans l'écran affichant la liste des documents Excel au lancement de pocket Excel.

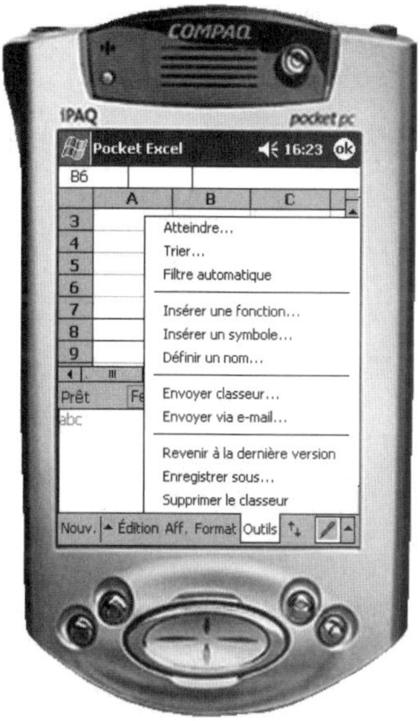

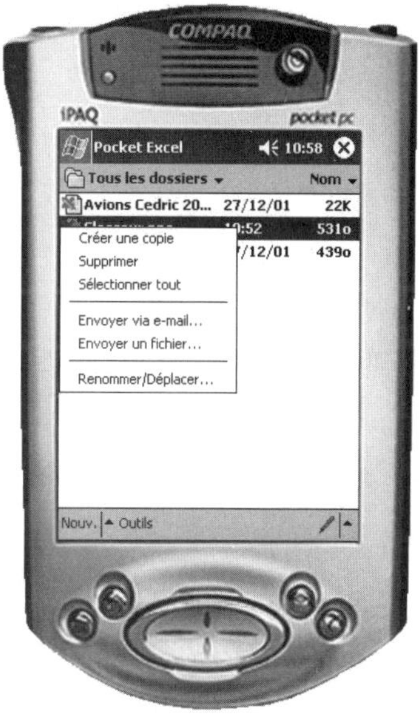

En pointant sur l'élément et en choisissant l'option "Supprimer".

Les modèles Excel

A l'image de la version sur votre PC, vous pouvez créer des modèles de documents qui apparaîtront dans le menu contextuel "Nouv." à la création d'un document.

Pour réaliser cette opération, créez un ficher Excel avec le formatage texte et graphique qui vous convient.

Enregistrez-le dans le répertoire "Modèles" de votre Pocket PC au format "Modèle de document".

Les options de pocket Excel

Les trois options suivantes peuvent être paramétrées :

Modèle pour nouveau classeur. Vous pouvez avec cette option indiquer à Excel qu'il doit toujours ouvrir un classeur Excel avec le même modèle.

Enreg. nouv. classeurs dans. Vous permet de sélectionner où seront systématiquement enregistrés les classeurs sur votre Pocket PC. Il s'agira soit de la mémoire principale de votre Pocket PC, soit d'une carte mémoire d'extension.

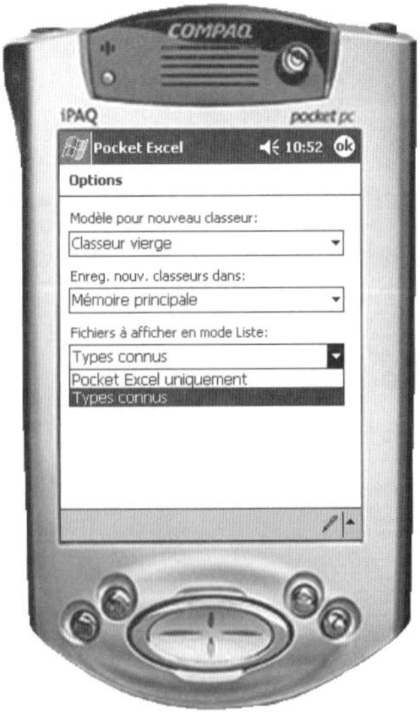

Fichiers à afficher en mode Liste. Permet de déterminer si sur votre liste de fichiers à l'écran vous verrez apparaître uniquement les documents Excel ou tous les types connus.

Les conversions entre votre Pocket PC et votre PC de bureau et inversement

Lorsque vous transférez un fichier Excel entre votre PC de bureau et votre Pocket PC, celui-ci est converti et les extensions de fichiers changent :

.xls et .xlt deviennent .pxl et .pxt.

Mais la mise en forme et la plupart des attributs de votre fichier restent.

Attention, si votre fichier est protégé par un mot de passe, pocket Excel ne sera pas capable de l'ouvrir. Supprimez votre mot de passe avant d'effectuer un transfert.

Cependant, même si un grand nombre d'attributs ne seront pas changés :

- Formats de numéro personnalisé et prédéfini.
- Bordures ligne simple.
- Noms référençant les feuilles de calcul dans un même classeur.
- Renvoi du texte à la ligne.

D'autres seront modifiés, et vous ne les retrouverez plus lorsque vous utiliserez votre fichier sur votre PC de bureau :

- Toutes les bordures sont modifiées et sont transformées en bordures simples.
- Les formules saisies contenant une référence à une ligne au-delà de la ligne 16 384 sont remplacées par #REF!.

- Les données des tableaux croisés dynamiques sont remplacées par une valeur, la valeur qu'il y avait dans la partie référencée dans le tableau dynamique.
- Les graphiques, les feuilles de calcul, les modules VBA, les feuilles macro et les feuilles boîte de dialogue sont remplacées par des feuilles vierges.
- Les formules non prises en charge par pocket Excel sont remplacées par une valeur.
- Le texte vertical est remplacé par un texte horizontal.
- Les formules faisant référence à un tableau ou à un argument de tableau sont remplacées par une valeur.
- Les formules ou les fonctions référençant des noms désignant d'autres classeurs, tableaux, formules de tableaux ou plages d'intersection sont remplacées par #NAME?.
- Les formules contenant des références à des liens externes ou des plages d'intersection sont remplacées par une valeur.
- Les noms cachés sont affichés.

Il se peut que certains attributs qui ne sont pas gérés par pocket Excel restent présents dans le fichier et soient restitués lors du transfert vers le PC de bureau ; dans l'autre cas, ils auront disparu purement et simplement.

Par exemple, l'ombrage des cellules n'est pas pris en charge dans pocket Excel, mais cet attribut est restauré lors de la conversion du fichier au format Excel.

Les attributs suivants sont supprimés lors de la conversion d'un fichier Excel au format pocket Excel et ne sont pas restaurés lors de la conversion inverse.

- Macros complémentaires.
- Objets dessin.
- Protection.
- Autres paramètres de palette.
- Objets OLE intégrés
- Paramètres des bordereaux de routage.
- Filtre automatique.
- Mise en forme conditionnelle Excel 97.
- Scénario.
- Commentaires de cellules.
- Partage de fichiers.
- Zones de texte.
- Motifs de cellules.

- ❑ Lien hypertexte.
- ❑ Alignement vertical.
- ❑ Consolidation des données.
- ❑ Graphiques d'objet.
- ❑ Zoom.
- ❑ Validation des données.
- ❑ Contrôles d'image.

Calculatrice et convertisseur euro

Votre Pocket PC est doté en standard d'une calculatrice qui vous permet de réaliser très simplement vos conversions monétaires et, pour les Européens, de convertir les différentes monnaies du monde et de l'ancienne zone monétaire européenne. Ceux qui ont vécu le passage de leur monnaie à l'euro seront sensibles à ce type d'outil…

La fonction calculatrice standard se présente comme suit :

L'utilisation de cette calculatrice est classique et ne nécessite pas d'explications particulières, hormis le fait que vous pouvez passer en mode conversion monétaire en pointant sur l'icône monétaire symbolisant le dollar, l'euro et la livre.

Vous passez en mode calculatrice avec conversion monétaire en pointant sur le petit logo symbolisant des monnaies du menu contextuel du bas de votre écran.

La partie d'affichage du haut permet l'affichage de la valeur de la monnaie à convertir.

Celle du dessous, la monnaie cible.

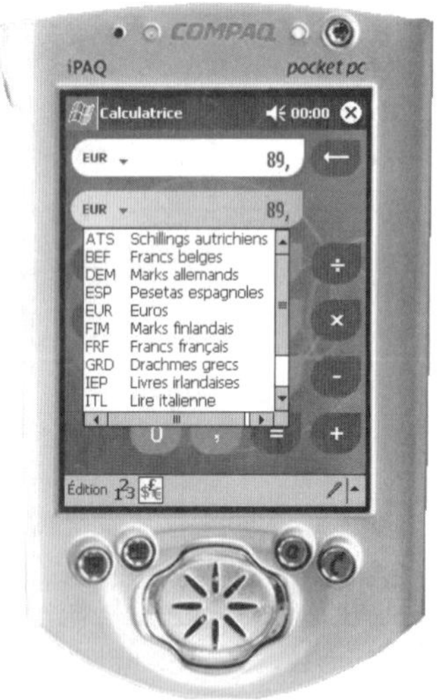

En dépliant les menus déroulants des deux zones d'affichage, vous pouvez choisir la monnaie à convertir et la monnaie cible.

Vous pouvez modifier les taux de parité des monnaies en utilisant le menu Edition.

Sélectionnez l'option "Taux".

Vous pouvez choisir une monnaie en pointant sur la monnaie de la liste pour la mettre à jour ou la supprimer avec les boutons "Mettre à jour..." et "Suppr.". Ou créer une monnaie qui n'existe pas dans la liste en utilisant le bouton "Ajouter...".

Vous arrivez à l'écran suivant :

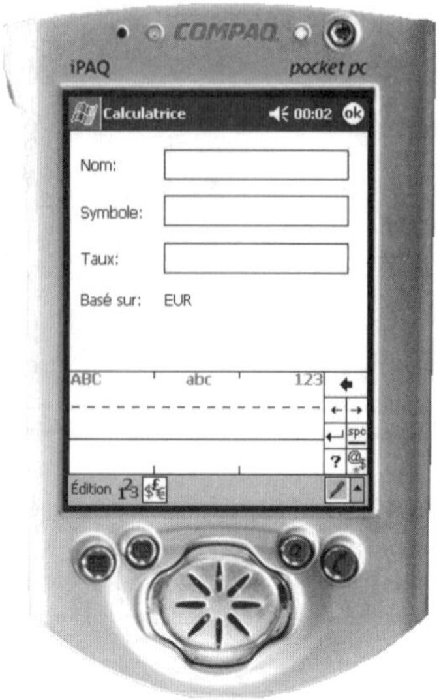

Vous saisissez les éléments nécessaires à la création de la monnaie et à sa conversion.

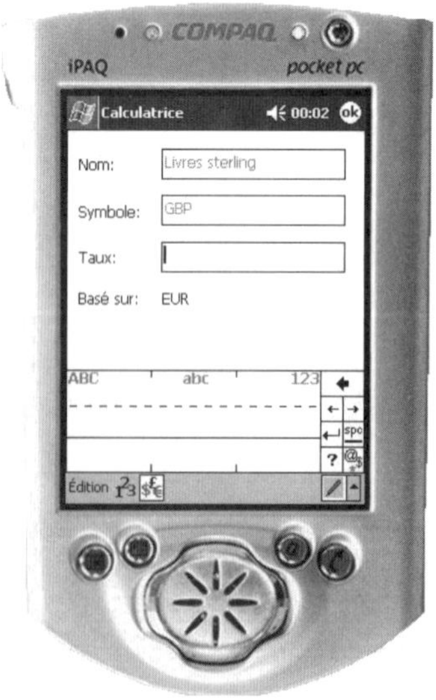

Vous cliquez ensuite sur OK. Votre taux de parité a été modifié ou votre nouvelle monnaie est prise en compte.

Surfez sur Internet et gérez vos emails avec votre Pocket PC

Internet

Internet va vous permettre d'envoyer et de recevoir vos mails à partir de vos boîtes aux lettres Internet, de votre messagerie d'entreprise Exchange, que ce soit via votre PC de bureau ou par un moyen de liaison mobile de type téléphone mobile, modem via le réseau téléphonique commuté (RTC), jaquette GSM / GPRS en utilisant la boîte de réception. Par ailleurs, vous allez pouvoir surfer sur Internet avec Internet Explorer sur votre Pocket PC, comme avec votre PC de bureau.

Nous allons vous décrire comment établir une connexion à Internet et gérer vos boîtes aux lettres électroniques. Cela est décrit de façon didactique avec un exemple complet de raccordement à un fournisseur Internet : Free.

Nous allons d'abord établir une connexion à Internet, puis créer une boîte aux lettres sur Internet et les utiliser via votre PC de bureau et votre Pocket PC.

Etablissement de votre connexion à Internet

La mise en œuvre de la connexion à Internet est décrite dans le chapitre "Mise en œuvre de la communication globale de votre Pocket PC et de votre ordinateur de bureau".

Création de votre service emails sur votre Pocket PC

Nous allons paramétrer votre Pocket PC afin que celui-ci utilise la boîte aux lettres Internet qui a été crée par votre fournisseur d'accès Internet lors de votre demande d'abonnement.

Avec l'ouverture de votre abonnement Internet, il vous a été attribué une boîte aux lettres. Nous vous proposons de la paramétrer pour pouvoir l'utiliser. Dans le cas de nos exemples, la boîte aux lettres sera utilisée avec votre téléphone mobile.

Vous accédez à votre boîte de réception. Les mails que vous voyez sont ceux que vous avez reçus via votre PC qui lui-même s'est connecté sur ses boîtes aux lettres via son propre modem ou le réseau d'entreprise sur lequel il est connecté. Cette boîte aux lettres est appelée "ActiveSync".

Afin de créer un "compte", terminologie utilisée pour désigner notamment une boîte aux lettres, suivez les étapes suivantes.

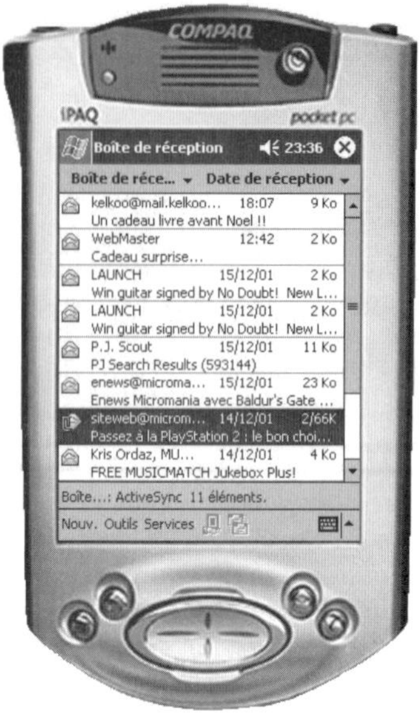

Dans le menu contextuel du bas de votre écran, pointez sur l'option "Services".

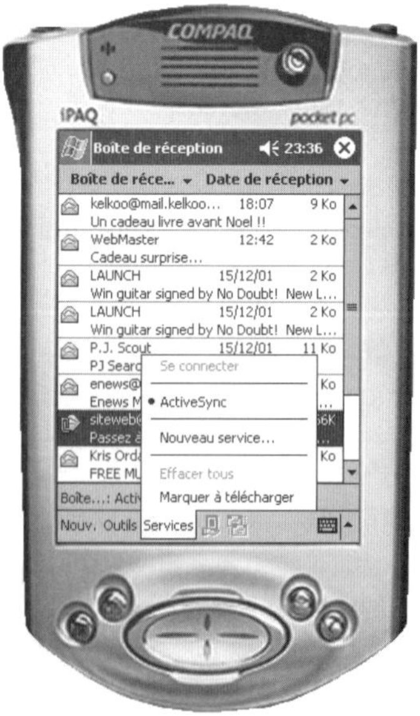

Pointez sur l'option "Nouveau service..." du menu.

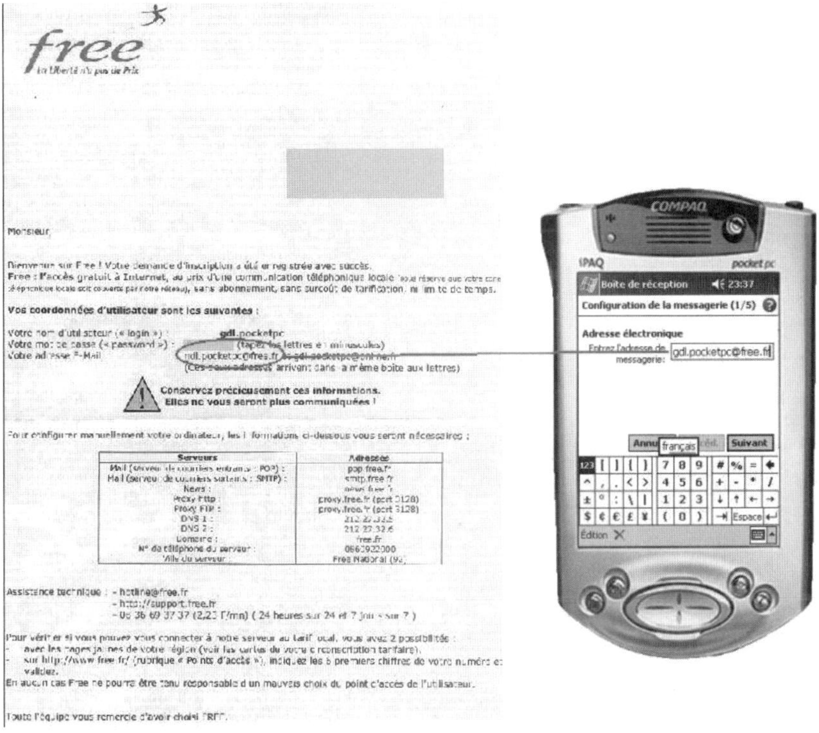

Entrez maintenant l'adresse email indiquée dans le document Free que vous avez reçu. Pointez sur le bouton "Suivant".

A cette étape, votre Pocket PC va essayer de paramétrer lui-même la connexion à votre messagerie. Mais cet essai n'aboutira pas. Cliquez sur le bouton "Suivant".

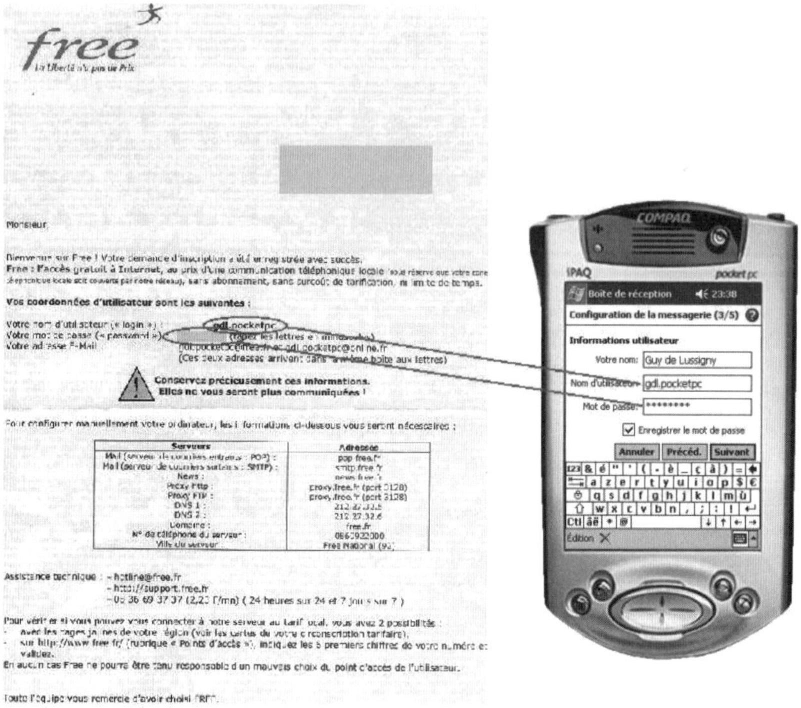

Vous devez saisir dans la zone de saisie le nom que vous désirez voir apparaître sur l'en-tête de vos messages envoyés dans la zone "Votre nom" de votre écran. Ensuite, saisissez "votre nom d'utilisateur" du document Free dans la zone de saisie "Nom d'utilisateur" de l'écran, ainsi que "votre mot de passe" du document Free dans la zone écran "Mot de passe" de votre écran. N'oubliez pas de cocher la case "Enregistrer le mot de passe" pour ne pas à avoir à le saisir chaque fois que vous vous connectez à votre boîte aux lettres Internet.

Vous devez sélectionner dans le menu "Type de service" de votre écran le type "POP3" et saisir le nom sous lequel vous le verrez apparaître dans le menu des services de votre boîte de réception à la fin de ce paramétrage. Attention, ce nom ne pourra plus jamais être modifié. Pointez maintenant sur le bouton "Suivant".

Saisissez le nom de votre "serveur de courriers entrants" de votre document Free dans la zone de saisie "Courrier entrant" de votre écran, ainsi que le nom de votre "serveur de courriers sortants" dans la zone de saisie "Courrier sortant" de votre écran.

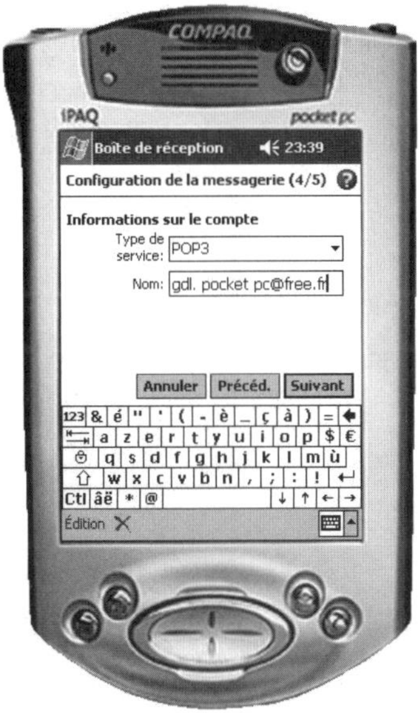

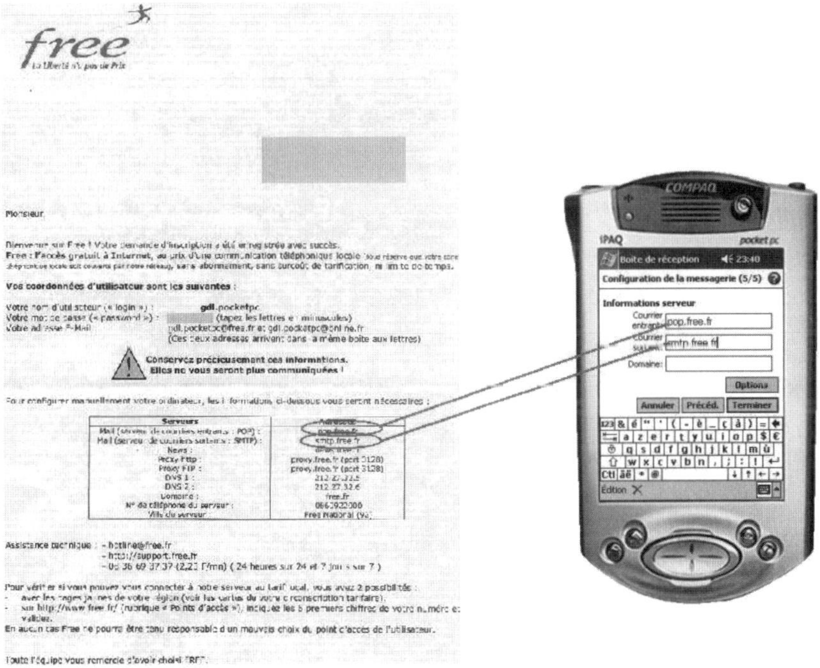

Pointez maintenant sur le bouton "Options".

Choisissez l'option "Param. Internet par défaut" de l'option "Connexion" de votre écran pour pouvoir utiliser la connexion Internet que vous avez définie.

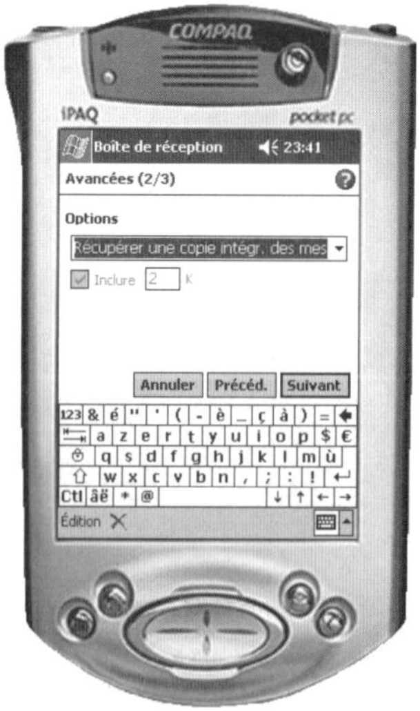

Sélectionnez l'option "Récupérer une copie intégr. des mes" pour pouvoir récupérer l'intégralité de vos mails reçus et non pas les premières lignes. Pointez sur "Suivant".

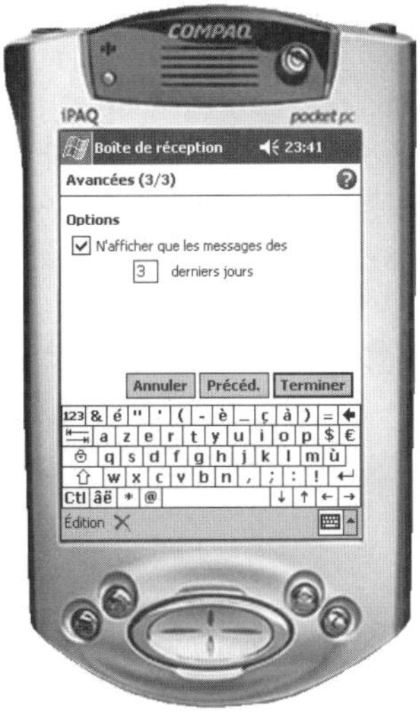

Utiliser cette option "N'afficher que les messages des *n* derniers jours" vous permettra de ne pas passer des heures à attendre si vous n'avez pas relevé vos messages depuis plusieurs semaines, mais, par contre, risque de vous faire passer à côté du mail très important que vous ne deviez pas manquer... A vous de choisir. Pointez sur "Terminer". Vous venez de finir de paramétrer votre boîte aux lettres.

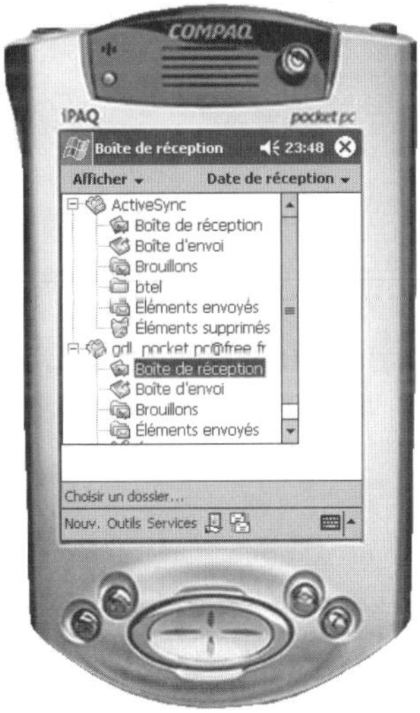

Si vous dépliez le menu déroulant "Boîte de réce..." en haut à gauche de votre écran, vous pourrez voir deux arborescences dans votre messagerie :

- La boîte aux lettres synchronisée de votre Outlook sur PC et qui porte comme nom "ActiveSync".
- La boîte aux lettres que vous venez de créer.

Vous pouvez maintenant vous connecter à votre boîte aux lettres et recevoir votre premier email.

Gestion des messages électroniques / Boîte de réception / (Emails)

Ce chapitre du livre va vous apprendre à rédiger, récupérer et lire vos emails, mais aussi à créer les éléments de liaison vous permettant d'envoyer et de récupérer vos emails via votre PC de bureau et via une liaison distante du type téléphone mobile.

Ce gestionnaire de messages électroniques (emails) est très pratique et vous permettra de gérer vos mails en synchronisation avec votre PC et la messagerie Exchange de votre entreprise si celle-ci en est équipée. Cela permettra même d'emporter avec vous les fichiers joints de vos mails si vous en avez paramétré l'option dans ActiveSync (voir le chapitre "Utilisation de mon PC de bureau avec mon Pocket PC").

Il vous donnera ainsi la possibilité d'aller rechercher vos mails sur vos messageries Internet avec votre téléphone mobile ou via votre jaquette GSM / GPRS qui transforme votre Pocket PC en Smartphone. A moins que vous n'utilisiez une carte modem.

Vous pourrez définir autant de services que vous avez de boîtes à mail.

Pour un emploi simple de votre boîte de réception avec celle de votre PC de bureau et pour aller rechercher vos mails sur une boîte aux lettres Internet, l'utilisation est conviviale et relativement complète.

Nous avons pu constater lors de l'écriture de livre (fin 2001) qu'il existe diverses anomalies de fonctionnement et d'intégration des différentes boîtes aux lettres entre elles, des services que vous utilisez par le moyen de communication propre de votre Pocket PC (téléphone mobile...) avec Outlook sur votre PC et des fonctions de communication du complément Outlook 2002 sur votre PC pour gérer vos services et récupérer vos messages reçus sur votre Pocket PC.

Ce qui fonctionne :

La synchronisation de tous vos messages reçus sur votre PC et qui sont transférés vers votre Pocket PC.

La manipulation des mails et répertoires de votre messagerie sur votre Pocket PC en provenance de votre PC de bureau. Y compris la suppression des mails, le flag de lecture de vos mails, etc.

Les anomalies rencontrées sont les suivantes :

Normalement, vous devriez pouvoir récupérer les boîtes aux lettres associées aux services de votre Pocket PC (par exemple, le service permettant de récupérer les messages de votre boîte aux lettres sur Free via votre téléphone mobile). Cela ne fonctionne pas. Il n'y a aucun moyen de synchroniser ces boîtes aux lettres avec Outlook 2002 sur votre PC de bureau. L'add on livré avec votre Pocket PC par Microsoft et qui apparemment était prévu pour Windows CE ne fonctionne plus avec Pocket PC 2002.

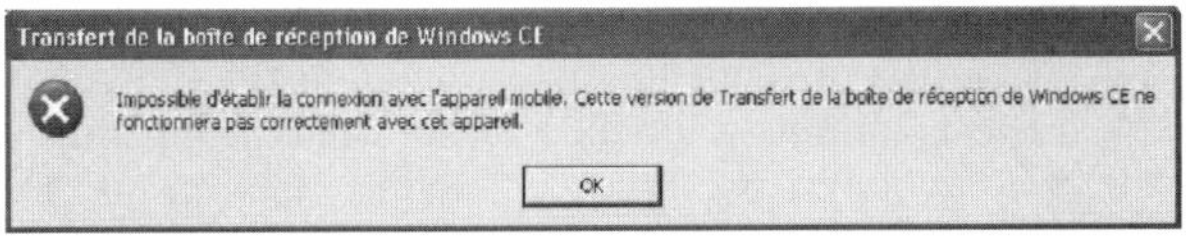

Cela implique que les fonctions de synchronisation qui peuvent être utilisées avec une boîte aux lettres autre que celle d'ActiveSync sur votre Pocket PC ne fonctionnent pas.

Il existe certaines limitations à l'utilisation de ce logiciel :

Il n'y a pas de possibilité d'indiquer que les messages doivent être supprimés après ramassage du courrier sur vos boîtes aux lettres Internet.

Il n'y a pas de possibilité d'indiquer que toutes les boîtes aux lettres créées sur votre Pocket PC doivent ramasser en même temps, vous devrez le faire boîte aux lettres par boîte aux lettres.

Vous ne pouvez pas déplacer un mail vers une autre boîte de réception, par exemple de votre boîte aux lettres Free vers votre boîte aux lettres ActiveSync.

Il n'est pas possible d'indiquer lors de la création d'un service (boîte aux lettres) dans quelle boîte de réception doit être systématiquement rangé votre courrier.

Autre remarque, la documentation livrée avec votre Pocket PC sur ce programme n'est pas totalement en correspondance avec le programme livré, notamment concernant l'envoi et la réception de SMS qui n'est tout simplement pas implémentée, contrairement à ce qui est indiqué.

En conclusion, pour un emploi avec la boîte de réception de votre PC de bureau, l'utilisation est satisfaisante.

Pour tout ce qui concerne la gestion des boîtes aux lettres (services) supplémentaires, le produit n'est pas au niveau de ce que l'on peut retrouver sur d'autres plates-formes (par exemple "Eudora" pour Palm Pilot qui est un modèle du genre).

Le seul moyen de contournement de ces limitations est de gérer vos boîtes aux lettres via votre PC de bureau et de n'utiliser la connexion de vos boîtes aux lettres Internet via un moyen de communication mobile que pour une consultation et un envoi ponctuels de vos mails.

Ce produit est jeune et fera rapidement l'objet de corrections et d'évolutions de la part de Microsoft. Au moment où vous lisez ce livre, celles-ci seront même peut-être corrigées.

En terme de terminologie, dans ce type de logiciel, et cela parce que sa vocation à devenir un collecteur d'informations sous forme électronique est clairement affichée, un service regroupe une boîte de réception et d'envoi avec un service d'échange électronique. Dans le cas présent, un compte est synonyme de boîte aux lettres.

Présentation de l'écran Boîte de réception

C'est à partir de cet écran que vous allez pouvoir gérer vos e-mails, les consulter, les supprimer, en créer de nouveau, les envoyer et les recevoir… C'est le centre de gestion de toutes les fonctions de vos boîtes aux lettres.

Cet écran se présente comme suit :

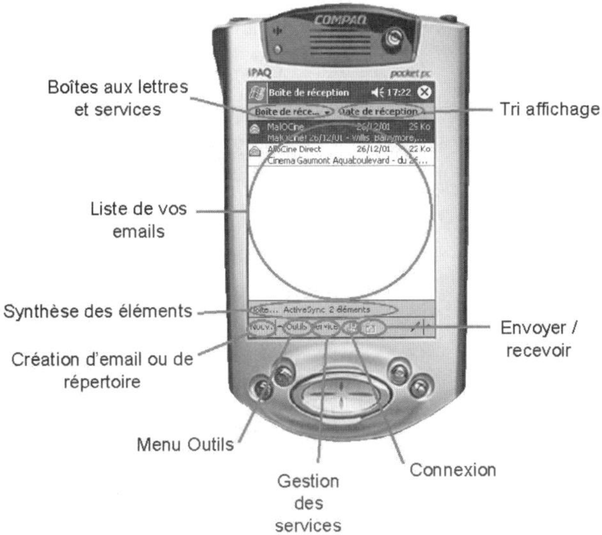

Les éléments de cet écran se décomposent comme suit :

Boîtes aux lettres et services. En dépliant ce menu, vous pourrez vous déplacer d'une boîte aux lettres à une autre et dans les répertoires de votre boîte aux lettres.

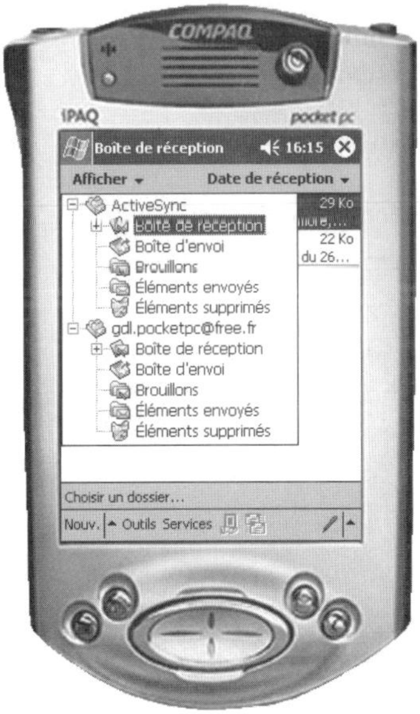

Tri affichage. Vous permet de réaliser un tri de vos mails.

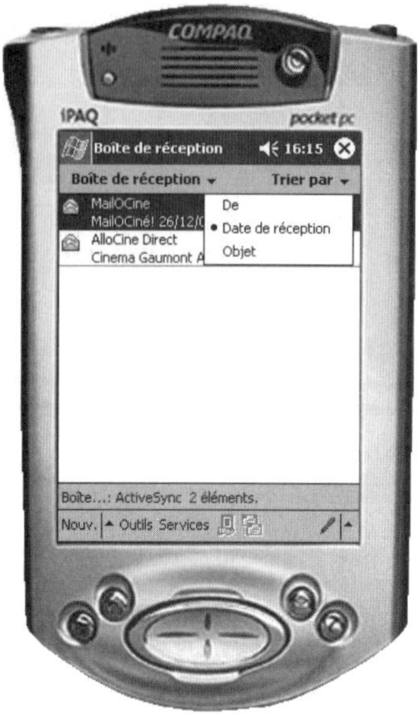

Le tri est possible par le nom de l'expéditeur, la date de réception du mail et l'objet.

Synthèse des éléments. Il est affiché dans cette zone le nombre d'emails total, lus et non lus. Cette information est reprise dans le menu "Aujourd'hui" de votre Pocket PC, mais seulement pour la boîte de réception ActiveSync..

Barre de menu contextuel

Vous pourrez, à partir de la barre de menu contextuel, gérer toutes les actions nécessaires à la gestion de vos "comptes", la gestion de vos mails ainsi que leur envoi et leur réception.

Menu Nouveau

Ce menu permet de créer de nouveaux emails et des sous-répertoires dans vos boîtes aux lettres quand vous êtes dans la partie Gestion des dossiers (option du menu Outils).

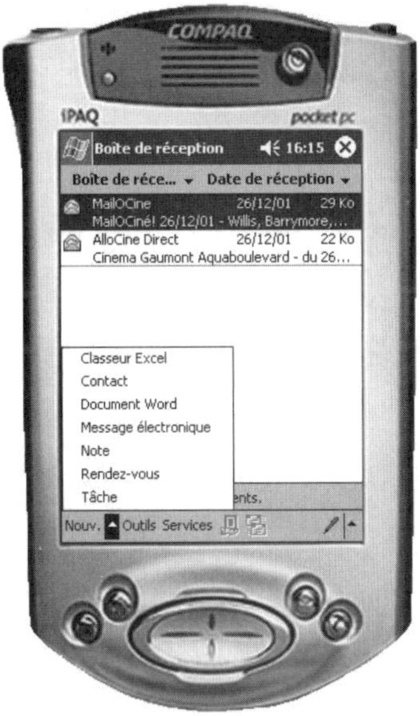

Menu Outils

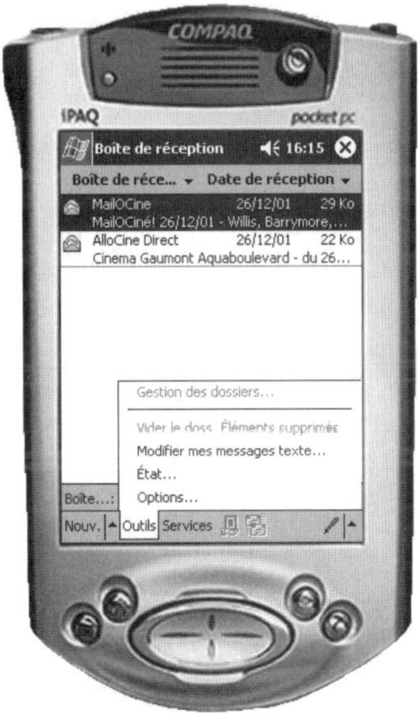

Ce menu "Outils" vous permet de réaliser les actions suivantes :

Gestion des dossiers. Permet la gestion des répertoires et boîtes de réception.

Vider la corbeille de votre boîte aux lettres. Dossier Eléments supprimés.

Modifier mes messages texte. Gestion de la liste des phases en insertion rapide.

Visualiser l'état de vos boîtes aux lettres.

Paramétrer les options de votre boîte aux lettres.

Gestion des dossiers

Cette gestion des dossiers ne peut pas être utilisée pour la partie Boîte aux lettres ActiveSync. Lorsque vous utilisez la boîte aux lettres ActiveSync, vous pouvez créer des emails qui seront envoyés par votre PC de bureau lors de la prochaine synchronisation, supprimer des emails et les lire, mais vous ne pouvez pas gérer la structure de répertoire qui est associée. Vous devez créer les nouveaux dossiers (répertoires) directement à partir d'Outlook 2002 sur votre PC de bureau. Pour que ces dossiers soient synchronisés sur votre Pocket PC, vous devez modifier le paramétrage des fonctions de synchronisation dans ActiveSync (voir le chapitre "Utilisez votre PC de bureau avec votre Pocket PC").

Pour toutes les autres boîtes aux lettres que vous aurez créées (comptes de messagerie), vous pourrez utiliser cet écran.

La gestion des dossiers couvre plusieurs notions :

- ❑ La synchronisation avec Outlook 2002 des boîtes aux lettres autres qu'ActiveSync. Elle sera possible quand les limitations actuelles seront levées par Microsoft.

❑ La création ou la suppression des dossiers. En pointant sur le menu "Nouv.", l'écran suivant apparaît :

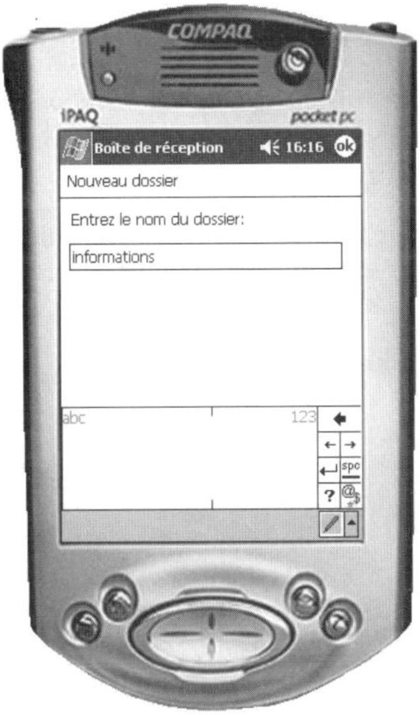

Entrez le nouveau nom de dossier à créer et pointez sur "OK". Le nouveau dossier est créé.

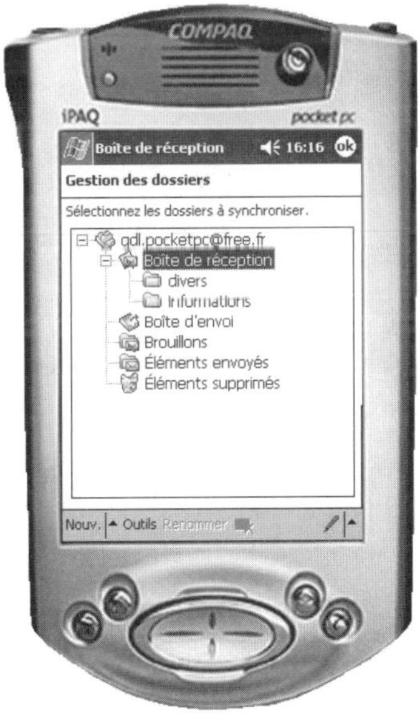

Pour supprimer un dossier, pointez quelques instants sur le dossier à supprimer, un menu contextuel apparaît avec l'option "Supprimer", ou utilisez l'icône symbolisant un élément avec une petite croix rouge en bas de l'écran.

Gestion des messages texte en insertion rapide

Globalement, sur votre Pocket PC tout est fait pour accélérer la saisie de vos informations.

Dans les mails que vous rédigez, vous utilisez très souvent les mêmes formules de salutation, signatures, etc.

Cela vous permet de définir ces différentes phases répétitives et de les insérées dans le texte de vos mails.

Vous ne pouvez pas en créer de nouveaux, mais simplement remplacer un des 10 existants. Sélectionnez le message à remplacer et modifiez-le.

Etat

Vous pouvez visualiser sous forme synthétique ce que votre Pocket PC devra effectuer à la prochaine synchronisation, soit entre votre Pocket PC et votre PC de bureau, soit avec vos boîtes aux lettres Internet.

Messages à envoyer. Ce sont les messages à envoyer, soit vers votre PC si vous les avez rédigés dans la boîte aux lettres ActiveSync, soit vers la boîte aux lettres Internet sur laquelle vous étiez positionné lors de la rédaction de l'e-mail.

Messages à copier. Dans les options de synchronisation, vous avez défini des limitations en terme de taille de vos messages à rapatrier sur votre Pocket PC. Lors de la lecture des mails, vous avez la possibilité d'indiquer qu'à la prochaine synchronisation la totalité de ce mail sera transférée sur votre Pocket PC. Il s'agit du nombre de messages à transférer (copier) lors de la prochaine synchronisation.

Pièces jointes à copier. Le principe, pour les pièces jointes, est le même que précédemment.

Messages à supprimer. Pour toutes vos boîtes aux lettres, vous n'avez pas la possibilité d'indiquer que vos messages sont supprimés après le ramassage de votre courrier. Par contre, en supprimant le message sur votre Pocket PC, il sera supprimé sur votre boîte aux lettres à la prochaine synchronisation.

Options

Ces options vous sont décrites au chapitre "Les options de votre boîte de réception".

Menu Services

Ce menu est contextuel et son contenu variera en fonction des situations.

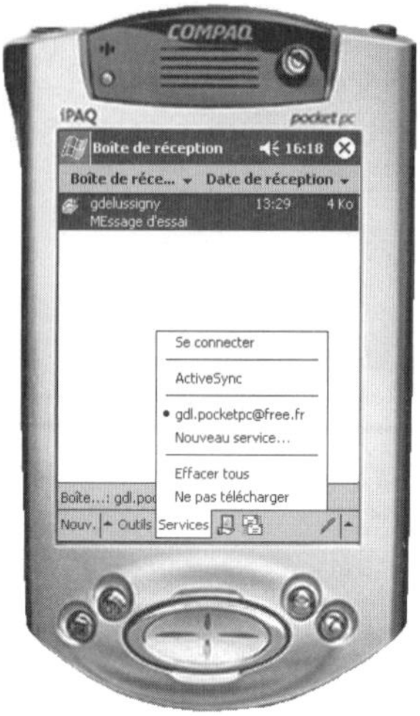

Il vous permettra de :

- ❑ Vous connecter sur une boîte aux lettres, ensuite envoyer et récupérer vos messages. Vous réaliserez cela avec l'option "Se connecter".
- ❑ Vous positionner sur une de vos boîtes aux lettres pour rédiger, envoyer et recevoir des emails.
- ❑ Effacer des messages. Cette option n'est pas accessible dans la boîte aux lettres ActiveSync. Elle permet d'effacer tous les messages dans votre boîte aux lettres et de les supprimer sur votre boîte aux lettres distante lors de la synchronisation.
- ❑ Choisir de télécharger (copier) la totalité du message ou sa pièce jointe lors de la prochaine synchronisation ou inversement si vous aviez sélectionné la copie (options Télécharger ou Ne pas télécharger).

Rédiger un email

Cet écran apparaîtra chaque fois que vous déciderez d'envoyer un élément par e-mail à partir d'un autre logiciel, de créer un nouveau mail, de répondre à un mail ou de le transférer.

Présentation de l'écran de rédaction d'e-mail

Il vous faut savoir que vous pouvez décider d'interrompre la saisie de votre email en cours de rédaction en pointant sur le bouton "OK". Dès lors, vous pourrez en poursuivre plus tard la rédaction en allant l'ouvrir dans le dossier "Brouillons" de la boîte aux lettres dans laquelle vous l'avez rédigé.

Cet écran se présente et s'utilise comme suit :

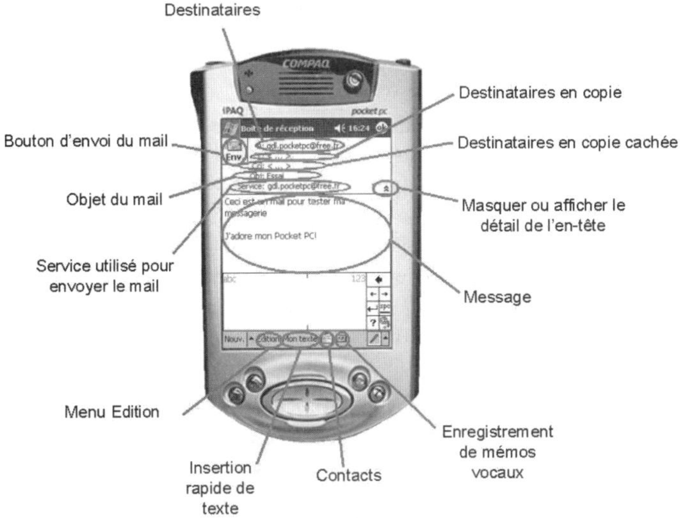

Bouton d'envoi. Ce bouton vous permet d'indiquer que vous souhaitez envoyer ce message. Il sera enregistré dans le dossier boîte d'envoi de la Boîte aux lettres dans laquelle vous avez rédigé le message. Il sera effectivement envoyé lors de votre prochaine synchronisation via ActiveSync ou via votre connexion mobile..

Masquer ou afficher le détail d'en-tête. Dans l'exemple de l'écran précédent (au début de ce paragraphe), celui-ci est présenté avec une description de l'en-tête de message comprenant toutes les options. Pointer sur cette option vous permet de raccourcir l'affichage des éléments de l'en-tête et seuls les champs Destinataires et Objet apparaîtront.

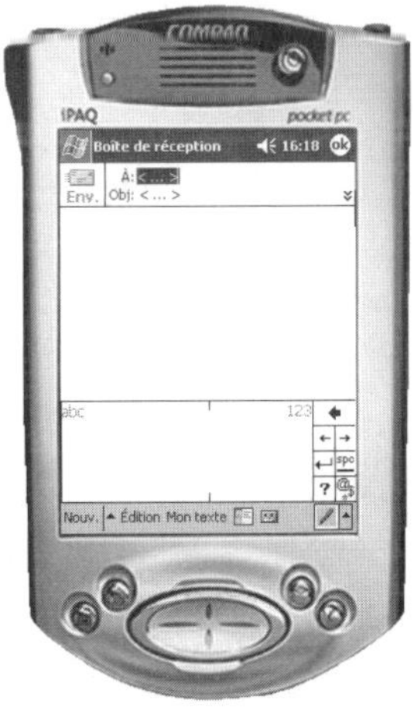

Destinataires.

Vous pouvez avoir plusieurs types de destinataires auxquels vous désirez faire parvenir votre mail :

- Les destinataires principaux.
- Les destinataires que vous désirez informer, mais dont le mail ne leur est pas directement adressé. Ce sont les destinataires en copie. Toutes personnes recevant ce mail verront apparaître dans leur mail la liste des destinataires principaux et en copie.
- Les destinataires en copie cachée. Ces personnes recevront le mail, mais personne n'en aura la visibilité. Avec cette option, vous pouvez choisir de vous envoyer ce mail à vous-même et de définir tous les destinataires en copie cachée, vous masquerez ainsi la liste des tous les destinataires de ce mail.

Pour choisir les destinataires, vous avez le choix soit de pointer sur le champ de saisie matérialisé par <…>, soit d'aller chercher une adresse email dans la gestion de vos contacts.

Recherchez dans cet écran les contacts pour lesquels vous désirez envoyer un mail, et leurs adresses email seront directement insérées.

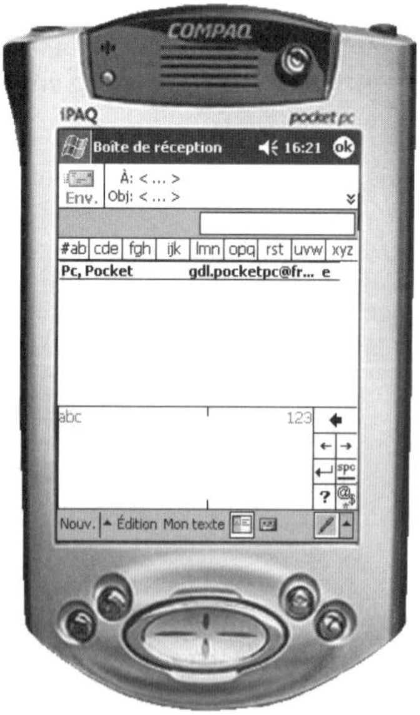

Objet. C'est l'objet de votre mail.

Message. C'est la partie où vous rédigez votre mail.

Menu Edition

Ce menu Edition vous permettra de :

- Accéder aux fonctions de sélection classiques (copier, coller...).
- Modifier les messages d'insertion rapide.
- Insérer des pièces jointes.
- Vérifier l'orthographe de votre mail.
- Vérifier les adresses email saisies.
- Choisir le type d'alphabet utilisé.
- Abandonner la rédaction du mail.

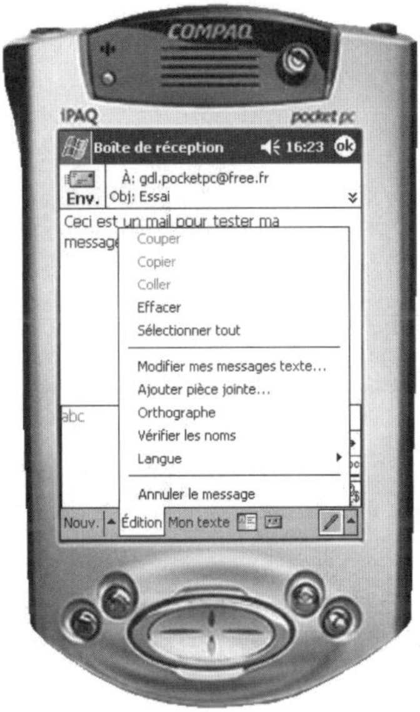

Fonctions de sélection. Ces fonctions vous permettent de :

- Copier ou couper un élément sélectionné.
- Coller un élément copié ou coupé.
- Effacer un élément sélectionné.
- Sélectionner l'ensemble des éléments.

Modifier mes messages texte... Cette fonction vous permet de modifier le texte de votre message.

Ajouter pièce jointe... Vous pouvez insérer une pièce jointe à votre mail. Ces pièces jointes peuvent être n'importe quel fichier présent sur votre Pocket PC, y compris des programmes.

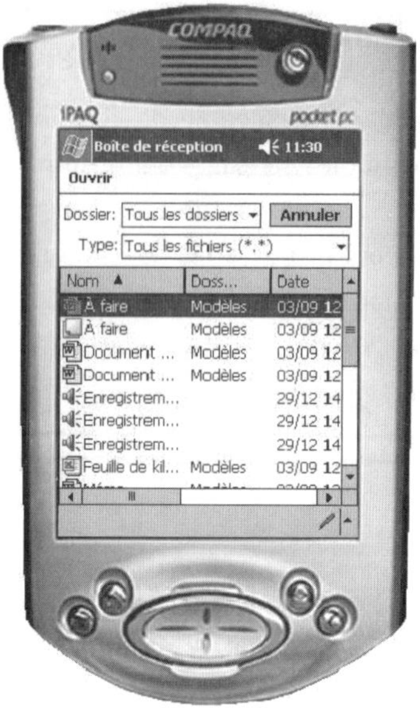

Sélectionnez le fichier en vous déplaçant dans cet écran.

Orthographe. Cette option vous permet de vérifier l'orthographe du mail que vous avez rédigé.

A chaque mot mal orthographié, il vous sera proposé une ou plusieurs solutions de correction. Pointez sur la correction désirée et le mot s'insérera à la place du mot sélectionné.

Vous avez la possibilité d'ignorer ce mot, et de l'ignorer tout le temps dans ce texte.

De même, vous avez la possibilité de le rajouter dans le dictionnaire si celui-ci n'était pas présent.

Vérifier les noms. Vous pouvez demander de vérifier les adresses e-mail que vous avez saisies manuellement dans les champs destinataires.

Ici encore, nous avons une différence de fonctionnement entre la boîte ActiveSync et les boîtes aux lettres Internet sélectionnées. Cette vérification se fera :

- Par rapport aux contacts qui sont présents dans votre gestionnaire de contacts si vous utilisez la boîte ActiveSync.
- Par rapport à un annuaire d'entreprise LDA en liaison sur votre boîte Internet. Cela ne fonctionne donc qu'en mode connexion et que si votre fournisseur de boîte aux lettres a inclus ce type de services en standard dans sa messagerie.

Langue. Cette option vous permet de choisir l'alphabet à utiliser dans la rédaction de votre mail.

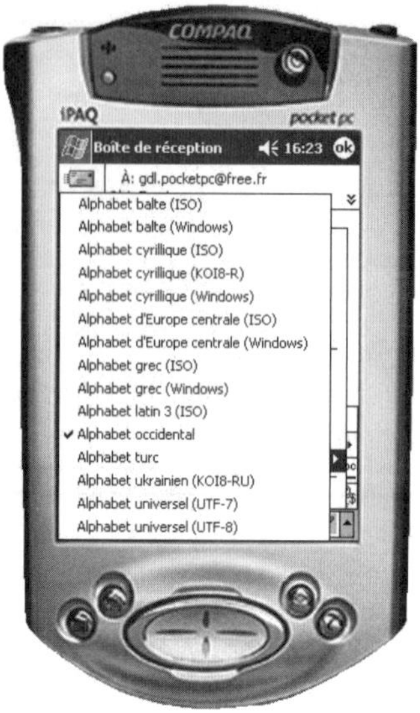

Annuler le message. Cette fonction vous permet d'abandonner la rédaction de ce message.

Menu "Mon texte"

Ce menu permet de sélectionner le texte d'insertion rapide dans votre texte.

Vous pointez sur le texte désiré et celui-ci est inséré dans votre email.

Bouton Contacts

Ce bouton vous permet d'aller dans votre gestionnaire de contacts pour rechercher et sélectionner les destinataires.

Bouton Enregistrement de vos mémos vocaux

Ce bouton vous permet d'enregistrer directement un mémo vocal avec la fonction Dictaphone (voir le chapitre "Utilisation des fonctions multimédias"). Celui-ci sera envoyé en pièce jointe avec votre email.

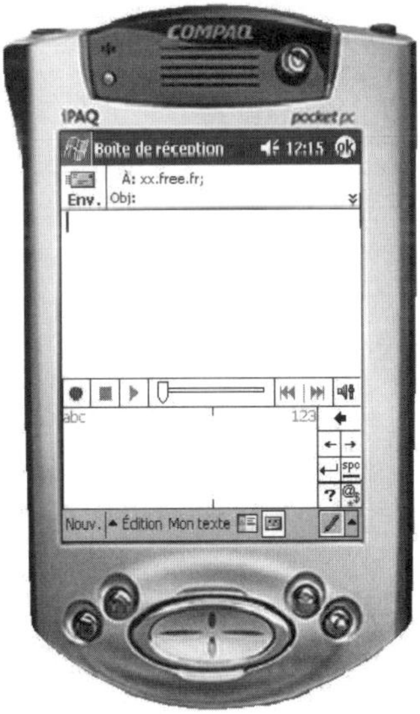

Envoi et réception de vos e-mails

Vous avez deux possibilités de recevoir et d'envoyer vos e-mails :

- A travers votre PC de bureau lui-même connecté à Internet via un modem ou sur un réseau local lui-même connecté à Internet et/ou la messagerie Exchange de votre entreprise. Le service ActiveSync est alors requis.
- En connexion directe au réseau Internet via votre téléphone mobile, la jaquette GSM/GPRS, une carte modem reliée au réseau téléphonique commuté (RTC)… Les différents services que vous avez définis sont alors requis.

Envoi et réception des emails en association avec votre PC de bureau

Cela synchronise vos mails entre Outlook sur votre PC et votre Pocket PC en faisant appel à ActiveSync. Les différents paramètres d'échange entre Outlook 2002 et la boîte de réception de votre Pocket PC sont décrits au chapitre "Utilisez votre PC de bureau avec votre Pocket PC".

Le processus est le suivant :

Les mails que vous avez reçus via Outlook sur votre PC de bureau, et cela en fonction de vos paramétrages, seront transférés sur votre Pocket PC dans la boîte de réception ActiveSync. Vous pourrez les consulter et les supprimer directement dans le dossier ActiveSync.

Pour cela, vous pouvez soit sélectionner la boîte aux lettres via le menu déroulant en haut à gauche de votre écran.

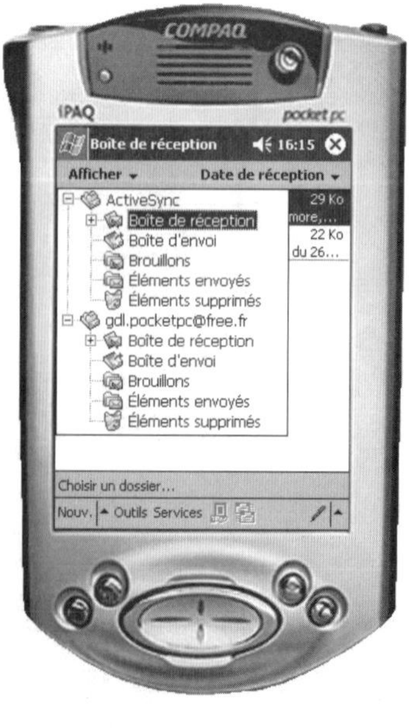

Soit dérouler le menu Services et pointer sur l'option ActiveSync.

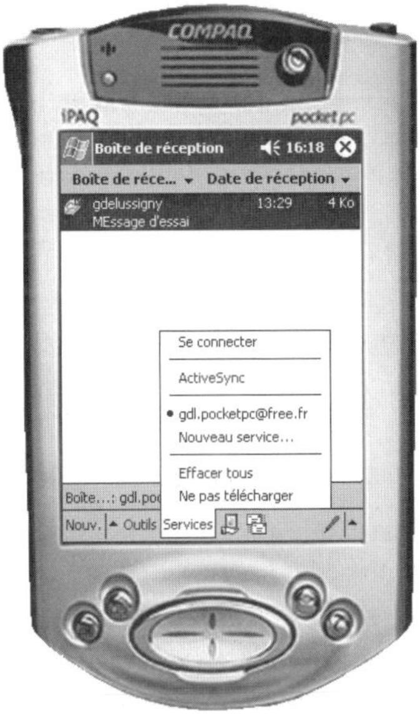

Les mails que vous rédigez lorsque vous avez sélectionné cette boîte aux lettres seront envoyés via votre PC par le mécanisme suivant :

Quand vous avez pointé sur l'option "Envoi" de l'écran de rédaction de mail, celui-ci a été enregistré dans le dossier "Boîte d'envoi". Lors de la synchronisation avec votre PC, les mails contenus dans le dossier "Boîte d'envoi" d'ActiveSync sont transférés dans le dossier "Boîte d'envoi" d'Outlook 2002 sur votre PC de bureau lors de la synchronisation de vos deux machines.

Ensuite, lorsque vous enverrez vos messages avec Outlook 2002, ceux-ci partiront vers vos destinataires.

Si vos destinataires vous envoient une réponse, les mails transiteront par le chemin inverse et aboutiront d'abord dans la boîte de réception d'Outlook 2002 puis, en synchronisation, dans la boîte de réception d'ActiveSync de votre Pocket PC.

Il s'agit de la variante la plus classique. Ce qu'il faut savoir, c'est que vous pouvez définir plusieurs services sur Outlook 2002 sur votre PC. La synchronisation des mails se fera entre la boîte associée au service "actif" ouvert sur votre PC de bureau. De même, vous pouvez avoir plusieurs boîtes aux lettres Internet qui sont collectées par votre Outlook 2002. Il est conseillé de n'utiliser qu'une seule boîte de réception pour toutes ces boîtes aux lettres ; vous recevrez par ce biais des réponses aux messages des différentes boîtes aux lettres que vous avez utilisées pour envoyer des messages. La déclinaison des possibilités est très vaste, à vous de définir la stratégie de gestion de vos mails qui vous paraît la plus efficace et la plus simple.

Envoi et réception des emails via un moyen de connexion directe avec votre Pocket PC (téléphone mobile, modem...)

Vous êtes nomade, vous déplacez et avez besoin d'envoyer et recevoir vos emails par un autre bais que le raccordement avec votre PC ce bureau. Vous pouvez réaliser cela assez facilement au moyen notamment des éléments suivants :

- ❏ Par votre téléphone mobile GSM / GPRS.
- ❏ Par un modem raccordé au réseau téléphonique commuté (RTC).
- ❏ Via la jaquette GSM / SPRS de votre Pocket PC.
- ❏ Via un autre moyen de raccordement type Bluetooth par exemple.

Le processus de mise en œuvre est quasiment toujours le même et il vous faut posséder les éléments suivants :

- ❏ Via modem réseau téléphonique commuté (RTC), il vous faut acquérir une carte modem pour votre Pocket PC, la relier à votre Pocket PC et à la prise téléphonique. Puis paramétrer cette carte modem.
- ❏ Via une option GSM / GPRS. Pour cela, il vous faut :
- ❏ Un abonnement GSM avec l'option "Data" ou GPRS qui, de fait, comprend la partie "Data" puisque vous êtes relié en permanence avec le réseau Ethernet avec une adresse IP fixe ou dynamique en fonction de votre fournisseur de réseau (France Telecom, SFR et Bouygues Telecom).
- ❏ Un téléphone mobile avec modem intégré (par exemple le Nokia 8210 en GSM ou le 8310 en GPRS) relié à votre Pocket PC soit par liaison infrarouge, soit par câble.
- ❏ Une jaquette GSM et/ou GPRS qui transforme votre Pocket PC en Smartphone avec laquelle vous pourrez notamment téléphoner et vous raccorder au réseau Internet.
- ❏ Un abonnement à Internet (Free, Wanadoo, Club Internet...).
- ❏ Une boîte aux lettres quelque part sur Internet (Free, Yahoo, Hotmail...).

Muni de ces éléments, le processus est le suivant pour tous les modes de raccordement que vous pourrez choisir :

- ❏ Vous avez défini une connexion à Internet sur votre Pocket PC.
- ❏ Vous avez créé une boîte aux lettres Internet.
- ❏ Vous avez paramétré votre boîte aux lettres sur votre Pocket PC.

Pour réaliser la connexion avec votre boîte aux lettres, vous vous positionnez sur le service (Boîte aux lettres) de votre choix.

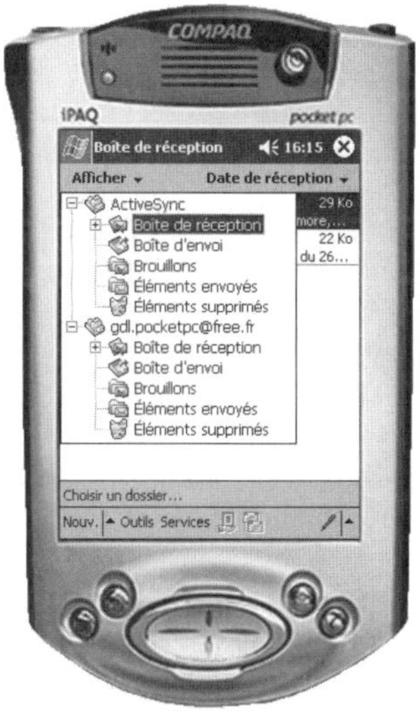

Puis vous créez votre email. Vous faites "Envoi" et le mail que vous avez créé est enregistré dans le dossier "Boîte d'envoi" du service (Boîte aux lettres) que vous avez sélectionné.

Il vous faut maintenant établir la connexion avec Internet.

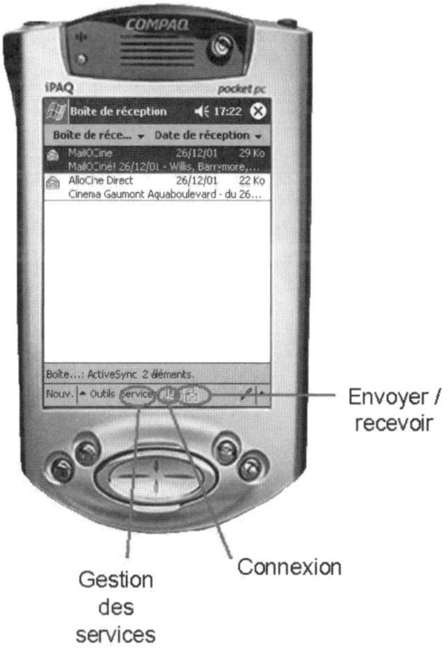

Pour établir la connexion, il existe plusieurs méthodes en fonction de votre équipement :

- Raccordez votre modem à une prise téléphonique.
- Positionnez le port infrarouge de votre téléphone mobile face au port infrarouge de votre Pocket PC. Attention, vous devez au préalable avoir mis en fonction le port infrarouge de votre Pocket PC tel que cela est décrit dans le chapitre "Paramétrage de votre Pocket PC", et activé le port infrarouge de votre téléphone mobile. Sur la plupart des téléphones mobiles, l'activation du port infrarouge doit être effectuée chaque fois car cette fonction de communication est très coûteuse en énergie et votre téléphone mobile en fait le plus possible l'économie dans le but d'accroître son autonomie. Sur les téléphones, Nokia vous activez cette fonction via le menu avec l'option "Infra-rouge".
- Si vous avez la chance de posséder une jaquette GSM / GPRS, vous n'avez rien à faire. Si vous êtes en GSM, il y aura établissement de la connexion et, si vous utilisez le GPRS, vous êtes connecté en permanence (sauf demande de votre part) au réseau Internet via la connexion permanent au réseau Ethernet.

Une fois ces actions effectuées, soit vous pointez sur l'icône Connexion, soit vous utilisez l'option "Connexion" du menu "Services".

La notification suivante apparaît :

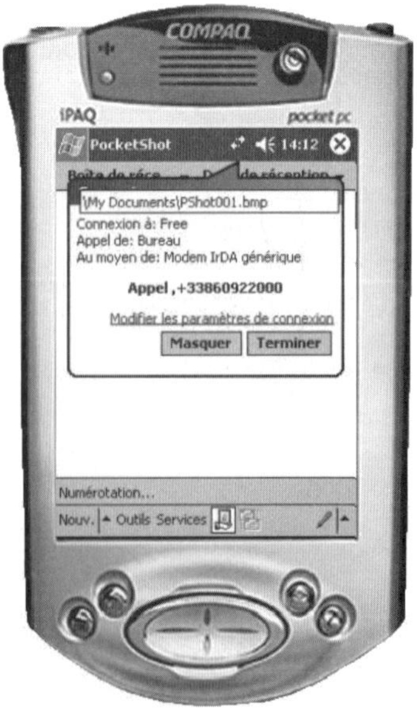

Une fois la connexion établie, il ne vous reste plus qu'à pointer sur le bouton Envoyer/recevoir.

Les options de votre boîte de réception

A partir du menu "Outils", vous pouvez accéder aux écrans de gestion des options.

Services

Cet écran vous permettra de créer de nouvelles boîtes aux lettres comme indiqué précédemment ou de modifier un service existant en pointant sur celui-ci.

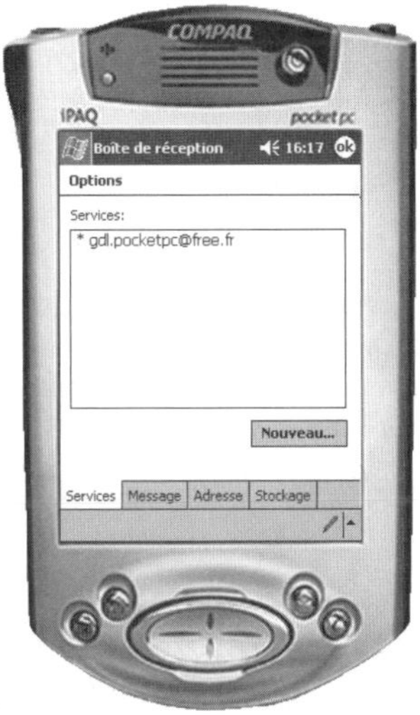

Message

Cet écran vous permet de paramétrer les options des messages.

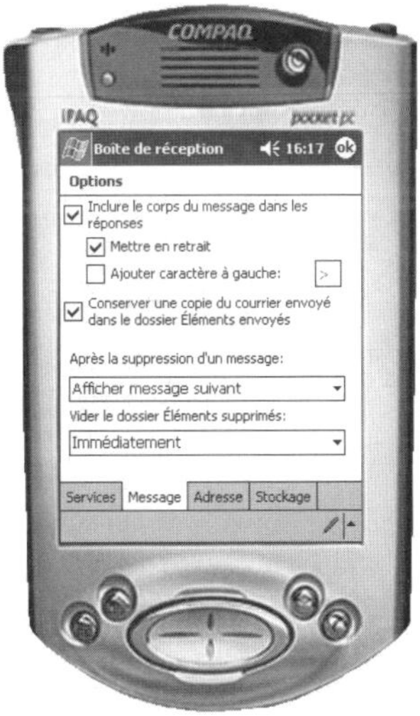

Inclure le corps du message dans les réponses. Vous permet de répondre en incluant le message que vous avez reçu.

Dans ce cas, avec l'option "**Mettre en retrait**", ce texte est décalé en retrait ; sinon, vous pouvez ajouter un caractère ">" devant chacune des lignes du texte.

Vous avez la possibilité de garder une copie des mails envoyés qui sera enregistrée dans le dossier "Eléments envoyés" du service avec lequel vous l'avez envoyé.

Vous avez la possibilité de gérer l'affichage de vos mails après une suppression ainsi que de décider quand vous supprimerez vos éléments présents dans la corbeille de votre service et contenus dans le dossier "Eléments supprimés".

Adresse

Si votre fournisseur de boîte aux lettres utilise une fonction d'annuaire de type "LDAP", vous pouvez y enregistrer les adresses email de vos correspondants. Auquel cas, vous pouvez choisir de l'utiliser en pointant sur l'annuaire du service désiré.

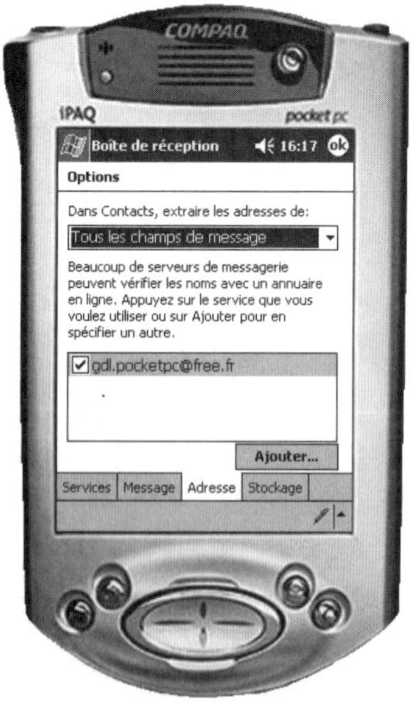

Stockage

Vous pouvez ici choisir si vous sauvegardez les pièces jointes sur une mémoire de stockage (carte de type SD par exemple) rajoutée sur votre Pocket PC ou sur la mémoire principale.

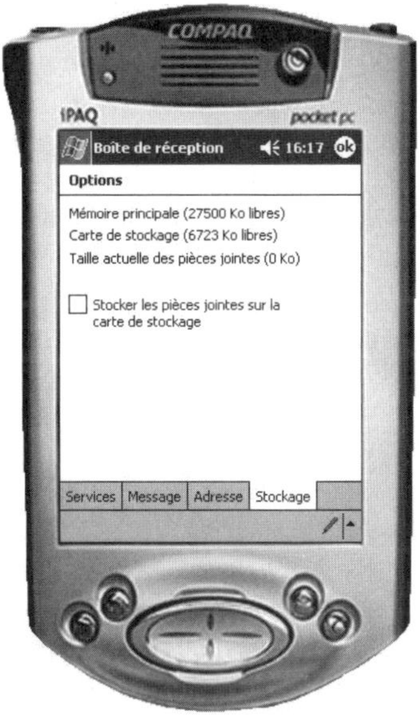

Internet Explorer

Surfer sur Internet, depuis n'importe quel lieu, aller chercher de nouveaux programmes, accéder à cette immense masse d'informations via votre Pocket PC est simple, convivial et avec un résultat surprenant compte tenu de la petite taille de votre Pocket PC.

Ici encore, vous pouvez vous raccorder de différentes façons à Internet :

- Soit par un moyen de raccordement mobile.
- Soit directement à travers la connexion Internet de votre PC quand votre Pocket PC est raccordé à votre PC de bureau.

Se connecter à Internet par un moyen de raccordement mobile (téléphone mobile, modem...)

Vous êtes nomade, vous déplacez et avez besoin de surfer sur Internet par un autre bais que le raccordement avec votre PC de bureau. Vous pouvez réaliser cela assez facilement au moyen notamment des éléments suivants :

- Par votre téléphone mobile GSM / GPRS.
- Par un modem raccordé au réseau téléphonique commuté (RTC).
- Via la jaquette GSM / SPRS de votre Pocket PC.
- Via un autre moyen de raccordement type Bluetooth par exemple.

Le processus de mise en œuvre est quasiment toujours le même et il vous faut posséder les éléments suivants :

- Via modem réseau téléphonique commuté (RTC), il vous faut acquérir une carte modem pour votre Pocket PC, la relier à votre Pocket PC et à la prise téléphonique. Puis paramétrer cette carte modem (voir le chapitre "Paramétrez votre Pocket PC").
- Via une option GSM / GPRS. Pour cela, il vous faut :
- Un abonnement GSM avec l'option "Data" ou GPRS qui de fait comprend la partie "Data" puisque vous êtes relié en permanence avec le réseau Ethernet avec une adresse IP fixe ou dynamique en fonction de votre fournisseur de réseau (France Telecom, SFR et Bouygues Telecom).
- Un téléphone mobile avec modem intégré (par exemple le Nokia 8210 en GSM ou le 8310 en GPRS) relié à votre Pocket PC soit par liaison infrarouge, soit par câble.
- Une jaquette GSM et/ou GPRS qui transforme votre Pocket PC en Smartphone avec laquelle vous pourrez notamment téléphoner et vous raccorder au réseau Internet.
- Un abonnement à Internet (Free, Wanadoo, Club Internet...).

Muni de ces éléments, le processus est le suivant pour tous les modes de raccordement que vous pourrez choisir :

- Vous avez défini une connexion à Internet sur votre Pocket PC.

Surfer sur Internet

Présentation et utilisation d'Internet Explorer

Cet outil est très simple d'utilisation, comme tous ces types d'outils.

Il vous faut savoir que sur Internet les pages sur lesquelles vous vous déplacez sont parsemées de liens, et qu'ils sont généralement matérialisés soit par un texte souligné en bleu, soit par une zone graphique. En pointant sur ce lien, vous vous déplacerez vers une nouvelle page. La connexion vers Internet est automatique et se déclenchera avec le moyen de communication que vous aurez choisi, et ce lorsque vous pointerez sur un lien dont la page n'a pas été gardée dans la mémoire cache de votre Pocket PC.

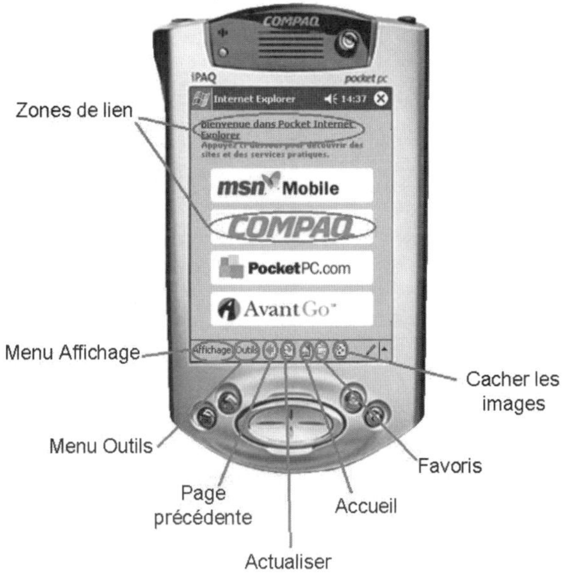

Etablissement automatique de la connexion

Pour établir la connexion, il existe plusieurs méthodes en fonction de votre équipement :

Raccordez votre modem à une prise téléphonique,

Ou positionnez le port infrarouge de votre téléphone mobile face au port infrarouge de votre Pocket PC. Attention, vous devez au préalable avoir mis en fonction le port infrarouge de votre Pocket PC tel que décrit dans le chapitre "Paramétrez votre Pocket PC", ceci est fait une fois pour toute, et activer le port infrarouge de votre téléphone mobile. Sur la plupart des téléphones mobiles, l'activation du port infrarouge doit être effectuée à chaque fois car cette fonction de communication est très coûteuse en énergie et votre téléphone mobile en fait la plus possible l'économie pour accroître son autonomie. Sur les téléphones Nokia vous activez cette fonction via le menu avec l'option "Infra-rouge".

Si vous avez la chance de posséder une jaquette GSM/GPRS, vous n'avez rien à faire. Si vous êtes en GSM, il y aura établissement de la connexion sans rien raccorder, et si vous utilisez le GPRS, vous êtes connectés en permanence (sauf demande de votre part) sur le réseau Internet via la connexion permanent au réseau Ethernet.

Une fois ces actions effectuées, vous pointez sur un lien et vous verrez apparaître la notification suivante :

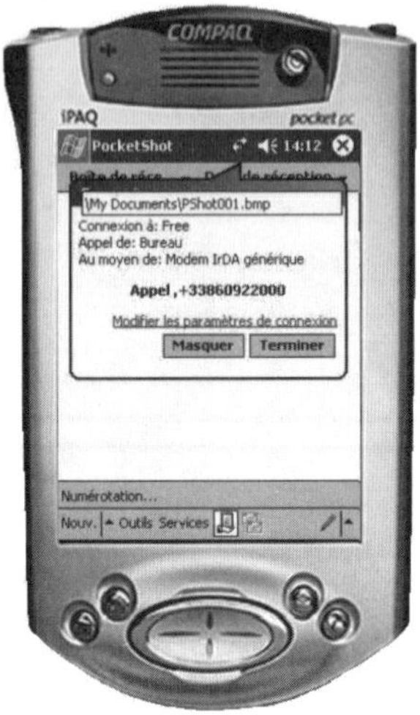

Une fois la connexion établie, il ne vous reste plus qu'à vous déplacer d'une page à une autre en pointant sur les liens.

Menu Affichage

Ce menu vous permet les actions et options suivantes :

Suivante. Vous permet de revenir à la page suivante si vous aviez pointé au préalable sur Page précédente.

Adapté à l'écran. Permet d'ajuster la taille de la page Web à la taille de votre écran. Sinon, vous vous déplacez dans les pages avec les ascenseurs.

Barre d'adresses. Vous permet d'ouvrir la barre d'adresses dans laquelle vous pouvez saisir directement l'adresse Internet désirée.

Taille du texte. Permet de modifier la taille de la police d'affichage du texte affiché.

Historique. Vous permet d'afficher l'historique de navigation sur Internet.

Propriétés. Permet d'afficher les propriétés de la page Internet dans laquelle vous êtes positionné.

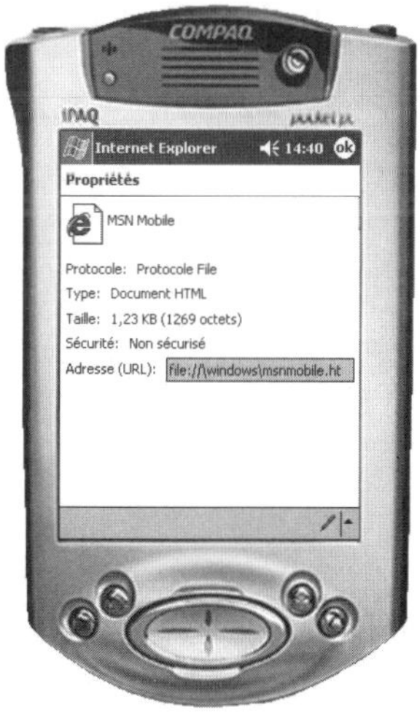

Menu Outils

Ce menu vous permet d'envoyer un lien par e-mail à un correspondant, d'accéder aux fonctions d'édition classiques (couper, coller…) et au menu de paramétrage des options.

Boutons de navigation

Votre browser Internet est équipé des boutons suivants :

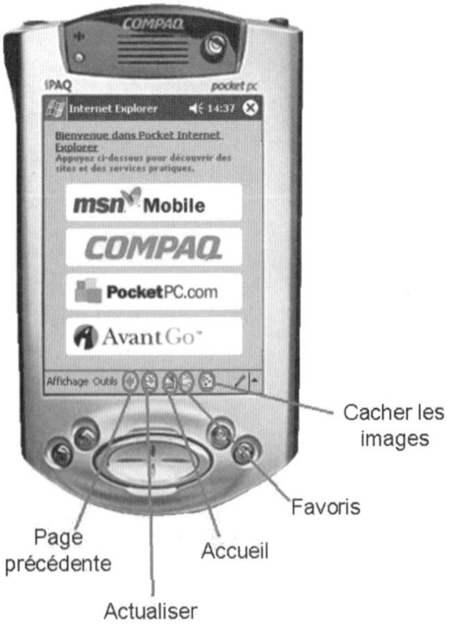

Page précédente. Permet de revenir à la page précédent consultée.

Actualiser. Permet d'actualiser, c'est-à-dire de réafficher la page en cours en demandant au serveur Web de renvoyer la page.

Accueil. Permet de revenir à la page d'accueil que vous aurez sélectionnée dans les options.

Favoris. Ce sont les sites Web ou pages sur les sites Web que vous aurez sélectionnés dans vos favoris, soit sur votre PC de bureau en les envoyant via l'Internet Explorer sur votre PC (option appareil mobile dans la rubrique Favoris), soit en pointant sur le lien quelques instants et en choisissant d'ajouter aux favoris.

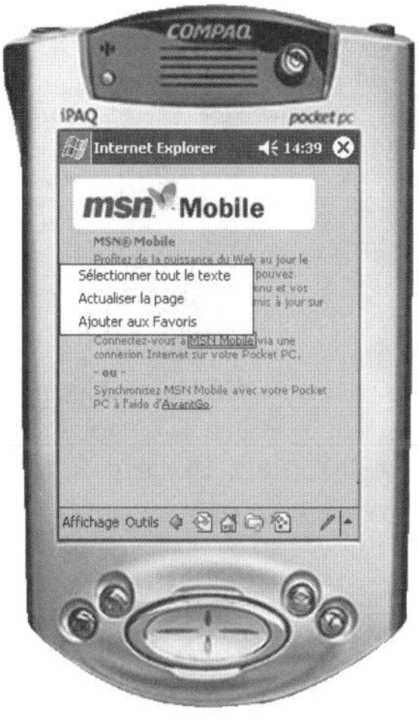

Ou encore en utilisant le bouton Favoris qui vous envoie vers les écrans suivants :

Vous pointez sur l'adresse désirée et Internet Explorer ouvrira la page du site.

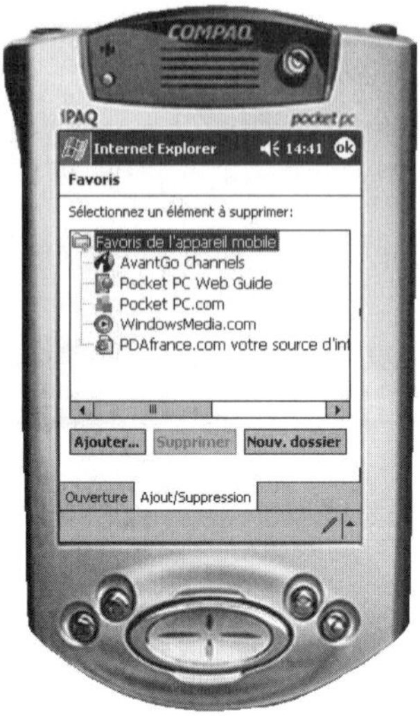

Vous pouvez gérer vos favoris avec cet écran en les classant dans des dossiers, et en les ajoutant manuellement avec le bouton "Ajouter...".

Cacher les images. Permet de ne plus afficher les images et surtout de ne plus en effectuer le transfert vers votre Pocket PC, ce qui peut accélérer notablement vos déplacements sur Internet si vous n'avez pas la chance d'être raccordé via le réseau téléphonique commuté (RTC) avec un modem ou en utilisant le GPRS.

Navigation sur Internet

Une fois connecté, vous entrez l'adresse du site sur lequel vous désirez vous rendre dans la barre d'adresses, vous pointez sur la petite flèche verte et le site désiré s'ouvrira.

Les options d'Internet Explorer

Options générales

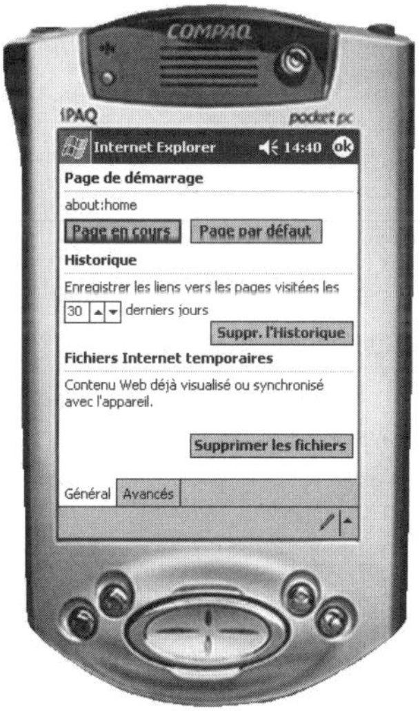

about. Permet de sélectionner une page qui sera la page d'accueil de votre Internet Explorer. Il s'agira soit de la page affichée en cours, soit de la page par défaut livrée avec votre Pocket PC.

Historique. Permet de demander de sauvegarder l'historique de navigation sur un nombre de jours donnés. Le bouton "Suppr. l'Historique" permet de supprimer votre historique de navigation.

Fichiers Internet temporaires. Permet de vider la mémoire cache (les pages en mémoire cache de votre Pocket PC), ainsi que récupérer de l'espace sur la mémoire de votre Pocket PC.

Avancés

Cookies. Les cookies sont des petits fichiers que les sites Web implantent sur votre Internet Explorer pour décliner certaines fonctionnalités. Vous pouvez ne pas les accepter et les effacer.

Paramètres de sécurité. Permet d'être averti lors d'un accès à une page non sécurisée.

Langue. Permet de sélectionner l'alphabet à utiliser pour l'affichage des polices de caractères.

Transmission et réception d'un élément par le port infrarouge

Cette fonction est accessible par presque tous les programmes de votre Pocket PC. Elle permet de transmettre l'élément choisi avec le port infrarouge de votre Pocket PC vers une autre machine dotée elle aussi d'un port infrarouge.

Les rendez-vous, les tâches et les contacts peuvent être envoyés vers un autre Pocket PC, un Palm Pilot ou un PC. Les autres éléments tels que des fichiers Word, Excel, un courrier... peuvent être envoyés vers un autre Pocket PC ou un PC de bureau.

Vous pouvez aussi recevoir vous-même des éléments d'un PC ou d'un autre Pocket PC.

Réception d'un élément

La réception d'un élément est très simple, mais vous devez notifier à votre Pocket PC que vous vous mettez en situation de recevoir un élément. Pour activez la réception, vous devez au préalable aller dans le menu Paramètres / Connexions à partir du menu Démarrer pour indiquer que vous souhaitez être en situation de recevoir des éléments (voir le chapitre "Paramétrez votre Pocket PC").

Une fenêtre de confirmation de l'acception de cette réception vous demandera si vous acceptez ou non la réception de cet élément.

Transmission d'un élément

Vous avez demandé la transmission de cet élément à partir d'un programme de votre Pocket PC, la fenêtre suivante va s'ouvrir.

Votre appareil va chercher à établir la connexion avec l'autre appareil et transmettra l'élément demandé.

Internet Explorer

Surfer sur Internet, en n'importe quel lieu, aller chercher de nouveaux programmes, accéder à cette immense masse d'informations via votre Pocket PC est simple, convivial et avec un résultat surprenant compte tenu de la petite taille de votre Pocket PC.

Ici encore, vous pouvez vous raccorder de différentes façons à Internet et y surfer :

- soit par un moyen de raccordement mobile ou radio de type Bluetooth ou WirelessLan ;
- soit directement à travers la connexion Internet de votre PC quand votre Pocket PC est raccordé à votre PC de bureau.

Se connecter à Internet par un moyen de raccordement mobile (téléphone mobile, modem, ...)

Vous êtes nomade, vous vous déplacez et vous avez besoin de surfer sur Internet par un autre bais que le raccordement avec votre PC de bureau. Vous pouvez réaliser cela assez facilement au moyen notamment des éléments suivants :

- Par votre téléphone mobile GSM /GPRS.
- Par un modem raccordé au Réseau Téléphonique Commuté (RTC).
- Via la jaquette GSM/SPRS de votre Pocket PC.
- Via un autre moyen de raccordement type Bluetooth par exemple.

Le processus de mise en œuvre est quasiment toujours le même et il vous faut posséder les éléments suivants :

- Via un modem Réseau Téléphonique Commuté (RTC), il vous faut acquérir une care modem pour votre Pocket PC, la relier à votre Pocket PC et à la prise téléphonique, puis paramétrer cette carte modem (voir chapitre "paramétrez votre Pocket PC").
- Via une option GSM /GPRS. Pour cela il vous faut :
- Un abonnement GSM avec l'option "data" ou GPRS qui de fait comprend la partie "data" puisque vous êtes relié en permanence avec le réseau Ethernet avec une adresse IP fixe ou dynamique en fonction de votre fournisseur de réseau (France Telecom, SFR et Bouygues Telecom).
- Un téléphone mobile avec modem intégré (par exemple le Nokia 8210 en GSM ou le 8310 en GPRS) relié à votre Pocket PC soit par liaison infrarouge, soit par un câble.
- Ou Une jaquette GSM et/ou GPRS qui transforme votre Pocket PC en Smartphone avec laquelle vous pourrez notamment téléphoner et vous raccorder au réseau Internet.
- Un abonnement à Internet (free, wanadoo, club Internet, ...).

Muni de ces éléments, le processus est le suivant pour tous les modes de raccordement que vous pourrez choisir :

- ❑ Vous avez défini une connexion à Internet sur votre Pocket PC.

Surfer sur Internet

Présentation et utilisation d'Internet Explorer

Cet outil est très simple d'utilisation comme tous ces types d'outils.

Il vous faut savoir que sur Internet les pages sur lesquelles vous vous déplacez sont parsemées de liens, et qu'ils sont généralement matérialisés, soit par un texte souligné en bleu, soit par une zone graphique. En pointant sur ce lien, vous vous déplacerez vers une nouvelle page. La connexion vers Internet se déclenchera automatiquement avec le moyen de communication que vous aurez choisi lorsque vous pointerez sur un lien dont la page n'a pas été gardée dans la mémoire cache de votre Pocket PC.

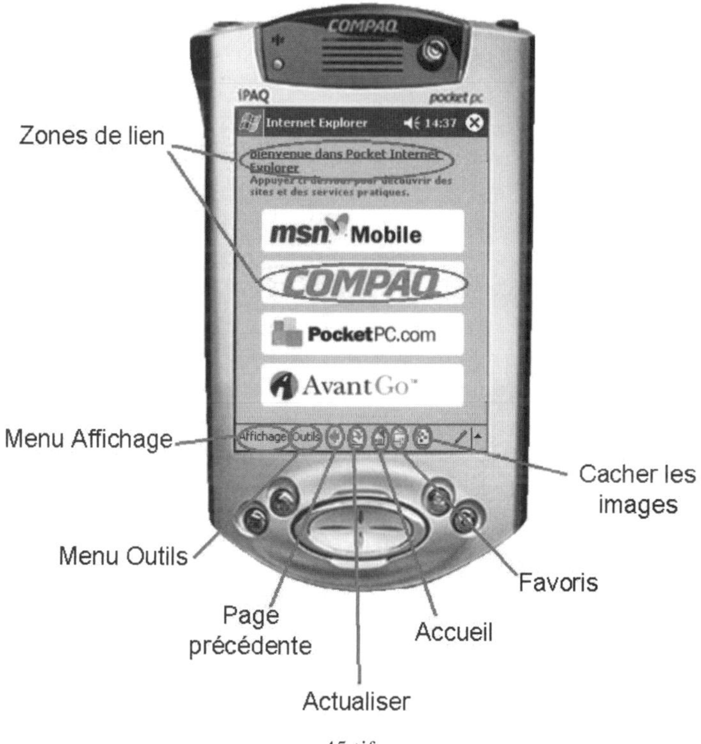

45.tif

Etablissement automatique de la connexion

Pour établir la connexion, plusieurs méthodes en fonction de votre équipement :

- raccordez votre modem à une prise téléphonique ;
- ou positionnez le port infrarouge de votre téléphone mobile face au port infrarouge de votre Pocket PC. Attention, vous devez au préalable avoir mis en fonction le port infrarouge de votre Pocket PC tel que décrit dans le chapitre "Paramétrez votre Pocket PC", ceci est fait une fois pour toutes, et activer le port infrarouge de votre téléphone mobile. Sur la plupart des téléphones mobiles, l'activation du port infrarouge doit être effectuée à chaque fois car cette fonction de communication est très coûteuse en énergie et votre téléphone mobile en fait le plus possible l'économie pour accroître son autonomie. Sur les téléphones Nokia vous activez cette fonction via le menu avec l'option "Infrarouge".
- Si vous avez la chance de posséder une jaquette GSM/GPRS, vous n'avez rien à faire. Si vous êtes en GSM, il y aura établissement de la connexion sans rien raccorder, et si vous utilisez le GPRS, vous êtes connecté en permanence (sauf demande de votre part) sur le réseau Internet via la connexion permanente au réseau Ethernet.

Un fois ces actions effectuées, vous pointez sur un lien et vous verrez apparaître la notification suivante :

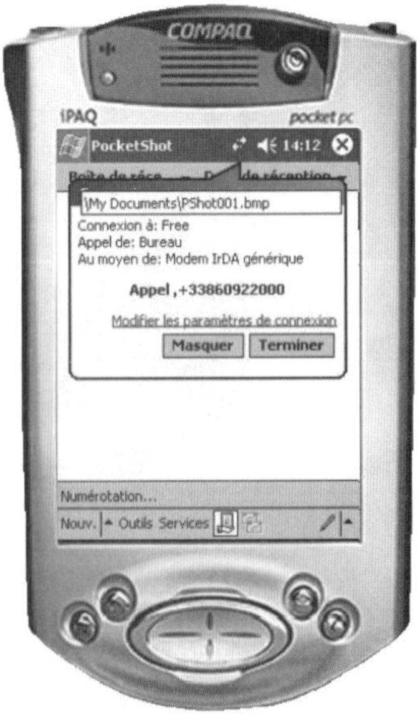

Une fois la connexion établie, il ne vous reste plus qu'à vous déplacer d'une page vers une autre en pointant sur les liens.

Menu affichage

Ce menu vous permet les actions et options suivantes :

- **Suivante.** Vous permet de revenir à la page suivante si vous aviez pointé au préalable sur page précédente.
- **Adapté à l'écran.** Ceci permet d'ajuster la taille de la page web à la taille de votre écran. Sinon, vous vous déplacez dans les pages avec les ascenseurs.
- **Barre d'adresse.** Ceci vous permet d'ouvrir la barre d'adresse vous permettant de saisir directement l'adresse Internet désirée.
- **Taille du texte.** Ceci permet de modifier la taille de la police d'affichage du texte affiché.
- **Historique.** Vous permet d'afficher l'historique de navigation sur Internet .

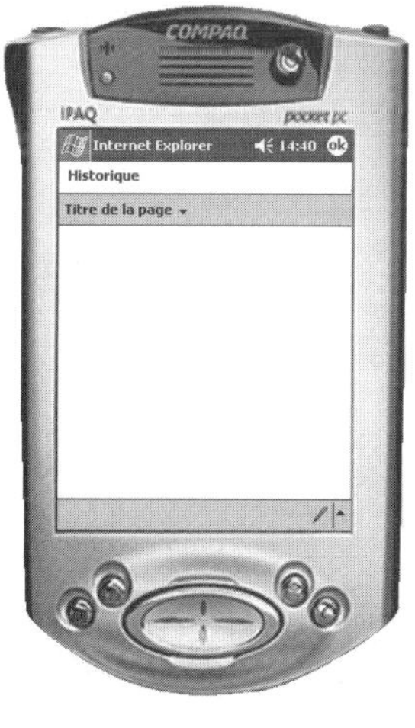

- **Propriétés.** Permet d'afficher les propriétés de la page Internet sur laquelle vous êtes positionné.

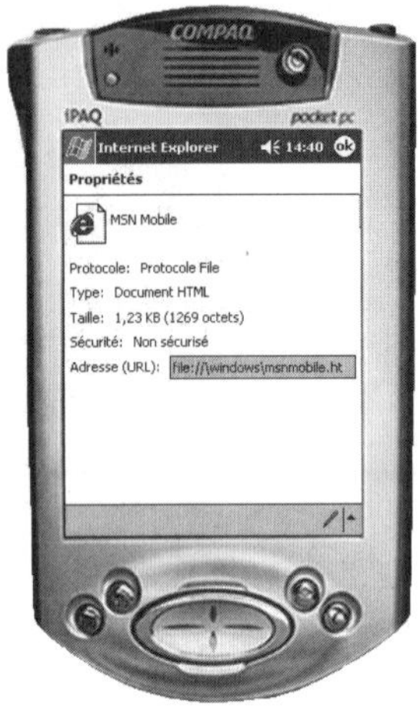

Menu Outils

Ce menu vous permet d'envoyer le lien par un mail à un correspondant, les fonctions d'édition classiques (couper, coller, …) et d'accéder au menu de paramétrage des options.

Boutons de navigation

Votre browser Internet est équipé des boutons suivants :

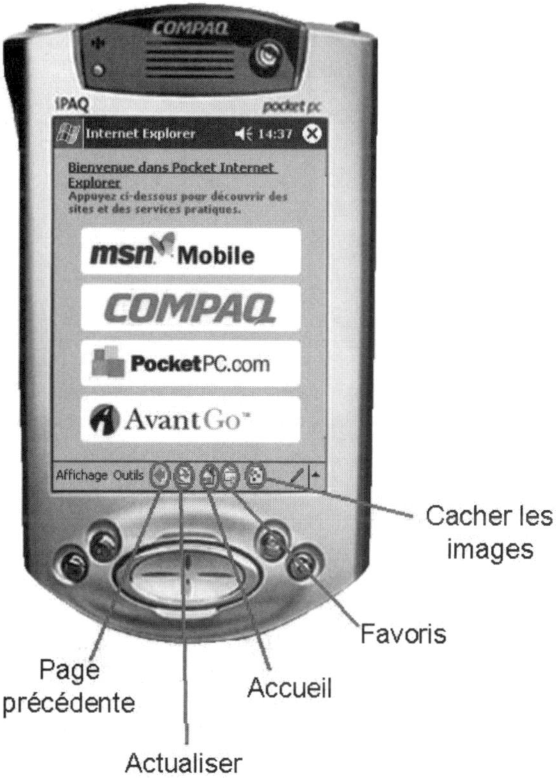

- **Page précédente** permet de revenir à la page précédente consultée.
- **Actualiser.** Permet d'actualiser, c'est-à-dire de réafficher la page en cours en demandant au serveur Web de renvoyer la page.
- **Accueil**. Permet de revenir à la page d'accueil que vous aurez sélectionnée dans les options.
- **Favoris.** Ce sont les sites Web ou pages sur les sites Web que vous aurez sélectionnés dans vos favoris, soit sur votre PC de bureau en les envoyant via l'Internet Explorer sur votre PC (option appareil mobile dans la rubrique favoris) soit en pointant sur le lien quelques instants :

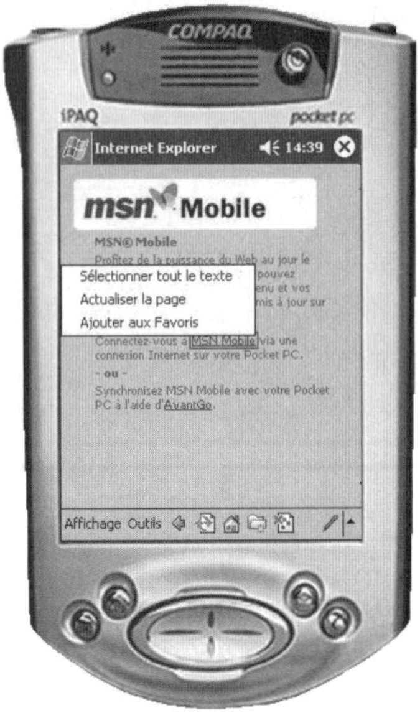

et en choisissant d'ajouter aux favoris.

Ou en utilisant le bouton favori qui vous envoit vers les écrans suivants :

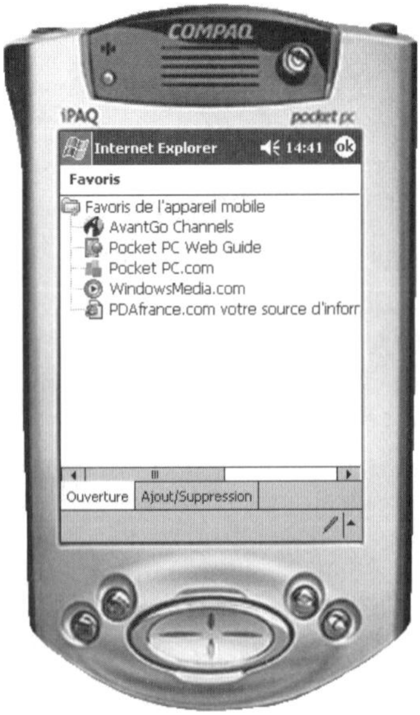

Vous pointez sur l'adresse désirée et Internet Explorer ouvrira la page du site.

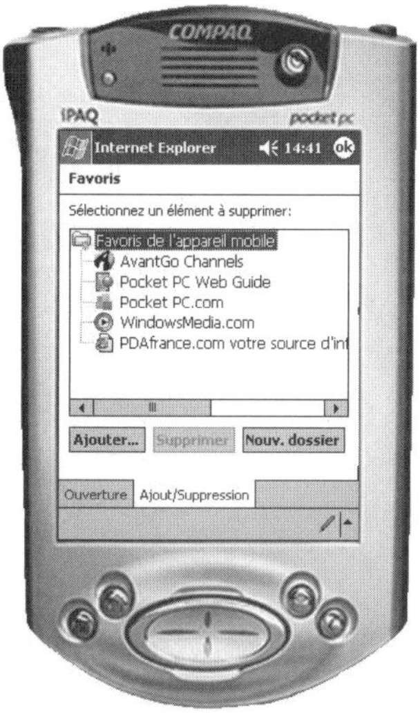

Vous pouvez gérer vos favoris avec cet écran en les classant dans des dossiers, et en ajoutant manuellement en utilisant le bouton "Ajouter…".

- **Cacher les images.** Permet de ne plus afficher les images et surtout de ne plus en effectuer le transfert vers votre Pocket PC, ce qui peut accélérer notablement vos déplacements sur Internet si vous n'avez pas la chance d'être raccordé via le Réseau Téléphonique Commuté (RTC) avec un modem ou en utilisant le GPRS.

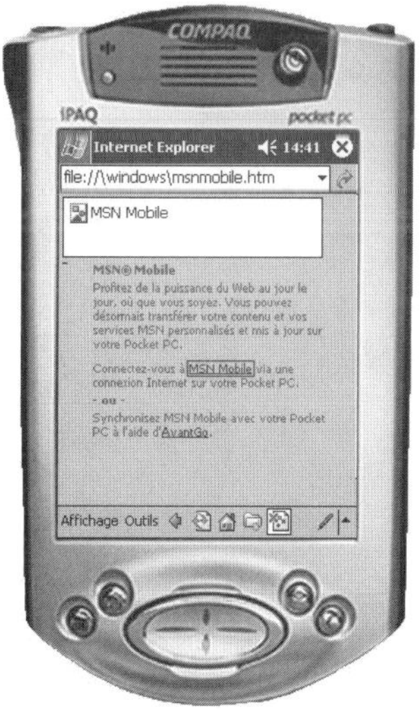

Navigation sur Internet

Un fois connecté, vous entrez l'adresse du site sur lequel vous désirez vous rendre avec la barre d'adresse, vous pointez sur la petite flèche verte et le site désiré s'ouvrira.

Les options d'Internet Explorer

Options générales

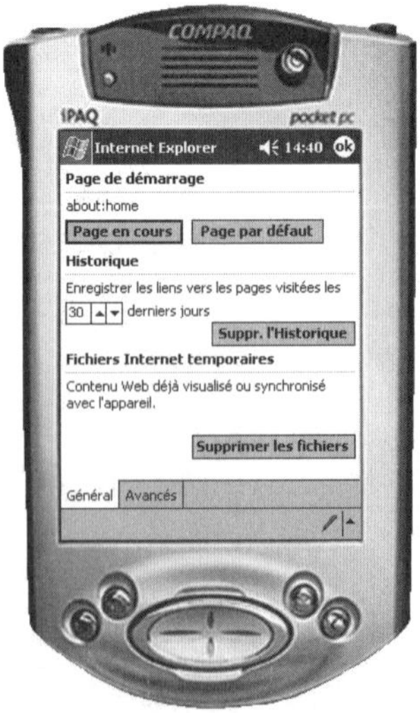

- **About :** Permet de sélectionner une page qui sera la page d'accueil de votre Internet Explorer, soit la page affichée en cours, soit la page par défaut livrée avec votre Pocket PC.
- **Historique.** Permet de demander de sauvegarder l'historique de navigation sur un nombre de jours donnés. Le bouton "Suppr. l'Historique" permet de supprimer votre historique de navigation.
- **Fichiers Internet temporaires.** Ceci permet de vider la mémoire cache (les pages en mémoire cache de votre Pocket PC), ainsi que récupérer de l'espace sur la mémoire de votre Pocket PC.

Avancés

- **Cookies.** Les cookies sont des petits fichiers que les sites Web implantent sur votre Internet Explorer pour décliner certaines fonctionnalités. Vous pouvez ne pas les accepter et les effacer.
- **Paramètres de sécurité.** Ceci permet d'être averti lors d'un accès à une page non sécurisée.
- **Langue.** Permet de sélectionner l'alphabet à utiliser pour l'affichage des polices de caractères.

Transmission et réception d'un élément par le port infrarouge

Cette fonction est accessible par presque tous les programmes de votre Pocket PC. Elle permet de transmettre l'élément choisi avec le port infrarouge de votre Pocket PC vers une autre machine dotée elle aussi d'un port infrarouge.

Les rendez-vous, les tâches et les contacts peuvent être envoyés vers un autre Pocket PC, un Palm Pilot ou un PC. Les autres éléments tels des fichiers Word, Excel, un courrier, ... peuvent être envoyés vers un autre Pocket PC ou un PC de bureau.

Vous pouvez aussi recevoir vous-même des éléments d'un PC ou d'un autre Pocket PC.

Réception d'un élément

La réception d'un élément est très simple, mais vous devez notifier à votre Pocket PC que vous vous mettez en situation de recevoir un élément. Pour activez la réception, vous devez au préalable aller dans le menu paramètres / connexions à partir du menu démarrer pour indiquer que vous souhaitez être en situation de recevoir des éléments (voir chapitre "Paramétrez votre Pocket PC").

Une fenêtre de confirmation de l'acception de cette réception vous demandera si vous acceptez ou non la réception de cet élément.

Transmission d'un élément

Vous avez demandé la transmission de cet élément à partir d'un programme de votre Pocket PC, la fenêtre suivante va s'ouvrir :

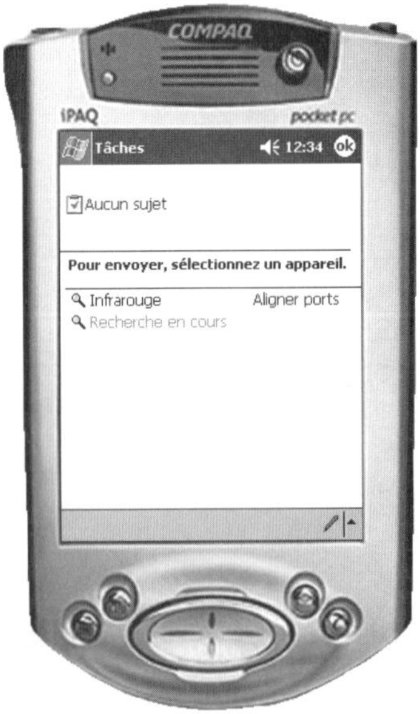

Votre appareil va chercher à établir la connexion avec l'autre appareil et transmettra l'élément demandé.

Etre informé en permanence et lire ses journaux grâce aux chaînes Avantgo

Nomades nous le sommes, actifs aussi, et fréquemment en déplacement. Comment obtenir les dernières informations dans les domaines qui nous intéressent sans avoir à écouter la radio, la télévision, acheter des journaux, ... La réponse est simple, comme toujours avec votre Pocket PC. Microsoft a bien fait les choses et a livré avec son système d'exploitation l'installation des chaînes Avantgo. Que sont les chaînes Avantgo ? C'est assez simple. Les journaux, les sites Internet, ont mis en ligne leurs informations qui vous seront transférées automatiquement sur votre Pocket PC. Il vous faudra au préalable vous inscrire sur le site d'Avantgo pour profiter de cette source d'information inépuisable qui se synchronisera sur votre Pocket PC automatiquement, sans que vous n'ayez rien à faire, en passant par Internet. Vous êtes loin de votre PC de bureau, mais vous disposez d'une liaison Internet mobile avec votre Pocket PC (GSM ou GPRS). Vous pouvez réaliser cette synchronisation à partir de n'importe où.

Le must est de pouvoir lire les dernières informations dans le métro, dans une salle d'attente, durant une réunion très ennuyeuse, dans toutes les situations où vous avez quelques minutes pour vous informer. Comme la réactualisation des informations sur votre Pocket PC se réalise automatiquement à chaque fois que vous le positionnez dans votre station d'accueil, vous n'avez pas à vous préoccuper de la mise à jour. Elle est totalement automatique et se réalise sans vous.

Et tout ceci gratuitement. En effet les services Avantgo sont totalement gratuits.

Le détail de la mise en œuvre de la communication Internet est décrit dans ce livre au chapitre "Mise en œuvre de la communication globale de votre Pocket PC et de votre ordinateur de bureau".

S'inscrire sur le site Avantgo

Tout ceci vous ayant mis en appétit, nous allons maintenant nous inscrire sur Avantgo. Mettez-vous devant votre PC et lancez Internet Explorer. Tapez l'adresse suivante : `www.avantgo.com`.

Vous verrez apparaître le site qui suit :

Cliquez en bas à droite pour vous inscrire (new user). Vous arrivez à l'écran suivant :

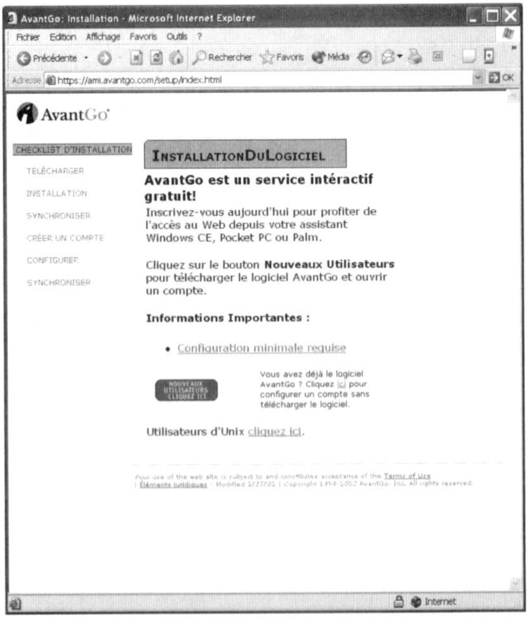

Comme le logiciel est déjà installé sur votre Pocket PC, passez à l'étape suivante comme indiqué sur la page :

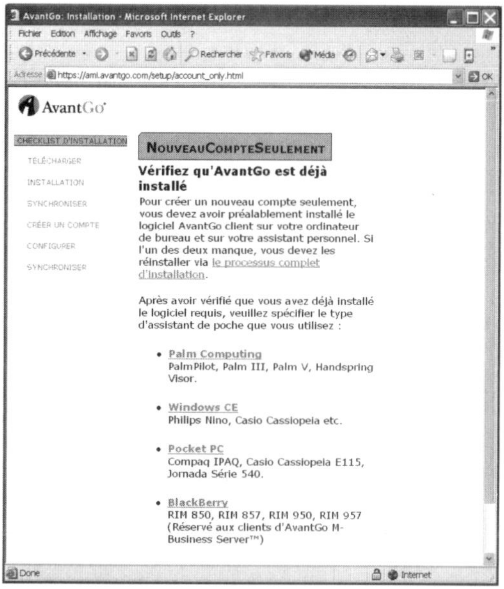

Cliquez maintenant sur la rubrique "Pocket PC". Une nouvelle page va se présenter à vous.

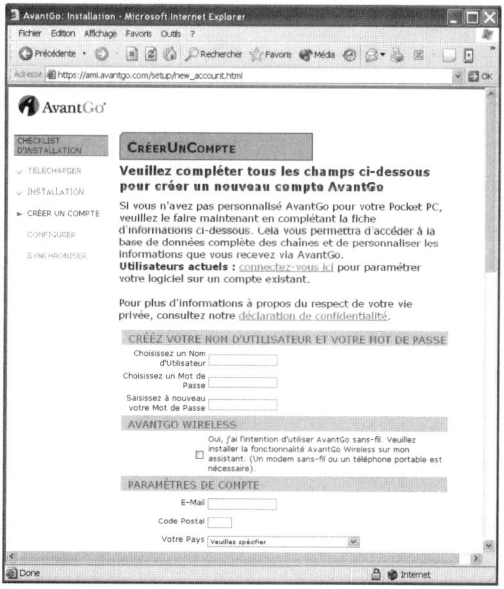

Saisissez les informations relatives à votre inscription. Maintenant vous allez vérifier la connexion de votre Pocket PC avec les serveurs Avantgo.

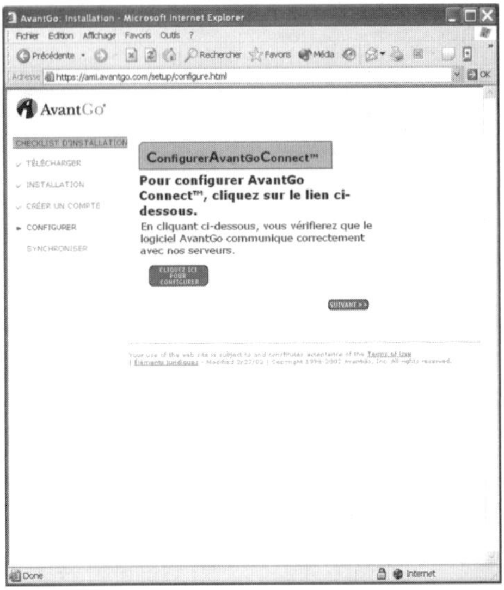

Comme indiqué sur la nouvelle page, vous devez configurer ActivSync sur votre PC de bureau pour établir la synchronisation. Suivez les instructions décrites sur cette page :

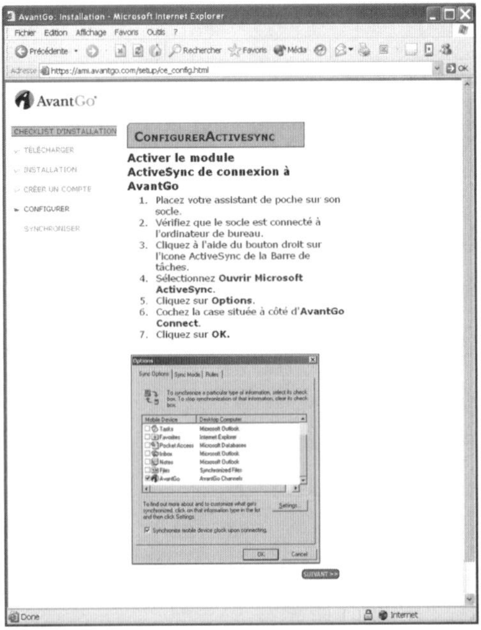

Une fois ceci réalisé, vous verrez apparaître un message de félicitation pour avoir bien fait ce que l'on vous a demandé.

Vous avez fini la partie installation, maintenant passez à la sélection de vos chaînes.

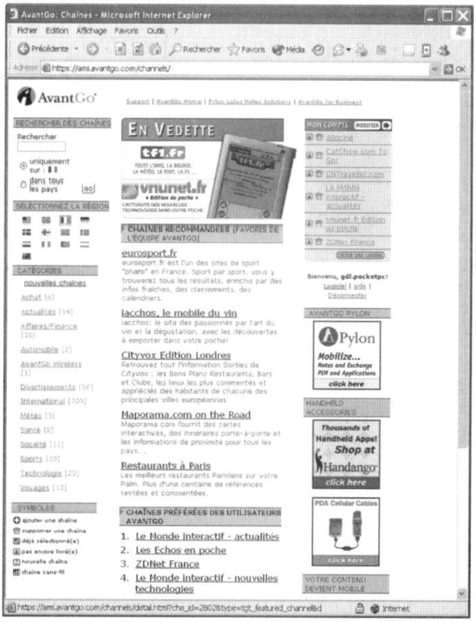

Sélectionnez vos chaînes puis passez à l'utilisation de votre nouvelle source d'information.

Synchronisation de vos chaînes Avantgo

Les chaînes Avantgo permettent de lire des informations avec votre Pocket PC. Ces informations sont mises à disposition pour vous par des fournisseurs d'informations via Avantgo. Pour comprendre, nous allons vous expliquer comment cela fonctionne à partir de ce schéma.

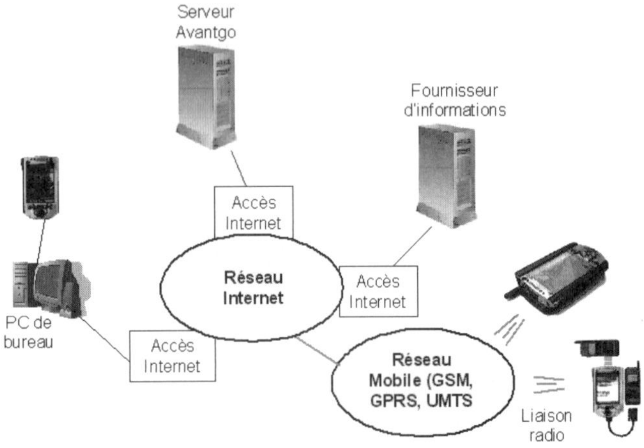

Pour la synchronisation, vous avez deux solutions :

- ❑ Votre PC de bureau est connecté à Internet et votre Pocket PC est installé sur sa base.
- ❑ Votre Pocket PC est directement raccordé à Internet via une connexion mobile de type GSM, GPRS ou UMTS (dans un futur proche).

Sur le réseau Internet, vous retrouvez les fournisseurs d'informations qui se sont abonnés auprès d'Avantgo pour être fournisseurs de chaînes Avantgo (exemples : Le monde, L'Univers du Pocket PC, PDA France, …).

Vous avez souscrit un abonnement auprès d'Avantgo pour un certain nombre de chaînes d'information.

En termes de synchronisation (c'est-à-dire aller rechercher la dernière version des informations) deux cas de figure s'offrent à vous :

- ❑ La synchronisation à partir de votre PC de bureau. Lors de la synchronisation entre votre PC de bureau et votre Pocket PC, un ajout logiciel au niveau d'Activsync va chercher sur le serveur Avantgo les informations désirées et les transfère sur votre Pocket PC.

- La synchronisation directement à partir de votre Pocket PC. Dans ce cas, c'est votre Pocket PC qui se connecte via Internet sur le serveur Avantgo et qui transfère les informations.

Le serveur Avantgo, lors de la sollicitation de mise à jour d'informations, va chercher le contenu des chaînes choisies sur les serveurs des fournisseurs d'informations et les envoie vers votre PC de bureau ou votre Pocket PC.

Synchronisation à partir de votre PC de bureau

Pour que la synchronisation fonctionne entre votre Pocket PC et votre PC de bureau, il vous faut plusieurs choses :

- Une liaison Internet.
- Un abonnement AvantGo.
- Paramétrer votre liaison Avantgo sur votre PC de bureau (normalement ceci a été fait automatiquement par Avantgo).
- Votre Pocket PC sur sa station d'accueil.

La mise en œuvre de la liaison Internet vous a été décrite au chapitre "Mise en œuvre de la communication globale de votre Pocket PC et de votre ordinateur de bureau".

Nous vous avons décrit comment vous inscrire aux chaînes Avantgo.

Vous avez positionné votre Pocket PC dans sa station d'accueil.

Il ne reste plus qu'à aborder le paramétrage d'ActivSync. Avant le paramétrage, votre logiciel se présente comme suit :

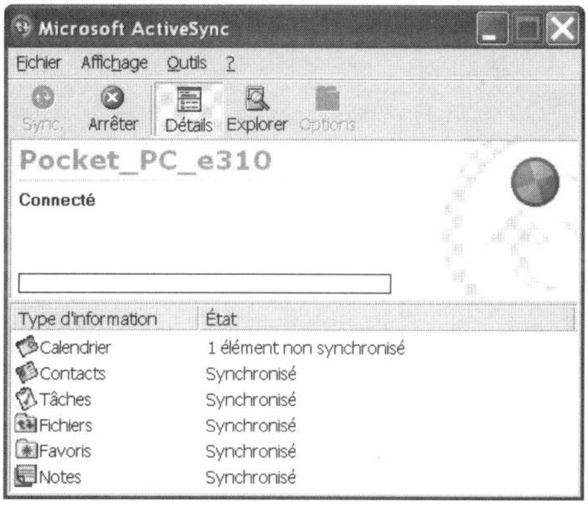

Allez dans le menu "outils" et choisissez "Options".

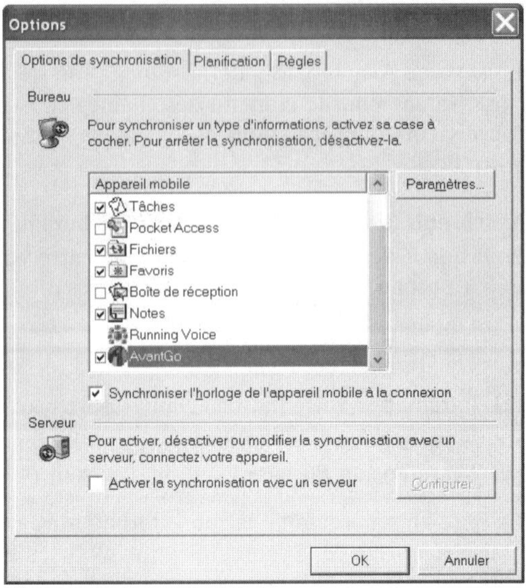

Cliquez sur la case à cocher positionnée devant l'option "Avantgo", cliquez sur le mode Avantgo pour sélectionner l'option, puis cliquez sur le bouton "Paramètres".

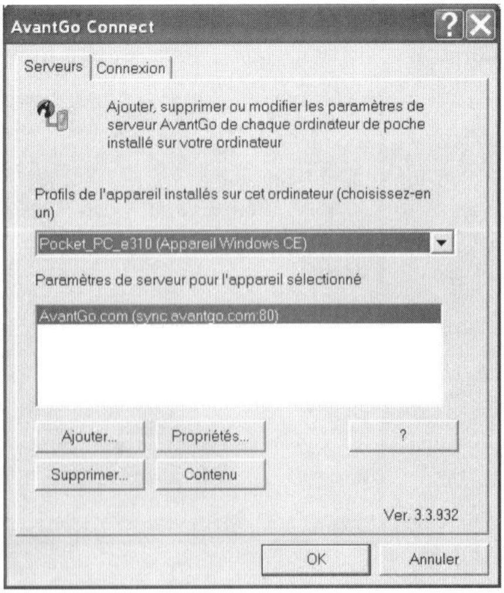

Vous voici dans le paramétrage d'Avantgo. Cliquez sur le bouton "Propriétés".

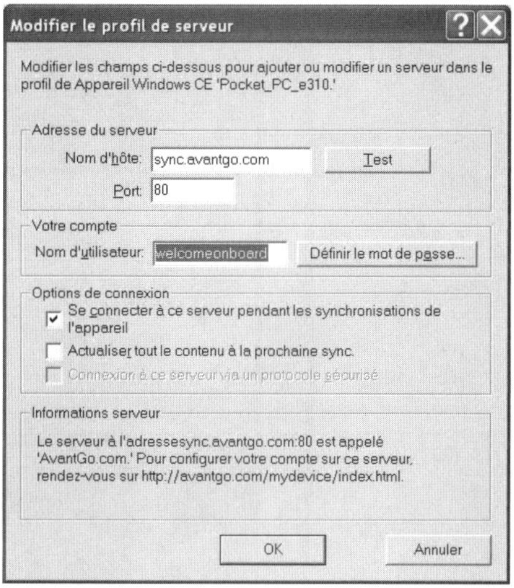

Saisissez votre nom d'utilisateur (celui que vous avez défini lors de votre inscription Avantgo) dans la rubrique "Votre compte", cliquez sur le bouton "Définir le mot de passe" et saisissez le mot de passe (que vous avez défini lors de votre inscription).

Validez par "OK" et revenez à l'écran principal de ActivSync. Connectez-vous à Internet, et la synchronisation se fera automatiquement. Vous pouvez ensuite passer à la lecture de vos informations.

Synchronisation à partir de votre Pocket PC

Si vous préférez ne pas utiliser votre PC pour la synchronisation de vos chaînes Avantgo et utiliser la connexion Internet directe de votre Pocket PC (vous pouvez utilisez les deux), voici comment mettre en œuvre ce choix.

A partir du menu "Démarrer", allez dans "Paramètres", puis dans l'onglet "Connexions".

Pointez sur l'icône "AvantGo Connect".

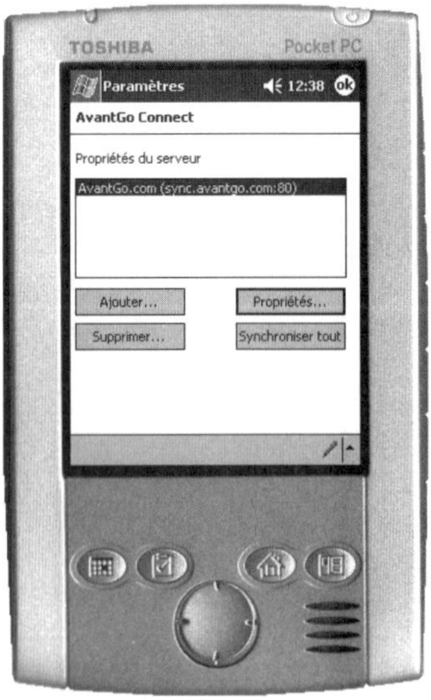

Pointez sur le bouton "Propriété...".

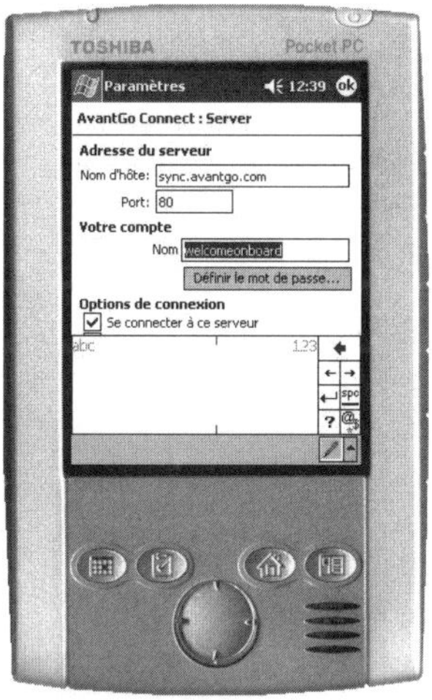

Saisissez votre nom d'utilisateur (celui que vous avez défini lors de votre inscription Avantgo) dans la rubrique "Votre compte", cliquez sur le bouton "Définir le mot de passe" et saisissez le mot de passe (que vous avez défini lors de votre inscription).

Validez par "OK" et vous revenez à l'écran de "Connexion Avantgo".

Préparez votre Pocket PC à une connexion Internet (par infrarouge, Bluetooth, avec votre jaquette GSM/GPRS, ...).

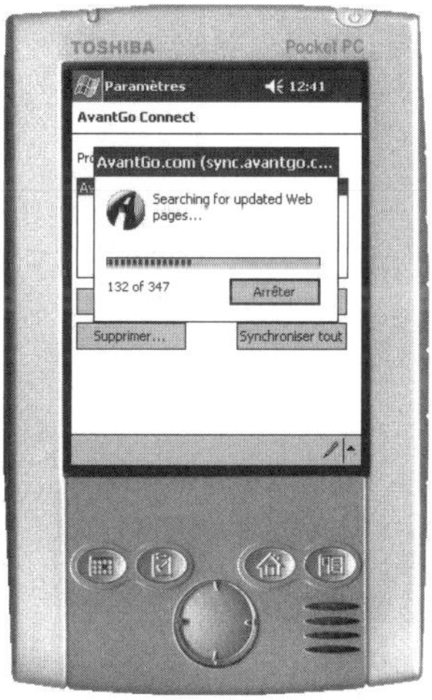

La connexion Internet va s'établir et la synchronisation de vos chaînes Avantgo va s'effectuer.

Lecture de vos chaînes d'information sur votre Pocket PC

La lecture de vos chaînes Avantgo va se réaliser avec "Internet Explorer" sur votre Pocket PC. Vous devez ouvrir le menu "Démarrer" et pointer sur "Internet Explorer".

L'écran suivant va se présenter à vous.

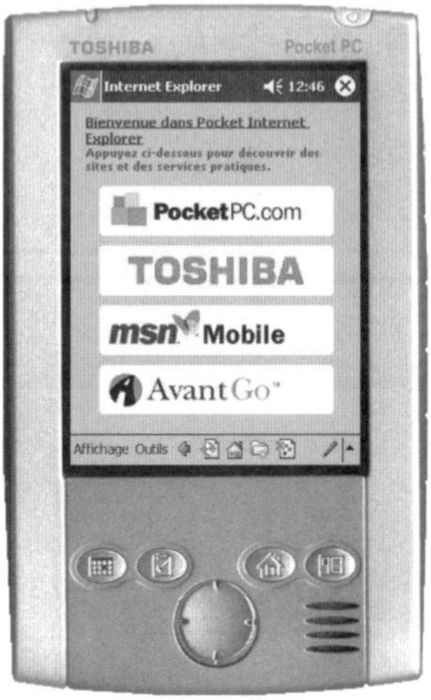

Pointez sur le bouton "AvantGo".

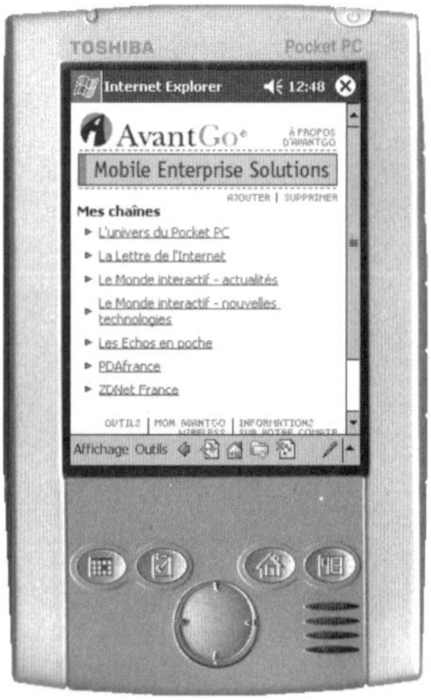

Vos chaînes AvantGo apparaissent. Il ne vous reste plus qu'à pointer sur les liens des chaînes que vous avez choisies et lire vos informations.

Téléphoner, surfer sur Internet se connecter en GSM / GPRS avec Microsoft Pocket PC 2002 Phone Edition

Les télécommunications du troisième millénaire donnent vraiment leur coup d'envoi avec cette extension de votre système d'exploitation pour votre Pocket PC, Microsoft Pocket PC 2002 Phone Edition.

En effet cette version de ce système d'exploitation a été réalisée par Microsoft pour exploiter au mieux une nouvelle race de Pocket PC, les Pocket PC communicants.

En effet, nous voyons apparaître une nouvelle race de PDA, ils sont équipés de processeurs très puissants, notamment le Intel ARM920 qui non seulement fait fonctionner votre système d'exploitation, mais intègre toutes les fonctions d'un téléphone mobile. En effet, celui-ci est tribande (1900 Mhz pour les Etats-Unis, 900 et 1800 Mhz pour l'Europe) et gère aussi la partie "data" (données) en mode GSM et en mode GPRS.

Vous avez donc dans le creux de la main, un Pocket PC classique, mais intégrant toutes les fonctions de communication de votre téléphone mobile. Les deux appareils ont fusionné, pour devenir un autre appareil, dont vous allez souvent entendre parler, un Smartphone !

A la lecture de ces quelques lignes, vous pouvez être incrédule, et/ou vous demander à quoi cela va pouvoir servir. Nous allons essayer d'y répondre.

La première fonction est celle d'un PDA classique de type multimédia, de par la puissance du processeur, la mémoire RAM disponible et la qualité de l'affichage. Jusque là rien de bien nouveau !

La deuxième est la fonction de téléphonie. Votre Pocket PC est maintenant aussi votre téléphone mobile, vous y retrouverez toutes les fonctions de votre téléphone classique, mais avec un plus, vous pourrez le transformer en répondeur téléphonique, au lieu d'utiliser la messagerie de votre opérateur. Cette fonction de répondeur est très utile pour les personnes qui se déplacent beaucoup à l'étranger. En effet, la plupart du temps vous devrez, pour consulter votre messagerie, appeler de l'étranger (donc consommation téléphonique), taper une multitude de codes pour enfin accéder aux messages qu'on vous a laissés. Maintenant ceci est terminé, votre Pocket PC aura joué lui-même le messager de votre boîte vocale lorsque l'on a cherché à vous joindre et il a enregistré les messages sur votre Pocket PC. Messages qui bien sûr seront synchronisés automatiquement avec votre PC de bureau lors de la synchronisation.

La troisième est la fonction "Data". Cette terminologie est héritée des opérateurs de téléphonie mobile qui désignent les fonctions d'accès à Internet comme fonctions "data" en opposition avec les fonctions vocales. Vous avez maintenant dans les mains un petit appareil qui est connecté au réseau Internet automatiquement si vous utilisez le GSM, ou en permanence si vous utilisez le GPRS. GPRS qui vous apporte un grand débit pour votre connexion Internet.

Voici à quoi cela peut ressembler.

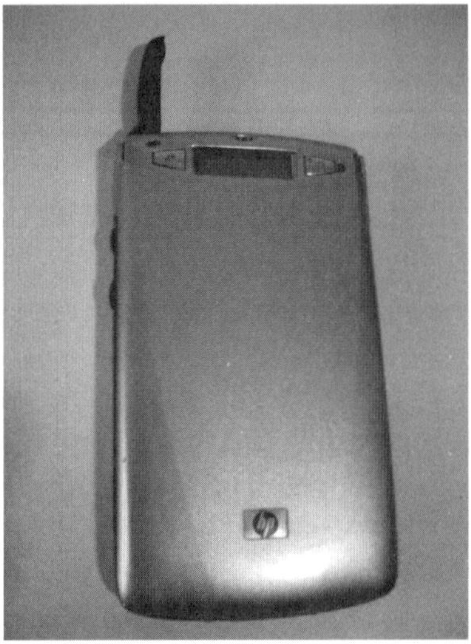

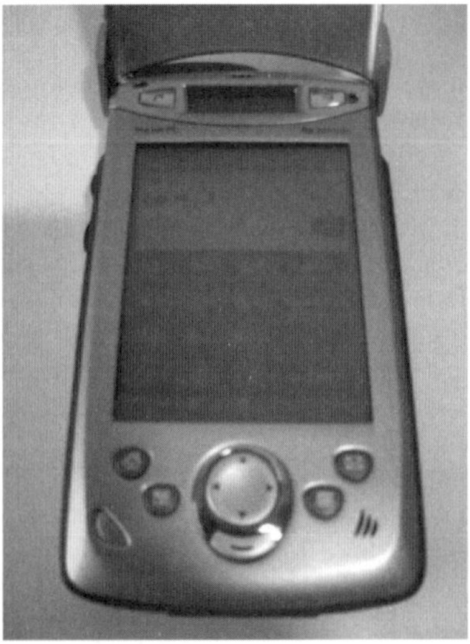

Vous allez pouvoir surfer sur Internet. Finies les opérations compliquées avec le port Infrarouge, et autres. La connexion se réalise automatiquement. En connexion permanente (GPRS), vous pourrez vous connecter aux Web TV et Web radio et accéder à tous les serveurs d'informations dont vous avez besoin. Vous pourrez aussi utiliser votre Pocket PC et accéder au système d'information de votre entreprise comme si vous étiez dans ses locaux et ainsi recevoir et envoyer vos e-mails, accéder à l'Intranet et à toutes les applications en "client léger" (applications de votre entreprise fonctionnant avec Internet Explorer), ainsi qu'aux fonctions du CRM de votre entreprise (voir chapitre "Intégrez et utilisez les Pocket PC au sein de l'entreprise"), de gestion de stocks, etc.

Vous pourrez utiliser votre Pocket PC comme visiophone, avec l'adjonction simple d'une petite caméra sur votre Pocket PC. Vous pourrez voir votre correspondant sur votre écran (voir chapitre "Prenez des photos ou des vidéos avec votre Pocket PC ou votre appareil photo numérique et utilisez-les avec votre Pocket PC" pour la partie extension caméra).

Nous allons arrêter ici cet inventaire à la Prévert des applications de cette intégration de deux univers car, elles se construisent chaque jour et l'offre devient de plus en plus vaste. Vous n'avez plus qu'un seul frein, celui de votre imagination.

Imaginer en plus un module GPS (Global Positioning System), que demander de plus ?

Utilisation de votre Pocket PC comme un téléphone

Nous allons aborder cette partie phone édition par ce qu'elle a de plus spectaculaire, la partie téléphone.

Vous avez inséré votre carte SIM dans votre Pocket PC (celle de votre téléphone mobile), il ne reste plus qu'à mettre en route votre téléphone.

Lors de la mise en route de votre Pocket PC, vous arrivez systématiquement sur l'écran "Aujourd'hui", écran que vous avez arrangé à votre goût en changeant l'image de fond (voir chapitre "Ajouter de nouvelles fonctionnalités sur votre Pocket PC").

Il se présente maintenant comme ceci :

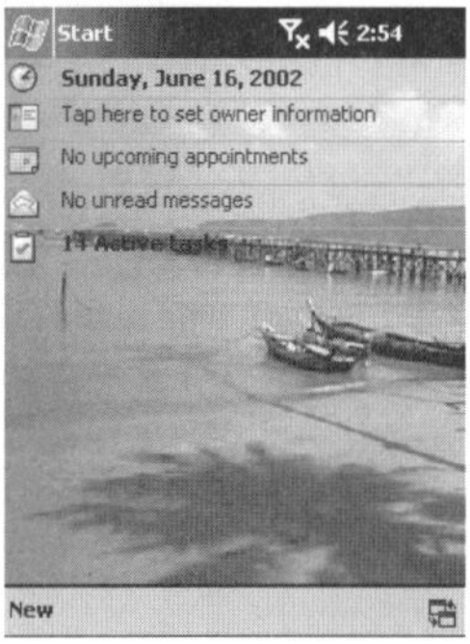

La différence va se situer dans la barre du haut, sous la forme d'un "petit entonnoir" symbolisant, nous pouvons l'imaginer (avec beaucoup d'efforts...) une antenne de téléphone mobile. Une petite croix à côté de ce symbole indique que votre téléphone n'est pas en fonction. Vous pourrez accéder à certaines fonctions téléphoniques à partir de cette icône, ou à partir de l'option téléphone (ici "phone") qui est présente dans le menu "démarrer".

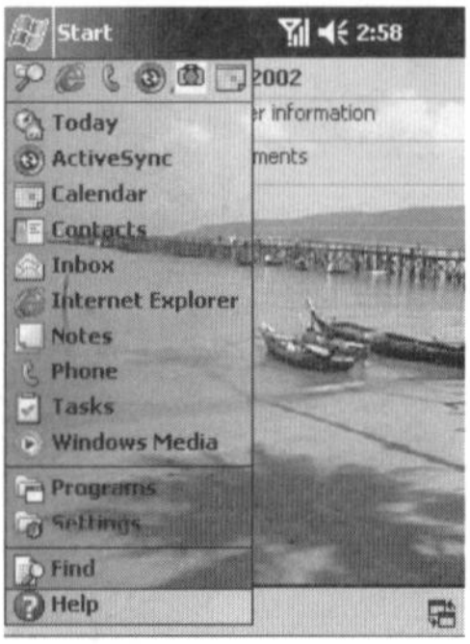

Mise en service de votre téléphone intégré

A partir de l'écran "Aujourd'hui", pointez sur l'icône symbolisant votre téléphone mobile, ou lancez le programme de téléphonie dans le menu "démarrer".

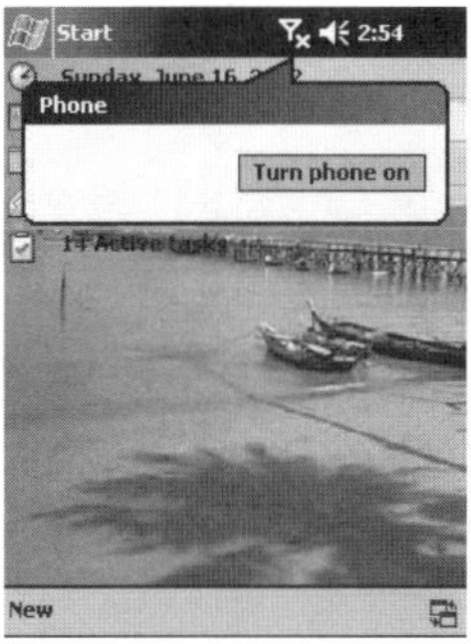

Validez le fait que vous désirez mettre en fonction le téléphone en pointant sur le bouton.

Vous arriverez alors à l'écran de saisie de votre code PIN (si vous avez choisi de protéger votre téléphone avec un code).

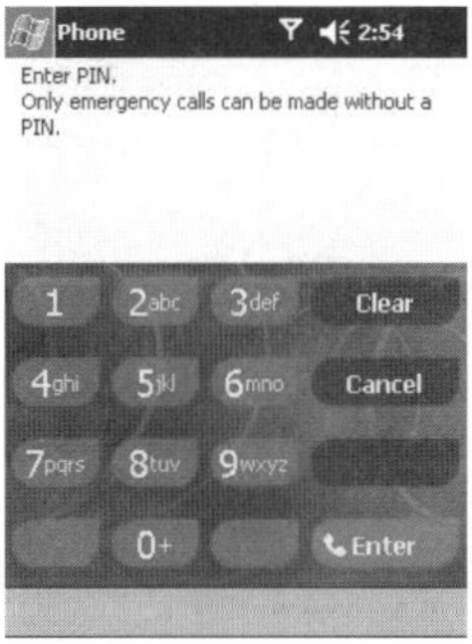

Avec votre stylet, saisissez les quatre chiffres composant votre code PIN.

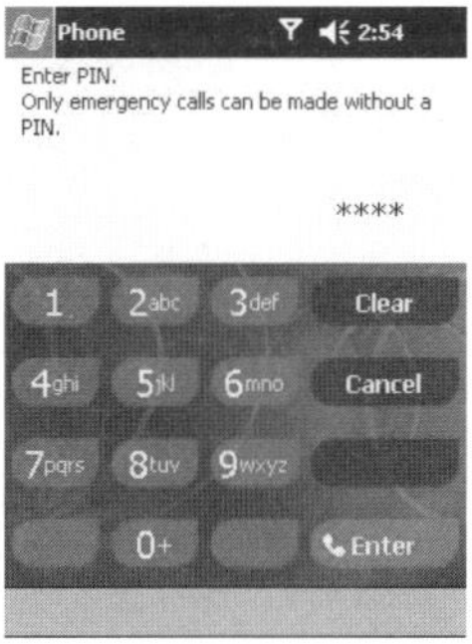

Pointez sur la touche "verte" pour valider votre saisie. Après quelques instants, votre téléphone est opérationnel.

Pour éteindre la partie téléphonie de votre Pocket PC, vous faites l'inverse.

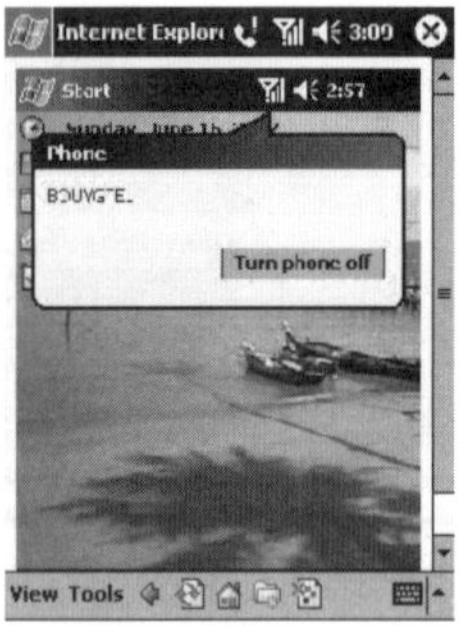

Téléphoner avec son Pocket PC

Ne résistons pas à la joie de passer notre premier appel avec cette petite merveille.

Tapez votre numéro de téléphone, avec votre doigt (les touches sont suffisamment grandes) ou avec votre stylet.

Appuyez sur la touche "verte".

Votre correspondant a décroché, vous êtes en communication téléphonique ! Bien évidemment, votre Pocket PC a recherché automatiquement dans votre base de contacts à quel nom correspond le numéro de téléphone que vous avez tapé.

Mais vous auriez pu aussi chercher votre correspondant dans votre base de contacts, grâce à la petite icône symbolisant un contact en bas à droite de votre écran.

Vous choisissez le nom dans votre base de contacts, et vous choisissez l'option "Passer un appel" (ici : Call Work Tel). Vous revenez instantanément à l'écran de votre téléphone et la communication est réalisée.

Ceci est la fonction basique de votre téléphone. Vous retrouvez aussi les autres fonctions de votre téléphone mobile classique.

La première est la liste de vos appels (Call Log), composés, manqués, reçus, …

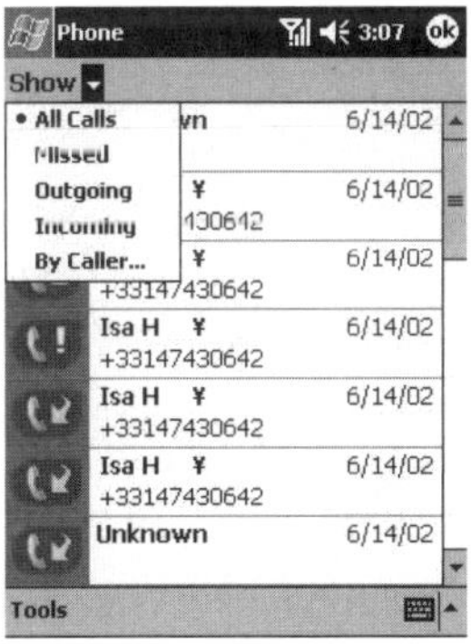

Liste que vous pouvez comme toujours filtrer, par appels perdus, que vous avez émis, pris,…

Vous avez aussi une touche qui vous permet d'accéder à vos numéros de téléphone favoris.

Cette liste de numéros de téléphones favoris, vous l'aurez enrichie de façon simple à partir de votre base de contacts.

Vous sélectionnez le contact que vous souhaitez rajouter, en pointant dessus, et en choisissant dans le menu contextuel l'option "Ajouter à la liste de téléphone rapide" (ici : "add Speed Dial Work Tel").

Vous y accédez très rapidement en pointant sur le bouton de votre programme de téléphone.

Nous voyons ici le seul numéro de téléphone que nous avons rajouté dans notre liste, notre messagerie vocale. Il suffit dès lors de pointer dessus pour que la fonction soit active.

Dans une utilisation quotidienne, votre téléphone est vraiment intégré dans votre Pocket PC, vous avez la fonction vibreur, mais aussi toutes les notifications habituelles. Lorsque vous recevez un appel, celui-ci s'affiche de la façon qui suit :

Il suffit simplement d'appuyer sur le bouton "Répondre" (ici : Answer) ou sur le bouton Ignorer (ici : Ignore), pour prendre ou rejeter l'appel.

Si vous n'étiez pas à côté de votre téléphone, il vous sera notifié que vous avez reçu un appel durant votre absence.

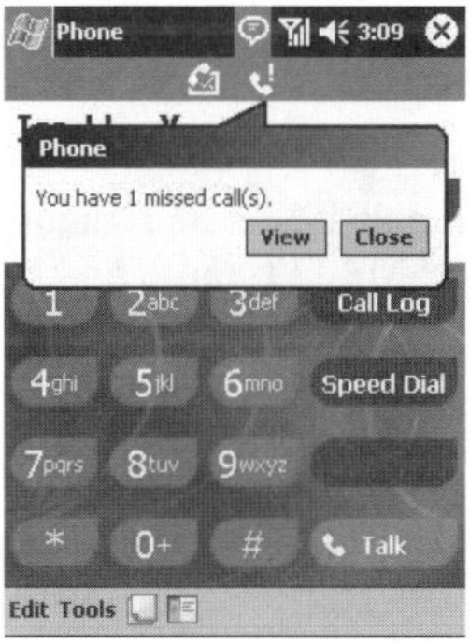

Votre correspondant vous a laissé un message vocal !

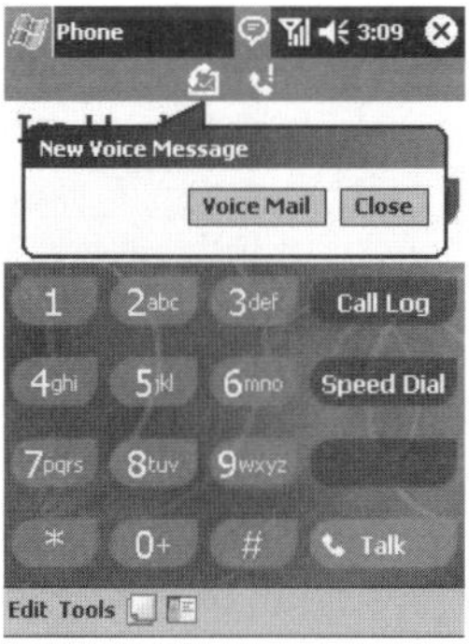

Petite finesse du constructeur de Pocket PC que nous avons essayé, vous pouvez déplier un menu vous permettant d'accéder rapidement aux fonctions du téléphone à partir de n'importe quel programme. Celui-ci est rangé dans le menu de sélection du mode d'écriture en bas à droite de votre écran. Ici, nous utilisons la calculatrice.

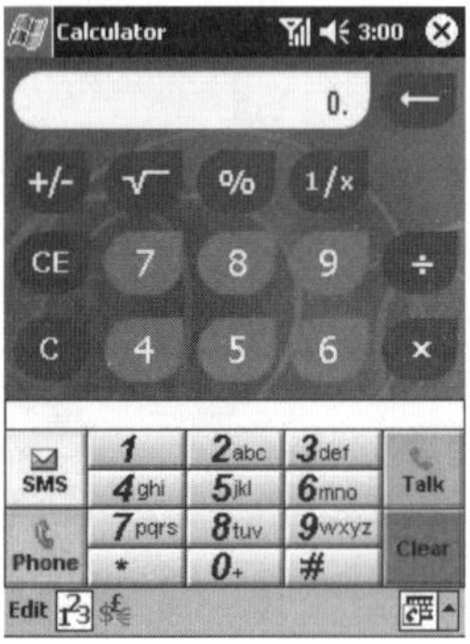

Envoyer et recevoir des SMS (Short Message System)

Autre fonction standard, mais néanmoins très importante de la fonction de téléphonie, les SMS, ces petits messages qui prennent un essor phénoménal en termes d'utilisation à travers le monde.

Ici aussi, la simplicité est de rigueur. Vous vous apercevrez rapidement que la partie SMS fait appel à la boîte de réception que vous utilisez aussi pour vos mails.

Pour composer et envoyer un SMS, utilisez le menu "Outils" (ici : Tools) au bas de votre écran et pointez sur l'option SMS.

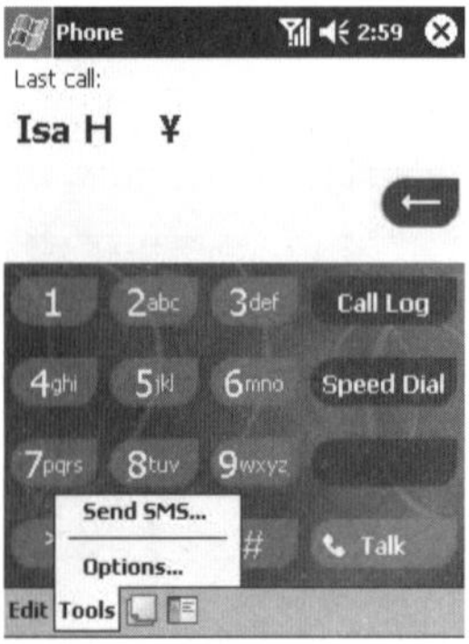

Comme pour un mail, vous choisissez le destinataire dans la base de contacts, ou vous saisissez le numéro de téléphone.

Quand vous avez terminé de saisir le texte, appuyez sur envoi. Vous n'avez rien d'autre à faire.

Quand vous recevrez un SMS, vous aurez une notification dans la barre d'état, mais aussi sur l'écran "Aujourd'hui".

La consultation est tout aussi simple, vous allez dans la boîte de réception.

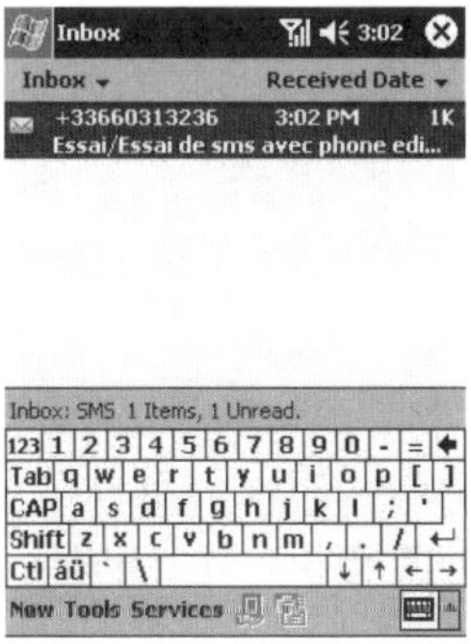

Vous pointez sur le message de votre choix. Et vous le lisez.

Si vous allez dans les options de la boîte de réception, vous pourrez paramétrer le service SMS si celui-ci ne l'était pas déjà.

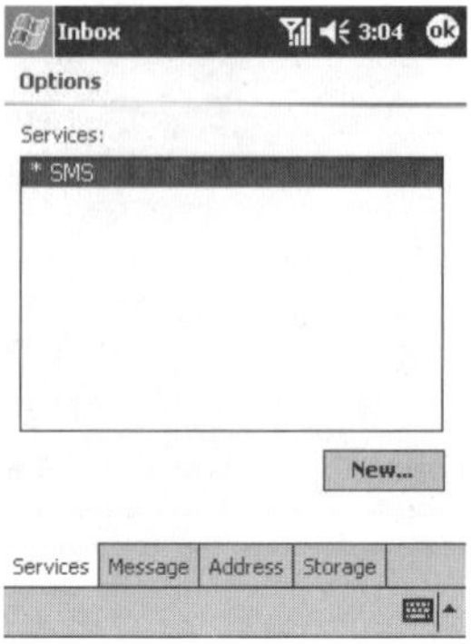

Vous pointez sur l'option SMS.

Et vous saisissez le numéro de téléphone utilisé par votre opérateur de téléphonie mobile pour la gestion des SMS.

Pour en connaître plus sur la gestion de la boîte de réception, vous pouvez vous rendre au chapitre Les programmes bureautiques et de communication de "Microsoft Pocket PC 2002".

Partie Data - Accès à Internet, e-mails, ...

L'accès à Internet, la gestion des e-mails, et toutes les applications que l'on peut réaliser avec ce superbe appareil, utilisent les fonctions standard de votre Pocket PC y compris pour la connexion. En GSM, les paramètres sont les mêmes qu'avec un téléphone mobile équipé d'un port Infrarouge ou de Bluetooth. L'utilisation reste la même aussi pour la partie GPRS, y compris le paramétrage.

Vous pourrez découvrir ces éléments aux chapitres <renvoi>.

Paramétrage de votre Smartphone

Paramétrage de la partie téléphone

Votre Pocket PC Phone Edition comprend de nombreux paramètres puisqu'il associe un téléphone mobile complet, la partie Data ET un répondeur. Nous allons aborder ensemble cette partie.

Pour cela vous allez dans la partie Paramètres à partir du menu Démarrer.

Dans la partie "Personnel", vous allez pouvoir paramétrer la partie téléphone.

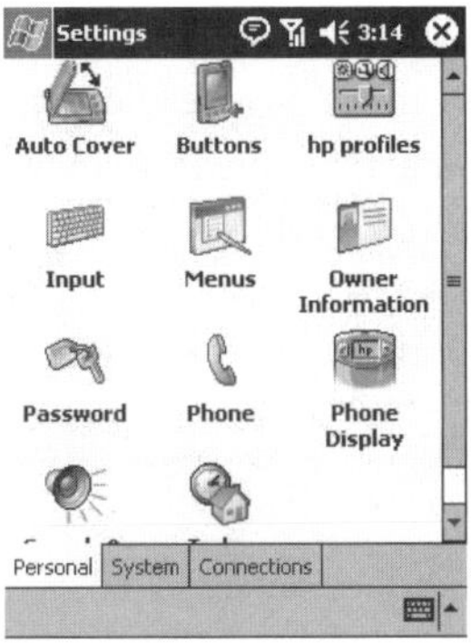

Pointez sur l'icône symbolisant un téléphone. Vous arrivez sur les paramètres.

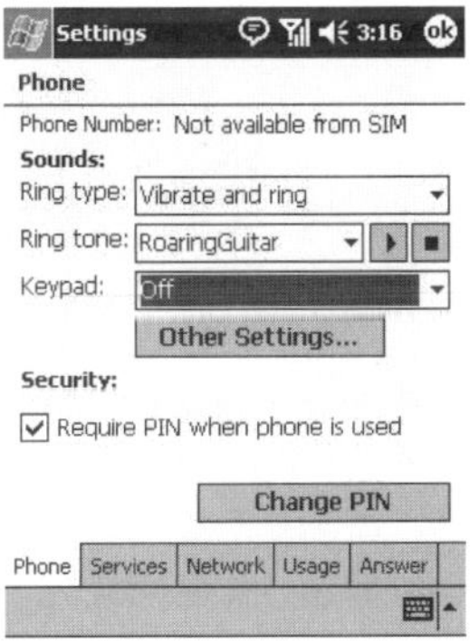

Dans ce premier onglet, vous pourrez paramétrer une partie du téléphone.

- Types de sonnerie (Ring Type). Vous pourrez sélectionner le mode de sonnerie, la supprimer… et demander à ce que votre Smartphone sonne ET vibre, car celui-ci en est capable.

- La sonnerie de votre choix (Ring Tone). Les deux icônes à droite du menu déroulant permettent d'écouter la sonnerie. Vous pourrez rajouter toutes celles de votre choix, car le format du son utilisé est un format de son standard pour votre PC. Il suffira de le transférer vers votre Pocket PC. Ainsi, vous pourrez utiliser les musiques de votre choix.
- Clavier (Keypad). Cette option vous permet d'indiquer si vous souhaitez que les touches de votre clavier virtuel de téléphone émettent un bruit lorsque vous appuyez dessus.
- Sécurité (Security). Cette option vous permet d'indiquer si le code Pin de votre mobile doit être utilisé. Nous vous recommandons d'activer cette fonction, en cas de vol, cela vous évitera en plus d'avoir une énorme facture de téléphone.
- Changement de code PIN (Change PIN). Cette option vous permet de changer le code PIN de votre téléphone.

L'onglet "Services" va vous permettre de valider / rajouter des services de votre opérateur.

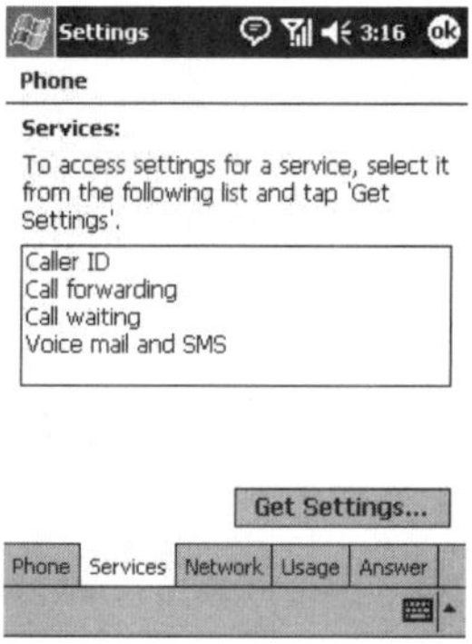

Vous y retrouverez la présentation de numéros (Caller ID), le transfert d'appel (Call forwarding),etc. Pour modifier, pointez sur l'option puis sur la touche de paramétrage (Get settings). Le résultat dépendra de votre opérateur et des droits qu'il vous donne.

L'onglet "Réseaux" vous permet d'effectuer les réglages du réseau et de sélectionner le ou les réseaux auxquels vous pouvez accéder. Vous n'utiliserez jamais cette option sur le territoire national, mais il vous sera nécessaire de l'utiliser à l'étranger.

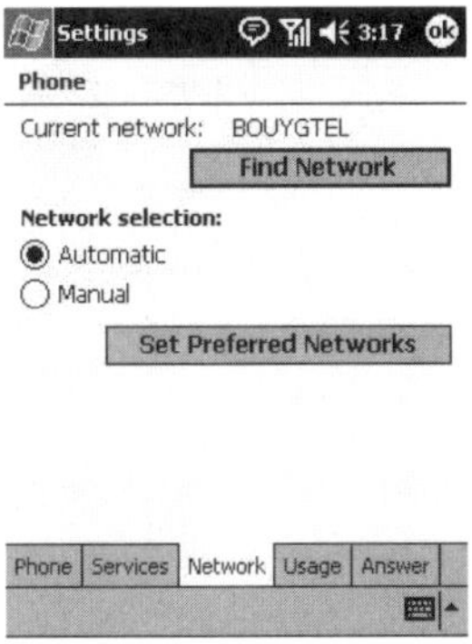

Est affiché le réseau sur lequel vous êtes connecté.

"Chercher un réseau" (Find network) vous permettra de rechercher les réseaux accessibles et d'en choisir un.

Vous pouvez aussi choisir si vous désirez que la sélection du réseau soit automatique ou manuelle (network selection).

L'onglet "Utilisation" (Usage), vous permet de déterminer le mode d'utilisation, pour l'utilisation "main libre".

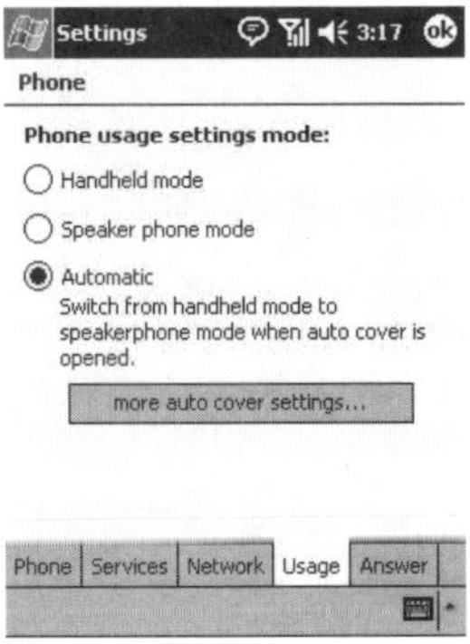

- Main libre. Ceci détermine le mode main libre en permanence.
- Haut-parleur du téléphone. Permet l'utilisation classique en mode téléphone.
- Automatique. Avec cette option, cela passe en main libre quand vous ouvrez le capot du Pocket PC.

L'onglet "Répondeur" (Answer), permet de préparer le répondeur intégré dans votre Smartphone.

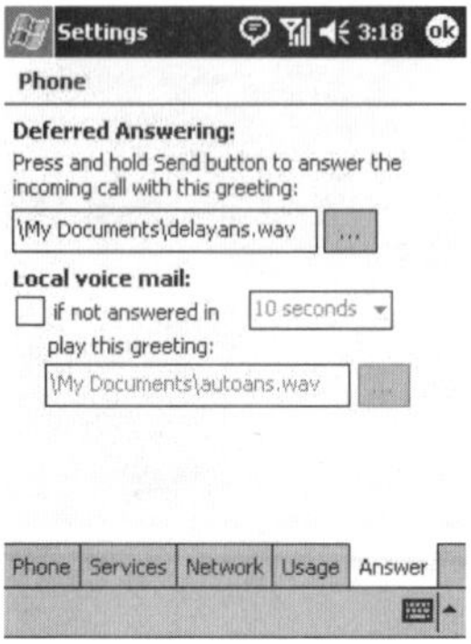

La première option "Defferred Answering" permet d'activer une réponse personnalisée quand vous appuyez sur la touche "Envoyer" (send).

La deuxième permet de déterminer quel message sera entendu par votre interlocuteur quand il arrivera sur votre répondeur, et au bout de combien de secondes le répondeur se mettra en fonction.

Dans les deux cas, les messages vocaux auront été enregistrés, soit sur votre Pocket PC avec l'option "mémo vocaux", soit avec votre PC de bureau.

Paramétrage GPRS

Le paramétrage de la connexion du GPRS sur le réseau de votre opérateur de téléphonie mobile se détermine dans la partie Connexions dans l'onglet Connexions des paramètres. Mais avec la partie phone édition, vous avez une icône en plus.

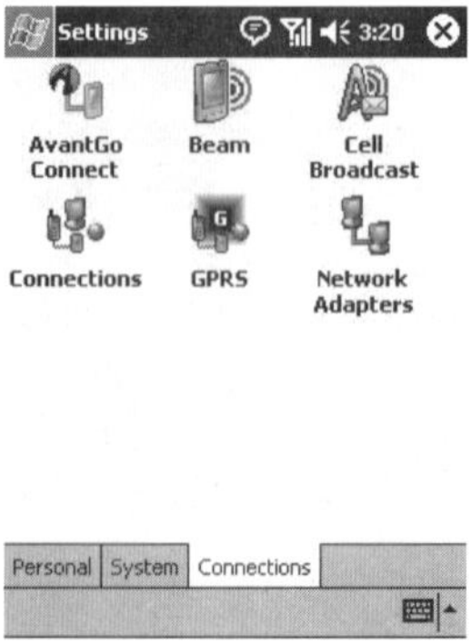

Cette icône vous apporte quelques paramètres supplémentaires :

Vous pourrez visualiser le volume de données qui a transité, ceci peut être intéressant si votre opérateur vous facture au nombre de kilos octets émis…

Vous pourrez aussi déterminer si vous vous connectez automatiquement au GPRS (Auto attach…).

Et si vous vous déconnectez en fonction du contexte (Auto detach…).

Les deux autres paramètres ne vous seront pas utiles, sauf applications très spécifiques du type réalisation de logiciels.

Chapitre 10 — Utilisation des fonctions multimédia

Windows Media sur votre Pocket PC

Voici un des programmes les plus agréables à utiliser sur votre Pocket PC. Il va vous permettre de transformer votre petite machine en un baladeur multimédia très évolué.

Windows Media est le logiciel installé en standard sur votre Pocket PC et dont la vocation est de lire les vidéos et les fichiers sons (comprenez de la musique). Ce logiciel est le petit frère du logiciel que vous utilisez sur votre PC de bureau. Tous les Pocket PC sont aujourd'hui livrés avec une prise casque stéréo, une prise de type DIN 3,5, c'est-à-dire la même que celle d'un walkman. Ceci fait que vous pourrez écouter de la musique ou visualiser des films sur votre Pocket PC en toute quiétude et avec un son de très bonne qualité à l'image d'un walkman. Certains Pocket PC sont livrés directement avec un utilitaire de réglage des graves et aiguës et un "booster" de graves (les Ipaq par exemple), sinon, il vous suffira de télécharger un logiciel sur Internet qui vous rajoutera cette fonctionnalité.

Concernant les films, vous pourrez utilisez un format de type Windows media, Avi, MP3..., le format de l'écran étant plus petit que celui d'un téléviseur, la taille de la vidéo sera plus petite. Vous pourrez compter sur environ 1 Mo par minute de vidéo, et pour un morceau de musique standard, environ 600 ko par minute en MP3. Vous pourrez accroître la capacité de stockage de votre Pocket PC avec des mémoires au format CompactFlash, SD ou un disque dur (voir chapitre "Etendez les capacités mémoire et de stockage de votre Pocket").

Mais vous n'êtes pas obligé d'utiliser ce logiciel, vous pouvez aussi utiliser d'autres formats, avec d'autres logiciels que vous pouvez télécharger sur Internet.

Les fichiers pris en charge sont les fichiers dont la définition est inférieure ou égale à 320 x 240 pixels à l'écran 400 Kbits/seconde. Il vous est possible de lire des fichiers dont la définition est supérieure, mais vous risquez d'obtenir un format médiocre.

Utilisation de mon Pocket PC comme baladeur MP3 ou baladeur multimédia

Présentation de Windows media

Vous lancez votre logiciel Windows Media à partir du menu Démarrer de votre Pocket PC. L'écran suivant apparaît :

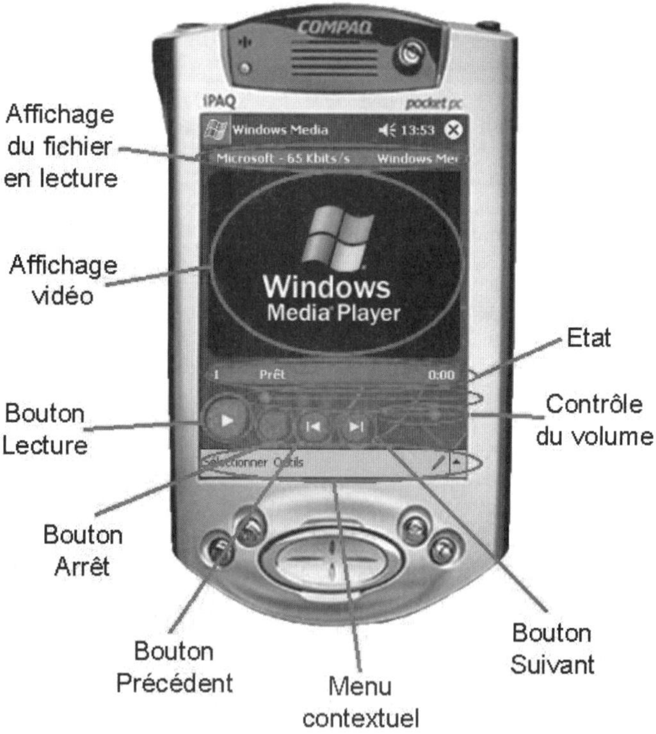

Cet écran de contrôle se décompose comme suit :

- Affichage du fichier en lecture. Cette zone de l'écran vous affiche le nom du fichier vidéo ou MP3 que vous avez ouvert ainsi que son type d'encodage (plus le nombre de Kbits/s est grand et meilleure est la qualité du son).
- Affichage vidéo. C'est dans cette zone que s'affichera la vidéo.

- Bouton de lecture. Ce bouton vous permet de démarrer la lecture ou de la mettre en pause.
- Bouton Arrêt. Ce bouton vous permet d'arrêter la lecture en cours.
- Bouton précédent. Ce bouton vous permet d'aller dans votre sélection précédente ou au fichier suivant présent sur votre Pocket PC.
- Bouton suivant. Ce bouton vos permet d'aller dans votre sélection suivante ou au fichier précédent présent sur votre Pocket PC.
- Menu contextuel. Ce menu contextuel de bas d'écran vous permet d'accéder à la sélection de vos fichiers à voir et à écouter, ainsi qu'aux différentes fonctions "annexes" et au paramétrage.
- Etat. Vous indique l'état de fonctionnement du lecteur (prêt, lecture, pause, etc.).
- Contrôle du volume. Vous pourrez ici augmenter ou réduire le volume de la lecture.

Sélectionner un fichier ou réaliser une "sélection" à lire

Présentation des fonctions

Dès que vous aurez "pointé" sur l'option "Sélectionner" dans le menu contextuel du bas de votre écran Windows media l'écran suivant apparaît :

C'est à partir de ce menu que vous pourrez sélectionner l'ensemble des éléments que vous voudrez entendre ou voir.

Cet écran se structure de la façon suivante :

- **Menu de sélection**. Ce menu vous permet d'accéder à vos fichiers multimédia, et ce quels que soient l'endroit ou le répertoire où vous les avez stockés sur votre Pocket PC. Il permet de plus d'accéder à vos "sélections" (nous vous expliquerons ce terme dans le lignes qui suivent).
- **Liste de vos sélections / fichiers multimédia.** Vous voyez dans cette liste les sélections que vous avez créées ainsi que la liste de tous les fichiers multimédias présents sur votre Pocket PC.
- **Menu de sélection rapide des fichiers.** En cliquant sur ce bouton, vous verrez apparaître une liste vous permettant de sélectionner rapidement, grâce à des cases à cocher, la liste des éléments que vous désirez voir ou entendre dans l'instant.

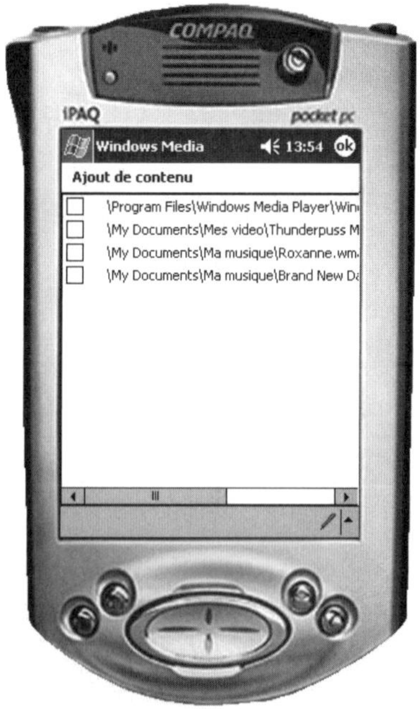

- **Annulation.** Ce bouton vous permet d'abandonner le processus de sélection des fichiers à écouter et de revenir à l'écran principal de Windows média.
- **Fichier précédent.** Ce bouton vous permet de vous déplacer sur le fichier précédent de la liste.

- **Fichier suivant.** Ce bouton vous permet de vous déplacer sur le fichier suivant de la liste.
- **Propriétés du fichier.** Ce bouton vous permet d'accéder au détail de votre fichier (titre, compositeur, taille, etc.).

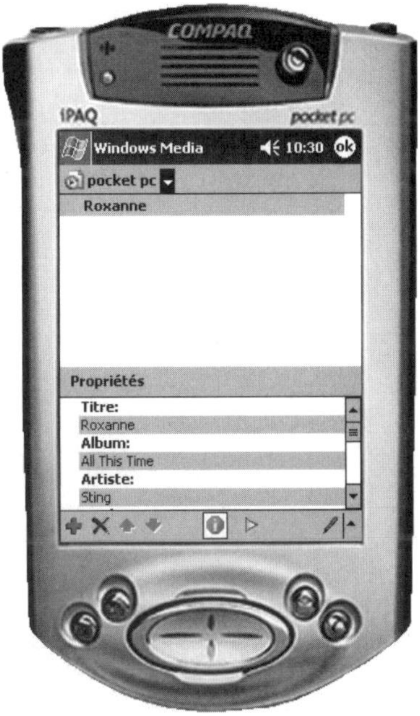

- **Lecture.** Cette option vous permet de lancer la lecture de votre sélection de fichiers et revient à l'écran principal de Windows media.

La gestion des sélections

Cette fonction est très pratique et vous permettra d'écouter ou de voir vos fichiers multimédia de façon simple et aisée.

Une sélection est un ensemble de fichiers que vous référencez avec un nom et qui vous permet de créer des séquences de fichiers qui vous sont personnels, du type liste de mes "hits" et de pouvoir les jouer à volonté. Ce qu'il faut savoir, c'est que Windows media vous proposera l'ensemble des fichiers son ou vidéo que vous avez installés sur votre Pocket PC, sans que vous n'ayez la moindre action à réaliser. Vous pouvez donc copier vos fichiers multimédia n'importe où sur votre Pocket PC, et celui-ci saura vous les restituer.

La méthode pour créer une sélection est la suivante :

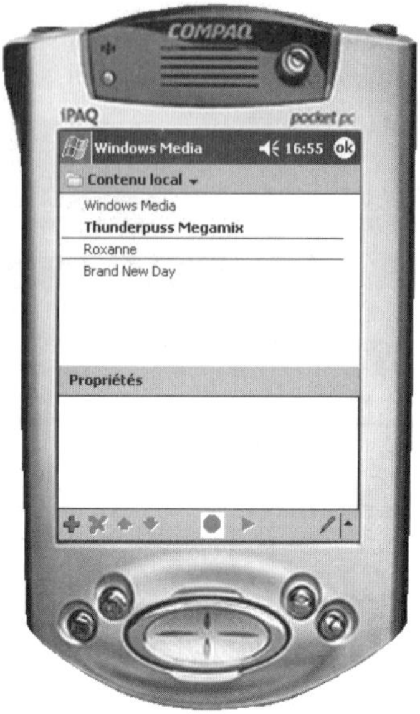

Vous dépliez le menu de sélection en pointant dessus.

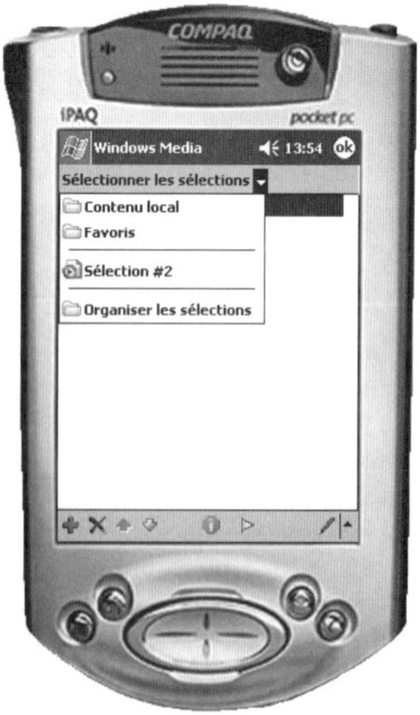

Vous pointez sur l'option "Organiser les sélections".

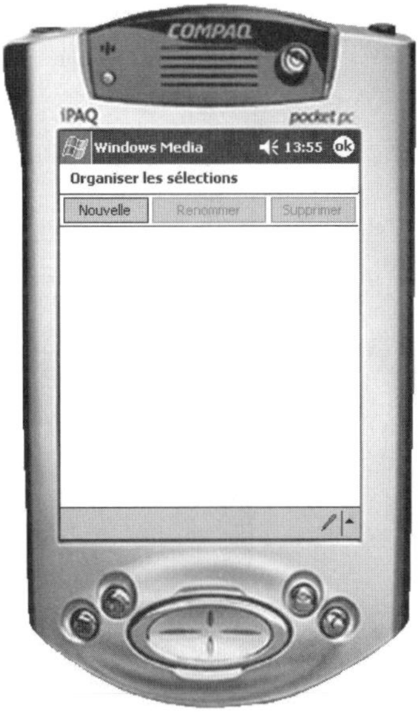

Vous "pointez" sur le bouton "Nouvelle".

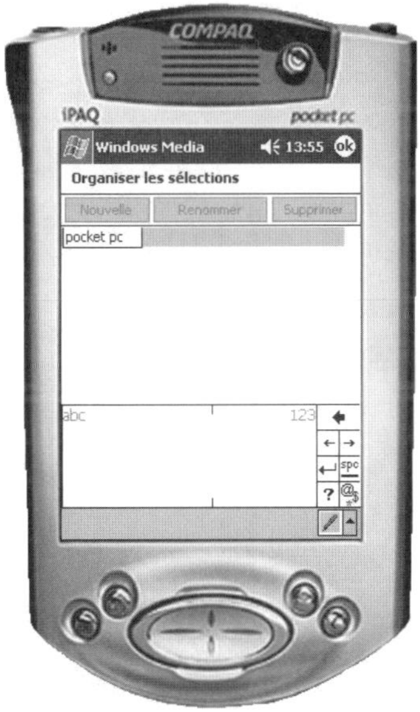

Vous saisissez le nom que vous voulez donner à votre sélection.

Vous cliquez sur le bouton "OK" en haut à gauche de votre écran.

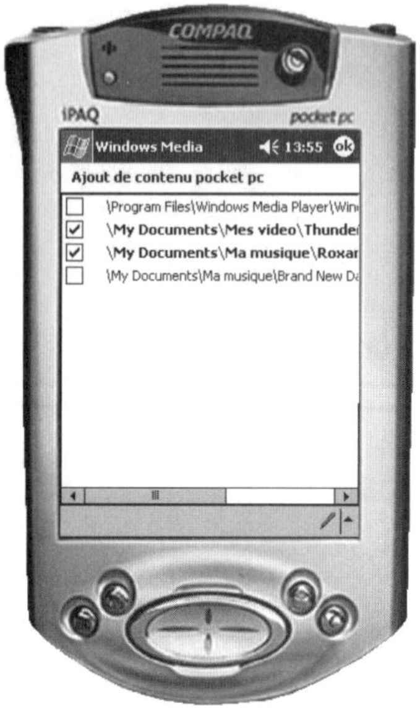

La liste de tous les fichiers multimédia de votre Pocket PC apparaît. Vous cochez les cases des fichiers que vous souhaitez écouter et vous cliquez sur le bouton "OK".

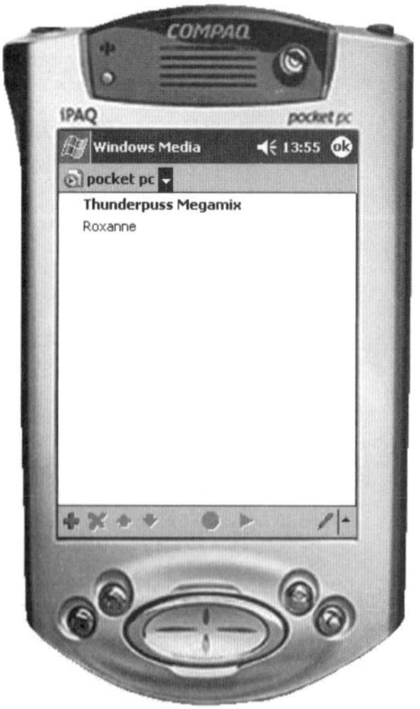

La liste de votre sélection est réalisée. Pour en sélectionner une plutôt qu'une autre utilisez le menu de sélection. Pour rajouter des fichiers à votre sélection, utilisez le bouton "menu de sélection rapide" appelé par la croix verte en bas à gauche de votre écran.

Pointez sur le bouton de lecture, vous reviendrez à l'écran principal de Windows media et la lecture commencera.

Remarque : vous pouvez associer un fichier à une sélection autant de fois que vous le désirez.

Outils et paramétrage de Windows Media

Ces fonctions sont accessibles à partir du menu principal de votre écran principal Windows Media en pointant sur le menu contextuel de bas d'écran "Outils".

Lecture en boucle de votre fichier ou de votre sélection

Vous avez la possibilité de lire en boucle vos fichiers multimédia. Si un seul fichier est sélectionné, la lecture reprendra au début dès la fin de la lecture du fichier. Il en sera de même pour une sélection.

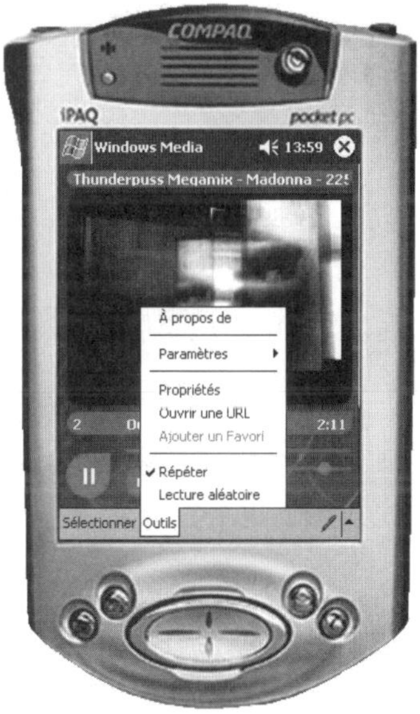

Lecture aléatoire de votre sélection

Vous pouvez demander que la lecture de votre sélection soit réalisée de façon aléatoire. Cela vous évitera de vous lasser d'entendre ou de voir vos clips toujours dans le même ordre.

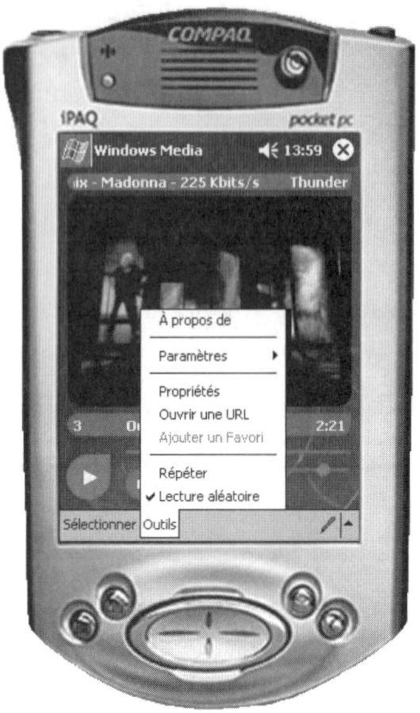

Propriétés de votre fichier multimédia

L'option propriété vous donnera l'intégralité des détails de votre fichier multimédia. Vous serez étonné de voir toutes les informations qui sont disponibles.

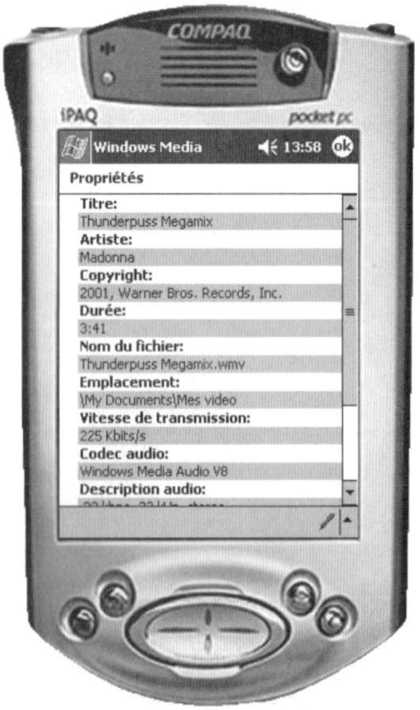

Options de paramétrage de Windows Media

Il y a quatre options de paramétrage de Windows Media :

- Audio vidéo. Vous permet de paramétrer certaines limitations de lecture de vos fichiers.
- Réseau. Cette option vous permet de définir les options de raccordement de votre Pocket PC à un réseau. Cela n'est pas nécessaire de le paramétrer pour faire du "streaming" audio ou vidéo sur votre machine.
- Boutons. Cela vous permet de modifier les boutons de votre Pocket PC durant l'utilisation de Windows media, et ainsi de l'utiliser comme "Walkman" sans passer systématiquement par votre stylet pour lire vos fichiers multimédia.
- Sélecteur d'apparence. Cette fonction vous permet de modifier l'apparence de votre lecteur à l'image de son grand frère sur votre PC de bureau.

Pour y accéder, vous devez pointer sur l'option "Paramètres" du menu "Options".

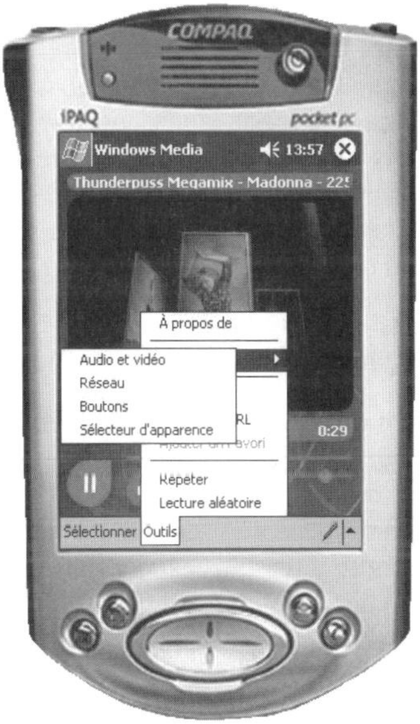

Audio Vidéo

Cette option vous permet de définir les conditions de lecture des fichiers multimédia et d'en déterminer certaines limitations.

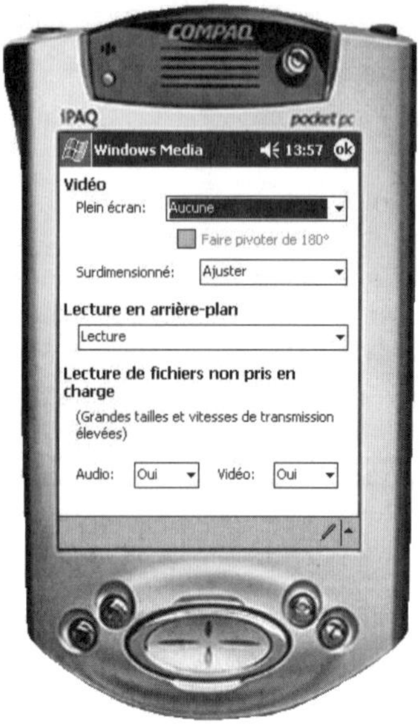

Plein écran. Ceci permet d'indiquer si vous désirez lire les vidéos en plein écran. C'est-à-dire que votre vidéo s'affichera non plus en mode paysage, mais en mode landscape en effectuant une rotation de l'image de 90° dans votre écran et sans le cadre Windows media en exploitant au mieux la surface de votre écran. Dans ce mode, pour cesser la lecture et revenir à l'écran principal de Windows media vous devez pointer n'importe où dans l'écran.

Surdimensionné. Cela demande à votre lecteur d'ajuster la taille de l'image au mieux de la capacité d'affichage de votre écran.

Lecture en arrière plan. Votre Pocket PC est multi-tâches. C'est-à-dire qu'il peut exécuter plusieurs actions en même temps. Ceci veut dire pour vous par exemple que vous pouvez écouter votre morceau préféré tout en rédigeant une note sous Word. Pour accéder à Word, alors que vous êtes en écoute d'un morceau de musique, vous devez déplier le "menu démarrer" de votre Pocket PC et sélectionner Word. Vous pouvez, bien sûr interdire ce mode de fonctionnement via ce menu.

Lecture des fichiers non pris en charge. Les fichiers pris en charge sont les fichiers dont la définition est inférieure ou égale à 320 x 240 pixels à l'écran 400 Kbits/seconde. Si vos fichiers vidéo sont de taille ou de débit supérieurs, vous risquez d'avoir une lecture dégradée.

Réseau / Réglage des fonctions de "streaming" audio et vidéo

Ceci est à paramétrer si vous désirez utiliser les fonctions de "streaming". Qu'est-ce qu'une fonction de streaming ? C'est la diffusion de son ou de vidéo à partir d'un serveur Web, en passant par un réseau Internet. Vous avez maintenant beaucoup de sites Web qui proposent ce mode de diffusion, via des "radios" ou des "Web tv". Les fichiers ne sont pas installés sur votre machine, ils vous sont transférés en permanence via Internet et ne restent pas sur votre machine.

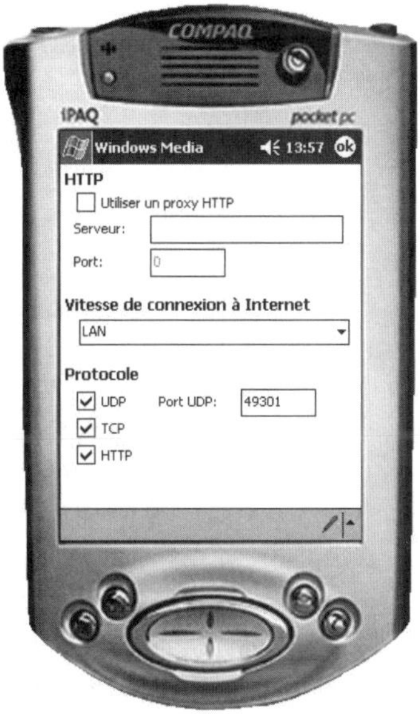

- HTTP. Si vous vous connectez via votre réseau d'entreprise, vous allez avoir besoin d'indiquer le nom du proxy, soit de votre serveur multimédia Internet qui diffuse du son ou de la vidéo, soit du proxy qui vous permet de vous raccorder à Internet.
- La vitesse de connexion à Internet. Choisissez le type de raccordement à Internet que vous utilisez. Ceci est important, car Windows M2dia va utiliser ce paramètre pour "lisser", c'est-à-dire régler, la diffusion de votre "streaming" en fonction du débit.
- Protocole. Ce sont les protocoles de transmission qui sont susceptibles d'être utilisés lors du "streaming".

Boutons / Paramétrage des boutons de votre "walkman" MP3 et vidéo

Vous utilisez tous les jours votre Pocket PC comme "walkman" et vous désirez piloter les fonctions de lecture, de déplacement, etc. directement et à partir des boutons de votre Pocket PC. Cet écran le permet.

Sélectionnez dans le menu déroulant la fonction que vous désirez associer au bouton de votre Pocket PC (lecture, stop, ...) et appuyez sur le bouton désiré.

Il est possible aussi de désactiver les boutons matériels de votre Pocket PC pour éviter que les boutons ne soient pressés par mégarde quand votre Pocket PC est dans votre poche ou votre sac à main en mode lecture.

Sélecteur d'apparence

Vous avez la possibilité de changer l'apparence de Windows media, comme vous pouvez le faire sur votre PC de bureau. Vous devrez allez télécharger des apparences différentes sur le site `www.microsoft.fr` et les transférer sur votre Pocket PC (voir chapitre "Je gère mon Pocket PC").

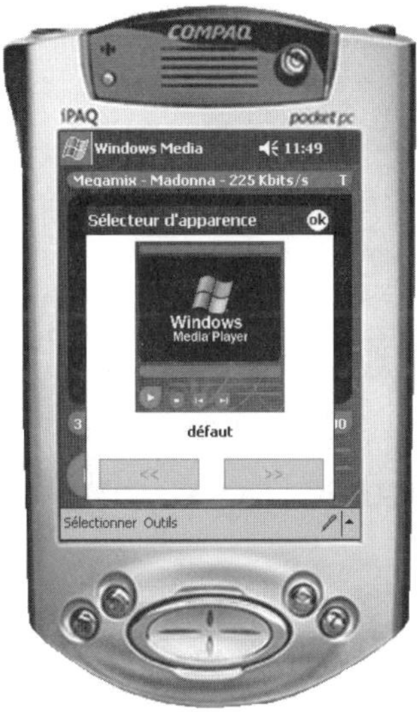

Ouvrir une URL / Accéder à un site de streaming en direct ou à un fichier multimédia sur votre réseau.

Une URL est une adresse Internet. En rentrer une à cet endroit peut vous permettre de donner directement l'adresse d'un site Web faisant un streaming vidéo ou d'accéder directement à un fichier sur un site Internet, sur votre réseau local à domicile ou au travail.

Il vous suffit de taper l'adresse et pointer sur "OK".

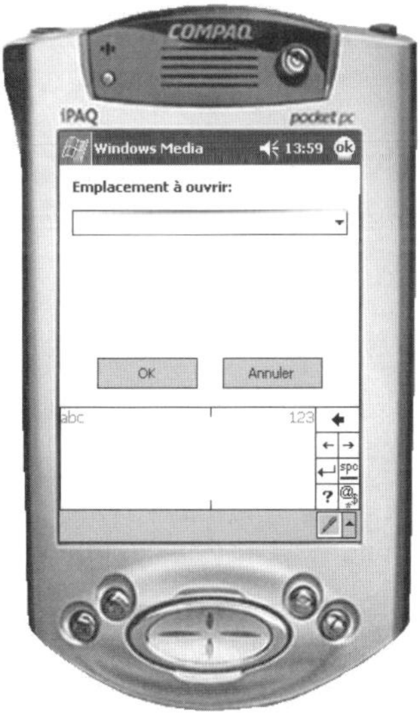

Visualisez vos photos

Il n'existe pas de fonction d'affichage de vos photos sur votre Pocket PC.

Nous vous proposons au chapitre "ajouter de nouvelles fonctionnalités sur votre Pocket PC" un programme qui permettra de pallier ce manque sur votre Pocket PC ou découvrir la sélection de programmes sur le site des utilisateurs de Pocket PC : www.universpocketpc.com.

Dictaphone ou enregistrement de mémos vocaux

Cette fonction est directement exécutable en appuyant sur le bouton matériel dédié de votre Pocket PC.

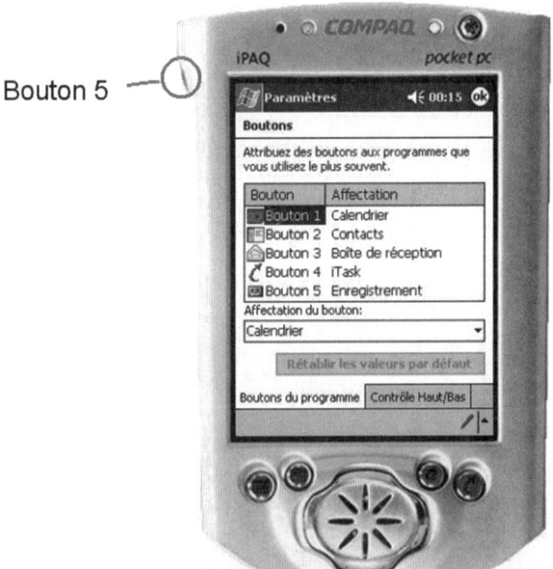

Sur l'Ipaq ce bouton porte la référence de Bouton 5.

Cela vous bascule directement vers la fonction de notes de votre Pocket PC (voir chapitre "Gestion des notes").

Il est à noter que tous les enregistrements que vous effectuerez à partir de ce bouton seront automatiquement transférés dans les Notes de Outlook 2002 sur votre PC de bureau où vous pourrez les écouter.

Vous voyez alors cet écran apparaître :

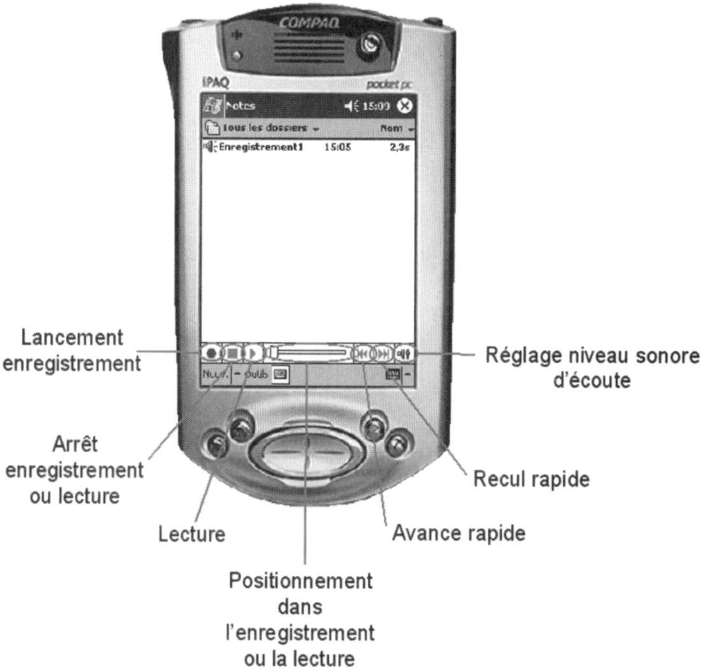

Cet écran se compose des éléments suivants :

Lancement d'enregistrement. Débute l'enregistrement du mémo vocal. Autre méthode, une deuxième pression sur le bouton 5 (ou sur le bou ton que vous aurez paramétré à cet effet. Voir chapitre "renvoi") débutera l'enregistrement. Le petit curseur au bas de votre écran commencera à se déplacer vers la droite.

Arrêt d'enregistrement ou lecture. Ce bouton vous permettra d'arrêter l'enregistrement ou la lecture de votre mémo. En mode enregistrement, une pression sur le bouton 5 permettra de même d'arrêter cet enregistrement.

Lecture. Ceci vous permettra d'écouter les mémos vocaux enregistrés.

Le petit curseur au milieu de l'écran matérialise la position de votre enregistrement ou de votre écoute.

Avance rapide. En mode lecture, ce bouton vous permet de vous déplacer par petits sauts dans votre fichier.

Recul rapide. En mode lecture, ce bouton vous permet de vous déplacer par petits sauts dans votre fichier.

Réglage du niveau sonore. Ceci vous permettra de régler le niveau d'écoute de mémo.

Lisez vos livres électroniques avec MS-Reader

Qui n'a rêvé de pouvoir emporter partout avec soi une bibliothèque de livres qui ne pèserait que quelques grammes ? Pouvoir lire partout, à tout moment et ne rien emporter, juste son petit compagnon électronique qui s'enrichit avec MS-Reader d'un outil puissant permettant la lecture des livres électroniques.

Le plus est que Microsoft vous a préparé un logiciel qui fonctionne aussi bien avec votre PC de bureau que sur votre Pocket PC. Vous pourrez alors lire votre livre sur votre PC fixe, votre portable, votre Pocket PC au fil des lieux et de vos envies.

Nous vous proposons d'apprendre comment nous pouvons mettre en œuvre ensemble ce logiciel qui vous accompagnera au fil de vos déplacements.

Installer et utiliser MS-READER sur votre PC

Télécharger le logiciel sur le site de Microsoft France

Par défaut, le logiciel n'est pas installé sur votre PC, vous devrez aller le télécharger sur Internet sur le site de Microsoft France. Ceci est très simple et ne vous prendra que quelques secondes. Par contre, vous le verrez, il est déjà installé sur votre Pocket PC.

Installation de MS-Reader

Pour télécharger ce logiciel, vous paramétrez la connexion Internet de votre PC comme nous vous l'avons décrit au chapitre "Ajouter de nouvelles fonctionnalités sur votre Pocket PC" et vous accédez au site Internet pour télécharger votre logiciel à l'adresse suivante :

`http://www.microsoft.com/reader/fr/`

Après quelques secondes, l'écran suivant apparaît :

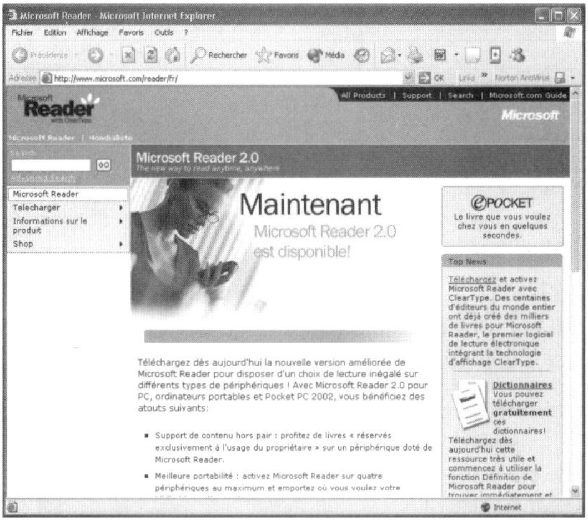

Vous choisissez de télécharger le logiciel :

Sélectionnez l'endroit du disque dur sur lequel vous souhaitez télécharger le logiciel et cliquez sur enregistrer.

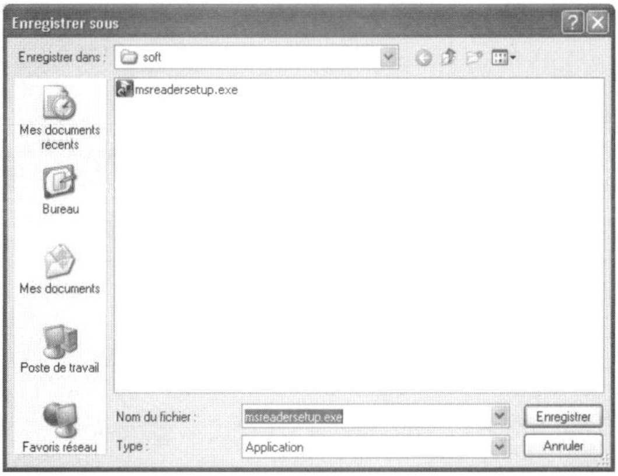

Le logiciel se télécharge.

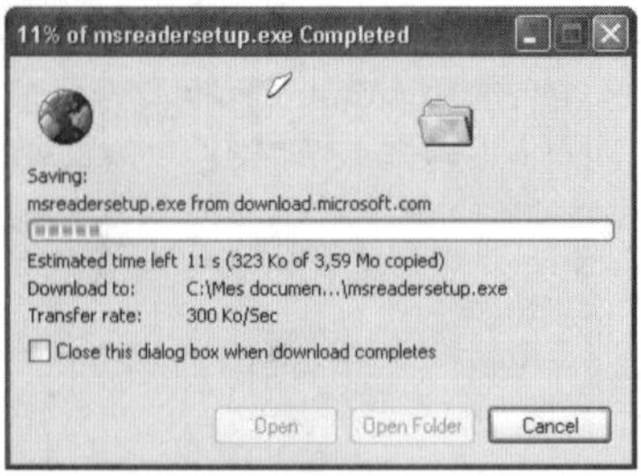

Il ne vous reste plus qu'à effectuer l'installation en cliquant sur le logiciel que vous avez téléchargé.

Commençons l'installation. Cliquez sur "msreadersetup.exe", "msreadersetup" si vous avez laissé l'option cacher les extensions dont le type est connu.

L'installation commence, "la force est avec vous !".

Cliquez sur suivant.

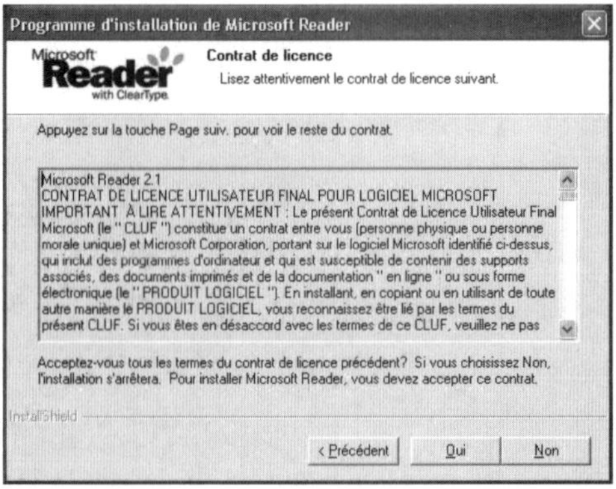

Vous devez lire le contrat de licence et cliquer sur "Oui".

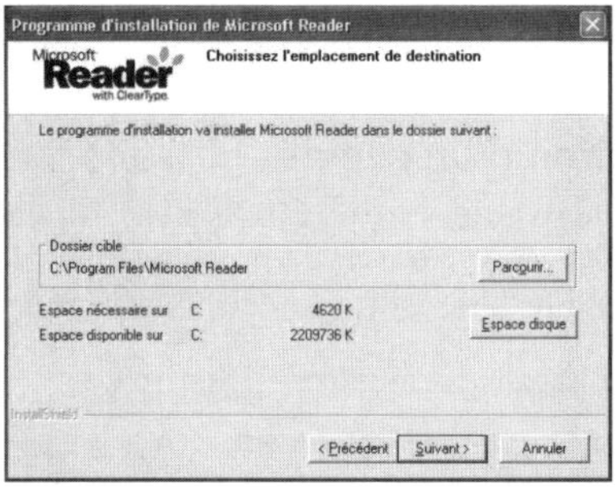

Cliquez sur "Suivant".

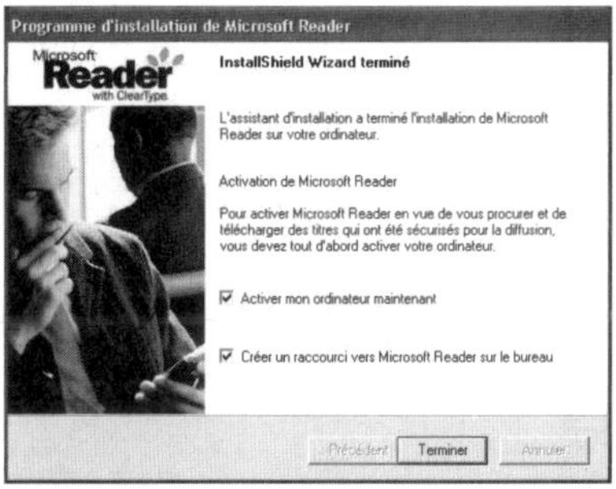

Vous avez terminé la première partie, il vous reste à activer votre licence. Cliquez sur "Terminer". La deuxième partie de cette installation est réalisée avec Internet, vérifiez que votre connexion est en fonction.

L'écran suivant apparaît :

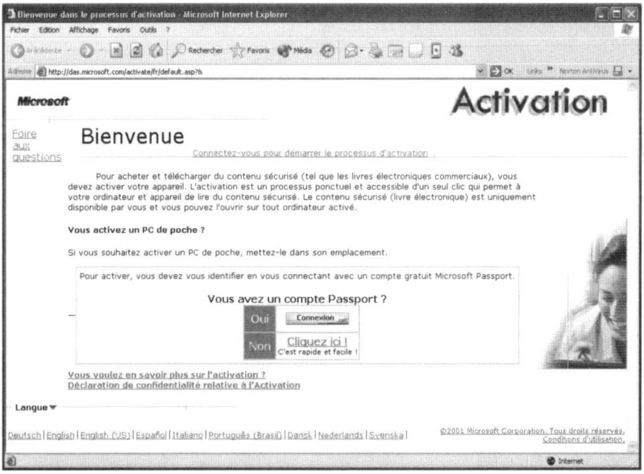

Vous devez au préalable créer un compte passeport.net, qui vous servira aussi pour Messenger, et toutes les actions que vous pourrez réaliser avec les outils Microsoft comme le téléchargement et autre.

Création d'un compte Passeport.net

Cette activation ne doit être réalisée qu'une seule fois pour tous les accès Microsoft. Conservez précieusement les éléments qui vous seront donnés par Microsoft, car cela vous sera demandé un petit peu partout.

Remplissez le formulaire d'inscription.

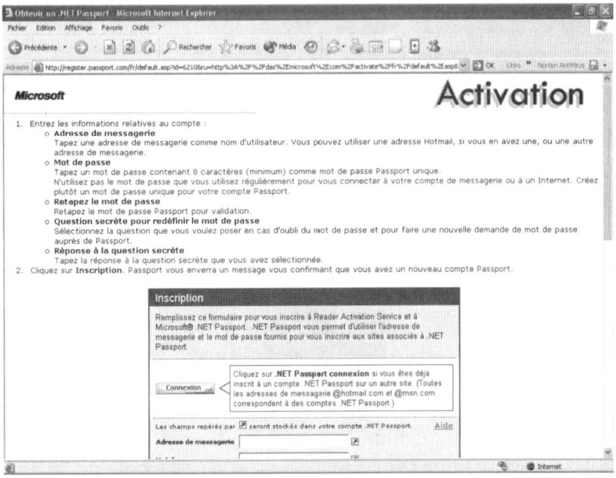

Cliquez sur "j'accepte". Le compte de messagerie est celui que nous avons utilisé lors de la mise en œuvre de la communication au chapitre "Mise en œuvre de la communication globale de votre Pocket PC et de votre ordinateur de bureau".

Vous avez créé votre passeport, nous pouvons continuer. Cliquez sur "Continuer".

Comme il se doit, Microsoft va installer un complément de logiciel sur votre PC pour installer l'identification et activer votre logiciel. Cliquez sur "Oui".

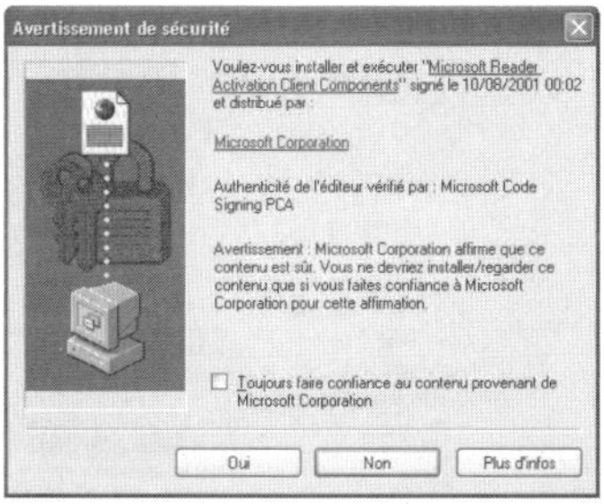

Nous avons passé l'étape formalités, nous allons passer (enfin) à l'activation. Vous pourrez noter que nous pouvons activer le logiciel sur votre PC, maintenant que celui-ci est activé, et que nous pouvons aussi activer MS-Reader sur votre PC et sur votre Pocket PC.

Cliquez sur le bouton "Activer mon PC de poche" puis sur "Activer mon ordinateur".

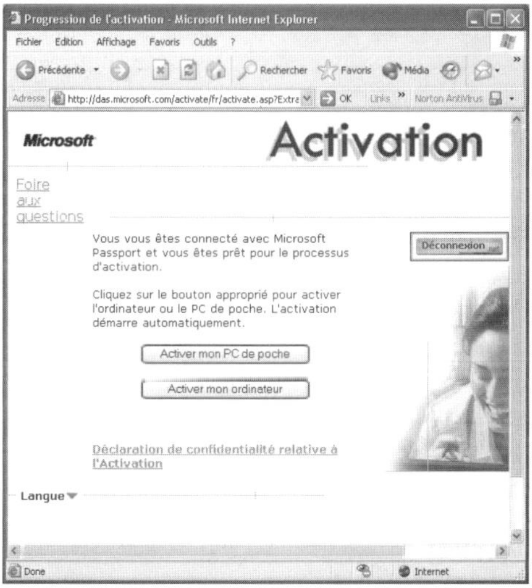

Vous passez sur cet écran pour les deux appareils. A chaque fois vous aurez cette page qui s'affichera. N'oubliez pas de positionner votre Pocket PC sur sa station d'accueil.

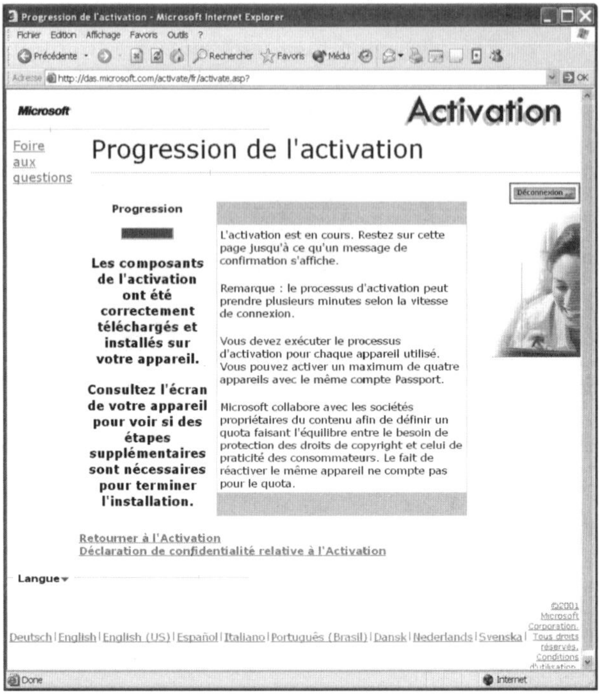

Vous avez terminé votre activation, vous pouvez maintenant passer à la lecture de vos livres électroniques.

Lire un livre sur votre PC de Bureau

Votre PC en maintenant totalement opérationnel pour la lecture de livres, et par là même votre Pocket PC, nous allons pouvoir commencer notre lecture. Vous pouvez télécharger des livres sur le site de Microsoft (`http://www.microsoft.com/reader/fr/`) ou sur d'autres sites spécialisés dans la vente de livres électroniques, par exemple vous pouvez aller sur le site de la société Numilog (`www.numilog.fr`) ou sur le site de Mobipocket (`www.mobipocket.com`). Ils permettent de télécharger un livre gratuitement, vous pourrez ainsi faire votre premier essai.

Nous allons utiliser dans le cadre de notre exemple "Le dictionnaire des idées reçues" de Gustave Flaubert. Lancez Windows Explorer et cliquez sur le livre que vous avez téléchargé.

Vous allez voir apparaître votre livre dans le lecteur MS-READER. Vous n'aurez qu'une seule fois à faire cela car maintenant il sera référencé dans la bibliothèque de MS-READER.

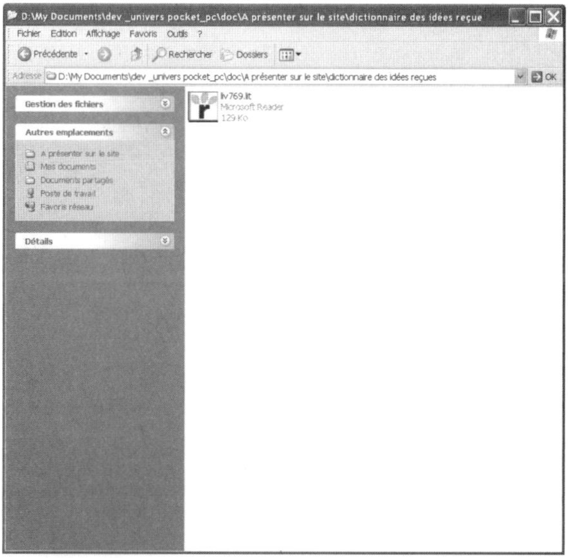
D:\My Documents\dev _univers pocket_pc\doc\A présenter sur le site\dictionnaire des idées reçue
Fichier Edition Affichage Favoris Outils ?
Précédente
Rechercher
Dossiers
Adresse D:\My Documents\dev _univers pocket_pc\doc\A présenter sur le site\dictionnaire des idées reçues
OK
Gestion des fichiers
Autres emplacements
A présenter sur le site
Mes documents
Documents partagés
Poste de travail
Favoris réseau
Détails
lv769.lit
Microsoft Reader
129 Ko

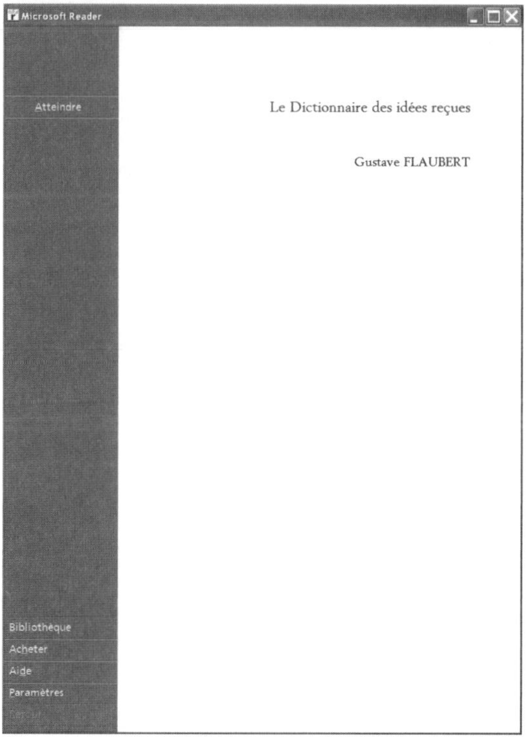
Microsoft Reader
Atteindre
Le Dictionnaire des idées reçues
Gustave FLAUBERT
Bibliothèque
Acheter
Aide
Paramètres

Vous voici dans Votre livre. Vous pouvez maintenant commencer la lecture sur votre PC.

Cliquez sur le titre du livre et vous pouvez le livre en vous déplaçant avec votre souris, les flèches de déplacement, etc. Vous pourrez ajouter des signets, des commentaires, des images. Bref, complètement annoter vos livres en lecture.

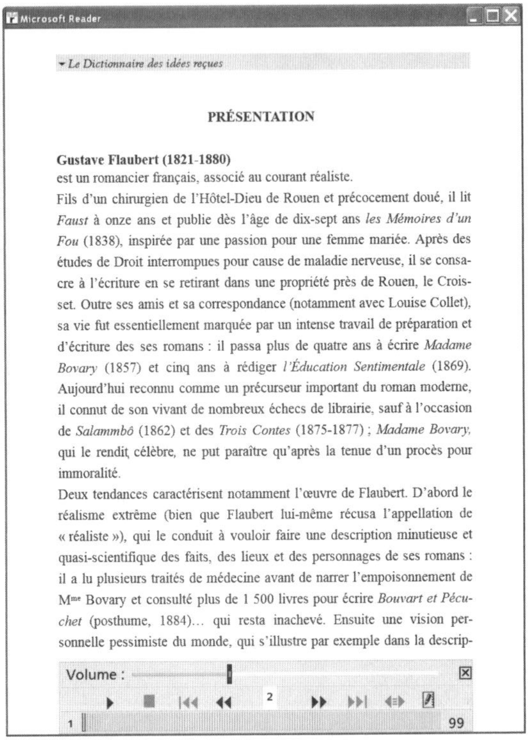

PRÉSENTATION

Gustave Flaubert (1821-1880)
est un romancier français, associé au courant réaliste.
Fils d'un chirurgien de l'Hôtel-Dieu de Rouen et précocement doué, il lit *Faust* à onze ans et publie dès l'âge de dix-sept ans *les Mémoires d'un Fou* (1838), inspirée par une passion pour une femme mariée. Après des études de Droit interrompues pour cause de maladie nerveuse, il se consacre à l'écriture en se retirant dans une propriété près de Rouen, le Croisset. Outre ses amis et sa correspondance (notamment avec Louise Collet), sa vie fut essentiellement marquée par un intense travail de préparation et d'écriture des ses romans : il passa plus de quatre ans à écrire *Madame Bovary* (1857) et cinq ans à rédiger *l'Éducation Sentimentale* (1869). Aujourd'hui reconnu comme un précurseur important du roman moderne, il connut de son vivant de nombreux échecs de librairie, sauf à l'occasion de *Salammbô* (1862) et des *Trois Contes* (1875-1877) ; *Madame Bovary*, qui le rendit célèbre, ne put paraître qu'après la tenue d'un procès pour immoralité.
Deux tendances caractérisent notamment l'œuvre de Flaubert. D'abord le réalisme extrême (bien que Flaubert lui-même récusa l'appellation de « réaliste »), qui le conduit à vouloir faire une description minutieuse et quasi-scientifique des faits, des lieux et des personnages de ses romans : il a lu plusieurs traités de médecine avant de narrer l'empoisonnement de Mme Bovary et consulté plus de 1 500 livres pour écrire *Bouvart et Pécuchet* (posthume, 1884)... qui resta inachevé. Ensuite une vision personnelle pessimiste du monde, qui s'illustre par exemple dans la descrip-

Lire un livre sur votre Pocket PC

Pour lire un livre sur votre Pocket PC, il vous faut d'abord le transférer sur votre Pocket PC. Vous pourrez découvrir comment copier le fichier sur votre Pocket PC au chapitre "Je gère mon Pocket PC".

Un fois ceci réalisé, nous pouvons commencer la lecture du livre.

L'utilisation est encore plus simple avec le Pocket PC que sur votre PC. Allez dans le menu "Démarrer", puis dans "Programmes". Pointez sur "Microsoft Reader".

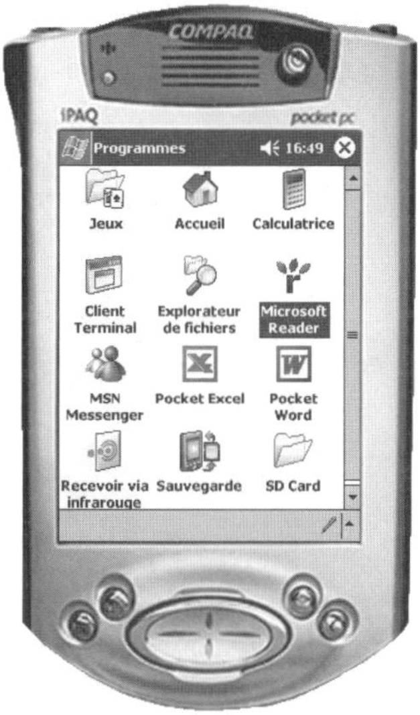

Vous verrez apparaître l'écran suivant.

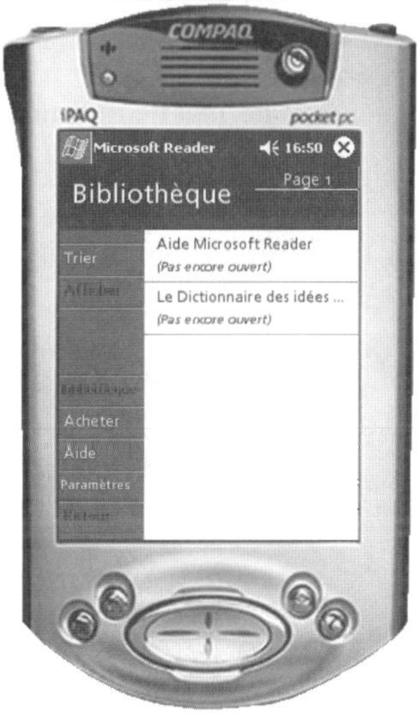

Comme vous pouvez le voir, le livre que vous venez de copier a été automatiquement détecté par MS-READER.

Présentation

Votre lecteur de livre se présente comme suit :

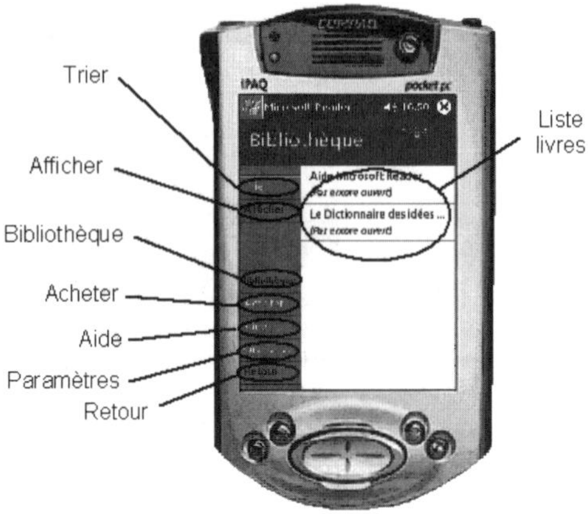

Trier. Cette option vous permet de voir la liste des livres présents sur votre Pocket PC, mais triés sur les critères de votre choix.

Afficher. Vous permet de revenir à l'affichage normal de la liste sans vos options.

Bibliothèque. Vous permet de revenir à la liste des livres.

Acheter. Pointer sur cette option vous connecte directement sur Internet (si bien sur vous avez paramétré votre Pocket PC pour l'utilisation d'Internet). Vous pourrez directement acheter par Internet de nouveaux livres. Vous verrez apparaître l'écran suivant :

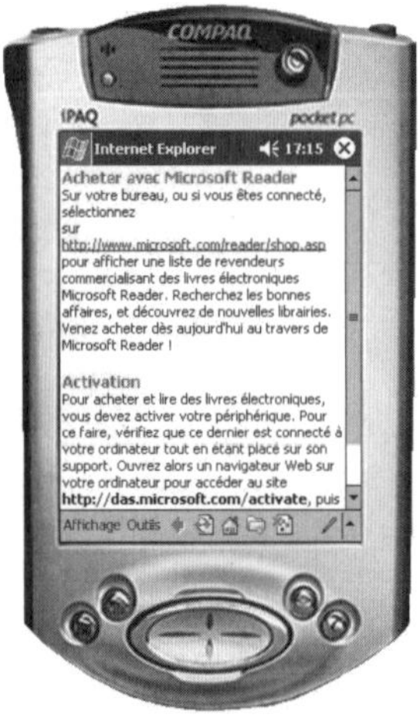

Aide. Vous permet d'accéder à l'aide d'utilisation et d'effectuer une recherche rapide.

Paramètres. Vous permet d'activer le repère visuel de positionnement dans le cadre de votre lecture.

Lecture

Vous possédez maintenant parfaitement les options d'utilisation de votre lecteur de livre, maintenant pointons ensemble sur le livre de notre choix.

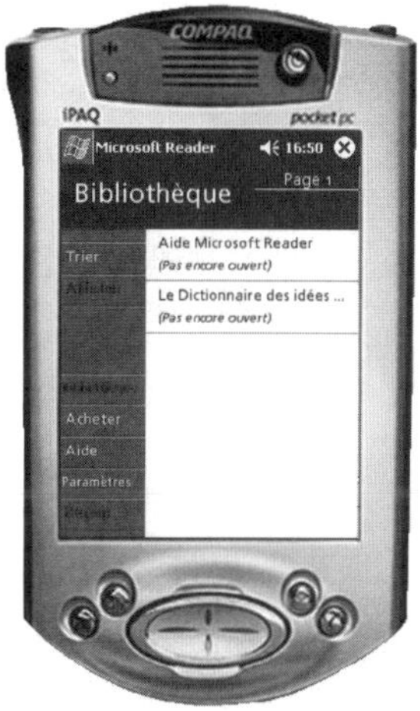

Vous voyez alors votre livre et vous pouvez commencer votre lecture.

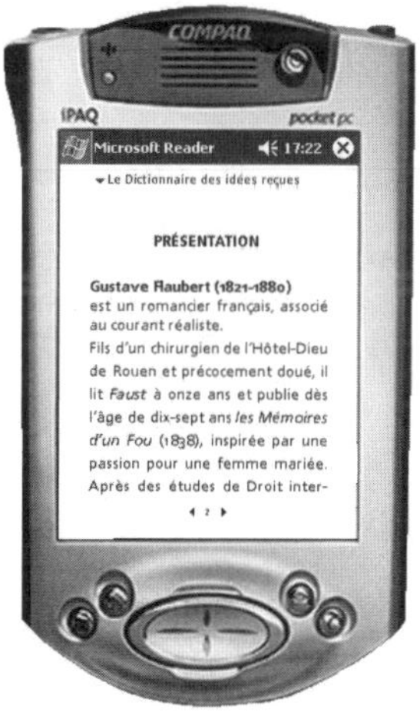

Le défilement des pages se réalise grâce aux petites flèches au bas de votre écran. Bonne lecture !

MEGA LIVRE

Chapitre 11 — Ajouter de nouvelles fonctionnalités sur votre Pocket PC

Ce chapitre vous explique comment développer les capacités de votre Pocket PC en installant de nouveaux programmes, et de nouveaux périphériques. Vous pourrez réaliser cela en utilisant les capacités d'extension de votre Pocket PC réunies à travers l'ensemble des moyens de communication de votre Pocket PC (infrarouge, wireless, ports série, CompactFlash, SD) ou des extensions supplémentaires telles que des jaquettes, permettant d'ajouter des fonctions comme la navigation GPS, de communiquer en GPRS, lire des codes barre, d'ajouter de la mémoire supplémentaire, etc. Ces ajouts peuvent être simplement logiciels à partir du CD ROM qui vous a été livré avec votre Pocket PC ou en recherchant des logiciels sur Internet ou en achetant des extensions. Comme pour les autres actions décrites dans ce livre, nous vous expliquons comment réaliser ces actions.

Afin que vous puissiez tout de suite profiter des grandes possibilités de customisation de votre machine, nous vous proposons une sélection de sites spécialisés et de logiciels qui, nous l'espérons, répondra à vos attentes.

Ce livre est associé à un site Internet créé et animé par l'auteur de ce livre, qui publie quotidiennement des articles concernant l'univers du Pocket PC, ses nouveautés (nouvelles machines, périphériques, extensions, logiciels), des aides et conseils, un guide d'achat complet vous présentant les dernières nouveautés, ainsi que où et comment les acquérir, les mettre en œuvre, les utiliser. Ce site est dédié à vous, lecteurs de ce livre et utilisateurs de Pocket PC. Ce site est celui des utilisateurs de Pocket PC :

`www.universpocketpc.com`

Il a été conçu pour vous, afin que vous puissiez y trouver les informations supplémentaires et complémentaires à ce livre qui est actualisé tous les ans.

Vous aurez aussi la possibilité de dialoguer avec l'auteur de ce livre et avec les autres utilisateurs de Pocket PC sur les Forums de ce site Internet qui a été créé pour vous dans le but de vous aider à découvrir le monde passionnant des Pocket PC et de vous aider dans la découverte et l'utilisation de cette petite machine.

Vous pourrez aussi envoyer un e-mail à l'auteur à l'adresse suivante : gdl.pocketpc@free.fr.

A vous de jouer !

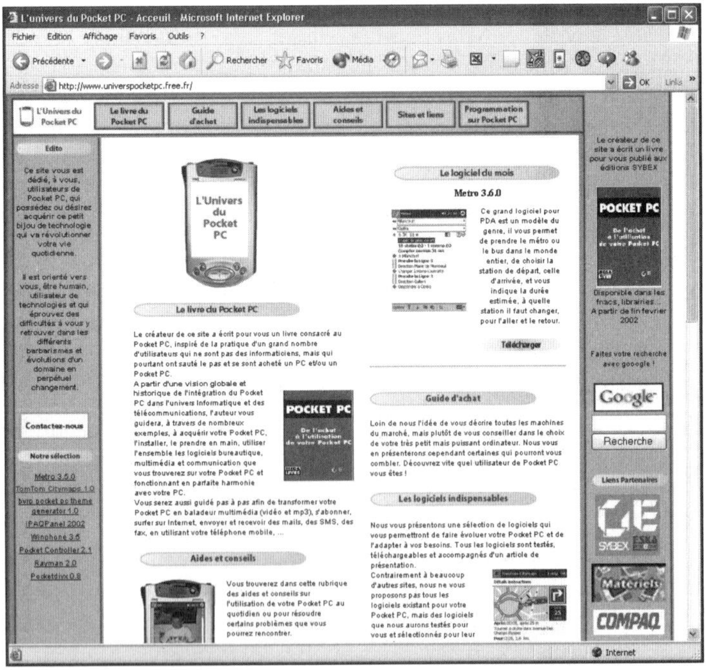

Ajouter de nouveaux programmes livrés avec le CD ROM d'installation de votre Pocket PC

Quel que soit le constructeur qui a fabriqué votre Pocket PC, celui-ci est livré avec la même interface d'installation. La plupart des constructeurs rajoutent une sélection de logiciels.

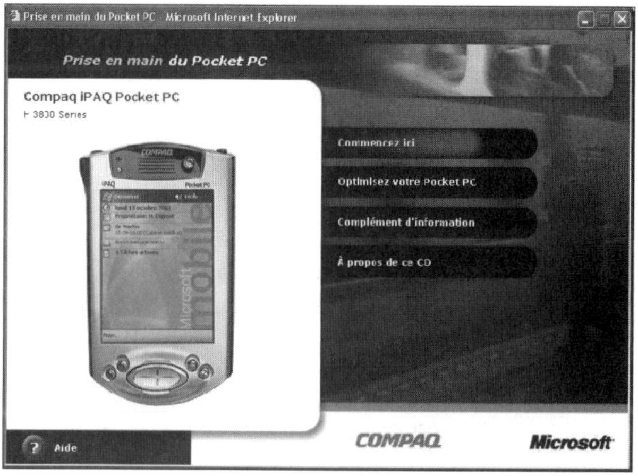

Compaq, Toshiba, Casio livrent leurs Pocket PC avec plusieurs logiciels assez intéressants que nous vous conseillons d'installer. Ces logiciels se trouvent dans l'option "Optimisez votre Pocket PC".

L'opération d'installation se déroule de la même façon que lors de l'installation d'Outlook 2002 et de ActiveSync en sélectionnant le lien installation pour les logiciels désirés.

Vous devrez cliquer sur le bouton "Ouvrir" pour que l'installation commence.

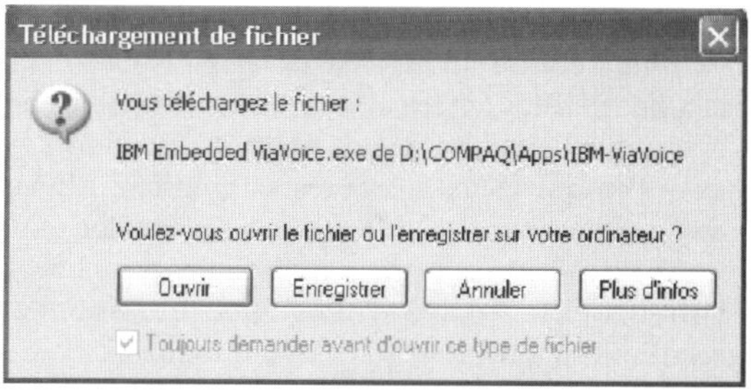

Le reste du processus d'installation se déroulera automatiquement.

Rechercher de nouveaux logiciels sur Internet

Vous voudrez sûrement, comme vous le faites pour votre PC de bureau, télécharger de nouveaux logiciels pour votre Pocket PC. Pour cela vous pouvez utiliser Internet. Nous vous proposons quelques sites pour commencer à vous exercer à ce type de pratique et vous indiquons la marche à suivre pour y parvenir.

Des sites intéressants

Nous vous recommandons quelques sites qui vous permettront de télécharger des logiciels pour votre Pocket PC et de vous tenir informé des dernières nouveautés dans le domaine. La liste n'est pas exhaustive, mais ces sites ont été sélectionnés avec soin pour leur qualité, les logiciels proposés et la pertinence des informations ainsi que pour la compétence et la gentillesse de ces créateurs de sites Internet animés tous par une passion du Pocket PC inextinguible. Nous essayerons de vous les faire découvrir un petit peu dans le cadre de ce chapitre.

Ces sites Internet vous permettront de commencer à "customiser" votre Pocket PC en fonction de vos besoins et de prendre pied dans ce nouvel univers.

PDA France - `www.pdafrance.com`

Lancé le 13 janvier 2000, PDAfrance est un des acteurs qui compte dans le domaine des Pocket PC. Ce site est un des principaux sites d'information dans ce domaine. Il couvre toute l'actualité des Assistants Personnels Numériques et de la mobilité en général et propose un grand nombre de logiciels pour votre Pocket PC.

L'idée de créer ce site est à l'origine venue d'un constat très simple à cette époque : il n'y avait pas de sources françaises d'informations traitant de toutes les plateformes mobiles avec une approche professionnelle.

Le fondateur du site, Monsieur Nghia Nguyen Dai travaillait alors dans la Silicon Valley américaine pour une société de développement de logiciels pour Palm et a décidé de se lancer dans l'aventure par pure passion. Presque deux ans après sa création, PDAfrance est maintenant composé de passionnés de nouvelles technologies nomades qui travaillent toute l'année pour offrir gratuitement des news, dossiers et tests à nos visiteurs. Cette équipe sympathique professionnelle et dynamique s'est récemment lancée dans l'événementiel avec l'organisation de la PDAParty, le plus grand rassemblement annuel de passionnés PDA en Europe. Toutes les entreprises les plus prestigieuses de la PDA Economie étaient présentes dans une ambiance folle pour faire partager avec le public leurs visions des technologies mobiles. La PDAParty possède maintenant une identité unique que lui envie le monde entier. Un rassemblement pluri-plateformes dans une atmosphère mini-salon conviviale. La mission était simple. Donner aux visiteurs un accès direct vers ces produits qui font l'actualité de l'industrie du PDA, réunir dans un même lieu, au même moment tous les acteurs d'un marché en pleine explosion, celui de la mobilité. Découverte, rencontre et partage sont les mots clés de cette PDAParty.

Leur objectif pour 2002 est de continuer dans cette démarche pour la plus grande satisfaction des utilisateurs de PDA. Et le plus important est de continuer à avoir et donner du plaisir à travers PDAfrance.

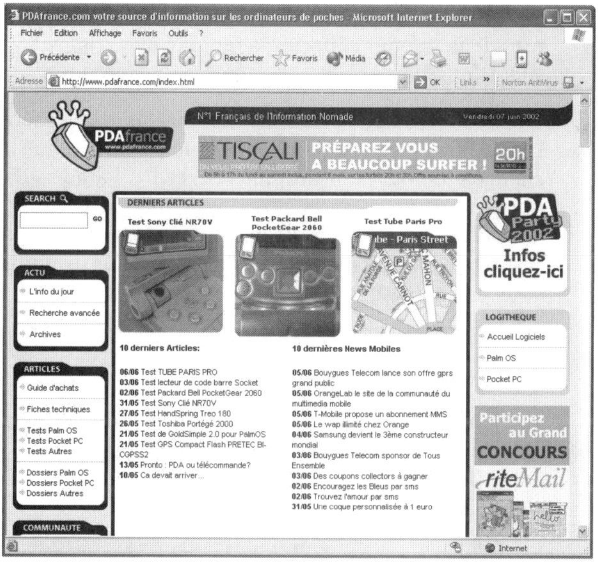

Pocket PC Paradise - `www.pocketpcparadise.com`

Le site Pocket PC Paradise, est un des meilleurs sites sur le Pocket PC, et il vous permettra de découvrir cet Univers en pleine éclosion et en pleine croissance qu'est celui des Pocket PC.

Le créateur de ce site, Frederic Beaufrere, est un véritable passionné de l'informatique et depuis plusieurs années, de ces petites machines. Il est tout simplement tombé dedans quand il était petit et a commencé dès le début à participer à la grande aventure de la micro-informatique. En effet, il a débuté dans les années 80 avec un Oric 1 puis Oric Atmos pour lequel il s'amusait à redessiner la police de caractères. Puis il fit ses premiers pas en PAO sur AtariSTF et un Atari MegaSTE. Il enchaîna dans le monde des PC avec l'arrivée des premiers PC XT. Il fit la même démarche avec les PDA où il commença avec un Psion Série 3a, qu'il a adoré, puis sur Palm Pilot qu'il trouva décevant, avant de découvrir enfin le Pocket PC qui déclencha une passion.

Rien ne le prédestinait à l'informatique, ayant fait des études de chimie. Il fit finalement de sa passion son métier et créa des interfaces utilisateurs pour le Web, des logos, des animations flash, des sites, et fait également de la veille technologique.

Ayant créé au début un site web consacré à iMame, un émulateur de borne d'arcade pour iPAQ, il continua en créant le site Ipaq Paradise le 12 novembre 2000, Ce site eut un succès important dès le début, et fin 2001 il lui fallut passer à un hébergeur plus professionnel, sur ses propres deniers, pour apporter la rapidité et la convivialité nécessaires à un site de qualité.

Début 2001, l'arrivée de nouvelles machines de différents constructeurs le conduisit à élargir l'audience et le périmètre du site, c'est ainsi qu'il changea le nom pour devenir Pocket PC Paradise dont le succès n'est plus à démontrer, avec 70 000 visiteurs par mois. Frederic continue à travailler pour le plaisir de tous, porté par les mails de sympathie et d'encouragement des gens qui veulent aller plus avant dans ce monde qui vous passionne très rapidement.

Microsoft France - `www.microsoft.com/france/pocketpc`

Ce site est incontournable, c'est celui du créateur du système d'exploitation et des logiciels de bureautique que vous utiliserez sur votre Pocket PC. Vous y trouverez beaucoup d'informations, des logiciels pour customiser votre Pocket PC et les derniers correctifs. A visiter impérativement.

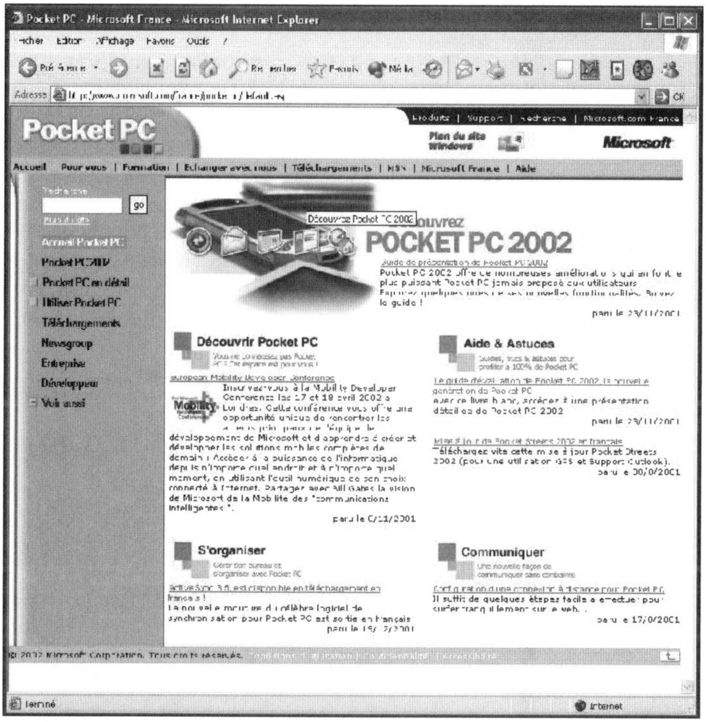

Ultimate Pocket PC – www.ultimatepocket.com

La valeur n'attend pas les années, et ce site en est la brillante démonstration. Il est lui aussi parmi les premiers de France et traite de l'actualité du monde (comprenez l'Univers des Pocket PC). En effet ce très bon site est animé par deux jeunes étudiants, dont le domaine de compétence n'est pas l'informatique. Ils ont été passionnés par ces petites machines, et depuis l'année 2001 animent ce site pour notre plus grand plaisir. Tout commença lorsqu'ils se sont inscrits à un concours sur Internet, dont le premier prix était un Pocket PC. Très motivés, ils ont répondu et ont gagné cette superbe petite machine. Ce fut le détonateur, tout de suite ils furent conquis, et décidèrent ensemble de créer un site Internet, comme cela, juste pour le "fun" ! C'est alors que commença le début des premières questions et la découverte d'un monde inconnu pour eux, l'informatique, Internet, comment créer un site, trouver un hébergeur, etc. et bien sûr le Pocket PC. Bien que novices dans ces domaines, ils ont fait les bons choix dès le départ, ont réussi à s'entourer d'une petite équipe de rédacteurs. Aujourd'hui, ce site connaît un succès mérité et est un des sites Pocket PC qui compte. Si vous allez sur ce site, pensez à Michel et à son copain qui entre deux passages d'examens, travaillent d'arrache-pied pour notre plus grand plaisir.

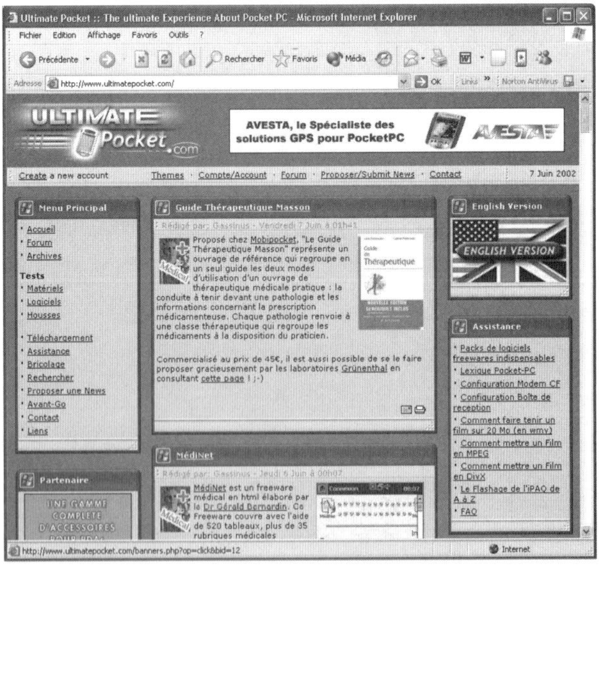

Code PPC – `www.codeppc.com` & `www.codeppc.net`

Ce site est plus orienté conception et réalisation de logiciels pour votre superbe machine. C'est le site français le plus complet et le plus didactique concernant le monde du développement de logiciels. Que vous soyez débutant ou expérimenté, ce site vous guidera de bout en bout dans le monde du développement de logiciels pour Pocket PC !

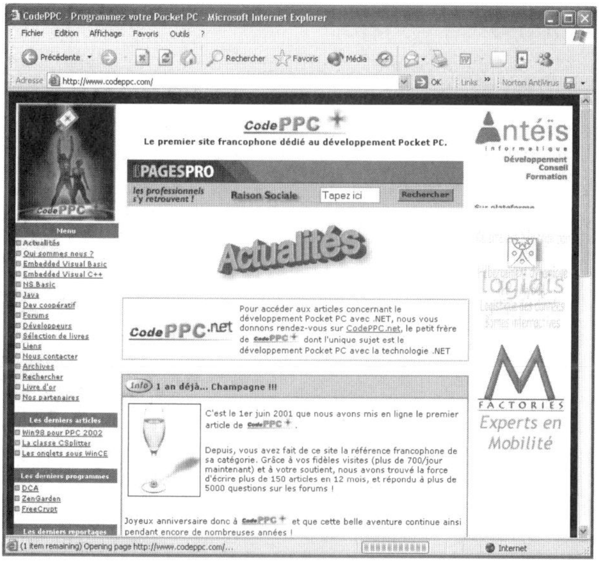

Comment télécharger des logiciels

Le processus est assez simple, après vous être connecté sur Internet, lancez Internet explorer sur votre PC de bureau et entrez le nom du site dans la barre de navigation.

Exemple : www.universpocketpc.com.

Vous arriverez sur des sites vous proposant après sélection du logiciel désiré, de le "télécharger" ou le "downloader". Cliquez sur cette option de téléchargement et le fichier "d'installation du programme" sera téléchargé sur votre PC de bureau dans le répertoire que vous aurez choisi.

Installer les logiciels sur mon Pocket PC

La plupart des logiciels que vous chargerez utiliseront une installation automatique et le logiciel sera installé automatiquement sur votre Pocket PC via ActiveSync.

En général, une seule question vous est posée, c'est la localisation de ce programme (répertoire d'installation par défaut ou non).

Vous cliquez sur ce programme dans votre explorateur Windows et le processus d'installation automatique commencera.

Dans beaucoup de cas, vous aurez besoin de l'indispensable logiciel Winzip, commencez d'abord par le télécharger avant toute chose.

L'indispensable winzip

Les fichiers dont l'extension se termine par "zip" sont des fichiers compressés. Ils sont compressés afin que le transfert et l'archivage sur le disque dur des machines prennent le moins de temps possible. Une fois téléchargé sur votre machine, winzip les décompressera et vous pourrez les utiliser.

Vous pourrez aller chercher ce logiciel directement sur le site de l'éditeur : www.absoft.fr.

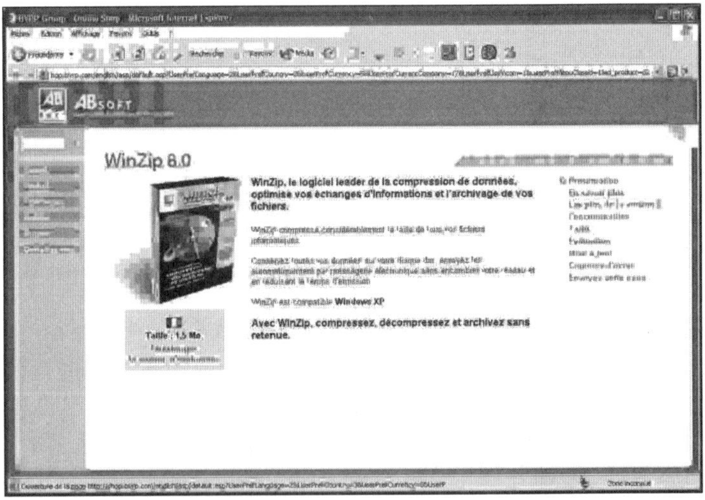

ou sur des sites de téléchargement généralistes comme www.tucows.com.

Des programmes pour "booster" votre Pocket PC

Vous aurez l'occasion d'installer bien des logiciels sur votre Pocket PC à travers les sites recommandés, et bien d'autres encore que votre navigation sur Internet vous permettra de trouver (`www.google.fr`, `www.voila.fr`, ...).

Cependant, nous vous proposons dans ce livre une sélection de logiciels qui vous permettront de commencer à ajouter de nouvelles fonctions et à tirer parti de votre Pocket PC. Comme pour les sites recommandés, ceci n'est pas une liste exhaustive, mais ce sont des logiciels que nous avons sélectionnés pour vous. Ils vous simplifieront la vie et vous apporteront des fonctionnalités qui ne sont pas encore présentes sur votre petite machine. Un autre critère a été le prix. Ce sont des freeware (logiciels gratuits) ou des logiciels dont les prix sont relativement modiques. Dans tous les cas vous pourrez télécharger une version d'évaluation.

Emportez partout avec vous un dictionnaire multilingue : TomTom Collins dictionary

Que seraient vos déplacements à l'étranger sans un bon dictionnaire ? Et bien vos rêves sont comblés, la société TomTom a adapté plusieurs grands logiciels existant sur votre PC de bureau sur votre Pocket PC. Le logiciel que nous vous proposons est le logiciel TomTom Collins®Dictionaries, qui reprend plusieurs dictionnaires Collins au grand complet :

Collins®Cobuild Dictionnaire Anglais

Collins®Dictionnaire Anglais/Français - Français/Anglais

Collins®Dictionnaire Anglais/Allemand - Allemand/Anglais

Collins®Dictionnaire Anglais /Italien - Italien / Anglais

Collins®Dictionnaire Anglais /Espagnol- Espagnol / Anglais

Vous pourrez trouver ce logiciel sur le site www.TomTom.com.

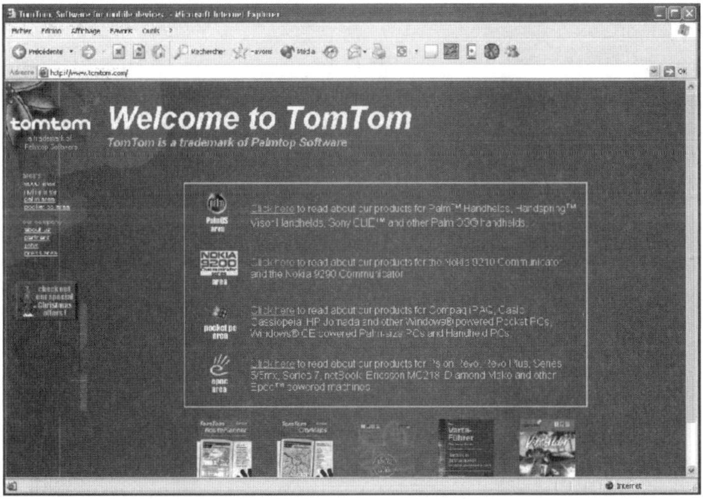

Une ergonomie d'une simplicité et d'une efficacité exemplaires.

Vous sélectionnez le mot recherché dans une liste.

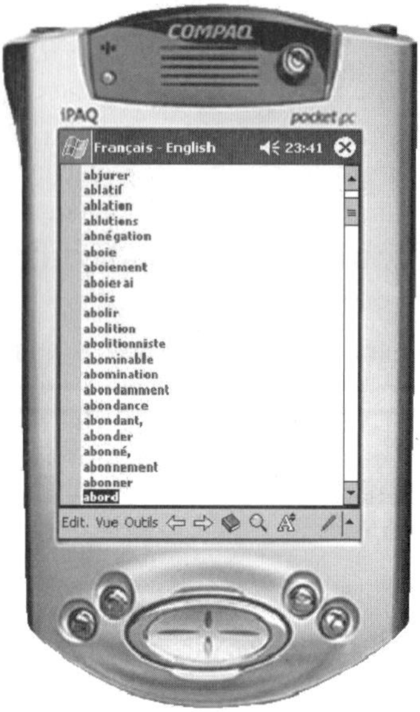

La traduction apparaît, positionnée dans le dictionnaire.

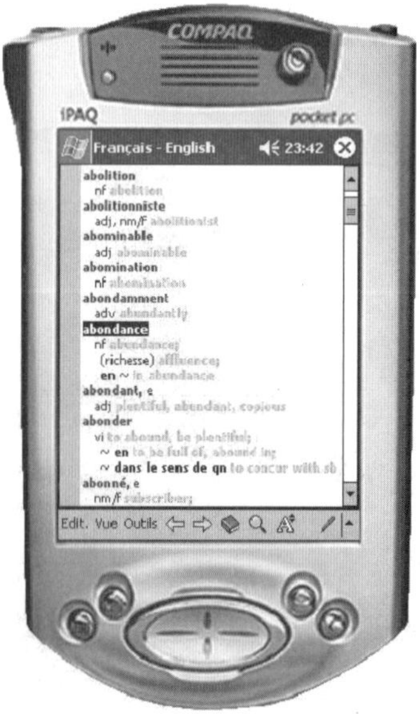

C'en est fini pour vous de rechercher des mots pendant des heures sur un dictionnaire papier, vous avez maintenant un accès instantané aux mots de vocabulaire dont vous avez besoin, partout avec vous.

Imaginez-vous en réunion, vous ne comprenez pas un mot, et bien tout en continuant à écouter vous pourrez le rechercher et combler ainsi rapidement cette lacune en vocabulaire. Très pratique !

Un explorateur de fichier : dtree

Le gestionnaire de fichier livré avec votre Pocket PC pouvant être amélioré, vous n'hésiterez pas à utiliser cet explorateur de fichiers qui allie souplesse, simplicité et puissance. En pointant sur votre écran, vous naviguez sur vos fichiers, les renommez, les déplacez, créez des raccourcis…

Ce gestionnaire de fichier est un freeware, gratuit et sans droits d'utilisation donc. Il porte le nom de "dtree".

Vous pourrez télécharger ce logiciel directement sur le site : www.derago.com.

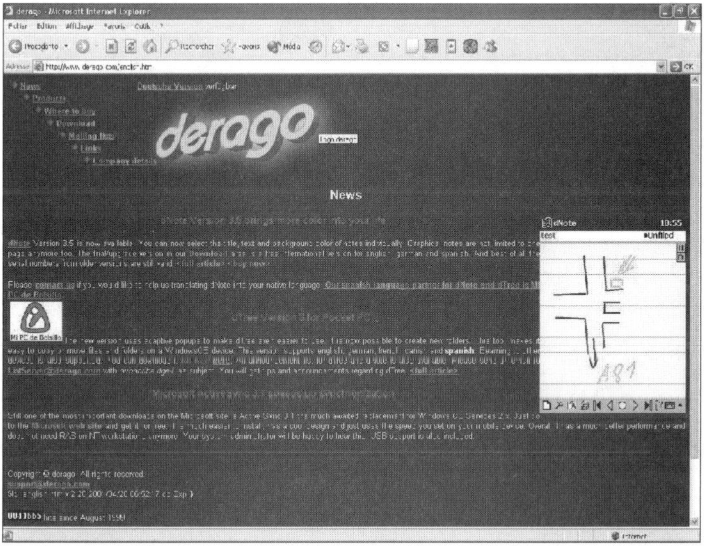

Ce logiciel se présente comme suit et est livré avec un fichier d'aire assez complet.

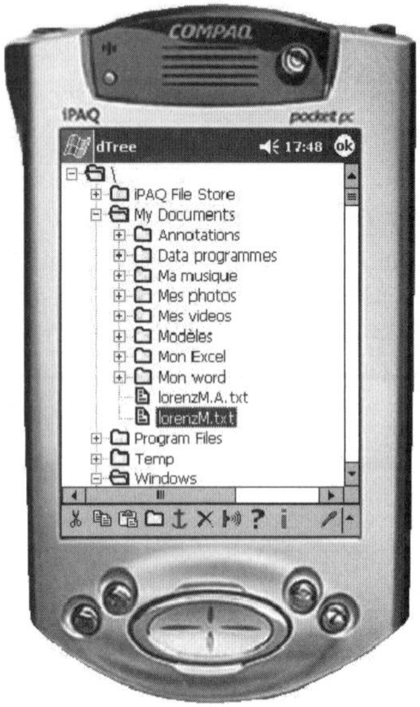

En pointant quelques instants sur un fichier, vous retrouvez en plus de la barre des outils, les fonctions qui vous sont nécessaires.

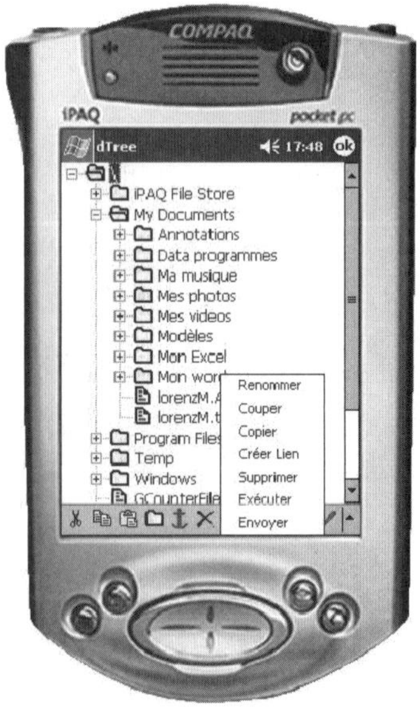

Un outil indispensable.

Tous les plans de ville sur votre Pocket PC : IsMap

Qui n'a rêvé d'avoir les plans des villes dans lesquelles on se déplace dans sa poche et localiser directement l'adresse que l'on recherche. Et ceci en couleur, dans son Pocket PC, qui n'attend qu'à être ouvert pour fonctionner. Et bien, c'est chose faite, et encore une fois ceci est un freeware. Un seul regret, il fut une époque où l'on pouvait télécharger les cartes de villes via Internet, maintenant il n'y a plus que 10 villes téléchargeables, pour les autres, il faut acheter le CD à la Fnac. Mais si vous habitez Paris, Montpellier, Perpignan ou quelques autres villes disponibles sur le site, vous pourrez télécharger la carte de votre ville gratuitement. Le logiciel de visualisation des cartes est quant à lui gratuit.

Le site où vous trouverez ce logiciel est le suivant : `www.ismap.fr`.

Le résultat est saisissant, vous pourrez zoomer, rechercher une adresse, un restaurant, … et plein d'autres choses. Avec ceci associé au logiciel Metro, vous êtes paré à toute éventualité de déplacement.

Ce logiciel est une "carte électronique de poche". Si vous désirez un logiciel qui déterminera automatiquement votre itinéraire, consultez le chapitre "Se faire guider dans ses déplacements avec son Pocket PC".

Alors, amoureux des longues promenades urbaines, à vos rollers.

Jouer avec votre Pocket PC

Vous ne serez pas déçu par la panoplie de jeux que vous allez pouvoir trouver pour votre Pocket PC. Ce sont des jeux qui fonctionnent en "natif" avec votre Pocket PC ou d'autres qui transformeront votre Pocket PC en une console de jeux de type "Gameboy" ou GameGear".

Doom

Ce jeu mythique a été aussi porté sur votre Pocket PC. Pour les inconditionnels, vous pourrez aller le télécharger à l'adresse suivante : `www.jimmysoftware.com`.

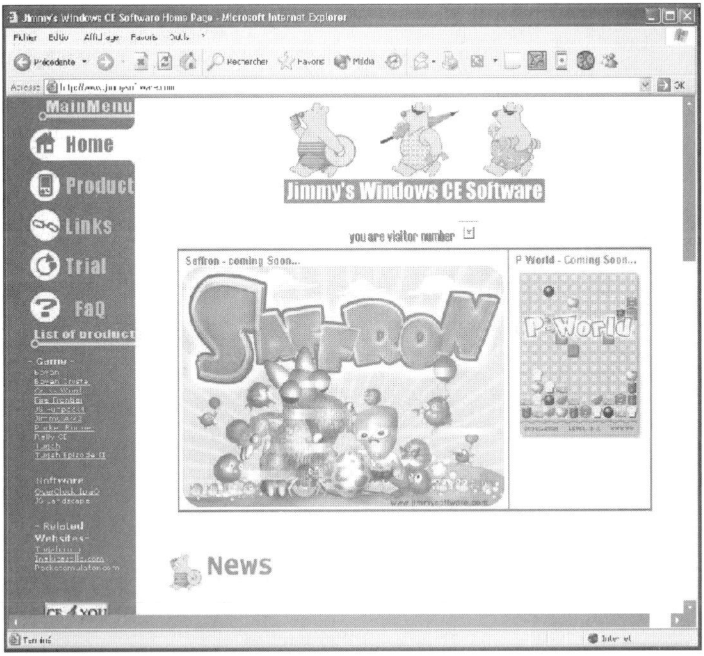

Il ne vous reste plus qu'à vous lancer dans la chasse aux ennemis…

Emulateur de console "Gamegear"

Autre excellent produit dans la gamme des jeux, cet émulateur de console Gamegear très réussi.

Vous pourrez le télécharger à l'adresse : `www.gamegear.synovial.com`.

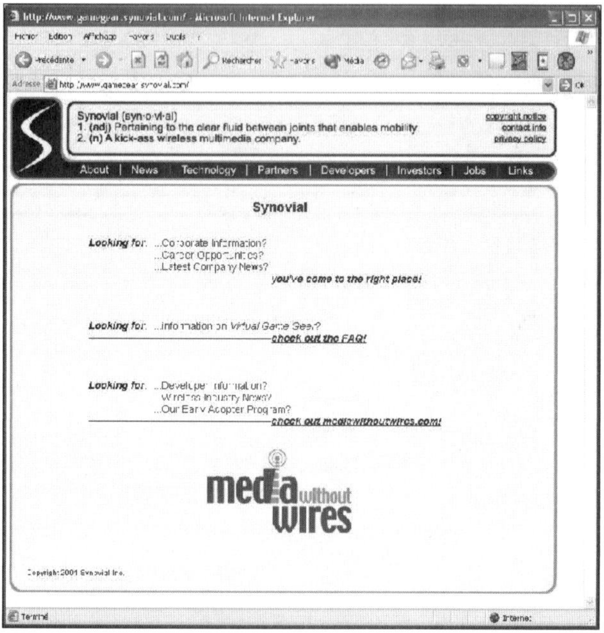

Vous pourrez télécharger de nombreux jeux fonctionnant sur cette console.

Par exemple le célèbre jeu sonic.

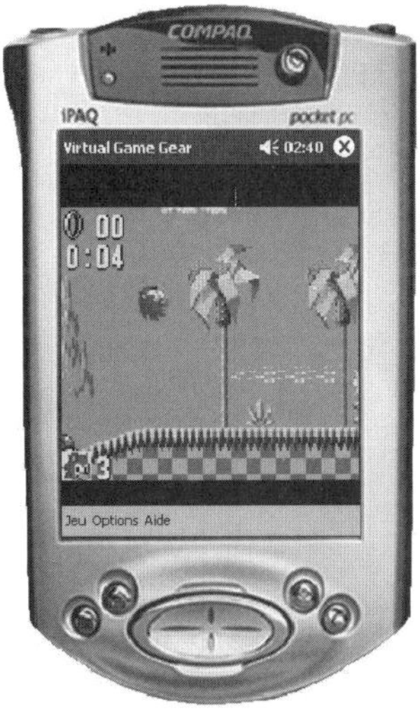

Un logiciel augmentant votre productivité sur votre Compaq Ipaq - Itask

Les détenteurs de Compaq Ipaq peuvent rajouter un logiciel qui simplifiera la gestion et l'utilisation de leur Pocket PC. Ce logiciel a pour nom Itask.

Pour le lancer, vous pouvez, soit le lancer à partir du menu démarrer / programmes, soit à partir du bouton en bas à droite de votre Compaq Ipaq. Il se présente sous cette forme :

Vous voyez apparaître la liste des programmes ouverts sur votre Pocket PC. Vous pouvez basculer sur un de ces programmes en pointant dessus.

Au bas de cette petite fenêtre, vous avez trois menus qui vous permettent d'accéder aux grandes fonctions de paramétrage contenues dans menu démarrer / paramètres.

Celui de gauche permet d'accéder aux paramètres suivants :

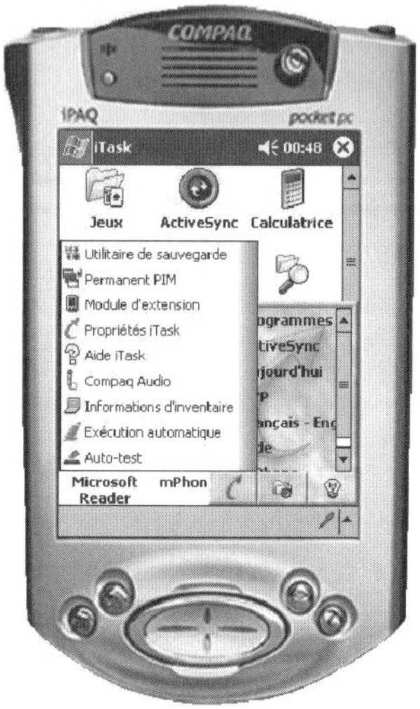

Celui du milieu à ces autres paramètres :

Et celui de droite vous permet de régler le rétro-éclairage de votre Pocket PC.

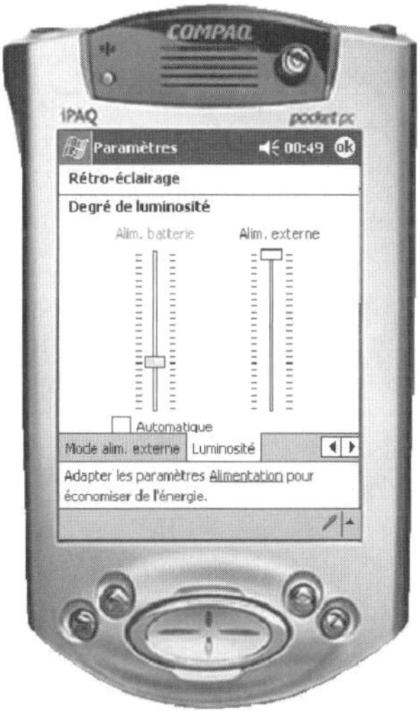

Pour finir, en pointant quelques instants sur la liste des programmes ouverts vous aurez la possibilité de fermer toutes ou partie des tâches (programmes) ouvertes.

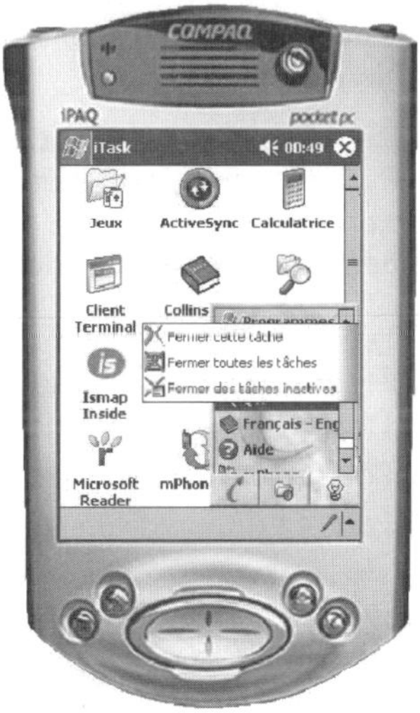

A utiliser systématiquement !

Etendez les capacités mémoire et de stockage de votre Pocket PC (disque dur Microdrive, cartes CompactFlash et SD)

Présentation

Classiquement avec les ordinateurs, qu'ils soient gros ou petits, vous aurez besoin de plus en plus d'espace pour vous ébattre (comprenez installer des logiciels, des fichiers de musique, de vidéo, ...), ou plus simplement tirer parti au mieux de votre machine et vous lancer dans des utilisations multimédia, rajouter des programmes, ...

Comme nous vous l'avons précisé au chapitre "Choisissez un Pocket PC en fonction de vos besoins", votre Pocket PC est doté de deux types de mémoire. La mémoire ROM sur laquelle est installé le système d'exploitation de votre machine (Pocket PC 2002) et la mémoire RAM qui permet l'installation de vos programmes, fichiers Word, enregistrements, vidéos, MP3, ... Avec les machines actuelles, vous pourrez choisir une machine dotée de 32 ou de 64 Mo de mémoire RAM.

C'est beaucoup direz-vous, mais cela dépend de l'utilisation que vous faites de votre Pocket PC. Par exemple, la vidéo en format divx, adaptée au format de votre écran de Pocket PC requiert environ 1 Méga octets (Mo) par minute de vidéo et le MP3, entre 0,5 et 1 Mo par minute de musique. De même une photo prendra entre 700 Ko et 1 Mo en fonction de la définition de l'image.

Plusieurs solutions très simples s'offrent à vous. Elle ne prennent chacune qu'une ou deux secondes à mettre en œuvre et ne nécessitent pas de configuration ou de paramétrage de votre Pocket PC. Cela dépendra par contre des ports de connexion de votre Pocket PC.

En fonction des marques et modèles, vous allez vous retrouver dans les configurations qui suivent :

1 Votre Pocket PC ne possède aucun port d'extension
2 Votre Pocket PC possède un port CompactFlash
3 Votre Pocket PC possède un port SD (Security Data)
4 Votre Pocket PC possède un port Compact Flash ET un port S (Security Data)

Que pouvez-vous utiliser dans ces différents cas pour étendre la mémoire de votre Pocket PC (RAM), qui dans ce cadre fait office de disque dur

Cas numéro un. Ces machines sont en général sorties au cours d l'année 2001. Les machines fabriquées par les constructeurs possèdent toutes un port d'extension depuis la fin de l'année 2001. Le cas le plus fréquent concerne l'Ipaq, et plus précisément les modèles 36xx et 37xx, les autres modèles étant équipés maintenant de port SD. La seule solution pour ces machines est d'acheter la jaquette "CompactFlash" ou la jaquette "Bluetooth" qui intègre un port "CompactFlash".

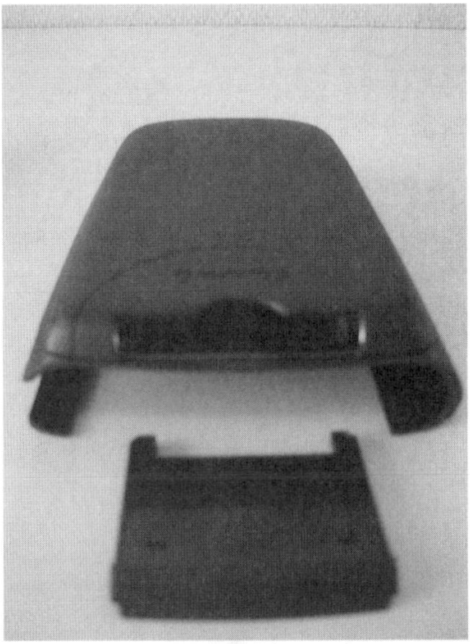

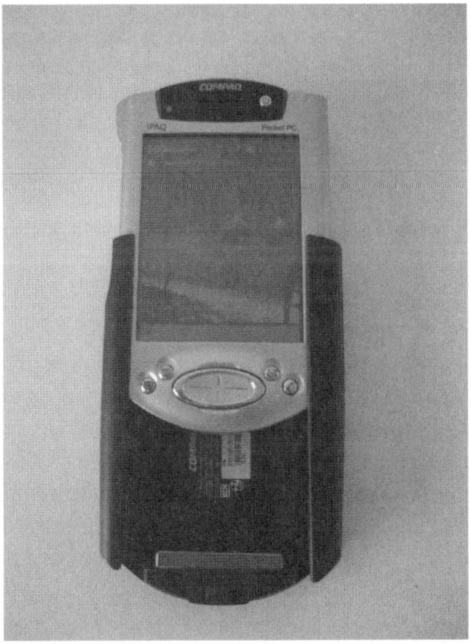

- Cas numéro deux, votre Pocket PC possède un port "CompactFlash", ou vous possédez une jaquette d'extension. Une carte "CompactFlash" est une carte mémoire qui est souvent utilisée dans les appareils photos. Ceci a un avantage certain, car vous pouvez directement sur votre Pocket PC voir les photos prises avec votre appareil, en insérant la carte.

Ces cartes mémoire se présentent comme suit :

Les machines qui en sont équipés sont par exemple les Casio 200F

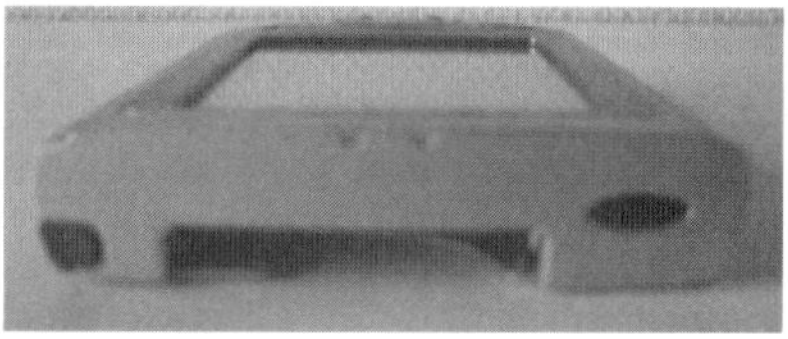

et les Toshiba E570, E740.

Ces cartes ont l'avantage d'exister depuis plus longtemps que les cartes SD et connaissent une grande diffusion. Elles ont une capacité allant de 8 Mo à 1 Go et sont d'un prix raisonnable.

Mais vous pouvez aussi étendre la capacité de stockage de votre Pocket PC jusqu'à 1 Go (Giga octets) grâce à un mini disque dur au format CompactFlash, le Microdrive. Ce petit disque dur a des capacités surprenantes et vous permettra de stocker des monceaux d'information sur votre Pocket PC. Par exemple, un film vidéo, qui au format de votre Pocket PC prendra 100 Mo, vous permettra d'emporter votre film avec vous sans difficultés. Vous rajoutez un casque et vous voici tranquille dans le train ou l'avion…

IBM
1 GB
Microdrive™

Microdrive™

Microdrive™

Nous avons laissé dépasser le disque dur de la machine pour vous le présenter. Une fois inséré, il ne dépasse plus du tout.

- Cas numéro trois - Votre Pocket PC possède un port SD (Security Data). Les ports SD sont la nouvelle norme en vigueur sur les Pocket PC. L'avantage de ces ports et des accessoires prévus pour ce mode de connexion, c'est la petite taille des éléments. Aujourd'hui, tous les équipementiers annoncent des modules d'extension à ce format pour notre plus grand plaisir. Pour vous donner un repère sur la taille, ce sont des petits modules rectangulaires à peu près de la taille et de l'épaisseur d'une pièce de 2 euros. Dans le cas présent, vous pourrez augmenter la taille de la mémoire Ram de votre Pocket PC avec ces petits modules mémoire. On parle aujourd'hui de 512 Mo et avant la fin 2002 de 1 Go.

Voici un exemple d'utilisation avec un Toshiba e310. Les deux photos présentées vous illustrent ce propos. La carte une fois insérée, disparaît complètement à l'intérieur du Pocket PC.

- ❑ Cas numéro quatre. Votre machine possède les deux ports. Ceci est un avantage certain, car vous pourrez utiliser un port d'extension pour un appareil photo, une carte de communication, un disque dur, … et d'autres comme extension mémoire. C'est un plus que vous apprécierez.

Utilisation de votre Pocket PC avec une carte mémoire ou un Microdrive

Installation de logiciels

Si vous désirez installer un logiciel sur votre carte mémoire ou votre Microdrive, vous devrez choisir la localisation de l'installation lors de l'installation de votre logiciel.

Lorsque durant la phase d'installation automatique du logiciel sur votre Pocket PC, celui-ci vous demande si vous désirez installer le logiciel sur le répertoire par défaut, vous répondez "Non".

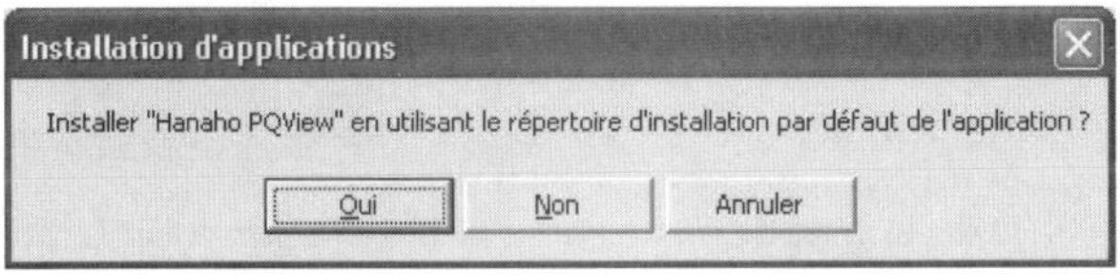

Vous devez dès lors choisir l'endroit où vous souhaitez installer ce logiciel dans l'écran suivant :

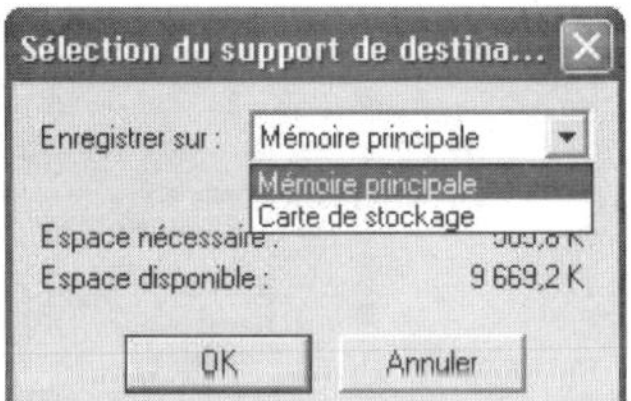

Choisissez "carte de stockage, et votre logiciel sera installé sur votre carte mémoire additionnelle. Rassurez-vous, ceci est transparent pour vous dans une utilisation quotidienne, les icônes des programmes seront toujours insérées dans le menu "démarrer" ou le dossier "Programmes" que l'on peut appeler à partir du menu "Démarrer".

Gestion avec l'Explorateur de fichiers de votre Pocket PC

Vous avez inséré votre extension mémoire ou disque dur, et vous avez lancé l'explorateur de fichiers. Vous devriez voir apparaître l'écran suivant :

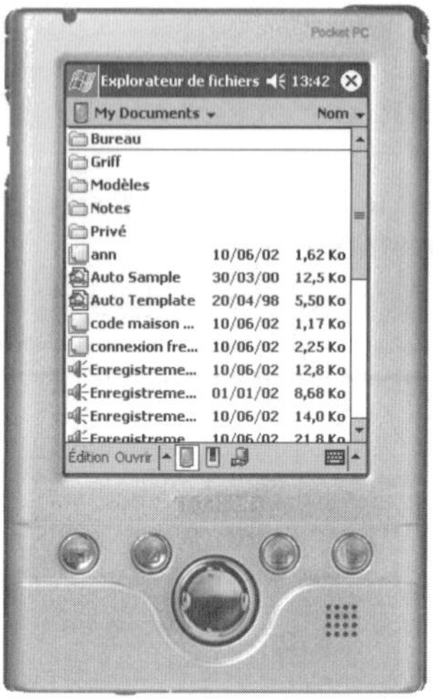

Dans la zone de menu contextuel au bas de votre écran, vous pourrez voir que de nouvelles icônes sont apparues. Elles symbolisent les différents types de mémoire présents sur votre Pocket PC. Donc, nous sommes positionnés sur la mémoire principale. Pour passez à notre carte d'extension SD, nous allons pointez sur l'icône du milieu au bas de notre écran.

Vous êtes maintenant positionné sur la carte mémoire SD de votre Pocket PC. Vous n'avez rien d'autre à faire.

Dans le cas où, comme nous, vous avez une carte SD ET un Microdrive, les cartes de stockage seront appelées carte de stockage, puis carte de stockage 2.

Dans l'exemple qui suit, vous pourrez voir avec l'explorateur de fichier de votre Pocket PC deux cartes de stockage.

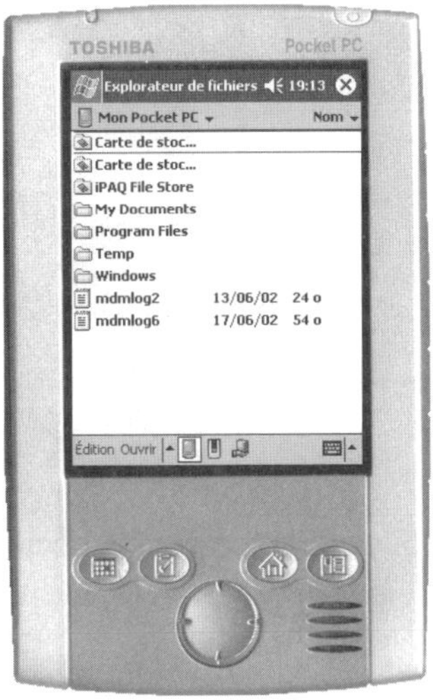

En vous déplaçant dans la deuxième carte de stockage (microdrive), vous pourrez voir apparaître ceci :

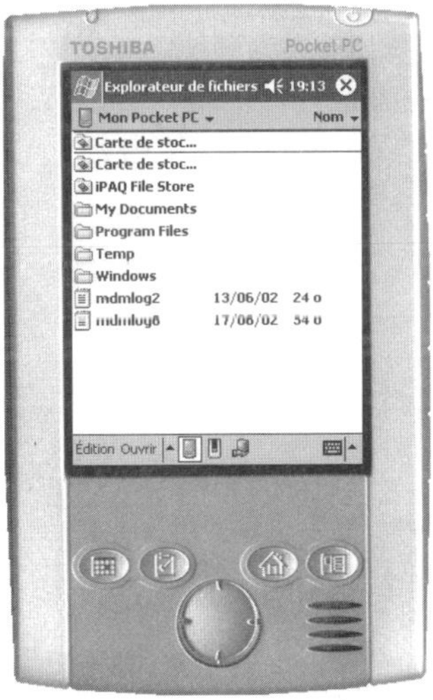

Et vous regardez cet excellent, mais très long film (plus de deux heures), le Seigneur des anneaux, que vous aurez au préalable encodé pour votre Pocket PC.

Bon film.

Gestion avec l'Explorateur de fichiers de votre PC de bureau

Comme pour la mémoire principale de votre Pocket PC, vous pourrez gérer les extensions de stockage de votre Pocket PC à partir de votre PC de bureau. Nous allons prendre ici comme exemple, le Microdrive de 1Go, petit disque dur pour votre Pocket PC d'une capacité de 1 Go.

Pour réaliser cela, nous allons utiliser l'explorateur de fichiers de votre PC de bureau. Allez sur le poste de travail, et choisissez Appareil Mobile.

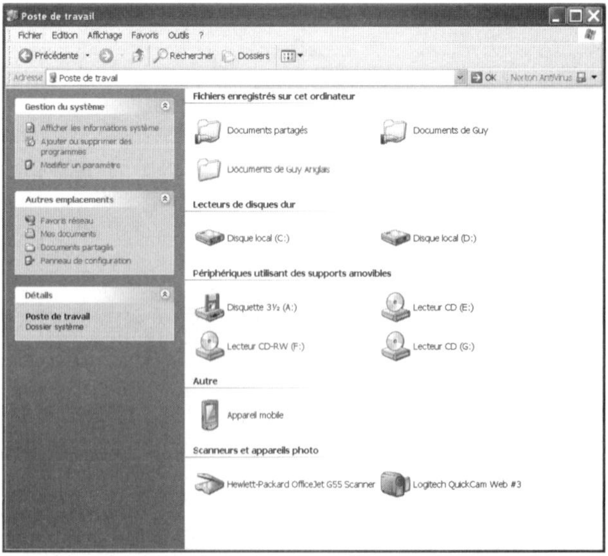

Cliquez sur "Mon Pocket PC".

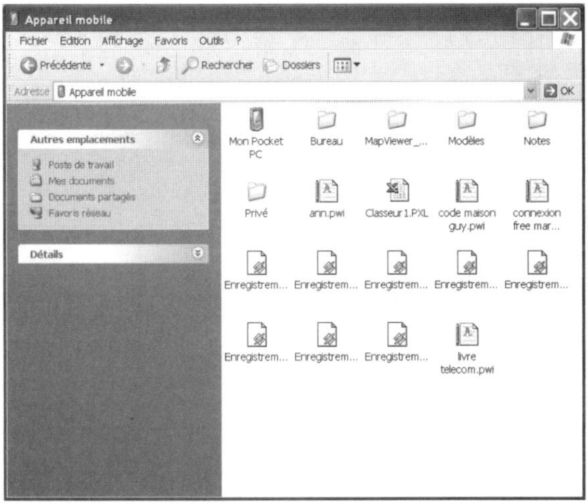

Vous verrez apparaître les deux cartes de stockage. Cliquez sur "Carte de stockage 2".

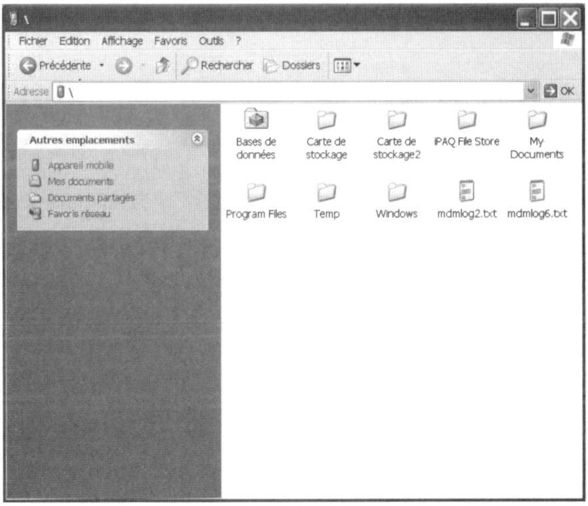

Vous verrez apparaître le contenu de votre Microdrive.

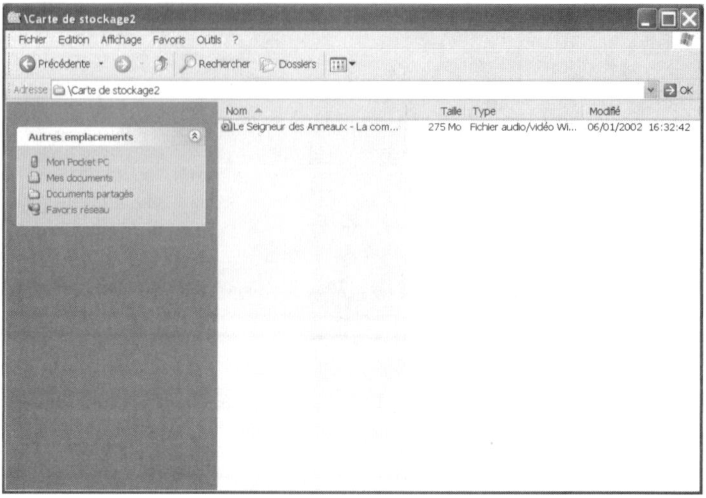

Vous pouvez gérer intégralement vos cartes d'extension comme la mémoire principale de votre Pocket PC. Pour en savoir plus, reportez-vous au chapitre "Je gère mon Pocket PC".

Utilisez les cartes d'extension au format PCMCIA de votre PC portable avec votre Pocket PC

Depuis 10 ans, un format standard d'extension pour vos PC portables s'est imposé comme standard. Ce format porte le doux nom de PCMCIA. Ces cartes longues permettent de rajouter des options comme WirelessLan, Modem, réseau, etc.

Vous pouvez aujourd'hui utiliser ces extensions sur votre Pocket PC. HP vous propose cette extension pour votre Pocket PC sous la forme d'une Jaquette.

Voici à quoi cela ressemble :

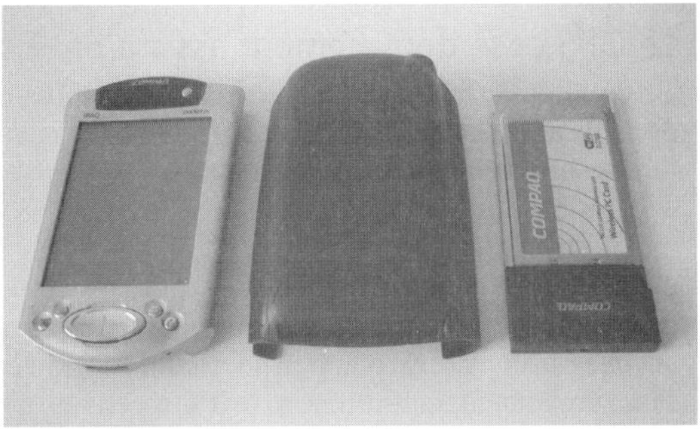

De gauche à droite, vous trouvez votre Pocket PC (ici un modèle Ipaq 3870), au centre la jaquette PCMCIA et sur la partie droite une extension WirelessLan Compaq au format PCMCIA.

Il ne vous reste plus qu'à insérer le Pocket PC dans la jaquette et l'extension dans votre jaquette.

Charge à vous d'installer les drivers nécessaires sur votre Pocket PC. Ceci n'est pas toujours nécessaire, par exemple dans le cas de cette carte PCMCIA WirelessLan, il suffit simplement de l'insérer pour que cela fonctionne.

Se faire guider dans ses déplacements avec son Pocket PC

Le GPS et le déplacement assisté par Pocket PC

En ce début de troisième millénaire, dans un monde communicant à forte nomadisation des populations, nous nous déplaçons pour le travail, les loisirs, sur un réseau routier de plus en plus vaste et des environnements urbains de plus en plus difficiles à comprendre pour un être humain normal. Il suffit d'essayer de trouver son chemin dans la banlieue parisienne dans des zones comme la Défense ou Evry pour comprendre ce type de propos. Certains utilisent des cartes pour faire des randonnées, naviguer à la voile ou au moteur, d'autres pour piloter des petits avions de tourisme. Plus simplement, nous prenons le Métro, en utilisant des plans de métro, et seule l'expérience nous permet d'affiner les trajets lors de nos déplacements. Il suffit de changer de ville pour que cette connaissance durement acquise devienne inutile.

C'est pourquoi, nous allons vous présenter des solutions pour vous aider dans vos déplacements, avec ou sans GPS. Une fois de plus votre Pocket PC va vous simplifier la vie de tous les jours.

Se déplacer avec son Pocket PC nécessite plusieurs éléments pour parvenir à la solution qui vous conviendra.

- Le premier est bien sûr un Pocket PC.
- Le deuxième est un logiciel qui, associé à des cartes, vous permet de déterminer automatiquement votre trajet.
- Le troisième est un module GPS. Ce module GPS n'est pas obligatoire pour calculer vos itinéraires, mais il vous apportera une localisation permanente et instantanée sur une carte, et vous permettra de suivre l'itinéraire déterminé par votre Pocket PC, le plus simplement du monde. Avec la montée en puissance des Pocket PC, cette fonctionnalité s'enrichit de synthèse vocale. Les systèmes GPS sont livrés avec des supports permettant d'installer votre Pocket PC dans votre voiture, il suffit de fixer les supports sur le pare-brise de la voiture.

Qu'est-ce que le GPS

Le système NAVSTAR-GPS (NAVigation System by Timing And Ranging - Global Positioning System) est un système de positionnement par satellite conçu et mis en service par le Département de la Défense des Etats-Unis (DoD). Il permet de déterminer la position et la vitesse d'un objet ou d'une personne à chaque instant.

Son utilisation était prévue avant tout pour des activités militaires, alors que les applications civiles pouvaient librement se développer en second plan. Les spécifications initiales étaient d'avoir accès, d'une part, à une position absolue dans un système de référence mondial avec une précision de 10 m, et d'autre part, au temps avec la précision de la microseconde.

Le système est composé de trois parties distinctes :

- **la partie spatiale** qui est constituée d'un ensemble de 24 satellites répartis sur 6 plans orbitaux. Ces satellites évoluent à une altitude d'environ 20 000 km et mettent environ 12 heures pour effectuer une rotation. Chaque satellite possède un oscillateur qui fournit une fréquence fondamentale de 10,23 MHz calibrée sur des horloges atomiques. L'émetteur génère deux ondes (L1 et L2) de fréquence respective 1575,42 MHz et 1227,60 MHz. Il transmet régulièrement des signaux horaires, la description de l'orbite suivie (éphéméride) et diverses autres informations ;
- **la partie de contrôle** qui permet de piloter le système est composée de 5 stations américaines au sol qui enregistrent tous les signaux émis par les satellites, calculent leurs éphémérides et transmettent des données aux satellites;
- **la partie des utilisateurs** civils et militaires qui regroupe l'ensemble des récepteurs civils et militaires qui ne font que recevoir les informations des satellites.

Le principe de fonctionnement est le suivant. Le GPS utilise une technique de mesure de distance unidirectionnelle où le satellite est actif et envoie continuellement un signal. Le paramètre fondamental de la mesure de distance est le temps, lequel est fourni avec une très grande précision par les oscillateurs des satellites qui assurent une précision de l'ordre de 10^{-14} seconde.

Pour votre récepteur GPS le calcul de votre localisation consiste à mesurer le temps de propagation d'une onde dans l'espace entre un satellite et un récepteur. La détermination d'un lieu géométrique est basée sur l'intersection de trois sphères dans l'espace. Chaque sphère est définie par son centre correspondant à la position d'un satellite, et par son rayon qui est la distance entre le centre et le récepteur GPS de l'utilisateur. Ainsi la mesure correspond à une distance entre un satellite et un récepteur. Les éphémérides du satellite transmises par le message permettent de calculer la position du satellite dans un repère terrestre à l'instant de l'observation.

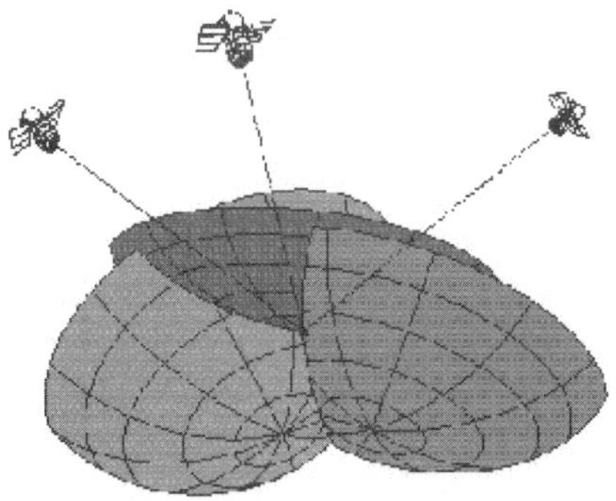

Les solutions qui s'offrent à vous

Nous vous avons présenté le système GPS, et les composants qu'il vous faudra assembler pour parvenir à la félicité de se voir guider par son Pocket PC.

Comment réaliser le tour de force de s'y retrouver dans cette pléthore d'offres, et comment choisir.

Le Pocket PC

Le premier critère discriminant va être votre Pocket PC, et surtout son équipement de communication. Deux cas de figure se présentent à vous :

- ❑ Votre Pocket PC possède un port CompactFlash, vous pouvez choisir un récepteur GPS et l'insérer directement dans votre Pocket PC.

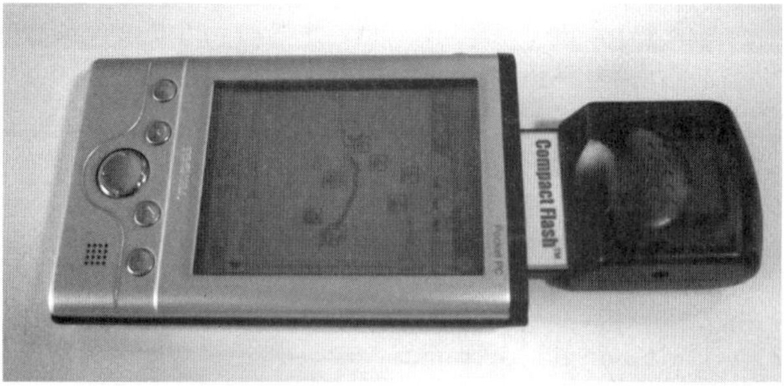

Dans le cas de l'Ipaq, vous pouvez utiliser une jaquette pour ajouter un port CompactFlash à votre Pocket PC.

- ❑ Votre Pocket PC ne possède pas de port CompactFlash ou la possibilité de rajouter un port CompactFlash. Vous devrez dans ce cas prendre un récepteur GPS externe.

Le tableau ci-après vous présente le type de récepteur en fonction des modèles de Pocket PC.

	Recepteur GPS	
	CompactFlash	Externe
HP		
Ipaq 36xx	•	•
Ipaq 37xx	•	•
Ipaq 38xx	•	•
Ipaq 39xx	•	•
Toshiba		
e570	•	•
e310		•
e740	•	•
Casio		
200F	•	•
Packard-Bell		
Pocket Gear 2060		•

Le récepteur GPS

Votre deuxième choix va être votre récepteur GPS.

L'offre s'enrichit de jour en jour, vous pourrez découvrir l'actualité des récepteurs GPS sur le site des utilisateurs de Pocket PC : `www.universpocketpc.com`. Globalement deux paramètres importants sont à prendre en compte. Le niveau de sensibilité du récepteur et le temps de démarrage.

Le niveau de sensibilité est important car il influe sur plusieurs paramètres d'utilisation.

Le premier paramètre d'utilisation va être le temps qu'il vous faudra pour mettre en route votre système. Vous êtes dans votre voiture, vous sélectionnez votre point de départ et votre point d'arrivée avec votre logiciel de navigation routière. Il faut que votre logiciel de navigation vous localise géographiquement pour qu'il puisse vous guider dans votre déplacement. Plus votre antenne est sensible et performante, et moins de temps il faudra au logiciel pour établir le guidage. Critère important, car il est très frustrant de commencer à se déplacer sans guidage et d'attendre jusqu'à 10 mn pour que votre guidage commence à être opérant.

Le deuxième va être la fiabilité d'utilisation. En milieu urbain, vous êtes entouré d'immeubles, ce qui diminue la visibilité du ciel que va avoir votre récepteur GPS, moins de visibilité, donc, moins de satellites accessibles en même temps. Vous pouvez rajouter à cela l'effet "tunnel" qui va ajouter de la perturbation de réception. Si votre récepteur GPS n'est pas très sensible, il va décrocher en permanence dès que vous serez entouré d'arbres ou d'immeubles. Rajoutez à cela le délai de redémarrage pour vous repositionner, vous pouvez vous trouver très fréquemment dans la situation où vous ne saurez où aller, avec des dizaines d'automobilistes coincés derrière vous qui devenez hésitant. Pire, sur une rocade de voie rapide ou d'autoroute, et vous êtes parti pour une grande boucle…

La qualité du récepteur va aussi influer sur la précision du GPS qui peut dégrader fortement la précision du guidage. Entre une précision de quelques mètres et une précision de 150 mètres, cela peut avoir son importance. Certains logiciels corrigent cette imprécision, mais c'est rare.

Le temps de démarrage de votre système GPS peut être accéléré par votre récepteur qui peut être équipé d'une petite mémoire qui va garder les paramètres des satellites au dernier point où vous l'avez utilisé. Dans ce cas, le délai de démarrage est quasi instantané.

Vous devrez donc faire très attention à la qualité de ce récepteur et éviter les modèles bas de gamme qui pourraient ne pas vous donner toute satisfaction.

Vous avez donc deux catégories de récepteur GPS.

- Les récepteurs de type CompactFlash qui sont une solution élégant et simple à utiliser. Indispensable si vous désirez utiliser votre récepteur en mode piéton. En général le niveau de sensibilité de ces récepteurs est moins bon que les récepteurs externes. Certains récepteurs sont livrés avec des antennes avec un câble assez long permettant de la positionner sur le toit du véhicule.

- Les récepteurs externes. Ceux-ci se branchent sur la prise série de votre Pocket PC. Vous positionnez le module de réception sous votre pare-brise. A l'heure actuelle vous serez obligé d'utiliser des câbles. Certains constructeurs envisagent de produire des modèles qui seront Bluetooth, donc sans câbles (pas d'annonce de produits avant mi-2003). Ces récepteurs permettent en un seul module de connectique de relier votre Pocket PC au récepteur et à la prise allume-cigare.

Dans les deux cas, vous devrez relier votre Pocket PC à une prise allume-cigare car votre antenne va consommer de l'énergie et votre Pocket PC aussi puisqu'il sera allumé en permanence et que pour avoir une visibilité parfaite, vous devrez laisser en fonction le rétro éclairage. Sans cela, vous ne pourrez pas compter sur une autonomie de plus de 1 h à 1 h 30 en fonction du type de batterie de votre Pocket PC.

Faites attention, certaines voitures sont équipées de pare-brise dit athermique pour diminuer la montée en température. Ces pare-brise vous obligeront à installer l'antenne à l'extérieur de votre véhicule. Il vous faudra choisir un modèle permettant de rajouter une antenne externe.

Un dernier critère est à prendre en compte, le stockage des cartes sur votre Pocket PC. Les cartes font souvent au minimum 16 Mo, et ceci pour une seule région. Avec les informations détaillées, il faut plutôt envisager entre 32 et 60 Mo. Pour la France entière il vous faudra dans les 200 Mo. Si vous choisissez un récepteur CompactFlash, vous n'aurez plus la possibilité d'y insérer un disque dur ou une mémoire de type CompactFlash. Il ne vous restera que le port SD pour ajouter de la mémoire. Un calcul économique en ce sens est à prendre en compte.

Le logiciel de guidage

Un autre élément très important de votre système.

Ici encore vous avez le choix :

- ❑ Les logiciels de type guidage sur cartes électroniques. Ils vous permettront de choisir un lieu de départ, un lieu d'arrivée, ils vous calculeront un itinéraire (le plus rapide, le plus court ou piéton), vous présenteront l'itinéraire sur une carte qui se déplacera sur l'écran de votre Pocket PC au fil de votre déplacement.
- ❑ Les logiciels de type guidage sur cartes électroniques avec instructions de navigation visuelles. Mêmes fonctions que précédemment mais avec en plus un guidage qui vous indique à l'écran, dans combien de temps il vous faut tourner à gauche ou à droite, quelle sortie prendre sur un rond point, la distance avant votre arrivée, le temps estimé restant, etc.
- ❑ Les logiciels de type guidage sur cartes électroniques avec instructions de navigation visuelles ET vocales. Ces logiciels reprennent les mêmes fonctionnalités que précédemment, mais en plus, vous indiquent vocalement la conduite à tenir, vous préviennent qu'il faut vous positionner à droite ou à gauche, etc. Ils vous donnent toutes les instructions pour vous déplacer comme si vous aviez un copilote expérimenté à côté de vous. En plus ils sont patients, et continueront à vous guider malgré vos erreurs jusqu'à ce qu'ils aient le plaisir de vous annoncer que vous êtes arrivé.

A vous de faire votre choix, nous essayerons de vous guider dans la partie qui présente les différents logiciels du marché.

Comment acquérir votre solution GPS

Trois possibilités vous sont offertes.

- La première est de choisir vous-même les différents composants qui constitueront votre solution de guidage (Pocket PC + récepteur GPS + logiciel de guidage). En termes d'intégration de votre solution, il vous faut savoir que les logiciels de guidage savent gérer tous les GPS du marché. Vous pouvez normalement choisir votre antenne indépendamment de votre logiciel de guidage. Il vous faudra prendre en compte les possibilités de connexion de votre Pocket PC et le type de pare-brise de votre véhicule.
- La deuxième est d'acquérir directement une offre tout en un d'un éditeur de logiciels de guidage. Vous trouverez dans une même boîte le récepteur GPS et le logiciel de guidage. L'avantage est la certification de l'éditeur que cela fonctionne, mais la variété de choix du récepteur est limitée.
- La troisième solution est de choisir une offre intégrée par un spécialiste de ce type de produit. Vous pourrez par exemple trouver sur le site Internet de la société AVESTA (`www.avesta.fr`) des choix de solutions très bien construites, et bénéficier de l'avantage d'avoir des offres plus riches et de vous apporter un meilleur conseil pour adapter une solution à vos contraintes (Pocket PC, véhicule, etc.). Vous bénéficierez de même plus rapidement des dernières offres d'antennes GPS, offres qui évoluent rapidement.

Mise en œuvre de votre solution GPS et panorama du marché

Cette rubrique va essayer de vous présenter des solutions que vous pourrez mettre en œuvre simplement.

Pour cela, nous allons vous présenter des récepteurs GPS que nous avons testés avec les différents produits de guidage du marché. Dans ce cadre, notre propos n'est pas de vous présenter une exhaustivité de l'offre, mais une sélection de produits qui nous ont permis une mise en œuvre simple et un fonctionnement en milieu urbain (cas le plus difficile pour les récepteurs GPS) et en milieu rural.

Nous allons aussi vous présenter une sélection de logiciels correspondant aux trois catégories que nous vous avons décrites précédemment.

Et bien sûr comment les mettre en œuvre et les utiliser.

Les récepteurs GPS du marché

Pour illustrer notre propos, nous vous présentons ci-après quelques récepteurs GPS.

GPS CompactFlash Haicom HI-302

Nous allons ici vous présenter un récepteur performant, le Haicom HI-302, qui fonctionne aussi bien à pied, en bateau, qu'en voiture. Il est distribué par le spécialiste français des solutions GPS, la société AVESTA (`www.avesta.fr`).

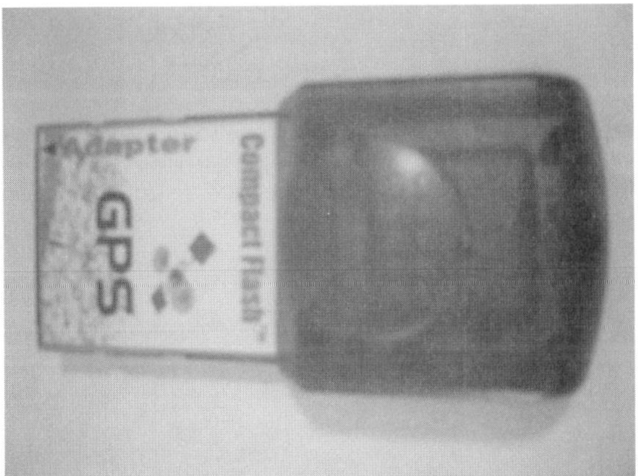

Ce produit est livré, à l'image des autres récepteurs GPS, avec une antenne pour le toit de la voiture (pour ceux qui ont une voiture avec pare-brise athermique), un support pour positionner votre récepteur sur le pare-brise de votre voiture, ainsi qu'un étui pour le préserver des chocs.

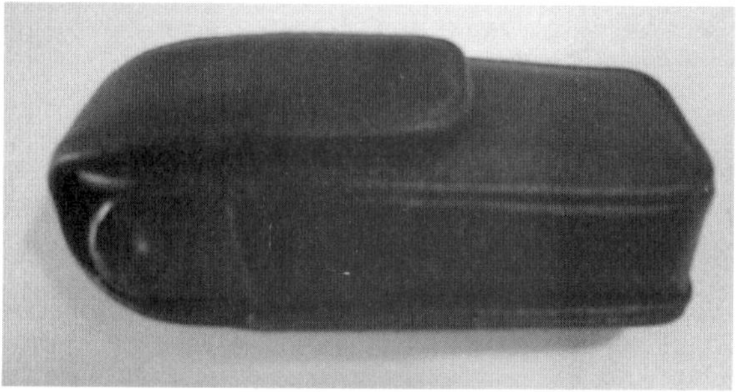

Ce récepteur GPS possède donc toutes les qualités que l'on peut attendre de lui, il est petit, simple à mettre en œuvre et s'intègre simplement dans le Pocket PC via le port CompactFlash. Nous l'avons testé ici avec le Toshiba e740.

Il est très agréable à l'utilisation de par sa sensibilité, il suffit de l'insérer dans le Pocket PC et deux ou trois minutes après, votre logiciel de navigation préféré vous localise. Il ne vous reste plus qu'à vous laisser guider.

D'un prix accessible, d'un esthétisme agréable, il vous rendra tous les services que vous attendez, vous ne devriez pas être déçu par cette petite machine.

Pour ceux qui ont des véhicules de type monospace avec pare-brise athermique, vous pouvez faire poser l'antenne GPS extérieure sur votre véhicule. Le raccordement à votre Récepteur se réalise comme ceci.

Les logiciels de calcul et de suivi d'itinéraires

Les produits que nous allons vous présenter sont les suivants :

- ❑ Guidage sur cartes électroniques.
  - Mapview
- ❑ Guidage sur cartes électroniques et avec instructions de navigation visuelles
  - TomTom cityMaps
  - TomTom RoutePlanner
- ❑ Guidage sur cartes électroniques et avec instructions de navigation visuelles ET vocales.
  - TomTom Navigator
  - ID Navigator
  - Destinator

Tableau de synthèse des fonctionnalités des logiciels de guidage

Mapview 2.0

La capacité à se déplacer et à trouver son chemin est une des compétences millénaires de l'homme qui, en fonction des supports utilisés, est devenu de plus en plus performant dans cet art. Bien évidemment, cette capacité à déterminer un itinéraire fait maintenant partie des dons dont votre PC de bureau et votre Pocket PC sont maintenant dotés.

MapViewer, de la société SWI (http://www.swi-info.com), est le logiciel d'affichage de cartes et de calcul d'itinéraires pour Pocket PC. De la visualisation de pays complets et de grandes autoroutes, jusqu'à la précision des plus petites rues, son moteur graphique ultra optimisé vous assure une fluidité inégalée. Grâce à son système de calcul d'itinéraires efficace, il vous indique le chemin le plus court ou le plus rapide, tenant compte ou non des sens de circulation, à pied ou en voiture. MapViewer dispose également d'un moteur de recherche optimal, idéal d'utilisation, vous permettant de trouver n'importe quelle rue, région, route, autoroute, gare, etc.

Fonctionnant sur PC et Pocket PC, vous pouvez déterminer votre itinéraire sur votre Pocket PC et votre PC de bureau avec MapViewer. Avec Mapstore, vous découpez sur votre PC la partie de la carte qui vous intéresse, et elle est transférée sur votre Pocket PC pour être utilisée sur votre Pocket PC.

Si vous avez la chance de posséder une carte GPS, la carte s'actualisera automatiquement sur votre écran, et vous indiquera l'itinéraire à suivre, et ceci en temps réel. Un must ! Et ceci pour 40000 villes.

Suivez-nous, nous allons découvrir par le détail ce superbe logiciel qui vous guidera dans vos déplacements.

Nous n'avons pas l'habitude de vous présenter des logiciels sur PC, mais dans le cas présent, nous allons faire exception, car l'intérêt est grand.

Vous venez donc d'installer ce logiciel sur votre PC et votre PC (les deux se font en même temps), vous avez sélectionné la carte de France, elle vous apparaît sous cette forme.

Vous pouvez bien sûr, zoomer sur la partie qui vous concerne beaucoup plus. Vous noterez que vous pouvez voir les stations de métro, petit détail qui manque cruellement dans le cadre d'autres logiciels de ce type.

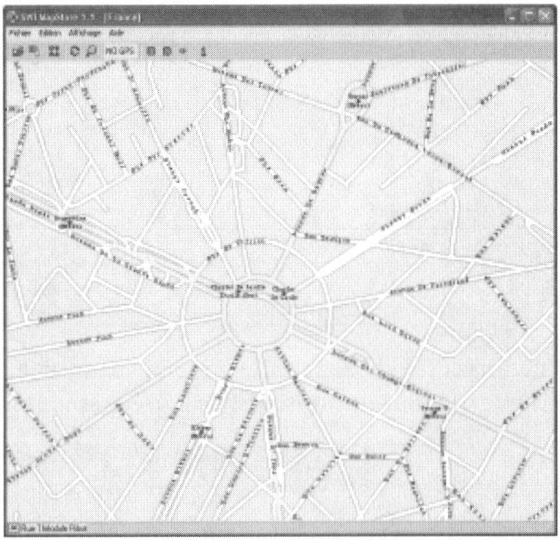

Et, comble du raffinement, afficher les sens de circulation.

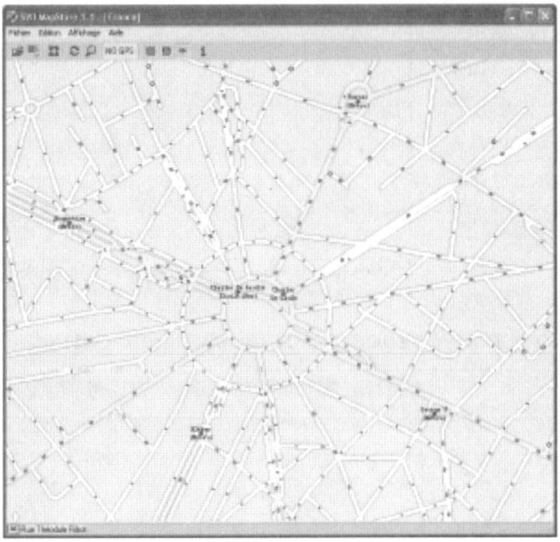

Voilà pour la partie cartographie, qui est déjà une très bonne réussite. Maintenant passons à la partie calculs d'itinéraires.

Ici encore, l'utilisation est très simple. Vous sélectionnez un point de départ et un point d'arrivée. Le logiciel fait le reste. Pour cela, vous pouvez cliquer sur le point de départ et d'arrivée sur la carte, ou utiliser l'option affichage, "sélection du point de départ". Des menus très simples vous permettent de sélectionner ces deux points.

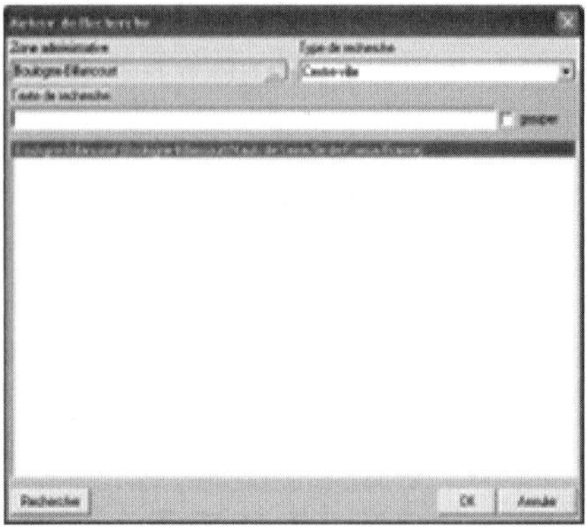

Une fois cette chose faite, le logiciel va automatiquement déterminer le parcours le plus optimisé. Et ceci, très rapidement.

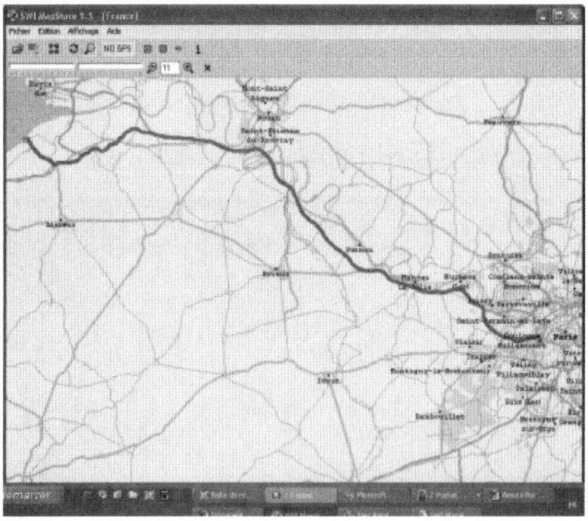

Vous pouvez zoomer sur telle ou telle partie de l'itinéraire.

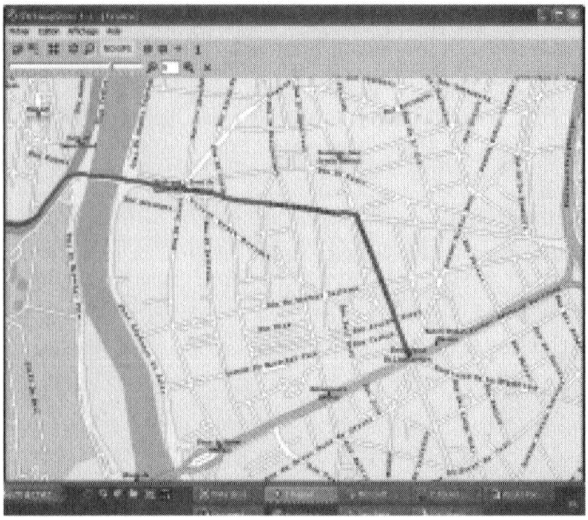

Passons à la partie Pocket PC.

Le logiciel a été chargé sur votre Pocket PC, mais pas les cartes qui vous intéressent. L'originalité de ce logiciel est que vous pouvez faire vos cartes vous-même en sélectionnant la partie qui vous intéresse, et ceci extrêmement facilement ! Les concepteurs de ce logiciel ont décidé de vous simplifier la vie, et ils ont réussi !

Vous cliquez sur l'icône de sélection, et vous délimitez avec votre souris la zone qui vous intéresse.

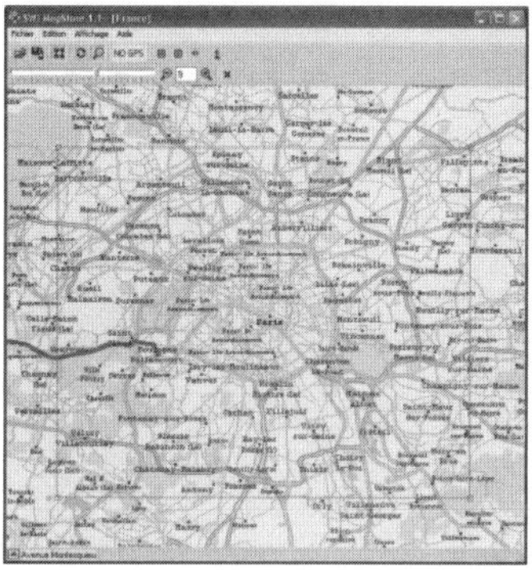

Vous sélectionnez l'option "exporter vers PDA", vous lui donnez un nom, et la carte est transférée sur votre superbe Pocket PC. Vous n'avez rien d'autre à faire !

Vous voici avec votre petite machine en main, la carte a été transférée et vous la voyez apparaître sur votre écran.

Nous retrouvons exactement les mêmes fonctionnalités que sur votre PC de bureau ! Explorons-les ensemble.

Pour commencer, la partie visualisation. Il existe une fonction de zoom qui est positionnée par défaut.

Vous pourrez obtenir un niveau de détail jusqu'a la rue.

Avec bien sur les sens de circulation.

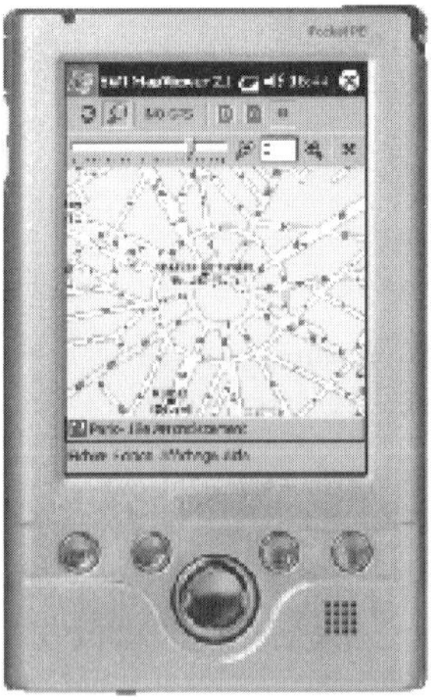

Comme sur le PC de bureau, la fonction de calcul d'itinéraire est évoluée, et simple à mettre en œuvre. Vous sélectionnez de la même façon le point de départ et d'arrivée.

Application par la pratique :

Nous allons sélectionner l'adresse de départ.

Vous sélectionnez la rue à partir de laquelle pour désirez partir. Mais ce peut être aussi une ville, un croisement, …

Vous sélectionnez l'endroit auquel vous désirez vous rendre. Ce peut être dans la même ville, dans une autre ville, même ci c'est à l'autre bout du pays.

Après quelques instants, le parcours est déterminé, et il apparaît sur votre écran.

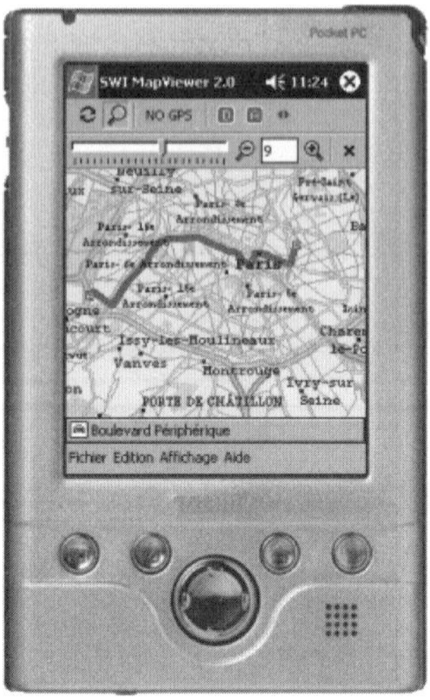

Il ne vous reste plus qu'à suivre cet itinéraire. Vous pouvez réaliser un zoom sur cet itinéraire.

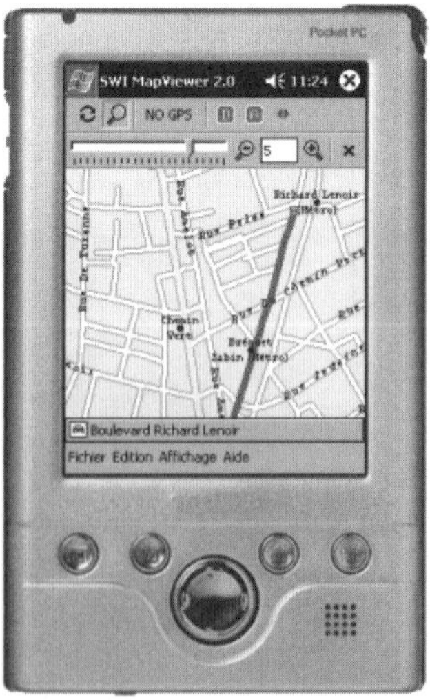

Et le must, si vous avez un module GPS (Global Positioning System), votre carte défilera sur votre écran au fil de votre déplacement. Le recalcul de l'itinéraire se fera automatiquement si vous ne suivez pas le bon itinéraire.

En conclusion

Un très bon produit qui vous assistera dans vos déplacements quotidiens.

Les "plus" sont la version PC et Pocket PC, ce qui est assez pratique, une simplicité d'utilisation remarquable, et un détail au niveau informations assez poussé. Vous pourrez savoir où se trouvent les stations de métro, ... ce qui n'est pas forcément le cas des autres.

Les "moins", il n'y a pas d'affichage de type "roadbook" dans le cadre du suivi d'itinéraire, juste un déplacement sur la carte, et le fait que l'on ne puisse imprimer les parcours à partir du PC. Il n'y a pas de possibilité de garder en mémoire certains lieux vers lesquels vous vous déplacez fréquemment.

TomTom Navigator

Ce produit fait partie de la dernière génération de ce type de logiciels. Il est le fruit de plusieurs années d'expérience de la société TomTom (`www.tomtom.com`) qui a conçu un produit que l'on pourrait qualifier de parfait.

En résumé, ce logiciel est l'intégration des versions TomTom CityMaps et de Tomtom RoutePlanner dont l'ergonomie a été encore améliorée. Pour parfaire ce logiciel, une fonction "Navigator" a été rajoutée et permet à ce logiciel de vous guider verbalement dans vos déplacements. Ce logiciel fait largement concurrence aux systèmes embarqués que l'on trouve sur certaines voitures haut de gamme.

Il est très simple à mettre en œuvre et à utiliser, il est rempli de fonctions vous permettant une utilisation la plus pratique possible. Tout a été conçu ici pour vous aider, pour que cela soit intuitif, agréable. Ce logiciel a été créé pour des utilisateurs de Pocket PC qui ne sont pas informaticiens, un modèle du genre. Une telle ergonomie se retrouve rarement sur un logiciel, il a tout simplement été inventé pour vous.

Il intègre tous les modes de navigation :

- ❑ Guidage sur cartes électroniques.
- ❑ Instructions de navigation visuelles.
- ❑ Instructions de navigation vocales.

Vous serez assisté dans tous vos déplacements par la voix d'une charmante jeune femme qui vous guidera partout. Vous serez immédiatement séduit par ce logiciel et ne pourrez plus vous en passer.

Outre la qualité des cartes et des graphismes, le guidage est vraiment très bien fait, vous verrez se déplacer la carte sous vos yeux en permanence par rapport à votre position GPS, mais vous verrez aussi des assistances visuelles qui vous permettront de compléter ce guidage telles que des écrans de synthèse vous indiquant dans combien de kilomètres se situera la prochaine sortie ou intersection.

Quand vous approcherez de la prochaine zone où une direction devra être prise, le système commencera à réaliser un zoom sur l'intersection à prendre pour vous aider visuellement, et vous serez en plus guidé par la charmante voix féminine de votre GPS. Ce guidage ne vous indique pas seulement qu'il faut tourner, mais vous prévient de la sortie imminente, vous indique si vous devez vous positionner à gauche ou à droite, si sur un rond-point vous devez prendre la deuxième ou la première sortie, etc.

A cela s'ajoutent des fonctions d'aide intéressantes, telles que l'enregistrement de préférences vous permettant d'enregistrer la localisation de votre habitation, de votre lieu de travail, et autres pour un accès direct. Vous pourrez dire à votre système " conduit-moi chez moi à partir de l'endroit où je me trouve" par exemple. Mais aussi une autre fonction intéressante, les "Points d'intérêts". Ce sont les restaurants, hôtels, aéroports, parking, pompes à essence, etc. qui sont stockés en même temps que la carte et qui peuvent être affichés ou vous servir de point de navigation. Vous pourrez demander à votre logiciel préféré de vous diriger vers la pompe à essence la plus proche, ou le parking, etc. Ce qui vous rendra service plus d'une fois...

La synthèse de l'affichage des cartes, des fonctions de zoom automatique, des affichages de synthèse associés au guidage vocal, en fait un outil dont vous ne pourrez plus vous passer. Terminées les errances devant une carte absconse à vous demander où vous êtes, à demander votre chemin aux rares passants dans une banlieue percluse de grands axes routiers où la moindre erreur de navigation, la carte sur vos genoux, vous condamne à errer pendant des heures...

Installation du logiciel et des cartes

L'expérience aidant, cette dernière évolution est très simple à installer, et la gestion des cartes très conviviale.

Après avoir lancé l'installation à partir du CD-Rom et installé le logiciel sur votre Pocket PC, vous choisissez l'installation des cartes.

Vous pourrez choisir la France entière ou une région. Vous cliquez sur l'option de votre choix, et vous cliquez sur la flèche de droite.

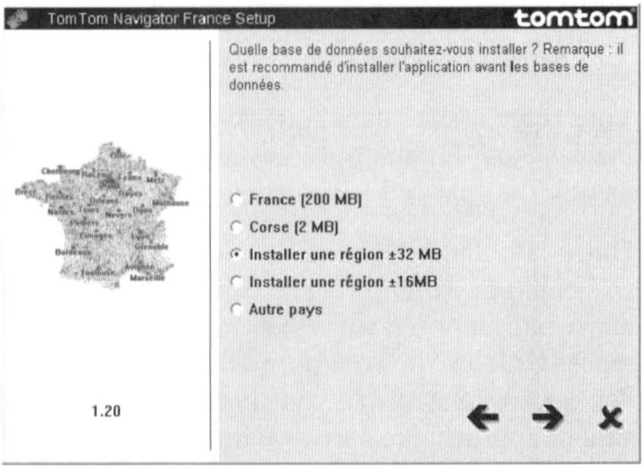

Vous pourrez ici sélectionner la région de votre choix. Vous cliquez sur la flèche de droite.

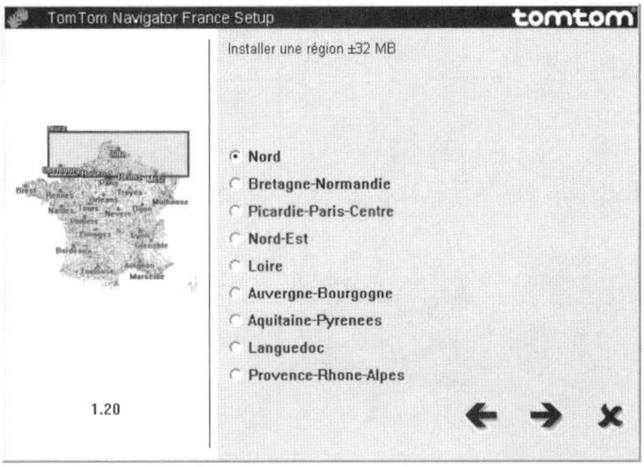

Vous devrez choisir l'option Pocket PC pour installer la carte sur votre machine préférée. Puis cliquez sur la flèche de droite.

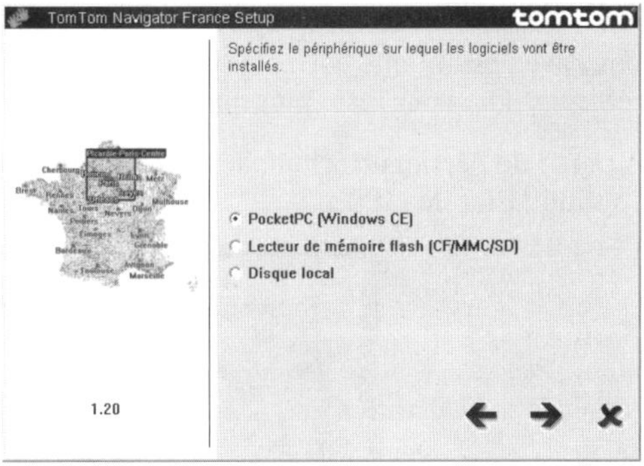

Le logiciel va détecter automatiquement les différents périphériques de stockage installés sur votre Pocket PC et vous indiquer combien de mémoire RAM il vous reste. Sélectionnez le périphérique de stockage et cliquez sur la flèche de droite.

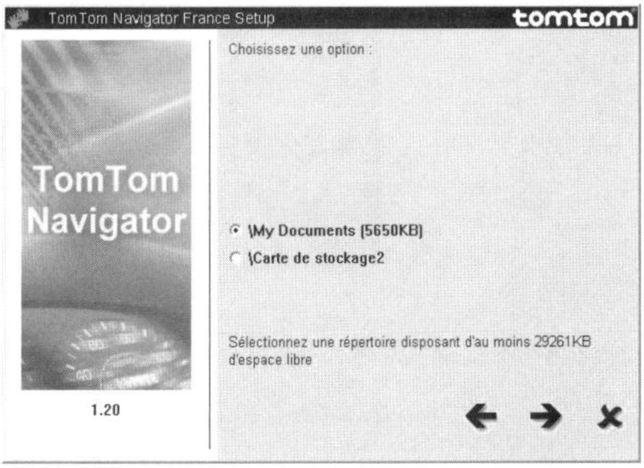

L'installation de la carte se réalise dès lors. A la fin de l'installation, vous pouvez utiliser votre logiciel.

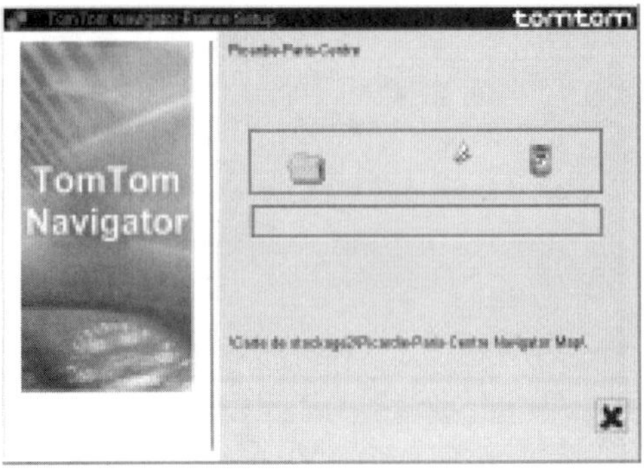

Gestion du module GPS

Vous avez connecté votre antenne GPS, il ne vous reste plus qu'à la mettre en route.

Vous avez positionné correctement votre Pocket PC à l'avant de votre véhicule, il ne vous reste plus qu'à commencer.

A partir de l'écran principal, dépliez le menu "fichiers" et sélectionnez l'option "Etat du GPS…".

Vous arrivez sur l'écran suivant :

Deux cas de figure se présentent à vous : soit vous possédez un GPS externe, soit un GPS CompactFlash.

Dans le cas du CompactFlash, le logiciel reconnaîtra automatiquement votre GPS et le paramétrera automatiquement (la première fois, rebootez votre Pocket PC après avoir introduit votre récepteur GPS).

Si vous possédez un GPS externe, vous devrez choisir la liaison série (comprenez par câble).

Vous cochez la case à gauche des deux menus déroulants, votre GPS est activé. Attention lors de la première utilisation, l'activation peut prendre un certain temps (10 à 15 mn).

Passez maintenant à l'onglet "status". Vous verrez apparaître un écran très convivial qui vous permettra de suivre en direct le travail de repérage des satellites pour localiser votre position.

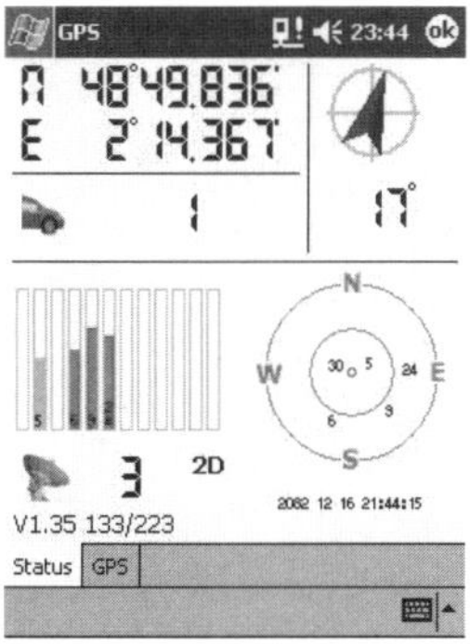

Le haut de l'écran vous présente votre position en latitude et longitude, ainsi que la vitesse de votre véhicule.

Le milieu de l'écran vous présente la réception des satellites. Tant que les barres ne sont pas rouges, cela veut dire que toutes les informations en provenance des satellites et le calcul de position ne sont pas terminés.

Vous verrez aussi sur la partie gauche à quels endroits se positionnent les satellites par rapport à votre position, les satellites étant référencés par des numéros.

Votre GPS est initialisé, maintenant, vous n'avez plus à faire de manipulation, vous pouvez commencer à utiliser votre système de navigation.

La navigation assistée par Pocket PC

Présentation du logiciel

Préparez-vous à un grand moment d'émotion, ce logiciel est vraiment un des meilleurs du genre, si ce n'est le meilleur. L'accoutumance est immédiate.

L'écran principal se présente comme suit :

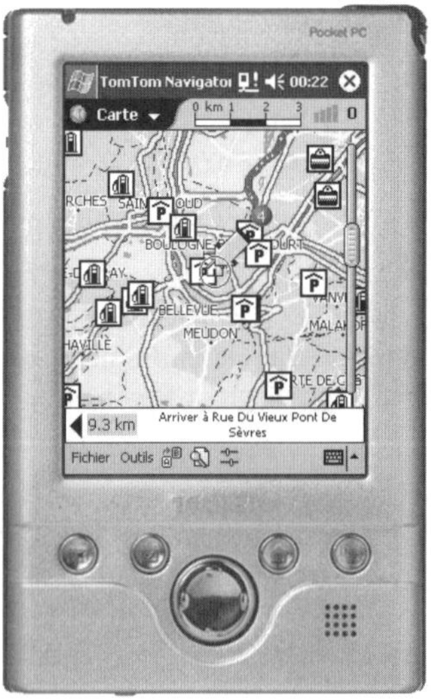

Il se décompose en trois parties :

La partie du haut comprend un menu composé de 5 options. L'échelle de la carte en fonction du niveau de zoom ainsi que le nombre de satellites positionnés au-dessus de vous dans le ciel.

Les trois premières options ne sont ni plus ni moins que la reprise des fonctions de navigation que l'on trouvait sur la précédente version TomTom cityMaps.

- L'option "Carte" vous permet de visualiser la carte sélectionnée, agrémentée des points d'intérêts que vous aurez demandé d'afficher. Vous pourrez aussi voir le parcours sélectionné, et choisir ce mode de guidage en gérant vous-même les fonctions de zoom. La carte défilera au fil de votre déplacement avec les instructions décrites au bas de votre écran.
- L'option "Instruction" vous présentera les instructions à suivre pour réaliser l'ensemble du parcours sous la forme d'une liste, ou étape par étape avec un extrait de la carte. Ce mode peut être utilisé avec le GPS.
- L'option "Ecran divisé". Reprend le suivi d'itinéraire sur la carte ET les instructions à suivre.
- L'option "Navigation" fait vraiment le plus de ce logiciel, c'est la fonction de navigation intégrée qui va être la synthèse des trois précédentes options avec en plus le guidage vocal.
- L'option "Préférences" vous permet d'accéder directement aux endroits préférés que vous aurez sélectionnés au préalable.

La partie centrale de l'écran présente la carte. Un curseur vertical positionné sur la partie droite de l'écran vous permet de manipuler la fonction de zoom.

La barre de menu au bas de votre écran vous permet d'accéder aux différentes fonctions de manipulation de votre logiciel.

Le "Menu Fichier". Vous permet d'accéder aux fonctions de paramétrage du logiciel, d'accéder au module de gestion du récepteur GPS, de choisir une autre carte et de quitter le logiciel.

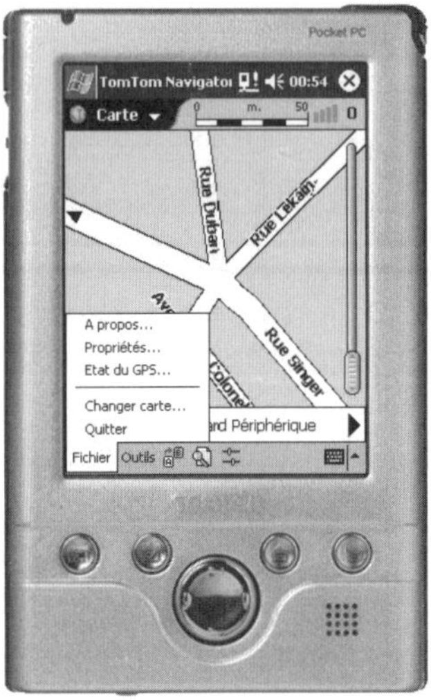

Le "Menu Outils" vous permet d'agir sur l'affichage et l'itinéraire. Vous y trouverez les fonctions de zoom, la possibilité d'indiquer au logiciel que vous souhaitez éviter une zone particulière, d'avoir le récapitulatif d'itinéraire…

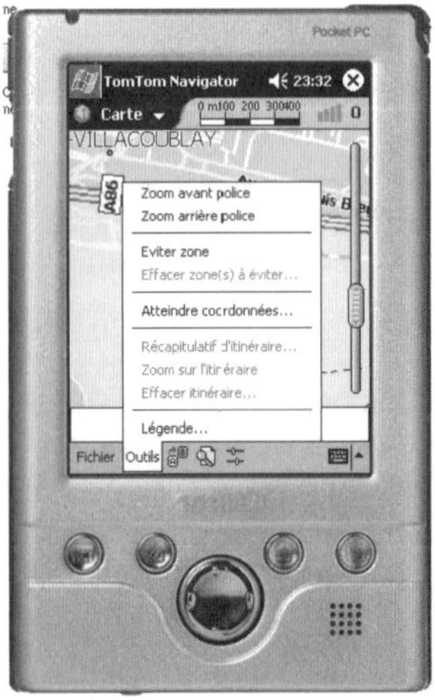

L'icône suivante vous permet de sélectionner l'itinéraire. Vous sélectionnez la position de départ, la position d'arrivée, le type de parcours (le plus rapide, le plus court, ou piéton). Le logiciel vous calculera automatiquement votre itinéraire.

La dernière icône de droite vous permet de choisir le niveau de détails que vous souhaitez voir apparaître à l'affichage.

Après cet aperçu des fonctions de ce logiciel, nous vous proposons de découvrir ses différents modes d'utilisation. Vous avez bien lu que ce logiciel permet plusieurs modes d'utilisation, et c'est un fait, vous bénéficiez de l'acquis de plusieurs versions de ce logiciel, et donc des différentes évolutions dans ce domaine, ce logiciel est une référence dans le domaine.

Guidage assisté par Pocket PC

Trois types de guidage sont possibles avec ce logiciel :

- La navigation avec la carte.
- La navigation avec la carte et les instructions de navigation.
- La navigation avec l'option "NAVIGATOR", la grande nouveauté de ce logiciel qui regroupe tous les modes de navigation et en plus intègre les instructions de navigation vocales.

Nous vous proposons de commencer par le meilleur de ce logiciel, la navigation avec le Navigator.

Le guidage intégral

Le must de ce logiciel est le module Navigator. Si l'on compare à la version précédente du logiciel, c'est une surcouche du logiciel TomTOm CityMaps, mais quelle surcouche, une réussite totale.

L'aventure, ou plutôt la satisfaction commence par ce menu.

Il vous permettra de gérer l'ensemble de vos déplacements.

Vous retrouvez les options suivantes :

- Précédent. Cette option est présente dans tous les déplacements dans les différents menus du Navigator et a la même fonction que le bouton "précédent" de votre navigateur Internet.
- Etat du GPS correspond à la gestion du module GPS, présenté précédemment.
- Son désactivé. Vous pointez sur cette option et le son est désactivé.
- Instructions uniquement, vous permet l'affichage instruction avec la synthèse vocale.
- Naviguez vers. Ce module vous permet de sélectionner vos déplacements, de façon très conviviale, et surtout très rapide. Ce qui implique pour nous utilisateurs de ce type de produit, une grande simplicité d'utilisation, et une économie de "pointage" sur nos écrans tactiles vraiment très intéressante.
- Propriétés du Navigator. Cette option vous permet de paramétrer toute l'utilisation de votre logiciel, et notamment passer à une visualisation du Navigator prévue pour le jour ou la nuit, de sélectionner si vous désirez voir s'afficher à quelle vitesse vous vous déplacez, et les autres options classiques de paramétrage du logiciel.

Ces préambules établis, sélectionnons notre parcours.

Avec l'option "naviguer vers", plusieurs choix s'offrent à nous :

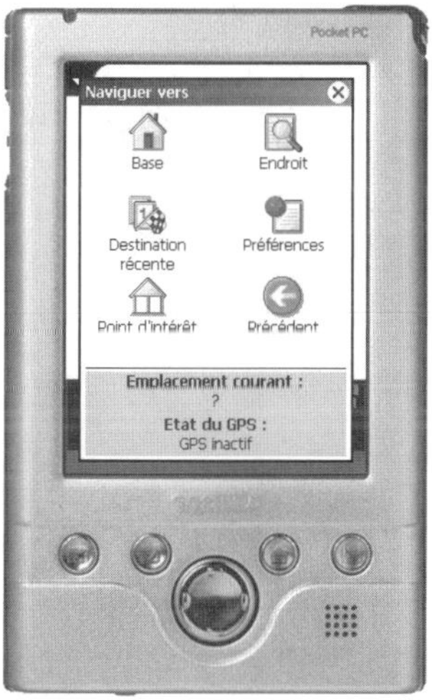

- L'option "Base" représente l'endroit que vous avez sélectionné dans vos préférences comme étant votre base. Ce qui est très pratique, car votre point de départ étant la localisation de votre position géographique par votre récepteur GPS, vous n'avez qu'à indiquer "Base" et Navigator vous guide jusqu'à votre base.

- L'option "Endroit" est une sélection par rapport à une ville et une rue. Option classique, soit, mais les temps de réponse sont instantanés.

- L'option "Destination récente" vous présente toutes les dernières destinations que vous avez sélectionnées. Là aussi, gain de temps, compte tenu du fait que l'on se déplace souvent aux mêmes endroits.
- L'option "Préférences" vous présente les lieux que vous avez enregistrés comme préférence. Ici encore gain de temps.

- L'option "Point d'intérêt" vous apporte beaucoup, puisque vous pourrez demander à Navigator de vous diriger vers la pompe à essence la plus proche de votre localisation géographique, mais aussi, les restaurants, parking, aéroport… Un must !

Votre destination est maintenant sélectionnée, laissons-nous guider. Attendez-vous à un choc, le guidage dépasse toutes vos espérances, il est à proprement parler incroyable de précision, d'une complémentarité entre la présentation visuelle et auditive. Du jamais vu, l'atteinte d'une grande perfection logicielle !

Voici ce que va vous présenter votre écran :

Vous êtes localisé sur la carte, votre parcours est tracé, vous connaissez votre prochaine action grâce à l'indication en bas à gauche de l'écran. Vous savez que c'est dans 350 mètres, qu'il vous reste 2 minutes et 4 secondes avant d'arriver et 1,6 km à parcourir. Vous connaissez aussi le nombre de satellites qui sont reçus par votre récepteur. Au bas de votre écran, vous connaissez votre localisation.

Vous arrivez à une intersection, votre logiciel vous guide en réalisant un zoom automatique sur cette intersection, tout en vous guidant à la voix. Et ceci de façon précise en vous indiquant si vous devez vous ranger à gauche ou à droite de la voie, etc. Un vrai régal. La voix est fluide, naturelle, on n'a absolument pas l'impression d'avoir affaire à un robot. On aurait plutôt envie de demander son numéro de téléphone à ce co-pilote surdoué doté d'une voix aussi charmante…

Vous ferez beaucoup rire vos passagers lorsque votre Navigator vous indiquera verbalement que vous êtes arrivé…

D'une patience d'ange, l'itinéraire sera recalculé en temps réel si vous vous trompez, et ceci inlassablement, et ceci malgré la très grande qualité des indications.

Le guidage carte

Vous pouvez choisir de vous laisser guider sans la voix, juste avec les indications de la carte. Vous aurez choisi un point de départ, et un point d'arrivée. Le parcours sera calculé, il vous restera à suivre les indications de la carte.

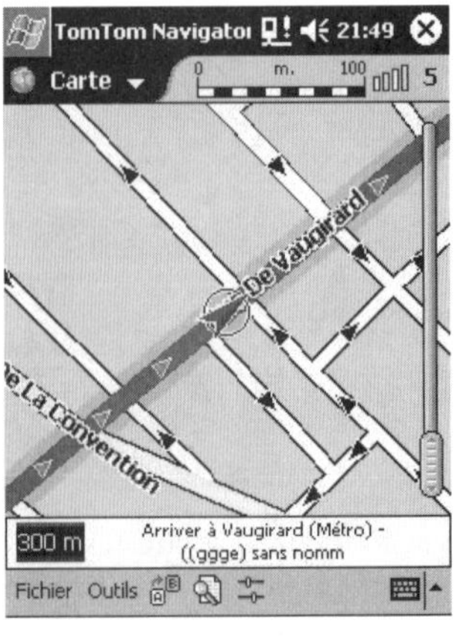

La carte défile sous vos yeux au fil de votre déplacement, un résumé d'indication de navigation apparaît au bas de l'écran.

Le guidage avec instructions
Vous avez la possibilité de visualiser votre itinéraire uniquement par instruction de navigation. Cela permet de voir le chemin sélectionné par votre logiciel. Il vous indiquera en permanence où vous êtes situé dans l'itinéraire.

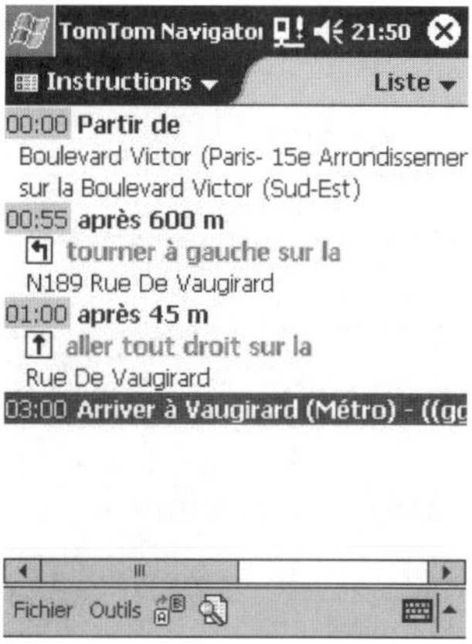

Le guidage avec carte et instructions
Cette option reprend les deux options précédentes.

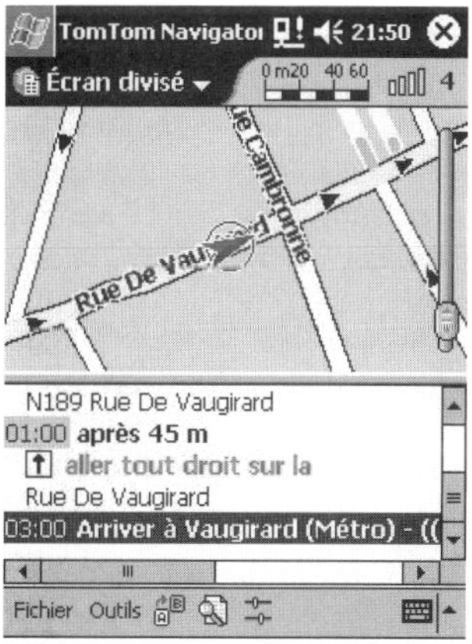

Se déplacer dans les métros du monde entier

Nous sommes des nomades, tous les jours nous nous déplaçons en voiture, en train, en avion ET en métro. Ces déplacements urbains sont fréquents, voire quotidiens pour des dizaines de millions de personnes dans le monde. Il est déjà fastidieux d'utiliser les plans de métro dans la ville que l'on habite, mais utiliser un métro dans une autre ville ou une ville étrangère est souvent difficile si l'on ne vous a pas expliqué les us et coutumes du lieu. Si la ville utilise l'anglais, ceci n'est pas toujours simple, mais si vous ne parlez par l'espagnol, l'italien, le néerlandais, le vietnamien… cela peut être encore plus difficile. Pour vos déplacements en surface, vous utilisez les excellents produits de calcul d'itinéraires sur votre Pocket PC, couplé avec un GPS ; en sous-sol, vous utiliserez le logiciel Metro, réalisé par une équipe très sympathique qui a décidé de faire de son produit un freeware, de le conserver comme tel, pour votre plaisir uniquement et vous simplifier la vie. Tous les métros du monde sont concernés par ce logiciel, Metro détermine pour vous vos itinéraires dans les réseaux urbains (métro, tram, réseaux de banlieue) dans environ 200 villes du monde et bien sûr Paris, (qui est disponible en 4 versions : Paris intra-muros, Paris + réseau Transilien, Réseau de bus uniquement et version comportant les descriptifs touristiques).

Vous les avez tous sur un simple clic (excusez-moi, je devrais dire pointage, puisque nous sommes sur un Pocket PC). Nous avons sélectionné cet excellent logiciel, que vous pourrez télécharger sur le site `www.universpocketpc.com` que l'auteur de ce livre a créé pour vous ou sur le site de l'éditeur http://nanika.net/Metro.

Tout a été fait pour vous simplifier la vie, puisque Metro vous calcule l'itinéraire aller, puis retour, le temps de trajet global, au fur et à mesure de votre trajet. Vous pouvez aussi déterminer les stations de métro proches de vos contacts saisis dans Pocket Outlook, et bien sûr de vous-même, ce qui vous permettra de ne pas avoir à saisir à chaque fois la station de métro, mais de choisir par exemple de partir en métro de chez votre client xxx pour aller chez votre client yyy, puis de rentrer chez vous. Vous pouvez aussi, grâce à l'accès Internet, télécharger directement les métros qu'il vous manque sur votre Pocket PC, ou tout simplement la mise à jour.

Voici les principales caractéristiques de ce logiciel :

- Multiples options d'assistance à la recherche des stations.
- Liste des stations de chaque ligne.
- Historique des stations récemment utilisées
- Gestion des horaires de fonctionnement (dans certaines villes uniquement).
- Sites intéressants : tourisme, sorties... (dans certaines villes uniquement). Les adresses et détails seront rajoutés dans les prochaines versions.

- Choix des lignes à ne pas utiliser (en cas de grève, de travaux, etc.).
- Interface avec le carnet d'adresses (indiquez une seule fois la station de métro la plus proche de vos contacts).
- Installation ville par ville (n'encombrez pas la mémoire de votre Pocket PC).
- Compatibilité avec les cartes d'extension mémoire.
- Echange des réseaux entre Pocket PC et palm pilot par infrarouge.
- Deux solutions de parcours proposées (le plus rapide et le minimum de correspondances).
- Presque 200 villes incluses avec des réseaux complets (environ 434 stations à Londres, 462 à New York, 1393 à Tokyo, 805 à Paris pour la version avec le Transilien, 230 à Boston, 161 à Washington/Baltimore).
- Mises à jour régulières (toutes les 2 ou 3 semaines) pour des informations toujours actualisées.
- Disponible en 20 langues.
- Mise à jour des cartes via Internet.

Nous allons vous expliquez dans le détail comment utiliser ce superbe logiciel qui vous aidera dans vos déplacements quotidiens.

Commençons par l'installation

Il vous faut décompresser le fichier qui vous a été livré. Il est au format "zip", Windows XP vous permet de manipuler ce format maintenant en natif, sans installation de logiciels additionnels. Sinon, vous pouvez télécharger sur Internet la version d'évaluation du logiciel "Winzip".

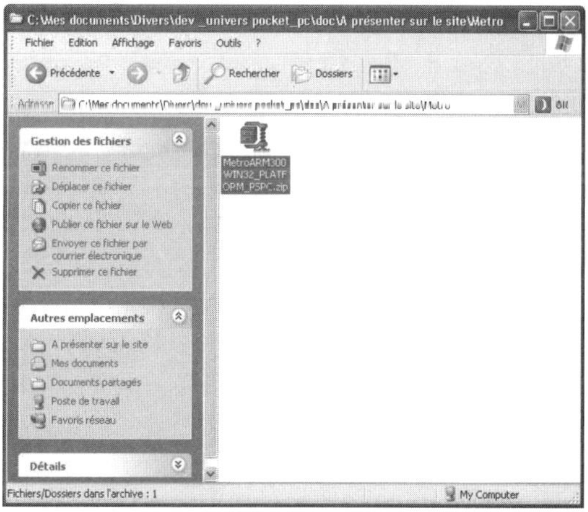

Vous décompressez ce logiciel (faites bouton droit sur le fichier, et sélectionnez le mode de décompression choisi).

Vous verrez apparaître les fichiers et répertoires suivants dans le répertoire où les fichiers ont été décompressés.

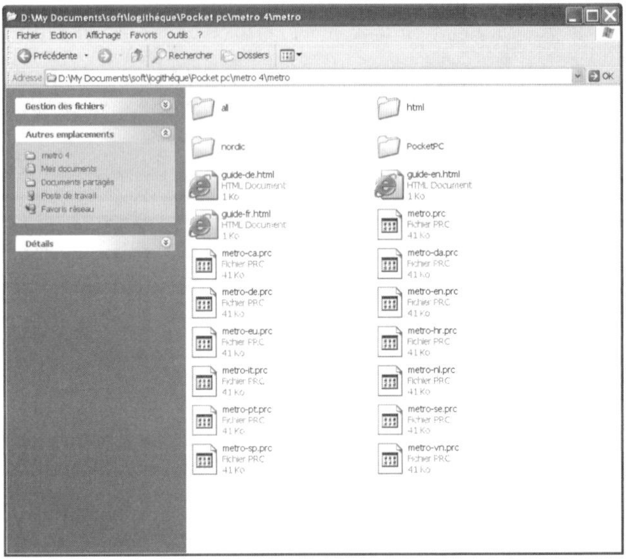

Dans le répertoire Pocket PC, vous trouverez le logiciel à installer sur votre Pocket PC ; dans le répertoire all, vous trouverez tous les métros du monde.

Installation du logiciel

Vous vous déplacez dans le répertoire Pocket PC et vous cliquez sur "Setup.exe".

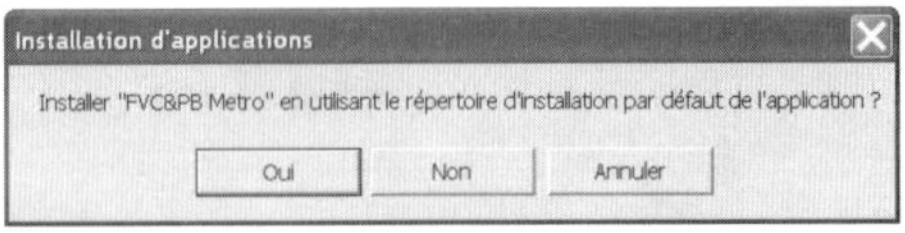

Vous cliquez sur "Oui", et votre logiciel sera installé en quelques secondes.

Il vous faut maintenant installer les métros qui vous intéressent. Une fois de plus, ceci est très simple.

Vous allez dans le répertoire "all" à l'endroit où vous avez décompressé le fichier "zip" contenant le logiciel METRO. Vous verrez alors apparaître les fichiers de tous les métros du monde.

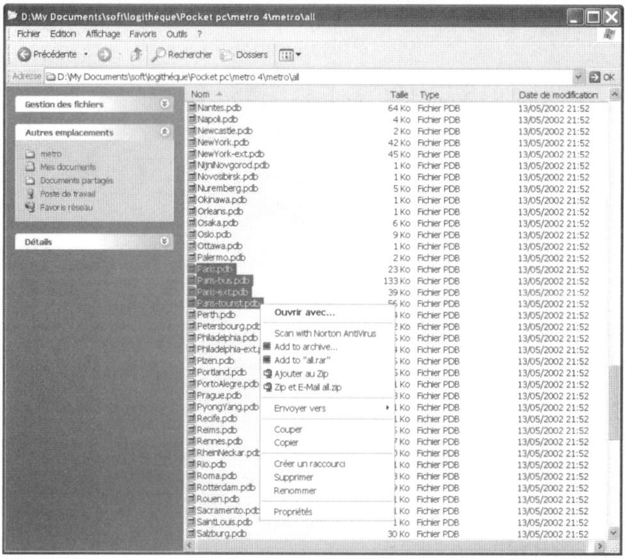

Vous sélectionnez les fichiers qui vous intéressent en maintenant appuyée le touche "Ctrl" et en cliquant sur les fichiers. Puis avec le "bouton droit" de votre souris, vous choisissez l'option "Copier". Dans la partie gauche de votre Windows Explorer, choisissez "Poste de Travail".

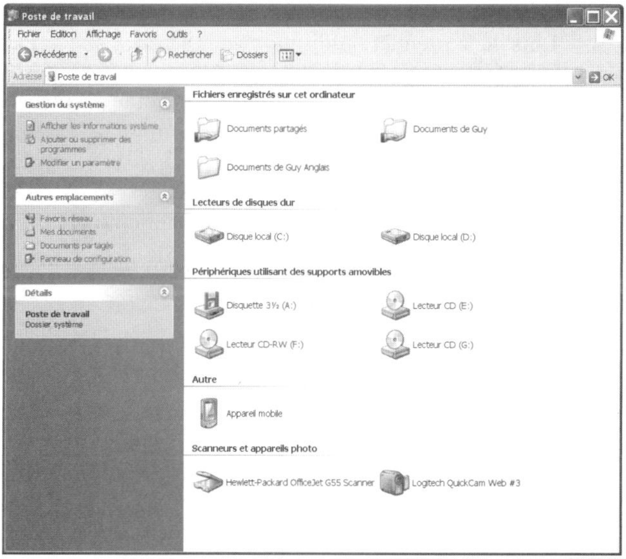

Cliquez sur "Appareil" Mobile pour accéder à votre Pocket PC. Allez dans le répertoire "FVC&PB Metro" où est installé votre logiciel

METRO. Avec le bouton droit de votre souris, utilisez l'option "Coller". Les métros choisis sont maintenant installés.

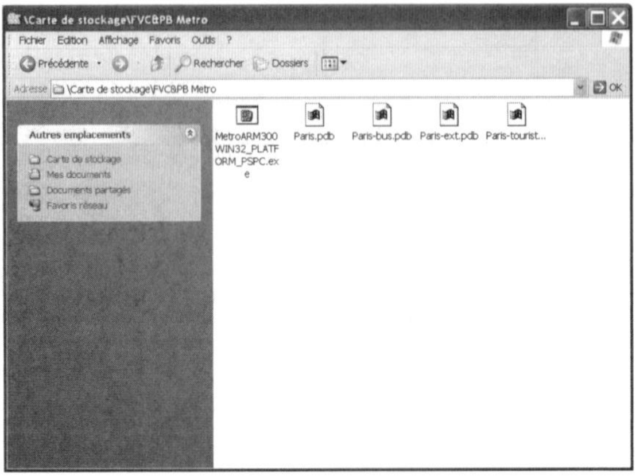

Vous avez maintenant installé votre logiciel. Nous pouvons commencer à l'utiliser.

Se déplacer dans le métro avec le logiciel METRO

Sélection du métro et mise à jour via Internet

L'installation étant maintenant réalisée nous allons passer à l'utilisation.

Lors de la première utilisation vous accédez directement sur l'écran de sélection du métro (option "réseau" quand vous êtes sur l'écran de navigation) que vous désirez utiliser. Cet écran permet aussi de réaliser la mise à jour du métro sélectionné via Internet.

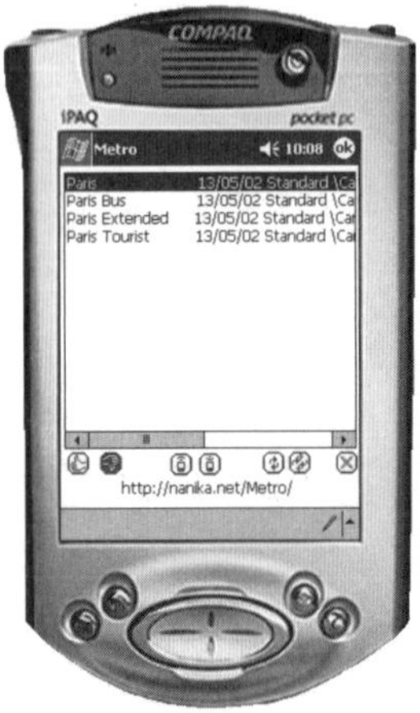

Pour sélectionner le métro, pointez avec votre stylet.

Vous avez plusieurs icônes au bas de votre écran :

- Les deux icônes avec le pouce levé ou baissé servent à valider votre sélection ou à annuler la sélection.
- Les icônes symbolisant un Pocket PC servent à transmettre ou à recevoir par infrarouge un métro. Ceci est à utiliser avec un autre Pocket PC.
- Les deux icônes représentant des flèches circulaires servent à aller chercher la dernière version du plan de métro via Internet. Celle de gauche ne va chercher que le plan sélectionné, et celle de droite va chercher la mise à jour de tous les plans de métro présents sur votre Pocket PC.

Concernant la connexion Internet, vous pouvez, soit utiliser une connexion via un réseau de téléphonie mobile (GSM, GPRS), soit utiliser directement la connexion Internet de votre PC, si votre Pocket PC est positionné sur sa base. La mise en œuvre d'Internet à travers votre PC de bureau est décrite sur ce site dans les "Aides et conseils".

Pointez maintenant sur le "Pouce vers le haut" et commençons à utiliser ce logiciel.

Utilisation du logiciel Métro

Vous voici positionné sur l'écran que vous verrez maintenant apparaître à chaque utilisation.

- Les deux parties du haut vous permettent de choisir la station de départ et d'arrivée.
- Le bouton "Itinéraire aller" permet de réaliser le calcul d'itinéraire aller. Le bouton "itinéraire retour" permet de réaliser le calcul d'itinéraire retour.

Vous verrez apparaître le trajet, très rapidement, avec en plus la durée estimée.

- Effacer, vous permet d'effacer les stations sélectionnées et de rechercher un autre itinéraire.
- Lignes de métro. Vous permet de faire s'afficher toutes les lignes de métro. En pointant dessus, vous verrez apparaître toutes les stations de métro de la ligne sélectionnée.

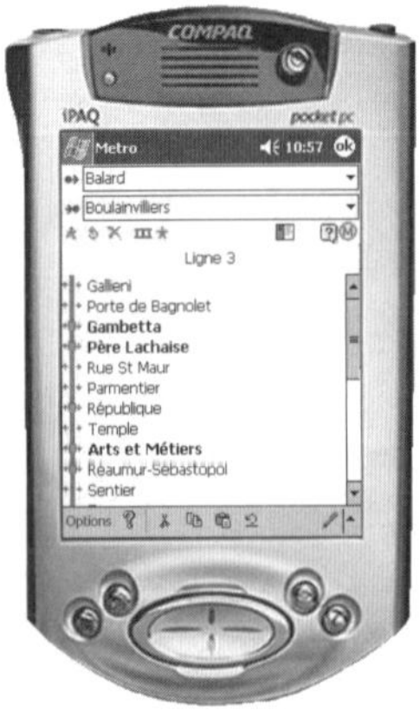

- Sites touristiques. Vous permet de voir apparaître les sites touristiques de la ville dans laquelle vous désirez vous déplacer. Cela sélectionnera automatiquement la station de métro correspondant à ce lieu.
- Contact. Vous permet de sélectionner le contact pour lequel vous avez positionné au préalable une station de métro. Nous vous détaillerons un petit peu plus loin comment réaliser cela.
- Page de présentation. Simple page de présentation du logiciel et de leurs auteurs.
- Réseaux. Vous permet de revenir à la page de sélection de réseaux de métro.

Associer une station de Métro à un contact Outlook

Comme nous l'avons vu précédemment, nous pouvons pour chaque contact de votre base de données de contacts, associer la station de Métro la plus proche.

Pour cela, la méthode est très simple. Vous ouvrez la fiche de votre contact, vous allez dans "Notes" et vous saisissez la station de métro de la façon suivante :

<Metro type="**business"** **city**="Paris"**>Montparnasse-bienvenue ;** Montparnasse 2-Gare TGV**</Metro**>

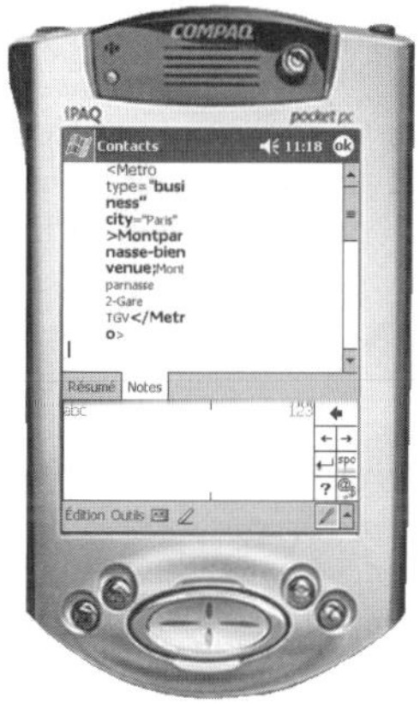

Le logiciel ainsi sélectionnera le réseau de Métro de Paris et la station de Métro "Montparnasse bienvenue" automatiquement comme point de départ ou d'arrivée.

Gérer vos stocks, vos inventaires ou autres avec un lecteur code barre

Vous gérez des milliers de références d'articles, vous réalisez la maintenance d'un gros parc informatique, vous avez besoin de faire l'inventaire de votre mobilier de bureau sur vos différents sites, vous gérez vos stocks dans vos linéaires... La liste des fonctions de l'entreprise qui nécessitent l'utilisation de codes barres est impressionnante et ne cesse de se développer avec l'utilisation de ces petits ordinateurs de poche dont la capacité ne cesse de croître de jour en jour.

La mise en œuvre de ce type de gestion est souvent fastidieuse et nécessite souvent des développements importants, avec des machines spécialisées. Comme toujours le Pocket PC vous apporte une solution simple et facile à mettre en œuvre.

Nous allons vous présenter une petite extension pour votre Pocket PC qui vous permettra de réaliser cette gestion très simplement en vous présentant le produit de la société Socket, le "Socket Bar Code Scanners". Pour vous présenter ce produit, nous avons utilisé un Ipaq et sa jaquette d'extension équipée d'un port CompactFlash.

Ceci vous permet d'acquérir simplement l'information de vos produits et ensuite de les déverser dans votre système de gestion d'entreprise via la synchronisation de votre Pocket PC. Mais nous pouvons aussi imaginer une consultation directe des niveaux de stock du produit. Laissons-nous aller au rêve et imaginons l'ensemble suivant :

Votre Pocket PC est équipé d'un lecteur code barre et il est équipé de la fonction pico réseau Bluetooth. Dans votre poche de chemise, vous avez un téléphone équipé de Bluetooth qui est GPRS. Vous avez installé un programme de gestion de stock sur votre Pocket PC, prévu pour se connecter au système de gestion de stock de votre entreprise. La lecture du code barre vous permet d'envoyer à travers la liaison Bluetooth et le GPRS une demande de niveau de stock à l'ordinateur de gestion de stock de votre entreprise, celle-ci vous est renvoyée par le même chemin. Sans rien faire, vous avez l'information instantanément au creux de votre main. Vous pouvez également imaginer ceci avec un Smartphone qui combine le téléphone et le Pocket PC.

Vous pourrez trouver ce produit à l'adresse suivante : www.socketcom.com.

Revenons à ce petit lecteur de code barre. Il s'insère dans le port d'extension CompactFlash de votre Pocket PC.

Vous avez fait le premier pas dans l'installation. Maintenant, déposez délicatement votre Pocket PC dans sa station d'accueil et insérez le CD-ROM dans le lecteur de votre PC de bureau.

Vous cliquez sur le programme "setup.exe", et ainsi vous débutez l'installation.

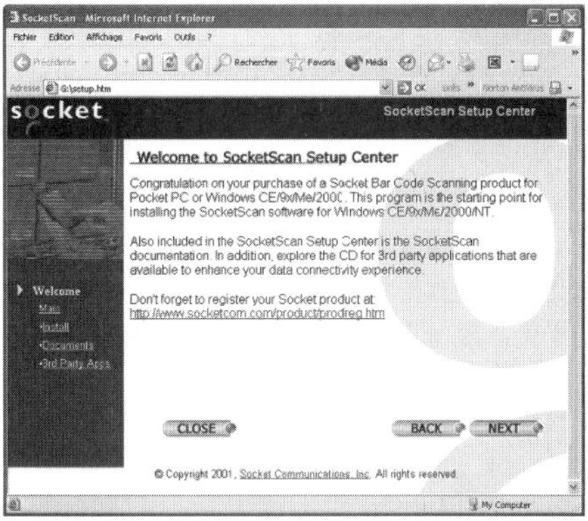

Suivez les instructions d'installation du logiciel. Après quelques étapes simples, vous parviendrez à l'étape d'installation du logiciel de gestion de votre lecteur code barre sur votre Pocket PC via ActiveSync.

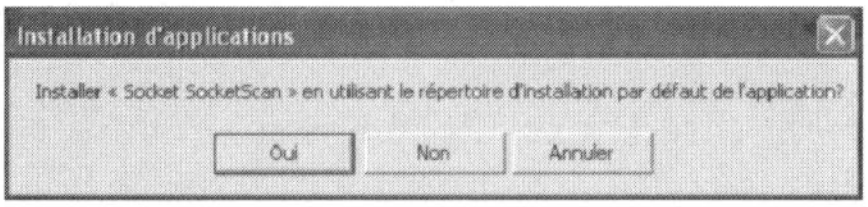

Après quelques instants, le message de fin d'installation apparaît. Le logiciel est installé. Vous pouvez maintenant l'utiliser.

Sur votre Pocket PC, dépliez le menu "Démarrer", sélectionnez l'option "Programmes".

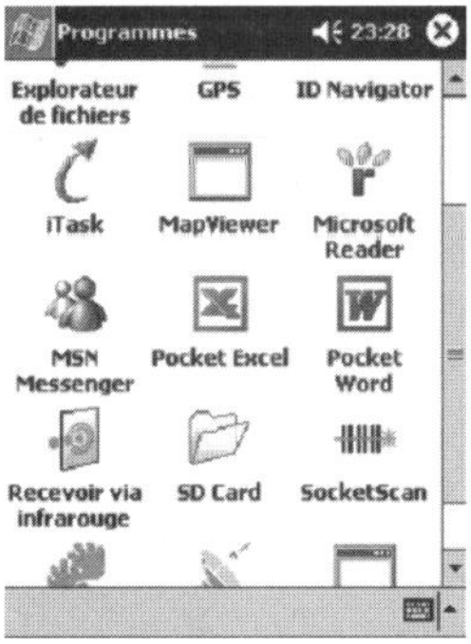

Pointez sur le programme "SocketScan". Votre lecteur code barre est maintenant actif. Si vous le désirez, vous pouvez faire en sorte que ce programme s'exécute automatiquement au lancement de votre Pocket PC (voir chapitre "Je gère mon Pocket PC").

Vous devrez ensuite définir le bouton de votre Pocket PC à utiliser pour déclencher le laser de votre lecteur code barre. Pour cela vous devrez définir le bouton dans les paramétrages de votre Pocket PC (voir le chapitre "Paramétrage de votre Pocket PC"). Une fois ceci réalisé, votre lecteur est prêt à l'emploi.

Pour vous présenter une mise en œuvre simple, nous allons utiliser Pocket Excel pour acquérir le code barre de votre livre préféré.

Nous allons ouvrir Pocket Excel et créer un tableau qui permet de saisir les codes barres de livres.

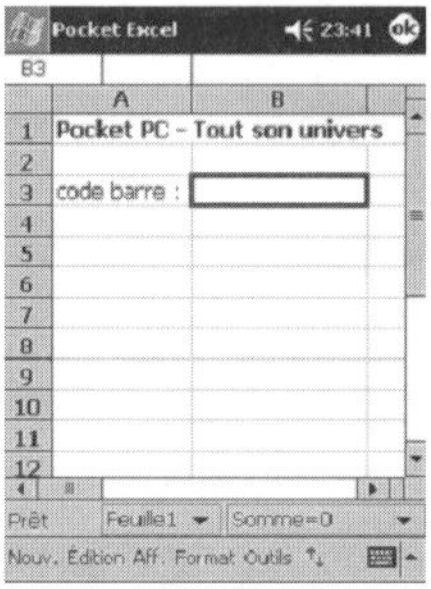

Prenez votre Pocket PC en main. Pointez sur la case où vous désirez insérer le code barre, puis appuyez sur le bouton que vous avez désigné pour déclencher le faisceau laser du lecteur.

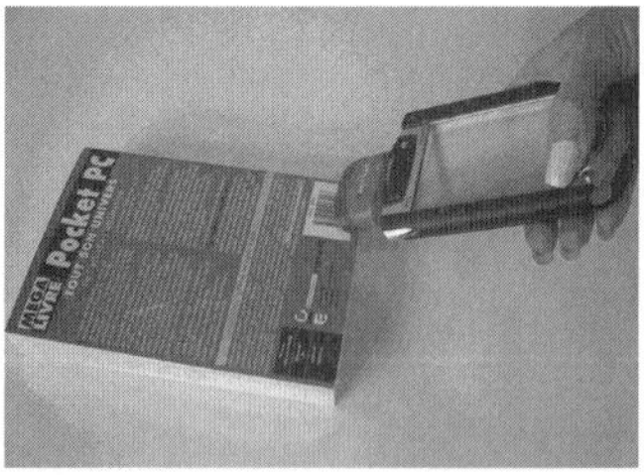

Vous verrez apparaître aussitôt la valeur du code barre dans la cellule du tableau.

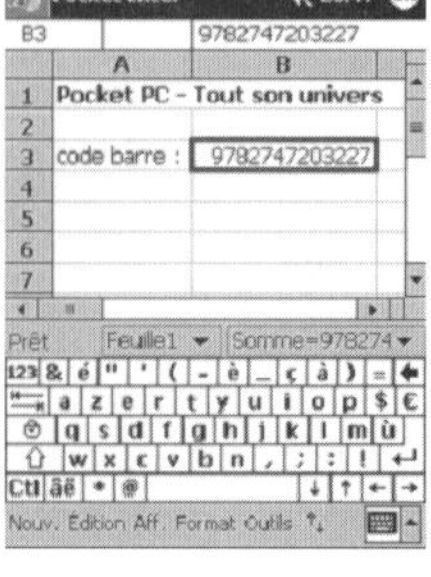

Utilisez et pilotez votre Pocket PC directement à partir de l'écran de votre PC de bureau

Vous avez posé votre Pocket PC dans sa station d'accueil, celui-ci communique avec votre PC de bureau, mais si vous voulez l'utiliser, vous devez le manipuler sur sa station d'accueil, ce que n'est pas toujours très pratique, vous en conviendrez.

La société Soti, et le responsable du développement de ce produit, Carl, un Canadien très sympathique, nous ont concocté pour un prix modique un logiciel qui deviendra très vite votre compagnon de tous les jours. Que ce soit pour un usage personnel ou un usage professionnel, les fonctionnalités de ce produit vous séduiront très rapidement. Sachez que ce livre a été réalisé avec ce logiciel, il en est de même pour les présentations réalisées sur le site des utilisateurs de Pocket PC

(`www.universpocketpc.com`).

Les fonctionnalités proposées sont les suivantes :

- Vous pouvez voir et manipuler votre Pocket PC à partir de l'écran de votre PC de bureau en utilisant votre clavier et votre souris et saisir vos données très rapidement en employant votre clavier de PC de bureau.
- Vous pouvez changer la taille de votre Pocket PC sur votre écran, grâce aux fonctions de zoom.
- Vous pouvez créer des vidéos au format de votre choix, permettant ainsi la formation ou des démonstrations.
- Vous pouvez gérer votre Pocket PC en employant des commandes DOS à partir de votre PC de bureau.
- Vous pouvez voir directement votre Pocket PC dans une "skin", c'est-à-dire dans votre Pocket PC favori.
- Vous pouvez visualiser votre Pocket PC à l'écran en mode paysage.
- Vous pouvez réaliser vos captures d'écran et les sauvegarder sur le disque de votre ordinateur.
- Vous pouvez aussi faire des transferts du presse-papier de votre Pocket PC vers votre PC de bureau, et inversement.
- Vous pouvez réaliser des transferts de fichiers à travers ActiveSync ou TCP/IP.
- Vous pouvez gérer la sécurité de votre Pocket PC en donnant la liste des personnes qui peuvent en prendre le contrôle à distance.
- Vous pouvez enregistrer et faire jouer des macros.
- Une fois téléchargé ce logiciel, vous pouvez commencer l'installation.

Vous avez cliqué sur le programme suivant : PCProSetup.exe, l'installation commence.

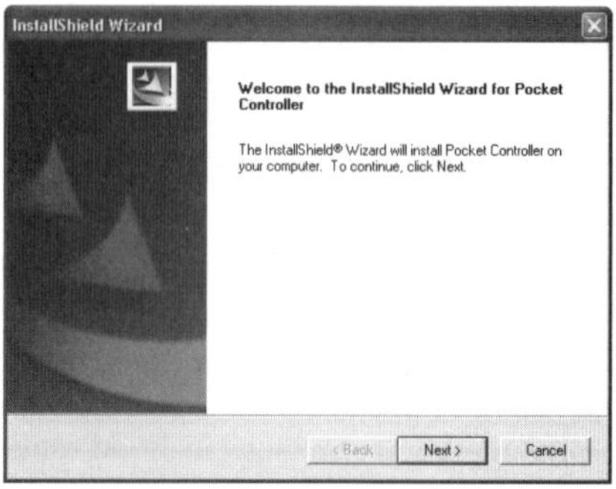

Cliquez sur le bouton "Next".

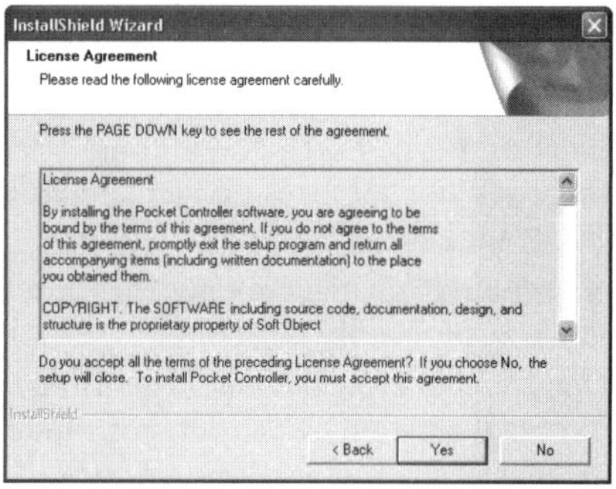

Lisez et acceptez les conditions de licences. Cliquez sur "Yes".

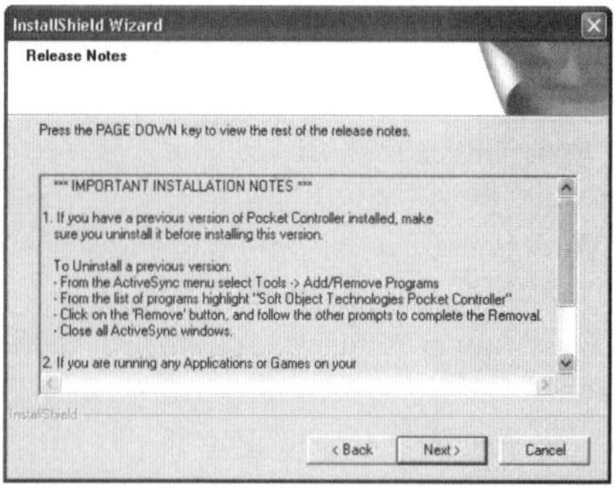

Prenez connaissance des notes d'installation de cette page et cliquez sur "Next".

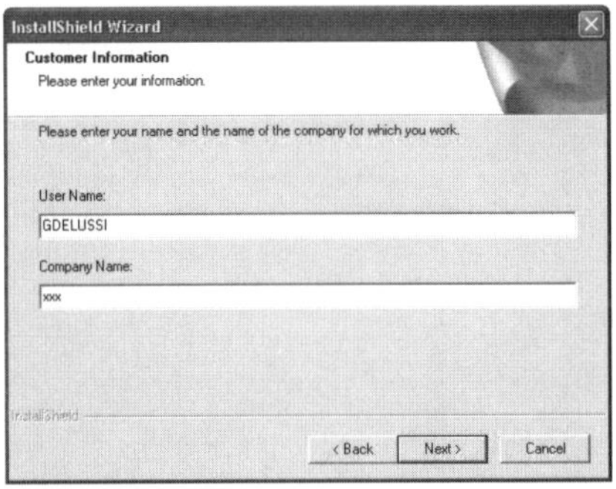

Saisissez votre nom d'utilisateur et le nom de votre entreprise. Cliquez sur "Next".

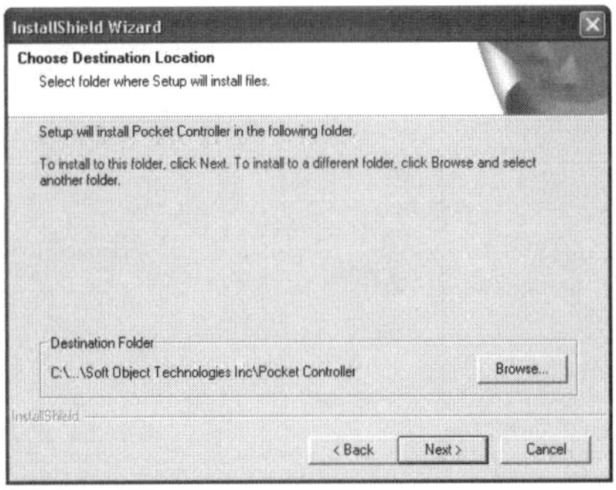

Choisissez le répertoire d'installation du logiciel, ou laissez-le s'installer dans le répertoire d'installation des programmes standard de Windows. Cliquez sur "Next".

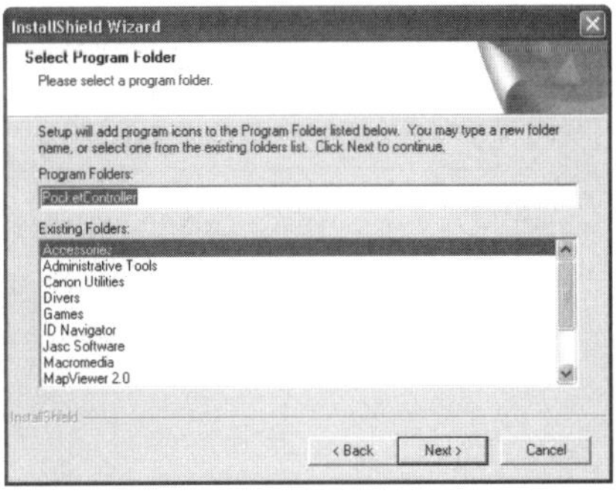

Choisissez le nom sous lequel vous désirez voir apparaître le nom du dossier contenant le programme dans votre menu "démarrer". Cliquez sur "Next".

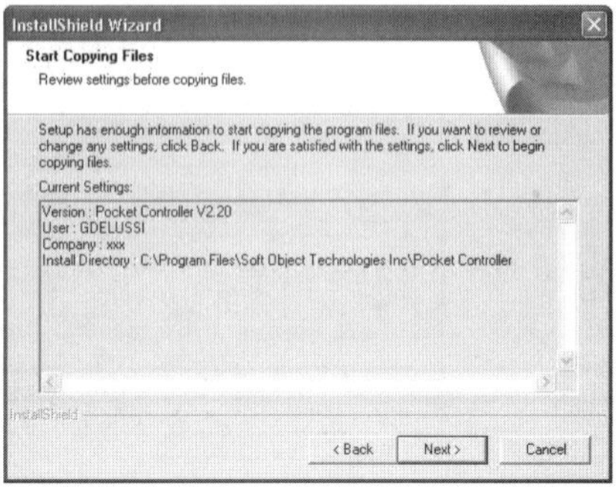

Vous voyez s'afficher la synthèse de votre installation. Cliquez sur "Next".

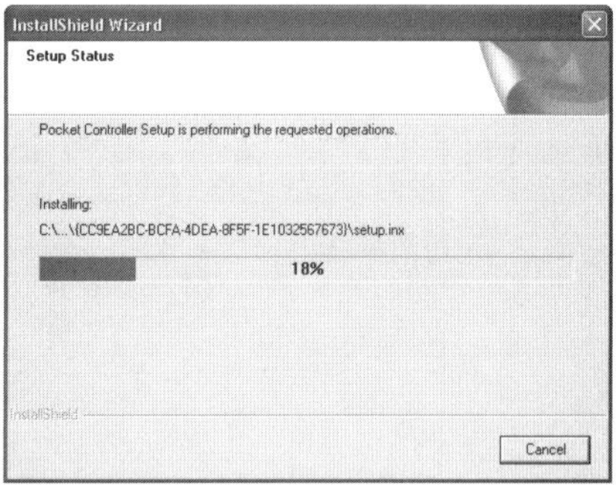

Les programmes s'installent maintenant sur votre PC de bureau.

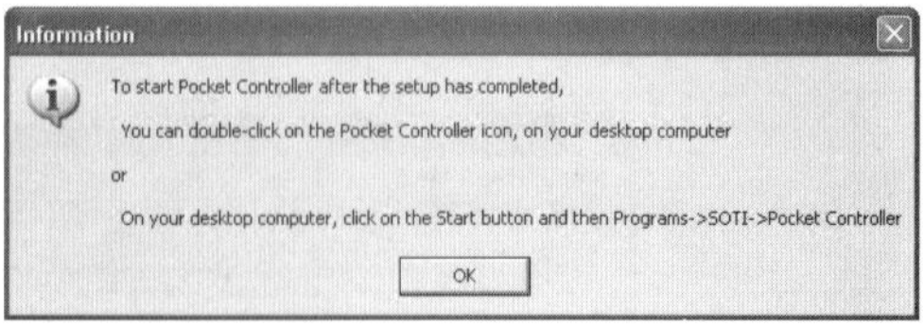

Cliquez sur "Ok", le logiciel va maintenant s'installer sur votre Pocket PC.

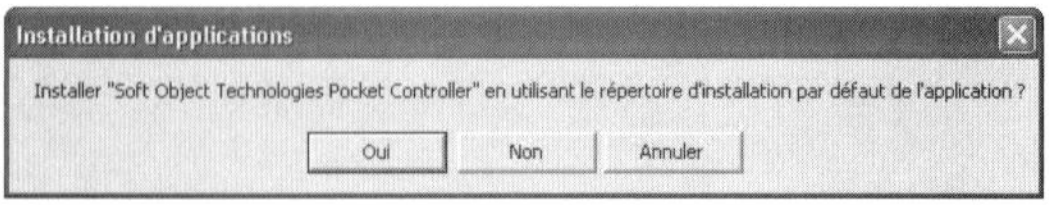

Choisissez le répertoire d'installation par défaut si vous souhaitez installer ce logiciel dans la mémoire de votre Pocket PC. Si vous possédez des cartes mémoire additionnelles de type SD ou compact Flash, vous devrez répondre "Non".

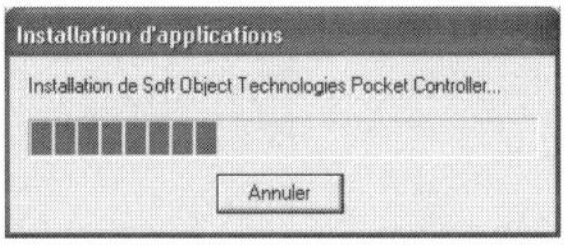

Le logiciel est maintenant en cours de copie dans le répertoire d'installation de "ActivSync", pour préparer l'installation sur votre Pocket PC.

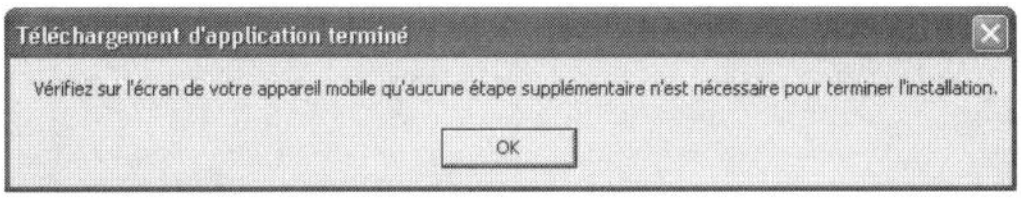

Vous devrez valider l'installation de ce logiciel sur l'écran de votre Pocket PC.

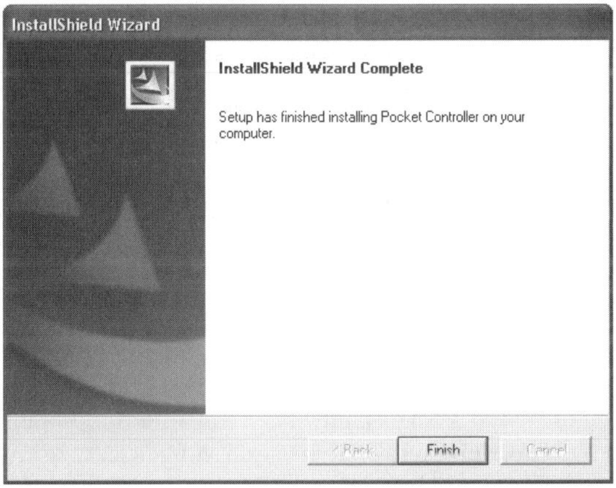

Vous avez maintenant installé ce logiciel, nous allons commencer à l'utiliser.

Paramétrage de Pocket Controller

Afin de tirer parti de toutes les possibilités de cet excellent logiciel, nous vous proposons de passer en revue les différentes options de paramétrage.

Au lancement du logiciel, vous verrez apparaître l'écran suivant :

Dépliez le menu "Tools" et choisissez l'option "Configure"

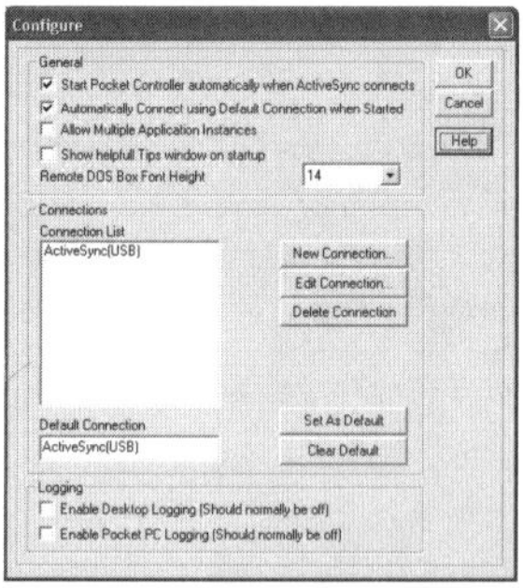

Vous voici paré pour le paramétrage. Voici le détail des options :

- "Start Pocket controller...". Cette option permet le lancement de Pocket Controller dès que vous insérez votre Pocket PC dans sa station d'accueil.
- "Automatically Connect...". Ceci permet de lancer la connexion par défaut que vous aurez définie pour votre Pocket PC. Ceci a de l'importance lorsque vous avez plusieurs Pocket PC
- "Allow Multiple ...". Ce paramètre vous permet de gérer plusieurs Pocket PC à travers le réseau de votre entreprise.
- "show helpfull...". Ceci permet de vous afficher des aides et conseils lors de démarrage du programme.
- "Remote DOS...". Ceci permet de définir la police de caractères utilisée lorsque vous décidez d'intervenir sur votre Pocket PC à travers une fenêtre de commande DOS.

- "Connections". Cette partie vous permet de définir les paramètres de gestion de vos connexions avec vos Pocket PC. Par défaut, il vous est présenté dans la liste, la connexion qui a été utilisée lors de l'installation de Pocket Controller sur votre Pocket PC.

Cliquez sur la connexion présentée, puis cliquez sur le bouton "Edit Connection...". Vous verrez apparaître l'écran suivant :

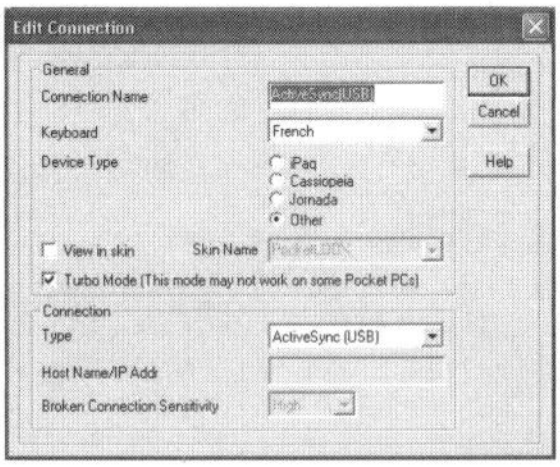

- "Connection Name", est le nom que vous donnerez à votre connexion.
- "Keyboard", vous permet de choisir le clavier correspondant à la langue utilisée.
- "Device type". Vous avec le choix entre deux modes d'utilisation de votre Pocket PC sur votre écran. Soit dans la petite fenêtre d'affichage du logiciel, soit apparaissant directement sous la forme de votre Pocket PC. Les deux illustrations ci-après vous permettront de comprendre ces propos.

L'affichage normal, vous permet de gérer votre Pocket PC dans cette fenêtre.

L'affichage en mode "Skin", vous permet de gérer l'affichage de votre Pocket PC de cette façon :

- "View in skin". Vous activez cette option pour voir s'afficher votre écran de Pocket PC dans la "skin" de votre choix.
- "Turbo Mode". Accélère la connexion entre votre PC de bureau et de votre Pocket PC.
- Connexion vous permet de choisir si votre connexion se réalise via USB, le port série, le réseau local de l'entreprise,...

Vous ne devez pas paramétrer les options relatives au "login", ceci ne servant qu'au personnel de support de la société SOTI.

Utilisation de Pocket Controller

Vous avez paramétré votre logiciel, nous allons maintenant commencer à l'utiliser.

Le bureau de votre PC se présente maintenant comme ceci (utilisation du mode skin).

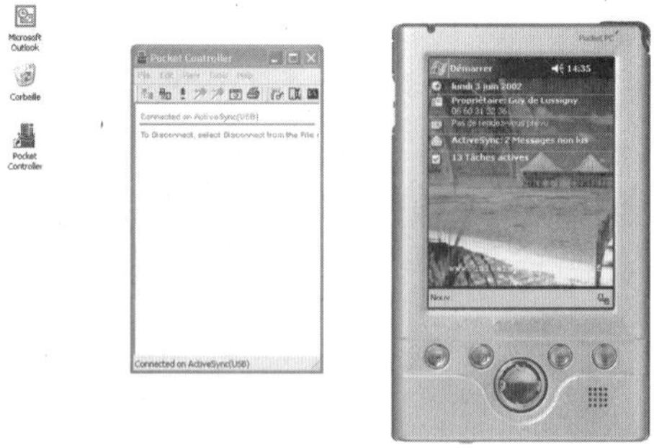

L'écran de gauche permet d'accéder aux options du logiciel, l'écran de droite permet l'utilisation de votre Pocket PC.

Pour l'utiliser, déplacez le pointeur de votre souris comme si celui-ci était un stylet. Il en est de même pour la saisie des éléments. Dans l'illustration suivante, nous avons saisi directement un texte avec le clavier de notre PC de bureau. Vous pourrez noter que les boutons de votre Pocket Pc fonctionnent eux aussi.

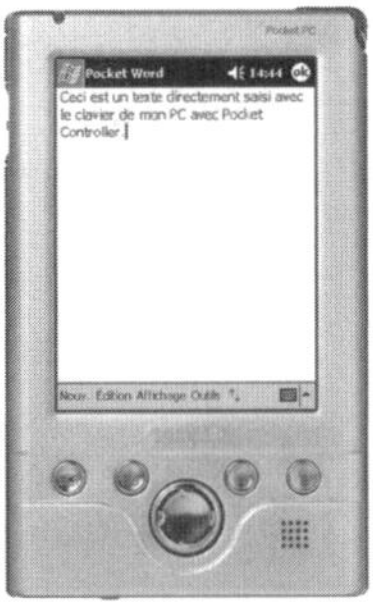

Utilisation globale de Pocket Controller

L'utilisation de votre Pocket PC avec votre souris et votre clavier sur l'écran de votre PC de bureau n'est pas la seule possibilité de ce logiciel décidément vraiment très pratique.

Nous allons découvrir ensemble toutes les fonctions vraiment avancées de gestion de votre Pocket PC.

Faire des copies d'écran de votre Pocket PC

Voici une fonction vraiment très pratique pour les gens qui font des documentations et des livres. Vous pouvez capturer l'image de votre écran directement à partir de Pocket Controller. Vous utilisez pour cela les deux options suivantes du menu "Edit".

La première vous permet de copier l'écran dans le "clipboard" de votre Pocket PC, la seconde vous permet de le copier dans celui du PC de bureau. Il ne vous reste plus qu'à utiliser l'option "coller" dans le logiciel de votre choix. Nous avons fait ce livre entièrement avec ce procédé.

Zoomer sur votre Pocket PC

Tout le monde n'appréciant pas toujours les caractères microscopiques à l'écran, vous pouvez faire un zoom complet de votre écran, mais aussi visualiser le Pocket PC en mode paysage. Voici ce que cela donne en mode paysage et agrandi :

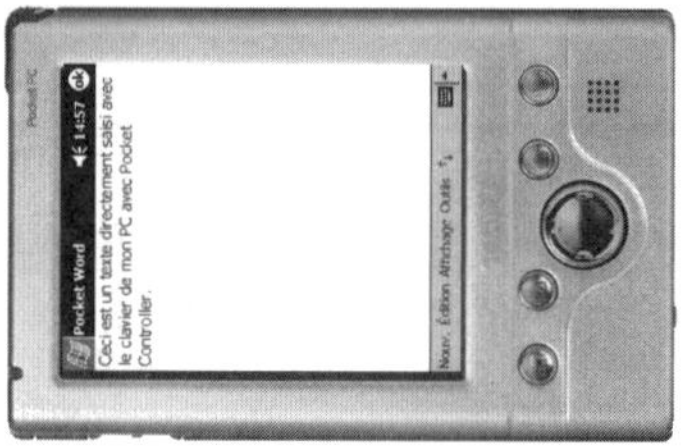

Ceci peut être utile pour des jeux par exemple, ou pour regarder des vidéos.

Les outils

Les outils sont aussi assez riches. L'option "Security" vous permet de saisir des mots de passe associés à des connexions.

- "Status" vous permet de connaître la synthèse d'utilisation de votre Pocket PC depuis l'ouverture de la cession.

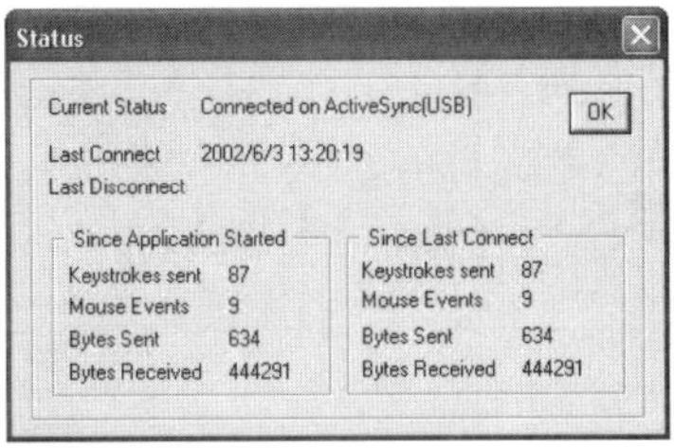

- "Explore". Permet d'accéder au système de gestion de fichiers de votre Pocket PC.
- "Pocket Manager" vous permet de connaître ce qui se passe dans votre Pocket PC et de manipuler les programmes actifs.

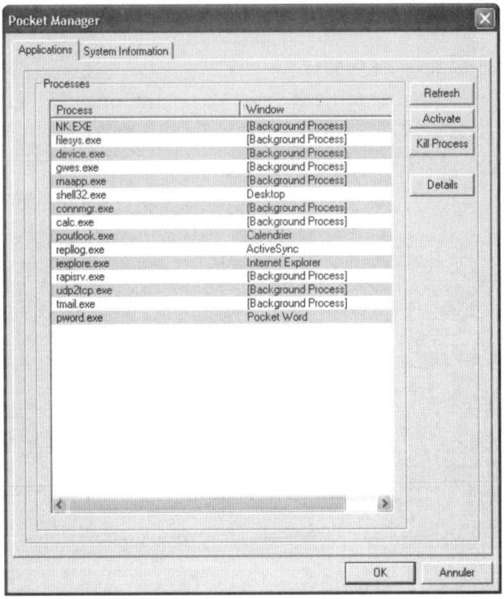

Et de connaître la synthèse "système" de votre Pocket PC.

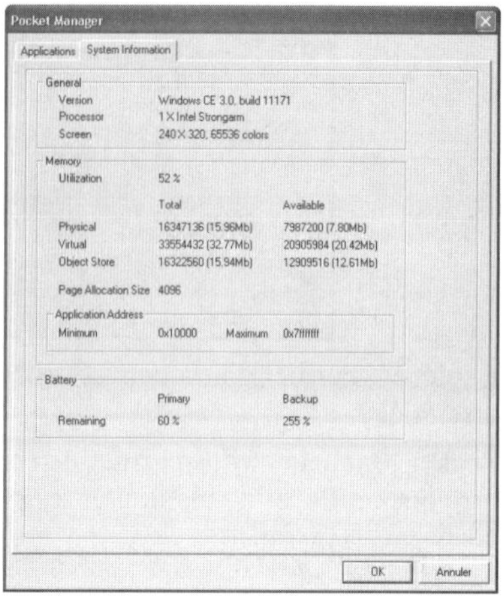

- "Remote DOS box". Ceci vous permet de manipuler votre Pocket PC directement avec les commandes MS-DOS classiques. Dans le cadre de notre exemple, nous avons tapé une commande "dir" pour obtenir la liste des fichiers dans le répertoire où nous étions situés.

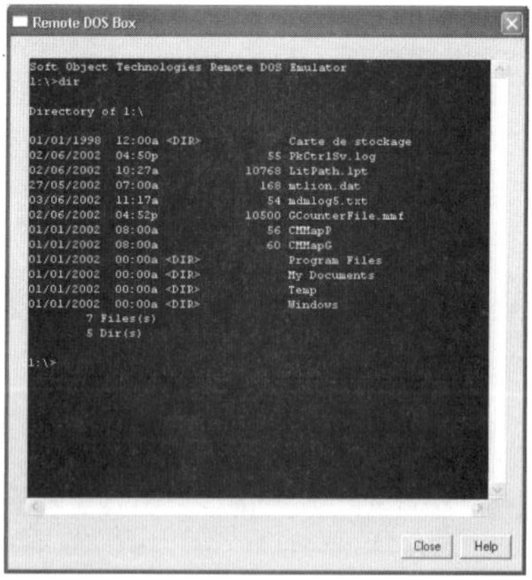

- "vidéo". Cette option permet purement et simplement d'enregistrer des vidéos de la manipulation de votre Pocket PC. Tout ce que vous ferez sera enregistré en format AVI sur votre PC. Vous pourrez ainsi réaliser vos présentations, formations, etc. les stocker sur votre PC de bureau et les présenter avec un vidéo-projecteur en utilisant Windows média.
- "Macro". Permet d'enregistrer toutes les actions que vous réalisez et de pouvoir les refaire faire à votre Pocket PC autant de fois que vous le désirez.

Dopez votre Pocket PC grâce aux outils de communication

Transformez votre Pocket PC en téléphone GSM/ GPRS tri-bande, c'est-à-dire en Smartphone

L'intégration du Pocket PC et de la téléphonie

Votre petite machine prend vraiment toute son ampleur quand elle n'est pas seule. Le premier pas vers une utilisation communicante est la connexion avec votre PC de bureau, mais ceci n'est qu'un pâle succédané de ce que la communication via des ondes radio va pouvoir apporter.

En effet, la généralisation d'Internet permet l'utilisation et l'accès à la plus phénoménale banque de données (au sens large) que notre planète n'ait jamais portée. Et cette information, grâce à la généralisation du numérique, vous parvient sous forme multimédia en une combinaison d'images, de sons et d'écrits.

Internet a aussi conduit les éditeurs de logiciels et les concepteurs de systèmes d'information à envisager une nouvelle forme de typologie d'architecture informatique, le "client léger". Un terme barbare de plus, mais que nous allons démystifier ensemble. Le "client léger" est tout simplement l'utilisation de "Internet explorer" comme support de fonctionnement d'un logiciel. Le logiciel n'est pas installé sur votre machine, mais est transféré par Internet pour que vous puissiez l'utiliser. Votre Pocket PC via Internet Explorer exécute le programme, mais les données sont sur le serveur Internet. Les serveurs Internet et de données sont hébergés quelque part sur la planète, sans que la notion de distances ait la moindre importance puisque le transit des programmes et des données s'effectue à travers le réseau des réseaux : Internet.

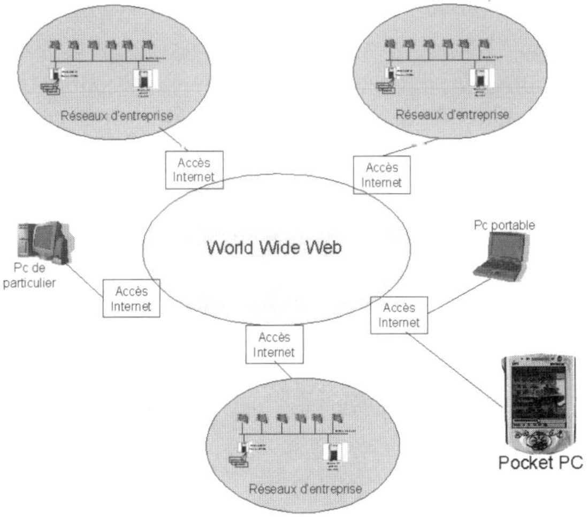

Aujourd'hui l'accès à Internet via le téléphone mobile s'avère fastidieux car le tuyau permettant le transit de ces données est beaucoup trop petit. Le Wap a été une cuisante expérience des opérateurs qui ont constaté que trop de lenteur d'accès interdit une utilisation réelle de l'accès à l'information.

La téléphonie mobile actuelle est dotée de deux modes de communication : la communication de type voix (ce qui vous permet de téléphoner) et la communication de type données (data pour les anglophones spécialistes).

Ce qui est important pour les utilisateurs de mobilité, c'est le débit qu'autorise le tuyau dans lequel transitent les données numériques à transférer. Le GSM permet 9,6 Kb/s, en traduction, 9600 kilos bits par seconde. Pour vous situer où se situe le problème, le réseau local de votre entreprise permet des débits de 10 Méga bits par seconde. Le modem de votre PC qui vous paraît très lent permet un débit de 57 Kb/s et l'ADSL qui nous étonne tous par sa rapidité 608 Kb/s. Le GPRS va changer cela, puisque dans sa première commercialisation le débit sera d'environ 25 Kb/s et ira progressivement jusqu'à 115 Kb/s, des débits largement suffisants pour alimenter les différentes fonctions relatives à la mobilité que vous aller pouvoir utiliser dans le cadre de votre vie quotidienne, que ce soit pour votre vie privée ou professionnelle.

A cela s'ajoute un autre facteur, la taille de ce qui doit transiter à l'intérieur du tuyau. Sur votre PC de bureau, l'image doit être de la taille de l'écran et avec une très bonne définition. Pour votre Pocket PC, l'écran est beaucoup plus petit et la définition est moindre que sur votre PC. Ceci implique que les informations à faire transiter pour arriver sur votre Pocket PC sont beaucoup plus petites et nécessitent un tuyau plus petit que pour votre PC.

Ceci étant posé, regardons ensemble comment va pouvoir se réaliser l'intégration de la radio communication mobile et de votre Pocket PC dans le cadre de votre mobilité.

Il existe plusieurs voies pour le mettre en œuvre :

- Utilisation de votre téléphone mobile GSM/GPRS et de votre Pocket PC en utilisant les ports infrarouges de vos deux appareils.
- Utilisation de votre téléphone mobile GSM/GPRS et de votre Pocket PC via une connexion radio Bluetooth (voir description de ce qu'est Bluetooth).
- Utilisation avec une jaquette de communication GSM/GPRS (voir la description de la jaquette GSM/GPRS pour Ipaq).

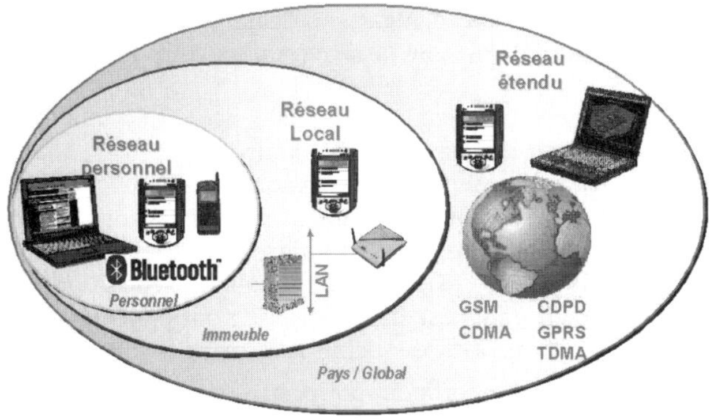

La jaquette GSM/GPRS Compaq IPAQ

Avec l'arrivée de cette jaquette, votre Pocket PC va pénétrer avec vous dans une autre dimension, celle de la communication. Grâce à elle, nous allons pouvoir téléphoner dans le monde entier et accéder à Internet avec un seul appareil, votre SmartPhone. Oui car l'association de votre Ipaq et de votre jaquette donne un SmartPhone.

En introduisant votre Pocket PC dans votre jaquette il subit une mutation et devient un des objets les plus communicantsde du moment :

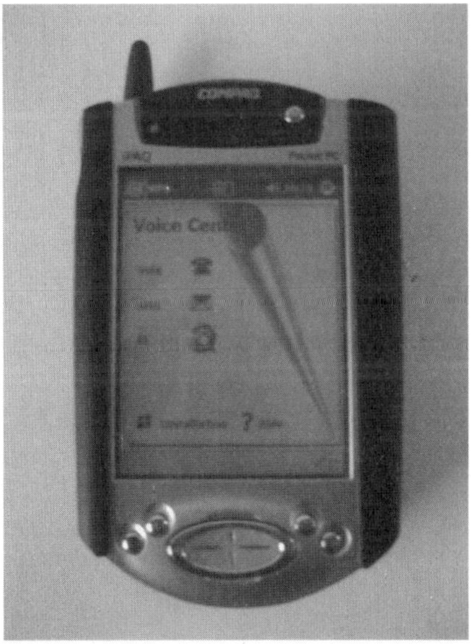

Avec cet ensemble vous pénétrez dans un nouveau monde de communication.

Mais tout d'abord, regardons de quoi est constitué cet ensemble logiciel et matériel qui vient de se rajouter à votre Ipaq :

Cette jaquette est constituée :

- ❑ D'un élément radio très complet, il est tri-bande (1900 Mhz, norme américaine, 900 Mhz norme GSM et 1800 norme DCS 1800 utilisée par Bouygues Telecom et maintenant tous les opérateurs de téléphonie mobile). Vous pourrez grâce à elle communiquer sur toute la planète, excepté le Japon qui possède sa propre norme. Cet élément radio est aussi GPRS et vous permettra de vous connecter à Internet avec des débits largement améliorés par rapport au GSM.
- ❑ D'un support pour pouvoir insérer la carte SIM de votre opérateur de téléphonie mobile.
- ❑ D'un micro et d'un haut-parleur pour pouvoir téléphoner.
- ❑ D'une batterie qui vient en complément de celle de votre Pocket PC et qui permettra d'alimenter la jaquette.

Votre jaquette est livrée avec un logiciel Compaq, qui s'installe automatiquement, mais vous pourrez aussi utiliser tous les autres logiciels qui utilisent la communication par téléphone mobile, modem, etc. Vous pourrez en découvrir une sélection sur le site www.universpocketpc.com

A la découverte de votre Jaquette GSM / GPRS

Découvrons ensemble à quoi ressemble ce petit bijou de technologie.

Elle ressemble aux autres jaquettes que fabrique la marque Compaq et permet d'insérer votre Ipaq à l'intérieur. Nous voyons en haut à gauche la petite antenne utilisée par la partie radio.

Nous pouvons la voir ici à côté de l'Ipaq. Vous apercevrez le petit tiroir permettant l'insertion de la carte SIM dans la jaquette.

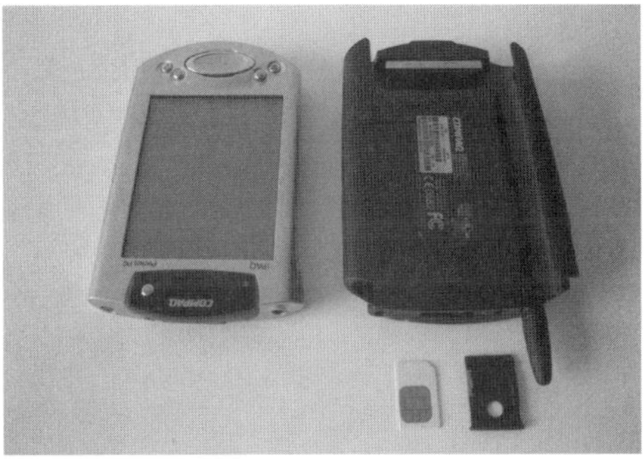

La carte Sim, un fois insérée dans son support, doit être introduite dans son réceptacle situé à gauche du bouton d'éjection.

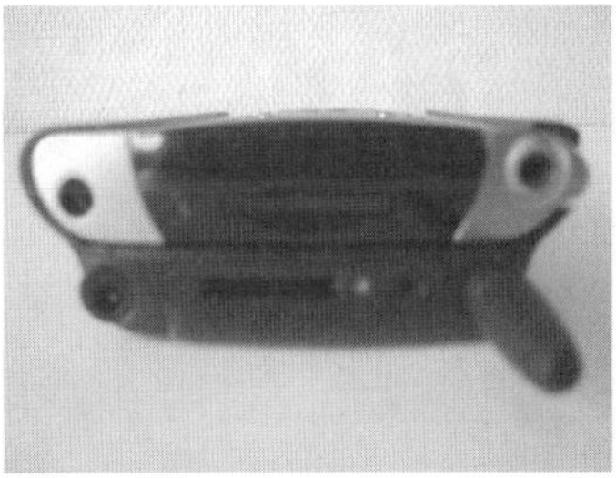

L'introduction de votre Ipaq dans la jaquette ne prend que quelques secondes et l'installation du logiciel sur votre Ipaq se réalise automatiquement sans intervention de votre part.

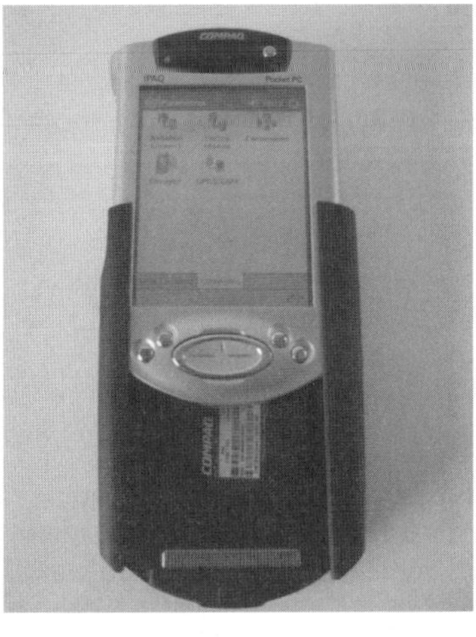

Vous obtiendrez alors le résultat suivant :

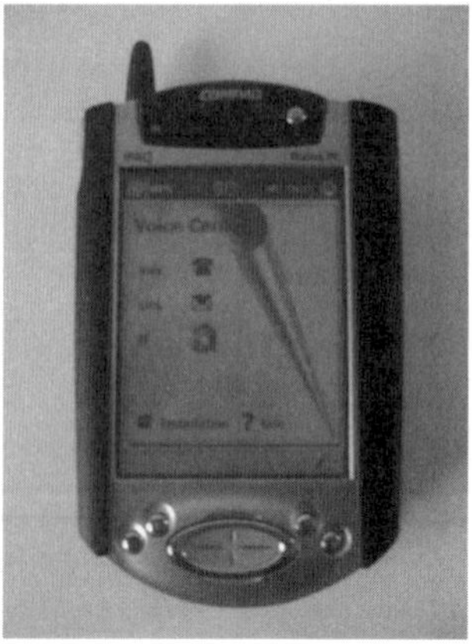

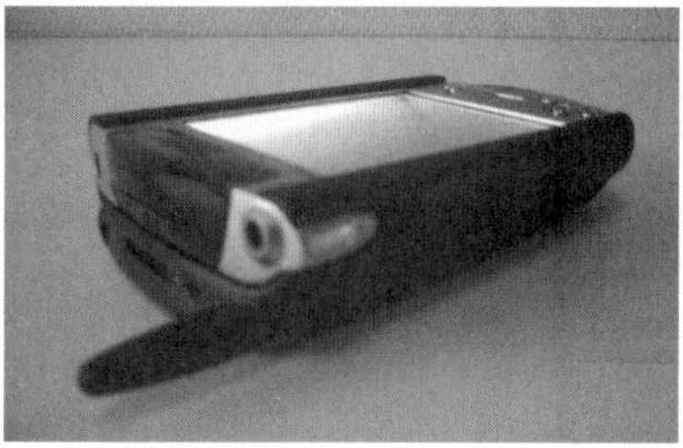

Une des particularités de cette jaquette est que vous téléphonez avec le dos de la jaquette. Les fonctions de manipulation de votre téléphone se réalisent avec l'écran de votre Ipaq pour la composition des numéros de téléphone… Mais par contre vous téléphonez en utilisant le haut-parleur et le micro au dos de la jaquette.

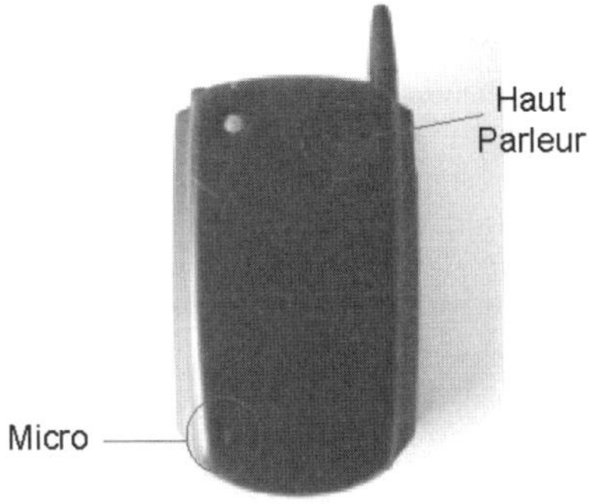

Passons maintenant à la partie logicielle.

L'installation de votre jaquette est très simple. Vous insérez votre carte SIM, puis votre Ipaq dans la jaquette. Après quelques secondes, votre jaquette installera automatiquement le logiciel sur votre Ipaq sans que vous n'ayez absolument rien à faire. Puis vous verrez apparaître l'écran suivant :

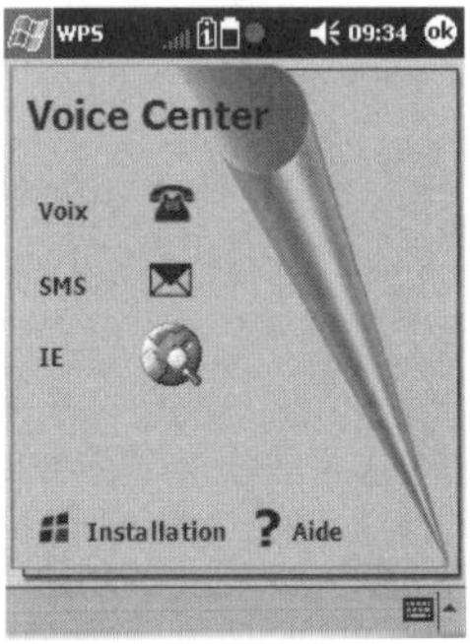

Vous pourrez appeler cet écran en pointant sur les icônes relatives à votre jaquette dans la barre de menu du haut de votre écran.

Vous verrez en haut de votre écran sur la barre de menu apparaître 4 icônes supplémentaires.

Les petites barres matérialisent le niveau de réception de la partie téléphonie comme sur votre téléphone, les deux icônes suivantes vous permettent d'accéder à l'aide en ligne et matérialise le niveau de votre batterie (batterie de la jaquette et non pas la batterie de votre Pocket PC) et le petit rond vert matérialise si la partie téléphone mobile de votre jaquette est en fonction (saisie du code PIN et connexion au réseau).

Mise en route de votre Smartphone, partie communication Radio
Nous allons mettre en fonction notre Smartphone. Pour cela pointez sur l'icône voix de l'écran.

Vous verrez apparaître une demande classique de la part des téléphones mobiles, la saisie de votre code PIN.

Saisissez votre code et appuyez sur OK. Votre code PIN va être vérifié.

Votre Smartphone est maintenant opérationnel :

Vous pouvez dès à présent téléphoner et recevoir des appels téléphoniques. L'ensemble de l'installation et de la mise en route a pris moins d'une minute, un modèle du genre.

Toujours dans l'optique de la simplicité, votre jaquette va accéder à votre carte SIM et va regarder si celle-ci ne contient pas déjà des SMS (Short Message System), car les SMS sont écrits non pas dans votre téléphone mobile, mais sur votre carte SIM. Si c'est le cas, elle vous proposera d'elle-même de récupérer ces SMS. L'invite n'est pas forcément très sibylline, mais l'effet garanti !

Répondez OUI sans hésiter à la question posée. Les messages sont maintenant en cours de récupération.

Vous revenez ensuite à l'écran de votre Smartphone.

Pour composer votre numéro de téléphone, vous pouvez utiliser votre stylet ou votre doigt, au choix. Les touches sont suffisamment grandes pour que l'on puisse le faire. Une fois tapé votre numéro de téléphone, appuyez sur la touche avec le combiné vert. N'oubliez pas que pour téléphoner, vous devez ensuite retourner votre Pocket PC car le micro et le haut-parleur sont situés à l'arrière de la jaquette !

Voilà pour la partie téléphonie vocale de base.

Bien sûr vous pouvez utiliser la base de données de vos contacts pour téléphoner. Pour y accéder, vous pointez sur le bouton symbolisant un livre ouvert. Vous arrivez directement sur la partie contact de votre Pocket PC.

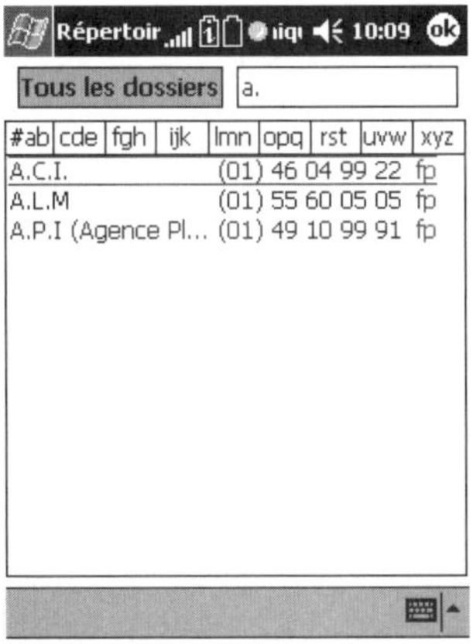

Pour composez directement le numéro de téléphone de votre correspondant, pointez sur le contact de votre choix, et la composition du numéro se fera automatiquement.

Pour finir avec cet écran de composition vocale, vous pouvez voir en bas à droite deux flèches. La flèche pointant vers la gauche vous permet d'effacer les chiffres tapés, un à un, et la flèche indiquant une direction vers la droite vous permet d'accéder à vos numéros favoris, au numéro des urgences ainsi qu'à votre messagerie vocale.

La gestion des SMS

Les SMS sont ces petits messages courts que l'on peut envoyer avec son téléphone mobile, et qui connaissent un succès sans cesse croissant. Mais au lieu de passer votre temps à appuyer plusieurs fois sur la même touche pour voir apparaître la lettre désirée, vous pourrez ici saisir votre texte directement avec le clavier virtuel ou le mode de reconnaissance d'écriture de votre choix.

Pour y accéder, utilisez le menu qui se déplie en haut de votre écran en pointant sur une des icônes de la barre de menu du haut de votre écran et en sélectionnant l'option Voice Center.

Vous revenez au menu général du logiciel de votre jaquette :

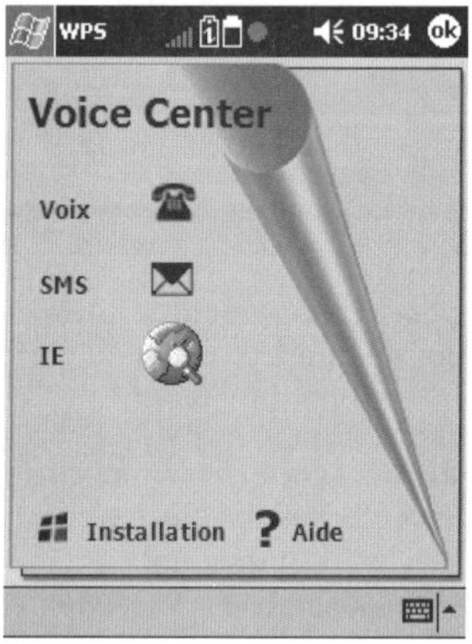

Pointez sur l'icône "SMS"

Vous verrez apparaître les SMS qui ont été reçus :

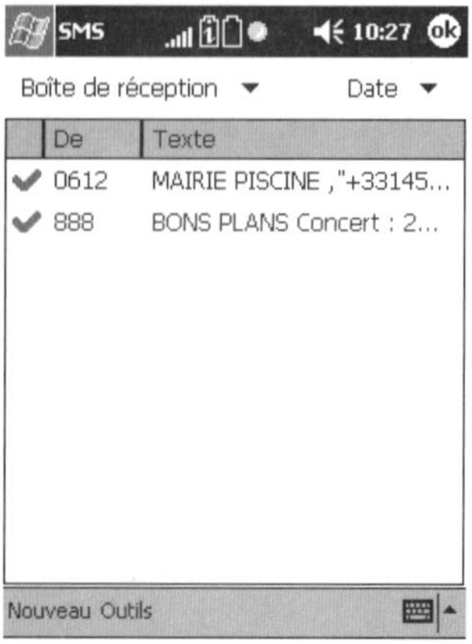

Vous pouvez également faire des tris ou consulter la boîte d'envois (les SMS en attente d'émission).

En pointant sur le SMS désiré, vous en verrez apparaître le contenu.

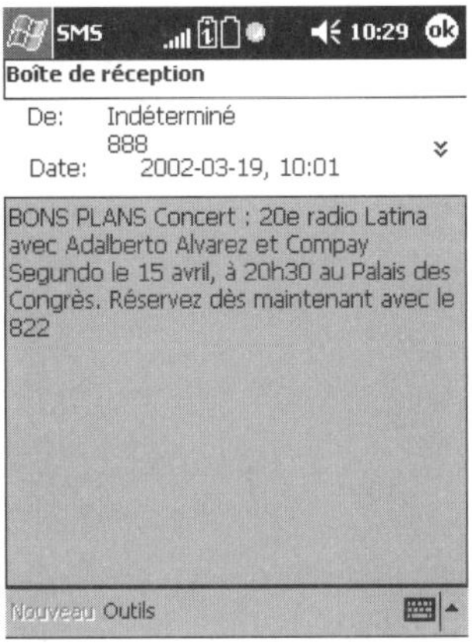

Vous pourrez grâce aux options du menu répondre à ce SMS, le transférer, appeler la personne qui a émis le SMS, le supprimer ou l'archiver dans un répertoire en tant que note que vous pourrez consulter par la suite.

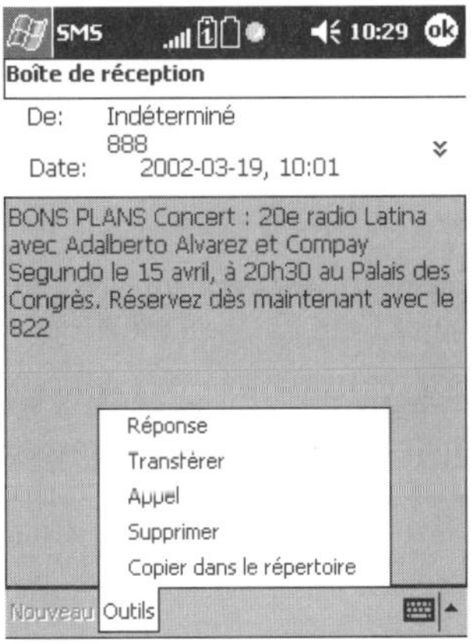

Vous pouvez aussi rédiger très simplement un SMS en utilisant les aides.

Vous pouvez bien sûr rechercher le numéro de téléphone de votre correspondant dans votre base de contacts en pointant sur la flèche symbolisant un menu déroulant. Utilisez des modèles prédéfinis pour commencer à rédiger le corps de votre message. Ce sont des modèles prédéfinis ou que vous pourrez créer vous-même.

L'envoi se fera automatiquement à validation de votre message.

La partie données GSM et GPRS

Nous avons passé en revue les grandes fonctions vocales, maintenant nous allons découvrir ce qui est vraiment un plus dans le cadre de l'utilisation de cette jaquette, la partie données, que ce soit en mode GSM ou GPRS.

Si vous le désirez, vous pourrez découvrir ce que sont les réseaux GSM et GPRS sur ce site en cliquant sur ces liens : GSM - GPRS.

En termes de paramétrages, ceux-ci sont les mêmes que vous avez déterminés dans le cadre de l'utilisation de votre Ipaq avec votre téléphone mobile via les ports infrarouges. La mise en œuvre détaillée de cette connexion à Internet, y compris l'abonnement à Internet, vous sont décrits au chapitre "Mise en œuvre de la communication globale de votre Pocket PC et de votre ordinateur de bureau".

Que ce soit en utilisation GSM ou GPRS, l'utilisation de la partie DATA est strictement la même pour vous, une fois le paramétrage réalisé. A une nuance près cependant, c'est que chaque fois que vous voudrez vous connecter à Internet pour récupérer vos mails, surfer, utiliser vos logiciels en mode "client léger", la carte GSM se connectera au réseau, alors que si vous êtes en GPRS, votre Pocket PC est connecté en permanence.

Pour y accéder, utilisez le menu qui se déplie en haut de votre écran en pointant sur une des icônes de la barre de menu du haut de votre écran en sélectionnant l'option Voice Center.

Vous revenez au menu général du logiciel de votre jaquette :

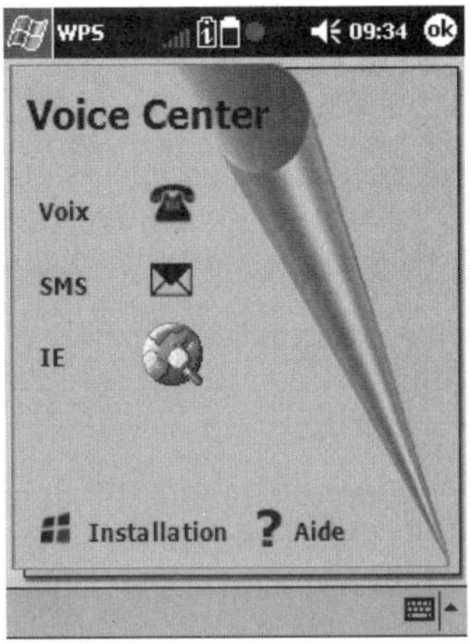

Pointez sur l'icône IE du menu.

Vous arrivez directement à la page d'accueil d'Internet Explorer de votre Pocket PC.

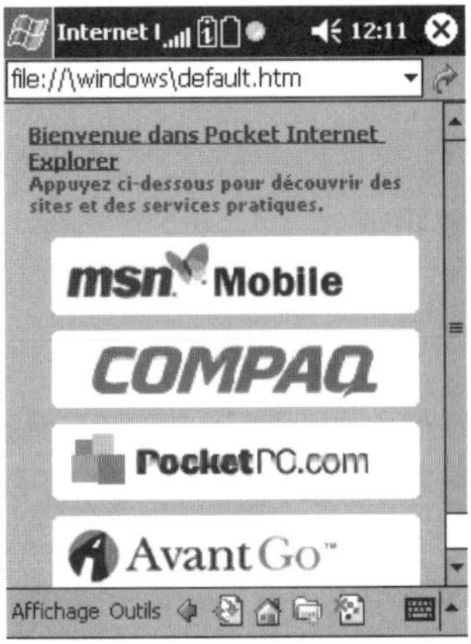

Vous pourrez y découvrir les 4 sites présélectionnés pour vous par Microsoft.

En pointant sur un des liens proposés, vous accédez à la page d'information de ce site. En pointant sur le lien pour accéder au site, vous voyez automatiquement votre Pocket PC établir la communication sur le réseau si elle n'était pas déjà établie, que ce soit en GSM ou en GPRS.

Les notifications suivantes vont apparaître sur votre écran :

Pour commencer, l'établissement de la connexion.

Que fait votre machine ?

Elle établit un lien entre la partie radio de votre jaquette et l'antenne de réception du réseau mobile la plus proche (l'antenne s'appelle une BTS, voir description du réseau GSM et GPRS).

Après l'établissement de la liaison avec l'antenne, il s'établit une connexion avec le serveur de votre fournisseur d'accès Internet (ASP). Dans le cadre de cette présentation, nous utiliserons le fournisseur Free.

Votre ASP va router votre demande vers le serveur Internet demandé, qui à la réception de votre demande, vous renverra la page demandée sous forme HTML.

Le browser Internet (Internet Explorer) de votre Pocket PC traduira les "balises" HTML et les mettra en forme pour vous les présenter sous une forme utilisable par un être humain, c'est-à-dire vous.

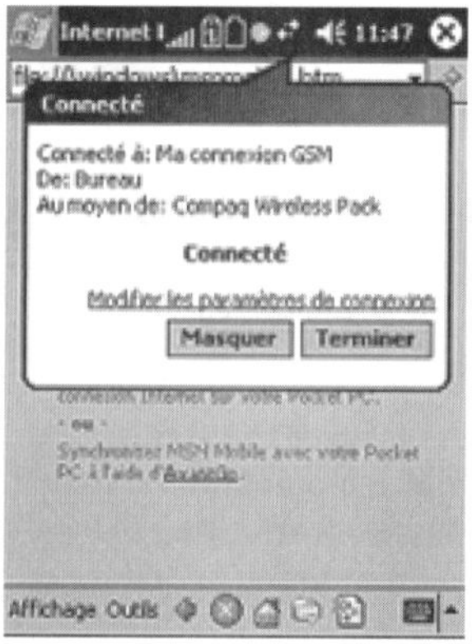

Vous êtes maintenant connecté, et cela n'a pris que quelques instants. Vous n'avez rien fait d'autre que de pointer sur des liens dans Internet Explorer.

Surfons maintenant !

Nous voilà connecté au site Pocket PC de Microsoft aux Etats-Unis.

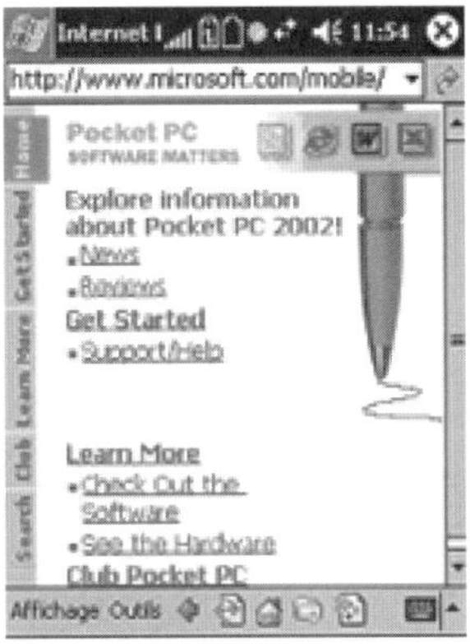

Vous pouvez généraliser cette démonstration à tous les sites Internet de la planète.

Puisque nous en sommes à vous conseiller, savez-vous que le moteur de recherche Google a mis en place pour vous une version de son moteur de recherche spéciale pour vous utilisateurs de Pocket PC ?

Vous pourrez y accéder en tapant l'URL (comprenez adresse Internet du site) :

```
http://www.google.fr/ie
```

Après deux ou trois secondes (la page a été optimisée pour une utilisation sur Pocket PC et donc elle transite très rapidement via le réseau), vous verrez apparaître la page suivante :

Il ne vous reste plus qu'à lancer une recherche de la façon habituelle, prenons par exemple votre site préféré sur le Pocket PC :

Vous verrez apparaître le résultat de votre recherche quasi instantanément :

Bon surf sur Internet !

Vous pouvez généraliser l'utilisation de votre browser Internet à l'accès à votre messagerie, soit par le biais du browser, soit par le biais de Outlook sur votre Pocket PC ; que ce soit celle que vous possédez sur Internet ou celle de votre entreprise (si celle-ci est équipée pour cela bien sûr), l'accès à l'Intranet de votre entreprise, les applications "client léger" de votre entreprise, que ce soit des applications CRM, des applications de maintenance, d'inventaires (asset management), en bref, l'accès à toutes les applications de mobilité que votre entreprise à mis à votre disposition pour vous aider dans vos travaux quotidiens. Il est intéressant de noter, que ces applications "client léger" pourront être aussi bien utilisées sur votre Pocket PC, votre PC portable ou votre PC de bureau.

Paramétrage de votre Jaquette

Il existe plusieurs types de paramétrage concernant votre jaquette :

- le paramétrage de la partie vocale ;
- le paramétrage de la partie données (DATA) de votre liaison GSM ou GPRS.

La partie voix

Elle permet les mêmes fonctions de paramétrage que sur votre téléphone mobile.

Nous allons les passer brièvement en revue :

Pour y accéder, passez par le menu "outils" de la barre contextuelle de votre écran (elle est située au bas de l'écran).

Les fonctions classiques de sonnerie et de vibreur, car votre jaquette vibre…

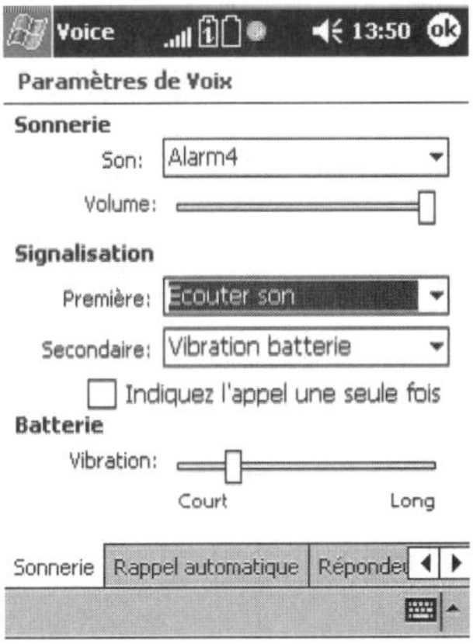

Les paramètres de composition automatique dans le cas où le numéro de votre correspondant est occupé.

Le numéro de votre messagerie vocale :

Subtil raffinement des développeurs Compaq, vous pouvez changer le thème du menu général.

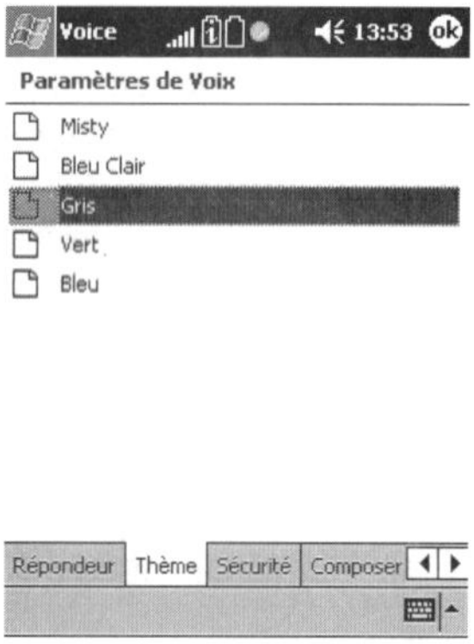

En termes de sécurité, l'inévitable code PIN :

Vous pouvez aussi désirer que votre numéro de téléphone n'apparaisse pas lorsque vous téléphonez.

Créez vos numéros de téléphone favoris.

Et chose importante, paramétrez votre téléphone pour lui indiquer si vous êtes aux Etats-Unis ou dans le reste du monde.

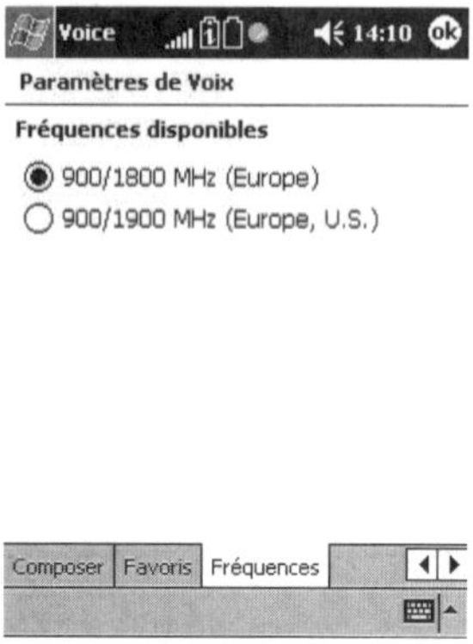

Et bien sûr tous les paramétrages liés au réseau :

On retrouve donc la restriction d'appels

Le renvoi d'appels, délicatement traduit en français par déviation d'appels…

Et la détection automatique des paramètres des réseaux. Nous avons essayé sans succès cette option, mais cela n'a aucune importance.

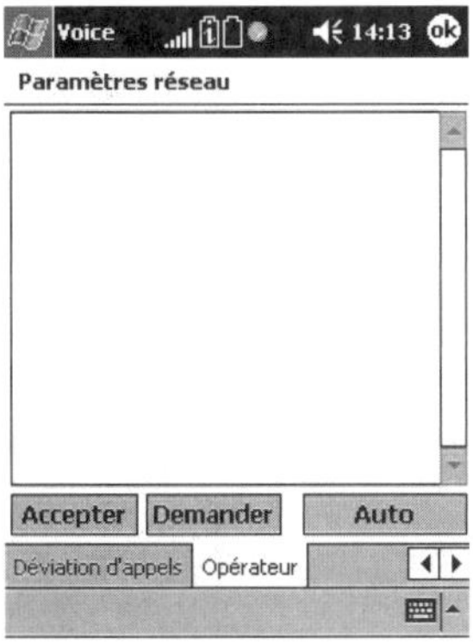

La partie données

Le paramétrage de la partie données est le même que dans le cadre du paramétrage avec un téléphone équipé de Bluetooth ou d'un port infrarouge.

Mais en synthèse, il s'agit de décrire si vous utilisez un réseau GSM ou GPRS, de donner le point d'accès (Paramètres de votre ASP). Pour le GSM, ce sont les mêmes paramètres que sur votre PC de bureau ; pour le GPRS, ils sont différents et doivent vous être donnés par votre opérateur téléphonique.

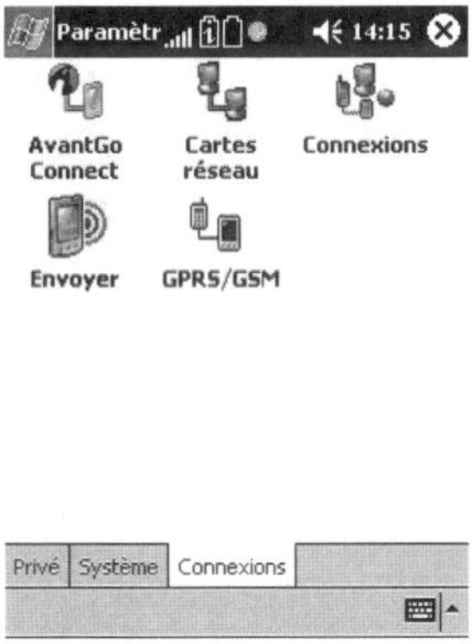

En allant dans la partie réseau du menu "paramètres", vous pourrez voir une nouvelle icône de paramétrage.

Pointez dessus et vous verrez apparaître les différents écrans de paramétrage.

La création de votre connexion à Internet

De nouveau le paramétrage de la partie radio :

Les statistiques de fonctionnement et de trafic entre votre jaquette et le réseau :

L'historique des différentes connexions que vous avez réalisées :

Gérez votre téléphone mobile à partir de votre Pocket PC, envoyez et recevez des fax et des SMS, surfez sur les serveurs Wap - Winphone

Vous utilisez un téléphone mobile qui possède un port infrarouge, ou vous possédez un câble de liaison entre votre Pocket PC et votre téléphone mobile.

Et vous désirez :

- ❑ Gérer les dizaines de numéros de téléphone de votre téléphone, en retirer, en ajouter, les modifier.
- ❑ Transférer des numéros de téléphone à partir des fiches contacts de votre Pocket PC.
- ❑ Insérer les numéros de téléphone de votre téléphone mobile dans une ou plusieurs fiches contacts sur votre Pocket PC
- ❑ Et aussi rédiger, envoyer, consulter vos SMS (Short Message System) à partir de votre Pocket PC en quelques coups de stylet.
- ❑ Envoyer et recevoir vos fax.
- ❑ Surfer sur des serveurs Wap.

Ce logiciel est fait pour vous !

La dernière version du logiciel Winphone est un modèle du genre et vous comblera. Terminées les pressions de touches multiples pour saisir un nom ou envoyer un SMS, ajouter un contact dans votre téléphone mobile…

Pour télécharger la version d'évaluations de ce logiciel ou en faire l'acquisition, allez sur le site www.bvrp.com.

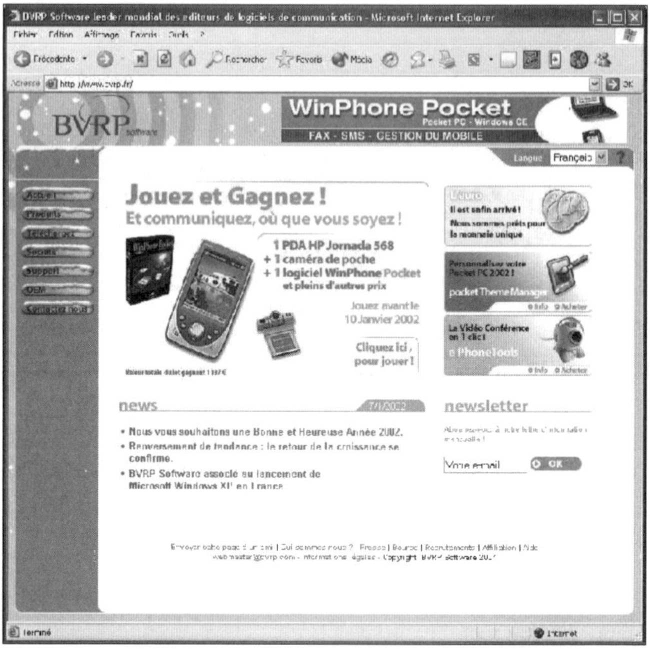

Ce logiciel simple et agréable à utiliser vous apportera une satisfaction quotidienne et simplifiera la communication avec vos contacts.

Son apparence agréable vous séduira dès les premiers instants.

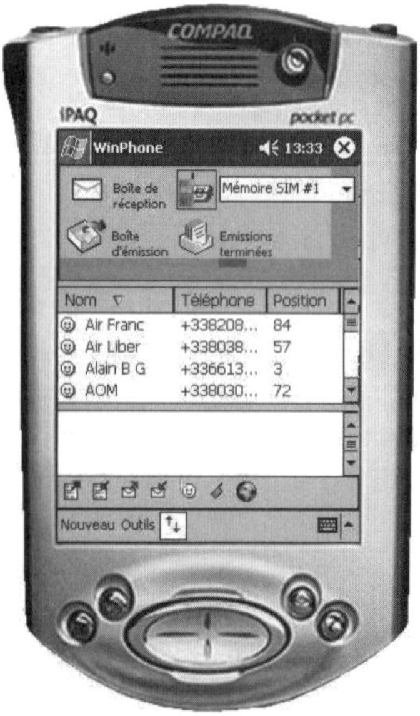

Vous pourrez envoyer des fax.

des SMS

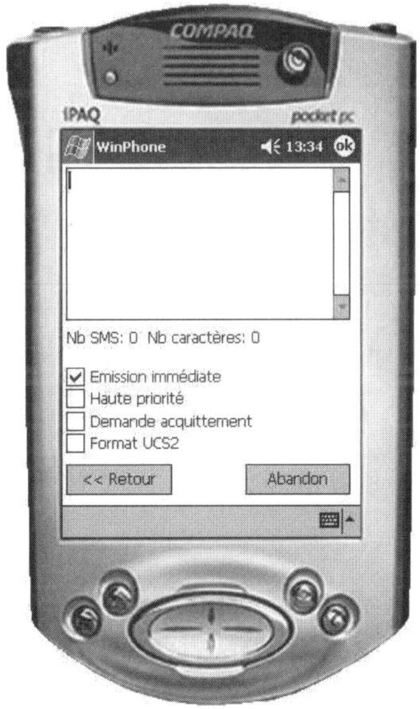

et surfer sur le WAP.

La symbiose avec votre téléphone mobile s'effectuera en quelques coups de stylet.

Nous vous recommandons chaudement ce logiciel qui vous assistera en permanence dans votre communication.

Connectez votre Pocket PC à Internet avec un Modem 56k

Vous souhaitez vous connecter à Internet avec votre Pocket PC, mais vous ne souhaitez pas utiliser une connexion data GSM ou une connexion GPRS pour des questions de commodité personnelles, ou surtout pour utiliser votre forfait Internet intégral qui couvre aussi vos frais d'établissement de communication (communication téléphonique souvent intégrée dans les forfaits Internet).

Vous pouvez le faire grâce à cette extension très pratique, et qui est largement éprouvée, le modem à 56k. C'est le même que sur votre PC.

Le modèle que nous vous présentons est le Compact Modem de la société Pretec (`www.partelec.fr`).

Ce petit modem se connecte sur votre Pocket PC directement sur le Port CompactFlash. Vous n'avez aucun logiciel à installer, il est directement reconnu lorsque vous l'insérez dans le port CompactFlash. Petit, simple à mettre en œuvre, il vous suivra partout dans vos déplacements et vous permettra de rester en liaison avec votre entreprise, de vous connecter à Internet, très simplement. Vous pourrez aussi utiliser ce modem avec votre PC portable car ce modem est livré avec un adaptateur pour le port PCMCIA de votre PC.

Dans le cadre de notre présentation, nous avons utilisé le Toshiba e740 qui est doté d'un port CompactFlash. Par rapport à l'offre actuelle, vous pourrez aussi utiliser un Ipaq avec une Jaquette CompactFlash, ou un Casio 200F qui est lui aussi doté d'un port CompactFlash.

Les photos suivantes vous présentent l'intégration de ce modem dans votre Pocket PC :

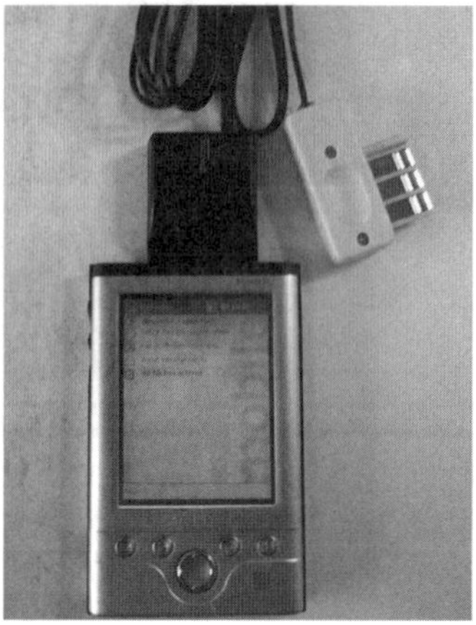

Paramétrage de votre Modem

Votre modem est très simple à mettre en œuvre. Il vous suffit de configurer une nouvelle connexion sur votre Pocket PC et de le raccorder à une prise téléphonique.

Pour le paramétrage, dépliez le menu "Démarrer" et choisissez l'option "Paramètres".

Dans les paramètres, pointez dans l'onglet "Connexions".

Ensuite, pointez sur l'icône "Connexions".

Dans cet écran, Pointez sur l'option "Nouveau…".

Vous devez entrer un nom pour la connexion, ici, nous l'avons appelé "Modem Pretec".

Vous verrez que votre Pocket PC vous présente directement le Modem Pretec comme Modem. En effet, votre Pocket PC a directement reconnu le modem et vous le présente automatiquement.

Modifiez le "débit en bauds" à 57 600 Bauds (56 K), afin de tirer le meilleur parti de votre modem.

Pointez sur "Suivant".

Saisissez le numéro de téléphone de votre fournisseur d'accès Internet. Pointez sur "Suivant".

Pointez sur le bouton "Terminer".

Pour tester votre connexion, pointez sur la connexion que vous venez de créer et choisissez l'option "Connecter".

Prenez des photos ou des vidéos avec votre Pocket PC ou votre appareil photo numérique, et utilisez-les avec votre Pocket PC

Dans le domaine de l'image, votre Pocket PC commence aussi à faire ses premiers pas, et les premiers produits permettant de transformer votre Pocket PC en appareil photo numérique commencent à apparaître pour notre plus grand plaisir. Ces périphériques font suite à l'apparition des logiciels de visualisation et de traitement d'images.

Qu'est-ce qu'un appareil photo numérique ? Simplement un appareil photo ! Vous serez sûrement déçu par cette définition, c'est pourquoi nous allons découvrir ensemble ce que peut vous apporter un appareil photo numérique. Depuis plus d'un siècle, l'être humain, c'est-à-dire vous et moi, utilise des procédés chimiques pour capturer les images. Le processus est simple, tout part de la chambre noire que constitue votre appareil photo dans lequel vous aurez, au préalable, inséré une pellicule photo constituée d'éléments sensibles à la lumière. Une pellicule photo est un support de dimension variable sur lequel ont été déposés, en surface égale, des composants chimiques réagissant à la lumière. Une brève exposition à la lumière permet à ces millions de composants de saisir une grosse partie des informations qui composent une image. Un traitement chimique permet de transformer ces supports en "négatifs", c'est-à-dire un support transparent, représentant l'image prise par votre appareil, mais inversée.

Un dernier traitement est nécessaire, c'est l'impression sur papier de ces "négatifs". A l'aide d'un "agrandisseur", l'image inversée présente sur le négatif sera projetée sur un papier photo réactif (c'est-à-dire réagissant à la lumière). Le papier lui aussi composé de composants chimiques sensibles à la lumière, va s'imprégner des informations constituant la photo. Un traitement chimique sera ensuite appliqué à ce papier photo ainsi exposé et sera stabilisé. Vous avez votre photo en main.

La technologie numérique est différente. Au lieu d'imprégner une surface chimiquement traitée et photosensible (sensible à la lumière), la lumière constituant l'image va être captée par des récepteurs électroniques sensibles à la lumière. Ces récepteurs sont organisés sous la forme d'une matrice, à l'image d'un tableau Excel, chaque point étant une cellule d'un tableau. Chaque point de ce récepteur, chaque cellule pourrait-on dire, va enregistrer une partie de l'information concernant l'image que vous souhaitez capturer.

Votre appareil photo numérique va transformer les informations "lumineuses" de chaque cellule de votre "récepteur" d'image en données informatiques. Pour chaque cellule (point), son emplacement dans le tableau sera précisé, ainsi que le contenu de ce point en termes d'information "image". Ces cellules sont appelées des pixels. Plus le nombre de pixels est grand, plus l'image est précise.

Dans le cadre de l'univers du traitement d'images, ces informations sont codées (c'est-à-dire transformées en fichiers informatiques) dans différents langages. Ce sont ces formats d'images que l'on peut retrouver sur les PC de bureau et bien sûr votre Pocket PC. Ils sont nombreux, car dans toute histoire de l'humanité, beaucoup de normes et de processus naissent pour satisfaire un besoin technologique. Aujourd'hui, il semble que se soit constitué un consensus autour des formats "jpeg" et "Gif" pour les images. D'autres, tels que le mpeg 4 (divx) et le format avi sont assez courants pour la vidéo.

Forts de cette capacité à capturer des images, les appareils photos numériques récents permettent la réalisation de petites séquences vidéo, puisque une vidéo est un assemblage de 24 images par seconde. La prise de 24 images par seconde fait croire à votre œil qu'une image est animée.

Dans ce domaine de l'image, vous aurez plusieurs possibilités :

- ❑ Prendre directement vos images ou vidéos avec votre Pocket PC.
- ❑ Prendre vos images avec votre appareil photo numérique, les visualiser avec votre Pocket PC, en transférant votre carte mémoire au format CompactFlash dans votre Pocket PC, et les traiter et visualiser avec un logiciel dédié à cet effet sur votre Pocket PC.

La mise en œuvre est très simple, vous achetez un appareil photo numérique qui utilise des mémoires au format CompactFlash, ou vous achetez une extension appareil photo numérique au format compact pour votre Pocket PC.

Nous allons découvrir ensemble ces deux optiques.

Prendre des photos et des vidéos avec son Pocket PC

Votre Pocket PC est décidément une petite machine permettant toutes les prouesses en toute simplicité. Les gadgets présentés dans les James Bond ce dernier quart de siècle n'ont qu'à bien se tenir ! Nous avons maintenant à notre portée des périphériques de plus en plus évolués. C'est le cas aujourd'hui de ce périphérique proposé par la société Partelec (`www.partelec.com`) qui étoffe tous les jours son catalogue de produits pour Pocket PC. La dernière merveille en date est cette superbe extension appareil photo numérique de marque Pretec.

Cette extension, qui tient au creux de la main, est livrée avec un logiciel qui achèvera de transformer votre Pocket PC en appareil photo numérique.

La mise en œuvre est très simple, vous installez à partir de votre PC de bureau le logiciel qui s'installera sans aucune intervention de votre part sur votre Pocket PC, puis, vous insérez cette extension dans votre Pocket PC.

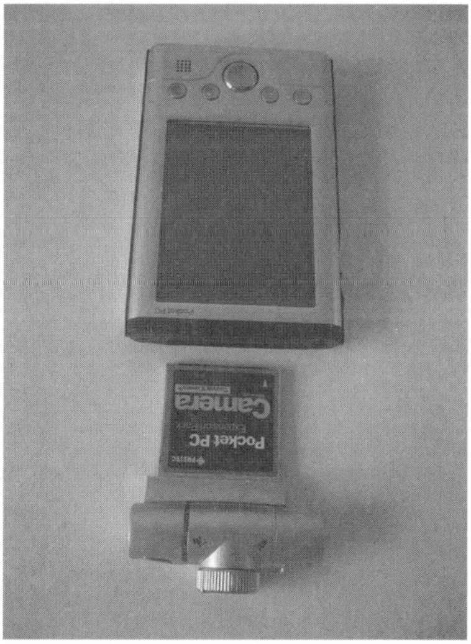

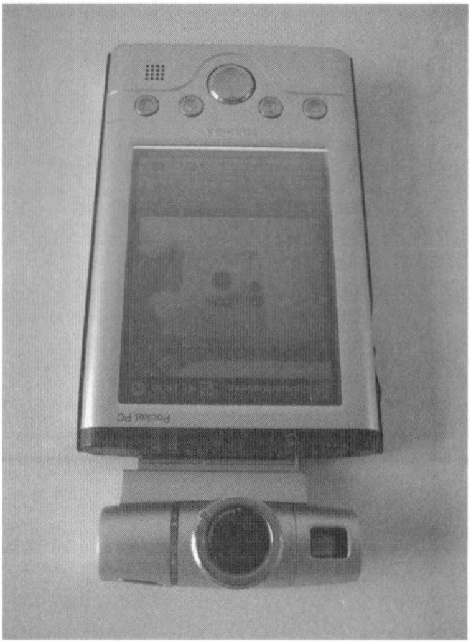

La mise en route du logiciel se fait automatiquement à l'insertion du module dans votre Pocket PC, ainsi que l'illustrent les deux photos ci-dessus. Vous pourrez y découvrir une version du photographe en train de photographier…

Après cette mise en œuvre ultra simplifiée, découvrons le logiciel livré avec ce très bon produit.

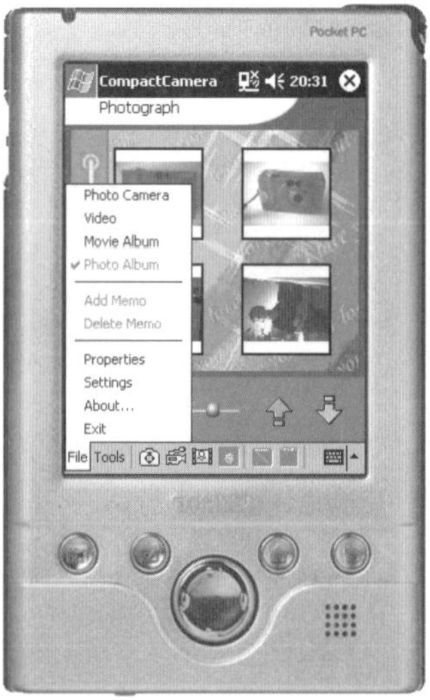

Différentes options vous sont proposées :

- "Photo Camera", qui n'est ni plus ni moins que l'option "appareil photo".
- "Vidéo", qui vous permet de tourner vos vidéos.
- "Movie Album", qui vous permet la gestion de vos albums de vidéos.
- "Photo Album", qui vous permet de gérer vos albums photos.

Les autres options vous permettent de réaliser les différents réglages que vous souhaiterez apporter pour les prises de vue.

Prendre des photos

Rien de plus simple : vous avez un viseur sur la partie appareil photo, ou vous pouvez visualiser l'image qui passe par votre appareil photo, sur l'écran de votre Pocket PC. Une fois cadrée l'image, vous pointez sur l'icône en haut à gauche de l'écran, symbolisant un "éclair", et votre photo est prise au format jpeg. Il ne vous reste plus qu'à la récupérer sur votre PC, ou l'envoyer directement via le GPRS en attachement d'un mail.

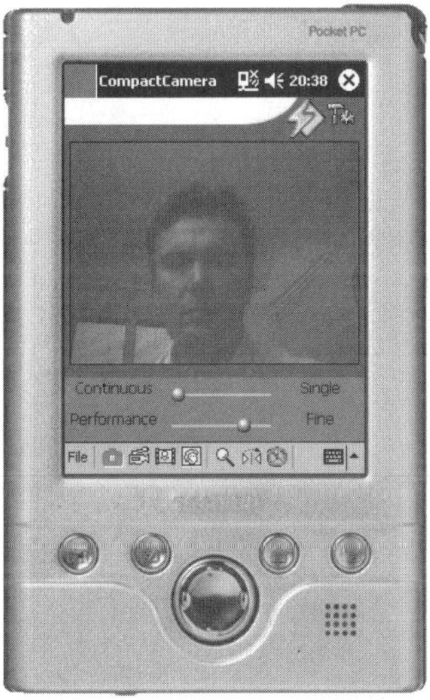

Prendre des vidéos

Même processus que pour la prise de photos, vous appuyez sur le bouton rouge en bas à gauche, et la vidéo s'enregistre. Rien de plus simple. Vous pourrez ensuite la visualiser à merci, avec les différentes options proposées.

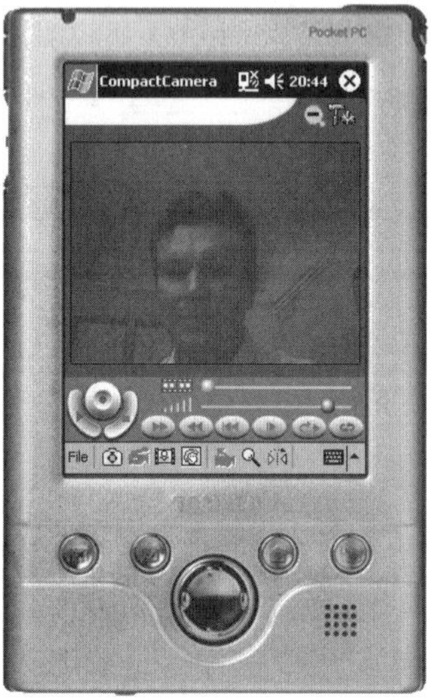

Gérer ses photos

L'option album photos vous permet de gérer vos photos par centre d'intérêt.

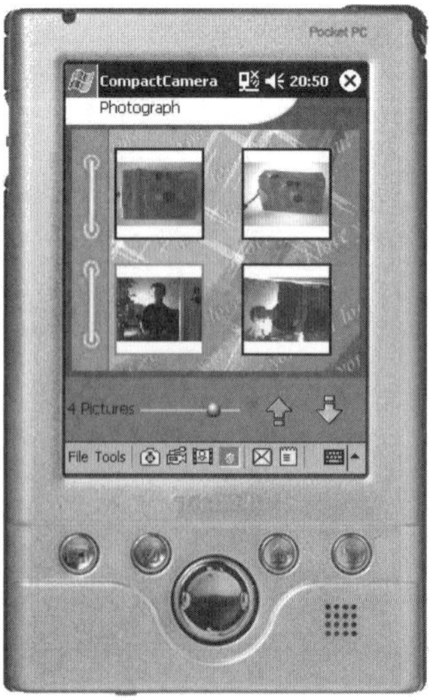

Un album photos de bonne facture, simple à gérer et à utiliser. Vous pourrez aussi visualiser et faire pivoter vos photos, et réaliser des zooms.

Gérer ses vidéos

A l'image de vos photos, vous pourrez gérer vos vidéos dans des albums.

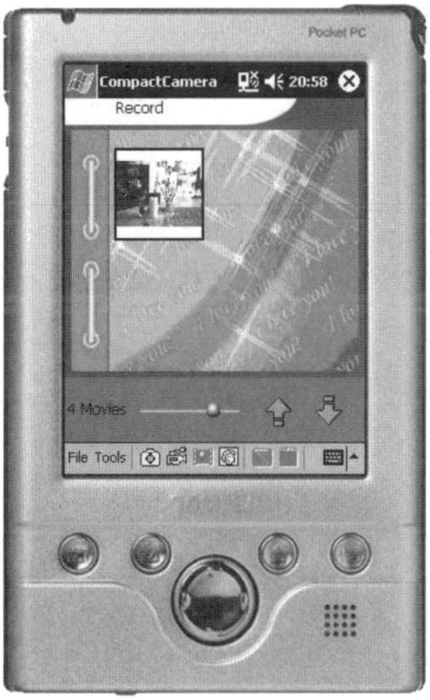

En pointant sur la vidéo qui vous intéresse vous vous retrouverez dans l'écran qui vous a permis de filmer votre vidéo, et ainsi de la visionner.

Récupérer les photos prises avec son appareil photo numérique équipé de cartes CompactFlash ou de cartes SD

Le Pocket PC vous permet grâce à ses ports d'extension de visualiser et de manipuler vos photos prises avec un appareil photo numérique. En effet, les appareils photos numériques utilisent des cartes mémoires dans des formats standard. Si votre appareil photos utilise des mémoires de type CompactFlash ou SD, il vous suffira d'insérer votre carte mémoire dans votre Pocket PC, et d'utiliser un logiciel de retouche ou de visualisation d'images.

Ayez toujours avec vous votre album photos et vos documents Word, Acrobat, PowerPoint, ... - Quick View plus

Ce logiciel vous permet de visualiser beaucoup de formats de fichiers, des documents Word, en passant par les fichiers adobe Acrobat (PDF) et la plupart des fichiers images. Avec ce logiciel vous pourrez transformer votre Pocket PC en album photos et emporter avec vous toutes vos présentations et documents.

Vous trouverez ce logiciel sur le site : www.intranetsolutions.com.

La liste des formats supportés est la suivante :

- Word, jusqu'aux versions 6.0, 7.0, 97, 98 et 2000
- Excel, jusqu'aux versions 7 et 2000
- PowerPoint, jusqu'aux versions 7.0, 97, 98 et 2000
- WordPerfect, versions 6 - 8
- Lotus 1-2-3 version 2 - SmartSuite 97 et Millennium
- RTF
- BMP
- PNG
- TIFF
- JPEG
- WMF
- Texte
- PDF (texte uniquement) versions 2.1, 3.0, 4.0

L'ergonomie est à l'image des logiciels de ce type de plate-forme, simple et efficace.

Vous pouvez vous déplacer dans vos arborescences de fichiers en pointant sur les différents répertoires de votre Pocket PC.

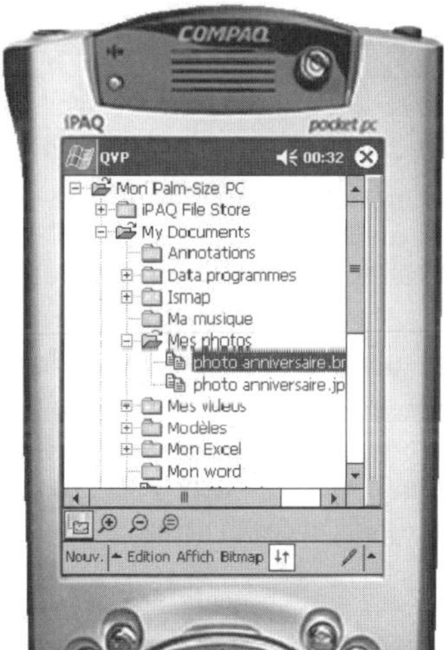

En pointant sur le fichier désiré, vous verrez apparaître l'image ou le document correspondant.

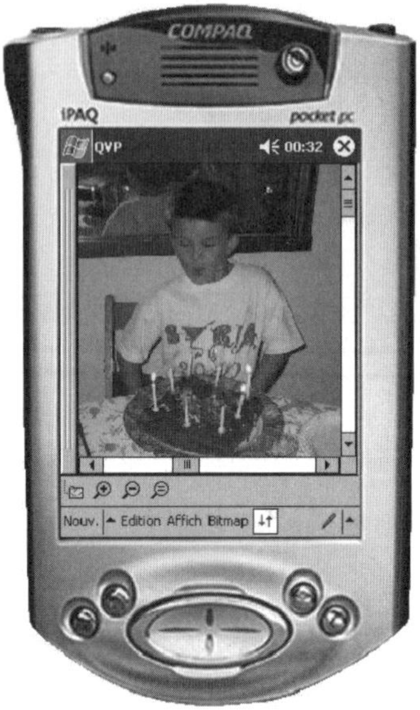

Gérez et créez vos thèmes pour votre Pocket PC

Comment installer et utiliser vos thèmes sur votre Pocket PC

Qu'est-ce qu'un thème ? Les thèmes sont un ensemble d'images et de paramétrages pour votre Pocket PC qui vont en changer l'apparence globale et changer aussi l'image de fond de votre écran Aujourd'hui.

Installez un thème sur votre Pocket PC

Votre Pocket PC possède une arborescence à l'image de votre PC de bureau. Comme d'habitude sur les produits Microsoft, un dossier système est implanté sur votre Pocket PC. Ce dossier système porte pour nom "Windows" et contient le système d'exploitation de votre Pocket PC.

Vous devrez installer vos thèmes dans ce répertoire.

Pour cela, ouvrez votre poste de travail sur votre PC de bureau et cliquez sur "Appareil Mobile", qui permet d'accéder directement au contenu de votre Pocket PC.

Puis cliquez sur le dossier "Windows". Pour copier le thème, utilisez les fonctions de copier/coller ou de glisser/déplacer classiques.

Pour rappel, l'extension de fichier des thèmes est ".tsk". Ce qui vous donnera un nom de fichier de ce type : "Univers_ppc_theme1.tsk".

Pour sélectionnez un thème sur votre Pocket PC pour changer l'apparence de votre Pocket PC.

Déplacez-vous dans le dossier "Paramètres" en dépliant le "Menu démarrer".

Pointez sur l'icône "Aujourd'hui", vous verrez apparaître l'écran suivant :

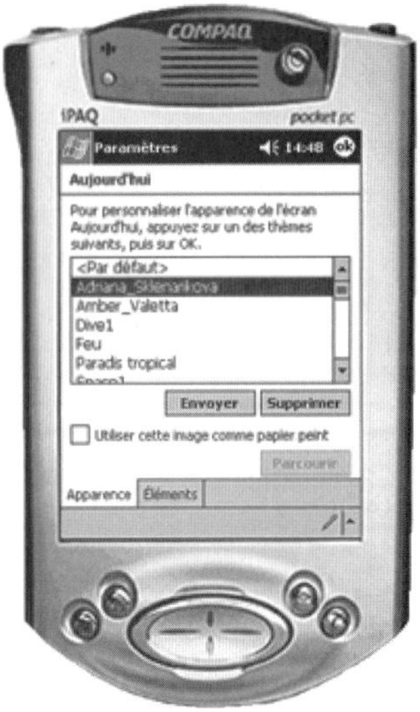

Sélectionnez le thème que vous désirez voir sur votre fond d'écran "Aujourd'hui" et pointez sur "OK" en haut à droite de votre écran.

Vous obtiendrez le résultat suivant :

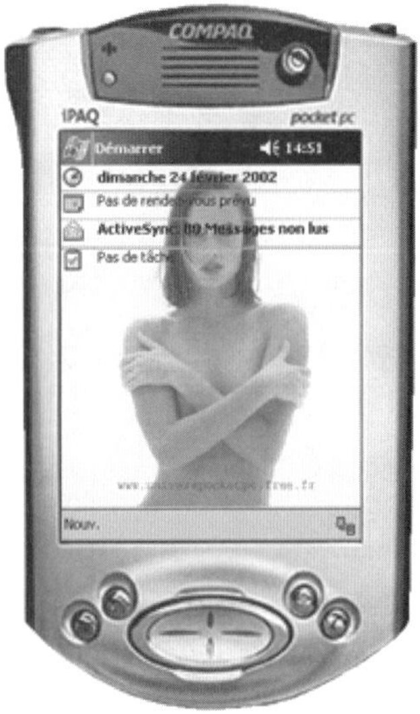

Vous pouvez créer vos propres thèmes vous-même avec les logiciels Pocket thème manager de BVRP que nous allons découvrir ensemble dans les paragraphes qui suivent.

Créez et gérez vos thèmes pour votre Pocket PC

Nous allons découvrir ensemble comment réaliser des thèmes pour votre superbe petite machine, sans pourtant connaître quoi que ce soit en informatique, ce qui est un exploit.

Le logiciel que nous allons découvrir ensemble est le logiciel "Pocket Theme Manager" de la société BVRP que vous pourrez télécharger sur le site www.universpocketpc.com ou sur le site de l'éditeur www.bvrp.com.

Votre logiciel se présente comme ceci :

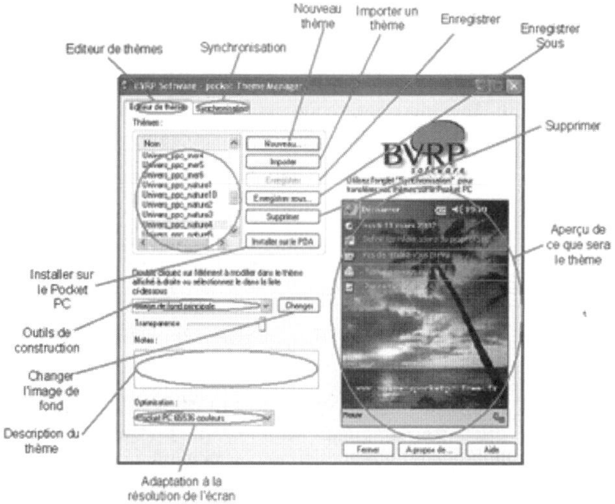

Nous allons découvrir ensemble comment utiliser votre logiciel, et pour commencer comment il fonctionne.

Vous partez d'une image de votre choix, une photo de vos vacances, de vos enfants, de votre famille, que vous avez trouvée sur Internet ou scannée. Le format de la photo peut être JPEG, PNG, TIFF, GIF, PCX, BMP, c'est-à-dire tous les grands types de format d'image utilisés actuellement.

Vous allez importer votre image dans Pocket thème manager, en choisir la portion que vous désirez importer si votre image n'est pas au bon format. L'idéal, est de dimensionner sa photo dans la taille suivante : 250 x 270 pixels.

A partir de cette importation, vous allez changer les paramètres de votre thème avec les "outils de construction" du logiciel, c'est-à-dire changer les différentes couleurs des différents éléments de votre Pocket PC.

Ensuite, Thème Generator va fabriquer un fichier au format "TSK", qui est le format des thèmes utilisé par votre Pocket PC. Ce thème sera directement transféré sur votre Pocket PC via la station d'accueil par Pocket Thème, et ceci sans que vous n'ayez rien à faire, cela se fera automatiquement lors de la création du thème. Plus tard, pour changer de thème, vous pourrez utiliser la partie synchronisation qui vous permettra de changer le thème de votre Pocket PC directement à partir de votre PC de bureau en fonction de l'humeur du moment.

Pour ceux qui veulent savoir, les thèmes sont installés dans le dossier Windows sur votre Pocket PC. Vous pourrez connaître le détail du transfert des thèmes sur votre Pocket PC et de leur gestion en consultant l'aide et les conseils dédiés à cela sur ce site.

Passons de la théorie à la pratique. Comme présenté sur le schéma au début de cette page, vous avez un certain nombre de boutons. Nous allons découvrir ensemble à quoi ils servent :

- Onglet Editeur de thèmes. Cet onglet permet de venir sur la page de création de thèmes.
- Onglet Synchronisation. Cet onglet vous permet d'accéder à la partie du logiciel qui va gérer vos thèmes sur votre Pocket PC directement à partir de votre PC de bureau.
- Nouveau thème. Vous permet de créer votre nouveau thème et de saisir le nom que portera le thème à créer.
- Importer. Vous permet d'importer un thème déjà créé et de la modifier à votre guise (par exemple un thème téléchargé sur Internet).
- Enregistrer. Vous permet d'enregistrer le thème que vous avez créé ou que vous êtes en train de créer.
- Enregistrer sous. Vous permet d'enregistrer le thème sous un autre nom sur le disque dur de votre PC de bureau.
- Supprimer. Vous permet de supprimer un thème dans la liste des thèmes que vous avez fabriqués.
- Installer sur votre Pocket PC. Cette option vous permet d'installer directement le thème sélectionné sur votre Pocket PC et d'en faire le thème actif. Vous pourrez voir apparaître le thème sur votre fond d'écran du menu Aujourd'hui après quelques instants.
- Outils de construction. Ce menu déroulant vous permet de définir l'ensemble des paramètres de votre thème. Vous pourrez voir au fur et à mesure le résultat de votre construction dans la fenêtre aperçu qui se comporte comme si vous aviez un Pocket PC sur votre écran de PC de bureau.

- Changer. Ce bouton vous permet de changer l'image de fond d'écran de votre thème.
- Description du thème. Cette zone de texte vous permet d'écrire des commentaires sur le thème. Ce commentaire n'est pas transféré sur votre Pocket PC, mais restera sur votre PC de bureau et vous aidera à les gérer.
- Adaptation à la résolution d'écran. Cette option vous permettra d'adapter la résolution de votre thème à la résolution de votre Pocket PC.
- Aperçu de ce que sera le thème sur votre Pocket PC. Vous pouvez même déplier le menu démarrer pour voir le résultat.

Maintenant que nous avons décrit les différents composants de cet écran, nous allons aborder la fabrication de vos thèmes.

La première étape est de créer le thème et de lui donner un nom. Cliquez sur le bouton nouveau et saisissez le nom du thème. Cliquez sur "ok".

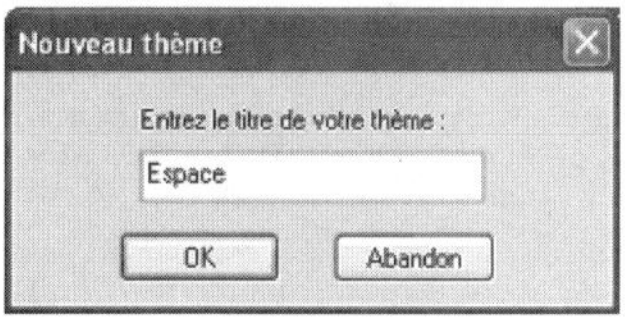

Votre nouveau thème est maintenant créé. Vous pouvez le transférer directement dans l'état sur votre Pocket PC, mais nous allons maintenant l'habiller.

Votre écran se présente comme suit :

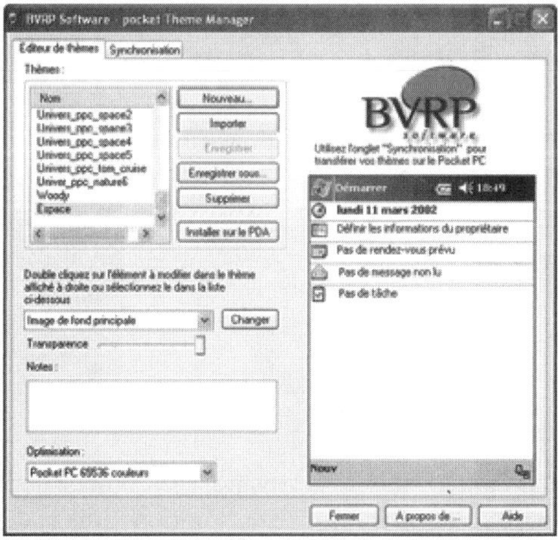

Il vous faut maintenant choisir une image. Pour ce faire, cliquez sur le bouton changer pour insérer l'image.

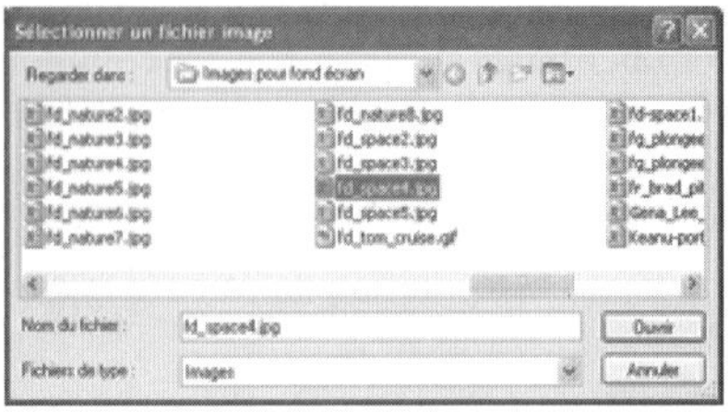

Une fois sélectionnée votre image, il vous faut sélectionner la partie de l'image que vous souhaitez voir apparaître sur votre thème. Pour cela vous pouvez déplacer la fenêtre matérialisée par le cadre blanc sur la photo. Vous pouvez modifier le sens de l'image grâce aux boutons gris. Cliquez sur "OK".

Votre écran se présente maintenant comme ceci :

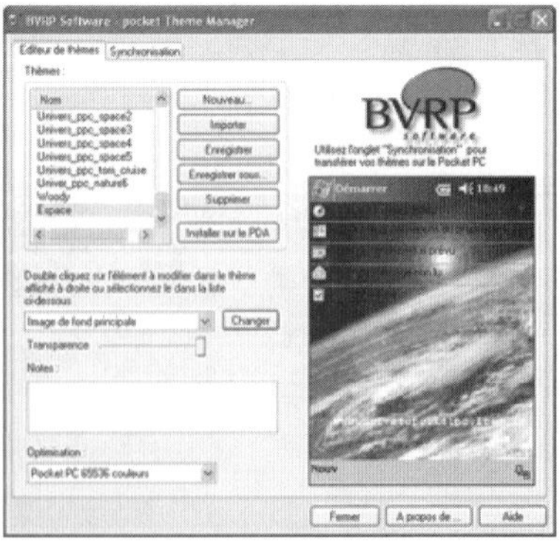

Nous allons maintenant valider la couleur de l'image sur le menu démarrer. Pour cela, choisissez l'option "Image de fond menu démarrer".

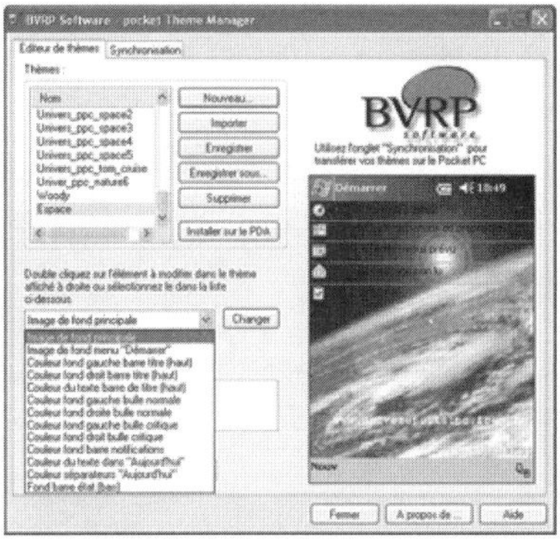

Vous verrez apparaître le menu démarrer.

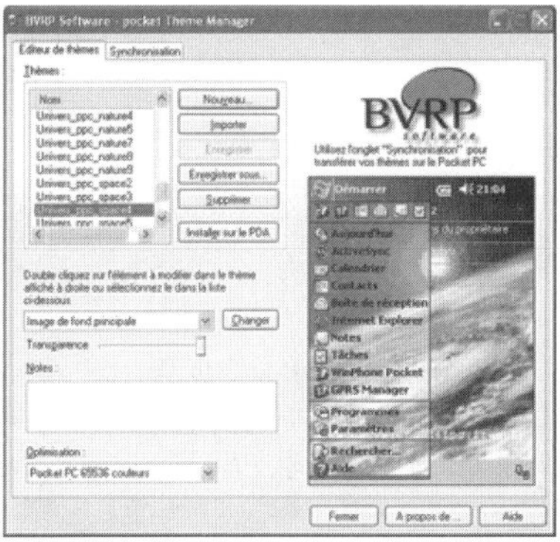

Pour améliorer la visibilité du texte du menu, vous pouvez jouer sur la transparence grâce au bouton "Transparence".

Nous allons maintenant changer la couleur du texte du menu aujourd'hui pour que le texte soit visible. Nous allons voir ensemble comment obtenir le résultat ci-après :

Sélectionnez dans le menu "Couleur du texte dans Aujourd'hui", et cliquez sur le bouton couleur à droite du menu. Vous pourrez choisir la couleur dans le menu suivant :

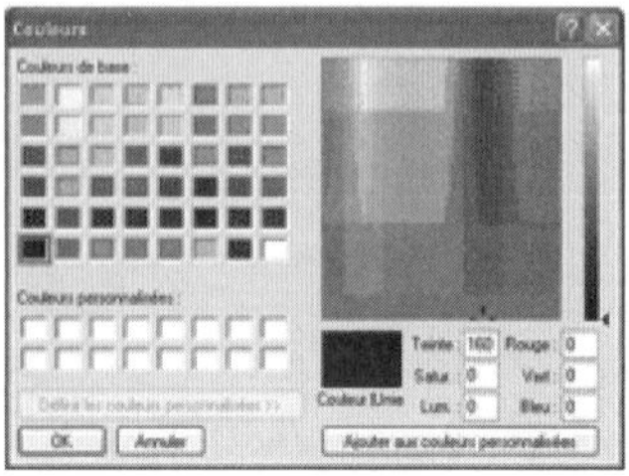

Pour le reste des options vous pouvez essayer au fur et à mesure pour changer toutes les options de présentation de votre écran.

Il est temps pour vous de charger votre thème sur votre Pocket PC. Pour réaliser cette action vous cliquez sur le bouton "Installer PDA".

Vous verrez l'écran suivant :

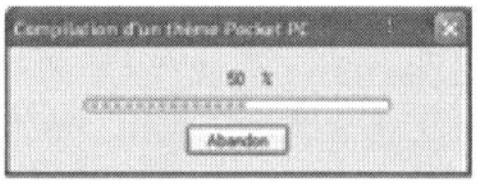

Après quelques instants, vous verrez apparaître votre thème (si votre Pocket PC est positionné sur sa station d'accueil) sur votre Pocket PC.

La gestion des thèmes de votre Pocket PC à partir de votre PC de bureau

Cet écran vous permet simplement de gérer vos thèmes sur votre petit bijou de technologie. Vous pouvez transférer un thème de votre Pocket PC vers votre PC et inversement, choisir un thème et le rendre actif sur votre machine. L'écran de prévisualisation vous permet de voir le thème choisi.

Le réseau sans fil - Mise en œuvre du WirelessLan et du Bluetooth

Introduction

Comme nous vous l'avons présenté précédemment dans ce livre, vous avez maintenant la capacité d'intégrer votre Pocket PC dans le cadre d'un pico réseau, via l'utilisation du Bluetooth, ou de l'insérer au sein d'un réseau global d'entreprise grâce au WirelessLan.

Nous allons vous présenter ces deux modes d'intégration de réseau.

Mise en œuvre d'un réseau WirelessLan avec votre PC portable ou votre Pocket PC

Raccordement de la borne WirelessLan au réseau

La clé de voûte d'un réseau WirelessLan, dès que l'on veut faire communiquer plusieurs ordinateurs ensemble, est l'utilisation d'un émetteur-récepteur.

Nous allons vous présenter cette mise en œuvre à travers un produit de la société HP (Compaq).

Voici à quoi ressemble une borne Wifi :

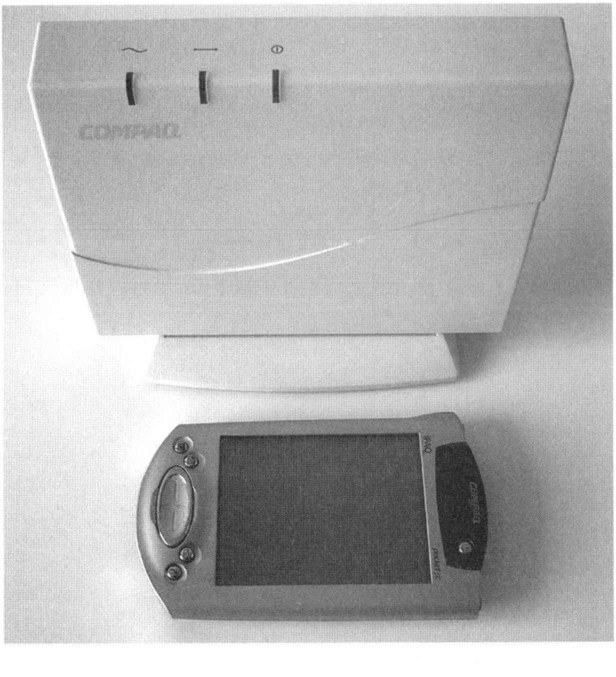

Il vous suffit simplement de raccorder cette borne à votre réseau au moyen d'un câble Ethernet et à une alimentation électrique.

Une fois ceci réalisé, vous pourrez administrer votre borne Wifi le plus simplement du monde (pour un administrateur réseau), au moyen du logiciel d'administration qui est livré.

Ce logiciel porte le nom de AP manager.

Il vous permet de gérer complètement votre réseau WirelessLan, quel que soit le mode de mise en œuvre que vous choisirez.

Vous pourrez définir les spécificités de la borne WirelessLan au moyen de quelques écrans simples à utiliser.

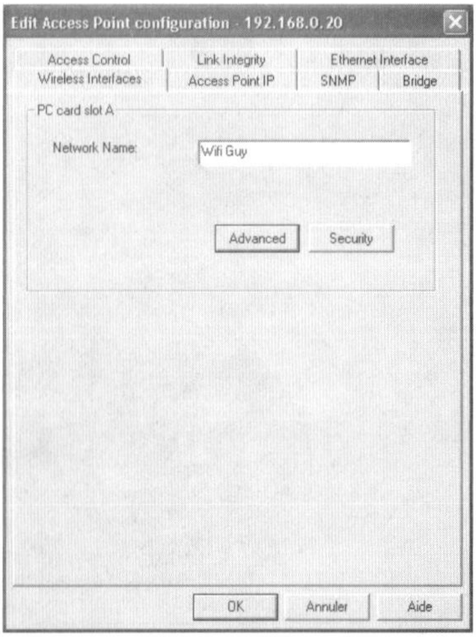

Mais aussi tous les paramètres réseau de l'accès point que vous aurez décidé de mettre en œuvre.

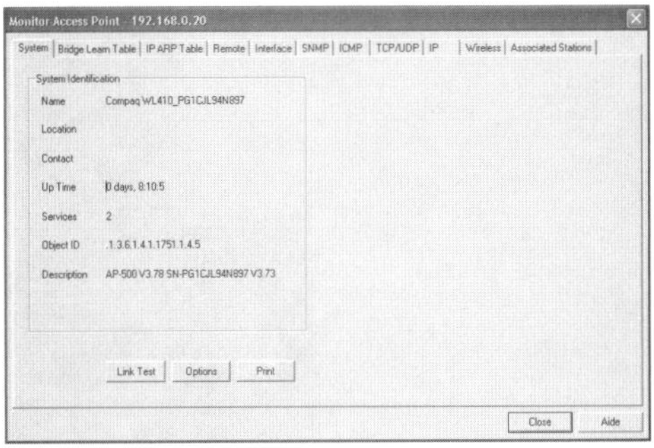

Il vous faudra en moyenne 10 minutes pour mettre en œuvre cette borne.

Installation du WirelesLan sur votre PC Portable

Nous avons pris le parti dans le domaine du WirelessLan de vous présenter aussi la mise en œuvre et le fonctionnement sur un PC portable, ceci afin de vous présenter les similarités entre les deux machines, mais aussi parce que vous serez souvent tenté d'utiliser votre PC portable équipé de WirelessLan avec votre Pocket PC équipé de WirelessLan.

Comme base de présentation, nous allons utiliser un portable de marque HP, que nous allons équiper d'une extension PCMCIA WirelessLan. Le système d'exploitation installé sur notre PC Portable est Windows XP.

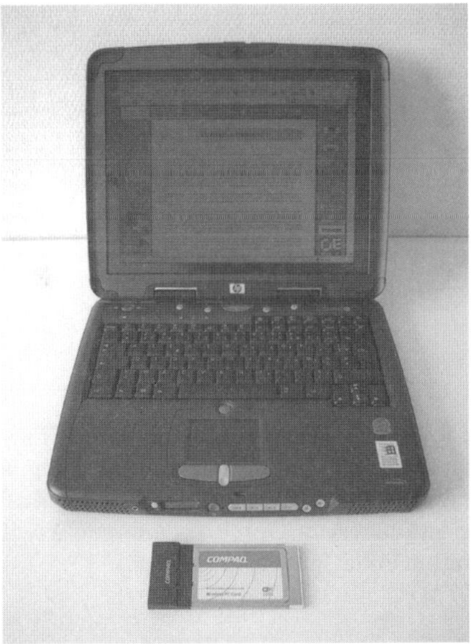

Vous avez donc votre Portable et la carte PCMCIA, vous devrez l'insérer dans le Port PCMCIA de votre PC.

Pour obtenir en définitive ce résultat :

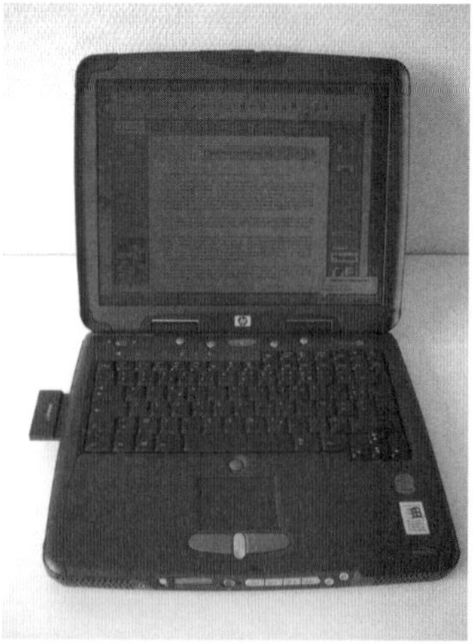

Windows XP détecte automatiquement l'insertion de votre extension WirelessLan et met en fonction automatiquement, sans aucune intervention de votre part, la carte WirelessLan et vous êtes immédiatement connecté au réseau. Durée de l'intervention, 10 secondes. Un record d'intégration et de "plug and play".

En regardant dans le panneau Connexions, vous pourrez voir une nouvelle option "réseau sans fil".

Vous pourrez ainsi voir le débit de votre réseau, ainsi que la force du signal radio que vous recevez.

Mais aussi les paramètres que le réseau vous a attribués lors de votre connexion.

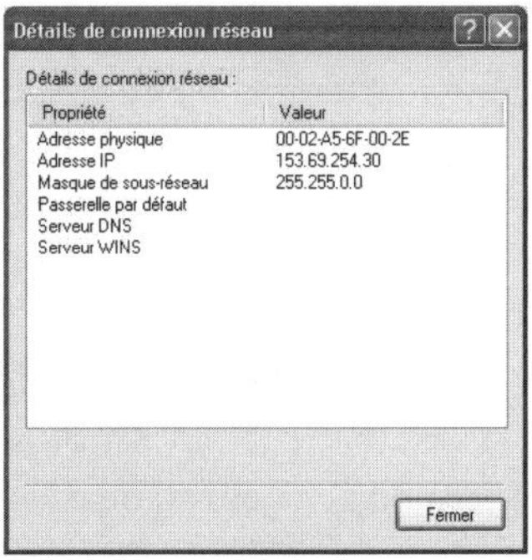

Votre réseau est maintenant opérationnel !

Installation du WirelesLan sur votre Pocket PC

De nouveaux Pocket PC apparaissent aujourd'hui sur le marché et ils sont nativement équipés du WirelessLan. C'est le cas du Toshiba e740. Vous avez aussi la possibilité d'acquérir des extensions WirelesLan au format CompactFlash, ou d'utiliser la jaquette PCMCIA pour réutiliser la carte WirelesLan au format PCMCIA que vous utilisez sur votre PC portable.

Avec le Toshiba e740, vous avez directement l'intégration du WirelessLan.

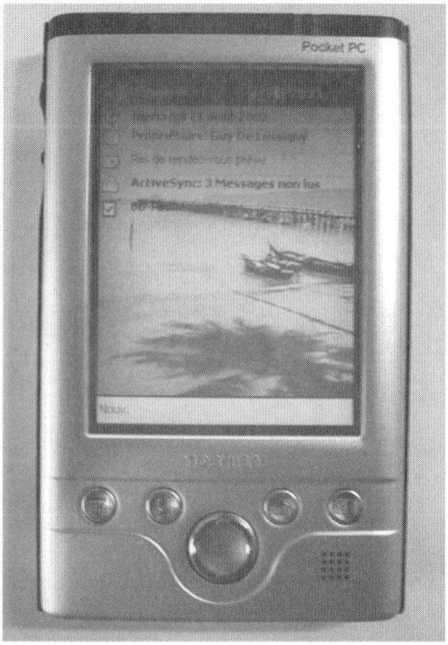

L'activation du Wifi se réalise au moyen du petit switch au bas de votre Pocket PC.

Globalement, en tant qu'utilisateur, vous n'aurez rien à faire. Votre Pocket PC détectera automatiquement la borne Wifi, lui demandera automatiquement une adresse réseau, le réseau lui en attribuera une automatiquement, et la connexion réseau se mettra en fonction d'elle-même. L'accès à Internet s'établira elle aussi automatiquement, car la borne Wifi connaît l'adresse de votre Proxy (porte sur le réseau informatique vous permettant d'accéder à Internet ou à l'intranet).

Par contre, charge à vous de déclarer les paramètres de votre système de messagerie Exchange pour pouvoir envoyer et recevoir vos e-mails d'entreprise (voir chapitre "Surfez sur Internet et gérez vos e-mails avec votre Pocket PC").

En termes de logiciel, en vous déplaçant dans le menu "Paramètres", vous trouverez une option supplémentaire : "Utilitaires WirelessLan".

Pointez sur cette option.

Le premier onglet de ce logiciel vous présente la situation de votre connexion réseau Wifi.

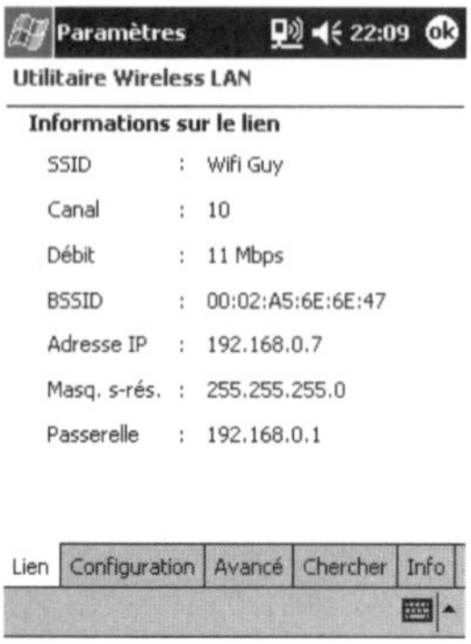

Vous y retrouverez les éléments suivants :

- Le SSID, qui est l'identification du nom de la borne Wifi sur laquelle vous êtes connecté.
- Canal, le numéro de canal radio qui vous a été attribué.
- Débit, la vitesse de transmission réseau entre votre Pocket PC et votre borne Wifi, ou un autre ordinateur équipé de Wifi.
- BSSID qui correspond à l'adresse physique de votre Pocket PC.
- Adresse IP, qui est l'adresse que vous a attribué automatiquement votre réseau lors de l'établissement de votre connexion.
- Le classique masque de sous réseau.
- Passerelle, étant l'adresse de la passerelle du bout de réseau que vous utilisez pour communiquer avec les autres morceaux de réseau qui constituent le réseau de votre entreprise.

L'onglet suivant vous permet de déterminer le mode de connexion que vous désirez établir avec le réseau et vous présente de façon graphique la qualité du lien réseau.

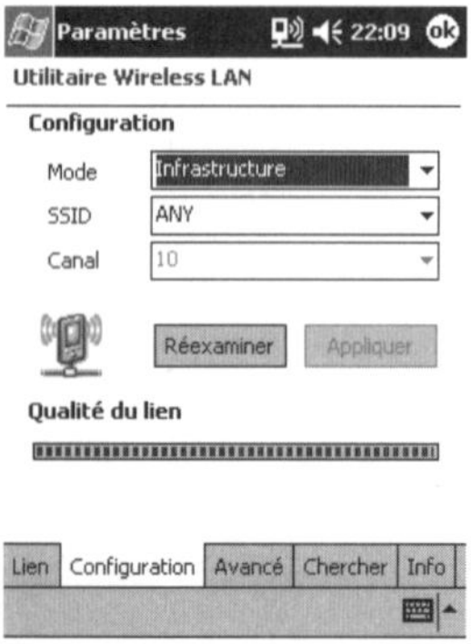

Une autre représentation des éléments précédents.

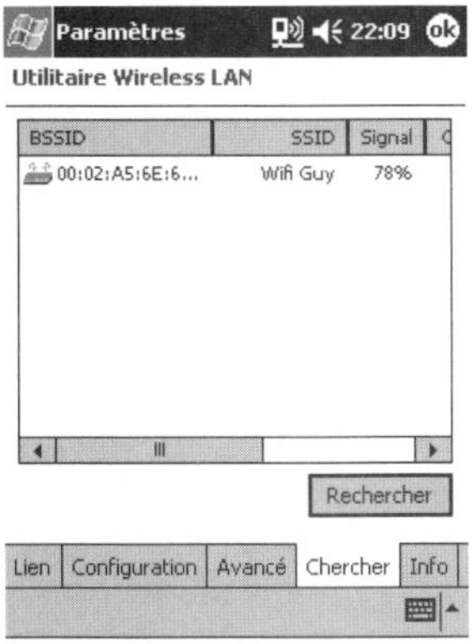

Quelques informations complémentaires.

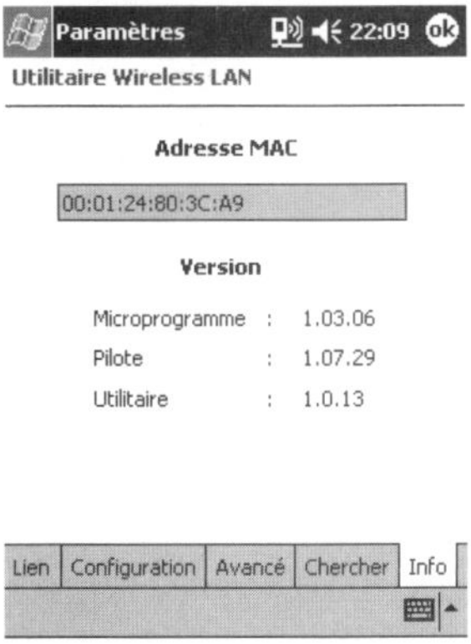

Il ne vous reste plus qu'à surfer sur Internet à travers votre lien Wifi.

Rajoutez le Bluetooth sur votre Pocket PC

La société Pretec, et son distributeur français Partelec (`www.partelec.com`), nous ont encore réservé une surprise pour nos Pocket PC : pouvoir rajouter le Bluetooth sur votre Pocket PC en utilisant le port CompactFlash de votre Pocket PC.

Avec cette option, vous pourrez communiquer avec tous les composants utilisant le Bluetooth, votre PC portable, votre téléphone mobile, et utiliser des périphériques sur type casque de walkman Bluetooth, etc. Finis les fils et les liaisons infrarouges fastidieuses. Votre téléphone est dans votre poche, et vous surfez sur Internet en GSM ou en GPRS, vous recevrez ou enverrez vos e-mails, vos SMS. Tout cela sans avoir à composer un numéro de téléphone, cela se réalise par onde radio, donc cela fonctionne à travers votre mallette, votre sac à main, votre veste…

Cette petite merveille se présente comme ceci :

L'insertion dans le Pocket PC est extrêmement simple. Vous prenez votre Pocket PC, le module Pretec Bluetooth. Vous les positionnez face à face.

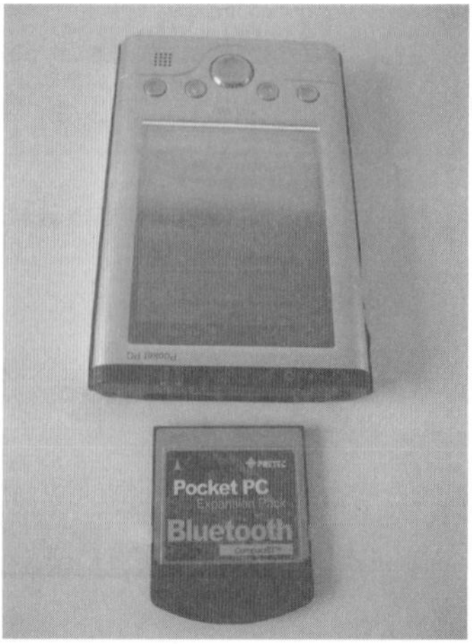

Vous insérez le module dans le port CompactFlash et vous obtenez le résultat suivant :

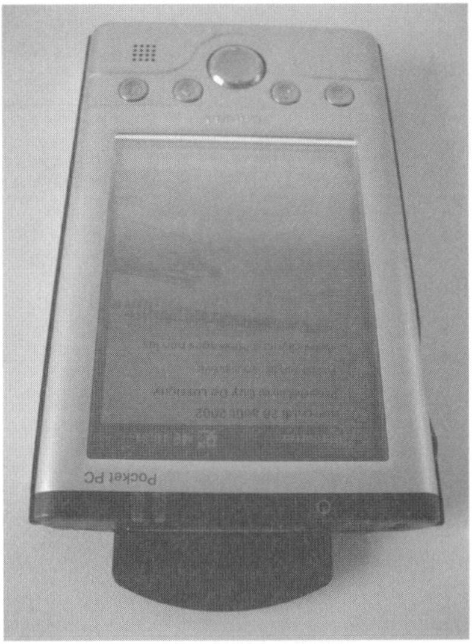

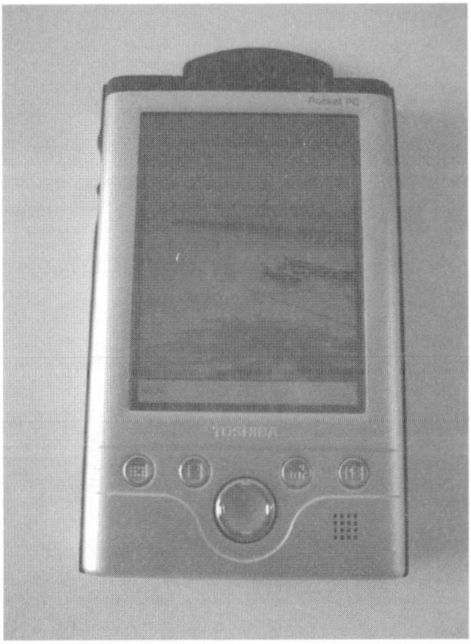

Il ne vous reste plus qu'à installer le logiciel de gestion de votre carte Bluetooth, action qui se réalise comme toujours en quelques instants et totalement automatiquement.

Regardons ce qui se passe maintenant sur votre Pocket PC.

Il a été rajouté dans l'écran "Aujourd'hui" une option discrète :

En pointant dessus, vous verrez apparaître un menu vous présentant quatre options :

Ces options vous permettront de gérer votre téléphone, notamment de gérer le répertoire de contacts de votre téléphone, envoyer ou recevoir des SMS, composer des numéros de téléphone, etc.

L'option Dial Up Setup wizard vous permettra de faire reconnaître votre Pocket PC par votre téléphone. Il suffit de répondre aux 3 écrans qui vont se succéder, et la liaison sera opérationnelle.

A partir de cet écran, vous pourrez gérer le répertoire téléphonique de votre téléphone mobile.

Vous pourrez aussi recevoir et envoyer des e-mails.

Comme vous aurez une liaison avec Internet via votre téléphone mobile, qu'il soit GSM ou GPRS, vous pourrez utiliser en toute quiétude votre gestionnaire de courriers et ainsi envoyer et recevoir des e-mails, surfer sur Internet via l'Internet Explorer installé sur votre PC.

En conclusion, simple à mettre en œuvre, simple à utiliser, très petite, cette option Bluetooth donnera une dimension supplémentaire à votre Pocket PC.

Protégez votre Pocket PC

Votre Pocket PC est une petite machine fragile, mais vous pouvez la protéger efficacement avec des étuis de protection de très bonne qualité. Nous allons vous en présenter deux qui sont un bon exemple de ce vous pouvez trouver sur le marché.

Etui Vaja 801SV

L'esthétique des Pocket PC est en général assez recherchée, ce petit ordinateur, votre compagnon de tous les jours, qui vous rend des services multiples, est aussi beau. C'est un plaisir que de prendre ce petit objet surpuissant au creux de la main.

Un autre plaisir vous est offert avec cet étui, il allie élégance, qualité, beauté !

Vous ne serez pas déçu par cet étui, il surprend tout d'abord par la qualité de ses matériaux, bonne finition, une bonne odeur de cuir de bonne qualité.

Il protège bien votre petite machine, vous pourrez en plus glisser deux cartes au format carte de crédit dans le rabat.

Fermé, il se présente comme ceci :

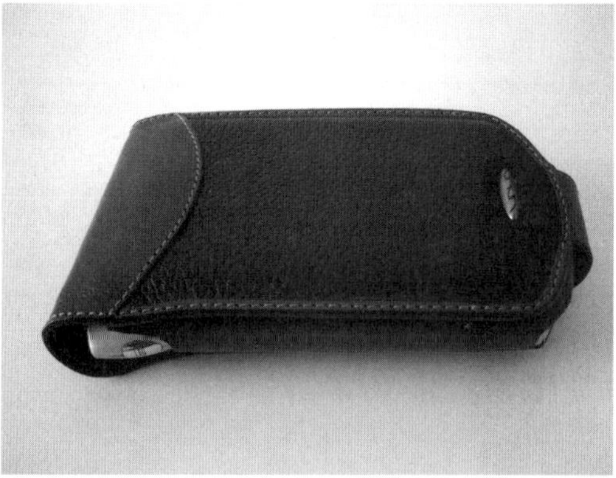

Le système de fermeture est simple et pratique.

En termes d'habitabilité de votre poche de veste, il ne génère pas de surépaisseur excessive, votre poche de veste ne se verra pas surgonflée.

En conclusion, un beau produit qui protèsge bien votre Pocket PC, avec en prime une esthétique très agréable.

Etui Vaja Morpheus II

La protection de votre Pocket PC est importante, voire indispensable pour sa survie.

Vous pouvez le faire avec une pochette en plastique sans grande beauté, ou vous pouvez le faire avec les superbes étuis de la société VAJA dont la beauté et la qualité sont vraiment très agréables.

Nous avons eu le plaisir de protéger notre Pocket PC avec le dernier né de la société VAJA, le Morpheus II !

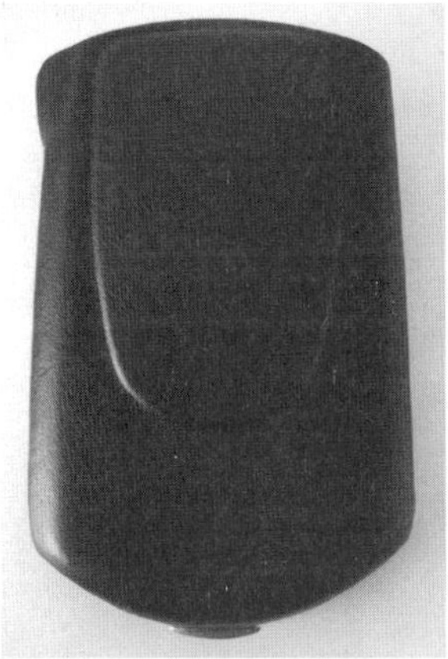

Cet étui est rigide et est conçu pour être accroché à la ceinture. Il est réalisé avec un superbe cuir et possède un clip de ceinture très pratique.

Quand vous le prenez dans votre main, vous avez plaisir à découvrir votre Pocket PC ainsi serti, tel un diamant brillant de mille feux, dans son écrin.

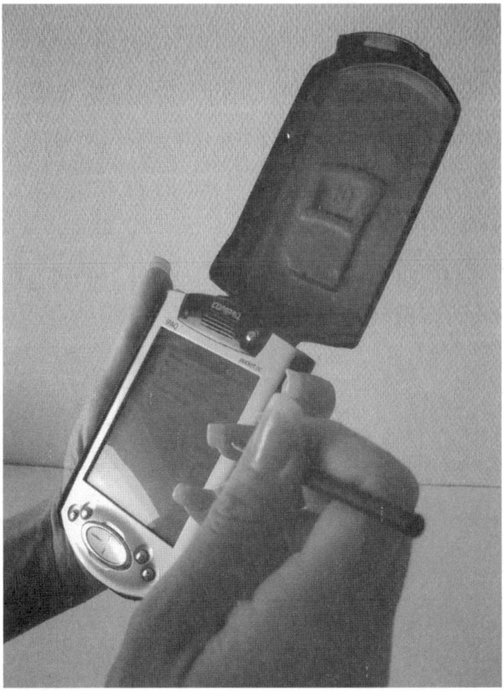

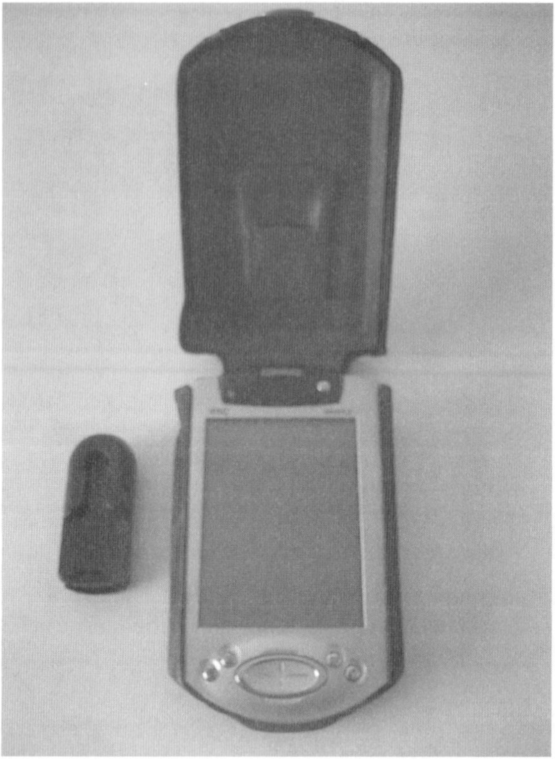

Il ne vous reste plus qu'à mettre le discret clip de ceinture et vous pourrez ainsi avoir avec vous votre compagnon électronique. Le système de fixation est très bien fait, et vous pourrez saisir votre Pocket PC en un mouvement.

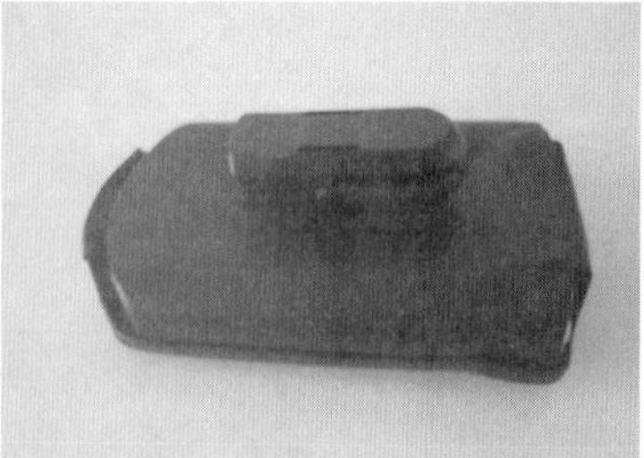

La société Vaja a poussé le raffinement jusqu'à vous livrer votre étui dans une superbe pochette elle aussi en cuir.

En conclusion, un très beau produit, fin, raffiné, de très bonne qualité qui protégera votre Pocket PC des multiples agressions de la vie quotidienne. L'essayer c'est l'adopter.

MEGA LIVRE

Chapitre 12	Intégrez et utilisez les Pocket PC au sein de l'entreprise

Introduction

Les PDA se sont perfectionnés au fil des années, ils souffraient de limitations qui les reléguaient à des fonctions d'agenda amélioré. Ces limitations portaient sur la puissance du processeur, la capacité mémoire, la médiocre qualité des écrans, des systèmes d'exploitation très basiques, la difficulté à reconnaître l'écriture cursive et le manque de standard.

Le Pocket PC s'affranchit aujourd'hui de tous ces manques et se positionne comme un standard.

L'émergence d'un standard, associé à la puissance de ces machines, le tout intégré dans l'univers des logiciels Microsoft, fait de cette machine un ordinateur permettant de répondre aux besoins de mobilité d'un nombre croissant de salariés.

Les nouvelles technologies informatiques utilisées pour réaliser les logiciels destinés à l'entreprise font de cette petite machine le réceptacle idéal pour les logiciels de l'entreprise orientés mobilité. C'est la technologie du Web, et plus précisément du "client léger". En effet, maintenant les nouveaux systèmes et programmes sont utilisés à travers un outil standard, un browser Internet, celui que vous utilisez tous les jours pour surfer sur Internet.

Votre Pocket PC est doté de tous les moyens de communication modernes et possède un browser Internet : Internet Explorer.

Ceci fait que vous allez pouvoir l'intégrer sur votre réseau d'entreprise ou lui permettre d'accéder au réseau de votre entreprise et surtout au système d'information de votre entreprise. Et ceci quel que soit l'endroit où vous vous trouvez.

Votre Pocket PC devient une extension nomade de votre entreprise, portant au creux de la main des salariés de l'entreprise, toute la puissance de l'entreprise, que ce soit en termes de communication, des outils de suivi clients, prise de commande, etc.

Le CRM est une des applications qui aura le plus de valeur ajoutée dans ce cadre.

Le CRM (Customer relationship management)

Qu'est-ce que le CRM ?

Le CRM, vaste programme. Ce mot est utilisé un peu partout, beaucoup de gens en parlent et l'heure de la mobilité apporte un plus à ce concept qui trouve aujourd'hui une application de plus en plus grande auprès des entreprises.

Le CRM est un concept ainsi qu'une application concrète permettant aux entreprises de gérer la relation clients, de bout en bout : les télécommunications et surtout l'application radio des communications, et maintenant l'arrivée du GPRS, associés aux Pocket PC permettent d'étendre les systèmes d'informations des entreprises partout où les populations nomades des entreprises sont tous les jours.

Le CRM (ou Customer Relationship Management), ou GRC (Gestion de la Relation Client), combine la technologie et la démarche qui permettent à une entreprise d'offrir à ses clients les produits qu'ils attendent. Il permet de déterminer les profils des clients et de mettre au point des stratégies marketing et commerciales permettant de mieux les servir et arriver à les fidéliser, et ceci afin d'augmenter le chiffre d'affaires et d'augmenter la marge nette des entreprises.

Le CRM est donc d'abord une stratégie qui vise à mieux s'adresser aux clients d'une entreprise afin de les fidéliser, cette démarche s'accompagne de technologie : du logiciel puisque techniquement, cette stratégie est mise en œuvre grâce à des outils informatiques, comme l'offre de Siebel par exemple.

On voit donc qu'il existe 2 aspects fondamentaux dans ce que l'on appelle le CRM : l'un, technique, qui comprend des outils logiciels, l'autre, plus subjectif (mais aussi important !) qui recouvre la stratégie de développement de la relation client pour l'entreprise.

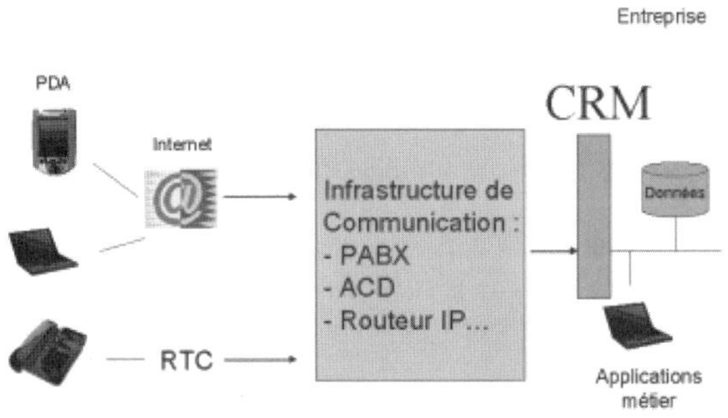

Historique

Comme nous allons le voir dans cet historique, l'apparition du concept de CRM est le résultat d'une évolution de la mentalité des entreprises...

Autrefois, les entreprises n'avaient pas de mal à écouler les stocks de produits qu'elles fabriquaient pour leurs clients. Aujourd'hui, la concurrence est rude pour les entreprises car les consommateurs sont plus exigeants et il devient plus difficile de capter leur intérêt.

Celles-ci sont donc dans l'obligation pour survivre de recentrer leurs préoccupations autour du client. Cette préoccupation est devenue très importante aussi bien chez les industriels que dans le marché des services. En quelques années, les entreprises ont dû passer d'une activité centrée autour des produits à une activité centrée autour du client.

Il s'agit en quelque sorte de savoir quel est le bon produit, celui qu'il faut proposer et qui se vendra... Ainsi, les entreprises affichent une volonté de plus en plus affirmée d'être réellement à l'écoute de leurs clients de façon à anticiper leurs besoins.

En substance, on peut dire que le client est aujourd'hui au cœur de l'entreprise...

Regardons quelques dizaines d'années en arrière :

- Des années 50 aux années 80 : l' orientation " produits ". Pendant toute cette période, les entreprises vont améliorer de plus en plus leur offre produit et les techniques de distribution.
- Les années 1950-1960 : Il y a une très forte demande, il s'agit de produire en masse. C'est la loi de l'offre et de la demande. Les sociétés ont simplement une orientation produits, il faut répondre à la demande des clients.

- ❑ Les années 1970 : les entreprises commencent à segmenter le marché, à optimiser leur production pour réduire les coûts de fabrication, leur approche est toujours axée autour des produits.
- ❑ Les années 1980 : les clients deviennent plus exigeants, les entreprises cherchent à améliorer la qualité de leurs produits et optimisent encore la production de leurs produits.
- ❑ A partir des années 90, vers une orientation " client : les clients devenant de plus en plus exigeants, on verra dans les années 1990 une modification du marché qui va marquer le début d'une approche centrée vers le client ; les entreprises vont avoir besoin d'axer davantage leur stratégie vers leurs clients.

Cette tendance va encore s'amplifier dans les années 2000 et 2000, pour arriver à l' apparition d'une stratégie d'entreprise centrée autour du client et non plus focalisée sur les produits. Le concept de CRM est né.

Les objectifs du CRM

Aujourd'hui, les entreprises cherchent à augmenter leur rentabilité en augmentant leurs revenus apportés par leurs clients. Elles ont donc intérêt à mieux connaître leurs clients, afin de pouvoir effectivement accroître ces revenus et donc, leur rentabilité.

D'autre part, il s'agit également pour les entreprises d'aujourd'hui de pouvoir fidéliser leurs clients.

En effet, dans un marché de plus en plus concurrentiel, la fidélisation des clients est également une façon pour les entreprises d'augmenter leurs revenus. La fidélisation nécessite aussi une excellente connaissance de ses clients. Ceci est une nécessité économique car il est beaucoup plus coûteux pour les entreprises d'acquérir de nouveaux clients que de conserver ses clients. Par exemple sur le marché de la téléphonie mobile, il faut entre 12 et 24 mois pour qu'un client commence à être rentable. Si ceux-ci partent auparavant, c'est une perte pour l'entreprise.

La relation client repose bien entendu sur la connaissance des clients mais aussi de plus en plus sur la fidélisation des clients. Il s'agit pour une entreprise de bien connaître ses clients afin de leur proposer les "bons" produits et services. Chaque client est unique. Chaque relation du client avec l'entreprise doit être unique.

L'objectif du CRM est de permettre à l'entreprise de passer d'une stratégie de production de masse (orientée produits) à une orientation vers le client et donc de permettre à l'entreprise de placer le client au cœur de la stratégie de l'entreprise.

Pour résumer, on peut dire que l'objectif essentiel du CRM est la satisfaction des clients d'une entreprise.

Comme nous l'avons vu à travers son historique, l'objectif du CRM n'est pas très nouveau, mais on peut dire qu'aujourd'hui, les outils logiciels permettent d'atteindre cet objectif.

De plus, nous verrons que l'apparition des nouvelles technologies telles qu'Internet permet encore d'améliorer le CRM et la personnalisation dans la relation client à travers l'e-CRM.

L'architecture du CRM

Nous avons vu dans les chapitres précédents à quoi servait le CRM dans une entreprise.

Nous allons à présent décrire "comment ça marche" et détailler le fonctionnement technique du CRM.

Pour cela, nous allons tout d'abord présenter comment le CRM est rattaché au système d'information de l'entreprise, puis nous expliquerons son architecture fonctionnelle.

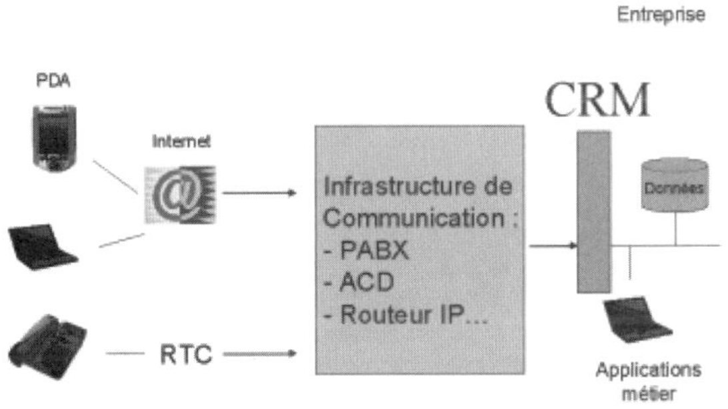

Voyons tout d'abord comment la solution de CRM s'intègre dans le réseau de l'entreprise avec le schéma ci-dessus.

Les utilisateurs se connectent au système au moyen d'un PC ou d'un PDA via Internet auquel est connecté le réseau de l'entreprise avec tous ses outils (outil de CRM, et autres outils de l'entreprise).

Le CRM s'appuie en effet sur diverses technologies telles que les bases de données, mais aussi le réseau de l'entreprise et, de plus en plus, Internet.

L'accès au système est rendu possible grâce à l'infrastructure de communication de l'entreprise : Celle-ci comprend divers équipements de réseau tels que PABX (pour les accès venant du téléphone), Routeurs IP (pour Internet), et CTI.

En effet, parfois, l'outil de CRM comprend une interface avec le téléphone, c'est ce que l'on appelle le CTI (Computer and Telephony Integration).

Ceci permet à l'application d'être connectée avec le téléphone de l'utilisateur et de réaliser des fonctions telles que le déclenchement de fonctions téléphoniques depuis un programme.

Par exemple, l'application demande que l'on appelle un client ou bien l'inverse : déclenchement d'une application depuis un appel (par exemple, affichage d'un dossier client à partir de son numéro de téléphone).

Comme le montre le schéma, le CRM (ou bien gestion de la relation client) se compose des deux modules suivants :

- la gestion de l'interface client ;
- la gestion du client.

L'ensemble ainsi formé - le CRM - communique avec les applications du système d'information de l'entreprise (voir l'accès au back office sur le schéma).

Ainsi, le CRM se compose de 3 fonctions principales :

- L'automatisation des forces de vente (SFA : Sales force automation) qui concerne des outils permettant aux vendeurs d'une entreprise d'assurer un suivi détaillé de leurs clients et de leurs prospects.
- Le marketing, qui permet de définir des profils de clients, et de gérer des campagnes de marketing.
- Le service après vente, qui recouvre les activités de suivi des clients après l'achat.

Pour cela, il s'appuie sur les modules suivants :

La gestion du client permet l'accès aux bases de données contenant les référentiels des profils des clients et les référentiels des processus commerciaux.

Un outil de CRM se compose en effet des éléments suivants :

- Les données dites de "back office" : il faut pouvoir partager des données qui sont gérées par d'autres applications dans l'entreprise.
- Les bases de données clients : qui permettent l'acquisition des informations liées aux clients (éventuellement sous la forme de ce qu'on appelle un "datawarehouse").
- Des accès à des bases de données externes.
- Et bien sûr, des outils qui permettent de gérer l'ensemble des données ainsi acquises et d'effectuer les traitements adéquats.

On voit que la gestion du client est distincte des canaux d'interaction vers les clients, ce qui est logique puisqu'un système de CRM doit pouvoir être utilisé depuis n'importe quel canal de communication : Internet par exemple…

La gestion de l'interface client a pour rôle de permettre de s'interfacer avec n'importe quel canal.

La notion de canaux d'interaction est très importante dans le système CRM.

En effet, les télécommunications permettent aujourd'hui de multiples moyens de connexion entre l'entreprise d'une part, et les prospects ou clients de celle-ci d'autre part.

La construction d'une solution de CRM s'appuie nécessairement sur divers canaux d'interaction : les canaux de distribution, la connexion avec les commerciaux, avec le service après vente, etc.

Les canaux peuvent être "directs", l'accès grâce au téléphone ou à Internet, ou bien nécessiter une "médiation" : employés connectés depuis une agence de vente ou bien télé-opérateurs depuis un centre d'appels.

On observe que la multiplication des canaux de distribution, et donc la facilité d'accès pour les clients a augmenté le nombre d'interactions de façon spectaculaire.

On prévoit ainsi de plus en plus d'accès sur Internet, et sur des centres d'appels dans les prochaines années.

Du CRM à l' e-CRM

Comment Internet enrichit la relation client

Le CRM recouvre aujourd'hui toute la démarche autour des clients, son organisation, et donc l'ensemble des moyens informatiques pour mettre en œuvre cette démarche.

Ainsi, nous avons vu précédemment que le CRM se compose de 3 fonctions principales :

- L'automatisation des forces de vente.
- Le marketing.
- Le service après vente.

On a également vu dans le chapitre précédent que le CRM était dit multi-canal car il doit permettre l'interaction avec des clients quelle que soit leur façon de se connecter à l'entreprise, y compris via Internet.

On peut donc dire que l' e-CRM est un sous-ensemble du CRM, puisqu' il gère la relation client sur le canal particulier : Internet.

L'explosion d'Internet a donc permis l'apparition de la gestion en ligne de la relation client, et la naissance du concept d'e-CRM (electronic-CRM).

S'il est vrai que l'on a vu apparaître une indépendance de l'e-CRM par rapport au CRM (des éditeurs de logiciels spécifiques), la tendance actuelle est bien d'intégrer l'e-CRM dans le CRM, ce qui est plus logique au niveau du système d'information.

Si nous avons vu dans les chapitres précédents l'intérêt pour une entreprise d'avoir une démarche orientée client, l'avantage d'une solution d'e-CRM est véritablement de pouvoir mesurer cela. En effet, le bénéfice de cette stratégie d'entreprise est mesurable aussi bien par le client qui se connecte à Internet (et peut voir une amélioration des services) que par l'entreprise.

Cette démarche s'appuie alors sur un véritable échange entre le client internaute et l'entreprise de façon plus efficace qu'au travers d'autres canaux de connexion.

En effet, le site Web de l'entreprise permet au client de rentrer en contact avec certains services, et cela permet, le cas échéant à l'entreprise de recueillir des informations précieuses sur ce client…

Simplifier et automatiser la gestion du client

L'utilisation d'Internet dans un système de CRM a également pour avantage de mieux automatiser la relation client.

Les exemples sont nombreux : on peut citer le suivi des commandes grâce aux sites de commerce électronique (les clients connaissent l'état de leur commande grâce à Internet), ou bien encore les campagnes de marketing sur Internet par comparaison avec le mailing…

L'automatisation de ces tâches se trouve à présent confié au système de CRM, libérant ainsi les vendeurs et leur permettant de se consacrer à leur métier de conseil et de stratégie de compte.

L'utilisation du PDA dans le CRM

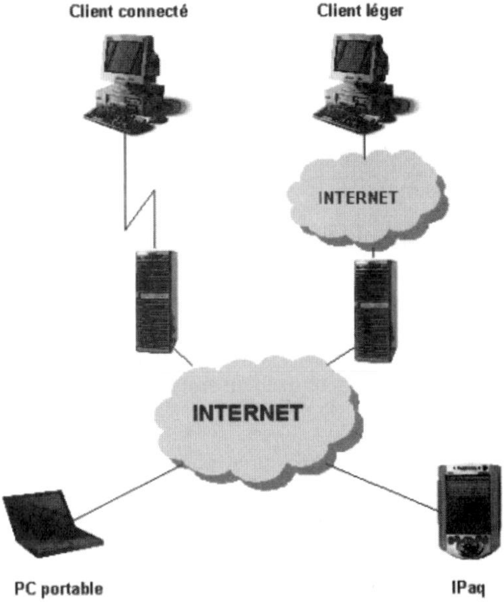

Comme on peut le découvrir dans ce schéma, les utilisateurs de PDA peuvent se connecter de la même façon que les utilisateurs de PC portables au réseau Interne…

Ainsi, les PDA sont considérés comme des points d'accès avec leurs propres outils pour se connecter au réseau Internet (navigateur, affichage des pages HTML, etc.). Le schéma montre ainsi un parfait exemple de mise en œuvre d'une solution de CRM distribuée.

On peut imaginer par exemple un constructeur d'ordinateurs avec des équipes de vente et de maintenance qui sont équipées de PDA pour aller chez leurs clients.

Les inspecteurs de maintenance peuvent, grâce aux outils de gestion de services clients installés sur leur PDA, accéder aux données du système de CRM de leur entreprise et mettre à jour les informations avec un compte-rendu de visite par exemple qui viendra enrichir la base de connaissance de ce client.

Les informations ainsi mises à jour seront ensuite accessibles à d'autres services de son entreprise, ainsi le service adéquat pourra effectuer la facturation de l'intervention effectuée chez le client.

Exemples d'utilisation du CRM

Nous avons vu dans les chapitres précédents comment fonctionnait un système de CRM, nous allons illustrer notre propos par quelques exemples de mise en œuvre de solutions de CRM dans les entreprises.

Gestion du Churn chez un opérateur de téléphonie mobile

La gestion de ce que l'on appelle le "Churn" chez un opérateur de téléphonie mobile est très importante. En effet, le Churn représente la probabilité pour qu'un abonné "parte" à la concurrence et il est d'environ de 25 % par an chez les opérateurs...

Il s'agit donc pour un opérateur d'être capable de prévenir le Churn en fidélisant le client au moyen d'offres adaptées.

Utilisation du CRM

Une solution de CRM comprend des outils de gestion des connaissances qui permettent à une entreprise de gérer les informations accumulées sur ses clients.

Le "data mining" est une fonction du CRM qui permet d'extraire ces connaissances afin de les analyser et de permettre à l'entreprise de réaliser des actions de marketing en fonction de ces données.

Ainsi, grâce à la solution de CRM mise en œuvre dans l'entreprise, l'opérateur pourra orienter sa campagne de marketing de façon personnalisée par rapport à tel profil d'abonné et ainsi, réduire le "Churn".

Livraison de pizzas à domicile

Le traitement des appels téléphoniques pour une société de livraison de pizzas à domicile est crucial car il s'agit avant tout d'être rapide pour donner une bonne qualité de service aux clients...

Utilisation du CRM

Comme nous l'avons vu dans les chapitres précédents, une des fonctions du CRM est l'intégration du CTI avec la téléphonie...

Ainsi, grâce à cette fonction, la société de livraison de pizzas va pouvoir récupérer les informations sur chaque client simplement grâce à son numéro de téléphone.

Quand le client appelle, la société connaît les coordonnées du client qu'il s'agit simplement de vérifier ; elle connaît également ses habitudes et pourra mieux l'accueillir et lui proposer des services et des produits qui seront personnalisés.

Société d'assistance pour les conducteurs automobiles

Il existe aujourd'hui des sociétés qui offrent à leurs clients automobilistes une assistance personnalisée.

Ainsi, en fonction de l'endroit où se trouve l'automobiliste, cette société est capable de lui adresser du secours ou bien simplement des informations utiles par rapport à sa localisation telles que hôtels et restaurants proches.

Utilisation du CRM

Certaines solutions de CRM permettent d'intégrer un outil de localisation qui permet de localiser une personne dans une zone géographique.

Grâce au CRM, il sera donc possible une fois cette localisation établie, d'adresser à un client les informations dont il a besoin ou bien de déclencher certaines actions telles que l'envoi de secours si nécessaire.

CRM par Siebel

SIEBEL est aujourd'hui le leader incontesté dans le domaine du CRM.

Les solutions de CRM proposées par SIEBEL fonctionnent à la fois en mode Serveur et en mode client, ce qui permet de supporter les clients distants.

La solution de CRM de SIEBEL permet l'intégration du PDA grâce au support de l' iPAQ Pocket PC de Compaq.

Le Pocket PC permet en effet grâce aux technologies les plus récentes dans le domaine des terminaux mobiles d'offrir un accès rapide et facile aux informations importantes de l'entreprise - et donc à des outils comme SIEBEL - et ceci via Internet, le réseau d'entreprise ou le PC auquel il est raccordé.

Il assure ainsi, même lors des déplacements, un accès aux informations nécessaires et permet grâce à un module d'expansion, de se connecter à l'Internet Mobile et donc d'accéder à Internet sans fil.

Différentes entreprises proposent des solutions d'infrastructure axées sur la mobilité qui comprennent toute la chaîne allant du terminal mobile avec l' iPAQ, au serveur de contenu avec les solutions logicielles nécessaires.

Aujourd'hui, des solutions comme celles proposées par SIEBEL permettent d'accéder n'importe quand et n'importe où, aux informations de l'entreprise.

Ainsi, l'iPAQ est véritablement le modèle de terminal mobile le plus adapté pour l'application Siebel sales.

Présentation de SIEBEL

Avec SIEBEL 7, l'éditeur du même nom propose des solutions logicielles de CRM et intègre également des modules d'ERM (Employee Relationship Management) et de PRM (Partnership Relationship Management).

L'ERM permet de gérer les employés d'une entreprise comme des clients, en utilisant les mêmes types d'outils que le CRM.

Ainsi, SIEBEL 7 permet la gestion des recrutements, de la formation, et aussi de la carrière (objectifs, performances, etc.) des employés.

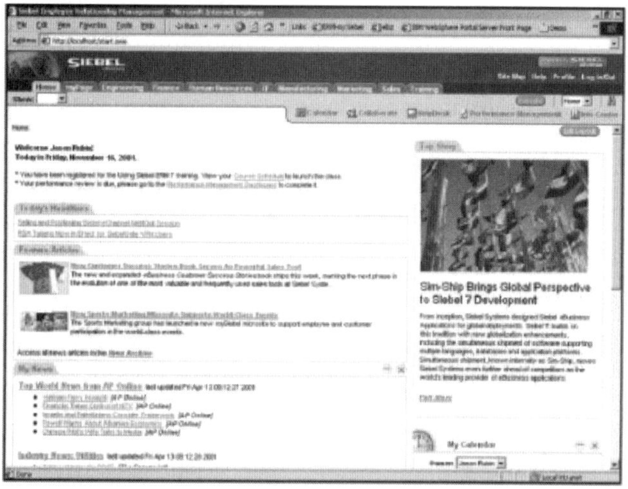

SIEBEL 7 s'adapte par ailleurs aux assistants personnels de type PALM ou Pocket PC : iPAQ permettant aux utilisateurs mobiles l'accès aux applications.

Il intègre également une interface de reconnaissance vocale qui permet de créer, modifier, enregistrer des données relatives à un client, d'accéder à son calendrier, etc.

SIEBEL 7 permet les fonctionnalités suivantes :

- Une offre complète orientée vers les besoins de CRM des entreprises.
- Un adressage "multicanaux" en permettant de synchroniser la relation clients avec les différentes organisations de l'entreprise telles que ventes, marketing et services.
- La synchronisation avec les mobiles permettant aux utilisateurs de PDA d'accéder aux données sur la gestion des clients mises à jour.

- ❑ Le support de l'architecture Smart Web qui permet de fonctionner sur un navigateur Web.

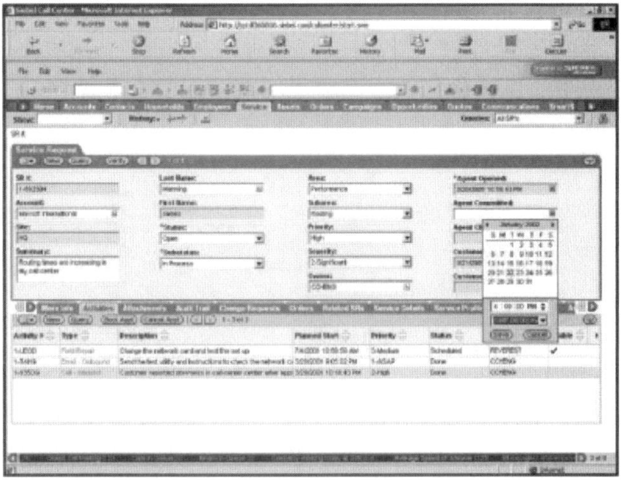

- ❑ Le support du déploiement global : les applications de SIEBEL 7 permettent le déploiement en 20 langues.
- ❑ Upgrades automatiques, les applications de SIEBEL 7 sont faciles à configurer et à faire évoluer.
- ❑ Une analyse détaillée sur les comportements des clients, facile à utiliser, intuitive et accessible via le Web.

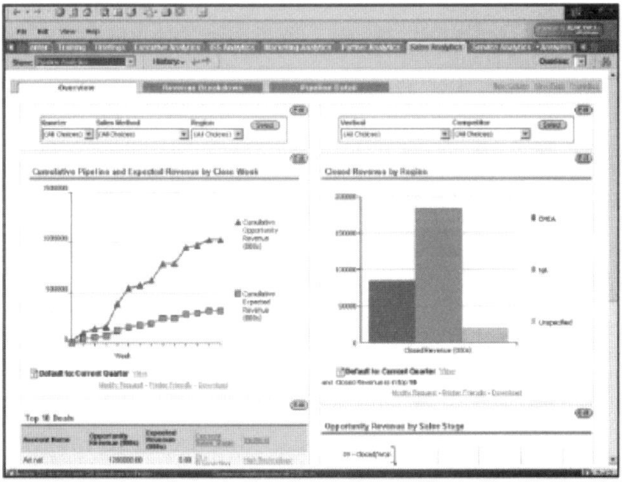

SIEBEL 7 offre aux utilisateurs un module d'analyse très performant :

- ❑ Le support d'applications réseaux.
- ❑ L'intégration d'applications spécifiques par industrie :

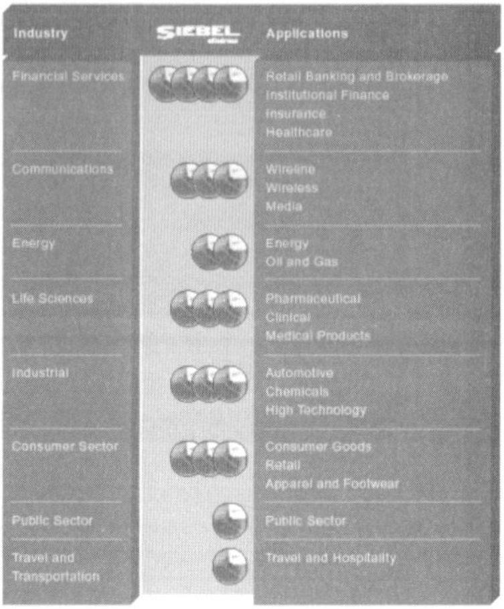

SIEBEL 7 inclut des applications pré-construites pour 20 secteurs de marché différents.

- ❑ Une réduction des coûts et un retour sur investissement rapide pour les entreprises.

SIEBEL propose aujourd'hui une suite d'applications SIEBEL 7, pour adresser les différents axes suivants :

- ❑ Ventes (Sales) avec SIEBEL SALES Applications

Il s'agit d'un système d'automatisation qui vise les activités normales des professionnels de la vente avec des applications de partage de données sur les clients actuels et potentiels de l'entreprise.

- ❑ Marketing : SIEBEL Marketing 7 Applications

Cette gamme de produit permet de cibler et d'adresser le soutien des ventes, du service et aussi du marketing via Internet.

- ❑ Service : SIEBEL Service 7 Applications

Cette suite d'applications offre la possibilité de réaliser des tâches de marketing et permet aux agents des centres d'appel de visualiser d'avance les données d'appel, d'envoyer des courriers de façon automatique en fonction des profils des clients, etc.

- ❑ Gestion des Partenaires (Partners) : SIEBEL Applications for Partner Management

Cet ensemble de logiciels permet aux entreprises de resserrer les liens avec leurs partenaires grâce à un portail sur le Web.

Evolution du CRM...

D' après une étude de Pierre Audouin Conseil (PAC), le marché des logiciels et services autour du CRM est en forte croissance.

L'augmentation des ventes pour la période 2000-2004 est estimée à 23 %, 18 % pour les licences logicielles.

PAC pense que les créneaux les plus porteurs sont le CRM analytique avec la connaissance du client, les centres de contacts multimédia et les projets CRM sur Internet.

MEGA LIVRE

Chapitre 13	Paramétrage de votre Pocket PC

Le paramétrage de votre Pocket PC est une chose importante. Cela vous permettra de l'adapter à votre utilisation quotidienne, et peut-être de résoudre des contraintes d'utilisation qui vous gênent.

Pour y accéder, vous déroulez le menu "Démarrer" et sélectionnez l'option "Paramètres".

En fonction des logiciels que vous installez, le nombre d'options peut augmenter. Pensez toujours à aller voir cette partie de votre Pocket PC une fois que vous avez installé de nouveaux logiciels.

Trois onglets de paramétrages sont disponibles :

- **Privé.** Vous permet de régler des paramètres personnels de l'utilisation de votre Pocket PC.
- **Système.** Vous permet de régler les paramètres de fonctionnement de votre Pocket PC.
- **Connexions.** Vous permet de régler la partie communication de votre Pocket PC et d'en définir les connexions.

Modifiez le paramétrage de la partie "privée"

Personnalisez votre menu "Aujourd'hui"

Ce menu "Aujourd'hui" vous a été décrit dans le chapitre "Prise en main, utilisation et principes de base de mon Pocket PC" de ce livre. Cette option de paramétrage vous permet d'en définir le fonctionnement. Sachez que vous pouvez trouver sur Internet des programmes qui permettront de faire évoluer cet écran Aujourd'hui. Le chapitre "Ajouter de nouvelles fonctionnalités sur votre Pocket PC" de ce livre vous expliquera comment réaliser ce type d'amélioration.

Apparence de votre écran "Aujourd'hui"

Vous pouvez modifier l'apparence de votre Pocket PC en choisissant des thèmes ou une image de fond d'écran.

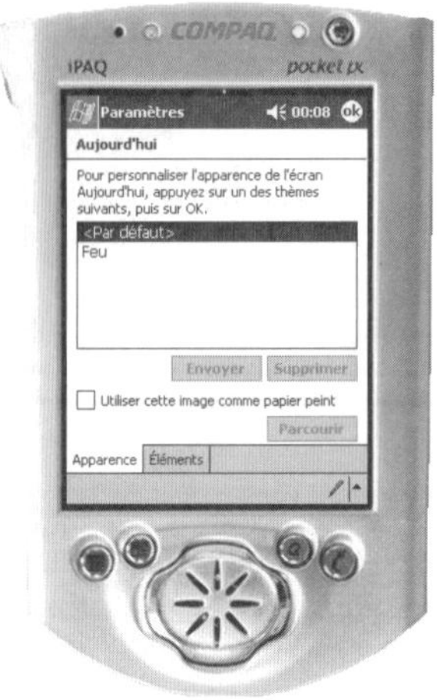

Ici, est installé le thème "Feu" qui permet de changer la présentation de votre écran "Aujourd'hui" et de le rendre plus flamboyant. Vous pouvez aussi insérer sur le fond de votre Pocket PC une image que vous aurez sélectionnée via le bouton "Parcourir".

Paramètres des éléments

Le menu Aujourd'hui affiche des éléments de synthèse des grandes informations de votre Pocket PC. Vous pouvez personnaliser ces éléments ou décider de ne plus vouloir les afficher.

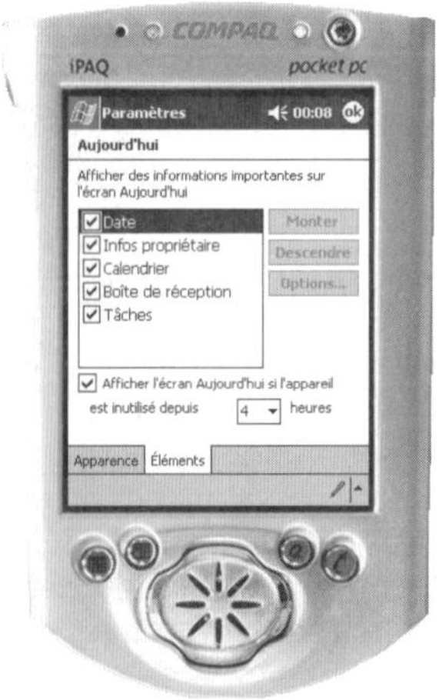

Si vous décochez un élément de la liste en pointant sur une des cases à cocher, celui-ci n'apparaîtra plus dans votre écran Aujourd'hui. Pour certains de ces éléments, vous pouvez modifier le paramétrage d'affichage.

Quand un élément est modifiable, le bouton "Options" devient actif et vous pouvez modifier les paramètres.

Monter et descendre permet de modifier l'ordre d'affichage de ces éléments dans le menu Aujourd'hui.

Dans la liste présentée, seuls deux éléments sont modifiables : le calendrier et les tâches.

Le calendrier

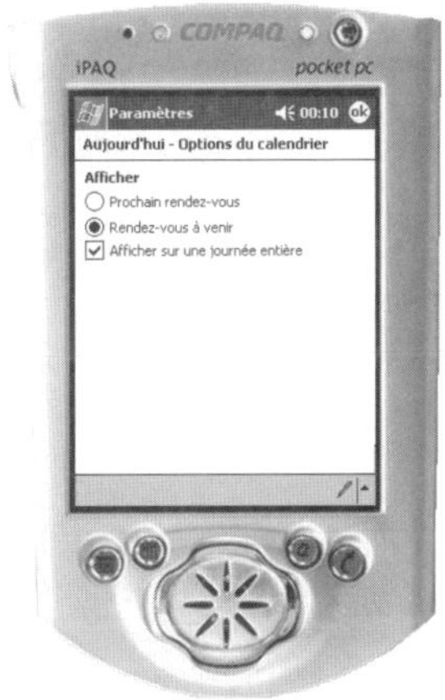

Pour votre écran "Aujourd'hui", vous pouvez choisir de voir s'afficher seulement le prochain rendez-vous ou l'ensemble des rendez-vous à venir de la journée. L'option "Afficher sur une journée entière" vous permet de voir les rendez-vous de la journée entière.

Les tâches

Vous permet de ne voir s'afficher sur votre écran "Aujourd'hui" que la synthèse des tâches, et ce en fonction de vos besoins.

Tâches prioritaires. Pour obtenir la synthèse du nombre de tâches prioritaires.

Tâches avec échéance aujourd'hui. Pour obtenir la synthèse des tâches qui se terminent le jour même.

Tâches échues. Pour obtenir la synthèse des tâches qui sont terminées.

Avec le menu déroulant Catégorie, vous pouvez décider de n'afficher la synthèse que pour une catégorie de tâches.

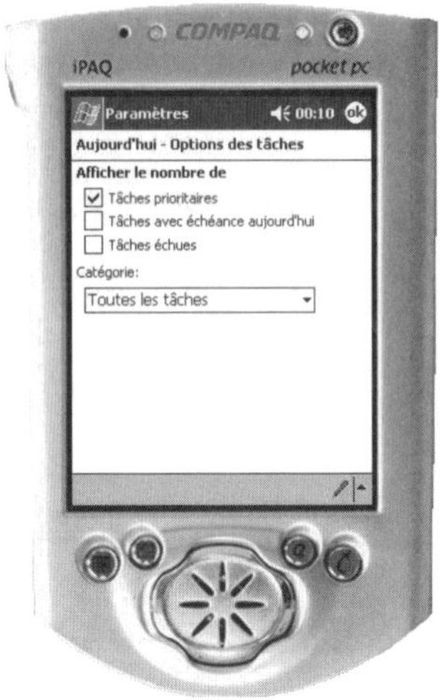

Paramétrez les boutons de votre Pocket PC et la vitesse des ascenseurs

Votre Pocket PC est doté de 4 ou 5 boutons standards. Chaque bouton permet de lancer un programme différent. Vous pouvez, grâce à ce menu, attribuer le programme que vous voulez au bouton que vous désirez.

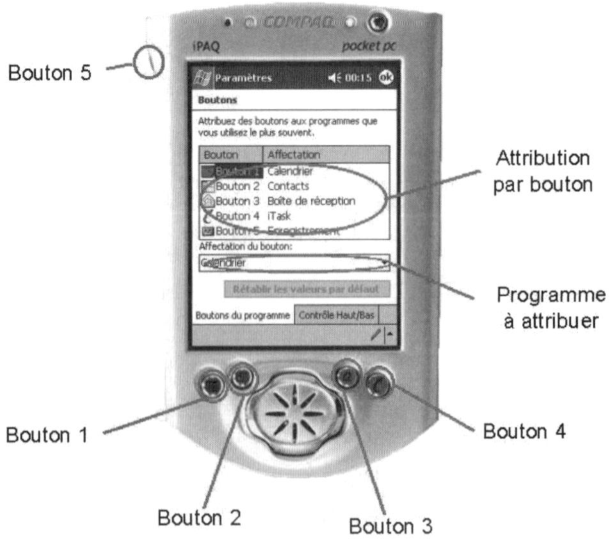

Pointez sur le bouton que vous souhaitez modifier, puis, dans le menu déroulant "Affectation du bouton", choisissez le programme que vous désirez affecter au bouton.

Cela vous permettra de régler la sensibilité de votre Pocket PC pour la gestion des ascenseurs par rapport à votre stylet.

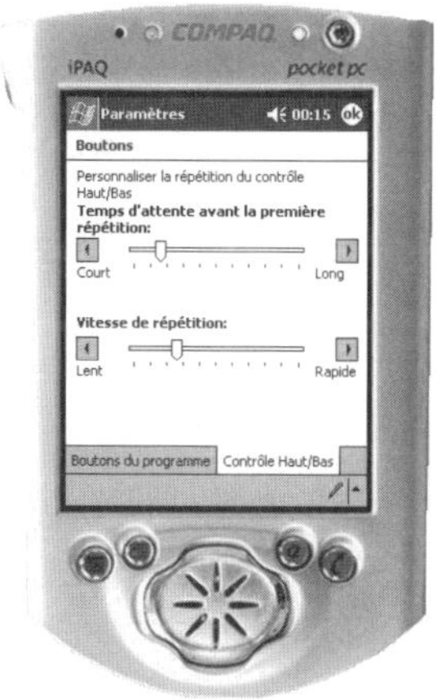

Quand vous maintenez appuyé votre stylet sur une zone d'ascenseur, il se passe un délai avant que le défilement ne continue. Avec l'option "Temps d'attente…", vous pouvez allonger ou raccourcir ce délai.

Avec l'option "Vitesse de répétition", vous pouvez allonger ou raccourcir le délai de répétition.

Informations du propriétaire

Cet écran vous permet de saisir vos informations de propriétaire de votre Pocket PC. Ce n'est utile que si vous le perdez…

L'option "Afficher des informations lorsque l'appareil est sous tension" permet d'afficher sur un écran, systématiquement au démarrage, les informations que vous saisirez dans cet écran.

Paramétrage des menus "Démarrer" et "Nouveau"

L'utilisation du menu "Démarrer" est décrite au chapitre "Prise en main, utilisation et principes de base de mon Pocket PC". Cette option de paramétrage va vous permettre de modifier la partie "programmes courants" de ce menu. Cette liste de programmes est celle que vous voyez apparaître lorsque vous dépliez le menu "Démarrer".

En effet, les applications proposées sont celles définies par défaut à la livraison de votre machine. Il ne s'agit pas forcément de celles que vous utilisez le plus ; par ailleurs, passer systématiquement par l'option "Programmes" devient fastidieux au fil des jours.

Dans cet écran, vous voyez la liste des programmes installés sur votre Pocket PC, que ce soit ceux livrés en standard ou ceux que vous avez rajoutés.

Vous pouvez donc choisir les différents programmes que vous désirez voir apparaître dans cette partie, mais avec une limitation : vous ne pouvez pas en sélectionner plus de 9. Si vous désirez contourner cette limitation, vous pouvez directement paramétrer cet écran en utilisant votre explorateur de fichiers (comme cela est décrit au chapitre "Je gère mon Pocket PC"). Pour sélectionner les programmes à afficher via cet écran de paramétrage, il suffit de pointer sur la case à cocher de votre choix.

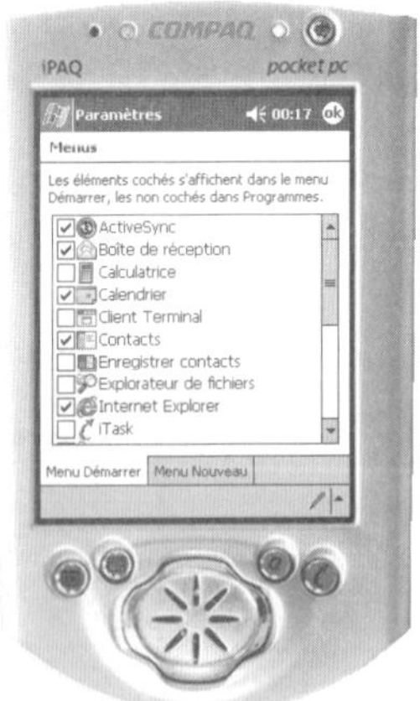

Un second menu nommé "Nouveau", situé au bas de votre écran, vous permet de déterminer les éléments que vous souhaitez créer.

Les options qui lui sont propres sont limitées aux applications livrées en standard sur votre Pocket PC. Elles sont les suivantes :

- Création d'un nouveau classeur Excel.
- Création d'un nouveau contact.
- Création d'un nouveau document Word.

- ❑ Création d'un mail.
- ❑ Création d'une nouvelle note.
- ❑ Création d'un nouveau rendez-vous.
- ❑ Création d'une nouvelle tâche.

Pour les sélectionner, il suffit de pointer sur la case à cocher de votre choix.

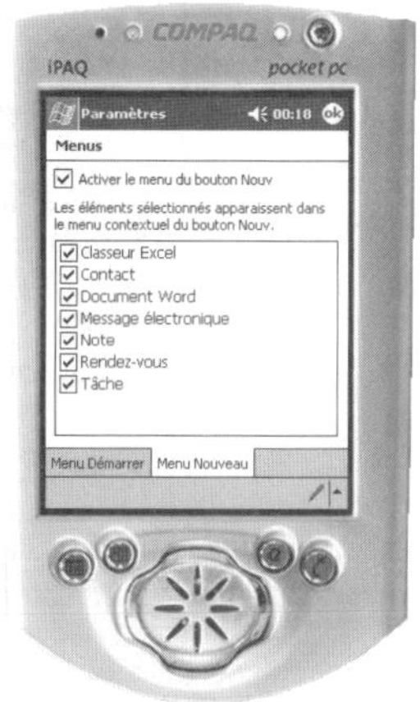

Protégez votre Pocket PC par un mot de passe

Toutes vos informations sont contenues dans votre Pocket PC. Vous ne désirez peut-être pas que n'importe qui puisse, à l'allumage de votre machine, consulter toutes vos informations. Vous avez la possibilité de la protéger par un mot de passe. Attention, en cas de perte de ce mot de passe vous n'aurez d'autre solution que de réinitialiser complètement votre Pocket PC et de le restaurer avec votre dernière sauvegarde.

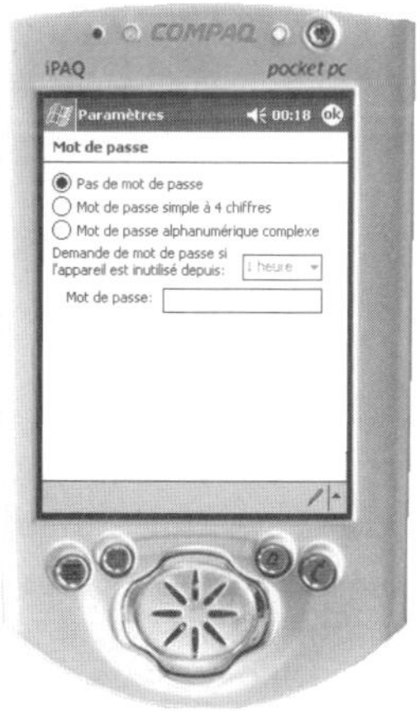

Vous pouvez saisir un mot de passe composé exclusivement de chiffres :

Saisissez-le avec le clavier numérique apparu sur votre écran. Vous pouvez aussi paramétrer le délai à partir duquel il se verrouille.

Sinon, vous pouvez saisir un mot de passe composé de lettres et de chiffres.

Paramétrage des fonctions de saisie, clavier virtuel et fonctions de reconnaissance d'écriture

Il existe plusieurs modes de saisie de caractères et de reconnaissance d'écriture sur votre Pocket PC. Ils sont décrits au chapitre "Prise en main, utilisation et principes de base de mon Pocket PC".

Avec cette option, vous pouvez réaliser le paramétrage de certains modes de reconnaissance.

Pour accéder au paramétrage, sélectionnez la méthode de saisie dans le menu déroulant "Méthode de saisie".

Clavier virtuel

Vous avez la possibilité d'agir sur les paramètres suivants :

- ❑ Grandes touches & Petites touches vous permet de choisir la taille des touches de votre clavier.

- A l'image des modes de saisie cursifs (écriture manuscrite), vous pouvez sélectionner des raccourcis de déplacement avec votre stylet et ce, afin de créer un espace entre deux mots, passer en mode majuscule, effacer le caractère précédent et faire l'équivalent de la touche "Entrée" ou "Enter" de votre clavier.

Graffiti (reconnaissance des blocs)

Pas de paramétrage possible pour cette option.

Reconnaissance des lettres

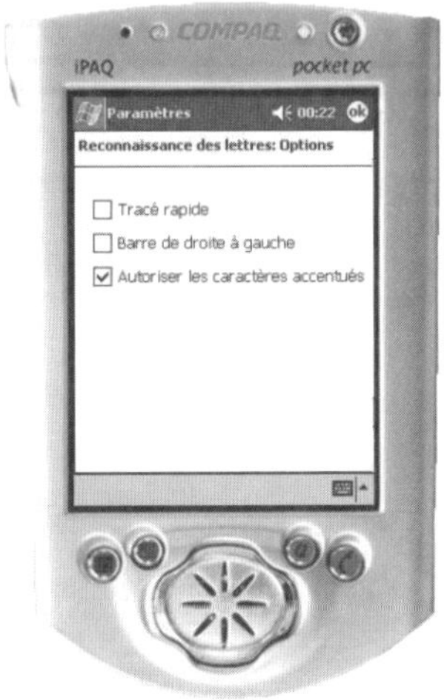

Vous pouvez choisir les options suivantes :

- **Tracé rapide.** Vous autorise à écrire une lettre en un seul mouvement de stylet. Cela permet une écriture plus rapide, mais nécessite un apprentissage de ce type de tracé.
- **Barre de droite à gauche.** Autorise le tracé des barres des lettres (par exemple la barre du "t") de droite à gauche, afin de tracer les lettres plus rapidement sur votre écran.
- **Autoriser les caractères accentués.** Autorise le dessin des lettres accentuées.

Transcriber

Deux écrans de paramétrage sont accessibles.

Général

- **Son activé.** Lorsque Transcriber commence une traduction, il émet un bip. Vous pouvez supprimer ce bit en décochant la case.

- ❑ **Afficher l'introduction.** Cette option vous permet d'afficher ou de supprimer l'affichage de la page de rappel d'utilisation qui apparaît lorsque vous choisissez l'option Transcriber en mode de saisie.
- ❑ **Afficher iconbar.** Vous permet d'afficher la barre d'outils de Transcriber lorsque vous réalisez une saisie.
- ❑ **Encre.** Vous pouvez aussi choisir l'épaisseur du trait ainsi que sa couleur.

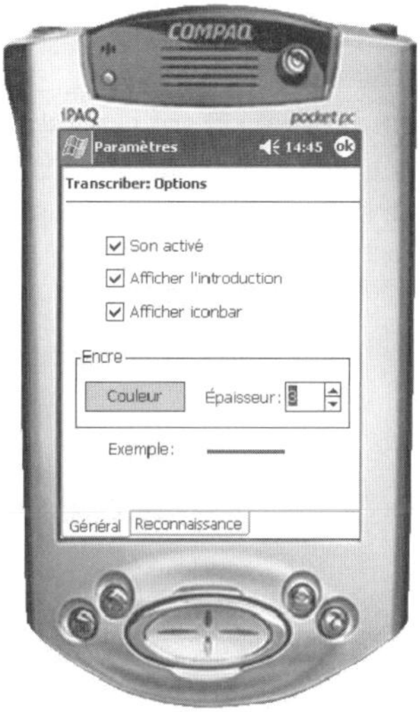

Reconnaissance

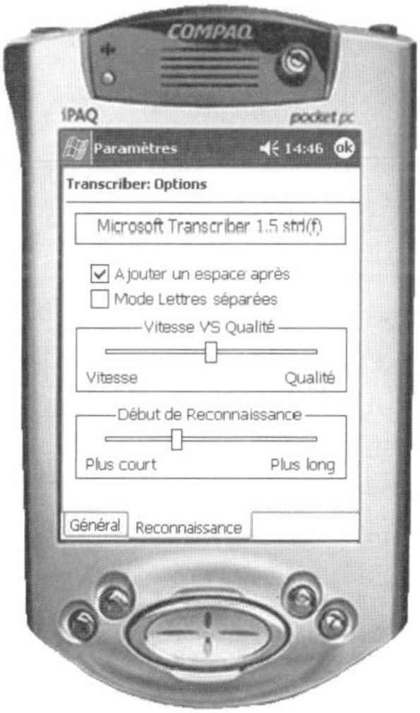

- **Ajouter un espace après.** Permet d'indiquer à Trancriber qu'il faut insérer un espace entre chaque mot reconnu.
- **Vitesse VS Qualité.** La reconnaissance des mots tracés à l'écran mobilise beaucoup de puissance de votre Pocket PC. Si vous privilégiez la qualité, la reconnaissance de mots sera meilleure, mais plus longue. Si vous choisissez la vitesse, ce sera l'inverse.
- **Début de Reconnaissance.** Lorsque vous tracez un mot, il se passe un délai entre le tracé de la dernière lettre du mot et le début de traduction. Ici, vous pouvez régler finement ce délai.

Saisie automatique ou semi-automatique

Lors de la saisie des caractères, une fenêtre s'ouvre pour vous proposer des mots et, ainsi, ne pas avoir à les saisir complètement. Cela fait référence à la saisie semi-automatique décrite dans le chapitre "Prise en main, utilisation et principes de base de mon Pocket PC".

Les options suivantes sont disponibles :

- **Suggérer mots...** Vous pouvez arrêter cette fonction de proposition de mots en décochant cette case.
- **Suggérer après avoir tapé.** Vous pouvez choisir le nombre de lettres que vous avez à saisir avant que votre Pocket PC ne vous suggère des mots.
- **Suggérer.** Vous permet d'indiquer le nombre de mots qui vous sera suggéré. Choisissez-en 4, cela rendra la proposition plus pertinente.
- **Ajouter un espace...** Permet d'indiquer qu'il y a systématiquement un espace après chaque mot inséré après sélection.

Options globales Saisie et Enregistrement des mémos vocaux

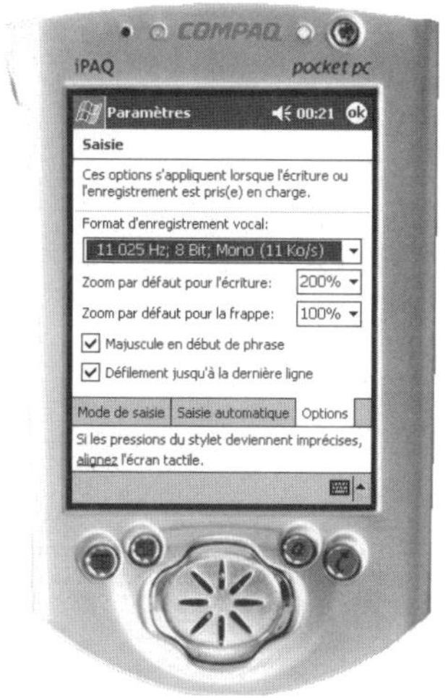

- **Format d'enregistrement vocal.** Nous vous avons présenté pour tous les programmes l'utilisant sur votre Pocket PC, la fonction Dictaphone permettant d'enregistrer des mémos vocaux. Vous pouvez ici sélectionner la qualité de l'enregistrement effectué en mode Dictaphone. Plus la qualité est bonne et plus cela prendra de place dans la mémoire de votre Pocket PC.

Vous pouvez régler des fonctions de zoom automatique lors de la saisie dans l'application que vous utilisez.

- **Majuscule...** Permet de transformer systématiquement la première lettre d'un mot en début de phrase.
- **Défilement...** Permet d'activer la fonction de défilement automatique lors de la saisie.

Paramétrage du son et des notifications sonores

Votre petite machine émet un certain nombre de sons lorsque vous l'utilisez ; ce qui peut vous lasser, voire vous gêner. Vous pourrez ici modifier ces sons à votre convenance.

Paramétrage des sons et rappels

- **Volume.** Vous permet de régler le volume global des sons que produit votre Pocket PC.
- **Evénements.** Permet de supprimer les sons pour les actions, événements, sauf pour les alarmes et les programmes dont la fonction est de produire du son (Media Player par exemple).

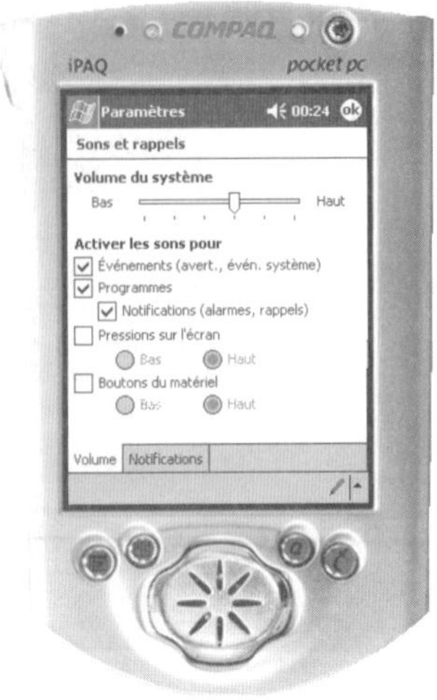

- **Programmes.** Permet d'autoriser ou de supprimer les programmes à produire des sons. Notamment, les alarmes et les rappels sur tâches et rendez-vous.
- **Pressions sur l'écran.** Permet de supprimer le petit son que vous entendez chaque fois que votre stylet entre en contact avec l'écran tactile de votre Pocket PC.
- **Boutons du matériel.** Permet de supprimer le petit son que vous entendez chaque fois que vous utilisez les boutons de votre Pocket PC.

Personnalisation des sons des programmes

Cet écran vous permet de personnaliser tous les sons produits par les programmes de votre Pocket PC.

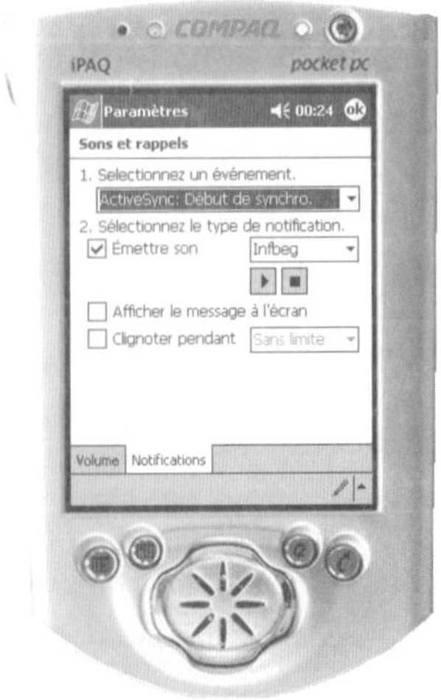

Vous choisissez le programme à personnaliser dans la liste.

Puis, vous personnalisez les options pour ce programme.

Vous choisissez dans la liste le son à produire. Vous pouvez même l'écouter en pointant sur l'icône avec un petit triangle symbolisant la touche de lecture.

- **Emettre son.** Avec cette option, vous pouvez choisir si ce programme est autorisé à produire des sons. Cela peut être pratique pour les jeux…
- **Afficher le message.** Permet l'affichage de messages à la place des sons.
- **Clignoter pendant.** Permet de faire clignoter un message pendant l'émission du bruit.

Modifiez le paramétrage des options Système

Cette partie vous permet de réaliser le paramétrage des fonctions Système de votre Pocket PC.

Ces fonctions sont décrites dans les pages qui suivent.

Alimentation / Gestion de l'énergie

La batterie de votre Pocket PC va vite devenir le centre de vos préoccupations. Vous devez l'économiser le plus possible de façon à garder avec vous votre appareil en état de marche en permanence quand il n'est pas en charge.

Cet écran vous permet de connaître le niveau de la batterie de votre Pocket PC, sachant que la sanction d'une batterie est la PERTE DE L'INTÉGRALITÉ des données et programmes que vous avez ajoutés sur votre machine, excepté les programmes livrés avec le système d'exploitation Pocket PC. La seule façon de récupérer vos programmes et données sera d'utiliser les fonctions de sauvegarde / restauration de votre PC de bureau.

Vous pouvez paramétrer le temps que votre machine va mettre pour s'arrêter seule après une non-utilisation :

- ❑ Lorsqu'elle est hors de sa base d'accueil (Alimentation batterie).
- ❑ Lorsqu'elle est raccordée à une alimentation secteur (Alimentation externe).

Le temps de 3 minutes dans le cadre de l'alimentation sur batterie est une bonne durée, que nous vous recommandons.

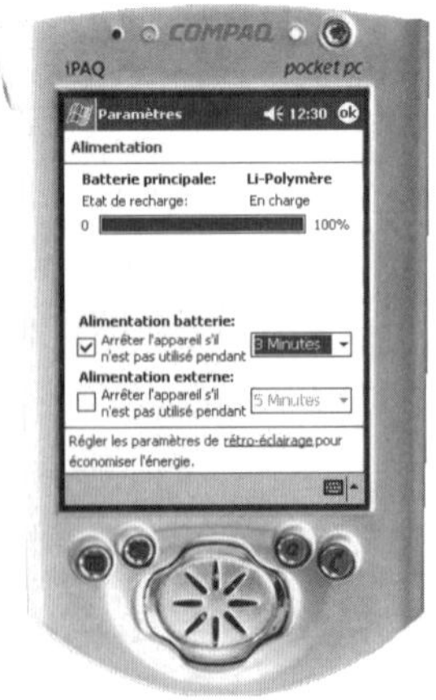

Autorun / Boot compact flash

Ce programme vous permet de déterminer si vous préférez démarrer votre Pocket PC directement sur la carte compact flash que vous avez insérée dans votre Pocket PC.

Horloge / Paramétrage de la date et heure, et des alarmes

Ce programme vous permet de régler l'heure de votre Pocket PC sur deux fuseaux horaires distincts et de programmer des alarmes multiples ainsi que de transformer votre Pocket PC en réveil.

Réglage de l'horloge

Ce réglage vous permet de régler l'heure et la date de votre Pocket PC sur deux fuseaux horaires. En pointant sur la ville d'origine ou sur la ville visitée, vous basculez votre Pocket PC sur l'une des deux heures. Cela vous évitera le réglage fastidieux de votre Pocket PC chaque fois que vous vous rendrez d'un lieu à un autre.

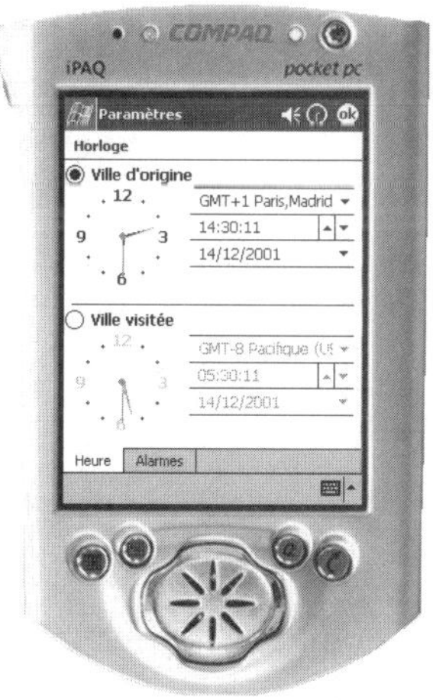

Pour chacune des localisations, vous saisirez les informations suivantes :

Sélectionnez, à partir du menu déroulant, le fuseau horaire désiré.

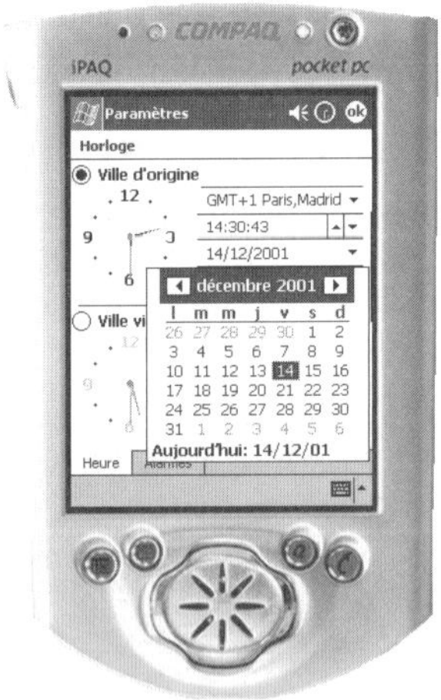

Avec les petits "sliders" à droite de l'heure, vous pourrez modifier l'heure.

Puis, en pointant sur la date, vous pourrez sélectionner la date du jour directement dans le calendrier.

Il ne vous reste plus qu'à renouveler l'opération avec le second fuseau horaire.

Fonction réveil / réglage des alarmes

Vous pourrez régler 4 alarmes différentes et leur attribuer un nom.

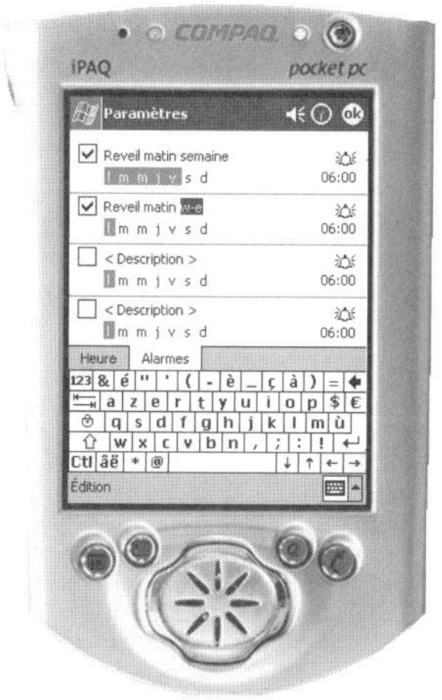

Pour activer l'alarme, vous cochez la case à cocher de l'alarme correspondante.

En pointant sur "Description", vous pourrez saisir le libellé de l'alarme.

Vous pouvez sélectionner un ou plusieurs jours pour cette alarme en pointant sur les lettres des jours sous la partie Description (l, m, m, j, v, s, d).

Pour régler le type d'alarme, vous pointez sur l'icône symbolisant une petite cloche.

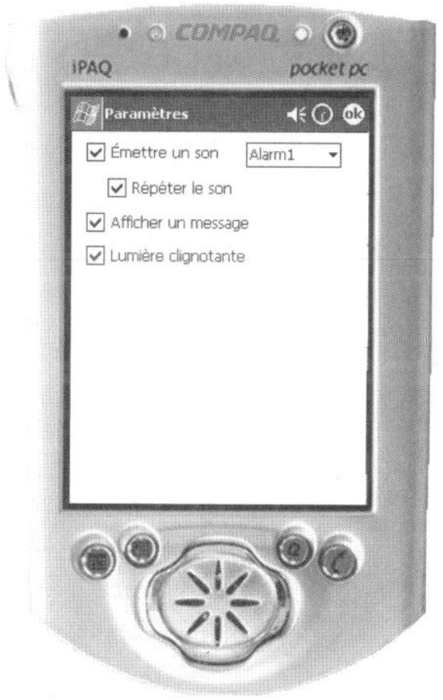

Ici, vous pourrez sélectionner, pour l'alarme, les options suivantes :

- Emettre un son et choisir le son produit.
- Emettre ce son une ou plusieurs fois.

- ❑ Afficher un message à l'écran via la notification.
- ❑ Faire clignoter la lumière du rétro-éclairage de votre Pocket PC.

En pointant sur l'heure, vous arrivez à un écran de réglage de l'heure.

Utiliser les petits "sliders" à droite de l'heure pour régler l'heure.

Informations d'inventaire / Inventaire de tous les composants de votre Pocket PC

Ce petit programme vous permettra de tout connaître sur votre Pocket PC. Cela est intéressant lorsque vous désirez faire appel au service support, vérifier la version de Windows, etc.

Microphone AGC

Il vous permet d'améliorer la qualité des enregistrements que vous pouvez réaliser avec votre Pocket PC, et ce en activant la fonction de gestion de contrôle de gain automatique. Par ce fait, vous déléguez à votre Pocket PC la gestion de l'acquisition audio de votre machine.

Module d'extension

Il vous permet de visualiser l'état des extensions que vous avez insérées dans votre Pocket PC, soit via les ports d'extensions natifs, soit au moyen de "jaquettes" d'extension.

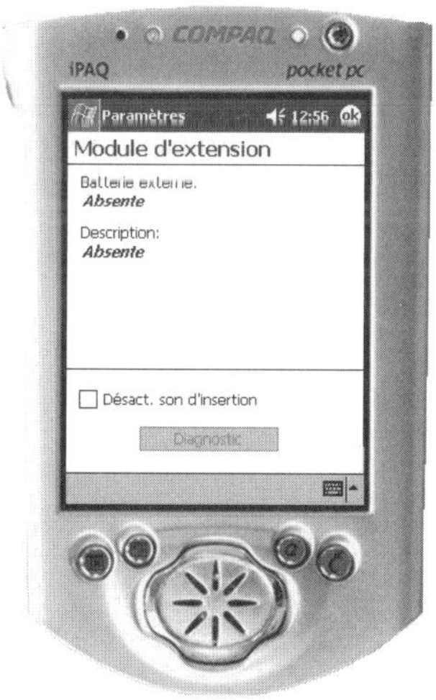

Mémoire / Gestion de la mémoire, des extensions mémoire et arrêt des programmes

Ce programme est important pour la gestion de votre Pocket PC. Il vous permettra de gérer la mémoire RAM (Read Only Memory) en fonction de vos besoins et les cartes d'extension mémoire, ainsi que de pouvoir arrêter des programmes en cours. (Les initiés parlent de "killer" un programme, héritage terminologique d'Unix où l'on exécute un "kill -9" pour les arrêter.)

Affichage de l'occupation mémoire et attribution des zones mémoire

Il s'agit ici de visualiser et régler la mémoire RAM (Read Access Memory) de votre Pocket PC. C'est dans cette zone mémoire que sont stockées vos données (zone Stockage) et vos programmes – ceux que vous avez installés en plus de Windows Pocket PC 2002 – (zone Programme).

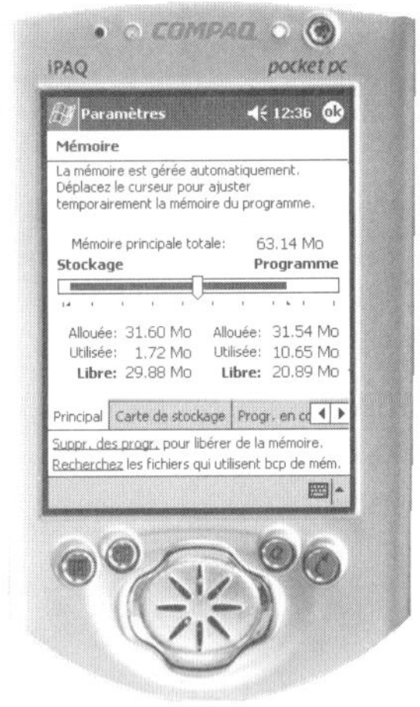

Vous pouvez lire et agir sur ce paramètre de gestion de la façon suivante :

"**Mémoire principale totale**" vous indique le nombre de mégaoctets (un mégaoctet représente 1 024 octets, chaque octet faisant lui-même 8 bits) de votre mémoire RAM.

Ensuite, l'écran est divisé en deux parties :

- A gauche, la partie Stockage où sont stockées toutes les données de votre Pocket PC, ainsi que les indications suivantes :
- Allouée. C'est la taille que vous aurez décidé de donner à cette zone de stockage. Vous pouvez faire varier cette taille avec le curseur.
- Utilisée. C'est le nombre de mégaoctets utilisés à l'instant où vous consultez cet écran.
- Libre. C'est le nombre de mégaoctets libres dans l'espace que vous avez attribué.

La zone de droite représente la même chose, mais pour les programmes que vous avez installés.

Les cartes d'extensions mémoire

Les utilisateurs de Pocket PC Compaq Ipaq auront en standard une zone mémoire ROM, dans laquelle ils pourront sauvegarder des données qui ne s'effaceront pas même si leur batterie se vide complètement (IPAQ File Store).

Les autres marques ont quelquefois ce type d'extension. Vous pouvez par ailleurs rajouter des cartes d'extension mémoire sur votre Pocket PC en fonction des connecteurs présents ou des jaquettes d'extension de votre Pocket PC.

Cet écran vous permettra de connaître le taux d'occupation de ces cartes additionnelles.

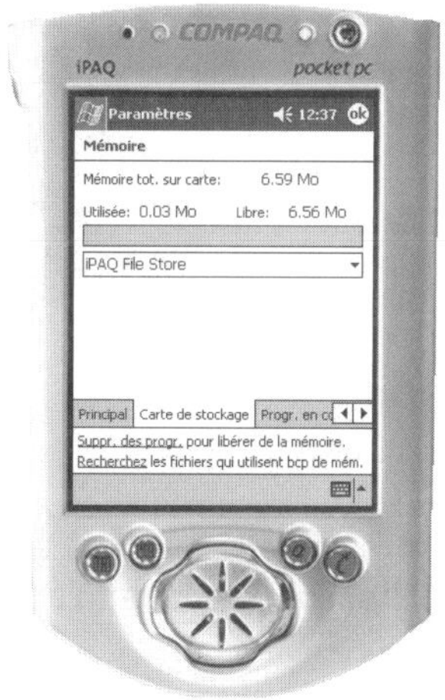

Arrêt des programmes

En standard, votre machine ouvre les programmes, mais ne les ferme pas. Un programme ouvert est un programme qui est exécuté par votre machine au moment où vous l'utilisez. En général, celle-ci garde ouverte les 5 ou 6 dernières applications que vous avez lancées. Et cela, même si vous arrêtez votre Pocket PC.

Ainsi, le déplacement d'une application vers une autre est rendu plus rapide. Mais, ces programmes ouvrent des fichiers pour fonctionner, le programme ainsi ouvert est lui-même un fichier ouvert pour votre Pocket PC. Par exemple, vous lancez pocket Word, qui devient par là même un programme ouvert. Puis vous ouvrez des fichiers Word avec votre logiciel, ces fichiers eux aussi deviennent des fichiers ouverts.

Cela implique que, lorsque vous ferez des transferts de fichiers à l'intérieur de votre Pocket PC ou votre PC de bureau, que vous désinstallerez des programmes ou que vous effectuerez une sauvegarde, vous aurez des messages d'erreur divers et variés.

Donc un conseil : avant d'effectuer les opérations décrites précédemment, arrêtez les programmes au moyen de cet écran.

Paramètres régionaux

Ce programme va vous permettre de paramétrer votre Pocket PC en fonction de vos préférences régionales, et notamment les formats d'affichage.

Sélection des préférences régionales prédéfinies

Les préférences régionales sont déjà en grande partie préprogrammées sur votre Pocket PC. Sélectionnez sur cet écran celles qui vous correspondent.

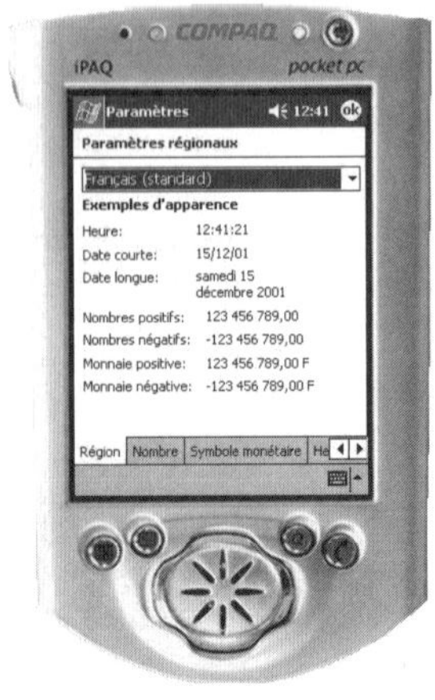

Formats d'affichage des nombres

Vous pouvez dans cet écran définir tous les paramètres d'affichage et de manipulation des nombres.

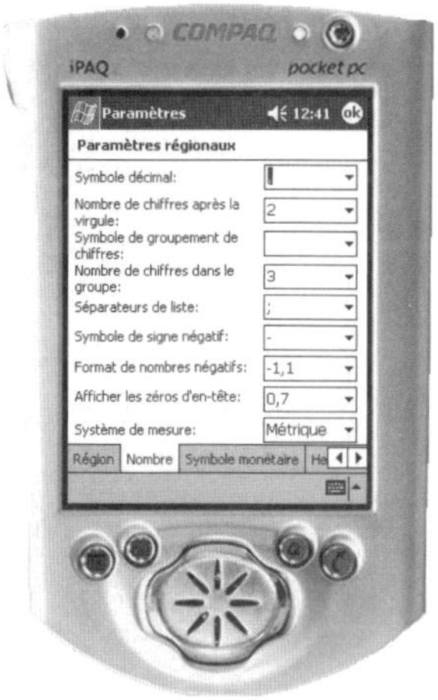

Modification des paramètres des symboles monétaires

Vous pourrez ici définir les paramètres du symbole monétaire manipulé sur votre Pocket PC par les programmes de votre Pocket PC.

Par exemple dans pocket Excel, la fonction d'affichage du symbole monétaire est définie ici. Si vous voulez utiliser le symbole euro au lieu du symbole franc (ancienne monnaie européenne maintenant démonétisée), c'est ici que vous devrez le paramétrer.

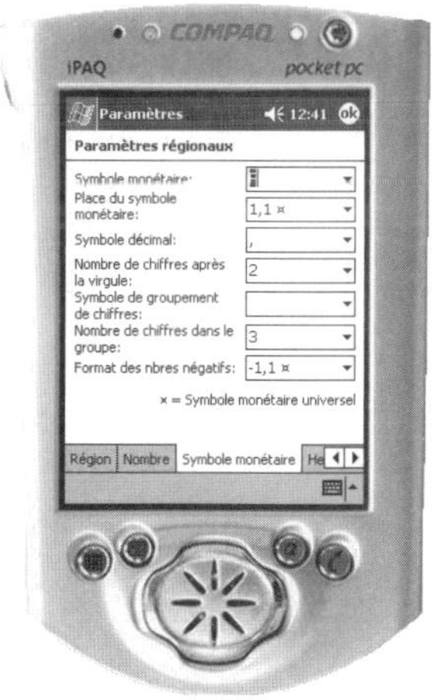

Paramétrage d'affichage des heures

Vous pourrez ici paramétrer le format d'affichage des heures.

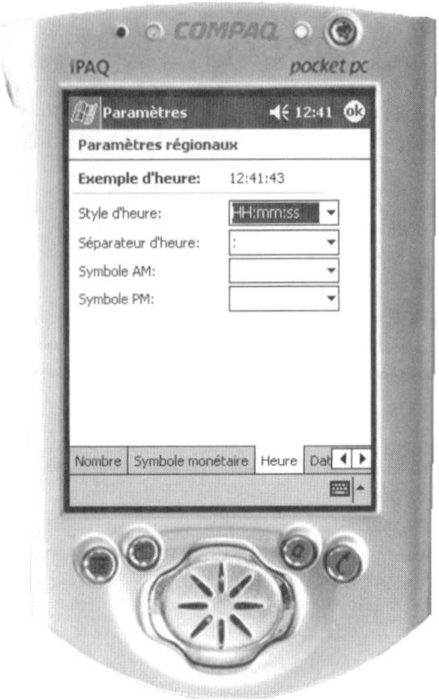

Paramétrage d'affichage des dates

Vous pourrez ici paramétrer le format d'affichage des dates.

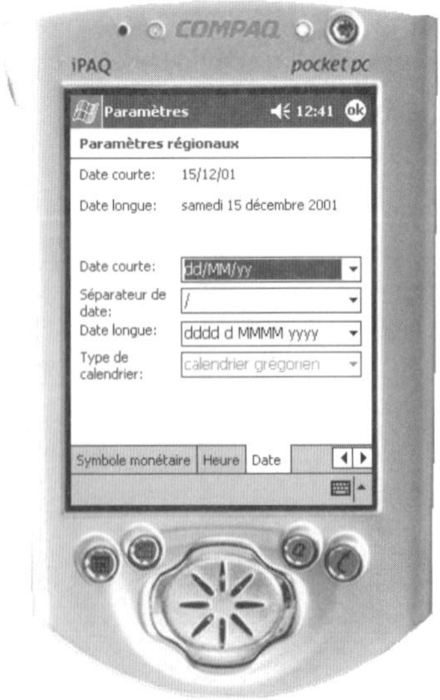

Gestion du rétro-éclairage

Vous avez la possibilité de régler le paramétrage du rétro-éclairage de votre Pocket PC. C'est la fonction qui consomme le plus d'énergie sur votre Pocket PC, nous vous conseillons d'y apporter attention.

Les trois écrans qui suivent vont vous permettre de définir le meilleur compromis entre une utilisation conviviale et l'autonomie de votre Pocket PC.

Rétro-éclairage en mode autonome

Cela paramètre la fonction de rétro-éclairage lorsque votre Pocket PC n'est connecté à aucune source d'alimentation en énergie extérieure (Alimentation batterie).

Deux options sont à paramétrer.

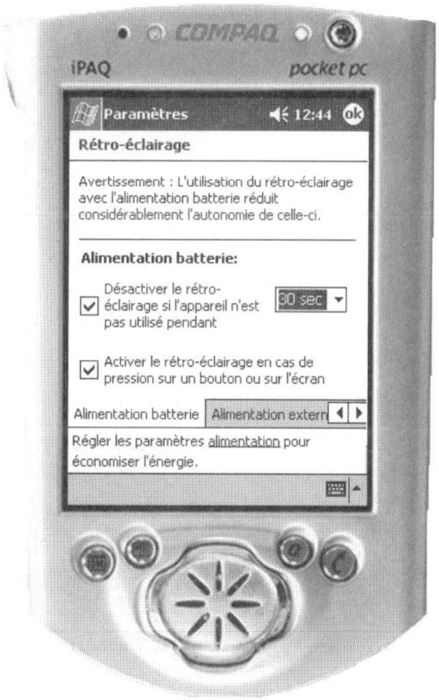

- Désactiver le rétro-éclairage. Vous pouvez choisir la durée de la période à partir de laquelle le rétro-éclairage s'arrêtera.
- Si vous activez la seconde option, une simple pression de stylet ou le fait d'appuyer sur un des boutons de votre Pocket PC remettra en fonction le rétro-éclairage.

Rétro-éclairage en mode raccordement à une source énergétique externe

Cet écran vous permet de paramétrer le fonctionnement du rétro-éclairage lorsque vous êtes raccordé à une source d'énergie externe.

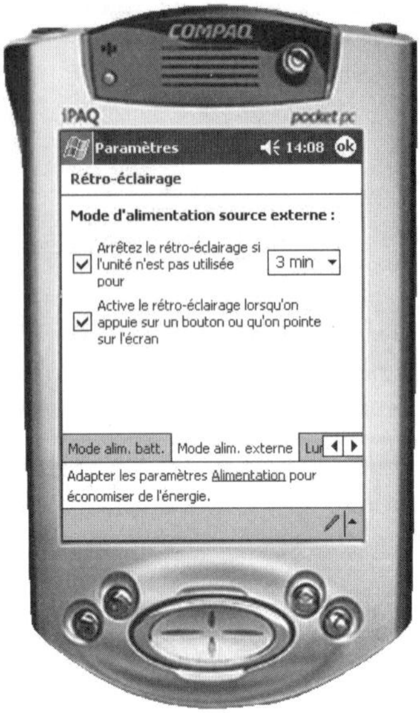

Il est question des mêmes paramètres que pour l'alimentation autonome.

Luminosité du rétro-éclairage

Vous pouvez ici régler la puissance du rétro-éclairage. Plus elle est faible, moins vous consommez d'énergie.

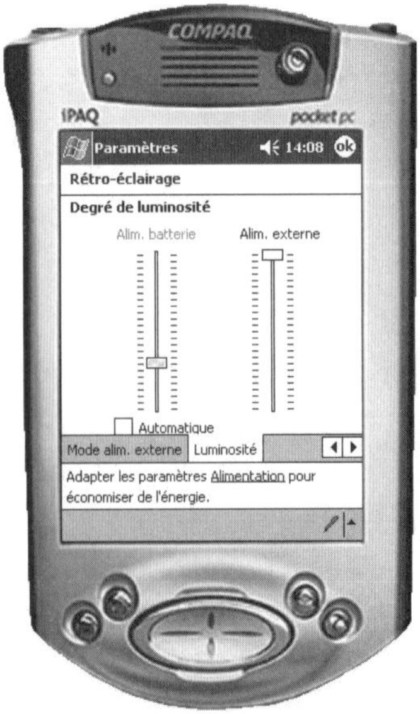

Vous pouvez aussi choisir de laisser votre Pocket PC gérer cela seul. Il diminuera l'intensité de l'éclairage si vous arrivez en fin de batterie.

Suppression de programmes

Cette fonction vous permet de supprimer les programmes que vous avez ajoutés sur votre Pocket PC depuis sa mise en fonction. Cela ne fonctionne que si les programmes installés respectent le système d'installation automatique des programmes sur votre Pocket PC. Les programmes installés manuellement par recopie de fichiers exécutables ne sont pas pris en compte dans ce mode.

Choisissez le programme à désinstaller et pointez sur "Supprimer".

Vous avez aussi la possibilité de désinstaller des programmes en utilisant ActiveSync sur votre PC de bureau (menu Outils et Ajout / Suppression des programmes).

A propos de / Informations sur votre machine & Copyrights

Par ce biais, vous pourrez accéder aux informations de copyrights de votre machine, changer le nom de l'appareil (nom qui est utilisé par ActiveSync lors de l'établissement du partenariat), ainsi que les informations sur le processeur de votre machine.

Vous pouvez dans cet écran changer le nom identifiant votre Pocket PC.

Ainsi que visualiser la notice de copyrights des logiciels de votre machine.

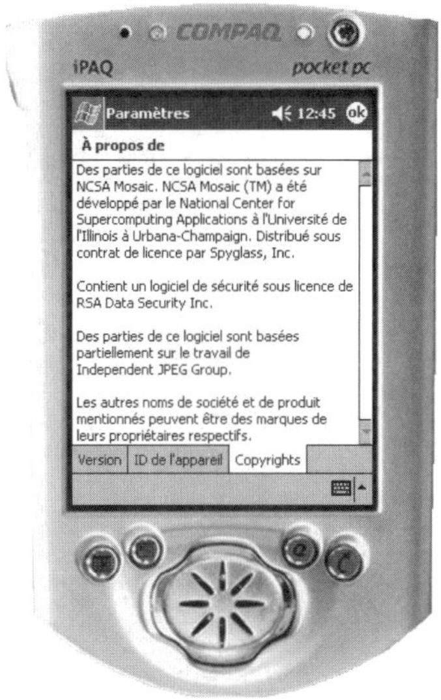

Ecran / Réglage du numériseur et de la précision de votre stylet à l'écran

Il peut arriver que la précision du stylet sur votre écran se dégrade. N'ayez crainte, cela est tout à fait normal avec ce type d'écran. Il faudra alors réajuster le pointage de votre stylet.

Pointez sur "Aligner l'écran", et pointez votre stylet aux endroits demandés.

Modifiez le paramétrage de vos connexions

Cette partie va vous permettre de paramétrer les connexions de votre Pocket PC avec le monde extérieur. La plupart des programmes communicants ajoutent ici leurs options de paramétrage.

Cartes réseau

Les cartes présentes dans cette liste sont celles installées en standard sur votre Pocket PC à la livraison de la machine. Bien sûr, cette liste varie d'un constructeur à un autre.

Si vous installez une carte réseau non référencée dans cette liste, la carte sera livrée avec le programme d'installation à exécuter à partir de votre PC de bureau.

En fonction du type de la carte réseau, les questions posées ne seront pas les mêmes pour le paramétrage.

Dans le cas d'une carte Ethernet TCP/IP, les questions suivantes vous seront posées.

Soit votre réseau vous attribue une adresse IP dynamique à la connexion (adresse IP allouée par le serveur), soit vous devez indiquer l'adresse IP fixe de votre machine.

Il peut vous être demandé l'adresse de votre serveur de nom si votre réseau en est équipé.

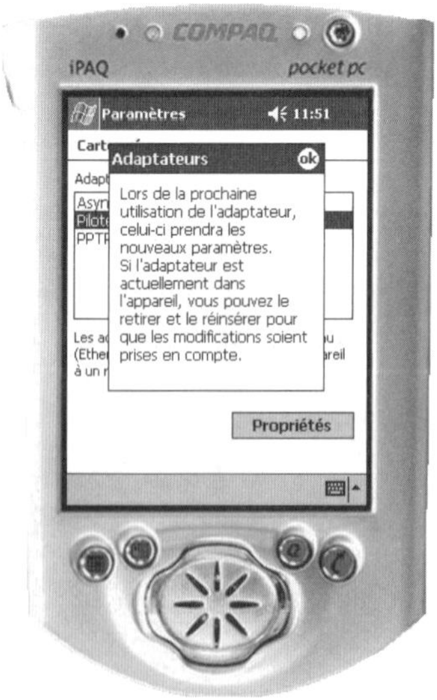

Connexions

La présentation et l'explication du paramétrage de vos connexions se trouvent au chapitre "Mise en œuvre de la communication globale de votre Pocket PC et de votre ordinateur de bureau" de ce livre.

Activation / Désactivation de la réception par infrarouge

Vous pouvez activer ou désactiver la réception infrarouge sur votre Pocket PC en cochant ou décochant la case.

MEGA LIVRE

Chapitre 14	Résolution de certains problèmes

Que faire si j'ai vidé la batterie de mon Pocket PC ?

Vous n'avez pas pu recharger votre Pocket PC à temps. Symptôme apparent, à part le système d'exploitation, votre Pocket PC est vierge. Il vous faut restaurer votre Pocket PC.

Il existe plusieurs options.

Si vous n'avez jamais fait de sauvegarde, seules les données Outlook seront restaurées sur votre Pocket PC. Les programmes et autres fichiers installés sont perdus.

Il vous faut aller dans l'option Ajout / Suppression de programmes d'ActiveSync pour réinstaller les programmes perdus.

Si vous avez fait une sauvegarde, utilisez la fonction Sauvegarde. Et la fonction Restauration pour restaurer l'intégralité du contenu de votre Pocket PC que vous avez sauvegardé. Les données Outlook seront automatiquement synchronisées.

Il n'y a plus de synchronisation entre mon PC de bureau et mon Pocket PC

Cela peut parfois arriver. Vous pouvez essayer ces différentes actions :

- Eteignez votre Pocket PC et rallumez-le.
- Retirez le Pocket PC de sa station d'accueil et remettez-le.
- Rebootez votre PC de bureau.

Si au moins une de ces trois actions ne parvenait pas à restituer la liaison, recréez un partenariat avec ActiveSync.

Certains fichiers ne sont pas sauvegardés

Quel que soit le système d'exploitation, tout fichier ouvert ne peut être copié. Un fichier ouvert peut être un programme que vous avez lancé, un fichier Word sur lequel vous êtes en train de travailler... Afin d'être certain que tous les fichiers sont fermés, vous devez fermer les programmes ouverts en allant dans le menu Démarrer / Paramètres / Mémoire. Ou simplement rebooter votre Pocket PC avec la touche de réinitialisation.

Un programme ne veut plus fonctionner

Il peut arriver que dans des cas extrêmement rares un programme ne veuille plus fonctionner. Vous avez deux solutions :

- ❑ Fermer le programme en allant dans le menu Démarrer / Paramètres / Mémoire.
- ❑ Rebooter votre Pocket PC avec la touche de réinitialisation.

Je n'arrive pas à effacer un fichier ou désinstaller un programme

Si vous n'arrivez pas à effacer un fichier ou désinstaller un programme, c'est parce que le programmc cst ouvcrt ou quc le fichier est utilisé par un programme. Fermez tous les programmes ouverts en allant dans le menu Démarrer / Paramètres / Mémoire. Ou simplement rebootez votre Pocket PC avec la touche de réinitialisation.

INDEX

A

B

C

D

E

F

G

H

I

J

L

M

N

O

P

R

S

T

U

V

W

Achevé d'imprimer
en décembre 2002
par Legoprint S.p.A.
Lavis, Italie